Kapitalkosten regulierter Stromnetzbetreiber

Europäische Hochschulschriften

Publications Universitaires Européennes
European University Studies

Reihe V
Volks- und Betriebswirtschaft

Série V   Series V
Sciences économiques, gestion d'entreprise
Economics and Management

Bd./Vol. 3258

PETER LANG

Frankfurt am Main · Berlin · Bern · Bruxelles · New York · Oxford · Wien

Sebastian Haubold

Kapitalkosten regulierter Stromnetzbetreiber

PETER LANG
Internationaler Verlag der Wissenschaften

Bibliografische Information der Deutschen Nationalbibliothek
Die Deutsche Nationalbibliothek verzeichnet diese Publikation
in der Deutschen Nationalbibliografie; detaillierte bibliografische
Daten sind im Internet über <http://www.d-nb.de> abrufbar.

Zugl.: Erlangen, Nürnberg, Univ., Diss., 2007

Gedruckt auf alterungsbeständigem,
säurefreiem Papier.

D 29(n2)
ISSN 0531-7339
ISBN 978-3-631-56609-1

© Peter Lang GmbH
Internationaler Verlag der Wissenschaften
Frankfurt am Main 2007
Alle Rechte vorbehalten.

Vorwort

Die vorliegende Arbeit entstand zum überwiegenden Teil während meiner Tätigkeit als Wissenschaftlicher Mitarbeiter am Lehrstuhl für Betriebswirtschaftslehre, insbesondere Rechnungswesen und Controlling, an der Friedrich-Alexander-Universität Erlangen-Nürnberg. Sie wurde Anfang des Jahres 2007 von der Wirtschafts- und Sozialwissenschaftlichen Fakultät als Dissertation angenommen.

Ich möchte dieses Vorwort dafür nutzen, mich bei allen Personen zu bedanken, die mich während meiner Promotionszeit unterstützt und zum erfolgreichen Abschluss meiner Dissertation beigetragen haben.

Mein Dank gilt insbesondere meinem akademischen Lehrer Prof. Dr. Wolfgang Männel (†). Ohne die gemeinsamen Arbeiten zu Kalkulationsfragen entgeltregulierter Unternehmen der Energiewirtschaft und seine fachliche Unterstützung wäre meine Dissertation in der vorliegenden Form nicht zustande gekommen. Prof. Dr. Wolfgang Männel hat meine persönliche und berufliche Entwicklung maßgeblich geprägt.

Mein herzlicher Dank gebührt Prof. Dr. Thomas Günther, der während meiner Diplomarbeit am Lehrstuhl Betriebliches Rechnungswesen/Controlling an der Technischen Universität Dresden mein Interesse am wissenschaftlichen Arbeiten bestärkt hat. Ohne seine Empfehlung hätte ich den Weg an die Universität Erlangen-Nürnberg nicht eingeschlagen.

Nach dem Tod von Prof. Dr. Wolfgang Männel im September 2006 hat sich Prof. Dr. Thomas M. Fischer als dessen Nachfolger an der Universität Erlangen-Nürnberg sofort bereit erklärt, mir in der Endphase meines Forschungsvorhabens als Betreuer zur Seite zu stehen. Seine fachlichen Anregungen und motivierenden Worte haben maßgeblich zu dem erfolgreichen Abschluss dieser Arbeit beigetragen. Herrn Prof. Dr. Harald Hungenberg danke ich für die Übernahme des Korreferates.

Ferner bedanke ich mich bei meinen ehemaligen Kollegen am Lehrstuhl für Betriebswirtschaftslehre, insbesondere Rechnungswesen und Controlling, der Universität Erlangen-Nürnberg Dr. Andreas Engel, Dipl.-Kfm. Frank Hofmann, Dr. Kai Nobach, Dr. Timo Riedrich, Dipl.-Kfm. André Schwihel, Dipl.-Kffr. Jeannine Sterzel, Frau Elfriede Wagner und Dr. Bernd Zirkler für die angenehme Zusammenarbeit.

Dipl.-Kffr. Sabine Hüttemann und Dr. Roland Dietrich danke ich für ihre Diskussionsbereitschaft und ihre Unterstützung während der letzten Monate der Fertigstellung meiner Dissertation.

Der größte Dank gilt schließlich meinen Eltern, die mir durch ihre Unterstützung und ihr Verständnis die notwendige Kraft und Motivation zur Realisierung meines Promotionsvorhabens gaben.

Bayreuth, im Februar 2007   Dr. Sebastian Haubold

Inhaltsverzeichnis

14   Inhaltsverzeichnis

Abbildungsverzeichnis

3. Kapitel

4. Kapitel

5. Kapitel

7. *Kapitel*

8. *Kapitel*

Abkürzungsverzeichnis

AG	Aktiengesellschaft
AEEG	L'Autoritá per l'Energia Elettrica e il Gas
AFM+E	Außenhandelsverband für Mineralöl und Energie e.v.
AHK	Anschaffungs- und Herstellungskosten
AIT	Average Interruption Time
APT	Arbitrage Pricing Theory
ARE	Arbeitsgemeinschaft regionaler Energieversorgungsunternehmen e.V.
BCG	Boston Consulting Group
BDI	Bundesverband der Deutschen Industrie e. V.
BEK	betriebsnotwendiges Eigenkapital
BGBl	Bundesgesetzblatt
BGH	Bundesgerichtshof
BK	Beschlusskammer
BMF	Bundesministerium der Finanzen
BMWA	Bundesministerium für Wirtschaft und Arbeit
BMWi	Bundesministerium für Wirtschaft und Technologie
bne	Bundesverband Neuer Energieanbieter
BNetzA	Bundesnetzagentur
BNV	betriebsnotwendiges Vermögen
BPF	Best Practice Frontier
BTOElt	Bundestarifordnung Elektrizität
BWL	Betriebswirtschaftslehre
bzw.	beziehungsweise
ca.	circa
CAPEX	Capital Expenditures
CAPM	Capital Asset Pricing Model
CCA	Current Cost Accounting
CDAX	Composite DAX
CEER	Council of European Energy Regulators
CER	Commission for Energy Regulation
CFROI	Cash Flow Return on Investment
CGA	Customer Growth Adjustment
COLS	Corrected Ordinary Least Square

CPI	Consumer Price Index
CREG	Comission de Régulation de l'Electricité et du Gaz
DAX	Deutscher Aktien Index
DCF	Discounted Cash Flow
DEA	Data Envelopment Analysis
DERA	Danish Energy Regulatory Authority (Energitilsynet)
DIN	Deutsches Institut für Normung e. V.
DGM	Dividend Growth Model
DS	Dauerschulden
DTe	The Office for Energy Regulation (Dienst uitvoering en toezicht Energie)
EBIT	Earnings Before Interest and Taxes
ECK	Energie-Control Kommission
EEG	Erneuerbare-Energien-Gesetz
EEX	European Energy Exchange
EFET	Verband der Deutschen Gas- und Stromhändler e. V.
EG	Europäische Gemeinschaft
EK	Eigenkapital
ElWOG	Elektrizitätswirtschafts- und Organisationsgesetz
EMA	Energy Market Authority (Energiamarkkinavirasto)
EN	Europäische Norm
ENEL	Ente nazionale per l'energia elettrica
ENS	Energy Not Supplied
EnWG	Energiewirtschaftsgesetz
ESB	Electricity Supply Board
EStG	Einkommensteuergesetz
EStR	Einkommensteuerrichtlinie
e. V.	eingetragener Verein
EVA	Economic Value Added
EVU	Elektrizitätsversorgungsunternehmen
EU	Europäische Union
FCF	Freier Cash Flow
FK	Fremdkapital
GasNEV	Gasnetzentgeltverordnung
GE	Geldeinheiten
GewSt	Gewerbesteuer
GewStG	Gewerbesteuergesetz
GK	Gesamtkapital
GmbH	Gesellschaft mit beschränkter Haftung
GNP	Gross National Product

GuV	Gewinn- und Verlustrechnung
GWB	Gesetz gegen Wettbewerbsbeschränkungen
HFA	Hauptfachausschuss des Instituts der Wirtschaftsprüfer (IDW)
HGB	Handelsgesetzbuch
hrsg.	herausgegeben
IAS	International Accounting Standards
IDW	Institut der Wirtschaftsprüfer in Deutschland e. V.
IFRS	International Financial Reporting Standards
i. d. R.	in der Regel
IRR	Internal Rate of Return
i. V. m.	in Verbindung mit
Jg.	Jahrgang
KD	Kapitaldienst
KSt	Körperschaftsteuer
KWK	Kraft-Wärme-Kopplung
kWh	Kilowattstunde
kV	Kilovolt
LRAIC	Long Run Average Incremental Costs
LRIC	Long Run Incremental Costs
LSP	Leitsätze für die Preisermittlung auf Grund von Selbstkosten
MAIFI	Momentary Average Interruption Frequency Index
MOLS	Modified Ordinary Least Square
Mrd.	Milliarde
MW	Marktwert
MVA	Market Value Added
NDS	Nicht-Dauerschulden
NPAM	Network Performance Assessment Model
NOA	Net Operating Assets
NOPAT	Net Operating Profit after Tax
NVE	Norwegian Water Resources and Energy Directorate (Norges Vassdrags-og Energieverk)
o. Jg.	ohne Jahrgang
OFFER	Office of Electricity Regulation
OFGEM	Office of Gas and Electricity Markets
OLG	Oberlandesgericht
OLS	Ordinary Least Square
o. O.	ohne Ort
OPEX	Operating Expenditures

p. a.	pro Jahr
PFP	Partial Factor Productivity
plc	public limited company
PR	Preisrecht
PV	Present Value
RAB	Regulatory Asset Base
RAV	Regulatory Asset Value
RegTP	Regulierungsbehörde für Telekommunikation und Post
REXP	Deutscher Rentenindex
RIM	Residual Income Model
ROCE	Return on Capital Employed
ROR	Rate of Return
RPI	Retail Price Index
RW	Restwert
SAIDI	System Average Interruption Duration Index
SAIFI	System Average Interruption Frequency Index
SFA	Stochastic Frontier Analysis
SNT-VO	Systemnutzungstarifeverordnung
SolZ	Solidaritätszuschlag
STEM	Swedish Energy Agency (Energimyndigheten)
StmZ	Steuermesszahl
StromNEV	Stromnetzentgeltverordnung
StromNZV	Stromnetzzugangsverordnung
S&P	Standard & Poor's
TEAG	Thüringer Energie AG
TFP	Total Factor Productivity
TKG	Telekommunikationsgesetz
TPRW	Tagespreisrestwert
TNW	Tagesneuwert
Tz.	Teilziffer
UK	United Kingdom
USA	United States of America
VDEW	Verband der Elektrizitätswirtschaft e.V.
VDN	Verband der Netzbetreiber e.V. (VDN) beim VDEW
vs.	versus
VIK	Verband der Industriellen Energie- und Kraftwirtschaft e. V.
VKU	Verband kommunaler Unternehmen e. V.
VO	Verordnung
VOFI	Methode der vollständigen Finanzpläne

VOLL	Value of lost load
VPI	Verbraucherpreisindex
VRE	Verband der Verbundunternehmen und Regionalen Energieversorger in Deutschland e. V.
VV I	Verbändevereinbarung Strom I
VV I	Verbändevereinbarung Strom II
VV II plus	Verbändevereinbarung Strom II plus
WACC	Weighted Average Cost of Capital
WBW	Wiederbeschaffungswert
WIK	Wissenschaftliches Institut für Kommunikationsdienste GmbH
z. B.	zum Beispiel
zzgl.	zuzüglich

Einleitung

I. Ausgangspunkt der Untersuchung

Infolge des technischen Fortschritts und der Erkenntnisse der modernen volks-wirtschaftlichen Theorie zur Regulierung natürlicher Monopole hat sich seit dem Beginn der 1990er-Jahre in Wissenschaft und Praxis die Auffassung durchge-setzt, dass entlang der elektrizitätswirtschaftlichen Wertschöpfungskette nur noch die Netzbereiche die **Eigenschaften eines natürlichen Monopols** erfüllen, wäh-rend Stromerzeugung und Stromvertrieb zu liberalisieren sind.[1] Wettbewerb im Strommarkt kann jedoch nur dann entstehen, wenn Netzbetreiber anderen Unter-nehmen einen diskriminierungsfreien Zugang zu ihren Netzen zu angemessenen Netzentgelten gewähren. Um dies zu gewährleisten, werden Netzzugang und die **Netzentgeltkalkulation** durch eine Regulierungsbehörde überwacht. In Deutsch-land wurde die ehemalige Regulierungsbehörde für Telekommunikation und Post (RegTP) mit der Energieregulierung beauftragt. Dieser Aufgabe geht die Behörde seit dem 13.07.2005 als Bundesnetzagentur (BNetzA) nach.

Infolge der **Anlagenintensität** des Stromnetzgeschäftes kommt den Kapital-kosten bei der Kalkulation der Netzentgelte eine hohe Bedeutung zu. Die Kapi-talkosten stehen deshalb auch bei der Ausgestaltung der zur Regulierung von Stromnetzbetreibern diskutierten Verfahren im Mittelpunkt der Betrachtung. Mit der am 25.07.2005 verabschiedeten **Stromnetzentgeltverordnung (StromNEV)** wurde in Deutschland eine Renditeregulierung eingeführt, die es den Netzbetrei-bern gestattet, neben den bei effizienter Leistungserbringung anfallenden Kosten auch eine risikoangepasste Kapitalverzinsung in der Netzentgeltkalkulation zu berücksichtigen.[2] Ab dem 01.01.2008 soll das derzeitige Regulierungskonzept durch ein **System der Anreizregulierung** ersetzt werden, das es den Netzbetrei-bern erlauben soll, Kostensenkungen, die über die von der Regulierungsbehörde vorzugebenden jahresbezogenen Effizienzvorgaben hinaus realisiert werden kön-

---

1 Vgl. dazu stellvertretend **Monopolkommission**: Wettbewerbspolitik im Schatten „Na-tionaler Champions"... **(2004)**, S. 524 sowie **Brunekreeft, Gert – Keller, Katja**: Elektrizität: Verhandelter versus regulierter Netzzugang... **(2003)**, S. 139.

2 Siehe dazu **Verordnung über die Entgelte für den Zugang zu Elektrizitätsversor-gungsnetzen vom 25.07.2005 (Stromnetzentgeltverordnung - StromNEV)**, in: Bundesgesetzblatt, Jahrgang 2005, Teil 1, Nr. 46, ausgegeben zu Bonn am 28. Juli 2005, S. 2225-2242.

nen, während einer mehrjährigen Regulierungsperiode einzubehalten.[3] Wie im Rahmen dieser Arbeit ausführlich begründet wird, ist die Kapitalkostenkalkulation von Stromnetzbetreibern stets im Zusammenhang mit dem jeweiligen Regulierungssystem zu analysieren.

Der dieser Arbeit zugrunde gelegte kalkulatorische Kapitalkostenbegriff beschränkt sich nicht auf den Ansatz kalkulatorischer Eigen- und Fremdkapitalzinsen. Um eine konsistente Kapitalkostenkalkulation zu gewährleisten, sind **kalkulatorische Zinsen** und **kalkulatorische Abschreibungen** stets als Einheit zu betrachten, die als Kapitaldienst bezeichnet wird.[4] Darüberhinaus sind sämtliche im Zusammenhang mit kalkulatorischen Abschreibungen und Zinsen entstehenden Ertragsteuerbelastungen zu berücksichtigen.[5] Der Kapitalkostenbegriff dieser Arbeit wird daher auch um **kapitalkostenspezifische Ertragsteuerbelastungen** erweitert.

An dieser Stelle ist darauf hinzuweisen, dass die Ausführungen ausschließlich auf die Kalkulation, das heißt, die grundsätzliche Ermittlung und die Analyse der einzelnen Determinanten des Kapitalkostenvolumens von Stromnetzbetreibern, abstellen. Die Darstellung der für die Netzentgeltkalkulation von Stromnetzbetreibern insgesamt relevanten Kostenarten-, Kostenstellen- sowie der Kostenträgerstück- und Kostenträgerzeitrechnung ist nicht Gegenstand dieser Arbeit.

Die Ermittlung der Kapitalkosten von Elektrizitätsversorgungsunternehmen (EVU) und der infolge der Liberalisierung separierten Stromnetzbetreiber erfährt schon länger eine **intensive Diskussion**. Bereits im Rahmen der Strompreisgenehmigungsverfahren in den 1980er- und 1990er-Jahren war die Ermittlung kalkulatorischer Abschreibungen, kalkulatorischer Zinsen und kalkulatorischer Steuern durch eine kontroverse Debatte in der betriebswirtschaftlichen Theorie und Praxis gekennzeichnet. Die Diskussionen um die Ermittlung der kalkulatorischen Kapitalkosten setzten sich anlässlich der kritischen Beurteilung der Preisfindungsprinzipien der Verbändevereinbarung VV II plus durch die Netznutzerverbände und mehrerer, vom Bundeskartellamt gegen Stromnetzbetreiber eingeleiteter Missbrauchsverfahren fort.

Auch anlässlich der **Formulierung der StromNEV** bestanden über die Parameter der Kapitalkostenkalkulation nach wie vor erhebliche Meinungsverschiedenheiten zwischen den am Regulierungsprozess beteiligten Parteien. Unterschiedliche Ansichten existierten insbesondere bezüglich der

3   Siehe dazu **Bundesnetzagentur**: Bericht der Bundesnetzagentur nach § 112a EnWG zur Einführung der Anreizregulierung nach § 21a EnWG, Bonn **30.06.2006**.
4   Vgl. **Schneider, Dieter**: Entscheidungsrelevante fixe Kosten... (**1984**), S. 2521.
5   Siehe dazu unter anderem **Männel, Wolfgang**: Kalkulationsmethodik des künftigen stromverteilungsspezifischen Regulierungskonzeptes... (**2004**), S. 21 f.

- **Wahl des Unternehmenserhaltungskonzeptes** und der Abschreibungsbemessung (Kapitalerhaltung versus Substanzerhaltung),
- der Berücksichtigung eines Zuschlags für das allgemeine Unternehmerwagnis bei der **Bemessung der Eigenkapitalverzinsung**
- sowie dem Ansatz der **Gewerbesteuer** und der **Körperschaftsteuer** in der Netzentgeltkalkulation.

Die Vorgaben der StromNEV sind das Ergebnis einer Kompromisslösung, die in mehreren Punkten nicht dem aktuellen betriebswirtschaftlichen Erkenntnisstand entspricht. Die StromNEV sieht ein überaus komplexes Nebeneinander zweier höchst unterschiedlicher Kapitaldienstkonzepte vor. Für alle vor dem 01.01.2006 aktivierten „Altanlagen" sind die Abschreibungen und Zinsen nach dem Konzept der **Nettosubstanzerhaltung** zu kalkulieren, während für alle nach dem 01.01.2006 angeschafften „Neuanlagen" ein anschaffungswertorientierter Kapitaldienst nach dem Konzept der **Realkapitalerhaltung** zu ermitteln ist. Die unter den derzeit geltenden Steuergesetzen kalkulationsrelevante Körperschaftsteuer darf nach den Vorgaben der StromNEV in der Netzentgeltkalkulation nicht angesetzt werden. Der Ansatz der Gewerbe- und der Körperschaftsteuer auf die als „Scheingewinn" bezeichnete Differenz von tagesneuwertorientiert kalkulatorisch verrechneten und anschaffungswertorientiert ermittelten bilanziellen Abschreibungen bleibt den Netzbetreibern versagt.

Darüber hinaus führte der an mehreren Stellen unpräzise Wortlaut der StromNEV zu **unterschiedlichen Auslegungen** sowohl seitens der Behörden als auch seitens der Netzbetreiber. Insofern standen die kalkulatorischen Kapitalkosten anlässlich der Preisgenehmigungsverfahren des Jahres 2006 erneut im Mittelpunkt der Diskussion zwischen den Netzbetreibern und der Regulierungsbehörde.[6]

Ein wesentliches Anliegen dieser Arbeit ist es daher, aufbauend auf einer Analyse des Gesamtzusammenhangs zwischen alternativen Regulierungskonzepten und der Kapitalkostenkalkulation – auf Basis des aktuellen betriebswirtschaftlichen Erkenntnisstandes – **Handlungsempfehlungen zur Ermittlung der Kapitalkosten** regulierter Stromnetzbetreiber in Deutschland zu geben und damit einen Beitrag zur Klärung der strittigen Sachverhalte zu leisten. Die Ausführungen nehmen an den entsprechenden Stellen stets Bezug zu den Regelungen der StromNEV. Es wird aufgezeigt, wie die derzeit geltende Fassung der Strom-

---

6 Vgl. dazu **Bundesnetzagentur**: Weitere Kostenkürzung im zweistelligen Prozentbereich bei Stromnetzen, Pressemitteilung, Bonn **30.08.2006**: „Die Kürzungen betreffen, wie in den bisher von der Bundesnetzagentur erteilten Genehmigungen, u. a. die Bereiche Anlagevermögen, kalkulatorische Eigenkapitalverzinsung und kalkulatorische Gewerbesteuer [...]."

NEV anlässlich der Ermittlung der Kapitalkosten auszulegen ist und an welchen Stellen Modifikationsbedarf besteht.[7]

Im Anschluss an die literaturbasierte, theoretisch fundierte Analyse zur Ausgestaltung der Kapitalkostenkalkulation von Stromnetzbetreibern werden die Regulierungskonzepte und die kapitalkostenspezifischen Vorgaben für Stromnetzbetreiber in ausgewählten Ländern Europas untersucht. Aus den Erfahrungen der **Regulierungspraxis in anderen europäischen Ländern**, die die Liberalisierung der Stromwirtschaft teilweise deutlich früher als in Deutschland vollzogen haben, lassen sich wertvolle Schlussfolgerungen für die Ausgestaltung des Regulierungskonzeptes und die Kapitalkostenkalkulation von Stromnetzbetreibern in Deutschland ableiten.

II. Gang der Arbeit

Abbildung 0-1 präsentiert die grundsätzliche Zielstellung und den Aufbau der Arbeit, deren Kapitelstruktur nachfolgend detailliert erläutert wird. Im **1. Kapitel** werden die für den Untersuchungsgegenstand dieser Arbeit maßgeblichen Rahmenbedingungen aufgezeigt. Anhand der Analyse der Wertschöpfungsstufen der Elektrizitätswirtschaft werden die Übertragungs- und Verteilungsnetze als **monopolistische Bereiche** identifiziert und die Notwendigkeit zu deren Regulierung auf Basis des aktuellen Erkenntnisstandes der Volkswirtschaftslehre begründet.

Im Anschluss daran wird beschrieben, in welchen Schritten die **Liberalisierung der deutschen Stromwirtschaft** ausgehend von den Vorgaben der beiden EU-Richtlinien 96/92/EG und 2003/54/EG vollzogen wurde. Der Fokus der Ausführungen liegt dabei auf der Darstellung des Regulierungskonzeptes und den zunächst privatwirtschaftlich, auf Basis von Verbändevereinbarungen geregelten und mit der Novellierung des Energiewirtschaftsgesetzes (EnWG) und der Verabschiedung der Stromnetzentgeltverordnung (StromNEV) im Juli des Jahres 2005 gesetzlich vorgegebenen Parametern der Kapitalkostenkalkulation.

7　Da die kapitalkostenspezifischen Regelungen der StromNEV bis auf abweichende Eigenkapitalkostensätze den Vorgaben der ebenfalls am 25.07.2005 verabschiedeten Gasnetzentgeltverordnung (GasNEV) entsprechen, gelten die grundsätzlichen Handlungsempfehlungen dieser Arbeit auch für die Kapitalkostenkalkulation im Gasnetzbereich. Vgl. dazu **Verordnung über die Entgelte für den Zugang zu Gasversorgungsnetzen vom 25.07.2005 (Gasnetzentgeltverordnung – GasNEV)**, in: Bundesgesetzblatt, Jahrgang 2005, Teil 1, Nr. 46, ausgegeben zu Bonn am 28. Juli 2005, S. 2197-2209.

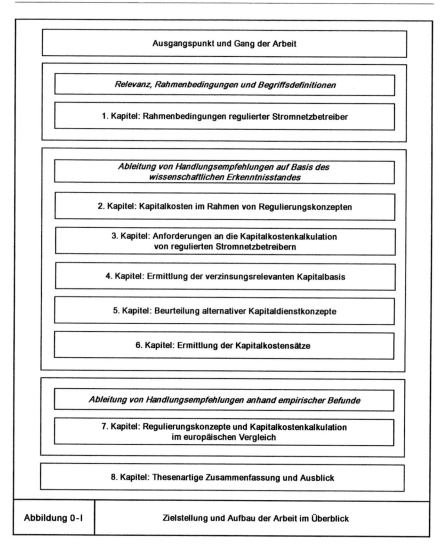

Ausgangspunkt und Gang der Arbeit

Relevanz, Rahmenbedingungen und Begriffsdefinitionen

1. Kapitel: Rahmenbedingungen regulierter Stromnetzbetreiber

Ableitung von Handlungsempfehlungen auf Basis des wissenschaftlichen Erkenntnisstandes

2. Kapitel: Kapitalkosten im Rahmen von Regulierungskonzepten

3. Kapitel: Anforderungen an die Kapitalkostenkalkulation von regulierten Stromnetzbetreibern

4. Kapitel: Ermittlung der verzinsungsrelevanten Kapitalbasis

5. Kapitel: Beurteilung alternativer Kapitaldienstkonzepte

6. Kapitel: Ermittlung der Kapitalkostensätze

Ableitung von Handlungsempfehlungen anhand empirischer Befunde

7. Kapitel: Regulierungskonzepte und Kapitalkostenkalkulation im europäischen Vergleich

8. Kapitel: Thesenartige Zusammenfassung und Ausblick

Abbildung 0-1	Zielstellung und Aufbau der Arbeit im Überblick

Im dritten Abschnitt des 1. Kapitels wird die **Bedeutung der Kapitalkosten** für Stromnetzbetreiber herausgearbeitet. Im Anschluss an die Begründung der Kapitalkostenintensität des Stromnetzgeschäfts wird aufgezeigt, in welchen Teildisziplinen des Rechnungswesens und Controllings Kapitalkostenkalküle Anwendung finden. Basierend auf einer Analyse der Entwicklung und Definition des Kapitalkostenbegriffs in der Betriebswirtschaftslehre wird die den nachfolgenden Kapiteln zugrunde gelegte kostenrechnerische Kapitalkostendefinition erarbeitet. Im Rahmen des **2. Kapitels** wird die Rolle der Kapitalkosten im Kontext verschiedener Regulierungskonzepte analysiert. Es wird aufgezeigt, dass die **Ausgestaltung des Regulierungskonzeptes** unmittelbar Einfluss auf den kalkulatorischen Ansatz und die Höhe der Kapitalkosten nimmt. Neben der Darstellung der bedeutsamsten traditionellen kostenorientierten Regulierungsmethoden und den modernen anreizorientierten Verfahren der Preisregulierung wird auch auf die Definition der Kapitalkosten im Rahmen der zu Regulierungszwecken eingesetzten **Benchmarking-Verfahren** und auf den Beziehungszusammenhang zwischen Kapitalkosten und der ebenfalls zu regulierenden Versorgungsqualität eingegangen.

Nachdem im 2. Kapitel herausgearbeitet wird, dass jedes Regulierungskonzept auf eine betriebswirtschaftliche sachgerechte Kalkulationsmethodik angewiesen ist, werden im **3. Kapitel** dieser Arbeit die wesentlichen Anforderungen definiert, die an die Kapitalkostenkalkulation regulierter Stromnetzbetreiber zu stellen sind. Es wird detailliert begründet, dass die **Zwecke der Entgeltkalkulation** regulierter Unternehmen die Ausgestaltung der Kalkulationsmethodik bedingen. Neben der grundsätzlichen Anforderung einer vollkostenrechnerisch anzulegenden Netzentgeltkalkulation wird erläutert, welche Schlussfolgerungen sich für die Kapitalkostenermittlung aus dem Grundsatz einer wettbewerbssimulierenden Entgeltkalkulation und dem Ziel der Aufrechterhaltung der Investitionsfähigkeit der Netzbetreiber ergeben. Neben der Begründung für eine von aktuellen Tagespreisen abgeleiteten risikoorientierten Kapitalkostenkalkulation wird die Kalkulationsrelevanz der kapitalkostenspezifischen **gewerbe- und körperschaftsteuerlichen Belastungen** erläutert und deren Ermittlung erklärt. Die Ausführungen des 3. Kapitels legen die Basis für die in den nachfolgenden Kapiteln abgeleiteten Empfehlungen zur Bestimmung der einzelnen Parameter der Kapitalkostenkalkulation von Stromnetzbetreibern.

Das **4. Kapitel** beschäftigt sich mit der Ermittlung der verzinsungsrelevanten Kapitalbasis, deren Bewertungsansatz sowohl die Abschreibungsbemessung als auch die Bemessung des kalkulatorischen Zinssatzes bestimmt. Nachdem ausführlich begründet wird, dass eine marktwertorientierte Ermittlung der verzinsungsrelevanten Kapitalbasis abzulehnen und stattdessen eine von kalkulatorischen Buchwerten abgeleitete **Verzinsungsbasis** zugrunde zu legen ist, werden zunächst grundsätzliche Fragen im Zusammenhang mit der Ermittlung des vom betriebsnotwendigen Vermögen abgeleiteten verzinsungsrelevanten Gesamt- bzw. Eigenkapitals geklärt. Da die Behörden und die Netzbetreiber anlässlich der Preisgenehmigungsverfahren des Jahres 2006 insbesondere hinsichtlich der Ermittlung des betriebsnotwendigen Eigenkapitals nach den **Vorgaben der**

StromNEV jeweils unterschiedliche Berechnungsmethoden für richtig erachteten, widmet sich der zweite Teil des 4. Kapitels ausführlich der Frage, wie das betriebsnotwendige Eigenkapital nach den Regelungen der StromNEV betriebswirtschaftlich sachgerecht zu bestimmen ist.

Im **5. Kapitel** dieser Arbeit werden die unterschiedlichen Kapitaldienstkonzepte analysiert. Im Anschluss an eine Systematisierung der auf die integrierte Ermittlung kalkulatorischer Abschreibungen und Zinsen abzielenden **Kapitaldienstmodelle** werden das anschaffungswertorientierte Nominalzinsmodell und die verschiedenen Varianten des tagesneuwertorientierten Realverzinsungskonzeptes anhand eines idealtypischen Reinvestitionsmodells analysiert. Darüber hinaus werden mit dem Konzept der ökonomischen Abschreibung und der annuitätsorientierten Abschreibungsbemessung auch alternativ zur Diskussion gestellte Kapitaldienstkonzeptionen hinsichtlich ihres **Praxisnutzens** untersucht. Das 5. Kapitel schließt mit einer Darstellung verschiedener in der Literatur präsentierter Beweisführungen, die die Indifferenz alternativer Kapitaldienstkonzeptionen belegen.

Das **6. Kapitel** widmet sich der Ermittlung des Kapitalkostensatzes der regulierten Stromnetzbetreiber. Im ersten Abschnitt des 6. Kapitels werden zunächst Fragen im Zusammenhang mit der Bestimmung des Gesamtkapitalkostensatzes nach dem **Weighted Average Cost of Capital (WACC)-Konzept** behandelt, dessen Ermittlung sich infolge der derzeit komplexen Regelungen des deutschen Steuerrechts insbesondere dann kompliziert gestaltet, wenn die kalkulatorischen Ertragsteuerbelastungen direkt in einem „WACC vor Steuern" berücksichtigt werden sollen. Ebenso methodisch anspruchsvoll gestaltet sich die kapitalmarkttheoretisch begründete Ermittlung des risikoadjustierten Eigenkapitalkostensatzes. Neben der Bestimmung des Eigenkapitalkostensatzes der allesamt nicht börsennotierten deutschen Stromnetzbetreiber mit Hilfe des **Capital Asset Pricing Model (CAPM)** werden auch alternativ zur Diskussion gestellte Verfahren der Eigenkapitalkostensatzermittlung auf ihre Eignung untersucht. Der letzte Abschnitt des 6. Kapitels behandelt Fragen im Zusammenhang mit der Ermittlung des Fremdkapitalkostensatzes.

Im Anschluss an die in den Kapiteln 2 bis 6 auf Basis des betriebswirtschaftlichen Erkenntnisstandes durchgeführte Analyse zur Ermittlung der Kapitalkosten regulierter Stromnetzbetreiber präsentiert das **7. Kapitel** dieser Arbeit eine **empirische Untersuchung** zur Ausgestaltung des Regulierungskonzeptes und der kapitalkostenspezifischen Vorgaben für Stromnetzbetreiber in insgesamt 8 europäischen Ländern. Die Analyse beschränkt sich komplexitätsreduzierend auf die Regelungen, welche die Stromverteilungsnetzbetreiber betreffen. Anhand der Zusammenfassung der Untersuchungsergebnisse werden **Handlungsempfehlungen**

zur Festlegung der Parameter der Kapitalkostenkalkulation deutscher Stromnetzbetreiber abgeleitet.

Die Arbeit schließt mit einer thesenartigen Zusammenfassung der Untersuchungsergebnisse im **8. Kapitel** dieser Arbeit. Neben einem kompakten Fazit,
das die grundsätzlichen Empfehlungen des Verfassers zur Ausgestaltung der Kapitalkostenkalkulation von Stromnetzbetreibern präsentiert, werden Handlungsempfehlungen für die **Regulierungspraxis** in Deutschland abgeleitet. Darüber
hinaus wird aufgezeigt, inwieweit aus Sicht des Verfassers über diese Arbeit hinausgehender **Forschungsbedarf** im Zusammenhang mit der Regulierung und
Kapitalkostenermittlung von Stromnetzbetreibern besteht.

1. Kapitel: Rahmenbedingungen regulierter Stromnetzbetreiber

Im ersten Abschnitt des 1. Kapitels wird im Anschluss an eine grundlegende Darstellung der **elektrizitätswirtschaftlichen Wertschöpfungskette** die Notwendigkeit der Regulierung des Stromnetzgeschäfts begründet. Anschließend werden die Entwicklungsstufen der Liberalisierung der Stromwirtschaft in Deutschland skizziert und die wesentlichen Vorgaben zur **Regulierung und Kapitalkostenkalkulation** der deutschen Stromnetzbetreiber dargestellt. Im dritten Abschnitt des 1. Kapitels wird zunächst die Kapitalkostenintensität von Stromnetzbetreibern belegt. Im Anschluss werden bedeutsame, über die kostenrechnerische Ermittlung kalkulatorischer Zinsen und Abschreibungen hinausgehende Anwendungsfelder kapitalkostenrechnerischer Kalküle aufgezeigt und der dieser Arbeit zugrunde gelegte Kapitalkostenbegriff definiert. Am Ende des 1. Kapitels werden **Problemfelder und Diskussionspunkte**, die im Zusammenhang mit der Ermittlung der Kapitalkosten von Stromnetzbetreibern auftreten, erörtert. Die Ausführungen des 1. Kapitels legen den Grundstein und skizzieren die Rahmenbedingungen für die in den nachfolgenden Kapiteln durchgeführte Analyse zur Ermittlung der Kapitalkosten regulierter Stromnetzbetreiber.

I. Analyse der elektrizitätswirtschaftlichen Wertschöpfungskette

A. Wertschöpfungsstufen der Stromwirtschaft

Um die Notwendigkeit und die Zielsetzung der Regulierung von Stromnetzbetreibern zu begründen, ist es erforderlich, die Wertschöpfungskette der Stromwirtschaft zu betrachten. Die in **Abbildung 1-1** dargestellten **Wertschöpfungsstufen der Elektrizitätsversorgung** gliedern sich in die Teilbereiche Stromerzeugung, Stromhandel, Stromübertragung, Stromverteilung und Stromvertrieb.[8]

---

8 Vgl. dazu auch **Prisching, Christina**: Risikomanagement im liberalisierten Strommarkt... (**2003**), S. 34. Anmerkung: Die in Abbildung 1-1 dargestellten Spannungsebenen beziehen sich auf die in Deutschland üblichen Werte. In anderen Ländern sind mitunter abweichende Werte zu finden. Teilweise wird der an zweiter Stelle dargestellte Stromhandel auch mit dem an letzter Stelle stehenden Stromvertrieb zusammengefasst. Siehe dazu stellvertretend **Brunekreeft, Gert – Keller, Katja**: Elektrizität: Verhandelter versus regulierter Netzzugang... (**2003**), S. 135.

Im Anschluss an die Stromerzeugung ist der in Deutschland zunehmend über die Strombörse European Energy Exchange (EEX) in Leipzig abgewickelte **Handel mit Strom** erfolgt, der zwischen Stromerzeugung und Stromübertragung den Kauf und Verkauf großer Stromvolumina auf der Höchstspannungsebene koordiniert. Neben dem Stromtransport über Höchstspannungsnetze mit 380 kV bzw. 220 kV Spannung ist auf der **Übertragungsstufe** auch der Systembetrieb angesiedelt, der in Kooperation mit der Stromerzeugung für die kurzfristige Koordination von Stromangebot und Stromnachfrage sowie die physikalische Stabilität des Übertragungsnetzes in Form von Spannung und Frequenz verantwortlich ist.[9]

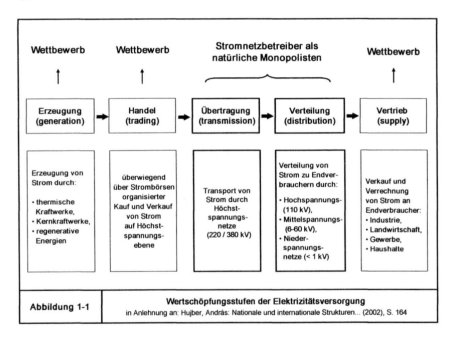

Wettbewerb	Wettbewerb	Stromnetzbetreiber als natürliche Monopolisten		Wettbewerb
↑	↑			↑
Erzeugung (generation)	**Handel (trading)**	**Übertragung (transmission)**	**Verteilung (distribution)**	**Vertrieb (supply)**
Erzeugung von Strom durch: • thermische Kraftwerke, • Kernkraftwerke, • regenerative Energien	überwiegend über Strombörsen organisierter Kauf und Verkauf von Strom auf Höchstspannungsebene	Transport von Strom durch Höchstspannungsnetze (220 / 380 kV)	Verteilung von Strom zu Endverbrauchern durch: • Hochspannungs- (110 kV), • Mittelspannungs- (6-60 kV), • Niederspannungsnetze (< 1 kV)	Verkauf und Verrechnung von Strom an Endverbraucher: • Industrie, • Landwirtschaft, • Gewerbe, • Haushalte
Abbildung 1-1	**Wertschöpfungsstufen der Elektrizitätsversorgung** in Anlehnung an: Hujber, András: Nationale und internationale Strukturen... (2002), S. 164			

Der Transport von Strom an die Endverbraucher erfolgt durch die mit dem Übertragungsnetz verbundenen **Stromverteilungsnetze** über überregionale Hochspannungsnetze (110 kV), regionale Mittelspannungsnetze (ca. 6-60 kV) und lokale Niederspannungsnetze (kleiner 1 kV). Der **Stromvertrieb**, der häufig auch mit dem Begriff Versorgung gleichgesetzt wird, bildete traditionell eine

---

9 Vgl. **Wild, Jörg – Vaterlaus, Stephan**: Regulierung von Stromverteilnetzen... **(2003)**, S. 168.

Einheit mit dem Stromverteilungsnetz und ist erst infolge der Liberalisierung des Strommarktes als separate Wertschöpfungsstufe anzusehen.[10]

Die Zusammensetzung des Strompreises verdeutlicht die relative Bedeutung der einzelnen Stufen der elektrizitätswirtschaftlichen Wertschöpfungskette. Wie **Abbildung 1-2** zeigt, beträgt der Anteil der Netzkosten am Strompreis für einen Haushaltskunden in Deutschland zur Zeit ca. 30%. Die Netzentgelte sind insofern eine entscheidende Determinante des Strompreises.

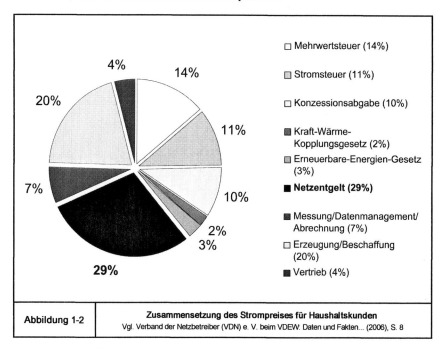

| Abbildung 1-2 | **Zusammensetzung des Strompreises für Haushaltskunden**
Vgl. Verband der Netzbetreiber (VDN) e. V. beim VDEW: Daten und Fakten... (2006), S. 8 |

B. Veränderungen entlang der Wertschöpfungskette

Vor der Liberalisierung der Energiewirtschaft waren Elektrizitätsversorgungsunternehmen (EVU) in der Regel **vollständig vertikal integriert**.[11] In der Vergan-

---

10 Vgl. **Wild, Jörg – Vaterlaus, Stephan**: Regulierung von Stromverteilnetzen... (**2003**), S. 169 und **Brunekreeft, Gert – Keller, Katja**: Elektrizität: Verhandelter versus regulierter Netzzugang... (**2003**), S. 137 f.

11 Unter vertikaler Integration versteht man den Zusammenschluss mehrerer Produktions- und Absatzstufen in einem Unternehmen. An dieser Stelle ist zu erwähnen, dass weltweit verschiedene Ausgestaltungsformen der monopolistischen Organisation der

genheit wurden in einem EVU sämtliche Funktionen vom Kraftwerksbetrieb über den Transport und die Verteilung von Strom bis hin zum Stromverkauf gleichzeitig realisiert.[12] In Literatur und Praxis wurde deshalb lange Zeit davon ausgegangen, dass EVU in ihrer Gesamtheit als natürliches Monopol anzusehen sind.[13]

Ein **natürliches Monopol** liegt immer dann vor, wenn ein Anbieter einen Markt kostengünstiger bedienen kann als mehrere Anbieter.[14] Dies ist der Fall, wenn die Kostenfunktion des Monopolisten gemäß Gleichungen (1-1) und (1-2) **subadditiv** ist:[15]

$$\sum_{i=1}^{n} x_i = x \quad (1\text{-}1) \qquad und \qquad K(x) < \sum_{i=1}^{n} K(x_i) \quad (1\text{-}2)$$

für:

x_i =   vom Unternehmen i bereitgestellte Menge eines Gutes,

x =   von den Unternehmen i = 1,2, ..., n insgesamt bereitgestellte Menge eines Gutes,

$K(x)$ =   Kosten eines Unternehmens für die Bereitstellung der Gesamtmenge x eines Gutes,

$K(x_i)$ =   von den Unternehmen i = 1,2, ..., n verursachte Kosten der insgesamt bereitgestellten Menge eines Gutes.

Eine subadditive Kostenfunktion liegt vor allem dann vor, wenn die Durchschnittskosten für die Herstellung eines homogenen Gutes aufgrund von **Größenvorteilen** mit zunehmender Outputmenge abnehmen.[16]

Stromwirtschaft zu beobachten waren, die von einem einzigen vollständig vertikal integrierten staatlichen Monopolisten bis hin zu verschieden organisierten regionalen Monopolisten reichten. Siehe dazu **Wild, Jörg**: Deregulierung und Regulierung der Elektrizitätsverteilung... **(1999)**, S. 16 f.

12 Vgl. dazu unter anderem auch **Hensing, Ingo – Pfaffenberger, Wolfgang – Stöbele, Wolfgang**: Energiewirtschaft... **(1998)**, S. 127.

13 Siehe unter anderem **Krakowski, Michael**: Theoretische Grundlagen der Regulierung... **(1988)**, S. 27; **Wild, Jörg**: Deregulierung und Regulierung der Elektrizitätsverteilung... **(1999)**, S. 15; **Hujber, András**: Nationale und internationale Strukturen und Mechanismen des Elektrizitätsmarktes... **(2002)**, S. 163 und **Knieps, Günter**: Neuere Entwicklungen in der Regulierungsdiskussion... **(1995)** S. 617 und S. 619.

14 Siehe dazu stellvertretend **Knieps, Günter**: Wettbewerbsökonomie... **(2005)**, S. 23.

15 Subadditivität bedeutet, dass die Summe der Kosten mehrerer Anbieter für eine beliebige Anzahl Teilmengen x_i für i = 1, 2, ..., n eines Gutes größer ist als die Kosten eines Anbieters, der die Gesamtmenge x allein produziert bzw. anbietet. Vgl. **Blum, Ulrich**: Volkswirtschaftslehre... **(1994)**, S. 151 f. und **Weimann, Joachim**: Wirtschaftspolitik – Allokation und kollektive Entscheidung... **(2003)**, S. 326.

16 Vgl. nochmals **Weimann, Joachim**: Wirtschaftspolitik – Allokation und kollektive Entscheidung... **(2003)**, S. 322 ff. sowie **Leprich, Uwe – Diekmann, Joachim – Zie-**

Die Existenz eines natürlichen Monopols gilt traditionell als Begründung für den **staatlichen Regulierungseingriff**, indem über gesetzliche Marktzutrittsschranken volkswirtschaftlich unerwünschte Kostenduplizierungen verhindert werden sollen und die Marktmacht der Monopolisten durch die Preisregulierung beschränkt wird.[17]

Folglich wurden auch in Deutschland über die Bundestarifordnung Elektrizität (BTOElt)[18] und die auf die Prüfung der gesamten **Kosten- und Erlöslage** der EVU abzielenden Preisgenehmigungsverfahren der Länder die Strompreise für Endkunden reguliert.[19] Parallel dazu wurde es integrierten EVU über die bereits durch das Energiewirtschaftsgesetz aus dem Jahr 1935 gesetzlich fixierten Marktzutrittschranken und die Aufteilung von Absatzgebieten durch den Abschluss sogenannter Demarkationsverträge[20] nach § 103 und 103a des Gesetzes gegen Wettbewerbsbeschränkungen (GWB) ermöglicht, **Gebietskartelle** abzusichern und damit Wettbewerb auszuschließen.[21] Zusätzlich sicherten die auch heute noch für den Betrieb von Stromnetzen erforderlichen Konzessionsverträge zwischen Verteilungsnetzbetreibern und Kommunen, dass innerhalb eines bestimmten Versorgungsgebietes nur ein Unternehmen für die Energieversorgung verantwortlich ist.[22]

---

sing, **Hans-Joachim**: Anreizregulierung für Beschäftigung und Netzinvestitionen... **(2006)**, S. 9 ff., die ausführen, dass ein natürliches Monopol auch dann vorliegen kann, wenn die Durchschnittskosten zunächst fallen und ab einer bestimmten Outputmenge wieder ansteigen und ferner darauf hinweisen, dass sich die Bestimmung der Subadditivität im Mehrproduktfall weitaus komplexer gestaltet. Da es sich beim Transport und der Verteilung von Strom um ein homogenes Gut handelt, können diese Betrachtungen für die hier vorliegende Arbeit ausgeklammert werden.

17 Vgl. **Knieps, Günter**: Wettbewerbsökonomie... **(2005)**, S. 22.

18 Vgl. **Bundestarifordnung Elektrizität (BTOElt) vom 18.12.1989**, in: Bundesgesetzblatt, Jahrgang 1989, Teil 1, S. 2255. Die BTOElt löste im Jahr 1971 die Tarifordnung für elektrische Energie ab. Vgl. dazu auch **Gabriel, Jürgen – Haupt, Ulrike – Pfaffenberger, Wolfgang**: Vergleich der Arbeitsanleitungen nach §12 BTOELT mit dem Kalkulationsleitfaden nach Anlage 3 der Verbändevereinbarung II+... **(2002)**, S. 13.

19 Vgl. dazu **Wilke, Nicole**: Tarifregulierung im liberalisierten Elektrizitätsmarkt... **(2001)**, S. 221.

20 Bei Demarkationsverträgen handelte es sich um Verträge zwischen den Versorgungsunternehmen, die sicherstellten, dass für die Versorgung eines bestimmten Gebietes nur ein EVU verantwortlich ist. Vgl. dazu **Schmidtchen, Dieter**: Liberalisierte Strommärkte... **(1997)**, S. 13.

21 Vgl. **Bachert, Patrick**: Die Aufsicht über Energieversorgungsunternehmen... **(2004)**, S. 20 f. Siehe ferner die Ausführungen bei **Pfaffenberger, Wolfgang**: Energieversorgung nach der Deregulierung... **(1999)**, S. 22 ff.

22 Vgl. **Schmidtchen, Dieter**: Liberalisierte Strommärkte... **(1997)**, S. 13.

Bis zur grundlegenden Reformierung der energiewirtschaftlichen Rahmenbedingungen durch das novellierte Energiewirtschaftsgesetz im Jahr 1998 und die
Energierechtsnovelle 2005 agierten in Deutschland integrierte EVU mit mono-
polistischem Versorgungsauftrag in vertraglich voneinander abgegrenzten Versorgungsgebieten.[23] Der umfassende Gebietsschutz begründete sich vor allem in
der Auffassung, dass direkte Konkurrenz die **Sicherheit und Wirtschaftlichkeit
der Energieversorgung** gefährden würde[24] und volkswirtschaftlich schädlich
wäre.[25]

Insbesondere aufgrund der folgenden Entwicklungen hat sich in Theorie und
Praxis seit dem Beginn der 1990er-Jahre jedoch die Ansicht durchgesetzt, dass
der Strommarkt zu liberalisieren ist und es auf eine **differenziertere Betrachtung** der einzelnen Wertschöpfungsstufen der Elektrizitätswirtschaft ankommt:

- Aufgrund des **technischen Fortschritts**, insbesondere in der Turbinentech-
  nik, konnte die minimale effiziente Betriebsgröße für Kraftwerke erheblich
  gesenkt werden, weshalb die Stromerzeugung die Voraussetzungen eines natürlichen Monopols heute nicht mehr erfüllt und unumstritten als wettbe-
  werbsfähig angesehen werden kann.[26] So belegen z. B. die Ergebnisse einer
  aktuellen Studie, dass auch Stadtwerke den Bau eigener Kraftwerke planen.[27]
- Wettbewerbsfähigkeit weist darüber hinaus insbesondere auch die Vertriebs-
  stufe aus, in der weder „sunk costs" anfallen noch signifikante Skaleneffekte
  existieren und in der über die **Tarif- und Vertragsgestaltung** eine gewisses
  Maß an Produktdifferenzierung möglich ist.[28]
- Zusätzlich führten Fortschritte in der **Informationsverarbeitung** dazu, dass
  es ohne einen unverhältnismäßig starken Anstieg der Transaktionskosten mö-

---

23 Vgl. **Fritz, Wolfgang – König, Siegfried**: Der liberalisierte Strommarkt – eine Ein-
    führung... **(2001)**, S. 3.
24 Vgl. **Pfaffenberger, Wolfgang**: Energieversorgung nach der Deregulierung... **(1999)**,
    S. 23.
25 Vgl. **Bachert, Patrick**: Die Aufsicht über Energieversorgungsunternehmen... **(2004)**,
    S. 17.
26 Vgl. **Pfaffenberger, Wolfgang**: Energieversorgung nach der Deregulierung... **(1999)**,
    S. 26 f.; **Wild, Jörg**: Deregulierung und Regulierung der Elektrizitätsverteilung
    (2001), S. 15; **Brunekreeft, Gert – Keller, Katja**: Elektrizität: Verhandelter versus
    regulierter Netzzugang... **(2003)**, S. 135 und **Monopolkommission**: Wettbewerbspo-
    litik im Schatten „Nationaler Champions"... **(2004)**, S. 525.
27 Vgl. **Edelmann, Helmut**: Stadtwerkestudie 2006... **(2006)**, S. 5.
28 Vgl. dazu **Brunekreeft, Gert – Keller, Katja**: Elektrizität: Verhandelter versus regu-
    lierter Netzzugang... **(2003)**, S. 137.

glich ist, ein integriertes EVU über ein Unbundling in einzelne Teilbereiche aufzuspalten.[29]

▪ Nicht zuletzt hat die nachfolgend noch ausführlicher behandelte **Weiterentwicklung der Theorie des natürlichen Monopols** in der Volkswirtschaftslehre auch für die theoretische Fundierung gesorgt, dass die Stromwirtschaft nicht mehr in ihrer Gesamtheit als natürliches Monopol anzusehen ist.[30]

Die zuvor genannten Ursachen haben zu der Erkenntnis geführt, dass nur noch der Netzbereich in Form der Übertragungsnetze sowie die Stromverteilungsnetze die Eigenschaften eines natürlichen Monopols aufweisen[31] und dass es volkswirtschaftlich schädlich wäre, wettbewerbsfähige Bereiche zu regulieren.[32] Funktionierender Wettbewerb in den Bereichen Erzeugung und Vertrieb kann jedoch nur unter der Voraussetzung entstehen, dass ein **diskriminierungsfreier Zugang** zur Netzinfrastruktur zu angemessenen Netzentgeltgelten realisiert werden kann.[33]

Die Regulierung muss sich demzufolge auf die verbleibenden Monopolbereiche in Form der Übertragungs- und Verteilungsnetze beschränken. Dies impliziert, dass nicht die Strompreise als Ganzes, sondern nur die für den Transport und die Durchleitung von Strom anfallenden Entgelte der Regulierung unterliegen dürfen.[34] Als Folge dieser Entwicklungen sieht Artikel 5 Abs. 3 des am 07.07.2005 verabschiedeten Energiewirtschaftsgesetzes (EnWG) die **Abschaffung der Strompreisaufsicht** in Deutschland mit Ablauf der Geltungsdauer der BTOElt zum 01.07.2007 vor.

---

29 Siehe dazu **Wild, Jörg**: Deregulierung und Regulierung der Elektrizitätsverteilung... **(1999)**, S. 15.

30 Vgl. **Berringer, Christian**: Regulierung als Erscheinungsform der Wirtschaftsaufsicht... **(2003)**, S. 60 ff.

31 Dies stellte die Monopolkommission bereits in ihrem Hauptgutachten 1992/1993 fest. Vgl. **Monopolkommission**: Mehr Wettbewerb auf allen Märkten... **(1994)**, S. 341. Siehe des Weiteren **Monopolkommission**: Wettbewerbspolitik im Schatten „Nationaler Champions"... **(2004)**, S. 524 sowie **Ridder, Niels**: Öffentliche Energieversorgungsunternehmen... **(2003)**, S. 24.

32 Vgl. dazu auch **Brunekreeft, Gert – Keller, Katja**: Elektrizität: Verhandelter versus regulierter Netzzugang... **(2003)**, S. 139.

33 Vgl. **Monopolkommission**: Wettbewerbspolitik im Schatten „Nationaler Champions"... **(2004)**, S. 530. Siehe auch **Borszcz, Ulrike**: Ökonomische Überlegungen zur Bildung von Netzentgelten... **(2003)**, S. 10 und **Wilke, Nicole**: Tarifregulierung im liberalisierten Elektrizitätsmarkt... **(2001)**, S. 208.

34 Vgl. nochmals **Brunekreeft, Gert – Keller, Katja**: Elektrizität: Verhandelter versus regulierter Netzzugang... **(2003)**, S. 139.

C. Der Stromnetzbetrieb als monopolistischer Bereich

Wie zuvor erläutert, erfordert die Liberalisierung der Stromwirtschaft, dass sich die Regulierung nur auf die Teilbereiche der Wertschöpfungskette bezieht, in denen die Realisierung von Wettbewerb aufgrund des Vorliegens eines natürlichen Monopols nicht gelingen kann.[35] Das theoretische Fundament für diesen von *Knieps* als „disaggregiert" bezeichneten Regulierungsansatz[36] lieferten die Arbeiten von *Baumol, Panzar* und *Willig* zur **Theorie der angreifbaren Märkte** [engl.: contestable markets].[37] In den Bereichen, in denen gesetzliche Marktzutrittsschranken abgebaut werden können und insofern

- **ein freier Marktzutritt** für potenzielle Wettbewerber besteht,
- **keine Marktaustrittsbarrieren** in Form irreversibler Kosten entstehen,
- und potenzielle Wettbewerber versuchen die Preise der alteingesessenen Unternehmen zu unterbieten (**Bertrand-Nash-Verhalten**)

liegt keine Marktmacht vor.[38] Unter diesen Bedingungen ist ein natürliches Monopol durch **potenzielle Konkurrenz** angreifbar, selbst wenn Bündelungsvorteile existieren.[39] Angreifbare natürliche Monopolisten werden regelmäßig keine Monopolgewinne realisieren, da in diesem Fall „Newcomer" versuchen werden, zu den gleichen Kosten zu produzieren und den Preis des Monopolisten möglichst zu unterbieten.[40]

---

35 Siehe dazu ausführlich **Knieps, Günter**: Der disaggregierte Regulierungsansatz der Netzökonomie, in: Zwischen Regulierung und Wettbewerb – Netzsektoren in Deutschland, hrsg. v. Günter Knieps und Gert Brunekreeft, 2. Auflage, Heidelberg **2003**, S. 9-45.

36 Vgl. **Knieps, Günter**: Wettbewerbsökonomie... **(2005)**, S. 95 ff.

37 Siehe dazu die Originalquelle: **Baumol, William J. – Panzar, John C. – Willig, Robert D.**: Contestable Markets and the Theory of Industry Structure, New York 1982. **Berringer, Christian**: Regulierung als Erscheinungsform der Wirtschaftsaufsicht... **(2003)**, S. 60 verweist darüber hinaus auf mehrere den Arbeiten von Baumol, Panzar und Willig vorausgehende Arbeiten.

38 Vgl. **Knieps, Günter**: Neuere Entwicklungen in der Regulierungsdiskussion... **(1995)** S. 617 f.; **Knieps, Günter**: Der disaggregierte Regulierungsansatz der Netzökonomie... **(2003)**, S. 11 und **Berringer, Christian**: Regulierung als Erscheinungsform der Wirtschaftsaufsicht **(2003)**, S. 60 ff.

39 Siehe nochmals **Knieps, Günter**: Neuere Entwicklungen in der Regulierungsdiskussion... **(1995)** S. 618.

40 Vgl. **Knieps, Günter**: Der disaggregierte Regulierungsansatz der Netzökonomie... **(2003)**, 12. Siehe dazu auch die Ausführungen von **Weimann, Joachim**: Wirtschaftspolitik – Allokation und kollektive Entscheidung **(2003)**, S. 334 ff., der jedoch darauf verweist, dass die Theorie der angreifbaren bzw. bestreitbaren Märkte von der Glaubwürdigkeit des schnellen Marktein- und Marktaustritts abhängt.

Liegen hingegen sowohl die zu einer subadditiven Kostenfunktion führenden Größen- und Bündelungsvorteile als auch irreversible Kosten vor, bleibt die Marktmacht und die Gefahr des Marktmissbrauchs des natürlichen Monopolisten auch bei Wegfall der gesetzlichen Marktzutrittsschranken in der Regel bestehen. Diese Voraussetzungen sind beim Betrieb eines Stromnetzes grundsätzlich erfüllt.[41] Infolge des niedrigen Anteils an variablen Kosten, zu denen hauptsächlich die Kosten für die Beschaffung der von der Transportentfernung und der Spannungsintensität abhängigen Verlustenergie zählen[42], und aufgrund der **hohen Fixkostenintensität** entstehen beim Betrieb von Stromnetzen erhebliche Größenvorteile.[43] Andererseits resultieren aus dem Transport und der Verteilung von Strom über ein integriertes engmaschiges Elektrizitätsnetz **Bündelungsvorteile.**[44] Die Stromübertragung und Stromverteilung kann daher in einem Gebiet von einem einzigen Netzbetreiber kostengünstiger realisiert werden als von mehreren Netzanbietern, da mit zunehmender transportierter Strommenge die durchschnittlichen Kosten pro Einheit sinken.[45] Zudem sind im Falle des Markteintritts hohe Investitionskosten für die Errichtung von Stromnetzen notwendig, die als **irreversible Kosten** klassifiziert werden können[46], sodass ein paralleler Leitungsbau weitestgehend auszuschließen ist.[47]

---

41 Siehe auch die Übersicht über das Vorliegen von Subadditivität und irreversiblen Kosten in einzelnen Wirtschaftssektoren bei **Kruse, Jörn**: Ordnungstheoretische Grundlagen der Regulierung... (1989), S. 15.

42 Bei den Kosten für die Beschaffung von Verlustenergie handelt es sich um überproportionale Kosten. Die Verlustenergie steigt quadratisch mit der transportierten Strommenge. Vgl. **Brunekreeft, Gert – Keller, Katja**: Elektrizität: Verhandelter versus regulierter Netzzugang... (2003), S. 134 sowie **Borszcz, Ulrike**: Ökonomische Überlegungen zur Bildung von Netzentgelten... (2003), S. 21.

43 Vgl. **Schmidtchen, Dieter**: Liberalisierte Strommärkte... (1997), S. 19. Siehe auch **Leprich, Uwe – Diekmann, Joachim – Ziesing, Hans-Joachim**: Anreizregulierung für Beschäftigung und Netzinvestitionen... (2006), S. 9 f. und S. 12 f., die jedoch ausführen, dass die Frage, inwieweit ein Netzgebiet ausgedehnt werden kann, um strikt das Kriterium einer subadditiven Kostenfunktion zu erfüllen, nicht eindeutig beantwortet werden kann.

44 Vgl. dazu **Brunekreeft, Gert – Keller, Katja**: Elektrizität: Verhandelter versus regulierter Netzzugang... (2003), S. 134.

45 Vgl. unter anderem **Spauschus, Phillip**: Die wettbewerbliche Öffnung von Märkten mit Netzstrukturen... (2004), S. 29.

46 Vgl. **Peter Drasdo u. a.**: Konzentration und Wettbewerb in der deutschen Energiewirtschaft... (1998), S. 36 und **Knieps, Günter**: Wettbewerbsökonomie... (2005), S. 101. Siehe auch die Ausführungen bei **Fritsch, Michael – Wein, Thomas – Ewers, Hans Jürgen**: Marktversagen und Wirtschaftspolitik... (2001), S. 211.

47 Siehe dazu auch **Brunekreeft, Gert – Keller, Katja**: Elektrizität: Verhandelter versus regulierter Netzzugang... (2003), S. 136 sowie **Monopolkommission**: Wettbewerbspolitik im Schatten „Nationaler Champions"... (2004), S. 527.

Wenngleich berechtigte Zweifel bestehen, dass die zuvor aufgeführten Prämissen der Theorie der angreifbaren Märkte in der Realität stets erfüllt sind[48], veranschaulicht sie, dass entlang der elektrizitätswirtschaftlichen Wertschöpfungskette lediglich die Übertragungs- und Verteilungsnetze als nicht-angreifbare [engl.: non-contestable] natürliche Monopolbereiche verbleiben[49], die weiterhin der Regulierung unterliegen müssen und daher auch als „monopolistische Bottlenecks" bezeichnet werden.[50] Die Theorie der angreifbaren Märkte verdeutlicht, dass Wettbewerb in den Bereichen Erzeugung und Vertrieb nur dann zustande kommen kann, wenn Markteintrittsbarrieren aufgehoben werden[51] und insofern ein diskriminierungsfreier Zugang zu den Stromübertragungs- und Stromverteilungsnetzen gewährleistet ist.

II. Liberalisierung der deutschen Stromwirtschaft

Im folgenden Abschnitt wird skizziert, wie die Liberalisierung ausgehend von den Vorgaben der Europäischen Union in Deutschland umgesetzt wurde. Der Fokus der Analyse liegt auf den für die Regulierung und Entgeltkalkulation der Stromnetzbetreiber maßgeblichen Regelungen.

---

48 Vgl. **Borrmann, Jörg – Finsinger, Jörg**: Markt und Regulierung... **(1999)**, S. 101 und die kritischen Ausführungen zu den Annahmen der Theorie der angreifbaren Märkte bei **Weimann, Joachim**: Wirtschaftspolitik – Allokation und kollektive Entscheidung... **(2003)**, S. 337 ff.

49 Vgl. **Knieps, Günter**: Der disaggregierte Regulierungsansatz der Netzökonomie... **(2003)**, 12 f.

50 Als Bottleneck wird der Bereich verstanden, der als Engpass Wettbewerb verhindert und deshalb reguliert werden muss. Stromnetze sind insofern Engpass-Ressourcen, auf deren Nutzung ein anderer Anbieter zwingend angewiesen ist, da ein paralleler Aufbau der Netzinfrastruktur nicht in Frage kommt. Vgl. nochmals **Knieps, Günter**: Der disaggregierte Regulierungsansatz der Netzökonomie... **(2003)**, S. 13 und S. 15 sowie **Hense, Andreas – Schäffner, Daniel**: Regulatorische Aufgaben im Energiebereich... **(2004)**, S. 1.

51 Vgl. **Weimann, Joachim**: Wirtschaftspolitik – Allokation und kollektive Entscheidung... **(2003)**, S. 342.

A. Liberalisierungsvorgaben der Europäischen Union

1) Vorgaben der EU-Richtlinie 96/92/EG vom 19.12.1996

Nachdem die Liberalisierung des Strommarktes bereits in mehreren Ländern vollzogen worden war,[52] wurde in der Europäischen Union nach langjährigen Diskussionen und mehreren Richtlinienentwürfen[53] mit der Verabschiedung der EU-Richtlinie 96/92/EG am 19.12.1996 der Startschuss zur Schaffung eines liberalisierten europäischen Binnenmarktes für Elektrizität vollzogen.[54] Die innerhalb einer Frist von zwei Jahren in nationales Recht umzusetzende Richtlinie 96/92/EG zielte vorrangig auf die Realisierung von **Wettbewerb auf der Erzeugungsstufe** und damit den Versorgungswettbewerb für industrielle Großkunden ab, während im Endkundenbereich zunächst nur eine schrittweise Marktöffnung vorgesehen war.[55]

Zur Separierung der Netzbereiche von den Wettbewerbsbereichen Erzeugung und Vertrieb/Handel sah die Richtlinie 96/92/EG zunächst neben der Etablierung eines separaten Managements für die Unternehmensbereiche Erzeugung, Transport und Verteilung/Versorgung lediglich ein **buchhalterisches Unbundling** vor, das integrierte EVU verpflichtete für die Bereiche Erzeugung, Transport und Verteilung/Versorgung[56] getrennte Konten zu führen sowie jeweils eine separate Bilanz und Gewinn- und Verlustrechnung aufzustellen. Zur Realisierung eines diskriminierungsfreien Zugangs zu den Netzen wurden den Mitgliedsstaaten die folgenden drei Wahlmöglichkeiten eingeräumt:[57]

---

52 Vgl. **Wild, Jörg:** Deregulierung und Regulierung der Elektrizitätsverteilung... **(1999)**, S. 17 und die dort in Fußnote 1 aufgezählten Länder, z. B. Neuseeland (1987), England/Wales (1990), Norwegen (1991) und Kalifornien (1994).

53 Vgl. dazu die ausführliche Darstellung bei **Kreis, Constanze:** Deregulierung und Liberalisierung der europäischen Elektrizitätswirtschaft... **(2004)**, S. 43 ff. und die Beschreibung bei **Wirtz, Christian:** Wertorientierte Unternehmenssteuerung in netzbasierten Industrien... **(2003)**, S. 55.

54 Vgl. **Richtlinie 96/92/EG** des Europäischen Parlamentes und Rates vom 19. Dezember 1996 betreffend gemeinsame Vorschriften für den Elektrizitätsbinnenmarkt, in: Amtsblatt der Europäischen Union Nr. L 27 vom **30.01.1997**, S. 20 ff.

55 Siehe dazu auch **Brunekreeft, Gert – Keller, Katja:** Elektrizität: Verhandelter versus regulierter Netzzugang... **(2003)**, S. 140 f. sowie die Darstellungen bei **Wirtz, Christian:** Wertorientierte Unternehmenssteuerung in netzbasierten Industrien... **(2003)**, S. 55.

56 Artikel 14 der EU-Richtlinie 96/92/EG sah allerdings noch keine buchhalterische Trennung der Bereiche Verteilung und Versorgung vor.

57 Siehe dazu ausführlicher **Schmidtchen, Dieter:** Liberalisierte Strommärkte... **(1997)**, S. 23 ff.

- **Verhandelter Netzzugang** [engl.: Negotiated Third Party Access]: Aushandlung der Bedingungen für den Netzzugang zwischen Netzbetreibern und Netzkunden sowie Verpflichtung des Netzbetreibers zur Gleichbehandlung,
- **Regulierter Netzzugang** [engl.: Regulated Third Party Access]: Ex ante-Festlegung der Bedingungen für den Netzzugang durch eine Regulierungsbehörde,
- **Alleinabnehmersystem** [engl.: Single Buyer System]: Kauf von Strom von Erzeugern und Händlern sowie Verteilung von Strom an die Endkunden in einem Netzbereich durch eine zentrale juristische Person.

Wie nachfolgend noch ausführlicher erläutert wird, entschieden sich alle Mitgliedsstaaten bis auf Deutschland, das den Weg des verhandelten Netzzugangs wählte, für den regulierten Netzzugang.[58]

2) Vorgaben der EU-Beschleunigungsrichtlinie 2003/54/EG vom 26.06.2003

Nachdem die Liberalisierung der Strommärkte in einzelnen Mitgliedsstaaten der Europäischen Union nicht die gewünschten Erfolge erzielte, verabschiedete das Europäische Parlament und der Rat die auch als EU-Beschleunigungsrichtlinie bezeichnete Richtlinie 2003/54/EG, die bis zum 01.07.2004 in nationales Recht umzusetzen war.[59] Gemäß Artikel 21 Abs. 1 ordnete die Richtlinie 2003/54/EG die **vollständige Öffnung der Elektrizitätsmärkte** bis zum 01.07.2004 für alle Nicht-Haushaltskunden und für alle Endverbraucher bis zum 01.07.2007 an. Als wesentliche Grundvoraussetzung für einen voll funktionsfähigen europäischen Binnenmarkt fordert die Richtlinie 2003/54/EG, dass der Netzzugang nichtdiskriminierend, transparent und zu angemessenen Preisen gewährleistet wird.[60] Die Richtlinie 2003/54/EG sah gegenüber der Richtlinie 96/92/EG hinsichtlich der Regulierung der Stromnetzbereiche insbesondere die folgenden Änderungen vor:

---

58 Für die Netzentgeltkalkulation bedeutete der deutsche Weg, dass im Fall des verhandelten Netzzugangs die Tarife bzw. die der Kalkulation zugrundegelegten Parameter aus Verhandlungen zwischen Netznutzern und Netzbetreibern resultieren, während im Fall des regulierten Netzzugangs die wesentlichen Kalkulationsparameter von einer Regulierungsbehörde vorgegeben werden, die für die Genehmigung der Netzentgelte verantwortlich ist. Vgl. dazu auch **Brunekreeft, Gert – Keller, Katja**: Elektrizität: Verhandelter versus regulierter Netzzugang... **(2003)**, S. 143.

59 Vgl. **Richtlinie 2003/54/EG** des Europäischen Parlamentes und Rates über gemeinsame Vorschriften für den Elektrizitätsbinnenmarkt und zur Aufhebung der Richtlinie 96/92/EG, in: Amtsblatt der EuropäischenUnion, L 176, **15.07.2003**, S. 37-55.

60 Vgl. **Richtlinie 2003/54/EG** des Europäischen Parlamentes und Rates über gemeinsame Vorschriften für den Elektrizitätsbinnenmarkt und zur Aufhebung der Richtlinie 96/92/EG... **(2003)**, S. 37.

- **rechtliche Trennung** [engl.: Legal Unbundling], **buchhalterische Separierung** [engl.: Accounting Separation] sowie **organisatorisches Unbundling** [engl.: Management Unbundling] der Übertragungs- und Verteilungsnetze von den Bereichen Erzeugung und Vertrieb/Versorgung,
- Pflicht zur **Einrichtung einer nationalen Regulierungsbehörde**,
- **Ex ante-Genehmigung** der Netzentgelte durch die Regulierungsbehörde.

Neben dem verhandelten Netzzugang wurde gleichzeitig auch das ursprünglich bis 2005 vorgesehene Alleinabnehmersystem [engl.: single buyer-model] abgeschafft.

Im Folgenden wird beschrieben, wie die EU-Vorgaben in Deutschland umgesetzt wurden. Die Darstellungen fokussieren auf die Regelungen zur Ausgestaltung der Regulierung der Netzbetreiber und die Vorgaben zur Kapitalkostenkalkulation.

B) Umsetzung der Liberalisierung in Deutschland

Wie **Abbildung 1-3** zeigt, beginnen die Ausführungen mit der Umsetzung der Richtlinie 96/92/EG durch das am 24.04.1998 verabschiedete „Gesetz zur Neuregelung des Energiewirtschaftsrechts" und enden mit einem Ausblick auf die für den 01.01.2008 geplante Einführung eines Konzeptes der Anreizregulierung.[61]

1) Umsetzung der EU-Richtlinie 96/92/EG

a) Gesetz zur Neuregelung des Energiewirtschaftsrechts vom 24.04.1998

Die EU-Richtlinie 96/92/EG wurde in Deutschland durch das „Gesetz zur Neuregelung des Energiewirtschaftsrechts" (EnWG) vom 24.04.1998 in nationales Recht umgesetzt[62], wodurch das aus dem Jahr 1935 stammende Energiewirtschaftsgesetz grundlegend reformiert wurde.[63] Gleichzeitig wurden anlässlich der am 01.01.1999 in Kraft getretenen 6. Kartellrechtsnovelle die **kartellrechtlichen Sonderregeln** für Strom und Gas der §§ 103 und 103a GWB abgeschafft, wo-

---

61 Vgl. **Bundesnetzagentur**: Bericht der Bundesnetzagentur nach § 112a EnWG zur Einführung der Anreizregulierung nach § 21a EnWG... **(2006)**, S. 18.
62 Vgl. im Folgenden **Gesetz zur Neuregelung des Energiewirtschaftsrechts (EnWG) vom 24. April 1998**, in Bundesgesetzblatt, Teil I **1998**, S. 730.
63 Vgl. **Bachert, Patrick**: Die Aufsicht über Energieversorgungsunternehmen... **(2004)**, S. 17.

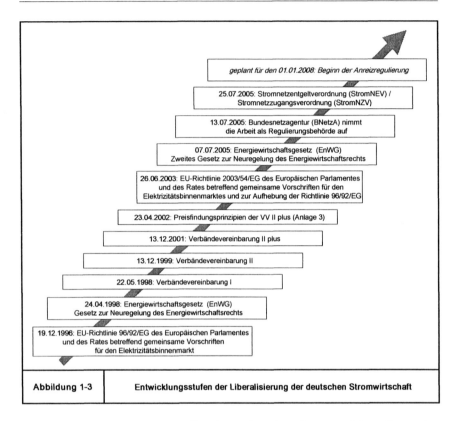

geplant für den 01.01.2008: Beginn der Anreizregulierung

25.07.2005: Stromnetzentgeltverordnung (StromNEV) /
Stromnetzzugangsverordnung (StromNZV)

13.07.2005: Bundesnetzagentur (BNetzA) nimmt
die Arbeit als Regulierungsbehörde auf

07.07.2005: Energiewirtschaftsgesetz (EnWG)
Zweites Gesetz zur Neuregelung des Energiewirtschaftsrechts

26.06.2003: EU-Richtlinie 2003/54/EG des Europäischen Parlamentes
und des Rates betreffend gemeinsame Vorschriften für den
Elektrizitätsbinnenmarktes und zur Aufhebung der Richtlinie 96/92/EG

23.04.2002: Preisfindungsprinzipien der VV II plus (Anlage 3)

13.12.2001: Verbändevereinbarung II plus

13.12.1999: Verbändevereinbarung II

22.05.1998: Verbändevereinbarung I

24.04.1998: Energiewirtschaftsgesetz (EnWG)
Gesetz zur Neuregelung des Energiewirtschaftsrechts

19.12.1996: EU-Richtlinie 96/92/EG des Europäischen Parlamentes
und des Rates betreffend gemeinsame Vorschriften
für den Elektrizitätsbinnenmarkt

Abbildung 1-3	**Entwicklungsstufen der Liberalisierung der deutschen Stromwirtschaft**

durch es EVU nicht mehr möglich ist, Gebietskartelle zu errichten.[64] Wettbe-
werbswidriges Verhalten der EVU und die Wahrung eines diskriminierungsfreien
Netzzugangs oblag von nun an der Überwachung durch das Bundeskartellamt[65],
das durch § 19 Abs. 4 Nr. 4 GWB ermächtigt wurde, im Rahmen von **Missbrauchsverfahren** ex post auf die Höhe der Durchleitungsgebühren Einfluss zu
nehmen.[66]

Im Unterschied zu allen anderen Mitgliedsstaaten wählte Deutschland als ein-
ziges Land nicht den Weg des regulierten Netzzugangs. Stattdessen sahen die

---

64 Vgl. **Monopolkommission**: Wettbewerbspolitik im Schatten „Nationaler Champions"... **(2004)**, S. 529.

65 Vgl. dazu nochmals **Monopolkommission**: Wettbewerbspolitik im Schatten „Nationaler Champions"... **(2004)**, S. 530.

66 Vgl. **Arbeitsgruppe Netznutzung Strom der Kartellbehörden des Bundes und der
Länder**: Bericht über 1. die Reichweite der kartellrechtlichen Eingriffsnormen ...
(2001), S. 23 ff.

§§ 5 und 6 EnWG das **Modell des verhandelten Netzzugangs** vor, indem die Bedingungen für den Netzzugang zwischen den Großverbrauchern und Netznutzern auf der einen Seite und der Stromwirtschaft auf der anderen Seite ausgehandelt wurden. Wenngleich auf die Einrichtung einer sektorspezifischen Regulierungsbehörde verzichtet wurde, hielt man an der staatlichen Strompreisaufsicht gemäß § 11 EnWG fest. Bereits mit dem Inkrafttreten des EnWG im Jahr 1998 wurde es allen Endkunden ermöglicht, den Versorger zu wechseln, sodass eine Marktöffnung ohne Zwischenschritte zu 100% realisiert wurde.[67]

b) Verbändevereinbarung VV I vom 22.05.1998

Der in Deutschland beschrittene Weg des verhandelten Netzzugangs kann auch als Entscheidung für eine **privatwirtschaftliche Selbstregulierung** umschrieben werden.[68] Der Gesetzgeber überließ die Ausgestaltung der Netzzugangsbedingungen den Marktteilnehmern. Die Kriterien über die Durchleitungsgebühren bzw. Netzentgelte wurden in **Verbändevereinbarungen** geregelt, die jedoch lediglich empfehlenden und damit keinen rechtsverbindlichen Charakter aufweisen.[69]

Am 22.05.1998 unterzeichneten der Verband der Elektrizitätswirtschaft (VDEW) als Vertreter der Stromwirtschaft, der Bundesverband der Deutschen Industrie (BDI) und die Vereinigung industrieller Kraftwirtschaft (VIK) als Repräsentanten industrieller Stromkunden und Eigenerzeuger die **Verbändevereinbarung VV I** über Kriterien zur Bestimmung von Durchleitungsentgelten.[70] Die VV I erwies sich jedoch als wenig praktikabel, da das Durchleitungsentgelt für eine Stromlieferung jeweils individuell auf Basis eines **transaktionsabhängigen Punkt-zu-Punkt-Modells** zwischen einem Einspeise- und einem Entnahmepunkt ermittelt wurde.[71] Für jede Transaktion waren Durchleitungsverhandlungen zwi-

---

67 Siehe dazu auch **Brunekreeft, Gert – Keller, Katja**: Elektrizität: Verhandelter versus regulierter Netzzugang... **(2003)**, S. 149.
68 Vgl. **Fritz, Wolfgang – König, Siegfried**: Der liberalisierte Strommarkt – eine Einführung... **(2001)**, S. 17.
69 Vgl. **Kreis, Constanze**: Deregulierung und Liberalisierung der europäischen Elektrizitätswirtschaft... **(2004)**, S. 51. Siehe auch dazu **Spauschus, Phillip**: Die wettbewerbliche Öffnung von Märkten mit Netzstrukturen... **(2004)**, S. 205.
70 Vgl. **Bundesverband der Deutschen Industrie e. V. (BDI) – Vereinigung Deutscher Elektrizitätswerke - VDEW - e. V. – VIK Verband der Industriellen Energie- und Kraftwirtschaft e. V.**: Verbändevereinbarung über Kriterien zur Bestimmung von Durchleitungsentgelten vom 22. Mai **1998**.
71 Vgl. **Monopolkommission**: Wettbewerbspolitik im Schatten „Nationaler Champions" **(2004)**, S. 531 sowie **Brunekreeft, Gert – Keller, Katja**: Elektrizität: Verhandelter versus regulierter Netzzugang... **(2003)**, S. 149.

schen Netznutzer und Netzbetreiber erforderlich.[72] Die Bemessung der Entgelte orientierte sich an der transaktionsbezogenen Luftlinienentfernung zwischen Einspeise- und Entnahmepunkt, die dem tatsächlichen Stromfluss und der Netznutzung jedoch nicht gerecht wurde.[73] Überregionaler Wettbewerb wurde tendenziell behindert und die Monopolstellung regionaler Versorger und Verbundunternehmen eher zementiert[74], was auch durch die Höhe der Durchleitungsgebühren im internationalen Vergleich sichtbar wurde.[75]

Darüber hinaus mangelte es der VV I an Transparenz. Es wurde **kein konkreter Kalkulationsleitfaden** vereinbart. Abschnitt 2.1.3 der VV I sah lediglich vor, dass die Entgeltkalkulation sich an den Anleitungen der Preisbehörden der Bundesländer im Rahmen der Strompreisgenehmigungsverfahren orientieren sollte. Kontrollmechanismen über die Angemessenheit der Netzentgelte waren nicht vorgesehen.

c) Verbändevereinbarung VV II vom 13.12.1999

Mit der am 13.12.1999 ebenfalls von den Verbänden VDEW, VIK und BDI unterzeichneten Verbändevereinbarung II wurde die VV I grundlegend überarbeitet.[76] Mit dem Ziel der Intensivierung des Wettbewerbs sah die VV II den in ihrem Titel zum Ausdruck kommenden Wechsel zu einem entfernungsunabhängigen Netznutzungsprinzip vor, für das lediglich der Kontakt mit dem Netzbetreiber am Anschlusspunkt des Entnehmers maßgeblich ist.[77] Im Gegensatz zur VV I stellte die VV II nicht mehr auf die Verhandlung über die Durchleitung und die entfernungsabhängigen Durchleitungsgebühren ab, Ziel war es vielmehr die Kriterien und Entgelte für den **(weitgehend) entfernungsunabhängigen Netzzu-**

72 Vgl. **Brunekreeft, Gert – Keller, Katja**: Netzzugangsregime und aktuelle Marktentwicklung... (**2000**), S. 156.

73 Vgl. dazu auch **Kreis, Constanze**: Deregulierung und Liberalisierung der europäischen Elektrizitätswirtschaft... (**2004**), S. 51 f.

74 Vgl. **Monopolkommission**: Wettbewerbspolitik im Schatten „Nationaler Champions"... (**2004**), S. 531 sowie **Haupt, Ulrike – Pfaffenberger, Wolfgang**: Network Access and Pricing in Germany... (**2000**), S. 7.

75 Vgl. **Fritz, Wolfgang – König, Siegfried**: Der liberalisierte Strommarkt – eine Einführung... (**2001**), S. 18.

76 Vgl. **Bundesverband der Deutschen Industrie e. V. (BDI) - VIK Verband der Industriellen Energie- und Kraftwirtschaft e. V. - Vereinigung Deutscher Elektrizitätswerke - VDEW - e. V.**: Verbändevereinbarung über Kriterien zur Bestimmung von Netznutzungsentgelten für elektrische Energie vom 13. Dezember **1999**.

77 Siehe dazu auch die Gegenüberstellung der VV I und VV II bei **Brunekreeft, Gert – Keller, Katja**: Netzzugangsregime und aktuelle Marktentwicklung... (**2000**), S. 156 und die Ausführungen bei **Fritz, Wolfgang – König, Siegfried**: Der liberalisierte Strommarkt – eine Einführung... (**2001**), S. 18 f.

gang zu regeln.[78] Für jede Spannungsebene wurden einheitliche Netzzugangstarife kalkuliert.[79] Händler und Verbraucher zahlten demnach einen Entnahmetarif für die Netzebene des Netzbetreibers, an die sie angeschlossen sind. Die anteiligen Kosten der vorgelagerten Netzebenen wurden von Netzebene zu Netzebene weitergewälzt.[80]

Um die Transparenz der Entgeltkalkulation zu erhöhen, wurden die Netzbetreiber zur Veröffentlichung der Netzentgelte verpflichtet und die VV II um eine Anlage 3 ergänzt, die die wesentlichen der Kalkulation zugrunde liegenden Preisfindungsprinzipien regelt. Hinsichtlich der im Rahmen dieser Arbeit analysierten **Kapitalkostenermittlung** sah die VV II die folgenden Regelungen vor:[81]

- Ermittlung der Netzentgelte auf Basis des handelsrechtlichen Jahresabschlusses und einer kalkulatorischen Rechnung,
- Kapitaldienstermittlung nach dem Konzept der Nettosubstanzerhaltung,
- Tagesneuwertermittlung mit Hilfe von Preissteigerungsindizes oder auf Basis von Angebotspreisen,
- Bemessung der Eigenkapitalquote auf Basis der jeweils gültigen Arbeitsanleitung der Preisbehörden zur Darstellung der Kosten- und Erlösentwicklung,
- Ansatz der Gewerbe- und Körperschaftsteuer auf den „Scheingewinn",
- Berücksichtigung eines nicht bezifferten Wagniszuschlags im Rahmen der Festlegung des realen Eigenkapitalkostensatzes, dessen Höhe durch Gutachter oder eine Clearingstelle überprüft werden sollte.

Um Anhaltspunkte über die Einhaltung der rationellen Betriebsführung zu erhalten, sah Punkt 4 der Anlage 3 darüber hinaus die **Einführung eines Vergleichsmarktprinzips** vor, das auf strukturell vergleichbare nationale Netzbetreiber begrenzt wurde. Auf einen weitergehenden Mechanismus, der die Einhaltung der Preisfindungsprinzipien kontrolliert, wurde wiederum verzichtet, sodass

---

78 Vgl. dazu auch **Brunekreeft, Gert – Keller, Katja**: Elektrizität: Verhandelter versus regulierter Netzzugang... **(2003)**, S. 152.
79 Vgl. **Monopolkommission**: Wettbewerbspolitik im Schatten „Nationaler Champions"... **(2004)**, S. 531 sowie **Brunekreeft, Gert – Keller, Katja**: Elektrizität: Verhandelter versus regulierter Netzzugang... **(2003)**, S. 152. Siehe auch die Gegenüberstellung der Abrechnung der Netznutzung nach VV I und VV II bei **Hinz, Hans-Jörg – Klafka, Peter**: Privatwirtschaftliche Regeln für den Strommarkt... **(2001)**, S. 155 ff.
80 Vgl. **Monopolkommission**: Wettbewerbspolitik im Schatten „Nationaler Champions"... **(2004)**, S. 531.
81 Vgl. **Bundesverband der Deutschen Industrie e. V. (BDI) - VIK Verband der Industriellen Energie- und Kraftwirtschaft e. V. - Vereinigung Deutscher Elektrizitätswerke - VDEW - e. V.**: Verbändevereinbarung über Kriterien zur Bestimmung von Netznutzungsentgelten für elektrische Energie... **(1999)**, Anlage 3, S. 1-3.

für die Netzbetreiber nach wie vor Freiräume bei der Netzentgeltkalkulation bestanden.[82]

d) Verbändevereinbarung VV II plus vom 13.12.2001

Infolge der sich im Jahr 2001 bereits konkretisierenden Pläne der Europäischen Kommission zu einer Abschaffung des verhandelten Netzzugangs sowie der Vielzahl von Missbrauchsverfahren; die das Bundeskartellamt gegen Netzbetreiber wegen des Verdachts überhöhter Netzentgelte einleitete[83], versuchten die Branchenverbände VDEW und VDN mit der am 13.12.2001 verabschiedeten Verbändevereinbarung VV II plus[84] vor dem Hintergrund einer wahrscheinlicher werden Regulierung des Netzzugangs **Maßnahmen zu einer verstärkten Selbstregulierung** einzuleiten.[85] Das transaktionsunabhängige Netzzugangsmodell der VV II vom 13.12.1999 wurde beibehalten. Als wesentliche Neuerungen gegenüber der VV II sind insbesondere die folgenden Punkte zu nennen:

- verstärktes informatorisches Unbundling der Übertragungs- und Verteilungsnetzbereiche durch ein Verbot des Austauschs sensibler kundenspezifischer Daten an Stromerzeugung und Stromvertrieb,
- Ausbau des Vergleichsmarktprinzips durch eine auf Basis der Merkmale Einwohnerdichte, Abnahmedichte, Verkabelungsgrad sowie Ost/West erfolgende Bildung von insgesamt 18 Strukturklassen pro Spannungsebene mit dem Ziel eines adäquaten Vergleichs der Netzentgelte sowie die
- Möglichkeit zum Anruf einer Schiedsstelle im Falle eines Überschreitens der Netzentgelte eines Netzbetreibers um 30% des Durchschnittsniveaus der jeweiligen Strukturklasse.

---

82 Vgl. **Brunekreeft, Gert – Keller, Katja**: Netzzugangsregime und aktuelle Marktentwicklung... **(2000)**, S. 156 sowie S. 158 f. Siehe auch die Ausführungen bei **Gabriel, Jürgen – Haupt, Ulrike – Pfaffenberger, Wolfgang**: Vergleich der Arbeitsanleitungen nach §12 BTOELT mit dem Kalkulationsleitfaden nach Anlage 3 der Verbändevereinbarung II+. **(2002)**, S. 14.

83 Vgl. dazu unter anderem **Bundeskartellamt**: Untersuchung gegen 22 Netzbetreiber wegen überhöhter Netznutzungsentgelte eingeleitet, Pressemeldung, Bonn **27.09. 2001**.

84 Vgl. dazu **Bundesverband der Deutschen Industrie e.V. (BDI) – VIK Verband der Industriellen Energie- und Kraftwirtschaft e.V. (VIK) – Verband der Elektrizitätswirtschaft e.V. (VDEW) – Verband der Netzbetreiber (VDN), beim VDEW e.V. – Arbeitsgemeinschaft regionaler Energieversorgungsunternehmen e.V. (ARE) – Verband kommunaler Unternehmen (VKU) e.V.**: Verbändevereinbarung über Kriterien zur Bestimmung von Netznutzungsentgelten für elektrische Energie und über Prinzipien der Netznutzung vom 13. Dezember **2001**.

85 Hierauf verweisen **Brunekreeft, Gert – Keller, Katja**: Ex ante versus ex post: Regulierung oder Wettbewerbspolitik im deutschen Elektrizitätssektor ?... **(2003)**, S. 159 f.

e) Preisfindungsprinzipien der VV II plus vom 23.04.2002

Mit der Überarbeitung der Anlage 3 der VV II plus zu den Preisfindungsprinzipien vom 23.04.2002, die ab dem 01.01.2003 Anwendung fand, wurden die in der VV II teilweise noch mit erheblichen Freiräumen versehenen kalkulatorischen Kostenansätze und das **Konzept der Nettosubstanzerhaltung konkretisiert.** Hinsichtlich der Kapitalkostenermittlung betrifft dies insbesondere die folgenden Positionen:[86]

* Verbot der kalkulatorischen Abschreibung „unter Null",
* Festlegung des realen Eigenkapitalkostensatzes auf 6,5%,
* Berechnung der Eigenkapitalquote als Quotient aus dem betriebsnotwendigem Eigenkapital und den kalkulatorisch ermittelten Restbuchwerten des betriebsnotwendigen Vermögens zu Anschaffungs- bzw. Herstellungskosten,
* Begrenzung der für die Entgeltkalkulation maßgeblichen Eigenkapitalquote auf höchstens 50% (ab dem 01.01.2003) bzw. 40% (ab dem 01.01.2004),
* Tagesneuwertermittlung auf Basis von Indexreihen des Statistischen Bundesamtes bei Aufrechterhaltung der Möglichkeit des Verwendens von aktuellen Angebotspreisen,
* Vorgabe konkreter Ermittlungsschemata für die Berechnung der kalkulatorischen Abschreibungen, der Restwerte des Anlagevermögens, der Steuern auf den Scheingewinn und der Eigenkapitalverzinsung,
* Kalkulation der dem Netzbereich zuzuordnenden Gewerbesteuer unter Berücksichtigung der Abzugsfähigkeit der Gewerbesteuer bei sich selbst[87],
* Standardisierung der betriebsgewöhnlichen Nutzungsdauern, die aus dem Entwurf der Arbeitsanleitung zur Darstellung der Kosten- und Erlösentwicklung in der Stromversorgung übernommen wurden.

Wie nachfolgend noch ausführlicher erläutert wird, stand die Ermittlung kalkulatorischer Abschreibungen, Zinsen und Steuern nach den Vorgaben der Anla-

---

86 Vgl. im Folgenden **Bundesverband der Deutschen Industrie e.v. (BDI) – VIK Verband der Industriellen Energie- und Kraftwirtschaft e. V. (VIK) – Verband der Elektrizitätswirtschaft e.v. (VDEW) – Verband der Netzbetreiber (VDN), beim VDEW e. V. – Arbeitsgemeinschaft regionaler Energieversorgungsunternehmen e.v. (ARE) – Verband kommunaler Unternehmen (VKU) e. V.:** Anlage 3 zur Verbändevereinbarung über Kriterien zur Bestimmung von Netznutzungsentgelten für elektrische Energie und über Prinzipien der Netznutzung vom 13. Dezember 2001 und Ergänzung vom 23. April **2002.**

87 Als das Ergebnis von Verhandlungen sahen die Preisfindungsprinzipien der VV II plus lediglich den Ansatz der kalkulatorischen Gewerbesteuer vor. Wie im 3. Kapitel ausführlich begründet wird, wären die körperschaftsteuerlichen Belastungen des bereits zum Zeitpunkt des Inkrafttretens der VV II plus nach der Unternehmensteuerreform 2001 kalkulationsrelevant gewesen.

ge 3 der VV II plus anlässlich mehrerer **Missbrauchsverfügungen des Bundes-kartellamtes**[88] dennoch im Mittelpunkt der Diskussion um die Angemessenheit der von den Netzbetreibern kalkulierten Netzentgelte. Dies ist vermutlich auch darauf zurückzuführen, dass die Branche auf eine Offenlegung der Kalkulation und einen darauf aufbauenden Kontrollmechanismus erneut verzichtete. Andererseits ist zu bedenken, dass sich die Missbrauchsaufsicht des Bundeskartellamtes nicht an den Preisfindungsprinzipien der VV II plus, sondern an dem Bericht der „Arbeitsgruppe Netznutzung Strom der Kartellbehörden des Bundes und der Länder" orientierte, der insbesondere bezüglich der Kapitalkostenkalkulation andere Vorgaben enthielt[89], sodass die **Diskussion um die Bemessung der Kapitalkosten** vorprogrammiert war.

Mit Drängen der Stromwirtschaft auf Planungs- und Rechtssicherheit wurden die Preisfindungsprinzipen der VV II plus durch das am 20.05.2003 von der Bundesregierung verabschiedete „Erste Gesetz zur Änderung des Gesetzes der Neuregelung des Energiewirtschaftgesetzes" auch in das EnWG vom 24.04.1998 nachträglich aufgenommen. Für die Zeit bis zum 31.12.2003 wurde gemäß § 6 Abs. 1 Satz 4 EnWG per Gesetz bei Einhaltung der Vorgaben und Preisfindungsprinzipien der VV II plus die Erfüllung der **Bedingungen guter fachlicher Praxis** vermutet.

Anlässlich des Kartellverwaltungsverfahrens TEAG Thüringer Energie AG (TEAG) gegen Bundeskartellamt [Kart 4/03 (V)] bescheinigte jedoch auch das Oberlandesgericht (OLG) Düsseldorf den Preisfindungsprinzipien der VV II plus mit Verweis auf mehrere, insbesondere auf die Kapitalkostenkalkulation abstellenden Gutachten[90], dass sie als „ein **taugliches und betriebswirtschaftlich ver-**

---

88 Zu nennen ist insbesondere das richtungsweisende Kartellverwaltungsverfahren Thüringer Energie AG (TEAG) gegen Bundeskartellamt [Kart 4/03 (V)].
89 Vgl. **Monopolkommission**: Wettbewerbspolitik im Schatten „Nationaler Champions"... **(2004)**, S. 534 sowie **Arbeitsgruppe Netznutzung Strom der Kartellbehörden des Bundes und der Länder**: Bericht über 1. die Reichweite der kartellrechtlichen Eingriffsnormen ... **(2001)**, S. 32 f. sowie S. 36. Im Gegensatz zu den Preisfindungsprinzipien der VV II plus sieht der Bericht der Arbeitsgruppe Netznutzung Strom der Kartellbehörden des Bundes und der Länder weder den Ansatz der kalkulatorischen Gewerbesteuer noch die Berücksichtigung von Steuern auf den „Scheingewinn" vor. Den Ansatz eines Wagniszuschlags für das allgemeine Unternehmerrisiko verneinten die Kartellbehörden ebenso.
90 Vgl. dazu insbesondere **Männel, Wolfgang**: Gutachten zu den Preisfindungsprinzipien der Verbändevereinbarung VV II plus vom 13.12.2001 und 23.04.2002, Kalkulationsgrundlagen in der Energieversorgung, Band 2, hrsg. v. Verband der Elektrizitätswirtschaft – VDEW - e.V., Frankfurt am Main, März **2003** und **Gerke, Wolfgang**: Risikoadjustierte Bestimmung des Kalkulationszinssatzes in der Stromnetzkalkulation, Kalkulationsgrundlagen in der Energieversorgung, Band 1, hrsg. v. Verband der Elektrizitätswirtschaft – VDEW - e.V., Frankfurt am Main, Februar **2003**.

tretbares Konzept zur Preiskalkulation" dienen.[91] Im Streben nach Preiskontinuität und bestärkt durch das Urteil des OLG Düsseldorf kalkulierten die Netzbetreiber auch in den Jahren 2004 und 2005 die Netzentgelte nach den Preisfindungsprinzipien der VV II plus, auch wenn die Vermutungsregelung „guter fachlicher Praxis" gemäß § 6 Abs. 1 Satz 4 EnWG zum 31.12.2003 auslief. Letztlich resultierte die Beibehaltung der Kalkulationsmethodik der VV II plus durch die Netzbetreiber in den Jahren 2004 und 2005 auch aus der erheblich verzögerten Verabschiedung des „Zweiten Gesetzes zur Neuregelung des Energiewirtschaftsrechts" vom 07.07.2005.

2) Umsetzung der EU-Beschleunigungsrichtlinie 2003/54/EG

Die in Deutschland in Wissenschaft und Praxis geführte Diskussion um die Frage, ob der verhandelte oder der regulierte Netzzugang zu wirksamerem Wettbewerb führt[92], erübrigte sich mit der EU-Richtlinie 2003/54/EG, die die Möglichkeit des verhandelten Netzzugangs abschaffte und Deutschland zu einem **regulierten Netzzugang** verpflichtete. Infolge dessen mussten die gesetzlichen Rahmenbedingungen und die behördlichen Zuständigkeiten erneut grundlegend reformiert werden.

a) Zweites Gesetz zur Neuregelung des Energiewirtschaftsrechts vom 07.07.2005

In Deutschland wurde die EU-Beschleunigungsrichtlinie 2003/54/EG mit einer Verzögerung von einem Jahr durch das Zweite Gesetz zur Neuregelung des Energiewirtschaftsrechts vom 07.07.2005 umgesetzt.[93] Das Zweite Gesetz zur Neuregelung des Energiewirtschaftsrechts besteht aus 5 Artikeln:
- Artikel 1 enthält das Gesetz über die Elektrizitäts- und Gasversorgung (EnWG),
- Artikel 2 besteht aus dem Gesetz über die Bundesnetzagentur für Elektrizität, Gas, Telekommunikation, Post und Eisenbahnen,

91 **Oberlandesgericht Düsseldorf**: Beschluss im Kartellverwaltungsverfahren TEAG gegen Bundeskartellamt, Aktenzeichen, VI-Kart 4/03 (V) vom **11.02.2004**, S. 15. (Hervorhebung durch den Verfasser dieser Arbeit)
92 Siehe unter anderem dazu die Beschreibung bei **Wilke, Nicole**: Tarifregulierung im liberalisierten Elektrizitätsmarkt... **(2001)**, S. 214 und die dort zitierte Literatur. Siehe ferner **Brunekreeft, Gert – Keller, Katja**: Elektrizität: Verhandelter versus regulierter Netzzugang... **(2003)**, S. 131 ff.
93 Vgl. im Folgenden **Zweites Gesetz zur Neuregelung des Energiewirtschaftsrechts vom 07. Juli 2005**, in: Bundesgesetzblatt Jahrgang 2005 Teil I Nr. 42, ausgegeben zu Bonn am 12. Juli **2005**, S. 1970-2018.

- Artikel 3 enthält Regelungen zur Änderung sonstiger Gesetze und Rechtsverordnungen,
- Artikel 4, 4a und 5 regeln die Rückkehr zum einheitlichen Verordnungsrang,
  die Neubekanntmachung sowie das Inkraft- und Außerkrafttreten.

Der Anstieg der Anzahl der Paragrafen des EnWG auf 126 gegenüber dem lediglich aus 19 Paragrafen bestehenden EnWG aus dem Jahr 1998 spiegelt die Komplexität und den Umfang des Novellierungsbedarfs wieder[94], sodass sich die Verabschiedung des EnWG als **äußerst langwieriger Prozess** gestaltete.[95] Seit dem erstmals am 16.02.2004 vom Bundesministerium für Wirtschaft und Arbeit (BMWA) präsentierten EnWG-Entwurf und dem am 25.07.2004 von der Bundesregierung vorgelegten Kabinettsentwurf verging nochmals über ein Jahr bis zur Verabschiedung des Gesetzes im Juli 2005. Der Gesetzgebungsprozess und die Formulierung der für die Strom- und Gasnetze maßgeblichen **Netzzugangs- und Netzentgeltverordnungen** wurden von zahlreichen Anhörungsverfahren und Stellungnahmen seitens der am Regulierungsprozess beteiligten Parteien begleitet.[96]

Das EnWG vom 07.07.2005 setzt die Vorgaben der Richtlinie 2003/54/EG zur Durchsetzung eines umfassenden Unbundlings[97] des Netzgeschäfts und Organisation des regulierten Netzzugangs konsequent um. Wie **Abbildung 1-4** verdeutlicht, sehen die §§ 6 bis 10 EnWG eine umfassende rechtliche, operationale, informatorische und buchhalterische Entflechtung der Verteilungs- und Übertragungsnetze von den übrigen Wertschöpfungsstufen der Elektrizitäts- bzw. Gasversorgung vor.

Auf ein in der Regulierungsdiskussion immer wieder zur Diskussion gestelltes[98], in einigen Ländern bezüglich des Übertragungsnetzes realisiertes **Ownership-Unbundling**[99] in Form der eigentumsmäßigen Trennung des Netz-

---

94 Für eine prägnante Analyse das EnWG vom 07.07.2005 siehe unter anderem **Püttner, Günter**: Das neue Energiewirtschaftsrecht – Anmerkungen aus rechtswissenschaftlicher Sicht, in: Zeitschrift für öffentliche und gemeinwirtschaftliche Unternehmen (ZögU), Band 28 **(2005)**, Heft 4, S. 394-398.

95 Vgl. dazu auch **Verband der Netzbetreiber (VDN) e. V. beim VDEW**: Daten und Fakten... **(2006)**, S. 8.

96 Für eine Überblick siehe **Deutscher Bundestag – Ausschuss für Wirtschaft und Arbeit**: Materialien zur öffentlichen Anhörung in Berlin am 29.11.2004, Ausschussdrucksache 15(9)1511, Berlin **26.11.2005**.

97 Unbundling kann mit Entflechtung ins Deutsche übersetzt werden.

98 Siehe dazu unter anderem **Council of European Energy Regulators (CEER)** CEER response to the Energy Green Paper... **(2006)**, S. 16 ff.

99 Vgl. dazu die von der Europäischen Kommission in Auftrag gegebene Studie **Gómez-Acebo & Pombo Abogados, S.L. – Charles Russell LLP**: Unbundling of

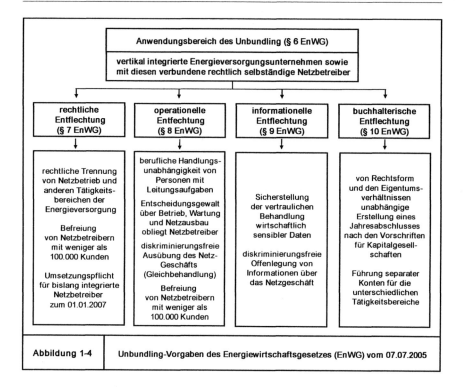

Abbildung 1-4 | Unbundling-Vorgaben des Energiewirtschaftsgesetzes (EnWG) vom 07.07.2005

geschäfts von den übrigen Teilbereichen eines EVU hat der Gesetzgeber verzichtet. Zum einen ist das Ownership-Unbundling von der EU-Richtlinie 2003/54/EG nicht vorgesehen. Zum anderen käme ein staatlich verordnetes Ownership-Unbundling einer Enteignung gleich. Aus juristischer Sicht ist noch nicht abschließend geklärt, inwieweit die eigentumsrechtliche Entflechtung des Netzbetriebs mit dem Grundgesetz, insbesondere dem Eigentumsschutz nach Artikel 14 Grundgesetz vereinbar wäre.[100] Für eine Beschreibung der Formen des Unbundling sei auf die Literatur verwiesen.[101]

Electricity and Gas Transmission und Distribution System Operators... **(2005)**, insbesondere S. 6 f.

100 Vgl. **Brunekreeft, Gert – Keller, Katja**: Sektorspezifische Ex-Ante-Regulierung der deutschen Stromwirtschaft... **(2001)**, S. 8 sowie **Haslinger, Sebastian**: Netzmonopole in der Elektrizitätswirtschaft und Wettbewerb... **(2006)**, S. 98 ff. und die dort zitierte Literatur.

101 Vgl. nochmals **Haslinger, Sebastian**: Netzmonopole in der Elektrizitätswirtschaft und Wettbewerb... **(2006)**, S. 80 ff. sowie **Vogelpoth, Norbert – Gräf, Franz-Josef – Liesenhoff, Werner**: Unbundling: ein Leitfaden für Vorstände und Geschäftsfüh-

§ 23a EnWG regelt, dass die Netzentgelte vor deren Inkrafttreten durch eine Regulierungsbehörde genehmigt werden müssen, wodurch der bislang praktizierte Weg des verhandelten Netzzugang durch das **System des regulierten Netzzugangs** ersetzt wird. Gleichzeitig sieht § 21a EnWG Vorgaben zur Implementierung eines Systems der Anreizregulierung vor, das gemäß § 21a Abs. 6 und § 24 EnWG durch eine von der Bundesregierung zu erlassende Rechtsverordnung zu konkretisieren ist. Im Einzelnen enthält das EnWG insbesondere die folgenden Vorgaben zur **Ausgestaltung der Regulierung** von Stromnetzbetreibern:

- § 21 Abs. 2 EnWG sieht zunächst ein Renditeregulierungskonzept vor, dass gemäß § 21 Abs. 3 EnWG durch ein von der Regulierungsbehörde durchzuführendes Vergleichsverfahren ergänzt werden soll.

- Kommt das Vergleichsverfahren zu dem Ergebnis, dass die Kosten eines Netzbetreibers die durchschnittlichen Kosten vergleichbarer Netzbetreiberüberschreiten, greift die pauschale Vermutungsregelung des § 21 Abs. 4 EnWG, dass die Kosten des Netzbetreibers nicht den in § 21 Abs. 2 EnWG definierten Kosten einer effizienten Leistungserbringung entsprechen.

- Zur Genehmigung kostenorientiert ermittelter Netzentgelte durch die Regulierungsbehörde müssen Netzbetreiber gemäß § 23a Abs. 3 EnWG mindestens 6 Monate vor dem geplanten Inkrafttreten der Netzentgelte einen Preisantrag bei der Regulierungsbehörde stellen.

§ 21a EnWG enthält darüber hinaus Vorgaben zur Einführung eines anreizorientierten Regulierungskonzeptes. Unabhängig von der Ausgestaltung des Regulierungskonzeptes sieht § 21 EnWG die folgende Regelung vor, die bei der **Ermittlung der Kapitalkosten** regulierter Stromnetzbetreiber Beachtung finden muss:

- Gemäß § 21 Abs. 2 Satz 1 EnWG sind „die Entgelte [...] unter Berücksichtigung [...] einer angemessenen, wettbewerbsfähigen und risikoangepassten Verzinsung des eingesetzten Kapitals" zu bilden.

Das EnWG gesteht Netzbetreibern damit grundsätzlich eine **risikoadäquate Verzinsung** des zur Leistungsbereitstellung eingesetzten Eigen- und Fremdkapitals zu.

b) Zuständige Regulierungsbehörden

Anlässlich der Beantwortung der Frage, welche Instanz künftig die von der EU-Richtlinie 2003/54/EG vorgeschriebene Rolle des Regulierers für den Strom- und

---

rer von Stadtwerken, hrsg. v. PricewaterhouseCoopers (PWC) Deutsche Revision –
WIBERA, Düsseldorf, Februar **2005**.

Gasmarkt übernehmen sollte, entschied sich die Bundesregierung für die bislang mit der Regulierung des Telekommunikations- und Postbereichs betrauten Regulierungsbehörde für Telekommunikation und Post (RegTP).[102] Gemäß § 1 des Gesetzes über die Bundesnetzagentur für Elektrizität, Gas, Telekommunikation, Post und Eisenbahnen vom 07.07.2005 wurde die RegTP in **Bundesnetzagentur (BNetzA)** umbenannt, die am 13.07.2005 als selbständige Bundesoberbehörde im Geschäftsbereich des Bundesministeriums für Wirtschaft und Technologie (BMWi) mit Sitz in Bonn offiziell ihre Arbeit aufnahm. Die BNetzA ist nur für die Übertragungsnetzbetreiber und für alle Verteilnetzbetreiber zuständig, an deren Netz mehr als 100.000 Kunden angeschlossen sind.[103] Gemäß § 54 Abs. 2 EnWG sind für alle Verteilnetzbetreiber an deren Netze weniger als 100.000 Kunden angeschlossen die Landesregulierungsbehörden zuständig, deren Vorgehen bezüglich der Entgeltgenehmigung mit der BNetzA abgestimmt ist.[104] Das EnWG stattet die Regulierungsbehörde unter anderem mit den folgenden **Kompetenzen und Aufgaben** aus:[105]

- Entscheidungen über Bedingungen und Methoden für den Netzanschluss und den Netzzugang gemäß § 29 Abs. 1 EnWG unter Beachtung der Vorgaben der jeweiligen Rechtsverordnungen,

---

102 Als Alternative zur Regulierungsbehörde für Telekommunikation und Post (RegTP) war zuvor auch das Bundeskartellamt als künftige Regulierungsbehörde im Gespräch. Vgl. **Schmidt-Preuß, Matthias**: Sektorspezifische Regulierung bei Strom und Gas... **(2004)**, S. 1113.

103 Darüber hinaus ist die Bundesnetzagentur für die Entgeltgenehmigung derjenigen Netzbetreiber zuständig, deren Netzgebiet sich nicht nur auf ein Bundesland erstreckt. Ferner können die Bundesländer die Zuständigkeit für die Entgeltregulierung per Organleihe auf die Bundesnetzagentur übertragen. Im Zuge der Preisgenehmigungsverfahren des Jahres 2006 oblagen der BNetzA insgesamt 251 Verfahren zur Genehmigung allgemeiner Stromnetzentgelte nach § 23a EnWG. Davon entfielen 101 Verfahren auf die originäre Zuständigkeit des Bundes, 150 Verfahren wurden durch die Bundesländer Mecklenburg-Vorpommern, Thüringen, Niedersachsen, Schleswig-Holstein, Berlin und Bremen auf die BnetzA im Zuge der Organleihe übertragen. Vgl. **Cronenberg, Martin**: Regulierung der Energiemärkte... **(2006)**, S. 10.

104 Vgl. dazu auch **Bundesnetzagentur**: Positionspapier der Regulierungsbehörden des Bundes und der Länder zu Einzelfragen der Kostenkalkulation gemäß Stromnetzentgeltverordnung, Bonn **07.03.2006**.

105 Siehe neben den Vorgaben des EnWG dazu unter anderem **Cronenberg, Martin**: Regulierung der Energiemärkte... **(2006)**, S. 4 f. sowie **Schultz, Klaus-Peter**: Umsetzung der Netzentgelt- und Netzzugangsverordnung durch die BNetzA... **(2006)**, S. 6.

- Genehmigung der Entgelte für den Netzzugang gemäß § 23a EnWG und § 29 Abs. 1 EnWG durch die Beschlusskammern 7 (Gas) und 8 (Strom) der Bundesnetzagentur,
- Durchführung des Vergleichsverfahrens gemäß § 21 Abs. 3 EnWG,
- Durchführung der Anreizregulierung gemäß den Vorgaben der Rechtsverordnung des BMWi nach § 21a Abs. 6 EnWG und § 24 EnWG,
- Überprüfung und Sanktionierung missbräuchlichen Verhaltens der Netzbetreiber nach den in § 30 und 31 EnWG festgelegten Kriterien,
- Vorteilsabschöpfung bei Verstoß eines Unternehmens gegen Abschnitt 2 (Netzanschluss) und 3 (Netzzugang) des EnWG gemäß § 33 EnWG,
- umfassende Überwachungsaufgaben (Monitoring) zur Einhaltung der Vorgaben und Ziele des EnWG gemäß § 35 EnWG, so z. B. die Überwachung der Entflechtung der Rechnungslegung gemäß § 10 EnWG sowie
- Wahrnehmung der durch die EU-Verordnung Nr. 1228/2003 über die Netzzugangsbedingungen für den grenzüberschreitenden Stromhandel definierten Aufgaben gemäß § 56 EnWG.

Die Kompetenzen der Regulierungsbehörde im Rahmen der **Anreizregulierung** werden gemäß § 21a Abs. 6 Ziffer 3 EnWG in der vom BMWi auszuarbeitenden Rechtsverordnung zur Ausgestaltung der Anreizregulierung konkretisiert.

c) Stromnetzzugangsverordnung (StromNZV) vom 25.07.2005

Kurz nach dem Inkrafttreten des EnWG am 07.07.2005 wurden auch die zugehörigen Netzzugangs- und Netzentgeltverordnungen für den Strom- und Gasbereich verabschiedet. Die Stromnetzzugangsverordnung (StromNZV)[106] vom 25.07. 2005 regelt gemäß § 1 StromNZV „die Bedingungen für Einspeisungen von elektrischer Energie in Einspeisestellen der Elektrizitätsversorgungsnetze und die damit verbundene zeitgleiche Entnahme von elektrischer Energie an räumlich davon entfernt liegenden Entnahmestellen der Elektrizitätsversorgungsnetze". Da es sich bei den Vorschriften der StromNZV um **technische Regelungen** bei der Bewirtschaftung von Übertragungs- und Verteilungsnetzen handelt, die für die Themenstellung dieser Arbeit nicht relevant sind, wird auf eine weitergehende Darstellung verzichtet.

---

106 Vgl. **Verordnung über den Zugang zu Elektrizitätsversorgungsnetzen vom 25.07.2005 (Stromnetzzugangsverordnung – StromNZV)**, in: Bundesgesetzblatt Jahrgang 2005 Teil I Nr. 46, ausgegeben zu Bonn am 28. Juli **2005**, S. 2243-2251.

d) Stromnetzentgeltverordnung (StromNEV) vom 25.07.2005

Unmittelbare Relevanz für diese Arbeit weist die ebenfalls am 25.07.2005 verabschiedete Stromnetzentgeltverordnung (StromNEV) auf[107], die gemäß § 1 StromNEV „die Festlegung der Methode zur Bestimmung der Entgelte für den Zugang zu den Elektrizitätsübertragungs- und Elektrizitätsverteilernetzen (Netzentgelte)" regelt.

Die StromNEV gliedert sich in 5 Teile:

- **Teil 1** enthält allgemeine Bestimmungen zum Anwendungsbereich (§ 1), Begriffsbestimmungen (§ 2) und den Grundsätzen der Entgeltbestimmung (§ 3).
- Der für die **Kapitalkostenermittlung** besonders bedeutsame **Teil 2** besteht aus den Vorgaben zur Kostenartenrechnung (Abschnitt 1, §§ 4-11), den Regelungen zur Kostenstellenrechnung (Abschnitt 2, §§ 12-14) sowie zur Kostenträgerrechnung (Abschnitt 3, §§ 15-21).
- **Teil 3** (§§ 22-26) regelt die Ausgestaltung des Vergleichsverfahrens.
- **Teil 4** (§§ 27-29) regelt die Pflichten der Netzbetreiber.
- **Teil 5** (§§ 30-33) enthält weitere sonstige Bestimmungen, von denen für die Ermittlung der Kapitalkosten insbesondere § 30, der der Regulierungsbehörde das Recht zum Treffen verschiedener Festlegungen zur Kalkulation der Netzentgelte einräumt sowie § 32 StromNEV, der Übergangsregelungen anlässlich der erstmaligen Anwendung der StromNEV trifft, relevant sind.

Soweit die StromNEV keine besonderen Regelungen hinsichtlich der Kostenermittlung vorsieht, sind gemäß § 3 Abs. 1 Satz 5 StromNEV darüber hinaus die **Leitsätze für die Preisermittlung auf Grund von Selbstkosten (LSP)** nach der Anlage zur Verordnung PR Nr. 30/53 vom 21. November 1953[108], zuletzt geändert durch Artikel 289 der Verordnung vom 25. November 2003[109] heranzuziehen. An dieser Stelle ist jedoch darauf hinzuweisen, dass die LSP für die Preisermittlung bei öffentlichen Aufträgen geschaffen wurden, bei denen es sich in der Regel um einzelne Aufträge und Projekte, also um **singuläre Geschäfte** handelt. Eine Übertragung der LSP auf den Stromnetzbetrieb, der eine Dauerversorgung

---

107 Vgl. **Verordnung über die Entgelte für den Zugang zu Elektrizitätsversorgungsnetzen vom 25.07.2005 (Stromnetzentgeltverordnung - StromNEV)**, in: Bundesgesetzblatt Jahrgang 2005 Teil I Nr. 46, ausgegeben zu Bonn am 28. Juli **2005**, S. 2225-2242. Wenn im nachfolgenden Ausführungen der Begriff StromNEV verwendet wird, ist stets die Stromnetzentgeltverordnung in der Fassung vom 25.07.2005 gemeint.

108 Vgl. **Verordnung PR Nr 30/53 über die Preise bei öffentlichen Aufträgen vom 21. November 1953**, in Bundesanzeiger, Jahrgang 1953, Nr. 244.

109 Vgl. **Artikel 289 der Achten Zuständigkeitsanpassungsverordnung vom 25. November 2003**, in Bundesgesetzblatt, Jahrgang 2003, Teil 1, S. 2304.

garantieren muss, kann daher Hilfestellung geben, jedoch nicht für sich allein maßgeblich sein.[110]

Die Paragrafen der StromNEV werden durch **5 Anlagen** ergänzt:

- Die aus der Verbändevereinbarung VV II plus übernommene **Anlage 1** gibt die für die Bemessung der kalkulatorischen Abschreibung anzuwendenden betriebsgewöhnlichen Nutzungsdauern vor.
- **Anlage 2** definiert die für die Netzentgeltkalkulation maßgeblichen Haupt- und Nebenkostenstellen.
- **Anlage 3** definiert die nach Netzebenen zu differenzierenden Kostenträger.
- **Anlage 4** definiert Gleichzeitigkeitsfunktion und Gleichzeitigkeitsgrad.
- **Anlage 5** gibt das Format der für den Bericht über die Netzentgeltkalkulation zu erläuternden Absatzstruktur vor.

Für die **Kapitalkostenkalkulation** sind insbesondere die §§ 6-8 der Strom-NEV hinsichtlich der Ermittlung der kalkulatorischen Abschreibungen, der kalkulatorischen Eigenkapitalverzinsung und der kalkulatorischen Steuern relevant. Darüber hinaus regelt § 5 Abs. 2 StromNEV den Ansatz von Fremdkapitalzinsen. Anlässlich der erstmaligen Kalkulation der Netzentgelte im Rahmen der Preisgenehmigungsverfahren 2006 übten insbesondere auch die Übergangsregelungen des § 32 Abs. 3 StromNEV erheblichen Einfluss auf den von den Behörden anerkannten Ansatz der kalkulatorischen Abschreibungen und der kalkulatorischen Restbuchwerte aus.[111]

Über die Inhalte der §§ 6 bis 8 der StromNEV wurde bis kurz vor deren Verabschiedung **äußerst kontrovers diskutiert**. Während die Stromwirtschaft darauf drängte, Strukturbrüche zu vermeiden und deshalb die Preisfindungsprinzipien der VV II plus in die StromNEV zu übernehmen, forderten Netznutzer und Vertreter stromintensiver Industrien insbesondere bei der Ermittlung der kalkulatorischen Kosten weitgehende Modifikationen.[112] Nach langwierigen Kontroversen wurden in die StromNEV letztlich nur einzelne Teile von Anlage 3 der VV II plus übernommen.

---

110 Vgl. dazu auch **Verband der Elektrizitätswirtschaft – VDEW – e. V. – Verband der Netzbetreiber – VDN – e.V. beim VDEW:** Kalkulationsleitfaden zur Ermittlung von Netzentgelten... **(2006)**, S. 6 f.

111 Vgl. dazu die Ausführungen im 3. Kapitel dieser Arbeit, S. 193 f.

112 Siehe dazu stellvertretend **Verband der Elektrizitätswirtschaft e. V. (VDEW) – Verband der Netzbetreiber e. V. (VDN) – Verband der Verbundunternehmen und regionalen Energieversorger e. V. (VRE):** Eckpunkte der Ausgestaltung des regulatorischen Rahmens... **(2003)**, S. 1 f. und S. 6 f.: „Eine weitest gehende Anlehnung an die Preisfindungsprinzipien der Verbändevereinbarung Strom II plus vermeidet problematische Strukturbrüche". Siehe ferner **BDI e. V. – BNE e. V. – EFET – VIK e. V.:** Position der Netznutzerverbände... **(2003)**, S. 1, „2. Kritik der Regelungen des Kalkulationsleitfadens der VV Strom II plus".

Hinsichtlich der **Ermittlung der kalkulatorischen Kapitalkosten** sind im Einzelnen insbesondere die folgenden Regelungen der StromNEV hervorzuheben, die sowohl für die Stromverteilungs- als auch für die Stromübertragungsnetzbetreiber gelten:[113]

- Nach § 4 Abs. 2 StromNEV bildet der gemäß § 4 Abs. 3 StromNEV i. V. m. § 10 Abs. 3 EnWG nach handelsrechtlichen Grundsätzen aufzustellende Jahresabschluss des **letzten abgeschlossenen Geschäftsjahres** für die Elektrizitätsübertragung bzw. für die Elektrizitätsverteilung die Basis für die Netzentgeltkalkulation. Zur Ermittlung der kalkulatorischen Abschreibungen, Zinsen und Steuern ist ausgehend von der Bilanz und der Gewinn- und Verlustrechnung anschließend eine kalkulatorische Rechnung zu erstellen.

- Gemäß § 5 Abs. 2 StromNEV sind **Fremdkapitalzinsen** in ihrer tatsächlichen (aufwandswirksamen) Höhe einzustellen, höchstens jedoch in der Höhe kapitalmarktüblicher Zinsen für vergleichbare Kreditaufnahmen.

- Gemäß § 6 Abs. 2 i. V. m. § 7 Abs. 2 Satz 2 Ziffer 2 StromNEV werden kalkulatorische Abschreibungen und Zinsen für alle vor dem 01.01.2006 aktivierten Sachanlagen[114] nach dem bereits der VV II plus zugrunde liegenden Konzept der realverzinsungsorientierten **Nettosubstanzerhaltung** ermittelt.

- Für alle nach dem 01.01.2006 aktivierten Sachanlagen[115] sind die kalkulatorischen Abschreibungen und Zinsen gemäß § 6 Abs. 4 i. V. m. § 7 Abs. 2 Satz 2 Ziffer 3 StromNEV nach dem Konzept der nominalverzinsungsorientierten **Realkapitalerhaltung** zu kalkulieren.

- Die Tagesneuwertermittlung für Altanlagen hat gemäß § 6 Abs. 3 StromNEV auf Basis **anlagen- oder anlagengruppenspezifischer Preisindizes** zu erfolgen, die auf den Indexreihen des Statistischen Bundesamtes beruhen.

- § 6 Abs. 6 und Abs. 7 StromNEV sehen ein grundsätzliches **Verbot von Abschreibungen „unter Null"** vor.

---

113 Die auf die Kapitalkostenermittlung abstellenden Regelungen der StromNEV werden nochmals ausführlicher in den betreffenden Abschnitten der Kapitel 3 bis 6 dieser Arbeit aufgegriffen und analysiert. Im Rahmen der Ausführungen über die Kapitalkostenermittlung regulierter Stromnetzbetreiber in den Kapiteln 3 bis 6 wird nicht zwischen Übertragungs- und Verteilungsnetzbetreibern differenziert, da auch die entsprechenden Paragrafen der StromNEV diesbezüglich keine Unterscheidung vornehmen. Im Folgenden wird daher ausschließlich von Stromnetzbetreibern gesprochen.

114 Alle vor dem 01.01.2006 aktivierten Sachanlagen werden im Folgenden mit „Altanlagen" bezeichnet.

115 Alle nach dem 01.01.2006 aktivierten Sachanlagen werden im Folgenden mit „Neuanlagen" bezeichnet

- In Fortführung der Regelung der Preisfindungsprinzipien der VV II plus wird die anzusetzende Eigenkapitalquote für die Berechnung der Netzentgelte gemäß § 6 Abs. 2 Satz 4 StromNEV **auf 40% begrenzt.**
- Anlässlich der Ermittlung der kalkulatorischen Eigenkapitalverzinsung ist gemäß § 7 Abs. 5 Satz 1 StromNEV ein Risikozuschlag für netzbereichsspezifische **unternehmerische Wagnisse** zu berücksichtigen. Eine konkrete Methodik zur Bemessung des Risikozuschlags wird jedoch nicht vorgeschrieben.
- Der reale **Eigenkapitalzinssatz** für das auf Altanlagen entfallende Eigenkapital beträgt gemäß § 7 Abs. 6 Satz 2 StromNEV **6,5%** (vor Steuern). Gemäß § 7 Abs. 6 Satz 2 StromNEV wird für das auf Neuanlagen entfallende Eigenkapital ein nominaler Eigenkapitalzinssatz von **7,91%** (vor Steuern) vorgegeben.
- Da die Gewerbesteuer als separate betragsmäßige Kostenposition in Ansatz zu bringen ist, folgt aus dem Wortlaut des § 7 Abs. 6 Satz 2 StromNEV, dass die beiden Zinssätze „vor Steuern" bis zur erstmaligen **Festlegung von Zinssätzen nach Ertragsteuern** durch die Regulierungsbehörde im Zuge der Einführung der Anreizregulierung gemäß § 7 Abs. 6 Satz 1 StromNEV auch die auf die Eigenkapitalverzinsung entfallende Körperschaftsteuer vergüten soll.
- § 8 StromNEV erkennt nur die **Gewerbesteuer** als kalkulatorische Kostenposition an. Die in der VV II plus enthaltene Regelung zum Ansatz der Steuern auf den „Scheingewinn" wurde nicht in die StromNEV übernommen.

Abbildung 1-5 fasst die bedeutsamsten Vorgaben der StromNEV zur Kalkulation der Kapitalkosten zusammen.

Die Kalkulationsvorgaben der StromNEV sind als Ergebnis eines langwierigen politischen Entscheidungsprozesses eine **Kompromisslösung**[116], die – wie in den nachfolgenden Kapiteln ausführlich begründet wird – insbesondere bezüglich des Ansatzes der kalkulatorischen Steuern und der Umsetzung des Nebeneinanders von Nettosubstanzerhaltung und Realkapitalerhaltung nicht dem betriebswirtschaftlichen Erkenntnisstand gerecht wird. Erschwerend kommt hinzu, dass der Verordnungstext speziell hinsichtlich der Ermittlung der kalkulatorischen Eigenkapitalverzinsung Raum für Interpretationen und unterschiedliche Auslegungen bietet.[117]

---

116 So auch **Leprich, Uwe – Diekmann, Joachim – Ziesing, Hans-Joachim:** Anreizregulierung für Beschäftigung und Netzinvestitionen... (2006), S. 81.

117 Siehe dazu die Ausführungen zur Ermittlung der kalkulatorischen Eigenkapitalverzinsung nach den Vorgaben der StromNEV im 4. Kapitel, S. 261 ff.

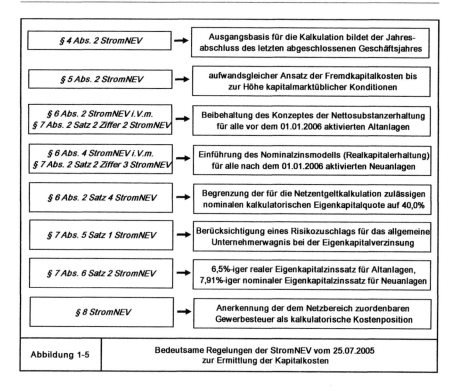

§ 4 Abs. 2 StromNEV	→	Ausgangsbasis für die Kalkulation bildet der Jahresabschluss des letzten abgeschlossenen Geschäftsjahres
§ 5 Abs. 2 StromNEV	→	aufwandsgleicher Ansatz der Fremdkapitalkosten bis zur Höhe kapitalmarktüblicher Konditionen
§ 6 Abs. 2 StromNEV i.V.m. § 7 Abs. 2 Satz 2 Ziffer 2 StromNEV	→	Beibehaltung des Konzeptes der Nettosubstanzerhaltung für alle vor dem 01.01.2006 aktivierten Altanlagen
§ 6 Abs. 4 StromNEV i.V.m. § 7 Abs. 2 Satz 2 Ziffer 3 StromNEV	→	Einführung des Nominalzinsmodells (Realkapitalerhaltung) für alle nach dem 01.01.2006 aktivierten Neuanlagen
§ 6 Abs. 2 Satz 4 StromNEV	→	Begrenzung der für die Netzentgeltkalkulation zulässigen nominalen kalkulatorischen Eigenkapitalquote auf 40,0%
§ 7 Abs. 5 Satz 1 StromNEV	→	Berücksichtigung eines Risikozuschlags für das allgemeine Unternehmerwagnis bei der Eigenkapitalverzinsung
§ 7 Abs. 6 Satz 2 StromNEV	→	6,5%-iger realer Eigenkapitalzinssatz für Altanlagen, 7,91%-iger nominaler Eigenkapitalzinssatz für Neuanlagen
§ 8 StromNEV	→	Anerkennung der dem Netzbereich zuordenbaren Gewerbesteuer als kalkulatorische Kostenposition

Abbildung 1-5	Bedeutsame Regelungen der StromNEV vom 25.07.2005 zur Ermittlung der Kapitalkosten

Um einen aktuellen Beitrag zur Klärung strittiger Fragen zwischen Regulierungsbehörden und Netzbetreibern zu leisten, wird in den folgenden Kapiteln stets **Bezug auf die Regelungen der StromNEV** genommen. Auf Basis des Erkenntnisstandes der Betriebswirtschaftslehre werden Auslegungsfragen geklärt und für notwendig erachtete Modifikationen der StromNEV aufgezeigt. Dieses Anliegen erhält aktuell zusätzliche Relevanz, da die StromNEV nach den Empfehlungen der BNetzA auch die Grundlage für die Ermittlung des Ausgangspreis- bzw. Umsatzniveaus im Rahmen der für den 01.01.2008 geplanten Anreizregulierung bilden soll.[118]

---

118 Vgl. dazu **Bundesnetzagentur**: Bericht der Bundesnetzagentur nach § 112a EnWG zur Einführung der Anreizregulierung nach § 21a EnWG... **(2006)**, S. 84 sowie S. 159.

e) Einführung einer Anreizregulierung

In Übereinstimmung mit der Regulierungspraxis in anderen europäischen Ländern hat sich auch der deutsche Gesetzgeber bei der Novellierung des Energiewirtschaftsgesetzes im Jahr 2005 über die Vorgaben des § 21a EnWG für den Übergang von der traditionellen Renditeregulierung zu einem System der Anreizregulierung entschieden, das regulierten Netzbetreibern stärkere Anreize zu einer effizienten Leistungserbringung liefern soll. Im Einzelnen enthält das EnWG insbesondere die folgenden Vorgaben zur Ausgestaltung der Anreizregulierung:[119]

- § 21a Abs. 2 EnWG schreibt vor, das System der Anreizregulierung nach dem **Prinzip des Price Cap- oder Revenue Cap-Verfahrens** auszugestalten[120], indem für eine bestimmte Regulierungsperiode unter Berücksichtigung von Effizienzvorgaben Obergrenzen für die Höhe der Netzentgelte oder die Gesamterlöse aus dem Netzgeschäft gebildet werden sollen.
- § 21a Abs. 3 EnWG begrenzt die **Dauer einer Regulierungsperiode** auf einen Zeitraum zwischen 2 und 5 Jahren.
- § 21a Abs. 4 und 5 EnWG regeln, dass bei der Bestimmung der Preis- bzw. Umsatzobergrenzen und der jährlichen Effizienzvorgaben von den Netzbetreibern **beeinflussbare und nicht beeinflussbare Kostenbestandteile** und strukturelle Unterschiede zwischen den Netzbetreibern zu beachten sind.
- § 21 Abs. 5 EnWG schreibt vor, dass die den Netzbetreibern im Rahmen der Anreizregulierung vorgegebenen Effizienzziele so bemessen sein müssen, dass sie **erreicht bzw. übertroffen werden** können.
- Zur Aufrechterhaltung der Versorgungsqualität sind § 21a Abs. 5 EnWG während einer Regulierungsperiode **Qualitätsvorgaben** zu definieren.

Gemäß § 112a EnWG wurde die Regulierungsbehörde beauftragt, der Bundesregierung bis zum 01.07.2006 einen Bericht zur Einführung der Anreizregulierung vorzulegen. Dieser Vorgabe kam die BNetzA am 30.06.2006 mit einem mit 316 Seiten überaus umfänglichen Bericht nach.[121] Gleichzeitig präsentierte die Energiewirtschaft mehrere Stellungnahmen und Gutachten zur **Ausgestaltung**

---

119 Für eine Analyse der Bestimmungen des EnWG zur Einführung der Anreizregulierung siehe auch **Lieb-Dóczy, Enese**: Einführung eines Anreizregulierungssystems... **(2006)**, S. 14 ff.

120 Beim Price Cap- und Revenue Cap-Verfahren handelt es sich um eine Preis- bzw. Umsatzobergrenzenregulierung. Siehe dazu die Ausführungen im 2. Kapitel dieser Arbeit, S. 120 ff.

121 Vgl. **Bundesnetzagentur**: Bericht der Bundesnetzagentur nach § 112a EnWG zur Einführung der Anreizregulierung nach § 21a EnWG, Bonn **30.06.2006.**

der **Anreizregulierung.**[122] Im Mittelpunkt der Diskussion stehen insbesondere die folgenden Fragestellungen, die im 2. Kapitel dieser Arbeit analysiert werden:

- die Länge der Regulierungsperiode, um ausreichende Anreize für Effizienzsteigerungen zu schaffen,
- die Ausgestaltung des Benchmarking-Verfahrens und die Ermittlung der als X-Faktoren bezeichneten Effizienzvorgaben,
- die Definition des Zeithorizonts zum Abbau von Ineffizienzen,
- Klassifizierung beeinflussbarer und nicht beeinflussbarer Kostenarten,
- Anpassungsmaßnahmen zur Vergleichbarkeit der Kapitalkosten im Rahmen von Benchmarking-Verfahren,
- Ausschluss von Kapitalkosten für Ersatz- und/oder Erweiterungsinvestitionen aus der Effizienzbetrachtung über die Genehmigung von Investitionsbudgets.

Bis zum Abschluss dieser Arbeit lag die von der Bundesregierung auszuarbeitende **Verordnung zur Anreizregulierung** noch nicht vor.

C. Aktuelle Struktur des deutschen Strommarktes

Die **öffentliche Elektrizitätsversorgung** zu der derzeit ca. 950 Unternehmen gezählt werden, die Dritte (Haushalte, Industrie, Handel, Gewerbe, öffentliche Einrichtungen, Verkehr, Landwirtschaft) mit Elektrizität beliefern, gliedert sich in Verbundunternehmen, regionale Versorgungsunternehmen und kommunale Versorgungsunternehmen.[123] Während **überregional agierende Verbundunternehmen** die gesamte Wertschöpfungskette von der Stromerzeugung bis zum Stromvertrieb bedienen, verfügen **regionale und kommunale Versorgungsunternehmen** zwar zunehmend über eigene Erzeugungskapazitäten, konzentrieren sich jedoch auf die Verteilung und den Vertrieb von Strom an Endkunden.[124] Zwischen den EVU bestehen insofern erhebliche Unterschiede hinsichtlich Größe, Struktur und Versorgungsaufgaben.

---

122 Vgl. unter anderem **Verband der Elektrizitätswirtschaft - VDEW - e. V. – Verband der Netzbetreiber – VDN - e. V. beim VDEW – Verband der Verbundunternehmen und Regionalen Energieversorger in Deutschland - VRE - e. V.**: Regulierungsansätze für Verteilnetzbetreiber zur Vermeidung von Investitionshemmnissen in der Anreizregulierung" vom 23. Juni 2006, Berlin **2006; Deloitte & Touche LLP**: Anreizregulierungsmodelle, Endbericht: Executive Summary, London **28.06.2006** sowie **Plaut Economics**: Gutachten Effizienzanalysemethoden, Regensdorf **08.05.2006.**

123 Vgl. **Schiffer, Hans-Wilhelm**: Energiemarkt Deutschland... **(1999)**, S. 161.

124 Vgl. **Hensing, Ingo – Pfaffenberger, Wolfgang – Stöbele, Wolfgang**: Energiewirtschaft... **(1998)**, S. 137.

Infolge der Liberalisierung hat sich die Struktur der deutschen Stromwirt-schaft erheblich verändert.[125] Seit dem Ende der 1990er Jahre ist ein **umfassen-der Konsolidierungsprozess** mit einer Vielzahl von Fusionen und Kooperatio-nen bei gleichzeitigem Eintritt neuer, zunehmend auch ausländischer Marktteil-nehmer zu beobachten[126], sodass sich die Gesamtzahl der EVU kaum verändert hat.

Zu den Unternehmen der Elektrizitätsversorgung zählen derzeit ca. 60 regio-nale Versorger, ca. 25 größere Stadtwerke, ca. 700 mittlere und kleinere Stadt-und Gemeindewerke sowie ca. 100 kleinere lokale private Versorger.[127] Infolge von Fusionen existieren mit der EnBW AG, der E.ON AG, der RWE AG und der Vattenfall Europe AG nur noch **4 Verbundunternehmen**, die in großem Umfang an den Regionalversorgern, in letzter Zeit jedoch auch an Stadtwerken beteiligt sind.[128] Die 4 Verbundunternehmen nehmen eine beherrschende Stellung bei der Stromerzeugung ein, sie produzieren ca. 80% des Stroms in Deutschland.[129] Seit Liberalisierungsbeginn sind ca. 150 Stromhändler[130] und die Strombörse EEX in Leipzig hinzugekommen. Darüber hinaus entstanden infolge der Auslagerung ehemals integrierter Bereiche neue Unternehmen, z. B. im Bereich des Zähl- und Messwesens.[131]

Infolge des Unbundlings nehmen die Netzbetreiber heute eine eigene Stellung ein. Am 13.06.2001 gründeten die Netzbetreiber mit dem Verband der Netzbe-treiber (VDN) eine eigene Interessensvertretung.[132] Mit der EnBW Transportnet-ze AG, der E.ON Netz GmbH, der RWE Transportnetz Strom GmbH und der Vattenfall Europe Transmission GmbH gibt es in Deutschland derzeit 4 Übertra-

125 Vgl. auch **Fritz, Wolfgang – König, Siegfried**: Der liberalisierte Strommarkt... **(2001)**, S. 14 ff.

126 Siehe dazu **Monopolkommission**: Wettbewerbspolitik im Schatten „Nationaler Champions"... **(2004)**, S. 539 sowie **Kreis, Constanze**: Deregulierung und Liberali-sierung der europäischen Elektrizitätswirtschaft... **(2004)**, S. 55.

127 Vgl. **Verband der Elektrizitätswirtschaft e.V. (VDEW)**: Die Liberalisierung der Energiemärkte, Berlin **01.09.2006**.

128 Vgl. **Schiffer, Hans-Wilhelm**: Energiemarkt Deutschland... **(1999)**, S. 168.

129 Vgl. dazu die Beschreibung bei **Wirtz, Christian**: Wertorientierte Unternehmens-steuerung in netzbasierten Industrien... **(2003)**, S. 51 und die dort zitierte Literatur.

130 Vgl. nochmals **Verband der Elektrizitätswirtschaft e.V. (VDEW)**: Die Liberali-sierung der Energiemärkte, Berlin **01.09.2006**.

131 Vgl. **Fritz, Wolfgang – König, Siegfried**: Der liberalisierte Strommarkt – eine Einführung... **(2001)**, S. 15.

132 Der VDN vertritt derzeit die Interessen von ca. 420 Verteilungsnetzbetreibern und der 4 Übertragungsnetzbetreiber. Die übrigen Verteilungsnetzbetreiber sind nicht Mitglied im VDN. Vgl. **Verband der Netzbetreiber e. V. (VDN) beim VDEW**: Daten und Fakten... **(2006)**, S. 3.

gungsnetzbetreiber. Darüber hinaus existieren **ca. 900 bis 950 Stromverteilungsnetzbetreiber.**[133]

III. Bedeutung der Kapitalkosten

A. Kapitalkostenintensität von Stromnetzbetreibern

Der Betrieb eines Stromnetzes erfordert einen besonders hohen Kapitaleinsatz. Wie **Abbildung 1-6** zeigt, ist die Kapitalkostenintensität von Stromnetzbetreibern zum einen auf die Wertschöpfungskette und die Besonderheiten der „Ware" Strom, aber auch auf die gesetzlichen Vorgaben des EnWG zurückzuführen:

- **Hohe Anlagenintensität aufgrund der Leitungsgebundenheit von Strom:** Infolge der Leitungsgebundenheit von Strom müssen Übertragungs- und Verteilungsnetze errichtet werden. Daraus resultiert ein umfangreiches betriebsnotwendiges Anlagevermögen und eine sehr hohe Fixkostenintensität.[134]

- **An Spitzenlasten orientierte Kapazitätsdimensionierung:** Infolge der Nichtlagerfähigkeit von Strom muss sich das über die Stromerzeugung bereitgestellte Angebot stets an den erwarteten Spitzenbedarfen orientieren. Um Engpässe zu verhindern muss die Kapazitätsdimensionierung von Stromnetzen daher an den Spitzenlasten bemessen werden.[135]

- **Hohe Investitionen in Transport- und Verteilungsnetze:** Aus den beiden vorangehenden Gründen resultieren extrem hohe Investitionen für die Er-

---

133 Zur Anzahl der Verteilungsnetzbetreiber werden regelmäßig verschiedene Angaben gemacht: **Kommission der Europäischen Gemeinschaften:** Communication from the Commission to the European Parliament and the Council – Annual Report on the implementation of the Gas and Electricity Internal Market, Technical Annexes... **(2005)**, Table 2.2, Network Access: Electricity, S. 11: 950 Verteilungsnetzbetreiber; **Verband der Netzbetreiber e. V. (VDN) beim VDEW:** Daten und Fakten... **(2004)**, S. 20: ca. 900 Netzbetreiber.

134 Vgl. auch **Sieben, Günter – Maltry, Helmut:** Netznutzungsentgelte für elektrische Energie... **(2002)**, S. 11. Für eine Übersicht über die Anlagen und Anlagengruppen im Stromnetzgeschäft siehe StromNEV, Anlage 1.

135 Vgl. **Sieben, Günter – Maltry, Helmut:** Netznutzungsentgelte für elektrische Energie.... **(2002)**, S. 11.

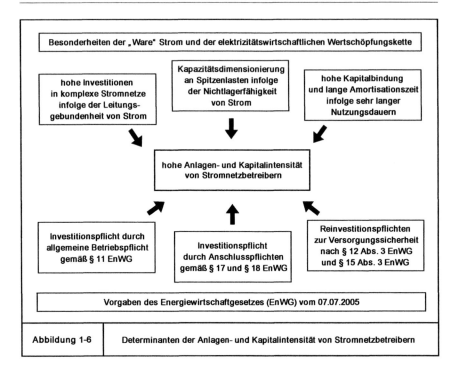

Abbildung 1-6 | Determinanten der Anlagen- und Kapitalintensität von Stromnetzbetreibern

richtung von Stromnetzen.[136] Allein im Jahr 2005 investierten die Netzbetreiber in die elektrischen Netze zirka 2,4 Mrd. Euro.[137]

- **Extrem lange Nutzungsdauern**: Die für den Betrieb von Stromnetzen erforderlichen Anlagegüter sind extrem langlebig. Infolge der 40- bis 50-jährigen betriebsgewöhnlichen Nutzungsdauern von Freileitungen und Kabeln, Transformatoren und Schaltanlagen ist das investierte Kapital extrem lang gebunden und amortisiert sich daher nur in sehr langen Zeiträumen.[138]

- **Allgemeine Betriebs- und Investitionspflicht durch § 11 EnWG**: Betreiber von Energieversorgungsnetzen werden durch § 11 Abs. 1 EnWG grundsätzlich verpflichtet, ein sicheres, zuverlässiges und leistungsfähiges Energie-

---

136 So auch **Brunekreeft, Gert – Keller, Katja**: Elektrizität: Verhandelter versus regulierter Netzzugang... **(2003)**, S. 136 und **Pfaffenberger, Wolfgang**: Elektrizitätswirtschaft... **(1993)**, S. 108.

137 Vgl. **Verband der Netzbetreiber e. V. (VDN) beim VDEW**: Gesteigerte Investitionen in Stromnetze, Pressemeldung, Berlin **03.05.2006**.

138 Vgl. dazu die in Anlage 1 der StromNEV vorgegebenen betriebsgewöhnlichen Nutzungsdauern.

versorgungsnetz diskriminierungsfrei zu betreiben, zu warten und bedarfsgerecht auszubauen, soweit es wirtschaftlich zumutbar ist.

- **Investitionspflicht durch Anschlusspflichten:** Nach den Vorgaben des EnWG durch § 17 Netzanschluss und § 18 Allgemeine Anschlusspflicht haben Betreiber von Energieversorgungsnetzen Dritte grundsätzlich an ihr Netz anzuschließen, es sei denn der Netzbetreiber kann die wirtschaftliche Unzumutbarkeit der Anschlussbereitstellung nachweisen.
- **Reinvestitionspflichten zur Versorgungssicherheit:** Nach § 12 Abs. 3 und § 15 Abs. 3 EnWG müssen Betreiber von Stromübertragungs- und Stromverteilungsnetzen die Zuverlässigkeit des Netzes sicherstellen, um die Versorgungssicherheit zu gewährleisten. Daraus resultiert nicht nur die Notwendigkeit zur Investition, sondern stets auch die Pflicht zur Instandhaltung und Reinvestition, um die Leistungsfähigkeit der Netze dauerhaft zu garantieren.

Aus den zuletzt erläuterten Investitions- und Reinvestitionspflichten folgt das im nachfolgenden 3. und 5. Kapitel ausführlich begründete Erfordernis, die Kapitalkostenkalkulation der Netzbetreiber auf den **Grundsatz der Substanzerhaltung** auszurichten. Um die Kapitalbeschaffung und damit die Investitionsfähigkeit der Netzbetreiber dauerhaft zu gewährleisten, muss jedes Regulierungskonzept es Netzbetreibern darüber hinaus ermöglichen, eine **kapitalmarktorientierte Eigenkapitalverzinsung** zu erwirtschaften.[139]

Im Vorfeld dieser Erörterungen wird zunächst geklärt, welche kapitalkostenrechnerischen Kalküle für die Kostenrechnung und das Controlling von Netzbetreibern in Frage kommen und welcher Kapitalkostenbegriff den nachfolgenden Ausführungen dieser Arbeit zugrunde gelegt wird.

B. Anwendungsfelder kapitalkostenrechnerischer Kalküle

1) Bedeutung kapitalkostenrechnerischer Kalküle für Stromnetzbetreiber

Kapitalkostenkalküle finden im Rahmen verschiedener Gebiete des Rechnungswesens und Controlling Anwendung.[140] Kapitalkosten sind daher nicht nur für kostenrechnerische Entgeltkalkulationen von Bedeutung. Aufgrund der zunehmenden Kapitalintensität bei gleichzeitiger Verschärfung des Wettbewerbs um Kapital nehmen kapitalkostenrechnerische Kalküle im Kontext des **Investi-**

---

139 Vgl. dazu auch die Ausführungen von **Sieben, Günter – Maltry, Helmut**: Netznutzungsentgelte für elektrische Energie... (**2002**), S. 12.

140 Auf die grundlegende Bedeutung der Ermittlung der Kapitalkosten und deren Anwendungsfelder verweist auch **Busse von Colbe, Walther**: Zur Ermittlung der Kapitalkosten... (**2002**), S. 3.

tionscontrollings und insbesondere im Rahmen des **wertorientierten Controllings** eine herausragende Stellung ein.[141] Wie nachfolgend begründet wird, sind investitionsrechnerische Kalküle und die Methoden der wertorientierten Unternehmensführung auch für das Controlling von Stromnetzbetreibern von zentraler Relevanz:

- Aufgrund der gestiegenen Bedeutung einer **risikoorientierten Investitionsplanung**, der simulationsrechnerischen Bewertung der Auswirkungen alternativer Regulierungsszenarien auf die mit Investitionen in das Netzgeschäft realisierbaren Renditen sowie dem von § 17 Abs. 2 und § 18 Abs. 1 EnWG geforderten Nachweis der Unwirtschaftlichkeit von Netzanschlüssen gewinnt das Investitionscontrolling für Netzbetreiber noch stärker an Bedeutung.[142]

- Infolge der zunehmenden **Kapitalmarktorientierung der großen EVU**, dem hohen Grad an eigentumsrechtlichen Verflechtungen und dem enormen Kapitalbedarf für Investitionen stehen Netzbetreiber zunehmend vor der Herausforderung im Spannungsfeld zwischen den Vorgaben der Regulierungsbehörde und den Renditeforderungen der Anteilseigner wertorientierte Controllinginstrumente zu etablieren, die eine Kontrolle und Steuerung des Unternehmens im Interesse der Anteilseigner ermöglichen.[143]

- Unternehmenswertermittlungen sind für Stromverteilungsnetzbetreiber seit jeher bedeutsam, wenn es im Fall des **Auslaufens von Konzessionsverträgen** darum geht, den Ertragswert von gesamten Netzen oder Teilabschnitten

---

141 Vgl. grundsätzlich **Männel, Wolfgang**: Rentabilitätskalküle und Rentabilitätsmaße... **(2000)**, S. 3 ff. Zur Bedeutung von Kapitalkosten im Rahmen der wertorientierten Unternehmensführung siehe **Arbeitskreis „Finanzierung" der Schmalenbach-Gesellschaft – Deutsche Gesellschaft Betriebswirtschaft e. V.**: Wertorientierte Steuerung mit differenzierten Kapitalkosten... **(1996)**, S. 547 sowie **Freygang, Winfried**: Kapitalallokation in diversifizierten Unternehmen... **(1993)**, S. 5. Siehe des Weiteren auch **Schwetzler, Bernhard**: Kapitalkosten... **(2000)**, S. 94.

142 Vgl. unter anderem **Fritz, Wolfgang - Riechmann, Christoph**: Strategische Netzplanung... **(2002)**, S. 70 ff. Siehe dazu auch die Ausführungen von **Goes, Sebastian**: Management Accounting von Stromnetzbetreibern... **(2003)**, S. 154 ff.

143 Vgl. dazu die speziell auf die Implementierung wertorientierter Controlling-Instrumente in der Energiewirtschaft und bei Stromnetzbetreibern abstellenden Arbeiten von **Holzherr, Christian – Kofluk, Michael**: Wertorientierte Führung von regulierten Stromnetzgesellschaften, in: Energiewirtschaftliche Tagesfragen (et), 54. Jg. **(2004)**, Heft 11, S. 718-735 sowie die Arbeiten von **Vielhaber, Christoph**: Wertorientierte Unternehmenssteuerung in der Energiewirtschaft, Dissertation, Universität Dortmund **2005** und **Wirtz, Christian**: Wertorientierte Unternehmenssteuerung in netzbasierten Industrien... **(2003)**, S. 53 ff. und S. 103 ff.

in einzelnen Gemeinden bzw. Versorgungsgebieten anlässlich der Ermittlung von Kauf- oder Verkaufspreisen zu bestimmen.[144] Im Folgenden wird im Vorfeld der auf die Ermittlung der kalkulatorischen Kapitalkosten abzielenden Ausführungen der Kapitel 3 bis 6 dieser Arbeit daher auch ein grundlegender Überblick über die Bedeutung der Kapitalkosten für die **Methoden des Investitions- und wertorientierten Controllings** gegeben, die allesamt auf die Ermittlung risikoadäquater Kapitalkostensätze angewiesen sind.

2) „entity-approach" versus „equity-approach"

Wie **Abbildung 1-7** zeigt, sind Kapitalkostenkalküle dahingehend zu unterscheiden, ob sie dem gesamtkapitalbezogenen „**entity-approach**" folgen oder direkt im Sinne des „**equity-approach**" auf die Eigenkapitalgeber ausgerichtet sind.[145]

Nach dem „entity-approach" wird der risikoadäquate Eigenkapitalkostensatz mit dem Fremdkapitalzinssatz unter Vorgabe einer bestimmten Eigenkapital-Fremdkapital-Relation zu einem durchschnittlichen Gesamtkapitalkostensatz im Sinne des **Weighted Average Cost of Capital (WACC)** zusammengefasst.[146] Demgegenüber koppelt eine auf den „equity-approach" ausgerichtete Kalkulation die Vorgabe eines risikoadjustierten Eigenkapitalkostensatzes mit einer **aufwandsnahen Verrechnung der Fremdkapitalzinsen**.[147] Wie nachfolgend begründet wird, ist die Ausrichtung kapitalkostenrechnerischer Kalküle auf den „equity-approach" oder auf den „entity-approach" vom Rechenzweck und von der Abbildung der Finanzierung abhängig.

3) Kapitalkostensätze für die Kostenrechnung

Die Ermittlung von Kapitalkostensätze in Form kalkulatorischer Zinsen ist eine traditionelle Aufgabe der Kostenrechnung anlässlich der **Preiskalkulation**.[148] In der stark vom Öffentlichen Preisrecht geprägten Kostenrechnungspraxis gingen kalkulatorische Zinsen lange Zeit als undifferenziertes, gesamtkapitalbezogenes

---

144 Vgl. dazu insbesondere **Ballwieser, Wolfgang**: Zur Ermittlung des Ertragswertes von örtlichen Stromnetzen, Stuttgart u. a. **2001**.

145 Vgl. dazu **Schwetzler, Bernhard**: Kapitalkosten... (**2000**), S. 94 f. und **Männel, Wolfgang**: Kapitalkostensätze für das wertorientierte Controlling... (**2006**), S. 86 f.

146 Vgl. dazu ausführlich die Ausführungen im 6. Kapitel dieser Arbeit, S. 339 ff.

147 Vgl. nochmals **Männel, Wolfgang**: Kapitalkostensätze für das wertorientierte Controlling... (**2006**), S. 86.

148 Siehe dazu **Hummel, Siegfried – Männel, Wolfgang**: Kostenrechnung... (**1999**), S. 27 ff. sowie S. 174 ff.

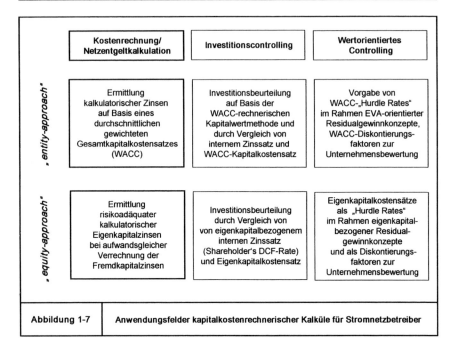

Kostenrechnung/ Netzentgeltkalkulation	Investitionscontrolling	Wertorientiertes Controlling
„entity-approach" Ermittlung kalkulatorischer Zinsen auf Basis eines durchschnittlichen gewichteten Gesamtkapitalkostensatzes (WACC)	Investitionsbeurteilung auf Basis der WACC-rechnerischen Kapitalwertmethode und durch Vergleich von internem Zinssatz und WACC-Kapitalkostensatz	Vorgabe von WACC-„Hurdle Rates" im Rahmen EVA-orientierter Residualgewinnkonzepte, WACC-Diskontierungs-faktoren zur Unternehmensbewertung
„equity-approach" Ermittlung risikoadäquater kalkulatorischer Eigenkapitalzinsen bei aufwandsgleicher Verrechnung der Fremdkapitalzinsen	Investitionsbeurteilung durch Vergleich von von eigenkapitalbezogenem internen Zinssatz (Shareholder's DCF-Rate) und Eigenkapitalkostensatz	Eigenkapitalkostensätze als „Hurdle Rates" im Rahmen eigenkapital-bezogener Residual-gewinnkonzepte und als Diskontierungs-faktoren zur Unternehmensbewertung

Abbildung 1-7   Anwendungsfelder kapitalkostenrechnerischer Kalküle für Stromnetzbetreiber

Kostenelement in die Kalkulation ein.[149] Die Arbeiten zur Harmonisierung des Rechnungswesens trugen dazu bei, dass Kostenrechner bei der **Zinskostener-mittlung** heute in der Regel eine differenzierte Behandlung von Eigenkapital- und Fremdkapitalzinsen vornehmen[150], indem Fremdkapitalzinsen als Kosten und Eigenkapitalzinsen als kalkulatorisches Gewinnelement behandelt werden.[151]

Die zunehmende Kapitalmarktorientierung führte während der 1990er-Jahre dazu, dass die Ermittlung kalkulatorischer Eigenkapitalzinsen speziell in preisre-gulierten Wirtschaftszweigen verstärkt auf Basis kapitalmarkttheoretischer Mo-delle wie dem **Capital Asset Pricing Model (CAPM)** erfolgt[152] und der Zu-schlag für das allgemeine Unternehmerwagnis somit direkt im Eigenkapitalzins-

149   Vgl. dazu **Männel, Wolfgang**: Zinsen im innerbetrieblichen Rechnungswesen... **(1998)**, S. 83 ff. und die dort angegebene Literatur.
150   Vgl. stellvertretend **Männel, Wolfgang**: Harmonisierung des Rechnungswesens... **(1999)**, S. 18 f.
151   Vgl. **Männel, Wolfgang**: Zinsen im innerbetrieblichen Rechnungswesen... **(1998)**, S. 85.
152   Vgl. **Reiners, Frank**: Einflüsse der wertorientierten Unternehmensrechnung... **(2001)**, S. 28 sowie **Busse von Colbe, Walther**: Fremd- und Eigenkapitalkosten... **(1998)**, S. 100.

satz erfasst wird.[153] Die neuere Literatur trägt dieser Entwicklung Rechnung und schlägt auch eine auf den „entity-approach" ausgerichtete **WACC-rechnerische Veranschlagung kalkulatorischer Zinsen** vor.[154] Auch in der europäischen Regulierungspraxis basieren die Kapitalkostenvorgaben überwiegend auf dem WACC-Ansatz.[155] In Deutschland werden kalkulatorische Zinsen anlässlich der Kalkulation von Netzentgelten nach den Regelungen der StromNEV jedoch im Sinne des „equity-approachs" veranschlagt.

4) Kapitalkostensätze für das Investitionscontrolling

Kapitalkostensätzen kommt als Auf- und Abzinsungsfaktoren sowie als „Hurdle Rates" im Rahmen der dynamischen **Verfahren des Investitionscontrollings** eine zentrale Bedeutung zu.[156] Zu den dynamischen Verfahren der Investitionsrechnung zählen die Endwertmethode, die Kapitalwertmethode, die Methode des internen Zinssatzes, die Methode der vollständigen Finanzpläne (VOFI) sowie die dynamische Amortisationsrechnung und die Annuitätenmethode.[157] In der Praxis dominiert anlässlich der Beurteilung der Vorteilhaftigkeit von Investitionen der Einsatz der **Kapitalwertmethode und der Methode des internen Zinssatzes.**[158]

---

153 Vgl. **Reiners, Frank**: Bemessung kalkulatorischer Abschreibungen, Zinsen und Gewinne... **(2000)**, S. 247 f.
154 Vgl. insbesondere **Schweitzer, Marcel – Küpper, Hans-Ulrich**: Systeme der Kosten- und Erlösrechnung... **(2003)**, S. 110 ff.
155 Vgl. dazu die Ergebnisse des 7. Kapitels dieser Arbeit, S. 451 f.
156 Zur Abgrenzung der dynamischen Verfahren des Investitionscontrollings, die über Auf- und Abzinsungsfaktoren den zeitlichen Anfall aller investitionsbedingt anfallenden, teilperiodenspezifischen Cash Flows berücksichtigen und den auf Durchschnittsgrößen basierenden statischen Verfahren der Investitionsrechnung vgl. unter anderem **Adam, Dietrich**: Investitionscontrolling... **(2000)**, S. 105 ff. sowie 118 ff. Siehe auch die Ausführungen von **Rösgen, Klaus**: Investitionscontrolling... **(2000)**, S. 76, S. 168 ff. und S. 184 ff.
157 Vgl. **Männel, Wolfgang**: Investitionscontrolling... **(2005)**, S. 16 f.
158 Eine aktuelle Studie ergab, dass etwa drei Viertel der befragten Untenehmen im deutschen Sprachraum bei der Beurteilung der Wirtschaftlichkeit von Neu- und Erweiterungsinvestitionen die Kapitalwertmethode und etwa die Hälfte die Methode des internen Zinsfußes heranziehen. Vgl. **Alexandre, Paulo – Sasse, Alexander – Weber, Kurt**: Steigerung der Kapitaleffizienz... **(2004)**, S. 128. Die Ergebnisse der Studie von Rautenstrauch und Müller bestätigen die Verbreitung der Methode des internen Zinssatzes, die insbesondere mit zunehmender Unternehmensgröße nach der Kapitalwertmethode am zweithäufigsten zum Einsatz kommt. Vgl. **Rautenstrauch, Thomas – Müller, Christof**: Investitionscontrolling in kleinen und mittleren Unternehmen (KMU)... **(2006)**, S. 103.

Nach der **Kapitalwertmethode** ist eine Investition dann vorteilhaft, wenn sie einen Kapitalwert größer als Null aufweist.[159] Bei der Ermittlung des Kapitalwertes aus der Gegenüberstellung des Barwertes der Cash Flows mit der Investitionsausgabe werden **Kapitalkostensätze als Abzinsungsfaktoren** benötigt. Die Wahl des Diskontierungsfaktors wird von der Investitionsfinanzierung bestimmt. Bei der Diskontierung vom Betriebsergebnis abgeleiteter und insofern finanzierungsunabhängiger Brutto-Cash Flows kommt es auf eine WACC-rechnerische Ermittlung des Diskontierungsfaktors an. Ist eine konkrete Investitionsfinanzierung bekannt, können die nach Bedienung der Fremdkapitalgeber residual verbleibenden Cash Flows mit einem risikoadäquaten Eigenkapitalkostensatz diskontiert werden.[160] Die Kapitalwertmethode erweist sich auch deshalb als vorteilhaft, weil über die Bestimmung des Kapitalwertes der unendlichen Investitionskette – als Division von ewiger Rente in Form der investitionsspezifischen Annuität und Kapitalkostensatz – der Beitrag eines Investitionsprojektes zum Unternehmenswert aufgezeigt werden kann.[161]

Der **interne Zinssatz** [engl.: Internal Rate of Return (IIR), Discounted Cash Flow-Rate of Return] misst als Einheitszinssatz das zu Beginn einer Periode gebundene Kapital und gibt Auskunft über das originäre Verzinsungspotenzial einer Investition.[162] Bei der Beurteilung der Methode des internen Zinssatzes gilt es zu beachten, dass die Modellierung nicht auf die Prämisse der Wiederanlage der Cash Flows zum internen Zinssatz angewiesen ist[163], sondern stattdessen auf einer **Amortisationsprämisse** beruht, die impliziert, dass die nicht zur Kapitalverzinsung benötigten Teile des Cash Flows zur Kapitaltilgung verwendet werden.[164]

---

159 Vgl. **Schneider, Dieter**: Investition, Finanzierung und Besteuerung... **(1992)**, S. 77 f. sowie **Blohm, Hans – Lüder, Klaus**: Investition... **(1995)**, S. 60.

160 Vgl. **Männel, Wolfgang**: Investitionscontrolling... **(2005)**, S. 57.

161 Vgl. **Perridon, Louis – Steiner, Manfred**: Finanzwirtschaft der Unternehmung... **(2004)**, S. 79; **Kruschwitz, Lutz**: Investitionsrechnung... **(2005)**, S. 209 und **Männel, Wolfgang**: Investitionscontrolling... **(2005)**, S. 53.

162 Vgl. **Männel, Wolfgang**: Die Bedeutung des internen Zinssatzes für das rentabilitätsorientierte Controlling... **(2000)**, S. 40 und S. 43 sowie **Blohm, Hans – Lüder, Klaus**: Investition... **(1995)**, S. 90.

163 Eine Reihe von Autoren beurteilt die Methode des internen Zinssatzes aufgrund ihrer vermeintlichen Wiederanlageprämisse als unzweckmäßig. Vgl. dazu unter anderem **Haberstock, Lothar – Dellmann, Klaus**: Kapitalwert und interner Zinsfuß... **(1971)**, S. 201 f. und **Adam, Dietrich**: Investitionscontrolling... **(2000)**, S. 155.

164 Siehe dazu ausführlich die Begründung und Darstellung bei **Männel, Wolfgang**: Die Bedeutung des internen Zinssatzes... **(2000)**, S. 44 ff. Vgl. auch **Bitz, Michael**: Der interne Zinsfuß... **(1977)**, S. 147.

Zur Beurteilung der Wirtschaftlichkeit einer Investition ist der interne Zinssatz dem als „**Hurdle Rate**" fungierenden Kapitalkostensatz gegenüberzustellen. Übersteigt der interne Zinssatz die investitionsspezifischen Kapitalkosten, so ist das Projekt vorteilhaft. Wird das Investitionsprojekt ausschließlich fremdfinanziert, gibt der interne Zinssatz den **kritischen Sollzinssatz** an, der mit den tatsächlichen Kosten der Darlehensfinanzierung zu vergleichen ist.[165] Wenn ein Investitionsprojekt durch Eigen- und Fremdkapital finanziert wird, aber noch kein konkreter Finanzierungsplan vorliegt oder ein gemischt finanziertes Investitionsbudget zentral bereitgestellt wird, fungiert der **WACC-Kapitalkostensatz** als Messlatte für den internen Zinssatz.[166] Liegt ein konkreter Fremdfinanzierungsplan vor, lässt sich der interne Zinssatz auch für die nach Fremdkapitalzinsen und Fremdkapitaltilgung verbleibenden residualen Cash Flows berechnen. Der so ermittelte, als „**Shareholder's Discounted Cash Flow-Rate**" bezeichnete interne Zinssatz ist zur Wirtschaftlichkeitsbeurteilung dem risikoadjustierten Eigenkapitalkostensatz gegenüberzustellen.[167]

Die zunehmende Kapitalmarktorientierung hat dazu geführt, dass auch anlässlich der Ermittlung investitionsspezifischer „Hurdle Rates" zunehmend kapitalmarkttheoretische Modellierungen wie das CAPM zum Einsatz kommen.[168] Handelt es sich bei dem zu beurteilenden Investitionsprojekt lediglich um eine **Ausweitung der bisherigen Geschäftstätigkeit**, kann der für das Unternehmen oder den Geschäftsbereich kapitalmarktorientiert ermittelte risikoadjustierte Eigenkapitalkostensatz übernommen werden.[169] Eine kapitalmarktorientierte Ermittlung von Risikozuschlägen für Investitionsprojekte, die nicht der bisherigen gewöhnlichen Geschäftstätigkeit des Unternehmens zuzuordnen sind, stößt aufgrund fehlender Kapitalmarktdaten jedoch an Grenzen. In diesem Fall muss die Ermittlung investitionsspezifischer „Hurdle Rates" letztlich wiederum auf Basis **qualitativer Einschätzungen** erfolgen, die häufig auf einem Scoring-Modell aufbauen.[170]

165 Vgl. **Männel, Wolfgang**: Die Bedeutung des internen Zinssatzes... (**2000**), S. 51.
166 Vgl. dazu **Männel, Wolfgang**: Die Bedeutung des internen Zinssatzes... (**2000**), S. 51 sowie **Männel, Wolfgang**: Investitionscontrolling (**2005**), S. 53.
167 Vgl. nochmals **Männel, Wolfgang**: Die Bedeutung des internen Zinssatzes... (**2000**), S. 44 ff.
168 Vgl. **Kruschwitz, Lutz**: Investitionsrechnung... (**2000**), S. 327 ff.
169 Auch **Kruschwitz, Lutz**: Investitionsrechnung... (**2000**), S. 349 verweist darauf, dass in diesem Fall das Risiko des Projektes gemessen anhand des Beta-Faktors dem Risiko der Unternehmung entspricht. Siehe dazu auch **Männel, Wolfgang**: Kapitalkostensätze für das wertorientierte Controlling... (**2006**), S. 100.
170 Zur Ermittlung investitionsprojektspezifischer „Hurdle Rates" siehe **Freygang, Winfried**: Kapitalallokation in diversifizierten Unternehmen... (**1993**), S. 330 ff. und die sehr grobe Variation investitionsspezifischer Kalkulationszinssätze in Ab-

5) Kapitalkostensätze für das wertorientierte Controlling

Neben der zentralen Bedeutung für die Investitionsrechnung sind Kapitalkostensätze vor allem für das **wertorientierte Controlling** von grundlegender Relevanz.[171] Im Laufe der 1990er-Jahre wurde eine Vielzahl verschiedener Shareholder Value-Kennzahlen entwickelt, die den Zielsetzungen der wertorientierten
Unternehmensführung allerdings nur dann gerecht werden, wenn sie über Kapitalkostensätze die risikoadjustierten Renditeforderungen der Anteilseigner in den
Kalkül einbeziehen.[172]

In der Praxis kommen heute am häufigsten **Residualgewinnkonzepte** zum
Einsatz[173], nach deren gemeinsamer Grundidee ein Unternehmen erst dann Wert
für seine Anteilseigner schafft, wenn ein positiver Residualgewinn erwirtschaftet
wird, d.h. wenn die erwirtschafteten Gewinne eines Unternehmens, eines Geschäftsbereichs oder eines einzelnen Investitionsprojektes die Kapitalkosten
übersteigen.[174]

Die in der Unternehmenspraxis angewandten Residualgewinn-Modelle folgen
in der Regel dem Konzept des **Economic Value Added (EVA)**[175], dass in modi-

---

hängigkeit von den Kriterien „Speculative ventures" (10%), „New products" (15%),
„Expansion of existing business" (25%) und „Cost Improvement, known technolo-
gy" (30%) bei **Brealey, Richard A. – Myers, Stewart C.**: Principles of Corporate
Finance... **(2003)**, S. 226.

171 Vgl. **Männel, Wolfgang**: Kapitalkostensätze für das wertorientierte Controlling...
(2006), S. 81 ff. sowie **Hahn, Dietger – Hungenberg, Harald**: PuK – Wertorientierte Controllingkonzepte... **(2001)**, S. 181. Zur Bedeutung und Konzeption des
wertorientierten Controllings und der wertorientierten Unternehmensführung siehe
grundlegend **Günther, Thomas**: Unternehmenswertorientiertes Controlling, München **1997** sowie **Copeland, Tom – Koller, Tim – Murrin, Jack**: Unternehmenswert – Methoden und Strategien für eine wertorientierte Unternehmensführung, 3.
Auflage, Frankfurt/New York **2002**.

172 Vgl. dazu stellvertretend **Fischer, Thomas M.**: Wertorientierte Kennzahlen...
(2002), S. 163.

173 Vgl. **Aders, Christian – Hebertinger, Martin**: Value Based Management...
(2003), S. 6: „Die meistverwendete Spitzenkennzahl ist mit 61 % eindeutig ein auf
dem Gesamtkapitalansatz basierender Wertbeitrag (Residualgewinn) in absoluten
Geldeinheiten, wie beispielsweise der Economic Value Added."

174 Vgl. **Crasselt, Nils - Pellens, Bernhard - Schremper, Ralf**: Konvergenz wertorientierter Erfolgskennzahlen... **(2000)**, S. 72 sowie **Strack, Rainer – Villis, Ulrich**: RAVE^{TM}... **(2001)**, S. 69.

175 Vgl. **Aders, Christian – Hebertinger, Martin**: Value Based Management...
(2003), S. 15 f. Es ist darauf hinzuweisen, dass das EVA^{TM}-Konzept von der Unternehmensberatung Stern Stewart & Co entwickelt wurde und als Markenzeichen
geschützt ist. In der Unternehmenspraxis wurde eine Vielzahl von Varianten ge-
samtkapitalbezogener Brutto-Residualgewinn-Konzepte entwickelt, die insbeson-

fizierter Form auch zur wertorientierten Führung von Stromnetzbetreibern vorgeschlagen wird.[176] Nach der „**Capital-Charge-Formel**" berechnet sich der EVA aus der Gegenüberstellung von versteuertem Betriebsergebnis im Sinne des Net Operating Profit after Tax (NOPAT) und den Kapitalkosten aus dem Produkt des durchschnittlichen steuerersparniskorrigierten WACC-Kapitalkostensatzes mit dem zinspflichtigen betriebsnotwendigen Vermögen in Form der Net Operating Assets (NOA):[177]

$$EVA = NOPAT - WACC \times NOA.$$ (1-3)

Alternativ kann der EVA auch mit der „**Value-Spread-Formel**" aus dem Produkt der als „Spread" bezeichneten prozentualen Differenz zwischen Return on Capital Employed (ROCE) und WACC mit der Vermögensbasis NOA ermittelt werden:[178]

$$EVA = (ROCE - WACC) \times NOA.$$ (1-4)

Insbesondere auf Geschäftsbereichsebene werden Residualgewinne häufig auf Basis des unversteuerten EBIT (Earnings Before Interest and Taxes) ermittelt[179], weil Bereichsmanager in der Regel keinen Einfluss auf die zentrale Steuer- und Finanzierungspolitik des Gesamtunternehmens nehmen können. Der EBIT-

---

re auf Geschäftsbereichsebene auch von unversteuerten EBIT-Größen ausgehen, ihrem methodischen Ansatz nach jedoch dem EVA-Konzept folgen. Für eine Darstellung verschiedener Varianten von Residualgewinnkonzepten siehe **Hahn, Dietger – Hungenberg, Harald**: PuK – Wertorientierte Controllingkonzepte... (**2001**), S. 197 ff.

176 Siehe dazu **Holzherr, Christian – Kofluk, Michael**: Wertorientierte Führung von regulierten Stromnetzgesellschaften... (**2004**), S. 718 ff., die zur wertorientierten Steuerung von Stromnetzgesellschaften den Einsatz eines gesamtkapitalbezogenen Residualgewinn-Konzeptes in Form des Economic Profit empfehlen.

177 Zum EVA-Konzept siehe grundlegend **Stewart, G. Bennett**: The Quest for Value – A guide for Senior Managers, New York **1991** sowie **Hostettler, Stefan**: Economic Value Added (EVA). Darstellung und Anwendung auf Schweizer Aktiengesellschaften, 5. Auflage, Bern **2002**.

178 Zur „Capital-Charge-Formel" und „Value-Spread-Formel" siehe **Hostettler, Stefan**: Economic Value Added (EVA)... (**2002**), S. 92.

179 Vgl. **Fischer, Thomas M. – Rödl, Karin**: Value Added Reporting... (**2005**), S. 25.

Betrag ist zur Ermittlung des Residualgewinns einem „**WACC vor Steuern**" gegenüberzustellen.[180]

In letzter Zeit wurde zum Zweck der Unternehmensbewertung von mehreren Autoren vorgeschlagen, nach Fremdkapitalzinsen verbleibende, ausschließlich zur Bedienung der Eigenkapitalgeber bestimmte **Netto-Residualgewinne** zu ermitteln.[181] Dieser Ansatz erweist sich für ein durchgängiges wertorientiertes Steuerungskonzept jedoch als unzweckmäßig. Werden nicht-finanzautonome Tochterunternehmen, Geschäftsbereiche oder Investitionsprojekte über die Unternehmenszentrale mit einem Kapitalbudget ausgestattet, kann eine Zuordnung konkreter Eigen- und Fremdkapitalvolumina in der Regel nicht gelingen. Das Schrifttum zum wertorientierten Controlling plädiert deshalb für **gesamtkapital-bezogene Steuerungsgrößen**.[182]

Um eine Unterschätzung der Renditeforderungen der Anteilseigner zu vermeiden, sind Kapitalkosten nicht anhand der bilanziellen Kapitalstruktur, sondern auf Basis der Relation der Marktwerte von Eigen- und Fremdkapital zu ermitteln.[183] Um eine laufende Anpassung an schwankende Börsenwerte zu vermeiden und das im Fall nicht börsennotierter Unternehmen und Geschäftsbereiche auftretende Zirkularitätsproblem der marktwertbasierten Kapitalkostenermittlung zu umgehen, wird die Relation von Eigen- und Fremdkapital in der Regel von einer längerfristig konstant gehaltenen **marktwertorientierten Zielkapitalstruktur** abgeleitet.[184] Auch die auf einem Value Added-Konzept basierenden wertorien-

---

180 Vgl. **Hahn, Dietger – Hungenberg, Harald**: PuK – Wertorientierte Controlling-konzepte... **(2001)**, S. 181 f. Zur Ermittlung des „WACC vor Steuern" siehe die Ausführungen im 6. Kapitel dieser Arbeit, S. 344 ff.

181 Vgl. stellvertretend **Coenenberg, Adolf G. – Schultze, Wolfgang**: Unternehmens-bewertung – Konzeptionen und Perspektiven... **(2002)**, S. 605 ff. sowie **Männel, Wolfgang**: Residual Income Model (RIM) und Economic Value Added (EVA)... **(2006)**, S. 105 ff. und die dort zitierte Literatur zum originären eigenkapitalgeber-orientierten Residual Income Model (RIM).

182 Vgl. **Günther, Thomas**: Unternehmenswertorientiertes Controlling... **(1997)**, S. 246 f. sowie **Hüllmann, Ulrich**: Wertorientiertes Controlling für eine Management-Holding... **(2003)**, S. 71 f.

183 Vgl. dazu **Aders, Christian – Hebertinger, Martin**: Value Based Management... **(2003)**, S. 20 f.

184 Vgl. **Arbeitskreis "Finanzierungsrechnung" der Schmalenbach-Gesellschaft für Betriebswirtschaft e.V.**: Wertorientierte Steuerung in Theorie und Praxis... **(2005)**, S. 79; **Copeland, Tom – Koller, Tim – Murrin, Jack**: Unternehmenswert... **(2002)**, S. 252 ff.; **Hahn, Dietger – Hungenberg, Harald**: PuK – Wertorientierte Controllingkonzepte... **(2001)**, S. 161; **Hostettler, Stefan**: Economic Value Added (EVA)... **(2002)**, S. 169 f.; **Fischer, Thomas M.**: Economic Value Added (EVA)... **(1999)**, S. 6 sowie **Stewart, G. Bennett**: The Quest for Value – A guide for Senior

tierten Steuerungskonzepte der großen deutschen Energiekonzerne folgen diesem Ansatz.[185] Da die Aussagekraft von Residualgewinnen von der Altersstruktur des bilanziellen Vermögens beeinträchtigt wird[186], ist das periodenbezogene Residualgewinnkonzept zu einer Planungsrechnung auszubauen. Über die Ermittlung des als **Market Value Added (MVA)** bezeichneten Barwertes prognostizierter Übergewinne, der anschließend zu dem vom betriebsnotwendigen Vermögen abgeleiteten Gesamtkapital addiert wird, lässt sich das Residualgewinnkonzept auch zur Unternehmenswertermittlung nutzen.[187] Als Diskontierungssatz ist der Kapitalkostensatz maßgeblich, der auch für die periodenbezogene Residualgewinnermittlung Anwendung findet.[188] Das **integrierte EVA/MVA-Konzept** erweist sich gegenüber den rein zukunftsorientierten Discounted Cash-Flow (DCF)-Methoden, als vorteilhaft, weil es sowohl eine Ex post-Performance-Messung als

Managers... (**1991**), S. 85: "All projects ought to be financed with a target blend of debt and equity no matter how they might specifically be financed".

185 Vgl. dazu **EnBW AG**: Geschäftsbericht 2005... (**2006**), S. 81 f.: „Der Kapitalkostensatz stellt den Verzinsungsanspruch der Eigen- und Fremdkapitalgeber gewichtet mit unserer Zielkapitalstruktur dar." (Anteil Eigenkapital 45%, Anteil Fremdkapital 55%); **E.ON AG**: Geschäftsbericht 2005... (**2006**), S. 38 (Anteil Eigenkapital 45%, Anteil Fremdkapital 55%) sowie **RWE AG**: Geschäftsbericht 2005... (**2006**) , S. 176: „Das Verhältnis von Eigen- zu Fremdkapital haben wir nicht anhand von Buchwerten aus der Bilanz abgeleitet, sondern eine Relation von 40/60 unterstellt."

186 Zur Restbuchwertproblematik des EVA-Konzeptes siehe **Männel, Wolfgang**: Residual Income Model (RIM) und Economic Value Added (EVA)... (**2006**), S. 119 und die folgenden Publikationen der Boston Consulting Group (BCG): **Strack, Rainer – Villis, Ulrich**: RAVE™... (**2001**), S. 5 und **Lewis, Thomas G.**: Steigerung des Unternehmenswertes... (**1995**), S. 125, die anstelle gewinnbasierter EVA-Beträge die Ermittung des Cash Flow-basierten von der Bruttoinvestitionsbasis ausgehenden Cash Value Added (CVA) propagieren.

187 Der Market Value Added (MVA) macht den originären Goodwill einer Unternehmung transparent. Vgl. dazu unter anderem **Copeland, Tom – Koller, Tim – Murrin, Jack**: Unternehmenswert... (**2002**), S. 186; **Hostettler, Stefan**: Economic Value Added (EVA)... (**2002**), S. 201 ff. und 241 ff.; **Küting, Karlheinz – Eidel, Ulrike**: Performance-Messung und Unternehmensbewertung auf Basis des EVA... (**1999**), S. 829 und **Fischer, Thomas M.**: Economic Value Added (EVA)... (**1999**), S. 3. Die Diskontierung von Übergewinnen zur Goodwill-Ermittlung erläuterte schon **Preinreich, Gabriel A. D.**: The Law of Goodwill... (**1936**), S. 328

188 Vgl. **Männel, Wolfgang**: Residual Income Model (RIM) und Economic Value Added (EVA)... (**2006**), S. 120.

auch ein planungsorientiertes Bewertungskalkül ermöglicht und deshalb auch zur Investitionsrechnung eingesetzt werden kann.[189]

Bei den direkt auf die Unternehmenswertermittlung abstellenden **DCF-Methoden** fungieren risikoadjustierte Kapitalkosten als Abzinsungsfaktoren.[190] Während im Kontext gutachterlicher Unternehmensbewertungen trotz der Zulassung der DCF-Methoden durch den IDW-Standard S 1 im Jahr 2000[191] nach wie vor überwiegend das auf die Eigenkapitalgeber ausgerichtete **Ertragswertverfahren** Anwendung findet[192], hat sich im Rahmen der wertorientierten Unternehmenssteuerung die vom Freien Cash Flow (FCF) ausgehende DCF-rechnerische WACC-Methode als Steuerungs- und Bewertungskalkül durchgesetzt.[193]

Kapitalkostensätze und Unternehmenswertkalküle kommen jedoch nicht mehr nur im Controlling und anlässlich gutachterlicher Unternehmensbewertungen zum Einsatz. Auch für die durch die internationale Rechnungslegung vorgeschriebenen „Impairment-Tests" derivativer Firmenwerte (Goodwills) nach IFRS 3 und IAS 36 werden risikoadäquate Kapitalkostensätze als Abzinsungsfaktoren benötigt.[194]

C. Subjektive versus objektivierte Kapitalkostenermittlung

Kapitalkosten werden heute in nahezu allen Anwendungsbereichen mit dem Ziel einer objektiven Ermittlung überwiegend **kapitalmarkttheoretisch begründet**.

189 Vgl. dazu insbesondere die Ausführungen von **Doerr, Hans-Henning - Fiedler, Ronald – Hoke, Michaela**: Erfahrungen bei der konzernweiten Einführung eines EVA-basierten Investitionsrechnungsmodells... **(2003)**, S. 286 f.

190 Einen grundlegenden Überblick über die verschieden Discounted Cash Flow-Verfahren liefern **Baetge, Jörg – Niemeyer, Kai – Kümmel, Jens**: Darstellung der Discounted-Cashflow-Verfahren (DCF-Verfahren) mit Beispiel, in: Praxishandbuch der Unternehmensbewertung, hrsg. v. Volker H. Peemöller, 2. Aufl., Herne u. a. **2002**, S. 263-360.

191 Vgl. **Institut der Wirtschaftsprüfer in Deutschland e. V.**: IDW S 1: Grundsätze zur Durchführung von Unternehmensbewertungen (IDW S 1)... **(2000)**, S. 837 f.

192 Vgl. dazu die empirischen Befunde von **Munkert, Michael**: Der Kapitalisierungszinssatz im Spruchverfahren... **(2005)**, S. 54 f.

193 Vgl. dazu nochmals die Ergebnisse der empirischen Untersuchung von **Aders, Christian – Hebertinger, Martin**: Value Based Management... **(2003)**, S. 19: „Bei der Unternehmensbewertung dominiert der Discounted Cashflow mit gewogenen durchschnittlichen Kapitalkosten (WACC-DCF), den 61% der Unternehmen als Hauptmethode verwenden."

194 Vgl. **Lüdenbach, Norbert**: IFRS... **(2005)**, S. 99 ff. sowie **Bieker, Marcus – Esser, Maik**: Der Impairment-Only-Ansatz des IASB: Goodwill-Bilanzierung nach IFRS 3 "Business Combinations", in: Steuern und Bilanzen (StuB), 6. Jg. **(2004)**, Heft 10, S. 449-458.

Dieses Erfordernis trifft auch für die Bestimmung eines für alle regulierten Stromnetzbetreiber und deren Investoren maßgeblichen risikoadäquaten Eigenkapitalkostensatzes zu. Entgegen diesem modernen Kapitalkostenverständnis wurden Renditeforderungen und kalkulatorische Zinsen konventionell jedoch lange Zeit auf Basis subjektiver Einschätzungen des Managements und der Investoren abgeleitet.

Wurde die Höhe der kalkulatorischen Zinsen nicht durch das Öffentliche Preisrecht vorgegeben[195], erfolgte deren Ansatz in der Kostenrechnung traditionell auf Basis **subjektiv ermittelter Opportunitätskosten**, die von den Renditen der Alternativanlagen der Kapitalgeber abgeleitet wurden.[196] Der gesamtkapitalbezogene kalkulatorische Zinssatz wurde lange Zeit vereinfachend von der Rendite langfristiger risikofreier Kapitalanlagen ab[197], während der Risikozuschlag für das allgemeine Unternehmerwagnis der Eigenkapitalgeber als separates kalkulatorisches Gewinnelement berücksichtigt wurde, zu dessen Quantifizierung die traditionelle Kostenrechnungsliteratur infolge mangelnder Objektivierbarkeit in der Regel keine Aussage trifft.[198]

Auch das traditionell zur Unternehmensbewertung von den Wirtschaftsprüfern genutzte Ertragswertverfahren griff bis zu dessen grundlegender Novellierung durch den IDW Standard S 1 aus dem Jahr 2000 anlässlich der Bestimmung

---

195 Mit der Verordnung des Bundesministers für Wirtschaft und Finanzen PR Nr. 4 /72 über die Bemessung des kalkulatorischen Zinssatzes vom 17. April 1972 wurde der Höchstsatz für die Bemessung der gesamtkapitalbezogenen Zinsen anlässlich der Kalkulation von Preisen für öffentliche Aufträge auf 6,5% festgeschrieben. Der Vorgabe eines einheitlichen gesamtkapitalbezogenen Zinssatzes im Öffentlichen Preisrecht liegt die Vorstellung zugrunde, dass die Selbstkostenpreise nicht von der Finanzierungsstruktur des Auftragnehmers abhängen sollen. Vgl. **Ebisch, Hellmuth – Gottschalk, Joachim u. a.**: Preise und Preisprüfungen... (**2001**), S. 457, Tz. 10 sowie S. 626 , Anhang 12.

196 Vgl. **Hummel, Siegfried – Männel, Wolfgang**: Kostenrechnung... (**1986**), S. 176 sowie **Scherrer, Gerhard**: Kostenrechnung... (**1999**), S. 282 f. sowie S. 354: „Maßgeblicher Zinssatz für die Bestimmung der Kapitalkosten ist ein subjektiver Zinssatz".

197 Vgl. **Hummel, Siegfried – Männel, Wolfgang**: Kostenrechnung... (**1986**), S. 176; **Zimmermann, Gebhard**: Grundzüge der Kostenrechnung.... (**1982**), S. 66 sowie **Reiners, Frank**: Bemessung kalkulatorischer Abschreibungen, Zinsen und Gewinne... (**2000**), S.198.

198 Vgl. dazu **Hummel, Siegfried – Männel, Wolfgang**: Kostenrechnung... (**1986**), S. 179 sowie **Coenenberg, Adolf G.**: Kostenrechnung und Kostenanalyse... (**2003**), S. 49. **Mellerowicz, Konrad**: Kosten und Kostenrechnung... (**1958**), S. 277 ff. führt sogar aus, dass für Unternehmen, deren Preise sich am Markt bilden, Unternehmerwagnisse keine Rolle spielen, da sie weder messbar, noch bewertbar sein und in der Chance zur Gewinnerzielung abgegolten werden.

des Diskontierungsfaktors auf **subjektiv ermittelte Risikozuschläge** zurück.[199] Den so ermittelten Risikozuschlägen mangelt es an Transparenz und Objektivität.[200] Ferner ist zu bedenken, dass die Risikopräferenz eines Investors nie den Risikoeinstellungen aller Investoren eines Unternehmen entsprechen kann.[201] Die steigende Anzahl von Kapitalgesellschaften führte zu einer zunehmenden **Anonymisierung der Investoren**.[202] Insbesondere bei Unternehmen mit einer Vielzahl von Eigenkapitalgebern, so z. B. bei börsennotierten Publikumsgesellschaften mit großem und wechselndem Aktionärskreis erweist sich eine subjektiv-individualistische Vorgehensweise bei der Bestimmung der Renditeforderungen der Eigenkapitalgeber nicht als sachgerecht.[203] Konventionellen Kapitalkostenkalkülen mangelte es jedoch an einem geschlossenen, wissenschaftlich fundierten Bewertungsmodell zur Ableitung risikoadäquater Renditeforderungen.[204] Diese Lücke schloss die **neoklassische Finanzierungstheorie**, deren wesentliche Arbeiten auf die 1950er- und 1960er-Jahre zurückführen sind.[205] Unter restriktiven Annahmen[206] entstanden eine Reihe, insbesondere auf das **Verhält-**

---

199 Zum traditionellen, auch als HFA-Bewertung bezeichneten Ertragswertverfahren siehe **Institut der Wirtschaftsprüfer in Deutschland e. V. (IDW)**: Grundsätze zur Durchführung von Unternehmensbewertungen, HFA-Stellungnahme 2/1983, in: Die Wirtschaftsprüfung, 35. Jg. **(1983)**, Heft 15/16, S. 468-480. Siehe dazu auch die traditionelle Ableitung eines Risikozuschlags auf Basis von Risikonutzenfunktionen (Rechnen mit Sicherheitsäquivalenten) oder des Erwartungswertes von Entnahmeverteilungen (Risikozuschlagsmethode) bei **Ballwieser, Wolfgang**: Die Wahl des Kalkulationszinsfußes bei der Unternehmensbewertung unter Berücksichtigung von Risiko und Geldentwertung, in: Betriebswirtschaftliche Forschung und Praxis (BFuP), 33. Jg. **(1981)**, Heft 2, S. 97-114. Zum IDW-Standard S 1 siehe **Institut der Wirtschaftsprüfer in Deutschland e. V.**: IDW S 1: Grundsätze zur Durchführung von Unternehmensbewertungen, in: Die Wirtschaftsprüfung, 52. Jg. **(2000)**, Heft 17, S. 825-842.
200 Siehe dazu auch die kritischen Ausführungen bei **Zimmerer, Carl**: Ertragswertgutachten... **(1988)**, S. 418.
201 Vgl. dazu **Sieben, Günther**: Unternehmensbewertung... **(1995)**, S. 12.
202 Vgl. **Baetge, Jörg - Niemeyer, Kai - Kümmel, Jens**: Darstellung der Discounted-Cashflow-Verfahren (DCF-Verfahren) mit Beispiel... **(2002)**, S. 288.
203 Vgl. nochmals **Baetge, Jörg – Niemeyer, Kai – Kümmel, Jens**: Darstellung der Discounted-Cashflow-Verfahren (DCF-Verfahren) mit Beispiel... **(2002)**, S. 287 f. sowie **Nowak, Karsten**: Marktorientierte Unternehmensbewertung... **(2003)**, S. 60.
204 Siehe dazu **Rudolph, Bernd**: Neuere Kapitalkostenkonzepte auf der Grundlage der Kapitalmarkttheorie... **(1986)**, S. 892.
205 Vgl. **Perridon, Louis – Steiner, Manfred**: Finanzwirtschaft der Unternehmung... **(2004)**, S. 19 ff.
206 Vgl. nochmals **Perridon, Louis – Steiner, Manfred**: Finanzwirtschaft der Unternehmung... **(2004)**, S. 274 ff. sowie **Pfister, Christian**: Divisionale Kapitalkosten... **(2003)**, S. 17.

nis von Rendite und Risiko abstellender Modellierungen, die das Fundament der „modernen" Finanzierungstheorie bilden.[207]
Ziel dieser Konzepte ist es nicht, die individuelle Renditeforderung eines einzelnen Investors zu bestimmen, sondern auf Basis der Prämissen des vollkommenen Kapitalmarktes für jede mögliche Kapitalanlage eine für alle, als risikoavers unterstellten Kapitalmarktteilnehmer geltende Renditeforderung zu begründen.[208] Zu den bedeutsamsten Konzepten der neoklassischen Finanzierungstheorie zählt das im 6. Kapitel ausführlicher dargestellte **Capital Asset Pricing Model (CAPM)**. Die Übertragung der Modellierungen auf Rechenzwecke und Methoden des internen Rechnungswesens erfolgte jedoch erst mit der zunehmenden Kapitalmarktorientierung und der gestiegenen Notwendigkeit einer wertorientierten Unternehmensführung in den 1990er-Jahren.[209] Das CAPM gilt heute in der Praxis der wertorientierten Unternehmensführung als Standardwerkzeug zur Bestimmung risikoadjustierter Eigenkapitalkosten.[210]

D. Ableitung eines Kapitalkostenbegriffs für Stromnetzbetreiber

Die moderne Investitions- und Finanzierungstheorie definiert Kapitalkosten als die in der Regel auf ein Jahr bezogenen Kosten für den Kapitaleinsatz des In-

---

207 Für einen Überblick über die Modellierungen der modernen Finanzierungstheorie **Spremann, Klaus:** Modern Finance – Rendite, Risiko, Wert, 2. Auflage, München **2004.**

208 Vgl. auch **Pfister, Christian:** Divisionale Kapitalkosten... **(2003),** S 20.

209 Zwischen der in der modernen Literatur zur Investitions- und Finanzierungstheorie und der Theorie der Unternehmensbewertung schon länger vorherrschenden Erkenntnis einer kapitalmarktorientiert begründeten Bestimmung von Kapitalkostensätzen und der Umsetzung in der betrieblichen Praxis herrschte bis in die Mitte der 1990er-Jahre eine erhebliche Diskrepanz, was unter anderem auch auf ein bis dahin unzureichendes Verständnis der Modellierungen der modernen Kapitalmarkttheorie in der Unternehmenspraxis zurückzuführen war. Vgl. **Prietze, Oliver – Walker, Andreas:** Der Kapitalisierungszinsfuß... **(1995),** S. 204 u. S. 210.

210 Vgl. dazu **Pellens, Bernhard – Tomaszewski, Claude – Weber, Nicolas:** Wertorientierte Unternehmensführung in Deutschland... **(2000),** S. 1830 sowie **Aders, Christian – Hebertinger, Martin:** Value Based Management... **(2003),** S. 21. Diesen Entwicklungen hat sich auch das Institut der Wirtschaftsprüfer in Deutschland e. V. (IDW) nicht verschlossen. Seit dem IDW Standard S 1 aus dem Jahr 2000 wird anlässlich der Bestimmung objektivierter Unternehmenswerte zur Bestimmung des Risikozuschlags für den Diskontierungsfaktor das CAPM empfohlen. Vgl. **Hauptfachausschuss des Instituts der Wirtschaftsprüfer in Deutschland e. V. (IDW):** Grundsätze zur Durchführung von Unternehmensbewertungen (IDW S 1)... **(2000),** S. 837.

vestors, die die Untergrenze für die erzielende Verzinsung des Kapitaleinsatzes angeben.[211] Kapitalkosten sind im Rahmen von Investitionsentscheidungen daher aus Sicht der Investoren stets als „**Mindestverzinsung**" zu begreifen.[212] Wie aus dem vorangehenden Abschnitt bekannt ist, dient der Kapitalkostensatz, als der auf das eingesetzte Kapital bezogene Zinssatz, auch im Investitions- und wertorientierten Controlling als „**Hurdle Rate**", die geplanten oder realisierten Renditen gegenübergestellt wird.[213] Auch in der Kostenrechnung werden unter Kapitalkosten in einer eng ausgelegten Definition regelmäßig die zu bedienenden Verzinsungsansprüche der Kapitalgeber verstanden, die durch den **Ansatz kalkulatorischer Zinsen** abgebildet werden.[214]

Anlässlich kostenorientierter Entgeltkalkulationen ist die Frage der Bestimmung von Zinskosten jedoch stets im Zusammenhang mit der Ermittlung kalkulatorischer Abschreibungen zu stellen. In der Literatur zur Kostenrechnung besteht Einigkeit darüber, dass kalkulatorische Zinsen und Abschreibungen als Einheit zu betrachten sind, welche als **Kapitaldienst** die Amortisation und Verzinsung des eingesetzten Kapitals sicherzustellen hat.[215] Im Kontext der Netzentgeltkalkulation ist die isolierte Betrachtung kalkulatorischer Zinsen und kalkulatorischer Abschreibungen nicht zulässig, da die Höhe der kalkulatorischen Abschreibungen den Umfang der für die Berechnung kalkulatorischer Zinsen maßgeblichen, regelmäßig restbuchwertrechnerisch ermittelten verzinsungsrelevanten Kapitalbasis bestimmt.[216] Insofern ist der dieser Arbeit zugrunde gelegte Kapitalkostenbegriff nicht auf Zinskosten beschränkt, sondern bezieht auch **kalkulatorische Abschreibungen** ein.

Kalkulatorische Eigenkapitalzinsen, die zur Substanzerhaltung bestimmte Differenz zwischen tagesneuwertorientierten und anschaffungswertbezogenen Abschreibungen sowie hälftig gewerbesteuerbelastete Dauerschuldzinsen können jedoch nur dann vollständig über die Umsatzerlöse realisiert werden, wenn die

---

211 Vgl. **Hax, Herbert**: Finanzierung... (**1998**), S. 213.
212 Vgl. **Schneider, Dieter**: Investition, Finanzierung und Besteuerung... (**1992**), S. 532 ff. Im Fall auf den „entity approach" ausgerichteter Kalküle sind WACC-Kapitalkostensätze als durchschnittliche Mindestverzinsung zu verstehen. Vgl. **Sach, Anke**: Kapitalkosten der Unternehmung und ihre Einflussfaktoren... (**1995**), S. 103.
213 Siehe auch **Schwetzler, Bernhard**: Kapitalkosten... (**2000**), S. 81.
214 Vgl. **Busse von Colbe, Walther**: Zur Ermittlung der Kapitalkosten... (**2002**), S. 4 f.
215 Vgl. **Schneider, Dieter**: Entscheidungsrelevante fixe Kosten... (**1984**), S. 2521; **Hummel, Siegfried - Männel, Wolfgang**: Kostenrechnung... (**1999**), S. 168; **Brombach, Klaus – Walter, Wolfgang**: Einführung in die moderne Kostenrechnung... (**1998**), S. 101 sowie **Scherer, Gerhard**: Kostenrechnung... (**1999**), S. 354.
216 Vgl. **Küpper, Hans-Ulrich – Pedell, Burkhard**: Gutachten zum Entwurf der Verordnung über die Entgelte für den Zugang zu Gasversorgungsnetzen... (**2005**), S. 4.

darauf jeweils entfallenden körperschaftsteuerlichen und gewerbesteuerlichen Belastungen erwirtschaftet werden. Der Kapitalkostenbegriff dieser Arbeit ist daher auch um die auf die Kapitalkosten entfallenden **kalkulatorischen Steuern** zu erweitern.

In der Diskussion um die Ausgestaltung des Regulierungskonzeptes von Stromnetzbetreibern werden Kapitalkosten häufig als **Capital Expenditures (kurz: CAPEX)** bezeichnet.[217] Dieser Terminus wird in dieser Arbeit nicht verwendet. Wie aus der Übersetzung hervorgeht, steht der Begriff CAPEX für Investitionsausgaben, deren Betrachtung im Regulierungskontext dann relevant wird, wenn zwischen Regulierungsbehörden und Netzbetreibern Investitionsbudgets für eine bestimmte Regulierungsperiode vereinbart werden sollen.[218] Der Begriff CAPEX ist daher von dem im Rahmen dieser Arbeit definierten Kapitalkostenbegriff als Summe kalkulatorischer Zinsen, kalkulatorischer Abschreibungen und kalkulatorischer Steuern abzugrenzen.

E. Parameter zur Ermittlung der Kapitalkosten für Stromnetzbetreiber

Die Ermittlung kalkulatorischer Zinsen ist seit jeher ein **kontrovers diskutiertes Thema** im Rahmen von Preiskalkulationen. Schon Schmalenbach stellte fest:

„Keine andere Kostenart hat Praxis und Theorie ein solches Gefühl der Unsicherheit hinsichtlich der richtigen Behandlung bereitet wie die Zinsen. Diese Unsicherheit macht sich auch in der Literatur bemerkbar. Der Grund für diese Erscheinung liegt vermutlich darin, dass nirgendwo wie bei den Zinsen die Probleme sich so häufen und durcheinander wirken.“[219]

Die Erfordernis einer integrierten Betrachtung kalkulatorischer Zinsen und Abschreibungen erweitert den Gegenstand der Diskussion. Wie im Folgenden erläutert wird, besteht über die Wahl des Unternehmenserhaltungskonzepts und des daraus folgenden Kapitaldienstkonzeptes, über die Berücksichtigung einer risikoadäquaten Eigenkapitalverzinsung und über den Ansatz der Ertragsteuern seit

---

217   Vgl. stellvertretend **Bundesnetzagentur**: Bericht der Bundesnetzagentur nach § 112 EnWG zur Einführung einer Anreizregulierung nach § 21a EnWG... **(2006)**, unter anderem S. 41 und S. 50.

218   Vgl. dazu auch **Plaut Economics**: Gutachten Effizienzanalysemethoden... **(2006)**, S. 75.

219   **Schmalenbach, Eugen**: Die Grundlagen der Selbstkostenrechnung und Preispolitik **(1925)**, zitiert nach **Schmalenbach, Eugen**: Kostenrechnung und Preispolitik...**(1963)**, S. 321.

Jahrzehnten auch anlässlich der Kalkulation von Strompreisen und Netzentgelten Uneinigkeit.

1) Definition des Unternehmenserhaltungskonzeptes

Die Frage, wie inflationäre Preissteigerungen zur Erhaltung der Unternehmenssubstanz anlässlich der Strompreis- und Netzentgeltkalkulation zu berücksichtigen sind, steht seit jeher im Mittelpunkt der Diskussion um die Kapitalkostenkalkulation.[220]

Bereits anlässlich der Kalkulation und Genehmigung der Strompreise in den 1980er- und 1990er-Jahren wurde darüber gestritten, an welchem Unternehmenserhaltungskonzept die **Ermittlung kalkulatorischer Abschreibungen** auszurichten ist. Die bundeseinheitliche „Arbeitsanleitung zur Darstellung der Kosten- und Erlöslage in der Stromversorgung" aus dem Jahr 1981 sah zwar einen auf den Grundsatz der Substanzerhaltung ausgerichteten Ansatz tagesneuwertorientierter Abschreibungen vor.[221] Die Arbeitsanleitung von 1981 fand jedoch „zu keinem Zeitpunkt die Zustimmung der Elektrizitätswirtschaft" und auch die Bundesländer waren sich in Bezug auf ihre Anwendung uneinig[222], sodass sie **eigene Arbeitsanleitungen** formulierten.[223] Insbesondere die Frage, ob die kalkulatorischen Abschreibungen für den eigen- und fremdfinanzierten Anteil des Sachanlagevermögens von Tagesneuwerten im Sinne der Bruttosubstanzerhaltungskonzeption oder ausschließlich für den eigenfinanzierten Anteil im Sinne der **Nettosubstanzerhaltungskonzeption** tagesneuwertorientiert zu veranschlagen sind, wurde uneinheitlich beantwortet.[224]

---

220 Vgl. **Gabriel, Jürgen – Haupt, Ulrike – Pfaffenberger, Wolfgang**: Vergleich der Arbeitsanleitungen nach §12 BTOELT mit dem Kalkulationsleitfaden nach Anlage 3 der Verbändevereinbarung II+... **(2002)**, S. 16.

221 Vgl. „**Arbeitsanleitung zur Darstellung der Kosten- und Erlöslage in der Stromversorgung**" in: **Ebisch, Hellmuth – Gottschalk, Joachim u. a.**: Preise und Preisprüfungen... **(1987)**, S. 807 ff.

222 **Sieben, Günter –Diedrich Ralf – Price Waterhouse Corporate Finance Beratung GmbH**: Kosten und Erlöse in der Stromversorgung... **(1996)**, S. 7.

223 Die Arbeitsanleitungen zielten grundsätzlich darauf ab, den der Strompreisgenehmigung zugrunde zu legenden unbestimmten Begriff „Kosten- und Erlöslage bei elektrizitätswirtschaftlich rationeller Betriebsführung" des § 12 Abs. 2 der Bundestarifordnung Elektrizität (BTOElt) zu konkretisieren.

224 Im Gegensatz zur Genehmigungspraxis in den übrigen Bundesländern, die die Ermittlung kalkulatorischer Abschreibungen nach dem Grundsatz der Nettosubstanzerhaltung vorsahen, erlaubte die Arbeitsanleitung Nordrhein-Westfalens den Ansatz tagesneuwertorientierter Abschreibungen für das eigen- und fremdfinanzierte Vermögen. Diesem Grundsatz folgten später auch Niedersachsen und die fünf

Auch die Leitsätze für die Preisermittlung auf Grund von Selbstkosten (LSP), an denen sich die „Arbeitsanleitung zur Darstellung der Kosten- und Erlöslage in der Stromversorgung" aus dem Jahr 1981 orientierte, ließen bis Mitte der 1980er-Jahre den Ansatz tagesneuwertorientierter Abschreibungen für das gesamte betriebsnotwendige Vermögen zu.[225] Mit den Verordnungen VO PR Nr. 1/86 und VO PR Nr. 1/89 erfuhren die LSP jedoch wesentliche Änderungen, die sich auch auf die Strompreiskalkulation auswirkten. Seit der Neufassung von Nr. 45 LSP mit der Verordnung **VO PR Nr. 1/86** vom 15.04.1986 ist die verzinsungsrelevante Kapitalbasis ausschließlich von anschaffungswertorientierten Restbuchwerten abzuleiten.[226] Mit der Änderung von Nr. 38 LSP bezüglich des Abschreibungsbetrages und des Wertansatzes durch die Verordnung **VO PR Nr. 1/89** vom 13.06.1989 durch den Bundesminister für Wirtschaft dürfen auch kalkulatorische Abschreibungen nur noch von den historischen Anschaffungs- bzw. Herstellkosten bemessen werden.[227]

Aufgrund dessen standen die Arbeitsanleitungen von Bund und Ländern nicht mehr im Einklang mit den LSP. Infolgedessen beauftragte der Bund-Länder-Ausschuss „Energiepreise" eine Arbeitsgruppe zur Überarbeitung der Arbeitsanleitung. Auf die vom Bund-Länder-Ausschuss „Energiepreise" 1993 präsentierte Neufassung der Arbeitsanleitung[228] konnten sich die Vertreter der Energiewirtschaft und die Preisprüfer jedoch nicht einigen, sodass in der Folge eine Reihe von Gutachten zur Klärung der strittigen Punkte in Auftrag gegeben wurden, in deren Mittelpunkt wiederum die Frage nach dem **„richtigen" Kapital- und Substanzerhaltungskonzept** stand.[229]

---

neuen Bundesländer. Vgl. **Bönner, Udo:** Die Kalkulation administrierter Preise... **(1992)**, S. 229 und S. 231.

225   Vgl. nochmals **Bönner, Udo:** Die Kalkulation administrierter Preise... **(1992)**, S. 229.

226   Vgl. **Ebisch, Hellmuth – Gottschalk, Joachim u. a.:** Preise und Preisprüfungen... **(2001)**, zu Nr. 45 LSP, Tz. 1 und 2, S. 481.

227   Vgl. **Ebisch, Hellmuth – Gottschalk, Joachim u. a.:** Preise und Preisprüfungen... **(2001)**, zu Nr. 38 LSP, Tz. 4 und 5, S. 431 f.

228   Vgl. **Männel, Wolfgang:** Kalkulatorische Abschreibungen, Zinsen, Gewinne und Substanzerhaltungsrücklagen... **(1996)**, S. 2.

229   Vgl. insbesondere das im Auftrag des Bundeswirtschaftsministeriums angefertigte Gutachten von **Männel, Wolfgang:** Kalkulatorische Abschreibungen, Zinsen, Gewinne und Substanzerhaltungsrücklagen in der Strompreiskalkulation – Gutachten zur Neufassung der Arbeitsanleitung zur Feststellung der Kosten- und Erlöslage einschließlich Kostenträgerrechnung im Preisgenehmigungsverfahren nach § 12 BTOElt, Nürnberg **1996** sowie das im Auftrag der Elektrizitätswirtschaft ausgearbeitete Gutachten von **Sieben, Günter –Diedrich Ralf – Price Waterhouse Corporate Finance Beratung GmbH:** Kosten und Erlöse in der Stromversorgung –

Nach langwierigen Diskussionen legte der Arbeitsausschuss der Preisreferenten des Bundes und der Länder am 10./11.06.1997 den Entwurf einer neuen bundeseinheitlichen „Arbeitsanleitung zur Darstellung der Kosten- und Erlösentwicklung in der Stromversorgung" vor, der ausschließlich die Ermittlung kalkulatorischer Abschreibungen **auf Basis von Anschaffungs- und Herstellungskosten** erlaubte.[230] In Anlehnung an die Begründung zur Verordnung PR Nr. 1/89 sollte der Ausgleich zur Substanzerhaltung als Differenz zwischen tagesneuwertorientierten und anschaffungswertorientierten Abschreibungen für den auf 40,0% begrenzten eigenfinanzierten Anteil des Anlagevermögens als separater kalkulatorischer Gewinnbestandteil – im Sinne einer **Substanzerhaltungsrücklage** – berücksichtigt werden.[231] Wenngleich sich der maßgeblich auf die gutachterliche Arbeit von *Männel* zurückgehende Vorschlag zur Bildung einer Substanzerhaltungsrücklage in Form eines separaten kalkulatorischen Gewinnelementes in der Praxis letztlich nicht durchgesetzt hat[232], hat die damit verbundene Forderung nach einer terminologischen **Trennung von Kosten- und Gewinnbestandteilen** wertvolle Anstöße zur Harmonisierung von internem und externem Rechnungswesen gegeben.[233]

Der Entwurf der „Arbeitsanleitung zur Darstellung der Kosten- und Erlösentwicklung in der Stromversorgung" vom 10./11.06.1997 wurde vom Bundesminister für Wirtschaft jedoch in der darauffolgenden Zeit **nicht für rechtsverbindlich erklärt**, sodass die „Arbeitsanleitung 1997" auch in keinem einzigen Bundesland Anwendung fand.[234] Dies ist insbesondere auch auf die Liberalisie-

Gutachten zur Bestimmung der kalkulatorischen Kosten unter besonderer Beachtung der Unternehmenserhaltung, Frankfurt am Main **1996**.

230   Vgl. **Bund-Länder-Ausschuss „Energiepreise"**: Entwurf einer Arbeitsanleitung zur Darstellung der Kosten- und Erlösentwicklung ... **(1997)**, S. 8 f.

231   Vgl. **Bund-Länder-Ausschuss „Energiepreise"**: Begründung und Erläuterung zur Neufassung der Arbeitsanleitung... **(1997)**, S. 4 f. Zur Begründung der Verordnung PR Nr. 1/89 siehe **Bönner, Udo**: Die Kalkulation administrierter Preise... **(1992)**, S. 229 und S. 231 sowie S. 251.

232   Vgl. **Männel, Wolfgang**: Kalkulatorische Abschreibungen, Zinsen, Gewinne und Substanzerhaltungsrücklagen... **(1996)**, insbesondere S. 163 ff. Zur formalen Bemessung der auf den eigenfinanzierten Anteil begrenzten Substanzerhaltungsrücklage siehe **Männel, Wolfgang**: Substanzerhaltung durch kalkulatorische Abschreibungen oder durch kalkulatorische Gewinnbestandteile?... **(1998)**, S. 46 f. und die bereits im Vorfeld geführten Diskussionen bei **Schmitt, Dieter - Düngen, Helmut – Bergschneider, Claus**: Bewertungsprobleme in der Elektrizitätswirtschaft... **(1990)**, S. 146.

233   Siehe dazu ausführlicher **Männel, Wolfgang** Integration des Rechnungswesens... **(1999)**, S. 15.

234   Vgl. **Sieben, Günter – Maltry, Helmut**: Netznutzungsentgelte für elektrische Energie... **(2002)**, S. 13.

rungsvorgaben der am 19.12.1996 verabschiedeten EU-Richtlinie 96/92/EG und der damit verbundenen Notwendigkeit der Reformierung der gesetzlichen Rahmenbedingungen zurückzuführen. Die Preisbehörden der Länder regulierten die Stromtarife in der Folge weiterhin auf Basis der divergierenden länderspezifischen Arbeitsanleitungen.[235]

Die in der Strompreisgenehmigungspraxis geführten Debatten wurden von ebenso lebhaft geführten **Diskussionen in der Betriebswirtschaftslehre** begleitet. Für den deutschsprachigen Raum sei insbesondere auf die Kontroverse zwischen *Swoboda* als Verfechter eines anschaffungswertorientierten Nominalverzinsungskonzeptes und *Seicht* als Befürworter des realzinsrechnerischen Konzeptes der Nettosubstanzerhaltung hingewiesen.[236] Die Mehrheit der auf dem betreffenden Forschungsgebiet tätigen Wissenschaftler sprach sich allerdings für eine tagesneuwertorientierte Bemessung kalkulatorischer Abschreibung aus.[237] Insofern besteht kein Zweifel darüber, dass die durch die Preisfindungsprinzipien der VV II plus geregelte tagesneuwertorientierte Abschreibung dem Erkenntnisstand der BWL entsprach.[238]

---

235 Vgl. **Gabriel, Jürgen – Haupt, Ulrike – Pfaffenberger, Wolfgang**: Vergleich der Arbeitsanleitungen nach §12 BTOELT mit dem Kalkulationsleitfaden nach Anlage 3 der Verbändevereinbarung II+... (**2002**), S. 12 f.

236 Vgl. dazu unter anderem **Seicht, Gerhard**: Zur aktuellen Diskussion über Abschreibungskosten in der österreichischen amtlichen Preisregelung (Energiepreisregelung), in: Journal für Betriebswirtschaft (JfB) 41. Jg. (**1991**), Heft 5, S. 227-245; **Seicht, Gerhard**: Zur Tageswertorientierung administierter Preise (speziell in der Energiewirtschaft), in: Betriebswirtschaftliche Forschung und Praxis (BFuP), 48. Jg. (**1996**), Heft 4, S. 345-363 sowie **Swoboda, Peter**: Zur aktuellen Diskussion über die Abschreibungskosten in der österreichischen amtlichen Preisregulierung, in: Journal für Betriebswirtschaft (JfB), 42. Jg. (**1992**), Heft 2, S. 74-85 und **Swoboda, Peter**: Zur Anschaffungswertorientierung administrierter Preise (speziell in der Elektrizitätswirtschaft), in: Betriebswirtschaftliche Forschung und Praxis (BFuP), 48. Jg. (**1996**), Heft 4, S. 364-381.

237 Vgl. stellvertretend **Busse von Colbe, Walther**: Kalkulatorische Abschreibungen und Substanzerhaltung... (**1990**), S. 302 ff. sowie die diesbezügliche Auswertung der Kostenrechnungsliteratur im 3. Kapitel dieser Arbeit, S. 198 f.

238 Vgl. **Männel, Wolfgang**: Gutachten zu den Preisfindungsprinzipien der Verbändevereinbarung VV II plus vom 13.12.2001 und 23.04.2002, Kalkulationsgrundlagen in der Energieversorgung, Band 2, hrsg. v. Verband der Elektrizitätswirtschaft – VDEW - e. V., Frankfurt am Main, März **2003** sowie **Sieben, Günter – Maltry, Helmut**: Netznutzungsentgelte für elektrische Energie – Gutachten zu den Grundsätzen der Bestimmung von Netznutzungsentgelten für elektrische Energie auf Basis einer Kostenermittlung unter besonderer Berücksichtigung der Unternehmenserhaltung, hrsg. v. Verband der Elektrizitätswirtschaft – VDEW - e. V., Frankfurt am Main, April **2002**.

Im Zuge der **Novellierung des Energiewirtschaftsgesetzes (EnWG)** und der Formulierung der StromNEV wurde die Frage, ob die kalkulatorischen Abschreibungen von Tagesneuwerten oder von den historischen Anschaffungs- und Herstellungskosten abzuleiten sind, jedoch erneut aufgegriffen. Während Netzbetreiber und mehrere seitens von Wissenschaftlern erstellte Gutachten und Stellungnahmen für die Beibehaltung der bereits gemäß der VV II plus praktizierten Methodik der Nettosubstanzerhaltung plädierten, forderten das Bundeskartellamt, Netznutzer und Vertreter stromintensiver Industrien die Ausrichtung der Kapitalkostenkalkulation auf ein anschaffungswertorientiertes Nominalzinsmodell.[239] Diese Kontroverse führte vermutlich zu der in § 6 StromNEV geregelten **Kompromisslösung**, die für alle Altanlagen, die vor dem 1. Januar 2006 aktiviert worden sind, die Beibehaltung der Nettosubstanzerhaltung vorsieht, während kalkulatorische Abschreibungen und Zinsen für Neuanlagen, die ab dem 1. Januar 2006 aktiviert werden, auf Basis des anschaffungswertorientierten Nominalzinsmodells zu ermitteln sind.[240] Das komplexe Nebeneinander *zweier unterschiedlicher Kapitaldienstkonzepte* wird vermutlich auch in Zukunft zu weiteren Diskussionen um die Ausgestaltung der Kapitalkostenkalkulation im Gas- und Stromnetzbetrieb führen.[241]

---

239 Für die Plädoyers zur Beibehaltung der Nettosubstanzerhaltung siehe unter anderem **Verband der Elektrizitätswirtschaft e. V. (VDEW) – Verband der Netzbetreiber e. V. (VDN) – Verband der Verbundunternehmen und regionalen Energieversorger e. V. (VRE)**: Eckpunkte der Ausgestaltung des regulatorischen Rahmens... (**2003**), S. 6, **Männel, Wolfgang**: Kalkulationsmethodik des künftigen stromverteilungsspezifischen Regulierungskonzeptes... (**2004**), S. 77 ff.; **Männel, Wolfgang**: Gutachterliche Stellungnahme zu dem von Prof. Dr. Gebhard Zimmermann im Auftrag des Bundeskartellamtes am 15. Oktober 2003 präsentierten Gutachten... (**2003**), S. 17 ff. sowie **Sieben, Günter – Maltry, Helmut**: Netznutzungsentgelte für elektrische Energie... (**2002**), S. 40 ff. Zur Forderung nach einem anschaffungswertorientierten Nominalzinsmodell siehe **Zimmermann, Gebhard.**: Die kalkulatorischen Kosten... (**2003**), S. 42 ff.; **BDI e.V. – BNE e.V. – EFET – VIK e.V.**: Position der Netznutzerverbände... (**2003**), S. 2 f. sowie **Bundeskartellamt**: Entgeltregulierung der Elektrizitäts- und Gasnetze... (**2003**), Teil B, § 1, Abs. 4, Ziffern 1. bis 6. sowie Fußnote 10.

240 Vgl. **Sieben, Günter – Maltry, Helmut**: Netznutzungsentgelte für elektrische Energie... (**2002**), S. 58 ff.

241 Vgl. dazu auch die Ausführungen zur Aufteilung des betriebsnotwendigen Eigenkapitals auf Alt- und Neuanlagen gemäß § 7 Abs. 3 StromNEV im 4. Kapitel dieser Arbeit, S. 277 ff.

2) Berücksichtigung eines Wagniszuschlags

Neben dem Unternehmenserhaltungskonzept und der Abschreibungsbemessung steht die kalkulatorische Eigenkapitalverzinsung im Mittelpunkt der Diskussion um die Kapitalkostenkalkulation von Netzbetreibern. In der energiewirtschaftsbezogenen Regulierungspraxis war dabei lange Zeit umstritten, ob anlässlich der Ermittlung der kalkulatorischen Eigenkapitalverzinsung ein Zuschlag zum **Ausgleich für das allgemeine Unternehmerwagnis** zu berücksichtigen ist.

Der *Bund-Länder-Ausschuss „Energiepreise"* verlautbarte 1997, dass er „ein über das allgemeine Kapitalanlagerisiko hinausgehendes unternehmerisches Risiko bei der Versorgung der Tarifkunden nicht sieht".[242] Diese unhaltbare Fehleinschätzung wurde auch von der *Arbeitsgruppe Netznutzung Strom der Kartellbehörden des Bundes und der Länder* im Jahr 2001, dem *Bundeskartellamt* und dem in dessen Auftrag tätig gewordenem Gutachter *Zimmermann* sowie den Netznutzern und der stromverbrauchenden Industrie vertreten.[243]

Die Argumente gegen die Berücksichtigung eine Zuschlags für das allgemeine Unternehmerwagnis sind wiederum vor dem Hintergrund des **Einflusses des Öffentlichen Preisrechts** auf die Ausgestaltung der Arbeitsanleitung zur Darstellung der Kosten- und Erlöslage in der Stromversorgung aus dem Jahr 1981

---

242 **Bund-Länder-Ausschuss „Energiepreise":** Begründung und Erläuterung zur Neufassung der Arbeitsanleitung... (**1997**), S. 7.

243 Die Arbeitsgruppe Netznutzung Strom der Kartellbehörden des Bundes und der Länder billigte deutschen Stromnetzbetreibern lediglich eine Eigenkapitalverzinsung im Ausmaß der realen Umlaufrendite festverzinslicher Wertpapiere zu, die ausgehend vom 5-Jahres-Durchschnitt der nominalen Umlaufrendite von 5,0% bei einer Inflationsrate von 1,46% auf 3,54% beziffert wurde. Ein Wagniszuschlag für das allgemeine Kapitalanlagerisiko bei der Ableitung von Kostenpreisen für den Netzbetrieb sei daher nicht gesondert berücksichtigen. Vgl. **Arbeitsgruppe Netznutzung Strom der Kartellbehörden des Bundes und der Länder:** Bericht über 1. die Reichweite der kartellrechtlichen Eingriffsnormen ... (**2001**), S. 34 ff. Das Bundeskartellamt sah den im Rahmen der realen Eigenkapitalverzinsung von der TEAG Thüringer Energie AG nach der Verbändevereinbarung VV II plus kalkulierten 1,7%-igen Risikozuschlag als missbräuchlich an. Vgl. **Bundeskartellamt:** B11 – 40 100 – T – 45/01, 11. Beschlussabteilung, Beschluss in dem Verwaltungsverfahren gegen TEAG Thüringer Energie AG... (**2003**) S. 23 ff. **Zimmermann, Gebhard:** Die kalkulatorischen Kosten... (**2003**), S. 49 argumentierte konform zur Auffassung des Bundeskartellamtes: „Dies bedeutet, dass ein Ansatz von 1,7% für einen Wagniskostenansatz der Eigenkapitalverzinsung nochmals überprüft werden müsste, denn es ist kein erhöhtes Unternehmensrisiko bei Stromnetzbetreibern zu sehen." Siehe ferner dazu die Argumentation der Netznutzer und Vetreter stromintensiver Industrien **BDI e. V. – BNE e. V. – EFET – VIK e. V.:** Position der Netznutzerverbände... (**2003**), S. 2 f., 3.1. Bewertung anzusetzender Kostenpositionen, „Abschaffung des Wagniszuschlages für das allgemeine Unternehmerrisiko".

zurückzuführen. Die Arbeitsanleitung von 1981 sah wie Nr. 43 der Leitsätze für die Preisermittlung auf Grund von Selbstkosten (LSP) eine gesamtkapitalbezogene Veranschlagung kalkulatorischer Zinsen auf Basis des 6,5%-igen Zinssatzes vor.[244] Infolge der pauschalen Veranschlagung der kalkulatorischen Zinsen wurde den EVU daher **kein separater Risikozuschlag** zum Ausgleich des allgemeinen Unternehmerrisikos gewährt. Die Argumentation der Preisgenehmigungsbehörden verkannte jedoch, dass das Öffentliche Preisrecht die Kalkulationsrelevanz eines Ausgleichs für das allgemeine Unternehmerrisiko stets ausdrücklich anerkannt hat. Die LSP berücksichtigen den Ausgleich für das allgemeine Unternehmerrisiko nicht bei der Bemessung der kalkulatorischen Zinsen, sondern gemäß Nr. 51 LSP stattdessen bei der **Bemessung des kalkulatorischen Gewinns.**[245] Bereits anlässlich der Diskussionen um die Ausarbeitung des Entwurfs der Arbeitsanleitung 1997 wurde der Vorschlag der Arbeitsgruppe des Bund-Länder-Ausschusses „Energiepreise", die Eigenkapitalverzinsung auf das Niveau der Rendite festverzinslicher Wertpapiere zu beschränken, unter anderem von *Männel* kritisiert, da Kapitalgeber auch bei einem separat kalkulierten, auf 1,0% pro Jahr limitierten Gewinnelement keine Motive hätten, „Anteile der Aktiengesellschaften der Energiewirtschaft zu erwerben".[246]

Infolge der risikonegierenden Haltung des Bundeskartellamtes im Missbrauchsverfahren gegen die Thüringer Energie AG im Jahr 2003 belegten mehrere Gutachter, dass der Betrieb von Stromnetzen **mit erheblichen allgemeinen unternehmerischen Risiken** belastet ist[247] und Stromnetzbetreibern deshalb bei der Bemessung der Eigenkapitalverzinsung eine Risikoprämie zum Ausgleich für das allgemeine Unternehmerwagnis zuzugestehen ist.[248] Diese Arbeiten überzeugten auch das *Oberlandesgericht Düsseldorf*, das im Urteil vom 11.02.2004 im Kartellverwaltungsverfahren TEAG Thüringer Energie AG gegen Bundes-

---

244 Vgl. auch **Gabriel, Jürgen – Haupt, Ulrike – Pfaffenberger, Wolfgang**: Vergleich der Arbeitsanleitungen nach §12 BTOELT mit dem Kalkulationsleitfaden nach Anlage 3 der Verbändevereinbarung II+ **(2002)**, S. 20.

245 Siehe dazu **Ebisch, H. – Gottschalk, J. u. a.**: *Preise und Preisprüfungen...* **(2001)**, zu Nr. 51 LSP, Tz. 2, S. 493, zu Nr. 51 LSP, Tz. 6, S. 494 sowie zu Nr. 52 LSP, Tz. 26, S. 505.

246 **Männel, Wolfgang**: Kalkulatorische Abschreibungen, Zinsen, Gewinne und Substanzerhaltungsrücklagen... **(1996)**, S. 140 f.

247 Siehe dazu ausführlicher die Ausführungen im 3. Kapitel dieser Arbeit, S. 213 ff.

248 Vgl. insbesondere **Männel, Wolfgang**: Gutachten zur Bedeutung kalkulationsrelevanter allgemeiner Unternehmer-risiken des Stromverteilungsgeschäfts, Nürnberg und Lauf an der Pegnitz **2003** sowie **Gerke, Wolfgang**: Risikoadjustierte Bestimmung des Kalkulationszinssatzes in der Stromnetzkalkulation, Kalkulationsgrundlagen in der Energieversorgung, Band 1, hrsg. v. Verband der Elektrizitätswirtschaft - VDEW - e. V., Frankfurt am Main, Februar **2003**.

kartellamt [Kart 4/03 (V)], den in den Preisfindungsprinzipien der VV II plus vorgesehenen 1,7%-igen Risikozuschlag für das allgemeine Unternehmerwagnis bestätigte.[249] Infolgedessen gesteht auch § 7 Abs. 5 der StromNEV den Stromnetzbetreibern anlässlich der Kalkulation der Eigenkapitalverzinsung explizit einen Zuschlag zur Abdeckung netzbetriebsspezifischer unternehmerischer Wagnisse zu. Heute stellt sich daher nicht mehr die Frage, ob bei der Netzentgeltkalkulation ein Risikozuschlag für das allgemeine Unternehmerwagnis zu berücksichtigen ist, es ist vielmehr zu untersuchen, **wie hoch dieser zu bemessen ist**, und welche Methoden für dessen Ermittlung in Frage kommen.[250]

3) Ansatz kalkulatorischer Ertragsteuern

Die Frage der Kalkulationsrelevanz der im Zusammenhang mit kalkulatorischen Abschreibungen und Zinsen anfallenden ertragsteuerlichen Belastungen wird ebenfalls seit jeher kontrovers diskutiert.[251] Im Einzelnen betrifft dies

▪ den **Ansatz der kalkulatorischen Gewerbesteuer** und deren Ermittlung,
▪ die **Kalkulationsrelevanz der Körperschaftsteuer**
▪ sowie den **Ansatz der Ertragsteuern auf den „Scheingewinn"** infolge der tagesneuwertorientierten Abschreibungsbemessung.

Die Diskussion um die Kalkulationsrelevanz der Ertragsteuern ist zum einen vor dem Hintergrund der Regelungen des Öffentlichen Preisrechts und zum anderen mit Bezug auf die steuerrechtlichen Rahmenbedingungen zu analysieren.[252]

Auch während der zurückliegenden Jahre wurde die Kalkulationsrelevanz kalkulatorischer Steuern vor allem seitens der Netznutzer und des Bundeskartellamtes wiederholt verneint oder nur teilweise anerkannt[253], obwohl über die Kal-

---

249 Vgl. **Oberlandesgericht Düsseldorf**: Beschluss im Kartellverwaltungsverfahren TEAG gegen Bundeskartellamt, Aktenzeichen VI-Kart 4/03 (V) vom **11.02.2004**, S. 17 f.
250 Diesen Fragen widmen sich die Ausführungen im 6. Kapitel, insbesondere S. 352 ff.
251 Auch **Sieben, Günter – Maltry, Helmut**: Netznutzungsentgelte für elektrische Energie... **(2002)**, S. 30 führen aus, dass sich hinsichtlich der Einbeziehung von Ertragsteuern sehr divergente Standpunkte in den von ihnen analysierten Kalkulationsvorschlägen finden.
252 Siehe dazu die Ausführungen im 3. Kapitel, insbesondere S. 220 ff.
253 Siehe dazu die einschlägige Feststellung der Arbeitsgruppe Netznutzung Strom vom 19. April 2001, die sich ihrerseits auf die „Arbeitsanleitung 1997" beruft, nach der ein kostenrechnerischer Ansatz von Ertragsteuern in der Entgeltkalkulation grundsätzlich nicht zugelassen sei, da man solche Steuern „aus dem Ergebnis zu decken (habe)". Vgl. **Arbeitsgruppe Netznutzung Strom der Kartellbehörden des Bundes und der Länder**: Bericht über 1. die Reichweite der kartellrechtlichen Ein-

kulationsrelevanz der Gewerbesteuer- und Körperschaftsteuerbelastungen aus betriebswirtschaftlicher Sicht kein Zweifel besteht.[254] Nach den Vorgaben der StromNEV wird Stromnetzbetreibern derzeit explizit nur der Ansatz der kalkulatorischen Gewerbesteuer gestattet, während die körperschaftsteuerlichen Belastungen und die Ertragsteuern auf den „Scheingewinn" unberücksichtigt bleiben.

4) Zusammenfassung der Kalkulationsparameter

Wie im Laufe dieser Arbeit noch ausführlich erläutert wird, bestanden und bestehen neben den zuvor aufgeführten Streitpunkten auch bezüglich weiterer Parameter der Kapitalkostenkalkulation teilweise **unterschiedliche Auffassungen** zwischen Netzbetreibern, Netznutzern und Regulierungsbehörden. Die in Wissenschaft und Praxis geführten Diskussionen der letzten Jahre und die Bescheide

---

griffsnormen für die Überprüfung der Höhe der Entgelte für die Nutzung der Stromnetze... **(2001)**, S. 32 sowie **Zimmermann, Gebhard:** Die kalkulatorischen Kosten... **(2003)**, S. 39 ff., S. 50 und S. 54. Siehe ferner den Forderungskatalog der Netznutzer, der lediglich den Ansatz der kalkulatorischen Gewerbesteuer anerkennt, deren Höhe jedoch auf das Niveau der tatsächlich gezahlten Gewerbesteuer begrenzt: **BDI e. V. – BNE e. V. – EFET – VIK e. V.:** Position der Netznutzerverbände... **(2003)**, Anlage 1, S. 4. Vgl. auch **Gabriel, Jürgen – Haupt, Ulrike – Pfaffenberger, Wolfgang:** Vergleich der Arbeitsanleitungen nach §12 BTOELT mit dem Kalkulationsleitfaden nach Anlage 3 der Verbändevereinbarung II+... **(2002)**, S. 22, die den Ansatz kalkulatorischer Steuern auf das Phänomen der „Scheingewinnbesteuerung" reduzieren und daher aus Vereinfachungsgründen „eher" ablehnen.

254   Während der zurückliegenden Jahre haben mehrere wissenschaftlich arbeitende Gutachter und Experten übereinstimmend festgestellt, dass neben der zur Ausschüttung vorgesehenen Eigenkapitalverzinsung zwangsläufig auch die deretwegen auf der Unternehmensebene anfallenden Gewerbesteuer- und Körperschaftsteuerbelastungen kalkulationsrelevant sind. Siehe dazu insbesondere **Männel, Wolfgang:** Gutachterliche Stellungnahme zur Bedeutung der Körperschaftsteuer für die Kalkulation von Netznutzungsentgelten in der Stromverteilungswirtschaft, Nürnberg und Lauf an der Pegnitz **2004** sowie **Männel, Wolfgang:** Kalkulationsmethodik des künftigen stromverteilungsspezifischen Regulierungskonzeptes... **(2004)**, S. 36 ff.; **Energiewirtschaftliches Institut an der Universität Köln (EWI) – Frontier Economics:** Zusammenstellung von Kostenrechnungsansätzen... **(2001)**, S. 6 sowie S. 22; **Schneider, Dieter:** Substanzerhaltung bei Preisregulierungen... **(2001)**, S. 53 f.; **Busse von Colbe, Walther:** Zur Ermittlung der Kapitalkosten... **(2002)**, S. 13; **Sieben, Günter – Maltry, Helmut:** Kostenbasierte Kalkulation von Netznutzungsentgelten... **(2003)**, S. 734 sowie **Purtscher, Victor:** Kalkulatorische Abschreibungen... **(1999)**, S. 262 und S. 267.

der BNetzA zu den Preisanträgen der Netzbetreiber für das Jahr 2006 zeigen[255], dass auch bezüglich der folgenden Fragestellungen Klärungsbedarf besteht:

- Ermittlung des betriebsnotwendigen Vermögens,
- Ermittlung des zinslos zur Verfügung stehenden Abzugskapitals,
- Ermittlung und Verzinsung des die zugelassene Eigenkapitalquote übersteigenden Eigenkapitals nach § 7 Abs. 1 Satz 3 StromNEV,
- Ansatz der kalkulationsrelevanten Fremdkapitalkosten.

Abbildung 1-8 fasst die strittigen, in den nachfolgenden Abschnitten dieser Arbeit analysierten Fragestellungen im Zusammenhang mit der Kapitalkostenermittlung regulierter Stromnetzbetreiber zusammen.

Es ist festzuhalten, dass die Frage der Kapitalkostenermittlung anlässlich der Ermittlung regulierter Entgelte noch immer Diskussionsgegenstand der betriebswirtschaftlichen Forschung und Praxis ist.[256] Die Diskussion um die Kapitalkostenkalkulation entgeltregulierter Unternehmen ist jedoch **kein deutsches Phänomen**. Kapitalkostenrechnerische Fragestellungen stehen europaweit im Mittelpunkt der Diskussion um die Festlegung administrierter Preise:

„The cost of capital thus plays a crucial role in determining allowable prices. However, its determination is a matter of great controversy, seemingly difficult to resolve on only theoretical backgrounds."[257]

Die vorstehenden Ausführungen begründen die Notwendigkeit der im Rahmen dieser Arbeit verfolgten Zielsetzung, alternative kapitalkostenrechnerische Methodiken zu analysieren und grundlegende **Handlungsempfehlungen für die Ermittlung kalkulatorischer Kapitalkosten** im regulierten Stromnetzbetrieb abzuleiten.

---

255 Siehe stellvertretend **Bundesnetzagentur**: Weitere Kostenkürzungen im zweistelligen Prozentbereich bei Stromnetzen, Pressemeldung, Bonn **30.08.2006**: „Die Kürzungen betreffen, wie in den bisher von der Bundesnetzagentur erteilten Genehmigungen, u. a. die Bereiche Anlagevermögen, kalkulatorische Eigenkapitalverzinsung und kalkulatorische Gewerbesteuer [...]."

256 Hierauf verweisen auch **Evers, Elfried – Kremp, Ralph**: Bestandsaufnahme und Perspektiven bundes-deutscher Energiemarktregulierung... **(2004)**, S. 65.

257 **Bromwich, Michael – Vass, Peter**: Regulation and Accounting... **(2001)**, Sp. 1679.

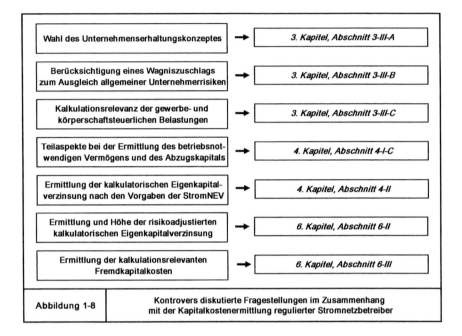

| Wahl des Unternehmenserhaltungskonzeptes | → | *3. Kapitel, Abschnitt 3-III-A* |

| Berücksichtigung eines Wagniszuschlags zum Ausgleich allgemeiner Unternehmerrisiken | → | *3. Kapitel, Abschnitt 3-III-B* |

| Kalkulationsrelevanz der gewerbe- und körperschaftsteuerlichen Belastungen | → | *3. Kapitel, Abschnitt 3-III-C* |

| Teilaspekte bei der Ermittlung des betriebsnotwendigen Vermögens und des Abzugskapitals | → | *4. Kapitel, Abschnitt 4-I-C* |

| Ermittlung der kalkulatorischen Eigenkapitalverzinsung nach den Vorgaben der StromNEV | → | *4. Kapitel, Abschnitt 4-II* |

| Ermittlung und Höhe der risikoadjustierten kalkulatorischen Eigenkapitalverzinsung | → | *6. Kapitel, Abschnitt 6-II* |

| Ermittlung der kalkulationsrelevanten Fremdkapitalkosten | → | *6. Kapitel, Abschnitt 6-III* |

| **Abbildung 1-8** | Kontrovers diskutierte Fragestellungen im Zusammenhang mit der Kapitalkostenermittlung regulierter Stromnetzbetreiber |

2. Kapitel: Kapitalkosten im Rahmen von Regulierungskonzepten

Während die Konzepte zur Regulierung natürlicher Monopole parallel zur weltweiten Liberalisierung von Telekommunikations- und Versorgungsindustrien von der Volkswirtschaftslehre, insbesondere von der Industrieökonomik, kontinuierlich weiterentwickelt wurden[258], blieb dieses Gebiet von der Betriebswirtschaftslehre im deutschsprachigen Raum weitestgehend unbeachtet. In Deutschland haben sich bislang nur wenige Autoren mit den Auswirkungen alternativer Regulierungskonzepte auf das **Controlling** und die **Kostenrechnung** befasst.[259]

Wie unmittelbar einleuchtet, üben die verschiedenen Regulierungsverfahren starken Einfluss auf die Rentabilität und die Ermittlung der Kapitalkosten regulierter Unternehmen aus. Dieser Zusammenhang beschäftigt die regulierte Stromwirtschaft bereits seit langem. Schon vor Beginn der Liberalisierung der Energiewirtschaft war die **Regulierung der Rentabilität** von Elektrizitätsversorgungsunternehmen Zielgröße der traditionellen Strompreisaufsicht in Deutschland.[260]

---

258 Einen theoretischen Überblick über die verschiedenen traditionellen und modernen Ansätze zur Regulierung natürlicher Monopole liefern unter anderem die Lehrbücher von **Borrmann, Jörg – Finsinger, Jörg**: Markt und Regulierung... **(1999)**, S. 342 ff.; **Knieps, Günter**: Wettbewerbsökonomie... **(2005)**, S. 79 ff. sowie **Weimann, Jörg**: Wirtschaftspolitik... **(2003)**, S. 311 ff.

259 Eine der wenigen Ausnahmen bilden unter anderem Schweitzer und Küpper, die in der im Jahr 2003 erschienen 8. Auflage ihres Lehrbuches „Systeme der Kosten- und Erlösrechnung" den Auswirkungen primär auf den Telekommunikationsbereich abstellender Regulierungskonzepte auf die Kostenrechnung regulierter Unternehmen ein eigenes Kapitel widmen. Vgl. **Schweitzer, Marcel – Küpper, Hans-Ulrich**: Systeme der Kosten- und Erlösrechnung... **(2003)**, S. 753 ff. Siehe ferner **Pedell, Burkhard**: Regulatory Risk and the Cost of Capital for Rate-Regulated Firms, Habilitationsschrift, München, April **2004**. Siehe auch **Albach, Horst – Knieps, Günter**: Kosten und Preise in wettbewerblichen Ortsnetzen, Freiburger Studien zur Netzökonomie, Band 2, Baden Baden **1997**, die sich mit der Frage der Ausgestaltung einer entscheidungsorientierten Kostenrechnung regulierter Unternehmen in der Telekommunikationswirtschaft befassen, sowie das von **Wolfgang Ballwieser** im Jahr 2002 herausgegebene Sonderheft 48 der Schmalenbachs Zeitschrift für betriebswirtschaftliche Forschung (ZfbF) mit dem Titel „**BWL und Regulierung**" und die darin enthaltenen Artikel.

260 Nach § 12 BTOElt zielt(e) die Preisgenehmigung im Tarifabnehmerbereich auf die Prüfung der gesamten Kosten- und Erlöslage der Elektrizitätsversorgungsunternehmen ab, was faktisch eine Regulierung der Gesamtrentabilität im Stromgeschäft be-

Eine Analyse der spezifischen Regelungen und Implikationen alternativer Regulierungskonzepte auf die Ermittlung, die Höhe und die Steuerung der Kapitalkosten regulierter Stromnetzbetreiber ist daher zwingend geboten. **Regulierungskonzept und Kapitalkosten** regulierter Stromnetzbetreiber erfordern grundsätzlich eine integrierte Betrachtung.

Controller regulierter Unternehmen müssen sich mit den Zielsetzungen und methodischen Spezifika alternativer Regulierungsverfahren vertraut machen, da sie die Unternehmensführung und die Regulierungsbehörden mit entscheidungsrelevanten **Kosten- und Leistungsinformationen** versorgen müssen, die die Grundlage für die Festlegung von Entgelten im Rahmen jeglicher Regulierungskonzepte bilden. Es ist daher nicht das primäre Ziel der nachfolgenden Analyse aus einer volkswirtschaftlichen Sichtweise heraus zu untersuchen, welches Verfahren zur Regulierung von Netzbetreibern präferiert werden sollte, sondern auf Basis einer grundlegenden Darstellung der Methoden zu analysieren, welche Implikationen alternative Regulierungsverfahren auf die **Kapitalkostenermittlung von Stromnetzbetreibern** haben.

Um die in der Praxis zum Einsatz kommenden Regulierungsverfahren einordnen und beurteilen zu können, ist es zunächst notwendig, einen Überblick über die Ziele der Preisregulierung zu geben und die in der volkswirtschaftlichen Theorie entwickelten traditionellen und modernen Ansätze der Preisregulierung zu skizzieren.

I. Theoretische Ansätze zur Regulierung natürlicher Monopole

A. Begründung für die Preisregulierung natürlicher Monopolisten

Die Existenz eines natürlichen Monopols begründet als ein Fall von Wettbewerbsversagen den Staatseingriff in Form der Preisregulierung.[261] Die Theorie zur Preisregulierung und die Regulierungstheorie als Ganzes kann in eine normative und eine positive Theorie unterschieden werden.[262] Während die normative Theorie sich mit der Ausgestaltung staatlicher Regulierung befasst, untersucht die

---

deutete. Siehe dazu **Riechmann, Christoph – Schulz, Walter**: Rahmenbedingungen und Preisreglementierung aus volkswirtschaftlicher Sicht... **(1996)**, S. 385.

261   Vgl. stellvertretend **Blum, Ulrich**: Volkswirtschaftslehre... **(1994)**, S. 7.

262   Für eine ausführlichere Erläuterung der positiven und normativen Regulierungstheorie siehe **von Weizsäcker, Christian C.**: Staatliche Regulierung – positive und normative Theorie, in: Schweizerische Zeitschrift für Volkswirtschaft und Statistik, 118. Jg. **(1982)**, S. 325-343.

positive Theorie real existierende Regulierungssysteme hinsichtlich deren Effektivität und Effizienz.[263]

Um den aus Sicht der **normativen Regulierungstheorie** notwendigen Staatseingriff – die Preisregulierung eines natürlichen Monopols – zu begründen, ist es nützlich, zunächst auf einen Markt mit vollständiger Konkurrenz abzustellen. Unter den Bedingungen eines Marktes mit vollständiger Konkurrenz lautet die wohlfahrtsmaximierende, pareto-optimale Preissetzungsregel, dass der Preis, den ein Unternehmen verlangt, den Grenzkosten entspricht.[264] Man spricht in diesem Fall von **allokativer Effizienz**, da die gesellschaftliche Wohlfahrt, gemessen als Summe von Produzentenrente und Konsumentenrente, im Gleichgewichtspreis als Schnittpunkt der Angebotsfunktion in Form der Grenzkostenkurve und Nachfragefunktion in Form der Grenznutzenkurve ihr Maximum erreicht.[265]

Eine Monopolist ist infolge seiner Marktmacht jedoch in der Lage, durch die autonome Variation von Preis und Angebotsmenge **Monopolrenten in Form zusätzlicher Gewinne** zu realisieren und durch das Setzen von Monopolpreisen, die die Grenzkosten übersteigen, von der wohlfahrtsmaximierenden Grenzkostenpreisbildung abzuweichen.[266] Die daraus resultierende Begründung und die Implikationen für die staatliche Preisregulierung werden im Folgenden für den Fall eines natürlichen Monopolisten dargestellt, der eine durchgängig fallen-

---

263 Insofern sind beide Untersuchungsbereiche der Regulierungstheorie auch von Bedeutung für diese Arbeit. Während die normative Theorie z. B. grundsätzliche Aussagen über Bewertungsprinzipien regulierter Preise liefert, ist die Analyse der Stromnetzentgeltverordnung (StromNEV) Gegenstand der positiven Regulierungstheorie. Vgl. dazu auch die Ausführungen von **Riechmann, Christoph – Schulz, Walter**: Rahmenbedingungen und Preisreglementierung aus volkswirtschaftlicher Sicht... (**1996**), S. 384 f.

264 Ein Zustand wird als pareto-effizient bezeichnet, wenn es nicht möglich ist, einen Marktteilnehmer besser zu stellen, ohne einen anderen schlechter zu stellen. Vgl. **Varian, Hal R.**: Grundzüge der Mikroökonomik... (**2004**), S. 14 f. sowie **Wigger, Berthold U.**: Grundzüge der Finanzwissenschaft... (**2006**), S. 24 ff.

265 Die **Konsumentenrente** als Differenz der durch die Nachfragefunktion präsentierten aggregierten Zahlungsbereitschaft und der durch den Gleichgewichtspreis p^{GG} determinierten tatsächlichen Ausgaben, bezeichnet die Ersparnis der Haushalte beim Kauf eines Gutes durch die Existenz eine Marktes bei vollständiger Konkurrenz. Die **Produzentenrente** als Differenz der durch den Gleichgewichtspreis p^{GG} determinierten Erlöse der Unternehmen abzüglich der Kosten kann als die Ersparnis der Unternehmen beim Verkauf eines Gutes durch die Existenz eines Marktes mit vollständiger Konkurrenz definiert werden. Siehe dazu **Blum, Ulrich**: Volkswirtschaftslehre... (**1994**), S. 132 ff. Vgl. auch die Ausführungen von **Knieps, Günter**: Wettbewerbsökonomie... (**2005**), S. 9 sowie **Spelthahn, Sabine**: Privatisierung natürlicher Monopole... (**1994**), S. 53.

266 Vgl. **Weimann, Joachim**: Wirtschaftspolitik – Allokation und kollektive Entscheidung... (**2003**), S. 256 f.

de Durchschnittkostenkurve aufweist, während die variablen Grenzkosten als konstant angenommen werden.[267]

Ein gewinnmaximierender Monopolist wird unter den gewählten Bedingungen versuchen, sein Angebot zu einem Preis oberhalb der Durchschnittkosten anzubieten, dessen Höhe in dem in **Abbildung 2-1** durch C gekennzeichneten **Cournotschen Punkt** das Gewinnmaximum des Monopolisten realisiert.[268] Der Aufschlag auf den Grenzkostenpreis ist dabei umso höher, je kleiner die Preiselastizität der Nachfrage ist.[269] Bedenkt man, dass Strom ein Gut ist, auf das Nachfrager dringend angewiesen sind, werden diese vergleichsweise schwach auf Preiserhöhungen reagieren. Insofern ist die Gefahr der **Preisdiskriminierung im Netzbereich** und die Verhinderung von Wettbewerb durch überhöhte Netzentgelte durchaus gegeben.[270]

Da der Monopolist nicht zum wohlfahrtsmaximierenden Grenzkostenpreis anbietet, entsteht im Vergleich zu den Bedingungen des vollkommenen Wettbewerbs ein in Abbildung 2-1 durch das Dreieck CEF gekennzeichneter **Wohlfahrtsverlust**. Daraus resultiert allokative Ineffizienz, die als Begründung für den Staatseingriff in Form der staatlichen Preisregulierung von Monopolen dient.[271]

---

267 Diese Annahmen werden in der Literatur zur besseren Darstellung der Preisbildung im natürlichen Monopol häufig getroffen. Vgl. **Wigger, Berthold U.**: Grundzüge der Finanzwissenschaft... **(2006)**, S. 88 ff.; **Weimann, Joachim**: Wirtschaftspolitik – Allokation und kollektive Entscheidung... **(2003)**, S. 323 sowie **Böckem, Sabine – Schiller, Ulf**: Die Neue Theorie der Regulierung natürlicher Monopole... **(1994)**, S. 184. Sachgerechter wäre es, für die Grenzkostenkurve ebenfalls einen fallenden Verlauf anzunehmen. Siehe dazu unter anderem **Wellisch, Dietmar**: Finanzwissenschaft I... **(1999)**, S. 204 ff.
268 Der Cournotsche Punkt bzw. das Cournotsche Theorem geht auf die Arbeit des Franzosen Antoine-Augustin Cournot (1801-1877) zurück. Siehe dazu die Herleitung bei **Weimann, Joachim**: Wirtschaftspolitik – Allokation und kollektive Entscheidung... **(2003)**, S. 254 ff.; **Spelthahn, Sabine**: Privatisierung natürlicher Monopole... **(1994)**, S. 54 und **Jacob, Herbert**: Preispolitik... **(1963)**, S. 65 ff.
269 Vgl. **Weimann, Joachim**: Wirtschaftspolitik – Allokation und kollektive Entscheidung... **(2003)**, S. 255.
270 Vgl. **Peter Drasdo u. a.**: Konzentration und Wettbewerb in der deutschen Energiewirtschaft... **(1998)**, S. 36 sowie **Brunekreeft, Gert – Keller, Katja**: Netzzugangsregime und aktuelle Marktentwicklung im deutschen Elektrizitätssektor... **(2000)**, S. 159.
271 Vgl. **Spelthahn, Sabine**: Privatisierung natürlicher Monopole... **(1994)**, S. 54 sowie **Wigger, Berthold U.**: Grundzüge der Finanzwissenschaft... **(2006)**, S. 32 ff. und S. 87 ff.

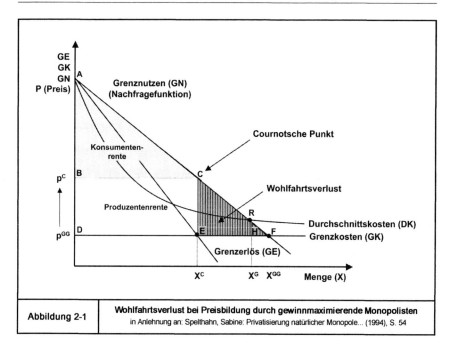

Abbildung 2-1	Wohlfahrtsverlust bei Preisbildung durch gewinnmaximierende Monopolisten
	in Anlehnung an: Spelthahn, Sabine: Privatisierung natürlicher Monopole... (1994), S. 54

Bezogen auf den Betrieb von Stromnetzen zielt die Preisregulierung demzu-folge darauf ab, eine missbräuchliche Ausnutzung der Monopolstellung in Form überhöhter Netzentgelte für die Stromübertragung und Stromverteilung zu unter-binden.

B. Traditionelle versus moderne Regulierungstheorie

Die in der Volkswirtschaftslehre entwickelten Ansätze zur Regulierung natürli-cher Monopole können in die traditionelle Regulierungstheorie und in die „Neue Theorie der Regulierung" natürlicher Monopole unterschieden werden.[272] Die **traditionelle Theorie** der Regulierung natürlicher Monopole geht auf der Grundlage gegebener Angebots- und Nachfragefunktionen der Frage nach, wie

---

272 Für eine Abgrenzung siehe unter anderem **Böckem, Sabine – Schiller, Ulf:** Die Neue Theorie der Regulierung natürlicher Monopole... (**1994**), S. 183 ff. sowie **Kunz, Martin:** Regulierungsregime in Theorie und Praxis... (**2003**), S. 47.

die Preisregulierung auszugestalten ist, damit die gesellschaftliche Wohlfahrt maximiert wird.[273]

Die traditionellen, der **Public-interest-Theorie** folgenden Erklärungsansätze der Regulierung natürlicher Monopole basieren auf den folgenden Prämissen:[274]

- Der Regulierer ist vollkommen informiert. Es bestehen **keine Informationsasymmetrien** zwischen reguliertem Unternehmen und Regulierer.
- Die Regulierung erfolgt kostenfrei und verfolgt das Ziel der **Maximierung der gesellschaftlichen Wohlfahrt.**
- Eine **Beeinflussung der Anreize** für Unternehmen zu Effizienzsteigerungen und Kostensenkungen durch den Regulierer ist nicht möglich.

Unter anwendungsbezogenen Gesichtspunkten leuchtet es ein, dass die wohlfahrtmaximierenden Preissetzungsregeln, die aus den Bedingungen des vollkommenen Wettbewerbsmarkt abgeleitet werden, für den Fall eines natürlichen Monopols nicht weiterhelfen. Bei optimaler Kapazitätsauslastung soll sich der Preis, den natürliche Monopolisten für ein Gut verlangen, an den kurzfristigen Grenzkosten orientieren, die anhand der durchschnittlichen variablen Kosten approximiert werden können.[275] Aus der **Fixkostenintensität von Netzbetreibern** resultieren jedoch steigende Skalenerträge, weshalb die Grenzkosten unterhalb der Durchschnittskostenkurve liegen. Wie **Abbildung 2-2** verdeutlicht, kann der als „first-best-Lösung"[276] anzusehende Preis auf Grenzkostenbasis p^{GK} nicht durchgesetzt werden, da der Monopolist ansonsten einen durch die Fläche ABCD gekennzeichneten Verlust realisieren würde.

Um zu erreichen, dass der Monopolist sein Angebot dennoch zu Grenzkostenpreisen offeriert, wird vorgeschlagen, dass der Monopolist seitens des Staates einen **Verlustausgleich in Form einer Subvention** durch staatliche Transferzahlungen erhalten soll[277], die idealtypisch durch Steuern zu finanzieren wären, deren Erhebung und Verteilung jedoch nicht verzerrungsfrei gelingen kann.[278] Des weiteren würden mit der Übernahme des Defizits durch den Staat

---

273 Vgl. **Wild, Jörg:** Deregulierung und Regulierung der Elektrizitätsverteilung... **(2001)**, S. 39.

274 Siehe dazu unter anderem **Knieps, Günter:** Wettbewerbsökonomie... **(2005)**, S. 80 ff.

275 Vgl. nochmals **Knieps, Günter:** Wettbewerbsökonomie... **(2005)**, S. 83 und **Spelthahn, Sabine:** Privatisierung natürlicher Monopole... **(1994)**, S. 55.

276 Vgl. **Leprich, Uwe – Diekmann, Joachim – Ziesing, Hans-Joachim:** Anreizregulierung für Beschäftigung und Netzinvestitionen... **(2006)**, S. 17 sowie **Kunz, Martin:** Regulierungsregime in Theorie und Praxis... **(2003)**, S. 47.

277 Vgl. **Spelthahn, Sabine:** Privatisierung natürlicher Monopole... **(1994)**, S. 55.

278 Siehe dazu **Borszcz, Ulrike:** Ökonomische Überlegungen zur Bildung von Netzentgelten im Stromwirtschaft... **(2003)**, S. 21; **Wild, Jörg:** Deregulierung und Regulierung der Elektrizitätsverteilung... **(2001)**, S. 41 und S. 55 sowie **Grewe, Alex-**

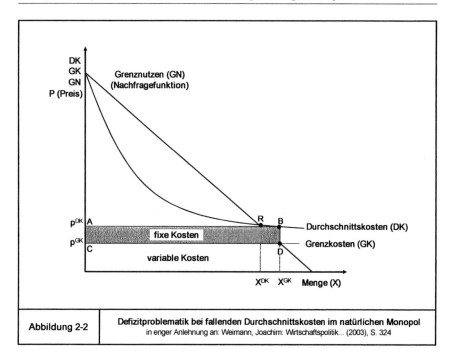

Abbildung 2-2	Defizitproblematik bei fallenden Durchschnittskosten im natürlichen Monopol
	in enger Anlehnung an: Weimann, Joachim: Wirtschaftspolitik... (2003), S. 324

Anreize für das Management zur Kostenminimierung verloren gehen.[279] Die wohlfahrtsmaximierende Grenzpreiskostenregel dient daher nur als theoretisches Konstrukt.[280]

Die traditionelle Regulierungstheorie schlägt deshalb das **Konzept kostendeckender Durchschnittskostenpreise** vor, welches es dem Monopolisten erlaubt, den Aufschlag auf die Grenzkosten so hoch anzusetzen, dass eine verlustfreie, eine angemessene Kapitalverzinsung realisierende Produktion ermöglicht wird.[281] Durchschnittskostenpreise werden im Schnittpunkt der Nachfragekurve mit der Durchschnittskostenkurve erreicht, welcher in Abbildung 2-1 und 2-2 mit R gekennzeichnet ist. Wie Abbildung 2-1 zeigt, impliziert dieser Ansatz jedoch

---

ander: Price Caps als Regulierungsinstrument in der leitungsgebundenen Energieversorgung... (**1999**), S. 15. Auf Erhebungs- und Verteilungsprobleme der Steuersubventionierung verweisen auch **Borrmann, Jörg – Finsinger, Jörg**: Markt und Regulierung... (**1999**), S. 379.

279 Vgl. **Borrmann, Jörg – Finsinger, Jörg**: Markt und Regulierung... (**1999**), S. 379.
280 Vgl. **Wild, Jörg**: Deregulierung und Regulierung der Elektrizitätsverteilung... (**2001**), S. 41.
281 Vgl. **Wild, Jörg**: Deregulierung und Regulierung der Elektrizitätsverteilung... (**2001**), S. 41.

einen durch Dreieck RHF dargestellten Wohlfahrtsverlust, weshalb durchschnittskostendeckende Preise auch als „**second best**"-**Lösungen** bezeichnet werden.[282]

Auch hierbei handelt es sich zunächst um einen theoretischen Erklärungsansatz, der einen Regulierer unterstellt, der über die Nachfragefunktion sowie die Grenzkosten- und Durchschnittskostenfunktion des Monopolisten vollständig informiert ist.[283] Das Prinzip kostendeckender Durchschnittspreise bildet jedoch das theoretische Fundament für die in der Regulierungspraxis traditionell zum Einsatz kommende **kostenorientierte Renditeregulierung**.[284]

Als Alternative zu Durchschnittskostenpreisen präsentiert die traditionelle Regulierungstheorie Modelle zweistufiger nicht-linearer Preise als Kombination einer fixen Grundgebühr und einem mengenabhängigen Preis pro konsumierter Einheit.[285] Für den Mehr-Gut-Fall präsentiert die traditionelle Regulierungstheorie das **Konzept der Ramsey-Preise**[286], das Grenzkostenaufschläge in Abhängigkeit der Nachfrageelastizitäten für die einzelnen Produkte vorsieht.[287] Aufgrund der mangelnden praktischen Implementierbarkeit dieser Ansätze[288] – ins-

---

282   Siehe unter anderem **Weimann, Joachim**: Wirtschaftspolitik – Allokation und kollektive Entscheidung... (**2003**), S. 346 f.

283   Vgl. dazu nochmals **Weimann, Joachim**: Wirtschaftspolitik – Allokation und kollektive Entscheidung... (**2003**), S. 348.

284   Vgl. **Wild, Jörg**: Deregulierung und Regulierung der Elektrizitätsverteilung... (**2001**), S. 56 f.

285   **Borszcz, Ulrike**: Ökonomische Überlegungen zur Bildung von Netzentgelten in der Stromwirtschaft... (**2003**), S. 21, weist daraufhin, dass die Anwendung des Konzepts zweistufiger Preise auf Stromnetzbetreiber problematisch ist. Der hohe Anteil der Fixkosten an den Netzentgelten führt dazu, dass nach dem Konzept zweistufiger Preise der mengenunabhängige Anteil so hoch ist, dass für kleinere Nachfrager der Marktzutritt unmöglich wird.

286   Das Konzept der Ramsey-Preise geht auf den Briten Frank P. Ramsey (1903-1930). Siehe dazu **Ramsey, Frank P.**: A Contribution to the Theory of Taxatio, in: Economic Journal, 37. Jg. (**1927**), Heft 3, S. 47-61.

287   Das Konzept der **Ramsey-Preise** ist in der Regulierungspraxis nicht implementierbar, da der Regulierungsbehörde zur Ermittlung von Ramsey-Preisen wiederum die Kosten- und Nachfragefunktionen des regulierten Marktes bekannt sein müssten. Ramsey-Preise dienen daher nur als theoretischer Referenzstandard für die Preisstruktur eines regulierten Unternehmens im Mehr-Gut-Fall. Vgl. **Kunz, Martin**: Regulierungsregime in Theorie und Praxis... (**2003**), S. 47 und S. 57.

288   Siehe **Kunz, Martin**: Regulierungsregime in Theorie und Praxis... (**2003**), S. 47; **Leprich, Uwe**: Least-Cost Planning als Regulierungskonzept... (**1994**), S. 64 sowie **Leprich, Uwe – Diekmann, Joachim – Ziesing, Hans-Joachim**: Anreizregulierung für Beschäftigung und Netzinvestitionen... (**2006**), S. 18.

besondere aufgrund deren idealtypischer Prämissenwelt – wird für eine ausführlichere Darstellung auf die relevante Fachliteratur verwiesen.[289]

Parallel zu den Fortschritten auf den Gebieten der Informationsökonomie, insbesondere der **Principal-Agent-Theorie**[290] und der Industrieökonomik, wurde in den 1980er-Jahren die Kritik an der traditionellen Regulierungstheorie zum Anlass genommen, Regulierungsinstrumente zu entwickeln, die die Existenz asymmetrischer Informationen und die Notwendigkeit zur Schaffung von Anreizmechanismen in den Mittelpunkt der Betrachtung rücken. Die „**Neue Theorie der Regulierung natürlicher Monopole**" wird daher auch als „Regulierung bei unvollständiger bzw. asymmetrischer Information", „Incentive Regulation" bzw. „anreizorientierte Regulierung" bezeichnet.[291] Die anreizorientierte Regulierungstheorie fokussiert auf die Frage, wie der regulatorische Rahmen auszugestalten ist, damit sich die regulierten Unternehmen im Sinne der vom Regulierer gewünschten Art und Weise verhalten.[292]

Um die in ineffizienter Produktion resultierenden, verzerrenden Anreizwirkungen der traditionellen Regulierung zu vermeiden, muss ein Regulierungskonzept so ausgestaltet werden, dass es den Unternehmen **Anreize zu Kostensenkungen** bietet, indem diese von den durch Einsparungen realisierten Gewinnen profitieren.[293] Anreizorientierte Regulierungsverfahren gestehen den Unternehmen daher eine Informationsrente zu, weshalb sie auch als „**third best**"-**Lösungen** bezeichnet werden.[294]

---

289 Vgl. stellvertretend die Herleitung bei **Knieps, Günter**: Wettbewerbsökonomie... (**2005**), S. 83 ff.

290 Eine Darstellung der Agency-Theorie und der Grundtypen asymmetrischer Informationsverteilung, die auch im Rahmen des Shareholder Value-Ansatzes diskutiert werden, findet sich unter anderem bei **Günther, Thomas**: Unternehmenswertorientiertes Controlling... (**1997**), S. 41 ff. Siehe des Weiteren **Pfaff, Dieter – Zweifel, Peter**: Die Principal-Agent Theorie: Ein fruchtbarer Beitrag der Wirtschaftstheorie zur Praxis, in: Wirtschaftswissenschaftliches Studium (WiSt), 27. Jg. (**1998**), Heft 4, S. 184-190.

291 Einen umfassenden Überblick über die Historie und die theoretischen Modelle der auf der Principal Agent- Theorie aufbauenden anreizorientierten Neuen Theorie der Regulierung natürlicher Monopole liefern **Laffont, Jean-Jacques – Tirole, Jean**: A Theory of Incentives in Procurement and Regulation, 2. Auflage, Cambridge – London – Massachusetts, MIT Press **1994**, insbesondere S. 51-272. Siehe auch die Darstellungen bei **Wild, Jörg**: Deregulierung und Regulierung der Elektrizitätsverteilung.... (**2001**), S. 44 ff.

292 Vgl. **Kunz, Martin**: Regulierungsregime in Theorie und Praxis... (**2003**), S. 47.

293 Vgl. **Wild, Jörg**: Deregulierung und Regulierung der Elektrizitätsverteilung... (**2001**), S. 53.

294 Vgl. **Wild, Jörg**: Deregulierung und Regulierung der Elektrizitätsverteilung... (**2001**), S. 52 f.

Als theoretische Fundierung der anreizorientierten Regulierung ist insbesondere auf die von *Vogelsang* und *Finsinger* für den Mehr-Gut-Fall konzipierte, im Jahr 1979 vorgestellte Modellierung zu verweisen[295], die nicht auf die Kenntnis des Regulierers über Nachfrage- und Kostenfunktionen angewiesen ist.[296] Die Grundidee des als **Vogelsang-Finsinger-Mechanismus** bezeichneten Konzeptes ist es, dass der Umsatz eines Unternehmens als Produkt der periodenspezifischen Preise multipliziert mit der Absatzmenge der Vorperiode den Gesamtkosten der Vorperiode abzüglich des kalkulierten Gewinns der Vorperiode entspricht.[297] Das regulierte Unternehmen ist demnach gezwungen, die Preise jährlich um die Gewinnspanne der Vorperiode zu senken[298], es verfügt andererseits über freie Wahl bei der Ausgestaltung der Preisstruktur.[299] Unter dieser Bedingung ist der Monopolist zur Erwirtschaftung zusätzlicher Gewinne auf Kosteneinsparungen angewiesen. Der **Anpassungsmechanismus** soll schrittweise fortgesetzt werden, bis ehemalige Monopolrenten abgeschöpft sind und die Preise auf einem effizienten Kostenniveau beruhen.[300]

Am Vogelsang-Finsinger-Mechanismus wird kritisiert, dass für den Monopolisten Anreize zum Ausweis überhöhter Kosten bestehen, um das künftige Preisniveau zu beeinflussen.[301] Wenngleich der mehrfach modifizierte Vogelsang-Finsinger-Mechanismus[302] in der Regulierungspraxis keine Verbreitung gefunden hat[303], kann dieser jedoch als theoretisches Fundament der in der Regulie-

---

295 Vgl. dazu **Vogelsang, Ingo – Finsinger, Jörg**: A regulatory adjustment process for optimal pricing by multiproduct monopoly firms, in: The Bell Journal of Economics, 10. Jg. (**1979**), Heft 1, S. 157-171. Für eine korrespondierende Modellierung im Ein-Gut-Fall siehe **Train, Kenneth, E.**: Optimal Regulation. The Economic Theory of Natural Monopoly... (**1992**), S. 152 und die Darstellung bei **Knieps, Günter**: Wettbewerbsökonomie... (**2005**), S. 93 f.
296 Vgl. **Borrmann, Jörg – Finsinger, Jörg**: Markt und Regulierung... (**1999**), S. 373.
297 Vgl. **Knieps, Günter**: Wettbewerbsökonomie... (**2005**), S. 93 f.
298 Vgl. **Grewe, Alexander**: Price Caps als Regulierungsinstrumente in der leitungsgebundenen Energieversorgung... (**1999**), S. 17.
299 Vgl. **Vogelsang, Ingo**: Incentive Regulation and Competition in Public Utility Markets... (**2002**), S. 12.
300 Vgl. **Borrmann, Jörg – Finsinger, Jörg**: Markt und Regulierung... (**1999**), S. 376.
301 Siehe dazu auch den Aufsatz von **Sappington, David. E. M.**: Strategic Firm Behavior under a Dynamic. Regulatory Adjustment Process, in: The Bell Journal of Economics, 11. Jg. (**1980**), Heft 1, S. 360-372. Vgl. auch die Darstellung der Problemfelder des Konzeptes bei **Borrmann, Jörg – Finsinger, Jörg**: Markt und Regulierung... (**1999**), S. 376 ff.
302 Vgl. dazu nochmals **Borrmann, Jörg – Finsinger, Jörg**: Markt und Regulierung... (**1999**), S. 378.
303 So auch **Knieps, Günter**: Wettbewerbsökonomie... (**2005**), S. 95.

rungspraxis heute zum Einsatz kommenden **Price- und Revenue Cap-Verfahren** verstanden werden.[304]

Die theoretischen Konzepte der „New Economics of Regulation" wurden infolge strenger Prämissen und der formalen Komplexität von der Praxis nicht aufgenommen.[305] Es bestand die Notwendigkeit, die entwickelten Regulierungstheorien in „funktionsfähige Institutionen und praktikablere Instrumente zu übersetzen".[306] Angetrieben durch die weltweiten Liberalisierungs- und Privatisierungsbestrebungen wurden verschiedene **praxisorientierte Regulierungsverfahren** entwickelt, die in den nachfolgenden Abschnitten behandelt werden.

II. Bedeutsame Regulierungsverfahren der Praxis im Überblick

Auch die in der Praxis zum Einsatz kommenden Verfahren basieren zum einen auf den Prämissen der traditionellen Regulierungstheorie und zum anderen auf den Erklärungsansätzen der anreizorientierten Theorie zur Regulierung natürlicher Monopole. Während die der traditionellen Theorie folgenden Regulierungsverfahren hauptsächlich auf das **Prinzip der Kostendeckung** fokussieren, sollen anreizorientierte Regulierungsverfahren regulierten Unternehmen vor allem Anreize zur Realisierung von **Kostensenkungen** bieten, um das von der Regulierungsbehörde verfolgte Ziel einer effizienten und preisgünstigen Energieversorgung zu erreichen.[307]

Abbildung 2-3 systematisiert die in der Regulierungsliteratur und der Regulierungspraxis von Netzbetreibern diskutierten praxisorientierten Regulierungsverfahren.[308] Mit der Kostenzuschlagsregulierung [engl.: Return on Cost-Regulation], der Renditeregulierung [engl.: Rate of Return-Regulation], der Preisobergrenzenregulierung [engl.: Price Cap-regulation], der Umsatzobergrenzenregulie-

---

304 Vgl. auch **Grewe, Alexander**: Price Caps als Regulierungsinstrumente in der leitungsgebundenen Energieversorgung... (**1999**), S. 17 und die dort zitierte Literatur.

305 Die theoretischen Modelle der traditionellen und der modernen Theorie der Regulierung natürlicher Monopole dienen jedoch als theoretischer Vergleichsmaßstab für die „weniger makelosen" Lösungskonzepte der Regulierungspraxis. Vgl. dazu auch **Borszcz, Ulrike**: Ökonomische Überlegungen zur Bildung von Netzentgelten in der Stromwirtschaft... (**2003**), S. 17 ff. sowie **Leprich, Uwe – Diekmann, Joachim – Ziesing, Hans-Joachim**: Anreizregulierung für Beschäftigung und Netzinvestitionen... (**2006**), S. 21 f.

306 Vgl. **Kunz, Martin**: Regulierungsregime in Theorie und Praxis... (**2003**), S. 48.

307 Vgl. **Wild, Jörg – Vaterlaus, Stephan**: Regulierung von Stromverteilnetzen... (**2003**), S. 172 ff.

308 Vgl. dazu auch die von **Wild, Jörg**: Deregulierung und Regulierung der Elektrizitätsverteilung... (**2001**), S. 55 ff. analysierten Regulierungsverfahren der Praxis

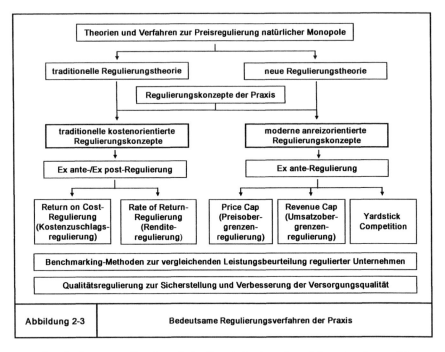

Abbildung 2-3	Bedeutsame Regulierungsverfahren der Praxis

rung [engl.: Revenue Cap-Regulation] und der benchmarkingorientierten Theory of Yardstick Competition werden nachfolgend die bedeutsamsten traditionellen und anreizorientierten Regulierungsverfahren behandelt.[309]

Traditionell **kostenorientierte Regulierungsverfahren** können sowohl nach dem Prinzip einer Ex ante-Regulierung als auch einer Ex post-Regulierung ausgestaltet sein. Kostenorientiert reglementierte Preise können vor Beginn einer Regulierungsperiode festgelegt und in regelmäßigen Intervallen an die aktuelle Kostensituation der Unternehmen angepasst werden. Da eine kostenorientierte Ex

---

309 Der Fokus der Ausführungen dieses Kapitels liegt insofern auf den anwendungsbezogenen Ausgestaltungsformen der bedeutsamsten in der Praxis liberalisierter Netzindustrien der Telekommunikations- und Versorgungswirtschaft zum Einsatz kommenden Regulierungskonzepte. Auf eine Darstellung der darüber hinaus in der überaus umfänglichen Literatur zur traditionellen und modernen Regulierungstheorie präsentierten Regulierungskonzeptionen wird an dieser Stelle verzichtet. Einen theoretisch anspruchsvollen Überblick über die neue anreizorientierte Regulierungstheorie bieten **Laffont, Jean-Jacques – Tirole, Jean**: A Theory of Incentives in Procurement and Regulation, 2. Auflage, Cambridge – London – Massachusetts, MIT Press **1994**. Für eine Einführung siehe **Vogelsang, Ingo**: Incentive Regulation and Competition in Public Utility Markets: A 20-Year Perspective, in: Journal of Regulatory Economics, 22. Jg. (**2002**), Heft 1, S. 5-27.

ante-Regulierung besonders bei einer großen Anzahl zu regulierender Unternehmen jedoch mit erheblichem Aufwand verbunden ist, folgten die kostenorientierten Regulierungsverfahren in der Vergangenheit häufig einem **Modell der Ex post-Regulierung**. Dieses Modell schreibt die Kalkulationsparameter im Voraus fest, während die kalkulierten Entgelte erst während bzw. im Anschluss eines Regulierungszeitraums durch Preis- bzw. Kartellaufsichtsbehörden überprüft werden.[310] Demgegenüber sind anreizorientierte Verfahren explizit nach dem **Grundsatz einer Ex ante-Regulierung** ausgestaltet, da sie vor Beginn einer Regulierungsperiode die zulässigen Preis- bzw. Umsatzobergrenzen der Unternehmen festschreiben.

Der Einsatz von **Benchmarking** als Regulierungsinstrument stellt vor allem auf die Verminderung von Informationsasymmetrien und auf die Simulierung eines „Als-ob-Wettbewerbs" ab.[311] Über die Identifizierung von Kostensenkungspotenzialen durch vergleichende Leistungsbeurteilungen soll das Ziel einer effizienten Leistungserbringung der Unternehmen durchgesetzt werden. In diesem Sinne zielt die Regulierung von Netzbetreibern nicht nur auf die Realisierung allokationseffizienter Preise ab. Ein Regulierungssystem muss aus volkswirtschaftlicher Sicht so ausgestaltet sein, dass die Unternehmen durch Kostensenkungen ihre **produktive Effizienz** erhöhen, und dass die Leistungsbereitstellung der Unternehmen – im Sinne dynamischer Effizienz – langfristig dem **technischen Fortschritt** Rechnung trägt.[312] Dies kann jedoch nur mit einem Regulierungssystem gelingen, das Unternehmen Anreize zur effizienten Leistungserbringung stiftet, indem die unternehmensspezifischen Kosten während einer Regulierungsperiode von den genehmigten Preisen bzw. Erlösen entkoppelt werden und die während der Regulierungsperiode über Kostensenkungen realisierten Gewinne

---

310 Wie bereits im 1. Kapitel dieser Arbeit erläutert, sind auch kostenorientierte Regulierungsverfahren in der Regulierungspraxis von Stromnetzbetreibern gemäß den Vorschriften der EU-Beschleunigungsrichtlinie heute ausschließlich nach dem Prinzip einer Ex ante-Regulierung auszugestalten. Vgl. **Richtlinie 2003/54/EG** des Europäischen Parlaments und Rates über gemeinsame Vorschriften für den Elektrizitätsbinnenmarkt und zur Aufhebung der Richtlinie 96/92/EG... **(2003)**, S. 38, Ziffer (15).

311 Vgl. unter anderem **Franz, Oliver – Stronzik, Marcus**: Benchmarking-Ansätze zum Vergleich der Effizienz von Energieunternehmen... **(2005)**, S. 1 f. sowie **Brunner, Uli – Riechmann, Christoph**: Wettbewerbsgerechte Preisbildung in der Wasserwirtschaft... **(2004)**, S. 116.

312 Vgl. **Lieb-Dóczy, Enese**: Einführung eines Anreizregulierungssystems... **(2006)**, S. 14 f.

nicht sofort, sondern erst über die zeitlich verzögerte Anpassung der Preise an die Kunden weitergegeben werden müssen.[313]

In diesem Zusammenhang besteht die Gefahr, dass übermäßige Kostensenkungen die Versorgungsqualität beeinträchtigen. Das Spannungsfeld zwischen Kostensenkung und Erhaltung der Versorgungsqualität war deshalb im Zuge der Novellierung des EnWG in den zurückliegenden Jahren eines der meist diskutierten Themen in der energiewirtschaftsbezogenen Wissenschaft und Praxis.[314] Zur Notwendigkeit der Ergänzung der Preisregulierung um **Methoden der Qualitätsregulierung**, die darauf abzielen, Qualitätsstandards im Netzbetrieb sicherzustellen und weiterzuentwickeln, bekennen sich heute alle europäischen Regulierungsbehörden.[315]

III. Traditionelle kostenorientierte Regulierungsmethoden

Grundlage für die Festlegung von Preisen nach der traditionellen Regulierungstheorie sind stets die tatsächlichen individuellen Kosten regulierter Unternehmen. Man spricht insofern auch von „Cost-based Pricing" oder „kostenorientierten Regulierungsmethoden". Diese stellen auf die Verhinderung von Monopolrenten ab, klammern dabei Anreizproblematiken aufgrund der asymmetrischen Informationsverteilung zwischen Regulierer und Unternehmen jedoch aus.[316] Durch das methodenimmanente **Prinzip der Kostendeckung** steht die Erhaltung der Versorgungssicherheit im Vordergrund traditioneller energiewirtschaftsbezogener Regulierungskonzepte. Die Literatur unterscheidet bei der traditionellen

---

313   Vgl. nochmals **Lieb-Dóczy, Enese**: Einführung eines Anreizregulierungssystems... **(2006)**, S. 14 f. sowie **Brunekreeft, Gert**: Kosten, Körbe, Konkurrenz... **(2000)**, S. 21 f. Zur Abgrenzung von produktiver und allokativer Effizienz siehe auch **Franz, Oliver – Stronzik, Marcus**: Benchmarking-Ansätze zum Vergleich der Effizienz von Energieunternehmen... **(2005)**, S. 2 f.

314   Das Bundesministerium für Wirtschaft und Arbeit forderte schon im Jahr 2003, dass „zur Gewährleistung der für eine sichere Versorgung notwendigen Netzqualität Maßstäbe zu entwickeln und bei der Netzentgeltregulierung zu berücksichtigen" sind. Vgl. **Bundesministerium für Wirtschaft und Arbeit (BMWA)**: Bericht an den Deutschen Bundestag über die energiewirtschaftlichen und wettbewerblichen Wirkungen der Verbändevereinbarungen... **(2003)**, S. 49.

315   Vgl. **Council of European Energy Regulators (CEER)**: Second Benchmarking Report on Quality of Supply... **(2003)**, S. 45 sowie **Bundesnetzagentur**: Bericht der Bundesnetzagentur nach § 112a EnWG zur Einführung der Anreizregulierung nach § 21a EnWG... **(2006)**, S. 125 ff.

316   Vgl. **Wild, Jörg**: Deregulierung und Regulierung der Elektrizitätsverteilung... **(2001)**, S. 56.

kostenorientierten Regulierung zwischen der Kostenzuschlagsregulierung und der Renditeregulierung.[317] Wie nachfolgend begründet wird, sind jedoch auch anreizorientierte Regulierungsmethoden auf den **Grundsatz der Kostenorientierung** angewiesen. Lediglich die Anpassung der Preise an die tatsächlichen Kosten der regulierten Unternehmen erfolgt im Rahmen von Price- und Revenue Cap-basierten Ansätzen ausdrücklich zeitlich verzögert, nach Ablauf einer Regulierungsperiode. Es ist daher unbestritten, dass die Netzentgeltkalkulation grundsätzlich kostenorientiert zu erfolgen hat.[318]

A. Kostenzuschlagsregulierung

1) Methodik der Kostenzuschlagsregulierung

Das Modell der Kostenzuschlagsregulierung wird im angloamerikanischen Sprachgebrauch als „Return on Cost-Regulation", „Cost-plus Pricing" oder „Mark up Pricing" bezeichnet.[319] In diesem Sinne ergibt sich der zu regulierende Preis aus den für den Betriebszweck erforderlichen Kosten und einem Gewinnzuschlag [engl.: Mark up] nach der sogenannten **Mark up-Regel** vereinfachend wie folgt:[320]

$$p_{i,t} = (1+g) \times k_{i,t},$$ (2-1)

---

317 Siehe stellvertretend **Knieps, Günter**: Wettbewerbsökonomie... **(2005)**, S. 86 ff. sowie nochmals **Wild, Jörg**: Deregulierung und Regulierung der Elektrizitätsverteilung... **(2001)**, S. 56 ff.

318 Vgl. dazu insbesondere **Männel, Wolfgang**: Gutachten zu den Preisfindungsprinzipien der Verbändevereinbarung VV II plus... **(2003)**, S. 18 ff. sowie **Küpper, Hans-Ulrich**: Kostenorientierte Preisbestimmung für regulierte Märkte... **(2002)**, S. 30.

319 Siehe dazu insbesondere **Knieps, Günter**: Wettbewerbsökonomie... **(2005)**, S. 90. Die originären Quellen bezüglich der in der englischsprachigen Fachliteratur als Mark up-Regulierung bzw. Mark up Pricing bezeichneten Kostenzuschlagsregulierung finden sich bei **Müller, Jürgen - Vogelsang, Ingo**: Staatliche Regulierung... **(1979)**, S. 195 ff.; **Braeutigam, Ronald R.**: Regulation of Multiproduct Enterprises by Rate of Return, Mark up and Operating Ratio, in: Research in Law and Economics, 3. Jg. **(1981)**, S. 15-38 und **Finsinger, Jörg – Kraft, Kornelius**: Mark up Pricing and Firm Decision, in: Zeitschrift für die gesamte Staatswissenschaft, Band 140 **(1984)**, Heft 3, S. 500-508.

320 In anderer Notation so auch bei **Knieps, Günter**: Wettbewerbsökonomie... **(2005)**, S. 90 f.

für:

$p_{i,t}$ =   regulierter Preis für eine Einheit von Gut i in der Periode t,

g =   Gewinnzuschlag (Gewinnmarge),

$k_{i,t}$ =   durchschnittliche Stückkosten für eine Einheit von Gut i in der Periode t
              (ohne kalkulatorischen Gewinn).

Das Konzept der Kostenzuschlagsregulierung behandelt alle Produktionsfaktoren gleich, da es einen **pauschalen Gewinnzuschlag** auf die Gesamtkosten impliziert.[321] Die Kostenzuschlagsregulierung entspricht insofern weitestgehend der durch die Leitsätze für die Preisermittlung auf Grund von Selbstkosten (LSP) geregelten Kalkulation von **Selbstkosten-plus-Gewinnzuschlags-Preisen**.[322]

2) Kritik an der Kostenzuschlagsregulierung

Die pauschale Kalkulationsmethodik der Kostenzuschlagsregulierung wird den Anforderungen einer auf Wettbewerbssimulierung abzielenden Regulierungskonzeption nicht gerecht. Es liegt auf der Hand, dass für kostenzuschlagsregulierte Unternehmen **keine Anreize bestehen, kostensenkende Maßnahmen durchzuführen**, da im Fall einer regelmäßigen Preisanpassung an die vom regulierten Unternehmen ausgewiesenen Kosten Kostensenkungen nicht zu höheren Gewinnen führen, sondern über Preissenkungen an die Kunden weitergereicht werden müssten. Die Kostenzuschlagsregulierung birgt die Gefahr, dass gewinnmaximie-

---

321 Vgl. **Vaterlaus, Stephan – Worm, Heike – Wild, Jörg – Telser, Harald**: Liberalisierung und Performance in Netzsektoren... (2003), S. 12.

322 Nach Nr. 43 LSP werden kalkulatorische Zinsen im Öffentlichen Preisrecht gesamtkapitalbezogen verrechnet und der Höhe nach über die Verordnung VO PR Nr. 4/72 vom Bundesministerium für Wirtschaft und Finanzen (BMWF) aus dem Jahr 1972 auf 6,5% begrenzt. Das die eigenkapitalbereitstellenden Investoren treffende allgemeine Unternehmerwagnis verlagert das Öffentliche Preisrecht in den durch Nr. 51 und Nr. 52 der LSP geregelten Ansatz des kalkulatorischen Gewinns. Vgl. **Ebisch, Hellmuth – Gottschalk, Joachim u. a.**: Preise und Preisprüfungen... (2001), zu Nr. 4 LSP „Kosten und Selbstkostenpreise, S. 249, zu Nr. 43 LSP „Zinsen", Tz. 10 bis 16, S. 249, Anhang 12, S. 626 sowie zu Nr. 51 und Nr. 52 LSP, S. 493-515. Es ist zu berücksichtigen, dass zur Ermittlung des kalkulatorischen Gewinns im Öffentlichen Preisrecht verschiedene Formeln diskutiert werden, die sich hinsichtlich ihres Detaillierungsgrades unterscheiden. An dieser Stelle ist unter anderem auf die vom Bundesverteidigungsministerium entwickelte Bonner Formel hinzuweisen, die einen von mehreren Risikofaktoren abhängigen prozentualen Gewinn auf den als Umsatz anzusehenden Netto-Selbstkostenpreis bezieht. Eine ausführliche Darstellung findet sich bei **Reiners, Frank**: Bemessung kalkulatorischer Abschreibungen, Zinsen und Gewinne... (2000), S. 265 ff.

rende regulierte Unternehmen ihre Betriebs- und Kapitalkosten, z. B. durch den Aufbau von Überkapazitäten oder die Beschäftigung von zuviel Personal, erhöhen und insofern die der Preisregulierung unterliegenden Produkte und Dienstleistungen ihren Kunden auf dem „goldenen Tablett" servieren. Dieses Phänomen wird in der Regulierungsliteratur auch als „**gold plating bzw. gold plated services**" bezeichnet.[323]

Aus den zuvor genannten Gründen wird das Modell der Kostenzuschlagsregulierung für die Regulierungspraxis in der Fachliteratur als weitestgehend ungeeignet eingestuft.[324] Da sich das Modell der Kostenzuschlagsregulierung auch in der europäischen Regulierungspraxis nicht durchgesetzt hat, wird im Folgenden ausführlicher auf das derzeit nach den Regelungen des EnWG und der Strom-NEV in Deutschland praktizierte Konzept der Renditeregulierung eingegangen.

B. Renditeregulierung

1) Methodik der Renditeregulierung

Die im anglo-amerikanischen Sprachraum als „**Rate of Return**"-Regulation bezeichnete Renditeregulierung kam in den USA bereits vor dem zweiten Weltkrieg zur Regulierung von Versorgungsmonopolen zum Einsatz.[325] Das Modell der Renditeregulierung sieht im Gegensatz zu dem pauschalen gesamtkostenbezogenen Gewinnzuschlag der Kostenzuschlagsregulierung den Ansatz eines eigenkapital- oder gesamtkapitalbezogenen Zinssatzes auf das betriebsnotwendige Eigen- bzw. Gesamtkapital vor. Es impliziert insofern, dass neben den bei effizienter Leistungserbringung anfallenden Kosten in der Kalkulation eine **Rendite für das eingesetzte Kapital** zu berücksichtigen ist, deren Niveau für die Dauer der Regulierungsperiode festgeschrieben wird. Formel (2-2) präsentiert die grundlegende Kalkulation des Umsatzes eines renditeregulierten Unternehmens in allgemeingültiger Form:[326]

---

323 Siehe dazu auch **Borrmann, Jörg – Finsinger, Jörg**: Markt und Regulierung... (**1999**), S. 365 und **Brenck, Andreas**: Staatliche Regulierung von Unternehmen... (**2001**), S. 11.

324 Vgl. **Borrmann, Jörg – Finsinger, Jörg**: Markt und Regulierung... (**1999**), S. 356.

325 Siehe dazu die Beschreibung der amerikanischen Regulierungspraxis bei **Phillips, Charles F. Jr.**: The Regulation of Public Utilities... (**1988**), insbesondere S. 168-174 und S. 365-367.

326 Ähnliche Darstellungen, teilweise mit abweichender Notation finden sich bei **Jamasb, Tooraj – Pollitt, Michael**: Benchmarking und Regulation of Electricity Transmission and Distribution Utilities... (**2000**), S. 3 und **Filippini, Massimo – Wild, Jörg – Luchsinger, Cornelia**: Regulierung der Verteilnetzpreise zu Beginn

$$K_{i,t} = BK_{i,t} + A_{i,t} + S_{i,t} + (KB_{i,t} \times ROR_t),$$ (2-2)

für:

$K_{i,t}$	=	Gesamtkosten im Sinne des erforderlichen Umsatzes des renditeregulierten Unternehmens i in der Periode t,
$BK_{i,t}$	=	Betriebskosten des Unternehmens i in der Periode t,
$A_{i,t}$	=	Abschreibungen des Unternehmens i in der Periode t,
$S_{i,t}$	=	kalkulationsrelevante Ertragsteuern des Unternehmens i in der Periode t,
$KB_{i,t}$	=	verzinsungsrelevante Kapitalbasis des Unternehmens i in der Periode t,
ROR	=	von der Regulierungsinstanz festgelegter Kapitalkostensatz im Sinne der Rate of Return in der Periode t.

Die Gesamtkosten einer Regulierungsperiode entsprechen den notwendigen Erlösen, die sowohl die Deckung der Betriebskosten als auch der Kapitalkosten als Summe kalkulatorischer Abschreibungen und kalkulatorischer Verzinsung einschließlich der darauf entfallenden Ertragsteuerbelastung ermöglichen.[327]

Im Kontext der Renditeregulierung stellt sich explizit die Frage der Festlegung der von den regulierten Unternehmen maximal realisierbaren **Rate of Return**, deren Niveau stets vor dem Hintergrund des gewählten Kapitaldienstkonzeptes zu beurteilen ist.[328] **Abbildung 2-4** skizziert den grundlegenden Entscheidungsprozess der Renditeregulierung, der von den in den nachfolgenden Kapiteln dieser Arbeit ausführlich behandelten **kapitalkostenrechnerischen Fragestellungen** dominiert wird.

2) Kritik an der Renditeregulierung

Als Haupteinwand gegen die Renditeregulierung präsentiert die Fachliteratur das von *Averch* und *Johnson* herausgearbeitete, als **Averch-Johnson-Effekt** bezeichnete Theorem, welches besagt, dass für einen gewinnmaximierenden Monopolisten Anreize bestehen, kapitalintensive Produktionsverfahren über das effiziente Maß auszuweiten, um durch gestiegenen Kapitaleinsatz bei garantierter

---

der Marktöffnung... (**2001**), S. 5. Auf eine Differenzierung von Formel 2-2 in Abhängigkeit der zugrundegelegten Verzinsungskonzeption (Eigenkapitalverzinsung versus Gesamtkapitalverzinsung, Realverzinsung versus Nominalverzinsung) wird vereinfachend an dieser Stelle verzichtet.

327 Vgl. **Filippini, Massimo – Wild, Jörg – Luchsinger, Cornelia**: Regulierung der Verteilnetzpreise zu Beginn der Marktöffnung... (**2001**), S. 5.

328 Vgl. dazu die Darstellung der verschiedenen Kapitaldienstkonzepte im 5. Kapitel dieser Arbeit.

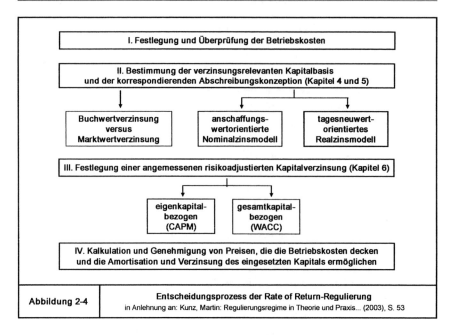

Abbildung 2-4 — Entscheidungsprozess der Rate of Return-Regulierung
in Anlehnung an: Kunz, Martin: Regulierungsregime in Theorie und Praxis... (2003), S. 53

Rendite den Gewinn zu erhöhen.[329] Dieser Anreiz besteht vor allem dann, wenn die durch den Regulierer festgelegte Rendite über einer **risikoäquivalenten Kapitalmarktrendite** liegt.[330] Unter dieser Bedingung werden Unternehmen versuchen, den Kapitaleinsatz durch verstärkte Investitionstätigkeit zu erhöhen, um ihre Gewinne zu steigern. Auch wenn die Gültigkeit des Averch-Johnson-Effekts **nur fallweise bestätigt** werden konnte[331], lassen die durch EVU in der Vergan-

---

329 Vgl. **Averch, Harvey – Johnson, Leland L.**: The Behaviour of the firm under Regulatory Constraint, in: American Economic Review, 52. Jg. **(1962)**, Heft 5, S. 1052-1069. Siehe auch **Fichtner, Wolf – Möst, Dominik – Wietschel, Martin – Weinhardt, Christof – Rentz, Otto**: Strategische Planung von Energieversorgern... **(2003)**, S. 707.

330 Vgl. **Knieps, Günter**: Wettbewerbsökonomie... **(2005)**, S. 87. An dieser Stelle ist zu erwähnen, dass diese Bedingung letztlich auch für das Modell der Kostenzuschlagsregulierung gilt. Auch kostenzuschlagsregulierte Unternehmen werden nur dann Anreize haben ihre Betriebs- und Kapitalkosten über das ökonomisch effiziente Maß zu erhöhen, wenn der ihnen zugestandene Gewinnzuschlag zu einer Rendite führt, die die Rendite risikowirtschaftlich vergleichbarer Kapitalanlagen übersteigt.

331 Joskow weist darauf hin, dass renditeregulierte US-amerikanische EVU insbesondere in den 1970er- und 1980er-Jahren zu „Stranded Investments" führende Überkapazitäten aufbauten, die in steigenden Strompreisen resultierten. Vgl. **Joskow,**

genheit aufgebauten Überkapazitäten vermuten, dass die traditionelle Renditeregulierung zu einem übermäßig hohen, gesellschaftlich nicht optimalen Niveau an Versorgungssicherheit führte.[332]

Vogelsang sieht deshalb das zentrale Dilemma der Renditeregulierung in der **Festlegung der angemessenen Rendite** durch die Regulierungsinstanz.[333] Ein zu hoher Zinssatz führt zu gesellschaftlich unerwünschten hohen Verbraucherpreisen, während ein zu niedrig gesetztes Renditeniveau impliziert, dass notwendige Investitionen und Innovationen unterbleiben.[334] Es stellt sich daher die Frage, inwieweit die Bestimmung der garantierten Rendite objektivierbar und diese ihrer Höhe nach angemessen ist. Generell sollte die den Investoren zugestandene Rendite – unabhängig, ob es sich um ein reguliertes oder ein nicht reguliertes Unternehmen handelt – dem Ertrag entsprechen, den der Einsatz des Kapitals in eine Anlage mit einem vergleichbaren Risiko erbringen würde.[335] Wie im 1. Kapitel skizziert wurde und im 6. Kapitel vertieft wird, können Renditeforderungen im Regulierungskontext mit Hilfe von **Kapitalmarktmodellen** wie dem CAPM weitgehend willkürfrei hergeleitet werden.[336]

Weitaus problematischer erscheint zunächst die Kritik, das Modell der Rate of Return-Regulierung impliziere, dass erwirtschaftete Gewinne höchstens bis zur festgelegten Rendite einbehalten werden können und insofern **keine Anreize zu Kostensenkungs- und Rationalisierungsmaßnahmen** bestehen, da diese nicht zu höheren Gewinnen führen, sondern über Preissenkungen an die Kunden weitergegeben werden müssen.[337] Bedenkt man jedoch, dass in der Regulierungspraxis das vorgegebene Renditeniveau und die darauf basierenden Preisniveaus für

---

Paul: Restructuring, Competition and Regulatory Reform in the US Electricity Industry... (**1997**), S. 119 ff. Demgegenüber zweifeln andere Autoren die empirische Gültigkeit des Averch-Johnson-Effektes an. Siehe dazu **Bonbright, James C. – Danielsen, Albert L. – Kamerschen, David R.**: Principles of Public Utility Rates... (**1988**), S. 562 sowie **Vogelsang, Ingo**: Incentive Regulation and Competition in Public Utility Markets... (**2002**), S. 11.

332   Vgl. **Hense, Andreas – Schäffner, Daniel**: Regulatorische Aufgaben im Energiebereich... (**2004**), S. 7.

333   Vgl. dazu **Vogelsang, Ingo**: Profit Sharing of Electrical Transmission and Distribution Companies... (**1994**), S. 263.

334   Vgl. nochmals **Vogelsang, Ingo**: Profit Sharing of Electrical Transmission and Distribution Companies... (**1994**), S. 263 sowie **Riechmann, Christoph**: Price-Cap Regulierung... (**1995**), S. 160.

335   Siehe dazu **Freygang, Winfried**: Kapitalallokation in diversifizierten Unternehmen... (**1993**), S. 189 ff.

336   Vgl. **Schweitzer, Marcel – Küpper, Hans-Ulrich**: Systeme der Kosten- und Erlösrechnung... (**2003**), S. 769.

337   Vgl. **Fritsch, Michael – Wein, Thomas – Ewers, Hans Jürgen**: Marktversagen und Wirtschaftspolitik... (**2001**), S. 238 f.

eine bestimmte Regulierungsperiode fixiert werden können, wird deutlich, dass die Grenzen zwischen traditionellen kostenorientierten und anreizorientierten Regulierungsmethoden fließend sind.[338] Um zusätzliche Gewinne realisieren zu können, kommt es für regulierte Unternehmen darauf an, die **tatsächlichen Kapitalkosten** während einer Regulierungsperiode unter das vorgegebene, garantierte Renditeniveau zu senken.

Um die **Effizienz des Kapitaleinsatzes** analysieren zu können, sollten traditionelle Konzepte der Renditeregulierung darüber hinaus stets um Benchmarking-Verfahren ergänzt werden. Theorie und Praxis haben hierzu ausgefeilte, nachfolgend ausführlicher vorgestellte Verfahren entwickelt.

Es ist festzuhalten, dass die oftmals pauschale Kritik an der traditionellen Renditeregulierung durch

- eine kapitalmarkttheoretisch begründete, **objektivierte Renditebestimmung,**
- die **anreizverträgliche Ausgestaltung** des regulatorischen Rahmens
- und den parallelen Einsatz von **Benchmarking-Verfahren**
  deutlich abgeschwächt werden kann.

IV. Anreizorientierte Regulierungsmethoden

Aufgrund der zuvor dargelegten Kritik wurden die traditionellen kostenorientierten Regulierungsmethoden während der letzten zwei Jahrzehnte in der weltweiten Regulierungspraxis zunehmend durch die im Folgenden präsentierten anreizorientierten Regulierungsmodelle ersetzt. Während 1985 in den USA noch 50 Bundesstaaten den Rate of Return-Ansatz zur Regulierung von Telekommunikationsunternehmen einsetzten, kamen 1999 bereits in 37 Bundesstaaten anreizorientierte Verfahren und nur noch in 13 Bundesstaaten Renditeregulierungen zur Anwendung.[339] Im **Kontext der Energiewirtschaft** erhielten anreizorientierte Regulierungsverfahren in den 1990er-Jahren zusätzlichen Nährboden durch die Ergebnisse zahlreicher, auf die Messung der Effizienz von EVU abstellender empirischer Untersuchungen, die den Unternehmen teilweise erhebliche Ineffizienzen attestierten.[340]

---

338 Vgl. unter anderem **Filippini, Massimo – Wild, Jörg – Luchsinger, Cornelia**: Regulierung der Verteilnetzpreise zu Beginn der Marktöffnung... **(2001)**, S. 7.

339 Siehe dazu **Ai, Chunrong – Sappington, David E. M.**: The Impact of State Incentive Regulation on the U.S. Telecommunication Industry... **(2002)**, S. 136.

340 Siehe stellvertretend für die deutsche Stromverteilungswirtschaft: **Riechmann, Christoph**: Kostensenkungsbedarf bei deutschen Stromverteilern, in: Wirtschaftswelt Energie, **1995**, Heft 6, S. 6-8. Für England und Wales siehe **Burns, Philip – Weyman-Jones, Thomas G.**: Cost Drivers and Cost Efficiency in Electricity Dis-

Die **Realisierung von Effizienzsteigerungen** wird daher als Hauptziel der anreizorientierten Regulierung angesehen, das – wie zuvor ausgeführt – dadurch erreicht werden soll, dass die Unternehmen die während einer Regulierungsperiode über Kostensenkungen realisierten zusätzlichen Gewinne einbehalten dürfen.[341]

A. Price Cap- und Revenue Cap-Regulierung

1) Grundsätzliche Methodik der Price Cap-Regulierung

Aufbauend auf den in der Regulierungstheorie schon länger diskutierten anreizorientierten Regulierungsmechanismen[342] präsentierte *Littlechild* im Jahr 1983 in einem Beratungspapier, beauftragt durch das britische Department of Industry, im Zuge der Privatisierung der British Telecom in Großbritannien die Methodik der Price Cap-Regulierung[343], welche heute, teilweise in modifizierter Form, das in der Praxis am weitesten verbreitetste Verfahren zur Regulierung natürlicher Monopole darstellt.[344]

Die Price Cap-Regulierung zielt auf die **Begrenzung der Preisentwicklung** in einem regulierten Wirtschaftszweig ab.[345] Nach dem Price Cap-Verfahren

tribution: A Stochastic Frontier Approach, in: Bulletin of Economic Research, 48. Jg. (**1997**), Heft 1, S. 41-64. Es sei darauf hingewiesen, dass die Unabhängigkeit der Studien hier nicht hinterfragt werden kann.

341 Vgl. **Vogelsang, Ingo**: Incentive Regulation and Competition in Public Utility Markets... (**2002**), S. 6.

342 Vgl. **Vogelsang, Ingo**: Incentive Regulation and Competition in Public Utility Markets... (**2002**), S. 5 ff. und die dort zitierte Literatur. Vgl. auch die Ausführungen zum Vogelsang-Finsinger-Mechanismus in diesem Kapitel, S. 108 f.

343 Vgl. **Littlechild, Stephen C.**: Regulation of British Telecommunications' Profitability, Department of Industry, Report to the Secretary of State, London **1983**, S. 34 ff., zitiert nach **Knieps, Günter**: Price Cap als innovatives Regulierungsinstrument... (**2000**), S. 13. Littlechild, Professor an der University of Cambridge, fungierte von 1989 bis 1998 als Direktor der Behörde für Strommarktregulierung in England, dem Office for Electricity Regulation (OFFER).

344 In Deutschland wird das Price Cap-Verfahren von der BNetzA (ehemals RegTP) bislang zur Entgeltregulierung von Sprachtelefondienstleistungen der Deutsche Telekom AG und Postdienstleistungen der Deutsche Post AG eingesetzt. Vgl. **Regulierungsbehörde für Telekommunikation und Post (RegTP)**: Price-Cap-Regulierung im Sprachtelefondienst, in: Amtsblatt der Regulierungsbehörde für Telekommunikation und Post Nr. 2 vom **06.02.2002** sowie **Regulierungsbehörde für Telekommunikation und Post (RegTP)**: Price-Cap-Regulierung 2003 für Postdienstleistungen, Eckpunkte, Bonn **25.07.2001**.

345 Vgl. **Riechmann, Christoph**: Price-Cap Regulierung... (**1995**), S. 157.

werden die regulierten Entgelte zukunftsorientiert unter Berücksichtigung der inflatorischen Preisentwicklung und eines unternehmensspezifischen Effizienzziels und/oder einer branchenweit gültigen Produktivitätsentwicklung festgelegt.[346] In ihrer Grundform sieht die Price Cap-Regulierung vor, dass die Entwicklung eines Tarifes oder eines bestimmten Bündels von Preisen, die ein Unternehmen für eine bestimmte Leistung verlangt, die anhand des Konsumentenpreisindexes approximierte Inflationsrate abzüglich eines nachfolgend genauer zu erläuternden, als Effizienzvorgabe fungierenden Faktors X nicht übersteigen darf.[347]

Man spricht insofern von der Vorgabe eines Preisindexpfades. Diesen Zusammenhang präsentiert die einfache Preiswachstumsformel (2-3), die auch als „**Pure Price Cap-Regulation**" bezeichnet wird:[348]

$$P_{i,t} \leq P_{i,t-1} \times (1 + RPI - X_i) \tag{2-3}$$

für:

$P_{i,t}$	=	Preisobergrenze für eines der Price Cap-Regulierung unterliegenden Unternehmens i in der Periode t,
$P_{i,t-1}$	=	Preisobergrenze für eines der Price Cap-Regulierung unterliegenden Unternehmens i in der Periode t-1,
t	=	Teilperiode der Regulierungsperiode (i. d. R. = Geschäftsjahr),
RPI	=	erwartete jährliche Preissteigerungsrate in der Regulierungsperiode quantifiziert anhand des Konsumentenpreisindexes [engl.: RPI = Retail Price Index],[349]
X_i	=	für das Unternehmen i von der Regulierungsbehörde festzusetzendes jährliches Effizienzziel.[350]

---

346 Vgl. **Kunz, Martin**: Regulierungsregime in Theorie und Praxis... (**2003**), S. 54.
347 Vgl. **Riechmann, Christoph**: Price-Cap Regulierung... (**1995**), S. 157.
348 Vgl. **Grewe, Alexander**: Price Caps als Regulierungsinstrumente in der leitungsgebundenen Energieversorgung... (**1999**), S. 8 f.
349 Im deutschen Sprachraum wird anstelle des Kürzels RPI häufig auch die für den Verbraucherpreisindex stehende Abkürzung VPI verwandt.
350 Neben den über Benchmarking-Verfahren ermittelten individuellen, als X_i bezeichneten Kostensenkungsvorgaben berücksichtigen Regulierungsbehörden zusätzlich bei der Bestimmung von Preis- und Umsatzobergrenzen die mit X_a bezeichnete allgemeine Produktivitätsfortschrittsrate. Auf eine Differenzierung zwischen X_a und X_i wird im Rahmen der formalen Darstellung im Folgenden aus Vereinfachungsgründen verzichtet. Auch die BNetzA unterscheidet im Rahmen der geplanten Einführung der Anreizregulierung zwischen allgemeinen und individuellen Effizienzzielen. Vgl. dazu **Bundesnetzagentur**: Bericht der Bundesnetzagentur nach § 112a EnWG zur Einführung der Anreizregulierung nach § 21a EnWG... (**2006**), S. 63 f. u. S. 67 f.

Der nach dem häufig auch kurz als **RPI-X-Regulierung** bezeichneten Price Cap-Verfahren bestimmte Price Cap wird als Preisobergrenze im Voraus für eine bestimmte Regulierungsperiode festgeschrieben. Die Festlegung eines neuen Price Caps erfolgt erst nach Ablauf des Regulierungszeitraums. Dieses „**regulatory lag**" wird als entscheidende Innovation der Price Cap-Regulierung gesehen.[351] Der vor Beginn einer neuen Regulierungsperiode im Rahmen von Preisprüfungsrunden durchgeführte Anpassungsprozess wird als „**regulatory review**" bezeichnet.[352] Ausgangspunkt für die Festlegung des Ausgangspreisniveaus und des durch die RPI-X-Formel gültigen Preispfades bildet das unternehmensspezifische Kostenniveau zu Beginn des Regulierungszeitraums.[353] Die **Bestimmung des Ausgangspreisniveaus** ist demnach auf eine fundierte betriebs- und kapitalkostenspezifische Kalkulationsmethodik angewiesen.

Im Gegensatz zur traditionellen Renditeregulierung wird die Preisobergrenze jedoch während der Regulierungsperiode von den tatsächlichen Kosten des Unternehmens entkoppelt. Für die Unternehmen bestehen insofern Anreize zur Kostensenkung, die bis zur der auf das Ende einer Regulierungsperiode folgenden Anpassung der Preisobergrenze zur Realisierung zusätzlicher renditeerhöhender Gewinne führt.

Bei der Festlegung der **Länge einer Regulierungsperiode** ist zu beachten, dass ein zu kurzer Regulierungszeitraum Anreize zur Erschließung von Kostensenkungspotenzialen seitens der regulierten Unternehmen erheblich reduziert, während ein zu lang definierter Regulierungszeitraum dazu führt, dass Kostensenkungsmaßnahmen erst sehr spät über die nach dem „regulatory review" neu festzulegenden Ausgangspreise an die Kunden weitergereicht werden. Bei der Bestimmung des Regulierungszeitraums besteht ein Trade-off zwischen ausgeprägten Kostensenkungsanreizen und Gewinnbegrenzung der Netzbetreiber.[354] Unter Berücksichtigung branchenspezifischer Besonderheiten werden die Regulierungsperioden im Kontext der Price Cap-Regulierung in der Regel auf einen **Zeitraum von 3 bis 5 Jahren** begrenzt.[355]

In diesem Zusammenhang muss beachtet werden, dass in Abhängigkeit wie strikt die Regulierungsbehörde im Rahmen des „regulatory reviews" auf reali-

---

351   Vgl. **Vogelsang, Ingo**: Preisregulierung und Wettbewerb in der Telekommunikation... (**1996**), S. 121.

352   Vgl. **Riechmann, Christoph**: Price-Cap Regulierung... (**1995**), S. 158.

353   Siehe nochmals **Riechmann, Christoph**: Price-Cap Regulierung... (**1995**), S. 158.

354   Vgl. **Hense, Andreas – Schäffner, Daniel**: Regulatorische Aufgaben im Energiebereich... (**2004**), S. 10.

355   Vgl. **Riechmann, Christoph**: Price-Cap Regulierung... (**1995**), S. 162 sowie § 21a Abs. 3 EnWG, der die Dauer einer Regulierungsperiode in Deutschland auf einen Zeitraum zwischen 2 und 5 Jahren begrenzt.

sierte Rationalisierungsgewinne mit einer Absenkung des Price Caps für die folgende Regulierungsperiode reagiert, die Gefahr besteht, dass die erwünschten Anreizwirkungen zu Kostensenkungen verloren gehen. Da die Anpassung des Price Caps auf der veränderten Kostensituation der Unternehmen beruht, führen in der abgelaufenen Regulierungsperiode realisierte Kostensenkungen zu einem niedrigeren maximal erlaubten Preis in der folgenden Regulierungsperiode. Besonders zum Ende einer Regulierungsperiode besteht für Price Cap-regulierte Unternehmen insofern die Gefahr, dass die Vorteile aus der Realisierung kostensenkender Maßnahmen kurzfristig wieder verloren gehen, wenn diese bei der **Anpassung des Ausgangspreisniveaus** für den folgenden Regulierungszeitraum in vollem Umfang Berücksichtigung finden. Für die Unternehmen ist es in diesem Fall vorteilhafter, Rationalisierungen und Kostensenkungen erst zu Beginn der folgenden Regulierungsperiode durchzuführen. Es leuchtet ein, dass die Anreize zur Realisierung von Kostensenkungen für die Unternehmen um so größer sind, je länger die Laufzeit einer Regulierungsperiode ist.[356]

Insofern verwundert es nicht, dass auch das Price Cap-Verfahren regulierten Unternehmen Anreize zu **ineffizientem strategischen Verhalten** liefert. Für die britische Stromverteilungswirtschaft konnte aufgedeckt werden, dass die einer Price Cap-Regulierung unterliegenden Unternehmen vor der Neufestlegung der Preisobergrenzen zum Ende einer Regulierungsperiode regelmäßig den Versuch unternahmen, den Regulierer durch ansteigende Kostenniveaus zu überzeugen, das Ausgangspreisniveau für den folgenden Regulierungszeitraum möglichst hoch zu bemessen, um entsprechendes Potenzial zur erneuten Erschließung renditeerhöhender Kostensenkungsmaßnahmen zu erzeugen.[357] Vor diesem Hintergrund kommt es darauf an, inwieweit der Regulierer durch den kontinuierlichen Einsatz von Benchmarking-Verfahren die Problematik der asymmetrischen Informationsverteilung reduzieren kann.

Theorie und Regulierungspraxis haben zwischenzeitlich eine Vielzahl verschiedener **verwendungszweckabhängiger Ausprägungen** von Price Cap-Mechanismen entwickelt. In Abhängigkeit von der Struktur und der Menge der zu regulierenden Tarife eines Unternehmens können Preisobergrenzen als:[358]

---

356 Die Bestimmung der Dauer der „regulatory lags", bei der insbesondere die branchenspezifische Kapitalintensität und die Geschwindigkeit des technologischen Fortschritts berücksichtigt werden sollten, kommt daher eine zentrale Bedeutung zu. Siehe dazu **Riechmann, Christoph**: Price-Cap Regulierung... **(1995)**, S. 165 und die dort angegebene Literatur.

357 Siehe dazu **Burns, Philip – Davies, John – Riechmann, Christoph**: Benchmarking von Netzkosten... **(1999)**, S. 298.

358 Vgl. dazu **Kunz, Martin**: Regulierungsregime in Theorie und Praxis... **(2003)**, S. 55 ff.

- **Individual Price Cap** im Sinne einer individuellen Preisobergrenze auf einzelne Preiskomponenten,
- **Tariff Baskets** im Sinne eines durch einen Preiskorb zusammengefassten Price Cap auf mengengewichtete Preiskomponenten
- oder als **Average Revenue Approach** im Sinne eines Caps auf die Durchschnittserlöse bzw. Erlöse pro Einheit eines Gutes ausgestaltet werden.[359]

Da es das Anliegen dieses Abschnittes ist, das Price Cap-Verfahren in seiner Grundform darzustellen, wird an dieser Stelle auf eine formale Darstellung der technischen Ausgestaltungsformen zur Bestimmung von Price Caps verzichtet und auf die umfangreiche Literatur zur Price Cap-Regulierung verwiesen.[360]

2) Grundsätzliche Methodik der Revenue Cap-Regulierung

Der mit der Price Cap-Regulierung eng verwandte Revenue Cap-Ansatz zielt darauf ab, anstelle einer Preisobergrenze den regulierten Unternehmen für die jeweilige Regulierungsperiode eine Umsatzobergrenze vorzugeben.[361] Der Revenue-Cap-Ansatz kann insofern auch als **Umsatz- bzw. Erlösobergrenzenregulierung** bezeichnet werden.[362] Da Price Cap-regulierte Unternehmen ihre absoluten Gewinne neben der Erschließung von Kostensenkungspotenzialen auch durch die **Ausweitung des Umsatzes** steigern können,[363] wurde die Idee des Revenue Caps in der Energiewirtschaft besonders vor dem Hintergrund der Forderung nach Energieeffizienz und energieeinsparenden Maßnahmen im Sinne des

---

359   Der Average Revenue Approach verdeutlicht, dass das Price Cap-Verfahren und das nachfolgend behandelte Revenue Cap-Verfahren ineinander übergehen.

360   Siehe dazu insbesondere **Grewe, Alexander**: Price Caps als Regulierungsinstrumente in der leitungsgebundenen Energieversorgung... **(1999)**, S. 21 ff. und die dort zitierte Literatur; **Brunekreeft, Gert**: Kosten, Körbe, Konkurrenz: Price Caps in der Theorie... **(2000)**, S. 22 ff. sowie **Riechmann, Christoph**: Price-Cap Regulierung... **(1995)**, S. 163. Siehe des Weiteren die verschiedenen im Rand Journal of Economics anlässlich einer Fachkonferenz im Jahr 1989 veröffentlichten Beiträge: **Symposium on Price-Cap Regulation**, in Rand Journal of Economics, Vol. 20, No. 3, Autumn **(1989)**, S. 369-472 und die Ausführungen von **Vogelsang, Ingo**: Incentive Regulation and Competition in Public Utility Markets... **(2002)**, S. 12 f.

361   Vgl. **Hense, Andreas – Schäffner, Daniel**: Regulatorische Aufgaben im Energiebereich... **(2004)**, S. 10 f.

362   Siehe dazu auch **Fillipini, Massimo – Wild, Jörg – Luchsinger, Cornelia**: Regulierung der Verteilnetzpreise... **(2001)**, S. 8

363   Schon Jacob stellte fest, dass die Einführung eines Höchstpreises zu einer Erhöhung der Ausbringung, gegebenenfalls auch zur Ausdehnung der Kapazität führen kann. Vgl. **Jacob, Herbert**: Preispolitik... **(1963)**, Abschnitt II. Preispolitik auf regulierten Märkten, S. 92 ff.

Demand Side Managements diskutiert.[364] Formel (2-4) präsentiert die grundlegende Methodik der Revenue-Cap Regulierung:[365]

$$R_{i,t} = (R_{i,t-1} + CGA \times \Delta Cust_{i,t}) \times (1 + RPI - X_i),$$ (2-4)

für:

$R_{i,t}$	=	Umsatzobergrenze für das Unternehmen i in der Periode t,
$R_{i,t-1}$	=	Umsatzobergrenze für das Unternehmen i in der Periode t-1,
CGA	=	Customer Growth Adjustment (CGA) = Anpassungsfaktor für das Kunden- bzw. Mengenwachstum,
$\Delta Cust_{i,t}$	=	Veränderung der Anzahl der Kunden in der Periode t.

Durch einen Anpassungsfaktor für das Kundenwachstum wird im Rahmen der Festlegung des Umsatz-Caps zu Beginn einer Regulierungsperiode berücksichtigt, dass Netzbetreiber einen entsprechend höheren Umsatz erwirtschaften dürfen, wenn die Anzahl der versorgten Kunden, die bei dem Betrieb von Stromverteilungsnetzen mit der Anzahl der Kundenanschlüsse gleichgesetzt werden können, während der Regulierungsperiode steigt.[366] Für den **Fall des Mengenwachstums** gestatten die in der Regulierungspraxis implementierten Revenue Cap-Modelle den Unternehmen aufgrund von Kostendegressionseffekten häufig

---

364 Vgl. **Auer, Hans**: Benchmarking und Regulierung elektrischer Netze... **(2002)**, S. 22 f. sowie **Hense, Andreas – Schäffner, Daniel**: Regulatorische Aufgaben im Energiebereich... **(2004)**, S. 10.

365 Die hier dargestellte von **Comnes, Alan G. – Stoft, Steven – Greene, Nathanel – Hill, Larry J.**: Performance Based Ratemaking for Electric Utilities... **(1995)**, S. 15 f. als „most common formulation of a revenue cap" bezeichnete, hinsichtlich der Notation unverändert übernommene Erlösobergrenzenformel stellt eine starke Vereinfachung dar. Siehe dazu auch die inhaltsgleiche Darstellung bei **Auer, Hans**: Benchmarking und Regulierung elektrischer Netze... **(2002)**, S. 22 f. und **Fillipini, Massimo – Wild, Jörg – Luchsinger, Cornelia**: Regulierung der Verteilnetzpreise... **(2001)**, S. 8. Theorie und Regulierungspraxis haben zwischenzeitlich sehr ausgefeilte Revenue Cap-Mechanismen entwickelt haben, die eine Vielzahl weiterer, in Formel (2-4) nicht berücksichtigte Anpassungsmechanismen bzw. Kostentreiber, wie z.B. Netzlänge und Spitzenlast einbeziehen. Siehe dazu insbesondere **Leprich, Uwe – Irrek, Wolfgang – Thomas, Stefan**: Das „Multi Driver Cap Scheme"... **(2001)**, S. 231 ff.

366 Vgl. **Comnes, Alan G. – Stoft, Steven – Greene, Nathanel – Hill, Larry J.**: Performance Based Ratemaking for Electric Utilities... **(1995)**, S 15 f. und S. 35 f.; **Fillipini, Massimo – Wild, Jörg – Luchsinger, Cornelia**: Regulierung der Verteilnetzpreise... **(2001)**, S. 8 sowie **Hense, Andreas – Schäffner, Daniel**: Regulatorische Aufgaben im Energiebereich... **(2004)**, S. 11.

nur eine unterproportionale Anhebung des Umsatzniveaus.[367] Auch die BNetzA beabsichtigt für die geplante Anreizregulierung anlässlich der jährlichen Fortschreibung der Erlösobergrenzen für Verteilnetzbetreiber **Erweiterungsfaktoren für zusätzliche Investitionskosten** einschließlich eines Betriebskostenzuschlags entsprechend der Zunahme von Anschlusspunkten, der versorgten Fläche und der Höchstlast zu berücksichtigen.[368] Abweichungen der tatsächlichen von den prognostizierten Werten sollen über ein separates **Regulierungskonto** periodenübergreifend verrechnet werden.[369] Wird der Kapitalbedarf für die während einer Regulierungsperiode geplanten Investitionen – wie nachfolgend noch ausführlicher erörtert – über separate Investitionsbudgets reguliert und genehmigt, entfällt die Berücksichtigung eines Erweiterungsfaktors für Investitionen in der Erlösobergrenzenformel.[370] Auf einen Erweiterungsfaktor für den infolge zusätzlicher Investitionen entstehenden **Anstieg der Betriebskosten** kann in diesem Fall jedoch grundsätzlich nicht verzichtet werden.

Im Gegensatz zu strukturell bedingten Mengeneffekten werden kurzfristige jahresbezogene Abweichungen der verteilten bzw. transportierten Strommenge in der Regulierungspraxis in der Regel nicht direkt in der Erlösobergrenzenformel, sondern über einen separaten **Saldierungsmechanismus** in der Folgeperiode verrechnet.[371]

3) Bestimmung der X-Faktoren

Um die Rolle der Kapitalkosten im Rahmen der Price Cap- und Revenue Cap-Regulierung zu analysieren, kommt es neben der bereits erwähnten Bestimmung des Ausgangspreisniveaus insbesondere darauf an, genauer auf die Interpretation

---

367   Vgl. nochmals **Comnes, Alan G. – Stoft, Steven – Greene, Nathanel – Hill, Larry J.**: Performance Based Ratemaking for Electric Utilities... **(1995)**, S. 35 f. Der Anpassungsfaktor für das Kundenwachstum (CGA) wird in diesem Fall aus dem Produkt von durchschnittlichen Umsatz pro Kunde und einem Faktor a ermittelt, der in der Regel zwischen 0,5 und 1 liegt.

368   Vgl. **Bundesnetzagentur**: Bericht der Bundesnetzagentur nach § 112a EnWG zur Einführung der Anreizregulierung nach § 21a EnWG... **(2006)**, S. 126 und S. 150 ff. sowie die Ausführungen bei **Steinbach, Piet – Kremp, Ralph**: Die Revenue Cap-Regulierung – Ein fertiges Konzept?... **(2006)**, S. 34.

369   Vgl. **Bundesnetzagentur**: Bericht der Bundesnetzagentur nach § 112a EnWG zur Einführung der Anreizregulierung nach § 21a EnWG... **(2006)**, S. 154 ff.

370   Vgl. **Bundesnetzagentur**: Bericht der Bundesnetzagentur nach § 112a EnWG zur Einführung der Anreizregulierung nach § 21a EnWG... **(2006)**, S. 72.

371   Vgl. nochmals **Bundesnetzagentur**: Bericht der Bundesnetzagentur nach § 112a EnWG zur Einführung der Anreizregulierung nach § 21a EnWG... **(2006)**, S. 62. Vgl. dazu auch die diesbezüglichen Vorgaben des norwegischen Regulierungskonzeptes, die im 7. Kapitel, S. 442 f., beschrieben werden.

und Ermittlung des X-Faktors einzugehen, der die Regulierungsbehörde vor die methodisch schwierigste Aufgabe stellt[372] und gleichfalls den „Hauptstreitpunkt bei jeder Neufestsetzung der Price Cap-Formel in der Regulierungspraxis" darstellt.[373]

Der jährliche X-Faktor wird grundsätzlich für eine Regulierungsperiode im Voraus festgelegt. Bei der Bestimmung des X-Faktors muss man „im Prinzip" [...] die zu Grunde liegenden (absoluten) Kosten nicht kennen" [...], „es genügt einzuschätzen, wie sich diese Kosten entwickeln werden".[374] In der theoretischen Analyse läuft man daher Gefahr, es als Vorteil des Price Cap-Verfahrens gegenüber den traditionellen Regulierungsmethoden anzusehen, dass die Regulierungsbehörde bei dessen Anwendung nicht auf die Kenntnis der Betriebs- und Kapitalkosten der Unternehmen angewiesen sei und die Methodik aufgrund des geringen Informationsbedarfs als „light-handed"-Regulierung bezeichnet werden kann.[375]

Diesen Überlegungen ist zu widersprechen. Kann die durch den Regulierer vorgesehene Effizienzvorgabe nicht realisiert werden, führt dies nicht zwingend zu Verlusten, jedoch unweigerlich zu Rentabilitätseinbußen des Unternehmens.[376] Dies kann zum einen daran liegen, dass das Unternehmen tatsächlich nicht effizient gewirtschaftet hat, aber auch daran, dass der Regulierer den X-Faktor von vornherein zu hoch angesetzt hat. Regulierungsbehörden müssen die Höhe des X-Faktors daher so bestimmen, dass die regulierten Unternehmen bei dessen Realisierung eine risikogerechte, kapitalmarktorientierte Rendite erwirtschaften können. Dies liegt allein schon darin begründet, dass das Erreichen des im X-Faktor vorgesehenen Effizienzzieles mit einer Vielzahl von Risiken verbunden ist.[377] Schon im Jahr 1986 stellte *Littlechild* fest: [378]

„Rate of return considerations are necessarily implicit in setting and resetting X".

---

372 **Riechmann, Christoph**: Price-Cap Regulierung... (**1995**) , S. 162.

373 Vgl. **Grewe, Alexander**: Price Caps als Regulierungsinstrumente in der leitungsgebundenen Energieversorgung... (**1999**), S. 59.

374 **Brunekreeft, Gert**: Kosten, Körbe, Konkurrenz: Price Caps in der Theorie.... (**2000**), S. 27 f., der jedoch im Anschluss auch ausführt, dass die Regulierungspraxis „dennoch einen Bezug zu den eigentlichen Kosten" herstellt.

375 Vgl. **Kunz, Martin**: Regulierungsregime in Theorie und Praxis... (**2003**), S. 48

376 Vgl. nochmals **Brunekreeft, Gert**: Kosten, Körbe, Konkurrenz: Price Caps in der Theorie... (**2000**), S. 28.

377 Ähnlich äußert sich auch **Riechmann, Christoph**: Price-Cap Regulierung.... (**1995**), S. 162.

378 **Littlechild, Stephen C.**: Economic Regulation of Privatised Water Authorities, London, **1986**, Abschnitt 10.21, zitiert nach **Lechner, Herbert – Hierzinger, Roland**: Organisation und Regulierung netzgebundener Branchen... (**1996**), S. 41.

Regulierungsbehörden sind bei der Festlegung der X-Faktoren zwingend auf die Kenntnis der Kostenstruktur der Unternehmen zu Beginn einer Regulierungsperiode und deren Kostenentwicklung während der Regulierungsperiode angewiesen. Grundsätzlich besteht die Möglichkeit, dass der Regulierer den X-Faktor für die gesamte Branche einheitlich oder für jedes Unternehmen individuell festlegt. In der Regulierungspraxis bestehen jedoch insbesondere in den frühen Phasen der Marktöffnung oftmals **erhebliche Effizienzunterschiede** zwischen den einzelnen Netzbetreibern.[379] Operieren Netzbetreiber auf einem unterschiedlichen Kosten- bzw. Effizienzniveau, muss der vorgegebene X-Faktor einen realistischen Verlauf individueller Effizienzziele widerspiegeln.[380] Von effizienten Unternehmen werden moderate Kostensenkungen in Form niedriger X-Faktoren erwartet, die in der Regel von der branchenbezogenen Produktivitätsfortschrittsrate abgeleitet werden. Man unterstellt insofern, dass sich die Kostensituation effizienter Unternehmen parallel zum branchenbezogenen technischen Fortschritt entwickelt. Ineffizienten Unternehmen werden hingegen **höhere individuelle Effizienzziele** vorgegeben, die die allgemeine Produktivitätsfortschrittsrate und ein individuelles Kostensenkungsziel abbilden.[381]

In der Literatur werden grundsätzlich mehrere Wege zur Bestimmung des X-Faktors diskutiert, die sich hinsichtlich ihrer Genauigkeit und Komplexität erheblich unterscheiden, was diesbezüglich auf einen bestehenden **Forschungsbedarf** schließen lässt. Auch in der Regulierungspraxis existieren noch erhebliche Unsicherheiten bei der Definition des X-Faktors.[382] Aufgrund der Themenstel-

379 Vgl. dazu unter anderem **Dudenhausen, Roman – Döherer, Andreas – Wagner, Ralf – Latkovic, Krunoslov:** Starke Effizienzunterschiede deutscher Netzbetreiber... (**2004**), S. 1 ff.
380 Vgl. **Riechmann, Christoph:** Price-Cap Regulierung... (**1995**), S. 162.
381 Vgl. **Energiewirtschaftliches Institut an der Universität Köln (EWI) – Frontier Economics:** Zusammenstellung von Kostenrechnungsansätzen... (**2001**), S. 42.
382 So wird die X-Faktoren-Ermittlung in einer Vielzahl auf die Darstellung der Price Cap-Regulierung abstellenden Publikationen problematisiert: Sie dazu unter anderem: **Brunekreeft, Gert:** Kosten, Körbe, Konkurrenz: Price Caps in der Theorie... (**2000**), S. 27: „Ein besonderes Problem bei der Gestaltung des price caps ist die Bestimmung der erwarteten Produktivitätssteigerung X."; **Bernstein, Jeffrey I. – Sappington, David E. M.:** Setting the X-Factor in Price-Cap Regulation Plans... (**1999**), S. 7: "The ideal X factor ist typically difficult to estimate precisely."; **Swinand, Gregory P.:** "An Empirical Examination of the Theory and Practice of how to Set X"... (**2004**), S. 1: "While price caps date to 1982, there is still disagreement as to what X should be" sowie S. 3: "The result is remaining uncertainty surrounding X in the UK, the US, and jurisdictions having adopted the X approach." sowie **Tilley, Brian – Weyman-Jones, Tom:** Productivity Growth and Efficiency Change in Electricity Distribution (**1999**), S. 11: "Calculation of relevant incentive based X

lung dieser Arbeit und der Vielzahl vorgeschlagener Methoden, die teilweise nur skizzenartig beschrieben werden[383], wird im Folgenden lediglich ein grundlegender Überblick über mögliche Wege zur Bestimmung von X-Faktoren gegeben. Grundsätzlich besteht die Möglichkeit, allgemeine X-Faktoren mit Hilfe der **totalen Faktorproduktivität** [engl.: Total Factor Productivity (TFP)] zu schätzen oder individuelle X-Faktoren mit Hilfe von Benchmarking-Verfahren zu bestimmen. Ergänzend dazu weisen Fachpublikationen regelmäßig auf die in der britischen Regulierungspraxis zum Einsatz kommenden, als „Financial Models" bezeichnete Simulationsmodelle hin, welche ausgehend von der unternehmensindividuellen Kostensituation explizit überprüfen, ob das vorgesehene, durch den X-Faktor zum Ausdruck gebrachte Effizienzziel mit den Renditeerwartungen der Anteilseigner vereinbar ist.

a) Ermittlung von Produktivitätsfortschrittsraten

Die Ermittlung von X-Faktoren anhand der Total Factor Productivity (TFP) ist in der US-amerikanischen und australischen Regulierungspraxis weit verbreitet.[384] TFP-Kenngrößen zielen auf die Messung der Produktivität ab, mit der einzelne Branchen mit einer Kombination von Input-Faktoren eine bestimmte Output-Menge realisieren. Das für die **Bestimmung allgemeiner X-Faktoren** relevante Produktivitätswachstum lässt sich anhand der TFP-Wachstumsrate als Differenz von output- und inputbezogener Wachstumsrate ermitteln.[385] TFP-Messungen

---

factors will remain a difficult problem for the foreseeable future in the regulated network distribution industries.".

383 Dies beklagen **Bernstein, Jeffrey I. – Sappington, David E. M.**: Setting the X-Factor in Price-Cap Regulation Plans (**1999**), S. 5: "Despite the popularity of price cap regulation in practice, **the economic literature provides limited guidance on how to determine the X factor**, which is the rate at which inflation-adjusted output prices must fall under price cap plans". (Hervorhebung durch den Verfasser dieser Arbeit).

384 Siehe **Crew, Michael A. – Kleindorfer, Paul R.**: Price Caps and Revenue Caps: Incentives and Disincentives for Efficiency... (**1996**), S. 49 sowie **Vogelsang, Ingo**: Incentive Regulation and Competition in Public Utility Markets... (**2002**), S. 7.

385 Vgl. **Cambridge Economic Policy Associates**: Productivity Improvements in Distribution Network Operators... (**2003**), S. 68 sowie die Darstellungen bei **Franz, Oliver – Stronzik, Marcus**: Benchmarking-Ansätze zum Vergleich der Effizienz von Energieunternehmen... (**2005**), S. 6 ff. Für eine ausführliche Diskussion und Darstellung der Ermittlung des allgemeinen, branchenweit gültigen X-Faktors anhand von TFP-Wachstumsraten siehe **Bundesnetzagentur**: Bericht der Bundesnetzagentur nach § 112a EnWG zur Einführung der Anreizregulierung nach § 21a EnWG... (**2006**), S. 166 ff. Als Referenzarbeit bezüglich der Umsetzung von TFP-bezogenen Wachstumsraten in branchenbezogene X-Faktoren gilt in Theorie und

stellen grundsätzlich auf die Gesamtkosten ab. Partielle Faktorproduktivitäten [engl.: Partial Factor Productivity (PFP)] erlauben jedoch eine separate kapital- oder betriebskostenbezogene Produktivitätsmessung.[386] Aufgrund der Kapital- kostenintensität und der langen Kapitalbindungsdauern von Stromnetznetzbetrei- bern sollten allgemeine Effizienzziele stets von den Ergebnissen gesamtkosten- bezogener TFP-Messungen abgeleitet werden.

Abbildung 2-5 präsentiert eine Übersicht über empirisch erhobene TFP- Wachstumsraten und die Veränderung der betriebs- bzw. personalkostenbezoge- nen Partial Factor Productivity (PFP) in regulierten Branchen verschiedener Län- der. Bei der Interpretation der Produktivitätsfortschrittsraten der Versorgungs- wirtschaft anderer europäischer Länder ist zu berücksichtigen, dass die TFP- Werte in Zeiträumen **nach erfolgter Liberalisierung** erhoben wurden, die von hohem Kostensenkungsdruck geprägt waren.[387] Die TFP-Wachstumsraten der britischen Energiewirtschaft sind daher nicht mit der niedrigen Produktivitätsfort- schrittsrate der deutschen Versorgungswirtschaft vergleichbar. Die niedrigeren gesamtkostenbezogenen TFP-Veränderungsraten sind im Vergleich zu den teil- weise äußerst hohen, vorrangig auf Personalabbau zurückzuführenden betriebs- kostenbezogenen PFP-Raten, insbesondere auf die **niedrigen kapitalkostenbe- zogenen Effizienzgewinne** im Stromnetzbetrieb zurückzuführen. So konnten die britischen Stromverteiler in den Jahren 1991/1992 bis 2001/2002 lediglich ein jährliches kapitalkostenbezogenes Produktivitätswachstum von 1,0% erzielen[388], während die norwegischen Stromverteilungsnetzbetreiber aufgrund **erhöhter In- vestitionstätigkeit** in den Jahren 1996 bis 2001 sogar eine negative kapital- kostenbezogene PFP-Rate von -1,1% aufwiesen.[389] Demgegenüber verzeichneten US-amerikanische Stromverteiler im Untersuchungszeitraum 1990 bis 1999 ver- gleichsweise hohe 4,0%-ige kapitalkostenbezogene Effizienzgewinne, die ver- mutlich auf einen deutlichen **Investitionsrückgang** bzw. die vorzeitige Anlagen-

---

Praxis der Aufsatz von **Bernstein, Jeffrey I. – Sappington, David E. M.**: Setting the X-Factor in Price-Cap Regulation Plans, in: Journal of Regulatory Economics, 16. Jg. (**1999**), Heft 1, S. 5-25.

386 Vgl. **Cambridge Economic Policy Associates**: Productivity Improvements in Dis- tribution Network Operators... (**2003**), S. iii.

387 Dies zeigt auch die Übersicht über empirisch erhobene Produktivitätsentwicklungen im Stromnetzbetrieb der **Energie-Control Kommission (ECK)**: Erläuterungen zur Systemnutzungstarife-Verordnung 2006... (**2006**), S. 27 f.

388 Vgl. **Cambridge Economic Policy Associates**: Productivity Improvements in Dis- tribution Network Operators... (**2003**), S. 19.

389 Vgl. **Cambridge Economic Policy Associates**: Productivity Improvements in Dis- tribution Network Operators... (**2003**), S. 45.

Land/Branche/Unternehmen	Δ TFP pro Jahr	Δ PFP (OPEX) pro Jahr	Anmerkungen
britische Gesamtwirtschaft	1,3%	-	basierend auf den Jahren 1974-1999
britische Stromverteiler [Distribution Network Operators (DNOs)]	4,2%	7,7%	basierend auf den Jahren 1991/2-2001/2
englische und walisische Stromübertragungs- Netzgesellschaft [National Grid Inc (NGC)]	4,3%	5,2%	basierend auf den Jahren 1990/1 -2001/2
englische und walisische Wasserwirtschaft	2,6%	5,0%	TFP-Schätzung ergänzt um qualitätsbezogene Kritierien
US-amerikanische Stromverteiler	2,2%	0,5%	basierend auf den Jahren 1992 -2001
norwegische Stromverteiler	0,2%	1,6%	basierend auf den Jahren 1996 -2001
gesamte britische Versorgungswirtschaft	3,4%	9,0%	basierend auf den Jahren 1990 –1999, PFP-Schätzung bezieht sich auf Personalkosten
gesamte französische Versorgungswirtschaft	1,8%	2,9%	basierend auf den Jahren 1990 –1999, PFP-Schätzung bezieht sich auf Personalkosten
gesamte deutsche Versorgungswirtschaft	1,4%	4,7%	basierend auf den Jahren 1990 –1999, PFP-Schätzung bezieht sich auf Personalkosten

TFP = Total Factor Productivity, PFP = Partial Factor Productivity, OPEX = Operating Expenditures.

Abbildung 2-5	Empirisch erhobene Produktivitätsfortschrittsraten Quelle: Cambridge Economic Policy Associates: Productivity Improvements... (2003), S. V

stilllegung infolge ehemals überdimensionierter Anlagenparks zurückzuführen sind.[390]

Ein auf historischen Daten beruhendes TFP-Maß kann insbesondere in frühen Phasen der Marktöffnung von Ineffizienzen der Vergangenheit geprägt sein und stellt insofern kein aussagekräftiges individuelles Effizienzziel für die Zukunft dar. Insofern sollten TFP-Wachstumsraten im Regulierungskontext **zunächst branchenbezogen ermittelt werden**. Weisen die Unternehmen jedoch signifikante Effizienzunterschiede auf, erweist sich die Vorgabe eines anhand der Total Factor Productivity (TFP) approximierten branchenbezogenen X-Faktors jedoch als zu ungenau, da effizientere im Vergleich zu ineffizienteren Unternehmen benachteiligt würden. Die Verwendung allgemeiner TFP-Produktivitätsfortschrittsraten als alleinige Bestimmungsgröße für den X-Faktor ist daher nur dann gerechtfertigt, wenn den Unternehmen einer Branche ein annähernd **einheitliches Effizienzniveau** bescheinigt werden kann.[391]

---

390 Siehe dazu nochmals **Cambridge Economic Policy Associates**: Productivity Improvements in Distribution Network Operators... **(2003)**, S. 45.

391 Vgl. nochmals **Cambridge Economic Policy Associates**: Productivity Improvements in Distribution Network Operators... **(2003)**, S. 4.

b) Bestimmung individueller X-Faktoren durch Benchmarking

Eine Vielzahl der europäischen Regulierungsbehörden nutzt die nachfolgend noch ausführlicher dargestellten Benchmarking-Methoden, zu denen insbesondere die Data Envelopment Analysis (DEA), die Stochastic Frontier Analysis (SFA) und die Corrected Ordinary Least Square (COLS)-Methode zählen, um unternehmensindividuelle Effizienzziele zu bestimmen.[392] In Abhängigkeit der individuellen Effizienzpositionen, die den relativen Abstand eines Unternehmens von der als „best frontier" bezeichneten **„Möglichkeitsgrenze effizienter Unternehmensführung"** erklären, lassen sich individuelle Effizienzziele ableiten.[393] Aufgrund der Anfälligkeit der Verfahren von der Variablenauswahl und der Abhängigkeit von den statistischen Testverfahren ist vor einer direkten Umsetzung der erhobenen Benchmarkingergebnisse, die stets durch den **Einsatz mehrerer Benchmarking-Methoden** abzusichern sind, in unternehmensindividuelle X-Faktoren im Rahmen der Price- bzw. Revenue Cap-Regulierung zu warnen.[394] Wie zuvor erläutert und durch § 21a Abs. 5 Satz 3 EnWG vorgeschrieben, ist sicherzustellen, dass die Kostensenkungsziele derart bemessen und über die Regulierungsperiode verteilt werden, dass sie durch die Netzbetreiber unter zumutbaren Bedingungen erreicht bzw. übertroffen werden können und eine risikogerechte Kapitalverzinsung sichergestellt ist.

c) Simulationsmodelle zur Plausibilisierung von X-Faktoren

Um zu gewährleisten, dass die Unternehmen im Falle des Erreichens der X-Faktoren eine angemessene Rendite erwirtschaften, setzt die britische Regulierungsbehörde, Office of Gas and Electricity Markets (OFGEM), als **„Financial Models"** bezeichnete Simulationsrechnungen ein. Ausgehend von den Business-Plänen der Unternehmen, Prozessanalysen, der Prognose des künftigen Kapitalbedarfs und dem Einbezug von Qualitätsparametern wird der jährliche X-Faktor so bemessen, dass er den Unternehmen bei eintreffenden Prognosedaten

---

392 Vgl. dazu Ergebnisse der Untersuchung im 7. Kapitel dieser Arbeit und die Übersicht von **Jamasb, Tooraj – Pollitt, Michael**: Benchmarking und Regulation... **(2000)**, S. 17 f.

393 Vgl. **Bundesnetzagentur**: Bericht der Bundesnetzagentur nach § 112a EnWG zur Einführung der Anreizregulierung nach § 21a EnWG... **(2006)**, S. 66 ff. Siehe ferner **Auer, Hans**: Benchmarking und Regulierung elektrischer Netze... **(2002)**, S. 41 ff. sowie die Beschreibung der Benchmarking-Verfahren bei **Plaut Economics**: Gutachten Effizienzanalysemethoden... **(2006)**, S. 31 ff.

394 Siehe dazu auch die Ausführungen von **Ajodhia, Virendra – Petrov, Konstantin – Scarsi, Gian Carlo**: Benchmarking and its Applications... **(2003)**, S. 271.

ein Umsatzniveau garantiert, das die Deckung der Kosten des Netzgeschäfts bei gleichzeitiger Realisierung einer kapitalmarktorientierten Rendite ermöglicht.[395] Neben der Kenntnis des zu Beginn einer Regulierungsperiode investierten Kapitals ist auch die Prognose des künftigen Kapitalbedarfs für Modernisierungs- und Erweiterungsinvestitionen in Form der **Capital Expenditures (CAPEX)** erforderlich.[396] Nach diesem Prinzip ermittelt der britische Regulierer individuelle X-Faktoren auf Basis der in **Abbildung 2-6** vereinfachend dargestellten Cash Flow-orientierten Simulationsrechnungen.[397]

Um sicherzustellen, dass das vorgegebene Effizienzziel mit den risikoadjustierten Renditeforderungen der Kapitalgeber vereinbar ist, wird in einem **iterativen Prozess** der X-Faktor gesucht, der ein unternehmensspezifisches Cash Flow-Profil generiert, bei dem die prognostizierten Umsätze unter Berücksichtigung einer angemessenen Kapitalverzinsung mit den prognostizierten Kosten übereinstimmen.[398] Die im Vorfeld über Benchmarking-Verfahren erhobenen X-Faktoren fließen insofern nicht direkt in den Preisentwicklungspfad der Regulierungsperiode ein.[399]

---

395 Vgl. **Bromwich, Michael – Vass, Peter**: Regulation and Accounting... **(2001)**, Sp. 1680; **Vogelsang, Ingo**: Incentive Regulation and Competition in Public Utility Markets... **(2002)**, S. 7 sowie **Cambridge Economic Policy Associates**: Productivity Improvements in Distribution Network Operators... **(2003)**, S. 4: „The typical process at present is for regulators to assess company business plans, make judgements about capital expenditure needs, make assessments about the scope for cost reductions, and then to set an X factor that provides the company with sufficient expected revenue to cover costs and earn a "reasonable" return on capital employed. In addition, X must be consistent with the provision of the required level of service to consumers and other key outputs."

396 Vgl. **Baldwin, Robert – Cave, Martin**: Understanding Regulation... **(1999)**, S. 230.

397 Vgl. **Office of Gas and Electricity Markets (OFGEM)**: Electricity Distribution Price Control Review - Update paper... **(2004)**, S. 67 ff. sowie **Office of Gas and Electricity Markets (OFGEM)**: Electricity Distribution Price Control Review - Final Proposals... **(2004)**, "Establishing a benchmark", S. 68 ff. sowie "Financial modelling", S. 115 f.

398 Vgl. **Office of Gas and Electricity Markets (OFGEM)**: Electricity Distribution Price Control Review - Final Proposals... **(2004)**, S. 115 und die Ausführungen bei **Lechner, Herbert – Hierzinger, Roland**: Organisation und Regulierung netzgebundener Branchen am Beispiel der Elektrizitätswirtschaft... **(1996)**, S. 41.

399 Vgl. nochmals **Office of Gas and Electricity Markets (OFGEM)**: Electricity Distribution Price Control Review - Final Proposals... **(2004)**, S. 68 ff.

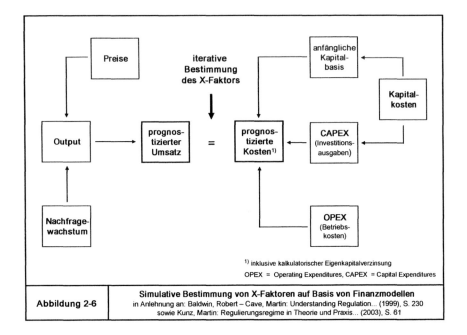

Abbildung 2-6 | **Simulative Bestimmung von X-Faktoren auf Basis von Finanzmodellen** in Anlehnung an: Baldwin, Robert – Cave, Martin: Understanding Regulation... (1999), S. 230 sowie Kunz, Martin: Regulierungsregime in Theorie und Praxis... (2003), S. 61

4) Definition nicht beeinflussbarer Kostenarten

Im Folgenden wird das in den Formeln (2-3) und (2-4) präsentierte Grundprinzip der Price bzw. Revenue Cap-Regulierung um einen in den Formeln (2-5) und (2-6) mit Z bezeichneten **Korrekturfaktor** erweitert, der darauf abzielt, Kostenarten, die von regulierten Unternehmen nicht beeinflusst werden können, von den Effizienzvorgaben auszuschließen:[400]

$$P_{i,t} = P_{i,t-1} \times (1 + RPI - X_i) + Z_{i,t}, \qquad (2-5)$$

$$R_{i,t} = (R_{i,t-1} + CGA \times \Delta Cust_{i,t}) \times (1 + RPI - X_i) + Z_{i,t}, \qquad (2-6)$$

---

400   Siehe dazu **Fillipini, Massimo – Wild, Jörg – Luchsinger, Cornelia**: Regulierung der Verteilnetzpreise... (**2001**), S. 6. Vgl. auch **Brunekreeft, Gert**: Kosten, Körbe, Konkurrenz... (**2000**), S. 34, der den Korrekturfaktor mit Y bzeichnet, sowie **Grewe, Alexander**: Price Caps als Regulierungsinstrumente in der leitungsgebundenen Energieversorgung... (**1999**), S. 27 f., der den Korrekturfaktor mit G bzeichnet

für:

$Z_{i,t}$ = Korrekturfaktor für Kostenarten in der Periode t, die durch das regulierte Unternehmen i nicht beeinflusst werden können.

In der Regulierungspraxis wird Netzbetreibern regelmäßig die Möglichkeit des „Durchreichens" [engl. pass through] nicht beeinflussbarer Kostenarten an die Kunden zugestanden.[401] Diese „**pass through costs**" setzen sich für deutsche Stromnetzbetreiber insbesondere aus staatlich vorgegebenen Kosten in Form von Konzessionsabgaben und Steuern, Kosten vorgelagerter Netze, Aufwendungen im Zusammenhang mit dem Erneuerbare-Energien-Gesetz (EEG) und dem Gesetz für die Kraft-Wärme-Kopplung (KWK), Aufwendungen für Einspeisungen von Betreibern dezentraler Erzeugungsanlagen, Aufwendungen für die Beschaffung von Verlustenergie und Regelenergie sowie Kompensationszahlungen im Rahmen des Ausgleichsmechanismus zwischen den Übertragungsnetzbetreibern zusammen.[402] Das durch den X-Faktor vorgegebene Effizienzziel darf sich insofern nur auf Kostenarten beziehen, die im Kontrollbereich des Netzbetreibers liegen. Der Korrekturfaktor Z zielt darauf ab, die **Risiken eines Unternehmens**, die mit dem Erreichen des vorgegebenen Effizienzzieles verbunden sind, zu reduzieren.[403]

Der Vorschlag, auch sämtliche für die in der Vergangenheit getätigten Investitionen anfallenden Kapitalkosten als nicht beeinflussbar zu klassifizieren[404] – insofern ein „**Durchreichen der Kapitalkosten**" zu gestatten – und die Effizienzvorgaben ausschließlich auf die beeinflussbaren Betriebskosten zu beziehen,

---

401 Vgl. dazu auch die im britischen RPI-X-Regulierungskonzept als „pass through costs" klassifizierten Kostenarten bei **Office of Gas and Electricity Markets (OFGEM)**: Electricity Distribution Price Control Review - Final Proposals... **(2004)**, S. 10 f

402 Für einen Überblick über die zum Zeitpunkt der Fertigstellung dieser Arbeit noch nicht abgeschlossene Definition nicht beeinflussbarer Kostenarten für das Konzept der Anreizregulierung siehe **Bundesnetzagentur**: Bericht der Bundesnetzagentur nach § 112a EnWG zur Einführung der Anreizregulierung nach § 21a EnWG... **(2006)**, S. 160 ff. sowie **Verband der Netzbetreiber VDN e.V. beim VDEW - Verband der Elektrizitätswirtschaft e.V. (VDEW)**: Anreizregulierung... **(2004)**, S. 6, Punkt 8.

403 Zur risikoreduzierenden Wirkung von "cost pass throughs" siehe **Pedell, Burkhard**: Regulatory Risk and the Cost of Capital... **(2004)**, S. 67 f. und die dort zitierte Literatur.

404 Vgl. **Wagner, Ralf – Dudenhausen, Roman**: Anreizregulierung – cui bono?... **(2005)**, S. 6 ff. sowie **Büchner, Jens – Hesmondhalgh – Wharmby, Brian – Hakvoot, Rudi**: Das Produktivitätssteigerungsmodell („Pro+"Modell)... **(2005)**, S. 26.

kann jedoch nicht überzeugen.[405] Wie nachfolgend erläutert wird, hat die Literatur zum **Kostenmanagement** eine Vielzahl von Instrumenten entwickelt, die darauf abzielen, durch die Optimierung der Kapitalbasis das Kapitalkostenvolumen zu senken.

5) Investitionsbudgets für Ersatz- und Erweiterungsinvestitionen

Gesamtkostenbezogene Effizienzvorgaben sind jedoch ausschließlich auf die Kapitalkosten zu beziehen, die aus der zum Start der Einführung einer Anreizregulierung bestehenden Vermögensbasis resultieren. Da es das Ziel der Anreizregulierung ist, **existierende Ineffizienzen abzubauen**, bis ehemalige Monopolrenten abgeschöpft sind,[406] sollte der als CAPEX bezeichnete Kapitalbedarf für Neuinvestitionen einer separaten Regulierung unterzogen werden. Daraus folgt, dass die über den periodisierten Kapitaldienst im Anschluss entstehenden Kapitalkosten für Neuinvestitionen ebenfalls als „pass through costs" dem gesamtkostenbezogenen Benchmarking und den daraus abgeleiteten Effizienzvorgaben zu entziehen sind. Die Investitionsausgaben für Neuinvestitionen sollten daher – wie von der britischen Regulierungsbehörde praktiziert[407] – separat über die **Genehmigung von Investitionsbudgets** reguliert werden.[408] Berücksichtigt man den Regulierungsaufwand, der aus der jährlich durchzuführenden Kostenprüfung und Preisgenehmigung nach der derzeit praktizierten Regulierung gemäß den Vorgaben der StromNEV resultiert, erscheint der Aufwand infolge der durch die Regulierungsbehörden zu Beginn einer mehrjährigen Regulierungsperiode vorzunehmenden Prüfung von Investitionsbudgets auch für die insgesamt mehr als 900 Verteilungsnetzbetreiber vertretbar.[409]

---

405 Siehe dazu auch **Leprich, Uwe – Diekmann, Joachim – Ziesing, Hans-Joachim**: Anreizregulierung für Beschäftigung und Netzinvestitionen... **(2006)**, S. 82, die zusätzlich bemerken, dass für den Fall eines ausschließlich betriebskostenbezogenen Benchmarkings der Rationalisierungsdruck sich nahezu ausschließlich auf den Personalbereich der Netzbetreiber richten würde.

406 Vgl. nochmals **Borrmann, Jörg – Finsinger**, Jörg: Markt und Regulierung... **(1999)**, S. 376.

407 Vgl. dazu nochmals **Office of Gas and Electricity Markets (OFGEM)**: Electricity Distribution Price Control Review - Final Proposals... **(2004)**, S. 80 ff.

408 Vgl. dazu auch den Vorschlag von **Büchner, Jens – Hesmondhalgh – Wharmby, Brian – Hakvoot, Rudi**: Das Produktivitätssteigerungsmodell („Pro+"Modell)... **(2005)**, S. 26. Die Autoren vertreten jedoch – wie zuvor bereits erwähnt – die Auffassung, dass auch die Kapitalkosten für die in der Vergangenheit getätigten Investitionen grundsätzlich nicht beeinflusst werden können.

409 Um den Regulierungsaufwand zu reduzieren, ist es unter anderem denkbar, zur Beurteilung des Investitionsbudgets kleinerer Netzbetreiber wesentliche Kenngrößen zur Ermittlung des Kapitalbedarfs für Ersatz- und Erweiterungsinvestitionen und

Zur **Plausibilisierung des Investitionsbudgets** können die von den Netzbetreibern nach § 12 Abs. 3a bzw. § 14 Abs. 1 EnWG zu erstellenden Berichte über die Netzzustands- und Netzausbauplanung herangezogen werden und die bedeutsamsten Bauvorhaben durch projektspezifische Angaben belegt werden.[410] Zur Überprüfung des beantragten Investitionsvolumens bietet sich ferner der Einsatz von **Modellnetzanalysen** an, die auf Basis der vorhandenen unternehmensspezifischen Netzstrukturen durchzuführen sind. Modellnetzanalysen müssen jedoch gleichzeitig unter Berücksichtigung der aktuellen technologischen Erfordernisse erfolgen, um zu verhindern, dass Ineffizienzen infolge eines in der Vergangenheit möglicherweise überdimensionierten Netzes aufrecht erhalten werden.[411] In diesem Zusammenhang sollten auch die von den Unternehmen veranschlagten **Wiederbeschaffungspreise** einem Benchmarking unterzogen werden, bei dessen Durchführung die strukturellen Unterschiede zwischen den Netzbetreibern, z. B. infolge der Heterogenität der Versorgungsgebiete, beachtet werden müssen.[412]

Vor dem Hintergrund des Zieles der Aufrechterhaltung der Versorgungsqualität gewinnt das Erfordernis, Kapitalkosten für Modernisierungs- und Erweiterungsinvestitionen im Kontext der Anreizregulierung von den Effizienzvorgaben auszuschließen und stattdessen über separate Budgets zu regulieren, zusätzliche

---

des durchschnittlichen Kapitalwachstums auf Basis detailliert ermittelter Ergebnisse größerer Netzbetreiber heranzuziehen. Vgl. dazu **Büchner, Jens – Hesmondhalgh – Wharmby, Brian – Hakvoot, Rudi:** Das Produktivitätssteigerungsmodell („Pro"+Modell)... **(2005),** S. 34 f. Vgl. dazu auch **Verband der Elektrizitätswirtschaft – VDEW – e. V. - Verband der Netzbetreiber – VDN – e. V. beim VDEW – Verband der Verbundunternehmen und Regionalen Energieversorger in Deutschland - VRE - e. V.:** Regulierungsansätze für Verteilnetzbetreiber zur Vermeidung von Investitionshemmnissen... **(2006),** S. 3 ff. Die BNetzA plant derzeit nur für die 4 Übertragungsnetzbetreiber die Genehmigung der Kapitalkosten für Neuinvestitionen über Investitionsbudgets. Vgl. **Bundesnetzagentur:** Bericht der Bundesnetzagentur nach § 112a EnWG zur Einführung der Anreizregulierung nach § 21a EnWG... **(2006),** S. 127 f.

410   Siehe dazu auch **Verband der Elektrizitätswirtschaft – VDEW – e. V. - Verband der Netzbetreiber – VDN – e. V. beim VDEW – Verband der Verbundunternehmen und Regionalen Energieversorger in Deutschland - VRE - e. V.:** Regulierungsansätze für Verteilnetzbetreiber zur Vermeidung von Investitionshemmnissen... **(2006),** S. 6.

411   Vgl. nochmals **Verband der Elektrizitätswirtschaft – VDEW – e. V. - Verband der Netzbetreiber – VDN – e. V. beim VDEW – Verband der Verbundunternehmen und Regionalen Energieversorger in Deutschland - VRE - e. V.:** Regulierungsansätze für Verteilnetzbetreiber zur Vermeidung von Investitionshemmnissen... **(2006),** S. 6 ff.

412   Vgl. auch **Leprich, Uwe – Diekmann, Joachim – Ziesing, Hans-Joachim:** Anreizregulierung für Beschäftigung und Netzinvestitionen... **(2006),** S. 82, die ein investitionskostenbezogenes Benchmarking vorschlagen.

Bedeutung.[413] Eine effektive integrierte Qualitäts- und Kapitalkostenregulierung setzt allerdings voraus, dass auch die Realisierung der Investitionsbudgets durch die Regulierungsbehörde überwacht wird.[414] Um eine effiziente Umsetzung der Investitionsbudgets zu gewährleisten, sollte ein **Anreizsystem** installiert werden, das Netzbetreibern im Falle einer effizienten Ausnutzung bzw. des Unterschreitens der Budgets bis zu einem bestimmten Mindestinvestitionsvolumen eine höhere Kapitalverzinsung zugesteht und im Falle des Überschreitens zu Renditeschmälerungen führt.[415]

6) Beeinflussbarkeit von Kapitalkosten

Wie im vorherigen Abschnitt ausgeführt, ist hinsichtlich der Regulierung und der Beeinflussbarkeit von Kapitalkosten zwischen dem Kapitalkostenvolumen zu unterscheiden, das aus der zu Beginn der Anreizregulierung bestehenden Vermögensbasis resultiert und dem Kapitalbedarf, der für Neuinvestitionen erforderlich ist.

Kapitalkosten für **Ersatz- und Erweiterungsinvestitionen** sind direkt beeinflussbar[416] und über eine risikoorientierte Investitionsplanung zu optimieren.[417] Hierbei gewinnt ein auf die Analyse der Anlagenzuverlässigkeit und der betriebsmittelspezifischen Wichtigkeit abzielendes **Asset Management** verstärkt an

---

413   Vgl. dazu auch **Ajodhia, Virenda – Petrov, Konstantin – Scarsi, Gian Carlo:** Quality, Regulation and Benchmarking... **(2004)**, S. 109.

414   Siehe dazu nochmals **Leprich, Uwe – Diekmann, Joachim – Ziesing, Hans-Joachim:** Anreizregulierung für Beschäftigung und Netzinvestitionen... **(2006)**, S. 13.

415   Vgl. dazu die Vorschläge von **Verband der Elektrizitätswirtschaft – VDEW – e. V. – Verband der Netzbetreiber – VDN – e. V. beim VDEW – Verband der Verbundunternehmen und Regionalen Energieversorger in Deutschland - VRE - e. V.:** Regulierungsansätze für Verteilnetzbetreiber... **(2006)**, S. 5 sowie **Büchner, Jens – Hesmondhalgh – Wharmby, Brian – Hakvoot, Rudi:** Das Produktivitätssteigerungsmodell („Pro+"Modell)... **(2005)**, S. 3 f. Siehe ferner die Ausführungen der BNetzA zur geplanten Einführung von Investitionsbudgets für Übertragungsnetzbetreiber in Verbindung mit einem Anreizmechanismus: **Bundesnetzagentur:** Bericht der Bundesnetzagentur nach § 112a EnWG zur Einführung der Anreizregulierung nach § 21a EnWG... **(2006)**, S. 75.

416   Siehe dazu **Wild, Jörg:** Deregulierung und Regulierung der Elektrizitätsverteilung... **(2001)**, S. 131 f. sowie **Plaut Economics:** Gutachten Effizienzanalysemethoden... **(2006)**, S. 79 f.

417   **Fritz, Wolfgang – Riechmann, Christoph:** Strategische Netzplanung – Rentabilitätsbewertung von Netzinvestitionen durch Simulationsmodelle... **(2002)**, S. 70 ff.

Bedeutung.[418] In diesem Kontext ist zu prüfen, inwieweit der Kapitalbedarf für Ersatzinvestitionen reduziert werden kann, ohne dass die Versorgungsqualität beeinträchtigt wird.[419]

Werden **Bestandsanlagen** auch nach Ablauf der betriebsgewöhnlichen Nutzungsdauer genutzt, führt dies zwangsläufig zu einem Absinken der Kapitalkosten, da infolge des Verbots von Abschreibungen unter Null gemäß § 6 Abs. 6 und 7 StromNEV für abgeschriebene Anlagegüter keine kalkulatorischen Kosten mehr verrechnet werden dürfen. Diese Strategie führt jedoch nur so lange zu Effizienzgewinnen, bis die eingesparten Investitionsausgaben bzw. die Kapitalkosten den ansteigenden Instandhaltungsaufwand übersteigen. Insofern gewinnt das **Asset- und Instandhaltungsmanagement** für Netzbetreiber immer mehr an Bedeutung. Die Literatur zum Anlagen- und Instandhaltungsmanagement hat hierzu wertvolle Aussagensysteme entwickelt, die grundsätzlich auch für Netzbetreiber relevant sind.[420]

Die aktuelle Diskussion um die Beeinflussbarkeit der Kapitalkosten von Netzbetreibern konzentriert sich ausschließlich auf die im Ausmaß des Sachanlagevermögens anfallenden Kapitalkosten.[421] In Abhängigkeit der unternehmens-

---

418 Vgl. dazu **Schreiner Werner – Rieder, Thomas – Haslauer, Florian – Wagner, Orlando – Heinz, Frank** Risikoorientiertes Asset Management... **(2003)**, S. 461 ff. sowie **Bühner, Volker**: Risikobewertung zur Optimierung von Instandhaltungs- und Erneuerungsmaßnahmen... **(2006)**, S. 18 ff.

419 Vgl. nochmals **Schreiner Werner – Rieder, Thomas – Haslauer, Florian – Wagner, Orlando – Heinz, Frank**: Risikoorientiertes Asset Management... **(2003)**, S. 461 ff.

420 Vgl. unter anderem **Biedermann, Hubert**: Anlagenmanagement, Köln **1990** sowie **Männel, Wolfgang**: Anlagen und Anlagenwirtschaft... **(1974)**, S. 138 ff. Zum Instandhaltungsmanagement vgl. **Männel, Wolfgang**: Wirtschaftlichkeitsfragen der Anlagenerhaltung, Wiesbaden **1968** sowie **Männel, Wolfgang - Engel, Andreas**: Controllinginstrumente für das Instandhaltungsmanagement, in: Kostenrechnungspraxis (krp), 46. Jg. **(2002)**, Heft 4, S. 222-230. Auch die Aussagen zum Fixkostenmanagement, die nicht nur auf Fixkostensenkung, sondern auch auf Maßnahmen zur Schaffung von Kostentransparenz und Kostenflexibilisierung sowie die optimale Nutzung betrieblicher Ressourcen im Sinne eines effektivitätsorientierten Controllings abzielen, sollten in diesem Zusammenhang Beachtung finden. Vgl. dazu **Reiners, Frank – Reiners, Jens**: Methoden und Instrumente des Fixkostenmanagements, in: Betrieb und Rechnungswesen, o. Jg. **(1999)**, Heft 17, S. 825-836 sowie **Oecking, Georg**: Strategisches und operatives Fixkostenmanagement... **(1994)**, S. 75 f.

421 Vgl. dazu die Ausführungen bei **Plaut Economics**: Gutachten Effizienzanalysemethoden... **(2006)**, S. 79 f. sowie **Bundesnetzagentur**: Bericht der Bundesnetzagentur nach § 112a EnWG zur Einführung der Anreizregulierung nach § 21a EnWG... **(2006)**, S. 53 f. u. S. 194 f. Dies ist vermutlich auf die restwertrechnerische Ermittlung des betriebsnotwendigen Eigenkapitals und dessen anschließende Aufteilung

spezifischen Vermögens- und Kapitalstrukturen sind jedoch häufig auch Forderungen, liquide Mittel und Vorräte mit Kapitalkosten belastet. Eine aktuelle Studie zeigt, dass für EVU signifikante Potenziale zur **Steigerung der Kapitalproduktivität** bestehen, deren Ansatzpunkte insbesondere auch beim Umlaufvermögen gesehen werden.[422]

Bezüglich der Beeinflussbarkeit der im Ausmaß des Umlaufvermögens anfallenden Kapitalkosten besteht kein Zweifel. Wissenschaft und Praxis haben sich in den letzten Jahren mit dem Ziel der Steigerung des Unternehmenswertes verstärkt mit dem Thema des **Working Capital Managements** beschäftigt.[423] Netzbetreiber sollten durch ein konsequentes Cash Management[424] und Debitorenmanagement[425] vor allem darauf abzielen, die Bestände an liquiden Mitteln und Forderungen zu optimieren, um das Kapitalkostenvolumen zu reduzieren.[426] In Abhängigkeit des Umfangs des Bestandes an Vorräten und Ersatzteilen können weitere Kostensenkungspotenziale über die Ansatzpunkte des **Beständemana-**

---

auf vor dem 01.01.2006 aktivierte Alt(Sach-)anlagen und nach dem 01.01.2006 aktivierte Neu(Sach-)anlagen zurückzuführen. Vgl. dazu die Ausführungen im 4. Kapitel dieser Arbeit, S. 277 ff.

422   Siehe dazu **Gerhard, Thorsten – Kübler, Madjid – Wehmeyer, Mirja**: Wertsteigerung für Energieversorger: Potentiale durch verbesserte Kapitalproduktivität... **(2004)**, S. 1 f. Die Autoren definieren Kapitalproduktivität im Sinne der Kapitalumschlagshäufigkeit als das Verhältnis von Umsatz zum Gesamtvermögen.

423   Unter dem Begriff Working Capital Management (Working Capital = Nettoumlaufvermögen) wird das Bestände-, Forderungs- und Cash-Management mit dem Management der kurzfristigen Verbindlichkeiten (insbesondere aus Lieferungen und Leistungen) zusammengefasst. Siehe dazu **Scherr, Frederick C.**: Modern Working Capital Management, Englewood Cliffs **1989**; **Rafuse, Maynard E.**: Working Capital Management: An Urgent Need to Refocus, in: Management Decision, 34. Jg. **(1996)**, Heft 2, S. 59-63 sowie **Alexandre, Paulo – Sasse, Alexander – Weber, Kurt**: Steigerung der Kapitaleffizienz durch Investitions- und Working Capital Management, in: Controlling, 16. Jg. **(2004)**, Heft 3, S. 125-131.

424   Vgl. dazu unter anderem **Steiner, Manfred**: Cash Management, in: Handwörterbuch der Bank- und Finanzwirtschaft, hrsg. von Wolfgang Gerke – Manfred Steiner, Enzyklopädie der Betriebswirtschaftslehre, Band 6, 2. Auflage, Stuttgart, **1995**, S. 386-399.

425   Siehe dazu unter anderem **Kokalj, Ljuba – Paffenholz, Guido – Schröer, Evelyn**: Zahlungsverzug und Forderungsmanagement in mittelständischen Unternehmen... **(2000)**, S. 10 f.

426   Auf die Erschließung von Wertsteigerungspotenzialen durch ein ausgebautes Debitoren- und Kreditorenmanagement in der Energiewirtschaft verweist auch die Studie von **Bausch, Andreas – Raffeiner, Thomas**: Value Creators in the Utility-Industrie... **(2003)**, S. 3 und S. 28 f.

gements in den Bereichen Materialwirtschaft und Lagerhaltung erschlossen werden.[427] Zur Erschließung kapitalkostenspezifischer Kostensenkungspotenziale muss es Netzbetreibern demnach auf ein **umfassend angelegtes Asset-Management** ankommen, unter dem „die Gesamtheit aller Maßnahmen verstanden" werden kann, „welche die Wirtschaftlichkeit des Unternehmens durch den optimalen Einsatz des betrieblichen Vermögens erhöht."[428] Infolge der Anlagenintensität der Netzbetreiber kann ein lediglich betriebskostenbezogenes Benchmarking den Anforderungen eines nachhaltigen, auf Strukturveränderungen abzielenden Kostenmanagements nicht gerecht werden[429], da einer regelmäßig über Personalabbau und Reduzierung von Instandhaltungsaufwendungen erfolgenden Erschließung betriebskostenbezogener Kostensenkungspotenziale Grenzen gesetzt sind.

Infolge der langen Kapitalbindungsdauer können Netzbetreiber das bestehende Kapitalkostenvolumen allerdings nur mit einer beachtlichen zeitlichen Verzögerung an spezifische Effizienzvorgaben anpassen. Auf dieses als **Kostenremanenz**[430] bezeichnete Phänomen kurzfristig nicht abbaubarer fixer Kosten hat die Literatur zur Kostenrechnung seit langem hingewiesen.[431] Neben den infolge gesetzlicher Anschluss- und Versorgungspflichten beschränkten Möglichkeiten zur Kapitalkostenreduktion ist auch zu beachten, dass Stromnetzbetreiber ihre Kapa-

---

427 Einen Überblick über die Aufgaben des Beständemanagements liefern **Pfohl, Hans-Christian – Stölzle, Wolfgang – Schneider, Henning**: Entwicklungstrends im Bestandsmanagement, in: Betriebswirtschaftliche Forschung und Praxis (BFuP), 45. Jg. (**1993**), Heft 5, S. 529-551.

428 **Kajüter, Peter – Noak, Helmut**: Asset Management als Ansatz zur Kostensenkung... (**2002**), S. 372, die einen Überblick über die Aufgaben des Asset-Managements geben. Insbesondere die Literatur zum wertorientierten Controlling beschäftigt sich anlässlich der Konzipierung von Werttreiberbäumen ausführlich mit Maßnahmen zur Optimierung der Kapitalbasis. Vgl. stellvertretend **Coenenberg, Adolf G. – Mattner, Gerhard R. – Schultze, Wolfgang**: Kostenmanagement im Rahmen der wertorientierten Unternehmensführung, in: Kostenmanagement, hrsg. v. Klaus-Peter Franz – Peter Kajüter, USW-Schriften für Führungskräfte, Band 33, 2. Auflage, Stuttgart, **2002**, S. 33-46. Siehe auch den von der Siemens AG entwickelten Werttreiberbaum bei **Hahn, Dietger – Hungenberg, Harald**: PuK – Wertorientierte Controllingkonzepte... (**2001**), S. 1077 f.

429 Vgl. dazu die Definition von **Männel, Wolfgang**: Kostenmanagement als Aufgabe der Unternehmensführung... (**1993**), S. 210 f., wonach das Kostenmanagement grundsätzlich alle Maßnahmen zur Optimierung und zielgerichteten Beeinflussung von Kostenniveau, -struktur, -verlauf und -transparenz umfasst.

430 Lateinisch: remanere = zurückbleiben.

431 Siehe dazu stellvertretend **Schweitzer, Marcel**: Kostenremanenz, in: Handwörterbuch des Rechnungswesens, hrsg. v. Erich Kosiol, Stuttgart **1970**, Sp. 967-974.

zitäten an Spitzenlasten ausrichten müssen und insofern regelmäßig **betriebsmittelbedingte, nicht abbaubare Leerkosten** aufweisen.[432]
Unter Berücksichtigung der historischen Entwicklung der Netze kommt es darauf an, für die Umsetzung der von Benchmarking-Analysen abgeleiteten gesamtkostenbezogenen Effizienzvorgaben einen **angemessenen langfristigen Zeitrahmen** zu definieren. Diesbezüglich erscheint das Vorgehen des norwegischen Regulierers bei der Einführung der Anreizregulierung angemessen, wonach Netzbetreiber die über ein gesamtkostenbezogenes Benchmarking ermittelten Effizienzvorgaben innerhalb 5-jähriger Regulierungsperioden zu je einem Drittel abbauen müssen.[433]

7) Nicht sachgerechte Verwendung allgemeiner Preissteigerungsraten

Wie zuvor anlässlich der Darstellung der grundlegenden Methodik der Price Cap- und Revenue Cap-Regulierung erläutert, soll das Ausgangspreis- bzw. Umsatzniveau während einer Regulierungsperiode jährlich um den **allgemeinen Verbraucherpreisindex** abzüglich das vorgegebenen Effizienzfaktors X fortgeschrieben werden. Wie die Ergebnisse der Untersuchung im 7. Kapitel noch ausführlicher belegen, folgen diesem Prinzip die Mehrheit der europäischen Regulierungsbehörden.
Es ist jedoch nicht sachgerecht, den auch in der Regulierungsliteratur häufig unkritisch übernommenen **Retail Price Index (RPI)** – einen pauschalen Lebenshaltungspreisindex – für die Bestimmung einer Preisobergrenze entgeltregulierter Leistungen der Versorgungswirtschaft heranzuziehen. Der Konsumentenpreisindex wird nur in den seltensten Fällen mit den Preissteigerungsraten der Betriebskosten und denen der Anlagegüter von Stromnetzbetreibern übereinstimmen.[434] Der Vorschlag, die jährliche Wachstumsrate des Lebenshaltungspreisindex als Indikator für die Entwicklung aller Versorgungskosten in der Energiewirtschaft

---

432 Vgl. **Goes, Sebastian**: Management Accounting von Stromnetzbetreibern... **(2003)**, S. 270.

433 Vgl. **Wild, Jörg – Vaterlaus, Stephan**: Norwegische Elektrizitätsmarktöffnung... **(2002)**, S. 34 sowie **Plaut Economics**: Gutachten Effizienzanalysemethoden... **(2006)**, S. 80.

434 Vgl. **Energiewirtschaftliches Institut an der Universität Köln (EWI) – Frontier Economics**: Zusammenstellung von Kostenrechnungsansätzen... **(2001)**, S. 20 f. sowie **Burns, Philip – Riechmann, Christoph**: Price-Caps im Elektrizitätssektor... **(2000)**, S. 94: „Es ist jedoch unwahrscheinlich, dass der Inflationsdruck, dem sich ein Netzbetreiber ausgesetzt sieht, genau der durch den RPI „eingefangenen" Inflation entspricht."

zu interpretieren, erscheint daher nicht zweckmäßig.[435] Für die leitungsgebundene Energieversorgung sollte daher grundsätzlich eine entsprechende **netzbetrei-
berspezifische Inflationsrate** erhoben werden[436], wie sie z. B. durch die österreichische Systemnutzungstarife-Verordnung vorgesehen ist.[437] Man sollte sich
deshalb auch in der Theorie vom Terminus „RPI-X-Regulierung" bzw. „VPI-X-
Regulierung" lösen.

B. Gewinnaufteilungsverfahren und Sliding Scale-Regulierung

Price- und Revenue Cap-Ansätze können insbesondere infolge unrealistischer Effizienzziele oder strategischen Verhaltens der Unternehmen dazu führen, dass die
von den Unternehmen während einer Regulierungsperiode realisierten **Renditen
starken Schwankungen unterliegen.** Gelingt es einem Unternehmen, seine
Kosten deutlich über das Effizienzziel hinaus zu senken, kann es überdurchschnittlich hohe Gewinne erwirtschaften. Um „Übergewinne" zu begrenzen, wird
vorgeschlagen, den Einsatz der Price- bzw. Revenue Cap-Verfahren um ein im
angloamerikanischen Sprachraum als „**earnings share**" oder „**profit sharing**"
bezeichnetes Konzept der Gewinnaufteilung zu ergänzen[438], wie es bereits in der
ersten Hälfte des 20. Jahrhunderts zur Regulierung US-amerikanischer EVU Anwendung fand.[439]

Stellt der Regulierer nach Ablauf eines Geschäftsjahres fest, dass ein Unternehmen eine bestimmte Renditeobergrenze infolge von Kostensenkungen und Ef-

---

435 Vgl. zu dieser Interpretation **Riechmann, Christoph**: Price-Cap Regulierung...
(**1995**), S. 157.

436 Dies fordert auch **Grewe, Alexander**: Price Caps als Regulierungsinstrumente in
der leitungsgebundenen Energieversorgung... (**1999**), S. 22.

437 Vgl. **Energie-Control Kommission (ECK)**: Verordnung der Energie-Control
Kommission, mit der die Tarife für die Systemnutzung bestimmt werden – Systemnutzungstarife-Verordnung 2006... (**2006**), § 16 Abs. 3: „Die Kostenveränderung
ist durch einen Netzbetreiberpreisindex zu bestimmen, der sich aus Indizes zusammensetzt, welche die für den Betrieb eines Netzes maßgebliche Kostenentwicklung
sachgerecht abbilden. Der Netzbetreiberpreisindex setzt sich zu 30 % aus dem Verbraucherpreisindex, zu 40 % aus dem Tariflohnindex und zu 30 % aus dem Baupreisindex" zusammen."

438 **Knieps, Günter**: Wettbewerbsökonomie... (**2005**), S. 111 weist daraufhin, dass die
Einführung von Gewinnaufteilungsverfahren von Kritikern der reinen Price Cap-
Regulierung gefordert wurde, da die regulierten Unternehmen in Großbritannien
aufgrund der anfänglich großzügig bemessenen Preisobergrenzen übermäßig hohe
Gewinne erwirtschafteten.

439 Vgl. **Vogelsang, Ingo**: Incentive Regulation and Competition in Public Utility Markets...(**2002**), S. 6.

fizienzsteigerungen, welche über das durch den X-Faktor vorgegebene Effizienzziel hinausgehen, überschritten hat, müssen die betroffenen Unternehmen nach
dem Prinzip des profit sharings einen Teil der Übergewinne z. B. in Form von
Rabatten oder Tarifsenkungen im Folgejahr an die Kunden weiterreichen.[440]
Andererseits können Kostenremanenzphänomene und Fehleinschätzungen seitens
des Regulierers bei der Festlegung der X-Faktoren dazu führen, dass die vorgegebenen Effizienzziele und infolge dessen die angestrebte kapitalmarktorientierte
Rendite seitens der Unternehmen nicht realisiert werden kann. Um Renditeschmälerungen zu reduzieren, sehen die über die Idee der Gewinnaufteilung hinausgehenden **Sliding Scale-Konzepte** nicht nur die Bestimmung einer Renditeobergrenze, sondern auch die Festlegung einer Untergrenze in Form einer garantierten Mindestverzinsung des eingesetzten Kapitals vor. Fällt die realisierte
Rendite unter das Niveau einer bestimmten Mindestrendite, sollte den regulierten
Unternehmen die Möglichkeit eingeräumt werden, die Tarife im Folgejahr entsprechend anzuheben.[441]

Abbildung 2-7 veranschaulicht, wie die oszillierenden Renditen während der
Regulierungsperiode über einen Sliding Scale-Mechanismus durch eine maximal
erzielbare Rendite r_o und durch eine garantierte Mindestrendite r_u begrenzt werden.

Um das regulatorische Risiko zu reduzieren, ist es zweckmäßig, anstelle der
jahresbezogenen Rendite den Durchschnitt der während einer Regulierungsperiode realisierten Renditen als Beurteilungsmaßstab zugrunde zu legen.[442] Dabei
ist zu beachten, dass die von den Unternehmen realisierten Gewinne nicht auf das
bilanzielle Kapital bezogen werden dürfen, sondern stets im Zusammenhang mit
dem von der **kalkulatorischen Vermögensbasis** abgeleiteten Kapital analysiert
werden müssen. Infolge der in der bilanziellen Rechnungslegung zulässigen kürzeren Abschreibungsdauern und der Möglichkeit der degressiven Abschreibungsmethode sind die von bilanziellen Restbuchwerten abgeleiteten Unternehmensrenditen nicht aussagekräftig.

---

440 Vgl. **Hense, Andreas – Schäffner, Daniel**: Regulatorische Aufgaben im Energiebe-
     reich... **(2004)**, S. 14.
441 Siehe dazu **Auer, Hans**: Benchmarking und Regulierung elektrischer Netze...
     (2002), S. 23 sowie **Hense, Andreas – Schäffner, Daniel**: Regulatorische Aufga-
     ben im Energiebereich... **(2004)**, S. 14.
442 Siehe dazu den in Norwegen implementierten Sliding Scale-Mechanismus. Vgl.
     Norwegian Water Resources and Energy Directorate (NEV): Regulations con-
     cerning financial and technical reporting, permitted income for network operations
     and transmission tariffs... **(2001)**, S. 16.

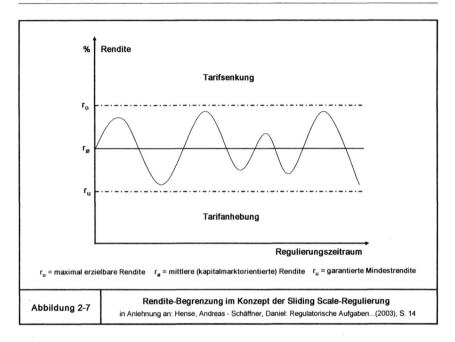

Abbildung 2-7	Rendite-Begrenzung im Konzept der Sliding Scale-Regulierung
	in Anlehnung an: Hense, Andreas - Schäffner, Daniel: Regulatorische Aufgaben...(2003), S. 14

Sliding Scale-Mechanismen bewirken eine **Annäherung von anreizorientierter und traditioneller Regulierung**, da für jede Kalkulationsperiode eine Nachkalkulation der realisierten Renditen durch den Regulierer erforderlich ist.[443] Der Vorteil eines Sliding Scale-Konzeptes liegt vor allem darin, dass es die Risiken der am Regulierungsprozess beteiligten Parteien reduziert. Der Einsatz von Sliding Scale-Mechanismen ist jedoch mit der Gefahr der Verwässerung von Anreizwirkungen und zusätzlichem organisatorischen Aufwand für die Regulierungsbehörde verbunden.[444]

---

443   Vgl. **Braeutigam, Ronald R. – Panzar, John C.**: Effects of the Change from Rate-of-Return to Price-Cap Regulation... **(1993)**, S. 197.

444   Siehe dazu stellvertretend **Knieps, Günter**: Wettbewerbsökonomie... **(2005)**, S. 112.

C. Theoretischer Ansatz von Yardstick Competition

1) Idee und Grundprinzip von Yardstick Competition

Die „Theory of Yardstick Competition" wurde erstmals von *Shleifer* im Jahr 1985 als Alternative zur traditionellen kostenorientierten Regulierung vorgestellt.[445]

„**Yardstick**" kann zum einen als Elle oder Zollstock übersetzt werden oder bezogen auf den hier interessierenden Kontext als „yardstick of performance" im Sinne eines Erfolgs bzw. Vergleichsmaßstabs verstanden werden.[446] Denkt man an die Bedeutung des ursprünglich aus dem Vermessungswesen stammenden Begriffs „Benchmark", der dort eine Vermessungsmarkierung, insofern einen Bezugspunkt und Standard, an dem etwas gemessen und beurteilt wird[447], bezeichnet, wird deutlich, weshalb Yardstick auch als Synonym für Benchmark verwendet wird. Yardstick Competition wird von einigen Autoren daher auch mit **Benchmarking** gleichgesetzt.[448] Da Yardstick Competition in Reinform ein eigenständiges Regulierungsverfahren darstellt, darf das Konzept von *Shleifer* jedoch nicht mit den nachfolgend vorgestellten, komplementär zu traditionellen und anreizorientierten Regulierungsverfahren zum Einsatz kommenden Benchmarking-Verfahren gleichgesetzt werden.

Yardstick Competition zielt darauf ab, die regulierten Preise von den tatsächlichen Kosten der Unternehmen zu entkoppeln. Während diese Entkopplung im Rahmen der Price Cap- und Revenue Cap-Regulierung durch die zeitlich verzögerte Preisanpassung erfolgt, geschieht dies im Konzept von Yardstick Competition weitaus drastischer, indem die erlaubten Preise einer Firma ausschließlich anhand der durchschnittlichen Kosten vergleichbarer regulierter Unternehmen

---

445 Vgl. **Shleifer, Andrei**: A theory of Yardstick Competition, in: RAND Journal of Economics, 16. Jg. (**1985**), Heft 3, S. 319-327. Zum Einsatz von Yardstick Competition zur Regulierung britischer Wasserversorger siehe **Brunner, Uli – Riechmann, Christoph**: Wettbewerbsgerechte Preisbildung in der Wasserwirtschaft... (**2004**), S. 115-130.

446 Siehe dazu auch die Beschreibung von "Yardstick" in **Collins Cobuild English Dictionary**...(**2000**), S. 1945: „If you use someone or something as a yardstick, you use them as a standard for comparison when you are judging other people or things."

447 Vgl. **Camp, Robert C.**: Benchmarking... (**1994**), S. 15.

448 Siehe unter anderem **Filippini, Massimo – Wild, Jörg – Luchsinger, Cornelia**: Regulierung der Verteilnetzpreise zu Beginn der Marktöffnung... (**2001**), S. 9 sowie **Grewe, Alexander**: Price Caps als Regulierungsinstrumente in der leitungsgebundenen Energieversorgung... (**1999**), S. 29.

bestimmt werden sollen.[449] *Shleifers* Theorie liegt die Annahme „identischer Firmen" zugrunde, sodass im Sinne der sogenannten **Yardstick-Regel** allen Unternehmen einer regulierten Branche eine einheitliche Produktivitätsfortschrittsrate vorgegeben werden kann.[450] Die Vorgabe eines branchenweit geltenden X-Faktors bewirkt, dass sich die Preise aller regulierten Unternehmen mit der gleichen Rate ändern.[451] Überdurchschnittlich effiziente Unternehmen können demzufolge eine **überdurchschnittliche Kapitalverzinsung** realisieren, während Unternehmen, deren Effizienz unter dem Branchendurchschnitt liegt, auch nur unterdurchschnittliche Renditen realisieren können. Im Konzept von Yardstick Competition ist es insofern für alle Unternehmen „die beste Strategie, die eigenen Kosten zu senken".[452]

Da das Effizienzniveau der Unternehmen einer Branche – speziell in den frühen Phasen der Marktöffnung – regelmäßig erheblich divergiert, setzt die Implementierung von Yardstick Competition voraus, die regulierenden Unternehmen zunächst durch die **Vorgabe individueller Preis- bzw. Kostensenkungsvorgaben** an das Niveau der jeweils effizientesten, strukturell vergleichbaren Unternehmung heranzuführen. Während bislang unter Effizienzgesichtspunkten als „Best Practice" geltenden Unternehmen in der Regel entsprechend moderate Kostensenkungen vorgegeben werden, wird von ineffizienten Unternehmen durch die Vorgabe höherer Kostensenkungsvorgaben erwartet, dass sie innerhalb eines bestimmten Zeitraums zu den **„Best Practice"-Unternehmen** der Branche aufschließen.[453]

---

449   Vgl. **Shleifer, Andrei**: A theory of Yardstick Competition... **(1985)**, S. 323 f.

450   **Shleifer, Andrei**: A theory of Yardstick Competition... **(1985)**, S. 326, fasst die "Theory of Yardstick Competition" wie folgt zusammen: „Yardstick Competition describes **the simultaneous regulation of identical or similar firms.** Under this scheme the rewards of a given Firm depend on its standing vis-à-vis a shadow firm, constructed from suitably averaging the choices of other firms in the group. Each firm is thus forced to compete with its shadow firm. If firms are identical, or if heterogeneity is accounted for correctly and completely, the equilibrium outcome is efficient. Even if diversity is not adequately incorporated into the price formula, yardstick competition is likely to outperform cost-of-service regulation. The reason is that welfare losses from unobservable firm differences are small under yardstick competition as long as these differences are small."

451   Vgl. dazu auch **Burns, Philip – Davies, John – Riechmann, Christoph**: Benchmarking von Netzkosten... **(1999)**, S. 286.

452   Vgl. **Huggins, Michael – Riechmann, Christoph**: Wettbewerb zwischen den Netzen... **(2001)**, S. 11.

453   Siehe dazu nochmals **Huggins, Michael – Riechmann, Christoph**: Wettbewerb zwischen den Netzen... **(2001)**, S. 11 ff.

2) Praktische Umsetzung von Yardstick Competition

Die praktische Umsetzung der Theorie *Shleifers* ist an strenge Bedingungen geknüpft. Die Prämisse, dass alle Unternehmen auf einem einheitlichen Effizienzniveau operieren, ist nicht nur in den frühen Phasen der Marktöffnung in der Regel nicht gegeben. Infolge der zuvor bereits angesprochenen **Kostenremanenzphänomene** können Stromnetzbetreiber grundsätzlich nur auf Basis der aktuellen unternehmensspezifischen Anlagen und Technologien ein individuelles, lebenszyklusspezifisches kosteneffizientes Leistungsniveau erzielen.[454]

Wenn davon ausgegangen werden kann, dass alle Netzbetreiber ein kosteneffizientes Leistungsniveau erbringen, gilt es weiterhin sicherzustellen, dass die Bedingung identischer Firmen erfüllt ist, sodass Yardstick Competition jeweils nur für **strukturell vergleichbare Netzbetreiber** zum Einsatz kommen kann. Diese Problematik lässt sich durch den auf die Identifizierung von Kostentreibern und Strukturmerkmalen abzielenden Einsatz von Benchmarking-Verfahren und die anschließende Bildung von Strukturklassen grundsätzlich überwinden.[455]

Sind die zuvor angesprochenen strengen Voraussetzungen erfüllt, ist es denkbar, strukturell vergleichbaren Netzbetreibern eine durchschnittliche Produktivitätswachstumsrate vorzugeben und den Grundgedanken von Yardstick Competition mit der Price Cap- bzw. Revenue Cap-Regulierung zu kombinieren.[456]

V. Beziehungszusammenhang zwischen Regulierungskonzept und Kapitalkosten

A. Unterschiedliche Vorgaben für die Kapitalkostenkalkulation

Entgeltregulierung zielt auf die Beeinflussung der unternehmerischen Preisgestaltung durch verbindliche Gebote und Verbote seitens des Staates bzw. der Re-

---

454   Hierauf verweist besonders deutlich **Männel, Wolfgang**: Gutachterliche Stellungnahme zu dem im Auftrag der Deutsche BP AG... **(2004)**, S. 15 f.

455   Vgl. dazu auch die Ausführungen zu den Benchmarking-Verfahren in diesem Kapitel, S. 156 ff.

456   Siehe dazu die für das Jahr 2007 ursprünglich geplante Einführung von Yardstick Competition zur Regulierung von Stromnetzbetreibern in den Niederlanden. Vgl. **The Office of Energy Regulation (DTe)**: The Office of Energy Regulation (DTe): Yardstick Competition... **(2002)**, S. 3.

gulierungsbehörde ab.[457] Die verschiedenen Regulierungsverfahren unterscheiden sich jedoch bezüglich der Vorgaben für die Entgeltkalkulation. Traditionelle kostenorientierte Regulierungsverfahren schreiben die **Parameter der Kalkulationsmethodik** fest. Die Höhe der Eigenkapitalverzinsung, die Definition der verzinsungsrelevanten Kapitalbasis und das diesbezüglich relevante Unternehmenserhaltungskonzept werden für die unternehmensindividuelle jahresbezogene Entgeltkalkulation verbindlich vorgegeben.

Demgegenüber sind Price Cap- und Revenue Cap-Ansätze nicht als Preisstruktur-, sondern als Preisniveau- bzw. Umsatzniveauregulierung zu begreifen.[458] Grundsätzlich müssen die Kapitalkosten zu Beginn einer Regulierungsperiode anlässlich der **Festlegung des Preis- bzw. Umsatzniveaus** und bei der Bemessung der X-Faktoren auf Basis einer betriebswirtschaftlich sachgerechten Kalkulationsmethodik in Kooperation zwischen Regulierungsbehörde und Unternehmen ermittelt werden.[459] Die Kalkulationsparameter sind jedoch keine verbindlichen Vorgaben für die unternehmensspezifische Kapitalkostenkalkulation.[460] Bis zum Erreichen der Preis- bzw. Erlösobergrenzen verfügen die regulierten Unternehmen während der Regulierungsperiode über Gestaltungsspielräume hinsichtlich ihrer Kostenstruktur.

In der europäischen Regulierungspraxis ist es üblich, dass die Parameter der Kapitalkostenkalkulation im Kontext der Anreizregulierung, wie z. B. die **zulässige kalkulatorische Eigenkapitalquote**, für alle Unternehmen einer regulierten Branche gelten. Unternehmen, deren kalkulatorische Eigenkapitalquote oberhalb des von der Regulierungsbehörde bei der Bemessung der Ausgangpreisniveaus zugrunde gelegten Eigenkapitalanteils liegt, sind letztlich gezwungen, ihre Kapitalstruktur entsprechend anzupassen, um eine angemessene Eigenkapitalrendite zu realisieren. Im Gegensatz dazu können Unternehmen, deren Eigenkapitalquote unterhalb der Vorgabe des Regulierers liegt, entsprechend höhere Renditen erwirtschaften.

Im Gegensatz zur traditionellen Renditregulierung entsprechen anreizorientierte Regulierungsverfahren der von *Knieps* geforderten **entscheidungsorien-**

---

457 Vgl. **Berringer, Christian**: Regulierung als Erscheinungsform der Wirtschaftsaufsicht... **(2003)**, S. 128.

458 Vgl. **Burns, Philip – Riechmann, Christoph**: Price-Caps im Elektrizitätssektor... **(2000)**, S. 95.

459 Vgl. **Energiewirtschaftliches Institut an der Universität Köln (EWI) – Frontier Economics**: Zusammenstellung von Kostenrechnungsansätzen... **(2001)**, S. 3.

460 Vgl. nochmals **Energiewirtschaftliches Institut an der Universität Köln (EWI) – Frontier Economics**: Zusammenstellung von Kostenrechnungsansätzen... **(2001)**, S. 43 sowie **Burns, Philip – Riechmann, Christoph**: Price-Caps im Elektrizitätssektor... **(2000)**, S. 95.

tierten Ermittlung der Kapitalkosten in liberalisierten Netzindustrien.[461] *Knieps* führt aus, dass die traditionelle, in Deutschland vom Öffentlichen Preisrecht geprägte, administrative Vorgabe kalkulationsrelevanter Kapitalkostensätze und Abschreibungsmethoden nicht im Einklang mit der im Zuge der Liberalisierung der europäischen Energiemärkte erforderlichen markt- und wettbewerbsorientierten Kostenermittlung steht.[462]

B. Auswirkungen auf die Höhe des Periodenergebnisses

Die traditionelle Renditeregulierung gesteht den Unternehmen grundsätzlich ein **konstantes Periodenergebnis** im Ausmaß des garantierten Renditeniveaus zu. Unternehmensgewinne, die die vorgegebene Eigenkapitalverzinsung übersteigen, sind nach der traditionellen Regulierungstheorie grundsätzlich in Form von Entgeltabsenkungen in der Folgeperiode an die Kunden weiterzureichen.[463]

Im Gegensatz dazu führen anreizorientierte Regulierungskonzepte während einer Regulierungsperiode zu schwankenden Unternehmensgewinnen. Für den Fall, dass die unternehmensseitig realisierten Kostensenkungsmaßnahmen über das vorgegebene Effizienzziel hinausgehen, können regulierte Unternehmen **zusätzliche Gewinne** realisieren[464], die das anlässlich der Bestimmung des Ausgangspreis- bzw. Umsatzniveaus festgelegte Renditeniveau übersteigen und insofern zur Realisierung von Wertsteigerungen führen. Bedenkt man, dass sich die **wertorientierte Unternehmensführung** branchenübergreifend als fester Bestandteil des Managements etabliert hat,[465] überrascht es nicht, dass auch die Vertreter großer EVU einer sachgerecht ausgestalteten anreizorientierten Regulierung grundsätzlich aufgeschlossen gegenüberstehen.[466]

---

461 Vgl. **Knieps, Günter**: Entscheidungsorientierte Ermittlung der Kapitalkosten in liberalisierten Netzindustrien, in Zeitschrift für Betriebswirtschaft (ZfB), 73. Jg. (**2003**), Heft 9, S. 989-1006.

462 Siehe nochmals **Knieps, Günter**: Entscheidungsorientierte Ermittlung der Kapitalkosten... (**2003**) S. 991 ff.

463 Vgl. **Wild, Jörg – Vaterlaus, Stephan**: Regulierung von Stromverteilnetzen... (**2003**), S. 172.

464 Vgl. **Bromwich, Michael – Vass, Peter**: Regulation and Accounting... (**2001**), Sp. 1679. sowie **Vogelsang, Ingo**: Incentive Regulation and Competition in Public Utility Markets... (**2002**), S. 6.

465 **Aders, Christian – Hebertinger, Martin**: Value Based Management – Shareholder-Value-Konzepte... (**2003**), S. 4.

466 Vgl. die von EnBW initiierte Arbeit von **Holzherr, Christian – Kofluk, Michael**: Wertorientierte Führung von regulierten Stromnetzgesellschaften... (**2004**), S. 731 ff. sowie **E.ON AG**: E.ON schlägt Modell für Anreizregulierung vor, Pressemeldung, Düsseldorf **12.07.2005**.

C. Auswirkungen auf die Höhe der Eigenkapitalkosten

Im Vergleich zum traditionellen Konzept der Renditeregulierung bewirken anreizorientierte Regulierungskonzepte tendenziell einen Anstieg der **Volatilität der Eigenkapitalrendite** regulierter Unternehmen.[467] Im Gegensatz zu der über die Renditeregulierung festgeschriebenen Eigenkapitalverzinsung, ist die Eigenkapitalrendite der Anteilseigner anreizorientiert regulierter Unternehmen keineswegs sicher, sondern von der Realisierung des von der Regulierungsbehörde vorgegebenen Effizienzzieles abhängig. Für die Unternehmen besteht insofern insbesondere das Risiko, dass das vom Regulierer vorgegebene Effizienzziel nicht erreicht werden kann. Das durch die Entscheidungen der Regulierungsbehörde, insbesondere im Zusammenhang mit der Festlegung des Ausgangspreisniveaus, der individuellen Effizienzziele, Änderungen des Benchmarking-Verfahrens oder der Länge der Regulierungsperiode zum Ausdruck kommende **regulatorische Risiko** steigt.[468]

Im Fall eines Übergangs von der Renditeregulierung zu einem anreizorientierten Regulierungskonzept gilt es demnach, bei der Bestimmung der Eigenkapitalverzinsung im Rahmen des Ausgangspreis- bzw. zulässigen Umsatzniveaus einen entsprechend **nach oben korrigierten Risikozuschlag** zu berücksichtigen.[469] Die europäische Regulierungspraxis kommt diesem Erfordernis regelmäßig nach.[470]

Erste **empirische Befunde** bestätigen den Zusammenhang zwischen dem Regulierungskonzept und der Höhe des Beta-Faktors, der Auskunft über die Volati-

---

467 Zum Beziehungszusammenhang zwischen den regulatorischen Risiken bzw. alternativen Regulierungsinstrumenten und den Kapitalkosten entgeltregulierter Unternehmen siehe die Arbeit von **Pedell, Burkhard**: Regulatory Risk and the Cost of Capital... **(2004)**, insbesondere S. 51 ff.

468 Siehe dazu **Wright, Stephen – Mason, Robin – Miles, David**: A Study into Certain Aspects of the Cost of Capital... **(2003)**, S. 118 f. und die dort zitierte Literatur. Siehe auch die Ausführungen von **Wagner, Ralf – Dudenhausen, Roman**: Anreizregulierung – cui bono?... **(2005)**, S. 8.

469 Vgl. auch **Wild, Jörg – Vaterlaus, Stephan**: Regulierung von Stromverteilnetzen... **(2003)**, S. 176 f.

470 Siehe dazu stellvertretend die Argumentation der niederländischen Regulierungsbehörde **The Office of Energy Regulation (DTe)**: Guidelines for price cap regulation of the Dutch electricity sector – In the period from 2000 to 2003... **(2000)**, S. 23: „Price cap regulation will lead to higher risk for investors than the regulatory system used in the US for example (rate of return regulation). In the US investors are assured of a certain return on invested capital, regardless of the efficiency of the network company. As already discussed, this does not apply to the design of economic regulation in the Netherlands. Investors are therefore expected to require to a higher return on invested capital."

lität der Aktienrendite eines Unternehmens im Vergleich zur Rendite des gesamten Kapitalmarktes gibt.[471] *Alexander, Mayer,* und *Weeds* weisen nach, dass kapitalmarktanalytisch erhobene Beta-Faktoren renditeregulierter Unternehmen regelmäßig signifikant niedriger sind, als Beta-Faktoren von Unternehmen, die einem anreizorientierten Regulierungsverfahren unterliegen.[472] Für die englische und walisische Stromverteilungswirtschaft konnte auch der Einfluss des **situativen regulatorischen Risikos** in Form von Einzelfallentscheidungen und Ankündigungen der Regulierungsbehörde auf die Höhe des Beta-Faktors nachgewiesen werden.[473]

Regulierungsbehörden müssen demzufolge beachten, welche Auswirkungen die von ihnen implementierten Regulierungskonzepte auf das Risiko der Anteilseigner der Unternehmen haben. Die Frage nach dem Beziehungszusammenhang zwischen Renditeniveau und dem jeweiligen durch die Regulierungsbehörde verfolgten Regulierungsansatz stellt sich anlässlich der Kapitalkostenermittlung – wie zuvor bereits angesprochen – insbesondere bei einem **Wechsel des Regulierungskonzepts.**

D. Auswirkungen auf die verzinsungsrelevante Kapitalbasis

Während Rate of Return-Konzepten mit Verweis auf den Averch-Johnson-Effekt vorgehalten wird, dass renditeregulierte Unternehmen kapitalintensive Produktionsverfahren über das ökonomisch effiziente Maß ausweiten und insofern

---

471 Zur Interpretation und Ermittlung des Beta-Faktors als Determinante des Capital Asset Pricing Model (CAPM) siehe die Ausführungen im 6. Kapitel dieser Arbeit, S. 355 ff.

472 Die Autoren der nachfolgenden zitierten Studie ermittelten für regulierte Elektrizitätswirtschaften einen durchschnittlichen Asset-Beta-Faktor von 0,35 im Kontext von „Low powered incentive-schemes", während im Rahmen von „High powered incentice-schemes" eine deutlich höheres Asset Beta von durchschnittlich 0,57 erhoben wurde. Die Autoren verweisen darüber hinaus auch auf die Ergebnisse ähnlich konzipierter Untersuchungen, die vor allem auf eine vergleichende Betrachtung der Regulierungsmodelle in den USA und Großbritannien abstellen und bestätigen, dass die Anteilseigner Price Cap-regulierter britischer Versorgungsunternehmen einem höheren Risiko, gemessen an der Höhe des Beta-Faktors, ausgesetzt sind, als die Aktionäre vergleichbarer, traditionell renditeregulierter Unternehmen in den USA. Vgl. **Alexander, Ian – Mayer, Colin – Weeds, Helen:** Regulatory Structure and Risk and Infrastructure Firms... **(1996),** S. 29 ff.

473 Vgl. dazu **Buckland, Roger – Fraser Patricia:** Political and Regulatory Risk... **(2001),** S. 19 ff.

Überkapazitäten aufbauen[474], weisen zwischenzeitlich zahlreiche Experten daraufhin, dass bei der Implementierung anreizorientierter Regulierungsverfahren die Gefahr besteht, dass nach kurzfristiger Rentabilitätsmaximierung strebende regulierte Unternehmen gegebenenfalls die **Aufrechterhaltung des Kapitalstocks vernachlässigen** und notwendige Ersatz- und Erweiterungsinvestitionen unterlassen.[475]

Für das norwegische Stromübertragungsnetz wurde aufgedeckt, dass seit Einführung der Revenue Cap-Regulierung im Jahr 1997 die jährlichen Investitionen deutlich zurückgegangen sind, wenngleich diesbezüglich bislang keine Auswirkungen auf die Versorgungsqualität nachgewiesen werden konnten.[476] Im Gegensatz dazu kamen langfristig angelegte, auf die Auswirkungen der Price Cap-Regulierung in der US-amerikanischen Telekommunikationsindustrie abstellende Studien zu dem Ergebnis, dass die Netzinvestitionen kontinuierlich gestiegen sind.[477]

Aufgrund der **widersprüchlichen empirischen Befunde**[478] gilt es, die Auswirkungen alternativer Regulierungskonzepte auf das Investitionsverhalten der Unternehmen, die Instandhaltungspolitik und die Versorgungsqualität in den folgenden Jahren durch langfristig angelegte Studien genauer zu untersuchen. Diesbezüglich muss berücksichtigt werden, dass die Auswirkungen des Übergangs von traditionellen Rate of Return-Konzepten zu anreizorientierten Regulierungsverfahren aufgrund der vor Liberalisierungsbeginn regelmäßig aufgebauten

---

474 Vgl. dazu nochmals **Knieps, Günter**: Wettbewerbsökonomie... **(2005)**, S. 87 sowie **Weimann, Jörg**: Wirtschaftspolitik... **(2003)**, S. 355 ff.

475 Siehe dazu stellvertretend die Argumentation bei **Wild, Jörg – Vaterlaus, Stephan**: Regulierung von Stromverteilnetzen... **(2003)**, S. 175 ff.

476 Vgl. **Auer, Hans**: Benchmarking und Regulierung elektrischer Netze... **(2002)**, S. 96 f.

477 Vgl. **Vogelsang, Ingo**: Incentive Regulation and Competition in Public Utility Markets... **(2002)**, S. 11. Sowie **Ai, Chunrong – Sappington, David E. M.**: The Impact of State Incentive Regulation on the U.S. Telecommunication Industry... **(2002)**, S. 149 f., die für den Zeitraum von 1986 bis 1999 im Zuge des Übergangs von der traditionellen Renditeregulierung zu anreizorientierten Regulierungskonzepten für die US-amerikanische Telekommunikationsindustrie zwar einen starken Rückgang der Betriebskosten, jedoch keine signifikanten Unterschiede im Investitionsverhalten nachweisen konnten.

478 Siehe dazu auch **Pedell, Burkhard**: Regulatory Risk and the Cost of Capital... **(2004)**, S. 40 f. und die dort zitierten, zu widersprüchlichen Ergebnissen kommenden Studien.

Überkapazitäten und der langen anlagenspezifischen Nutzungsdauern nur langfristig feststellbar sein werden.[479]

VI. Zusammenfassender Vergleich der Regulierungsverfahren

Anreizorientierte Regulierungsverfahren, die von einigen Autoren mit dem Attribut „light handed" versehen werden[480], erzeugen zunächst den Anschein, auf elegante Weise die methodischen Schwächen traditioneller Regulierungsverfahren zu überwinden, indem sie einen geringeren Informationsbedarf des Regulierers erfordern und methodenimmanent Anreize zu unternehmensseitigen Kostensenkungen liefern. Wie die vorangegangene regulierungskonzeptspezifische Analyse jedoch zeigt, sind sowohl traditionelle Regulierungsverfahren als auch anreizorientierte Price- bzw. Revenue Cap-Ansätze auf eine **betriebswirtschaftlich richtige Kalkulationsmethodik** und diesem Zusammenhang auf umfangreiche Kosten- und Leistungsinformationen der regulierten Unternehmen angewiesen. Während Rate of Return-Konzepte eine jährlich durchzuführende Kalkulation und Preisprüfung vorsehen, sind anreizorientierte Verfahren auf die kostenorientierte Kalkulation von Preisen und die Berücksichtigung einer angemessenen Kapitalverzinsung im Rahmen der Festlegung von Ausgangspreisniveaus, zulässiger Umsatzobergrenzen und der regelmäßig mit hohem Aufwand verbundenen Bestimmung individueller Effizienzziele angewiesen.[481] Das Attribut „Kostenorientierung" – wie auch in dieser Arbeit zunächst in Anlehnung an die überwiegende Mehrheit der Fachliteratur[482] – ausschließlich im Kontext der traditionellen Renditeregulierung zu verwenden, greift insofern zu kurz. Sämtliche Regulierungskonzepte müssen „die Kosten nach einem einheitlichen und für alle

---

479   Siehe dazu auch die Schlussfolgerungen der Arbeit von **Burns, Philip– Riechmann, Christoph**: Regulatory instruments and their effects on investment behaviour... **(2004)**, S. 31.

480   Vgl. stellvertretend **Kunz, Martin**: Regulierungsregime in Theorie und Praxis... **(2003)**, S. 48.

481   Siehe dazu auch **Bergman, Lars – Doyle, Chris – Gual, Jordi – Hultkrantz, Lars – Neven, Damnien – Roeller, Lars-Hendrik – Waverman, Leonard – Vaitilingham, Romesh**: Europe's Network Industries: Conflicting Priorities... **(1998)**, S. 99: "In practice, [rate of return] regulation and price cap regulation are not too dissimilar. This is because when setting a price cap, the value chosen for X take into account a firm's rate of return".

482   Vgl. stellvertretend **Wild, Jörg**: Deregulierung und Regulierung der Elektrizitätsverteilung... **(2001)**, S. 55 ff.

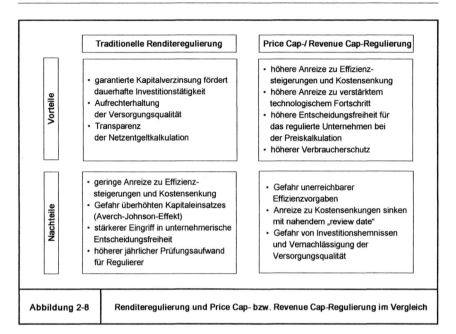

	Traditionelle Renditeregulierung	Price Cap-/ Revenue Cap-Regulierung
Vorteile	• garantierte Kapitalverzinsung fördert dauerhafte Investitionstätigkeit • Aufrechterhaltung der Versorgungsqualität • Transparenz der Netzentgeltkalkulation	• höhere Anreize zu Effizienzsteigerungen und Kostensenkung • höhere Anreize zu verstärktem technologischem Fortschritt • höhere Entscheidungsfreiheit für das regulierte Unternehmen bei der Preiskalkulation • höherer Verbraucherschutz
Nachteile	• geringe Anreize zu Effizienzsteigerungen und Kostensenkung • Gefahr überhöhten Kapitaleinsatzes (Averch-Johnson-Effekt) • stärkerer Eingriff in unternehmerische Entscheidungsfreiheit • höherer jährlicher Prüfungsaufwand für Regulierer	• Gefahr unerreichbarer Effizienzvorgaben • Anreize zu Kostensenkungen sinken mit nahendem „review date" • Gefahr von Investitionshemnissen und Vernachlässigung der Versorgungsqualität

Abbildung 2-8 | Renditeregulierung und Price Cap- bzw. Revenue Cap-Regulierung im Vergleich

Unternehmen verbindlichen Kalkulationsschema erfassen"[483], sodass **jede Form der Entgeltregulierung letztlich kostenorientiert** ausgestaltet sein muss.[484]

In der Diskussion um die Vorteilhaftigkeit der anreizorientierten Regulierung dürfen – wie zuvor methodenspezifisch diskutiert – jedoch auch die mit deren praktischen Umsetzung verbundenen Problemfelder nicht übersehen werden. **Abbildung 2-8** stellt daher abschließend die wesentlichen Vor- und Nachteile der Renditeregulierung und des Price- bzw. Revenue Cap-Verfahrens vergleichend gegenüber.

In der europäischen Regulierungspraxis ist zu beobachten, dass anreizorientierte Regulierungsverfahren – wie auch von der Regulierungstheorie gefordert[485] – speziell in den ersten Jahren nach der Marktöffnung zum Einsatz kommen, während die **Grenzen zwischen den Methoden zunehmend verschwimmen**, je effizienter die Unternehmen einer regulierten Branche operieren.[486]

---

483 **Evers, Elfried – Kremp, Ralph**: Bestandsaufnahme und Perspektiven bundesdeutscher Energiemarktregulierung... **(2004)**, S. 63 ff.
484 Vgl. dazu die Ausführungen von **Pedell, Burkhard**: Regulatory Risk and the Cost of Capital... **(2004)**, S. 11 sowie S. 16, Fußnote 53.
485 Vgl. **Borrmann, Jörg – Finsinger, Jörg**: Markt und Regulierung... **(1999)**, S. 376.
486 Vgl. die Zusammenfassung von Untersuchungsergebnissen im 7. Kapitel, S. 447 ff.

Allen Regulierungskonzepten ist jedoch gemeinsam, dass sie auf den komplementären Einsatz der nachfolgend dargestellten **Benchmarking-Methoden** angewiesen sind, um Wettbewerb zwischen den regulierten Unternehmen zu simulieren und die Informationsasymmetrien zwischen Regulierer und Unternehmen zu reduzieren.

VII. Benchmarking als Regulierungsinstrument

Im Anschluss an eine grundlegende Erläuterung der Zielsetzung des Einsatzes von Benchmarking als Regulierungsinstrument und eine Einordnung der verschiedenen Benchmarking-Verfahren soll nachfolgend insbesondere die Frage beantwortet werden, wie die Kapitalkosten der Bestandsanlagen regulierter Unternehmen in das von der Regulierungsbehörde durchgeführte Benchmarking einfließen.

A. Ziele des Einsatzes von Benchmarking als Regulierungsinstrument

Benchmarking ist als **kontinuierlicher Prozess**, bei dem Produkte, Dienstleistungen und insbesondere Prozesse und Methoden betrieblicher Funktionen über mehrere Unternehmen hinweg verglichen werden, zu verstehen.[487] Auf diese Weise sollen Unterschiede zwischen dem eigenen und den als „best of the class" geltenden Vergleichsunternehmen mit gleichen oder ähnlichen Aufgabenbereichen aufgedeckt und analysiert werden, um in einem qualitativen Prozess von den Besten zu lernen und die eigene Leistungsfähigkeit zu erhöhen.[488] Die Praxis setzt Benchmarking z. B. im Zusammenhang mit Kostensenkungsprogrammen, Budgetierungs- und Reorganisationsfragen und Maßnahmen zur Qualitäts- oder Verfahrensverbesserung ein.[489]

Das Ziel des Einsatzes von Benchmarking durch eine Regulierungsbehörde unterscheidet sich jedoch von einem unternehmensseitig initiierten Benchmar-

---

487   Vgl. dazu **Horváth, Péter – Herter, Ronald N.**: Benchmarking – Vergleich mit den Besten der Besten... **(1992)**, S. 5. Ähnliche, jedoch allesamt den Prozesscharakter des Benchmarking hervorhebende Definitionen finden sich zum Beispiel bei **Camp, Robert C.**: Benchmarking... **(1994)**, S. 13; **Günther, Thomas**: Möglichkeiten und Grenzen des Benchmarking im Controlling... **(1997)**, S. 175 und **Ulrich, Peter**: Organisationales Lernen durch Benchmarking... **(1998)**, S. 25.
488   Vgl. **Camp, Robert C.**: Benchmarking... **(1994)**, S. 4 ff.
489   Vgl. **Küting, Karlheinz - Peter Lorson**: Benchmarking von Geschäftsprozessen... **(1996)**, S. 159.

king. Durch die Anwendung von Benchmarking im Regulierungskontext soll über das Aufdecken von Kostenunterschieden und Kostensenkungspotenzialen grundsätzlich festgestellt werden, welche **Tarife für die regulierten Unternehmen** angemessen sind.[490]

Es ist erwähnenswert, dass diese Leitmaxime sich nicht nur auf die regulierte Energiewirtschaft beschränkt, sondern auch im Zusammenhang mit den Reformen im Bereich der öffentlichen Verwaltung, verbunden mit dem in der zweiten Hälfte der 1980er-Jahre im angloamerikanischen Raum entwickelten Konzepts des **New Public Managements (NPM)**[491] verstärkt diskutiert wird. Da kommunale Verwaltungen ihre Produkte und Dienstleistungen aufgrund eines fehlenden Marktes zumeist als Monopolist anbieten, kann Wettbewerb und Effizienzdruck nur indirekt geschaffen werden, indem Kosten und Qualitäten öffentlicher Leistungen durch interkommunale Leistungsvergleiche oder Vergleiche mit der Privatwirtschaft ermittelt werden.[492] Der besondere Nutzen des Einsatzes von Benchmarking in der öffentlichen Verwaltung und im Regulierungskontext liegt insofern darin, dass indirekt ein Wettbewerbssurrogat im Sinne eines „**Quasi-Wettbewerbs**" geschaffen wird.[493]

B. Benchmarking-Verfahren im Regulierungskontext

In Theorie und Regulierungspraxis wurden seit den 1990er-Jahren eine Vielzahl von Benchmarking-Methoden entwickelt, welche in **Abbildung 2-9** systematisiert werden. Die Methodik der verschiedenen Verfahren wird nachfolgend vor dem Hintergrund der Zielstellung dieser Arbeit jeweils lediglich skizziert, ohne detailliert auf die jeweiligen Vor- und Nachteile der einzelnen Verfahren einzugehen.[494]

---

490 So auch **Brunner, Uli – Riechmann, Christoph**: Wettbewerbsgerechte Preisbildung in der Wasserwirtschaft... **(2004)**, S. 116.

491 Einen detaillierten Überblick über das Konzept des New Public Management (NPM) liefern **Budäus, Dietrich, Schreyögg, Georg und Conrad, Peter (Hrsg.):** New Public Management, Berlin/New York **1998**. Elementarer Bestandteil dieser auf eine effizientere Verwaltung abstellenden Reformbestrebungen, welche in Deutschland in den 1990er-Jahren im Bereich der Kommunalverwaltungen unter maßgeblicher Beteiligung des Verbandes für kommunales Management (KGSt) vorangetrieben wurden, ist eine verstärkte Wettbewerbs- und Kundenorientierung.

492 Siehe dazu auch **Budäus, Dietrich**: Public Management... **(1994)**, S. 38.

493 Vgl. **Grieble, Oliver - Scheer, August-Wilhelm**: Grundlagen des Benchmarking öffentlicher Dienstleistungen... **(2000)**, S. 5.

494 Für eine ausführliche Darstellung wird auf die umfangreiche Literatur und die gutachterlichen Arbeiten zu dieser Thematik verwiesen Vgl. unter anderem **Auer,**

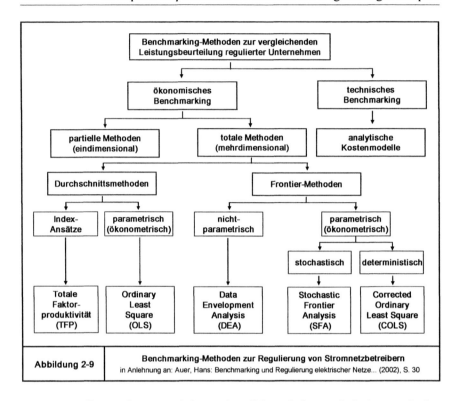

Abbildung 2-9   **Benchmarking-Methoden zur Regulierung von Stromnetzbetreibern**
in Anlehnung an: Auer, Hans: Benchmarking und Regulierung elektrischer Netze... (2002), S. 30

Im Regulierungskontext wird grundsätzlich zwischen technischem und ökonomischem Benchmarking unterschieden.[495] Beim **technischen Benchmarking** wird ein Vergleichsmaßstab auf der Grundlage eines virtuellen, technologisch optimierten Vergleichsnetzes entwickelt. Optimierungsansätze auf Basis von **Modellnetzen** werden in der Literatur auch unter dem Begriff Ingenieurstudien

---

Hans: Benchmarking und Regulierung elektrischer Netze in liberalisierten Strommärkten: Grundlagen, internationale Erfahrungen und Anwendung auf Österreich, Institut für Elektrische Anlagen und Energiewirtschaft, Energy Economics Group, Technische Universität Wien, Mai **2002**; **Frontier Economics – Consentec:** Netzpreisaufsicht in der Praxis - Abschlussbericht, Gutachten im Auftrag von VIK und BDI, November **2003**; **Franz, Oliver – Stronzik, Marcus:** Benchmarking-Ansätze zum Vergleich der Effizienz von Energieunternehmen, WIK-Diskussionsbeiträge, Nr. 262, Bad Honnef, Februar **2005** sowie **Plaut Economics:** Gutachten Effizienzanalysemethoden, Regensdorf, 8. Mai **2006**.

495   Vgl. **Brunner, Uli – Riechmann, Christoph:** Wettbewerbsgerechte Preisbildung in der Wasserwirtschaft... **(2004)**, S. 117 f. sowie **Ajodhia, Virenda – Petrov, Konstantin – Scarsi, Gian Carlo:** Benchmarking and its Applications... **(2003)**, S. 261.

[engl.: engineering-economic models] subsumiert, für deren Entwicklung ein hohes Maß an prozessanalytischen und technischen Kenntnissen notwendig ist.[496] Im Gegensatz dazu basiert **ökonomisches Benchmarking** ausschließlich auf den Kosten- und Leistungsdaten realer Vergleichsunternehmen, deren einfachste Form partielle Kennzahlenvergleiche darstellen.[497] Im Kontext der Regulierung von Stromnetzbetreibern kommt es jedoch auf mehrdimensionale Benchmarking-Verfahren an, die – wie nachfolgend erläutert wird – in Durchschnitts- und in Frontier-Methoden unterschieden werden.

1) Analytische Kostenmodelle

Das auch als **Greenfield-Ansatz** bezeichnete technische Benchmarking sieht vor, ein zu aktuellen Standardkosten bewertetes, virtuelles Netz zu konzipieren, das anschließend den Istkosten des tatsächlichen Netzes eines Unternehmens gegenübergestellt wird und insofern vor allem darauf abzielt, Ineffizienzen aufgrund überdimensionierter Kapazitäten und überholter Technologien zu identifizieren.[498]

Hinsichtlich des Einsatzes analytischer Kostenmodelle ist jedoch zu bedenken, dass Netzbetreiber, deren individuelle Netze historisch gewachsen sind, infolge der Pfadabhängigkeit der Investitionen nicht in der Lage sind, ein neues Netz „auf der grünen Wiese" zu errichten.[499] Um zu gewährleisten, dass die mit Hilfe von Modellnetzen ermittelten Effizienzziele für Netzbetreiber realisierbar sind, müssten Elemente der bestehenden Netztopologie bei der Konstruktion des Vergleichsnetzes übernommen werden[500] und die Modellanalysen unter Berücksichtigung des **historisch gewachsenen Netzes** durchgeführt werden.[501] Weiterhin wird vorgeschlagen, eine Vergleichbarkeit mit Hilfe von Abschlägen von den Kosten des optimierten virtuellen Netzes herzustellen, deren Ermittlung jedoch

496 Vgl. **Albach, Horst – Knieps, Günter**: Kosten und Preise in wettbewerblichen Ortsnetzen... **(1997)**, S. 27.

497 Vgl. **Brunner, Uli – Riechmann, Christoph**: Wettbewerbsgerechte Preisbildung in der Wasserwirtschaft... **(2004)**, S. 118.

498 Vgl. **Brunner, Uli – Riechmann, Christoph**: Wettbewerbsgerechte Preisbildung in der Wasserwirtschaft... **(2004)**, S. 117 sowie **Riechmann, Christoph – Rodgarkia-Dara, Aria**: Regulatorisches Benchmarking... **(2006)**, S. 209.

499 Vgl. **Brunner, Uli – Riechmann, Christoph**: Wettbewerbsgerechte Preisbildung in der Wasserwirtschaft... **(2004)**, S. 118; **Plaut Economics**: Gutachten Effizienzanalysemethoden... **(2006)**, S. 43 sowie **Evers, Elfried – Kremp, Ralph**: Perspektiven der Netzkostenregulierung **(2003)**, S. VIII.

500 Vgl. dazu **Plaut Economics**: Gutachten Effizienzanalysemethoden **(2006)**, S. 33.

501 Vgl. **Doll, Roland - Wieck, Reinhard**: Analytische Kostenmodelle als Grundlage für Entgeltregulierungsentscheidungen... **(1998)**, S. 285 f.

kaum objektivierbar erscheint.[502] Außerdem darf nicht übersehen werden, dass die Ergebnisse regelmäßig von den im Rahmen der simulationstechnischen Entwicklung von Modellnetzen getroffenen Annahmen abhängen und insofern bei alleiniger Anwendung letztlich „keine normative Aussagekraft"[503] für die Effizienzanalyse real existierender Unternehmen aufweisen.

Modellnetzanalysen können sich jedoch dann als hilfreich erweisen, wenn es darum geht, die für eine Regulierungsperiode vorgesehenen **Investitionsbudgets** zu plausibilisieren.[504] Darüber hinaus ist der Einsatz von Modellnetzanalysen zur Effizienzbetrachtung der vier deutschen **Übertragungsnetzbetreiber**, für die die nachfolgend vorgestellten Benchmarking-Verfahren infolge fehlender Vergleichsunternehmen ausscheiden, in Ergänzung zu Kennzahlenvergleichen mit internationalen Übertragungsnetzbetreibern denkbar.[505] Dies setzt jedoch voraus, dass die konzipierten Simulationsmodelle auf Vollständigkeit und Robustheit geprüft sind und die vorhandenen Netzstrukturen der Unternehmen adäquat berücksichtigen.

Für die **hohe Anzahl der Stromnetzverteilungsnetzbetreiber** in Deutschland sollte das Benchmarking anstelle von Modellnetzen hingegen auf Basis der Kosten- und Leistungsdaten real existierender Vergleichsunternehmen durchgeführt werden.[506]

2) Von eindimensionalen Kennzahlenvergleichen zu mehrdimensionalen Benchmarking-Verfahren

Partielle Benchmarking-Methoden stellen auf die Ermittlung eindimensionaler Kennzahlen, wie z.B. **Umsatz pro Leitungskilometer** ab.[507] Eindimensionale Kennzahlenvergleiche sind jedoch wenig aussagekräftig, da Wechselwirkungen

---

502   Vgl. **Brunner, Uli – Riechmann, Christoph**: Wettbewerbsgerechte Preisbildung in der Wasserwirtschaft... **(2004)**, S. 117 f.

503   **Albach, Horst – Knieps, Günter**: Kosten und Preise in wettbewerblichen Ortsnetzen... **(1997)**, S. 28.

504   Vgl. dazu **Verband der Elektrizitätswirtschaft – VDEW – e.V. - Verband der Netzbetreiber – VDN – e.V. beim VDEW – Verband der Verbundunternehmen und Regionalen Energieversorger in Deutschland - VRE - e. V.**: Regulierungsansätze für Verteilnetzbetreiber... **(2006)**, S. 3 sowie **Bundesnetzagentur**: Bericht der Bundesnetzagentur nach § 112a EnWG zur Einführung der Anreizregulierung nach § 21a EnWG... **(2006)**, S. 73.

505   Vgl. **Bundesnetzagentur**: Bericht der Bundesnetzagentur nach § 112a EnWG zur Einführung der Anreizregulierung nach § 21a EnWG... **(2006)**, S. 72 f.

506   So auch **Plaut Economics**: Gutachten Effizienzanalysemethoden... **(2006)**, S. 88.

507   Vgl. **Auer, Hans**: Benchmarking und Regulierung elektrischer Netze... **(2002)**, S. 30.

verschiedener Input- und Output-Parameter und unterschiedliche strukturelle Umfeldbedingungen nicht adäquat erfasst können.[508]

Im Rahmen der Entgeltregulierung kommt es deshalb auf Effizienzanalysen an, die mit Hilfe mehrdimensionaler Benchmarking-Methoden die Ermittlung individueller Kosten- bzw. Tarifsenkungspotenziale erlauben[509] und eine umfassende Berücksichtigung der **Heterogenität der Versorgungsgebiete** gestatten.[510] Dabei ist sicherzustellen, dass die durch strukturelle Umfeldvariablen bedingten Kostenunterschiede über die Bildung von Strukturklassen abgebildet werden[511] und Kostenarten, die nicht im Kontrollbereich der Unternehmen liegen, neutralisiert bzw. gänzlich von der vergleichsrelevanten Kostenbasis ausgegrenzt werden.[512] Zu den von Stromnetzbetreibern **nicht beeinflussbaren Kostentreibern** zählen insbesondere regional unterschiedliche Preise der Produktionsfaktoren, unterschiedliche Kundenstrukturen, unterschiedliche Absatzdichten, der Anteil von Netzanschlüssen außerhalb von Siedlungsgebieten und die topographischen Bedingungen für den Leitungsbau und den Leitungsunterhalt.[513] Zur Identifizierung beeinflussbarer und nicht beeinflussbarer Kostenarten bieten sich Regressionsanalysen an.[514] Darüber hinaus ermöglichen Modellnetz-

---

508 Vgl. nochmals **Auer, Hans**: Benchmarking und Regulierung elektrischer Netze... **(2002)**, S. 30 sowie **Filippini, Massimo – Wild, Jörg**: Berücksichtigung von regionalen Unterschieden... **(2002)**, S. 51 ff.

509 Vgl. **Brunner, Uli – Riechmann, Christoph**: Wettbewerbsgerechte Preisbildung in der Wasserwirtschaft... **(2004)**, S. 115 ff.

510 Unternehmen mit kostenerhöhenden Strukturmerkmalen würden beim Vergleich mit Unternehmen mit günstigeren Umfeldbedingungen ansonsten fälschlicherweise als ineffizient eingestuft. Zur Notwendigkeit der Berücksichtigung struktureller Einflussgrößen siehe unter anderem **Fritz, Wolfgang – Zimmer, Christian**: Bedeutung von Struktureinflüssen beim Netzbenchmarking... **(2004)**, S. 320 ff. sowie **Filippini, Massimo – Wild, Jörg**: Berücksichtigung von regionalen Unterschieden... **(2002)**, S. 54.

511 Vgl. **Plaut Economics**: Gutachten Effizienzanalysemethoden... **(2006)**, S. 19 ff. sowie S. 104 ff. sowie **Büchner, Jens – Nick, Wolfgang**: Strukturklassen zum sachgerechten Vergleich... **(2004)**, S. 816 ff.

512 Vgl. **Evers, Elfried – Kremp, Ralph**: Perspektiven der Netzkostenregulierung... **(2003)**, S. VIII sowie **Plaut Economics**: Gutachten Effizienzanalysemethoden... **(2006)**, S. 77 und die Ausführungen in diesem Kapitel zur Möglichkeit des Durchreichens nicht beeinflussbarer Kostenarten im Rahmen der Price Cap- und Revenue Cap-Regulierung, S. 134 ff.

513 Siehe dazu die empirischen Befunde bei **Wild, Jörg**: Deregulierung und Regulierung... **(2001)**, S. 219 ff. und **Filippini, Massimo – Wild, Jörg**: Berücksichtigung von regionalen Unterschieden... **(2002)**, S. 51 ff.

514 Vgl. **Plaut Economics**: Gutachten Effizienzanalysemethoden... **(2006)**, S. 17.

analysen, relevante Leistungs- und Strukturparameter sowie Kostenzusammenhänge im Vorfeld des ökonomischen Benchmarkings zu identifizieren.[515]

3) Mehrdimensionale Durchschnittsmethoden

Mehrdimensionale Durchschnittsmethoden zielen darauf ab, mittels index-basierter Techniken oder der Bestimmung durchschnittlicher Kostenfunktionen Aussagen über das **durchschnittliche Effizienzniveau einer Branche** zu treffen, anhand dessen die tatsächliche Effizienz einzelner Netzbetreiber beurteilt werden soll.[516]

a) Total Factor Productivity (TFP)

Die bezüglich der Ermittlung allgemeiner X-Faktoren bereits vorgestellte totale Faktorproduktivität (TFP) setzt die mit den jeweiligen Umsatzanteilen gewichteten Outputmengen, z.b. transportierte Elektrizitätsmenge, Anzahl Netzanschlüsse, zu sämtlichen, nach Kostenanteilen gewichteten Inputmengen, z.b. Arbeit und Kapital, ins Verhältnis [517] TFP-Maße stellen einen **branchenweiten Benchmark** zur Effizienzbeurteilung der Unternehmen dar. Gegenüber den nachfolgend skizzierten Benchmarking-Methoden weisen TFP-Messungen den Vorteil auf, dass für deren Ermittlung keine individuellen Unternehmensdaten, sondern lediglich durchschnittliche Branchenkenngrößen benötigt werden.[518] Globale vergangenheitsbezogene TFP-Messungen ermöglichen es jedoch nicht, Aussagen über die aktuelle unternehmensindividuelle Effizienz oder Ineffizienz und deren Ursachen zu treffen.[519]

---

515   Vgl. **Fritz, Wolfgang – Lüdorf, Karsten – Haubrich, Hans-Jürgen**; Einfluss von Strukturgrößen... **(2002)**, S. 385 ff. sowie **Riechmann, Christoph – Rodgarkia-Dara, Aria**: Regulatorisches Benchmarking... **(2006)**, S. 210. Die Autoren weisen darauf hin, dass anstelle von Kosten als Input-Variablen für das regulatorische Benchmarking auch physische Größen oder Umsätze gewählt werden können. Die Betrachtung im Rahmen dieser Arbeit beschränkt sich auf eine kostenbasierte Bestimmung der Input-Variablen.

516   Vgl. stellvertrend **Auer, Hans**: Benchmarking und Regulierung elektrischer Netze... **(2002)**, S. 31 ff.

517   Vgl. nochmals **Auer, Hans**: Benchmarking und Regulierung elektrischer Netze... **(2002)**, S. 31.

518   Siehe dazu **Frontier Economics – Consentec**: Netzpreisaufsicht in der Praxis... **(2003)**, S. 32 sowie **Franz, Oliver – Stronzik, Marcus**: Benchmarking-Ansätze zum Vergleich der Effizienz von Energieunternehmen... **(2005)**, S. 6.

519   Siehe dazu nochmals **Franz, Oliver – Stronzik, Marcus**: Benchmarking-Ansätze zum Vergleich der Effizienz von Energieunternehmen... **(2005)**, S. 8 f.

b) Regressionsanalytische Durchschnittskostenfunktionen

Die auch als ökonometrische Verfahren bezeichneten parametrischen Durch-schnittsmethoden stellen basierend auf einem festzulegenden Satz von Parame-tern im Sinne von **Kostentreibern** mittels multivariater Regressionsanalysen ei-nen funktionalen Zusammenhang zwischen dem Input (Kosten des Netzbetriebs) und dem Output (z.b. transportierte Strommenge in kWh) des Stromnetzbetriebs her. Dieser wird anhand einer durchschnittlichen Kostenfunktion präsentiert.[520] Die Schätzung der durchschnittlichen Kostenfunktion erfolgt regelmäßig mit Hil-fe der **Methode der kleinsten Quadrate** [engl.: Ordinary Least Square (OLS)]. Die Höhe der Regressionskoeffizienten der Regressionsfunktion gibt Auskunft über die Stärke des Einflusses der einzelnen Faktoreinsätze auf die Gesamt-kosten. Da effizientere Unternehmen niedrigere und ineffizientere Unternehmen höhere Kosten aufweisen, als die mittels der Regressionsgerade bestimmten mittleren Kosten, spricht man von einem **durchschnittlichen Benchmarking**.[521] An der OLS-Methode wird jedoch kritisiert, dass die Orientierung am durch-schnittlichen Kostenniveau nicht die gewünschten Anreize zu branchenweiten Ef-fizienzsteigerungen entfaltet.[522]

4) Mehrdimensionale Frontier-Ansätze

Im Gegensatz zu Durchschnittsmethoden zielen die in der Regulierungspraxis bevorzugt eingesetzten **Frontier-Methoden** auf die Bestimmung einer Möglich-keitsgrenze effizienter Unternehmensführung ab, welche als „Best Practice Fron-tier (BFB)" oder „Efficiency Frontier" bezeichnet wird.[523] Die für die Bestim-mung individueller Effizienzvorgaben gesuchte relative Effizienzposition eines Unternehmens wird durch den Abstand der einzelnen Unternehmen von der er-mittelten Effizienzgrenze bestimmt. Frontier-Methoden basieren insofern auf der Annahme, dass es für alle strukturell vergleichbaren Unternehmen einer Stich-

---

520 Vgl. **Auer, Hans**: Benchmarking und Regulierung elektrischer Netze... **(2002)**, S. 31. Zur Definition und Ermittlung verschiedener Kostenfunktionen für das Ben-chmarking von Stromnetzbetreibern siehe **Wild, Jörg**: Deregulierung und Regulie-rung der Elektrizitätsverteilung... **(2001)**, S. 148 ff.

521 Vgl. **Filippini, Massimo – Wild, Jörg**: Berücksichtigung von regionalen Unter-schieden... **(2002)**, S. 52.

522 Vgl. **Franz, Oliver – Stronzik, Marcus**: Benchmarking-Ansätze zum Vergleich der Effizienz von Energieunternehmen... **(2005)**, S. 33.

523 Vgl. dazu **Burns, Philip – Davies, John – Riechmann, Christoph**: Benchmarking von Netzkosten... **(1999)**, S. 287.

probe möglich ist, **auf einem optimalen Effizienzniveau zu operieren.**[524] Mit der Data Envelopment Analysis (DEA), der Stochastic Frontier Analysis (SFA) und der Methode der Corrected Ordinary Least Square (COLS) werden nachfolgend die in der Regulierungspraxis am häufigsten zum Einsatz kommenden Frontier-Methoden skizzenartig vorgestellt.[525]

a) Data Envelopment Analysis (DEA)

Da die Data Envelopment Analysis (DEA) keinen funktionalen Zusammenhang zwischen Input- und Outputparametern herstellt und insofern nicht auf die Spezifikation einer Kostenfunktion angewiesen ist, wird sie als nicht-parametrischer Ansatz bezeichnet.[526] Das Prinzip der DEA basiert auf einem **linearen Programmierungsansatz**, der eine Verbindung aller Input-Output-Kombinationen der als effizient klassifizierten Unternehmen generiert.[527] Die Verbindung der als effizient identifizierten Input-Output-Kombinationen umhüllt als Effizienzgrenze alle ineffizienten Unternehmen. Die **relative Effizienzposition** der nicht 100%-effizienten Unternehmen wird durch den jeweiligen Abstand von der Effizienzgrenze bestimmt. Die DEA-Methodik komprimiert die Benchmarking-Ergebnisse in einem eindimensionalen Effizienzmaßstab und erlaubt es, eine Effizienzrangfolge der Unternehmen abzuleiten.

In Abhängigkeit von der Zielsetzung der Analyse und der Modellannahmen können verschiedene **DEA-Varianten** klassifiziert werden, für deren Beschreibung an dieser Stelle auf die Fachliteratur verwiesen wird.[528] Bezüglich der An-

---

524   Vgl. **Auer, Hans**: Benchmarking und Regulierung elektrischer Netze... **(2002)**, S. 32.

525   Vgl. dazu die Untersuchungsergebnisse von **Jamasb, Tooraj – Pollitt, Michael**: Benchmarking und Regulation... **(2000)**, S. 17 f.

526   Vgl. dazu unter anderem **Auer, Hans**: Benchmarking und Regulierung elektrischer Netze... **(2002)**, S. 32 sowie **Franz, Oliver – Stronzik, Marcus**: Benchmarking-Ansätze zum Vergleich der Effizienz von Energieunternehmen... **(2005)**, S. 9.

527   Siehe dazu im Folgenden **Auer, Hans**: Benchmarking und Regulierung elektrischer Netze... **(2002)**, S. 35 ff. und **Plaut Economics**: Gutachten Effizienzanalysemethoden... **(2006)**, S. 34.

528   So kann zwischen input- bzw. outputorientierten und additiven DEA-Modellen oder hinsichtlich der Berücksichtigung konstanter bzw. variabler Skalenerträge unterschieden werden. Siehe dazu unter anderem **Auer, Hans**: Benchmarking und Regulierung elektrischer Netze... **(2002)**, S. 35 f., **Franz, Oliver – Stronzik, Marcus**: Benchmarking-Ansätze zum Vergleich der Effizienz von Energieunternehmen... **(2005)**, S. 10 ff.; **Ajodhia, Virendra – Petrov, Konstantin – Scarsi, Gian Carlo**: Benchmarking and its Applications... **(2003)**, S. 261 ff. sowie die Darstellung bei **Plaut Economics**: Gutachten Effizienzanalysemethoden... **(2006)**, S. 34 ff. Eine grundsätzliche methodische Darstellung der DEA findet sich unter anderem bei

wendung der DEA auf Stromnetzbetreiber und die Versorgungswirtschaft sei auf die vorliegenden empirischen Studien zu diesem Thema verwiesen.[529]

b) Corrected Ordinary Least Square (COLS)

Wie die originäre Methode der kleinsten Quadrate zielt der Corrected Ordinary Least Square-Ansatz zunächst auf die Bestimmung einer durch die Regressionsgerade repräsentierten Durchschnittskostenkurve ab. Anschließend erfolgt jedoch eine **Parallelverschiebung der Durchschnittskostenkurve**, bis diese das „Best-Practice"-Unternehmen mit den geringsten Durchschnittskosten schneidet.[530] Die so korrigierte, unterhalb der Durchschnittskostenkurve liegende Regressionsgerade dient zur Beurteilung der Effizienz der anderen Unternehmen. Die COLS-Methode führt insofern zu einer drastischen **Verschärfung des Effizienzkriteriums**, das nicht vom durchschnittlichen, sondern vom jeweils effizientesten Unternehmen definiert wird.[531] Die Ineffizienz der übrigen Unternehmen der Stichprobe wird durch die relative Abweichung der tatsächlichen Kosten von der korrigierten Durchschnittskostenkurve determiniert. Da die OLS- und die COLS-Methode grundsätzliche keine modellendogene Korrektur der Datenbasis

---

Dyckhoff, Harald – Gilles, Roland: Messung der Effektivität und Effizienz produktiver Einheiten, in: Zeitschrift für Betriebswirtschaft (ZfB), 74. Jg. (**2004**), Heft 8, S. 765-784.

529   Für eine detaillierte Beschreibung der Anwendung der DEA bezogen für die britische Stromverteilungswirtschaft siehe **Burns, Philip – Davies, John – Riechmann, Christoph**: Benchmarking von Netzkosten – Data Envelopment Analyse (DEA) am Beispiel der Stromverteiler in Großbritannien, in: Zeitschrift für Energiewirtschaft (ZfE), 23. Jg. (**1999**), Heft 4, S. 285-301. Eine anwendungsbezogene Analyse der DEA für die deutsche leitungsgebundene Versorgungswirtschaft liefern z. B. **Kriete, Thomas – Padberg, Thomas – Werner, Thomas**: Die Effizienz von Versorgungsunternehmen – Eine Analyse mit der Data Envelopment Analysis, in: Zeitschrift für öffentliche und gemeinwirtschaftliche Unternehmen (ZögU), Band 27 (**2004**), Heft 2, S. 131-148. Für eine speziell auf die deutsche Stromverteilungswirtschaft bezogene Anwendung der DEA siehe **von Hirschhausen, Christian – Kappeler, Andreas**: Productivity Analysis of German Electricity Distribution Utilities, Diskussionspapier Nr. 418 des Deutschen Instituts für Wirtschaftsforschung (DIW), Berlin April **2004**.

530   Vgl. **Brunner, Uli – Riechmann, Christoph**: Wettbewerbsgerechte Preisbildung in der Wasserwirtschaft... (**2004**), S. 120.

531   Vgl. **Auer, Hans**: Benchmarking und Regulierung elektrischer Netze... (**2002**), S. 33. Siehe dazu auch die kritischen Ausführungen von **Franz, Oliver – Stronzik, Marcus**: Benchmarking-Ansätze zum Vergleich der Effizienz von Energieunternehmen... (**2005**), S. 35.

um stochastische Fehler vorsehen, werden sie auch als deterministische Verfahren bezeichnet.[532]

c) Stochastic Frontier Analysis (SFA)

Die zu den parametrischen Frontier-Methoden gehörende und ebenfalls auf die Ableitung einer Kostenfunktion abstellende Stochastic Frontier Analysis (SFA) berücksichtigt explizit **stochastische Fehler** der zugrunde liegenden Datenbasis[533], die regelmäßig dazu führen, dass die Effizienzgrenze durch Ausreißer verzerrt wird. Im Gegensatz zur OLS- und COLS-Methode, die auf eine modellexogene, regelmäßig durch eine optische Ausreißerbereinigung durchgeführte Korrektur der Regressionsgerade angewiesen sind[534], sieht die SFA eine **modellendogene Anpassung** der regressionsanalytisch ermittelten Kostenfunktion vor. Dies setzt die Definition einer Wahrscheinlichkeitsfunktion der stochastischen Fehlerverteilung der Beobachtungswerte voraus.[535] Bezüglich der Anwendung

---

532   Fachkreise behandeln darüber hinaus das Modified Ordinary Least Square (MOLS)-Verfahren, das darauf abzielt, den Einfluss statistischer Messfehler zu reduzieren. Im Gegensatz zur COLS-Methode bestimmt nicht das effizienteste Unternehmen das Effizienzkriterium. Die mit Hilfe der OLS-Methode ermittelte Durchschnittskostenfunktion wird stattdessen auf Basis einer festzulegenden Fehlerverteilung und eines bestimmten Signifikanzniveaus (häufig unter Verwendung des Erwartungswertes der Residuen gemäß einer Halbnormalverteilung) verschoben. Die MOLS-Methode ermittelt im Vergleich zur COLS-Methode daher einen weniger strengen Effizienzmaßstab. Siehe dazu **Franz, Oliver – Stronzik, Marcus**: Benchmarking-Ansätze zum Vergleich der Effizienz von Energieunternehmen... **(2005)**, S. 36 f. sowie **Plaut Economics**: Gutachten Effizienzanalysemethoden **(2006)**, S. 38 f.

533   Vgl. **Auer, Hans**: Benchmarking und Regulierung elektrischer Netze... **(2002)**, S. 33.

534   Die Methode der kleinsten Quadrate reagiert sehr empfindlich auf einzelne Ausreißer im Sinne von Werten, die relativ weit weg vom übrigen Datenkörper liegen und somit einen großen Einfluss auf die Lage der geschätzten Regressionsgerade ausüben. Dies kann zu Verzerrung der Aussagen des Regressionsmodells führen. Vgl. **Schlittgen, Rainer**: Einführung in die Statistik... **(1998)**, S. 440.

535   Die als Residuen bezeichneten Abweichungen der Beobachtungswerte von den Schätzwerten der Regressionsgeraden werden dabei in der Regel in eine normalverteilte und eine residuale Größe zerlegt. Für eine ausführliche Darstellung siehe **Franz, Oliver – Stronzik, Marcus**: Benchmarking-Ansätze zum Vergleich der Effizienz von Energieunternehmen... **(2005)**, S. 37 ff. sowie **Ajodhia, Virendra – Petrov, Konstantin – Scarsi, Gian Carlo**: Benchmarking and its Applications... **(2003)**, S. 265 ff.

der SFA auf Stromnetzbetreiber sei auf die vorliegenden empirischen Untersuchungen verwiesen.[536]

5) Notwendigkeit zur Kombination der Verfahren

Die verschiedenen Benchmarking-Methoden führen in Abhängigkeit der getroffenen Modellprämissen und der Auswahl der Input- und Output-Variablen regelmäßig zu **unterschiedlichen Benchmarking-Ergebnissen** und insofern zu variierenden Aussagen über die Effizienz einzelner Unternehmen.[537] So ist die Robustheit und Signifikanz der durch die Anwendung regressionsanalytischer Verfahren ermittelten Benchmarking-Ergebnisse unter anderem davon abhängig, inwieweit in Abhängigkeit der gewählten Kostenfunktion, der Auswahl der Kosteneinflussgrößen und des Stichprobenumfangs die **strengen Modellprämissen** multivariater Regressionsanalysen erfüllt sind[538] und ob es gelingt, den Einfluss von Datenfehlern zu identifizieren und adäquat zu beseitigen.[539] Bezüglich des Einsatzes der Data Envelopment Analysis wird vor allem auf die Gefahr des Auftretens von Beobachtungsfehlern und in diesem Zusammenhang auf die Problematik der Auswahl der Input- und Output-Parameter hingewiesen, da nichtparametrische Verfahren im Gegensatz zu Regressionsanalysen keine Signifikanztests vorsehen.[540]

Vor diesem Hintergrund ist vor einer direkten Transformation der mit den einzelnen Verfahren ermittelten Benchmarking-Ergebnisse in die Preisfestsetzung regulierter Stromnetzbetreiber zu warnen.[541] Um die Robustheit der Ergeb-

---

536 Siehe insbesondere die Untersuchungen von **Burns, Philip – Weyman-Jones, Thomas G.**: Cost Drivers and Cost Efficiency in Electricity Distribution: A Stochastic Frontier Approach, in: Bulletin of Economic Research, 48. Jg. (**1997**), Heft 1, S. 41-64. und **Filippini, Massimo - Wild, Jörg – Kuenzle, Michael**: Scale and cost efficiency in the Swiss electricity distribution industry: evidence from a frontier cost approach, Centre for Energy Policy and Economics, Swiss Federal Institute of Technology, CEPE Working Paper Nr. 8, Zürich, Juni **2001**.

537 Auf diese Problematik weisen zahlreiche Experten hin. Siehe stellvertretend **Ajodhia, Virendra – Petrov, Konstantin – Scarsi, Gian Carlo**: Integrated Cost and Quality Benchmarking... (**2004**), S. 8.

538 Ausführlicher zu den Modellprämissen multivariater Regressionsanalysen siehe **Backhaus, Klaus u. a.**: Multivariate Analysemethoden... (**2000**), S. 34 f.

539 Zur Verzerrung der Benchmarking-Ergebnisse durch Datenfehler siehe **Plaut Economics**: Gutachten Effizienzanalysemethoden... (**2006**), S. 52 ff.

540 Vgl. **Franz, Oliver – Stronzik, Marcus**: Benchmarking-Ansätze zum Vergleich der Effizienz von Energieunternehmen... (**2005**), S. 25 f. sowie **Lieb-Dóczy, Enese – Shuttleworth, Graham**: Sinn und Unsinn des Benchmarking... (**2002**), S. 3.

541 Vgl. **Ajodhia, Virendra – Petrov, Konstantin – Scarsi, Gian Carlo**: Benchmarking and its Applications... (**2003**), S. 271.

nisse zu erhöhen, kommt es auf eine sorgfältige Aufbereitung bzw. Prüfung der zugrunde gelegten Datenbasis und eine **parallele Anwendung bzw. Kombination** regressionsanalytischer Ansätze mit der Data Envelopment Analysis (DEA) an.[542] Divergierende Benchmarking-Ergebnisse infolge unterschiedlicher Verfahren und Variablen sind durch sukzessive Verfahrensvergleiche zu plausibilisieren.[543] Weichen die mit unterschiedlichen Benchmarking-Methoden generierten Effizienzziele voneinander ab, erscheint es im Zweifelsfall gerechtfertigt, die für das Unternehmen günstigere Effizienzvorgabe zu wählen, um unerreichbare X-Faktoren zu vermeiden.

C. Gesamtkostenbezogenes Benchmarking

Benchmarking-Methoden zur Ermittlung von Effizienzpotenzialen sollten stets auf Basis der Gesamtkosten als Summe der beeinflussbaren Betriebskosten und den von der zu Beginn der Anreizregulierung maßgeblichen regulatorischen Vermögensbasis abgeleiteten Kapitalkosten der regulierten Unternehmen erfolgen.[544]

Die Erfahrungen der Regulierungspraxis von Stromverteilungsunternehmen in Großbritannien zeigen, dass Benchmarking-Verfahren, welche lediglich auf die Betriebskosten abstellen, zu kurz greifen und regulierten Unternehmen **Anreize zu ineffizientem, strategischen Verhalten** liefern.[545] Im Kostenprüfungsprozess von 1993 kündigte die britische Regulierungsbehörde in der Hoffnung auf unmittelbare und stärkere Kostensenkungen seitens der Unternehmen an, das

---

542 Vgl. **Franz, Oliver – Stronzik, Marcus**: Benchmarking-Ansätze zum Vergleich der Effizienz von Energieunternehmen... **(2005)**, S. 27 und 43 f.; **Bacher, Rainer**: Benchmarking zur Ermittlung der Kosten von effizient betriebenen Netzen... **(2001)**, S. 23; **Lieb-Dóczy, Enese – Shuttleworth, Graham**: Sinn und Unsinn des Benchmarking... **(2002)**, S. 5 und **Plaut Economics**: Gutachten Effizienzanalysemethoden... **(2006)**, S. 14.

543 Vgl. **Riechmann, Christoph - Rodgarkia-Dara, Aria**: Regulatorisches Benchmarking... **(2006)**, S. 218.

544 Vgl. **Ajodhia, Virendra – Petrov, Konstantin – Scarsi, Gian Carlo**: Quality, Regulation and Benchmarking... **(2004)**, S. 115; **Leprich, Uwe – Diekmann, Joachim – Ziesing, Hans-Joachim**: Anreizregulierung für Beschäftigung und Netzinvestitionen... **(2006)**, S. 5 und S. 82; **Filippini, Massimo – Wild, Jörg**: Berücksichtigung von regionalen Unterschieden... **(2002)**, S. 55; **Plaut Economics**: Gutachten Effizienzanalysemethoden... **(2006)**, S. 182 und **Riechmann, Christoph – Rodgarkia-Dara, Aria**: Regulatorisches Benchmarking... **(2006)**, S. 207.

545 Für eine grundlegende Darstellung siehe auch **Burns, Philip – Riechmann, Christoph**: Regulatory instruments and their effects on investment behaviour... **(2004)**, S. 14 ff.

Benchmarking auf die Betriebskosten zu begrenzen.[546] Infolge dieser Ankündigung substituierten insbesondere ineffizientere Stromverteiler zunehmend Betriebskosten über die Ausnutzung von **Aktivierungswahlrechten für Instandhaltungsaufwendungen** in Kapitalkosten und gaben Neuinvestitionen den Vorzug vor Instandhaltung, um die Ergebnisse des betriebskostenbezogenen Benchmarking zu verbessern.[547]

Auch für deutsche Netzbetreiber würden Anreize bestehen, Modernisierungs- und Instandhaltungsmaßnahmen, die das Erfordernis einer „wesentlichen Verbesserung" erfüllen, gemäß § 255 Abs. 2 Satz 1 HGB als Herstellungskosten zu aktivieren und Neuinvestitionen anstelle von lediglich auf den Erhalt der bestehenden Leistungsfähigkeit abzielender, nicht aktivierungsfähiger Instandhaltungsaufwendungen für Reparaturen und Wartungen zu präferieren.[548] Durch ein gesamtkostenbezogenes Benchmarking werden Verzerrungen durch **Unterschiede hinsichtlich der Aktivierungspolitik** weitestgehend kompensiert.[549]

Wird der Kapitalbedarf für Erweiterungs- und Ersatzinvestitionen über Investitionsbudgets reguliert, darf sich ein nach Ablauf einer Regulierungsperiode wiederholt durchgeführtes Benchmarking wiederum nur auf das aktuelle Betriebskostenniveau und auf die zu Beginn der Anreizregulierung maßgeblichen Bestandsanlagen beziehen, da die **Wirtschaftlichkeit der Erweiterungs- und Ersatzinvestitionen** bereits bei der Plausibilisierung des Investitionsbudgets geprüft wurde. Für den Fall, dass die Regulierungsbehörde das Investitionsbudget auf Erweiterungsinvestitionen beschränkt, müsste die für den Effizienzvergleich zu Beginn der folgenden Regulierungsperiode maßgebliche Kostenbasis jedoch um die periodisierten Kapitalkosten der getätigten Ersatzinvestitionen erhöht werden.[550]

---

546 Vgl. dazu **Burns, Philip – Davies, John – Riechmann, Christoph**: Benchmarking von Netzkosten... (**1999**), S. 299. Wie die Ergebnisse der Untersuchung im 7. Kapitel zeigen, hält die britische Regulierungsbehörde dennoch bis heute an einem rein betriebskostenbezogenen Benchmarking fest.

547 Vgl. **Burns, Philip – Davies, John**: Regulatory incentives and capital efficiency in efficiency in UK electricity distribution businesses, CRI Occasional Paper 12, Dezember **1998**, zitiert nach **Burns, Philip – Davies, John – Riechmann, Christoph**: Benchmarking von Netzkosten... (**1999**), S. 299.

548 Zur Abgrenzung von aufwandswirksamen Erhaltungsaufwand und aktivierungspflichtigem Herstellungsaufwand siehe **Coenenberg, Adolf, G.**: Jahresabschluss und Jahresabschlussanalyse... (**2005**), S. 991.

549 Siehe dazu **Plaut Economics**: Gutachten Effizienzanalysemethoden... (**2006**), S. 86 sowie **Riechmann, Christoph – Rodgarkia-Dara, Aria**: Regulatorisches Benchmarking... (**2006**), S. 207.

550 Vgl. dazu **Bundesnetzagentur**: Bericht der Bundesnetzagentur nach § 112 EnWG zur Einführung einer Anreizregulierung nach § 21a EnWG... (**2006**), S. 55 ff.

D. Erzielung vergleichbarer Kapitalkostenniveaus

Um dem Grundsatz der Vergleichbarkeit gerecht zu werden, sind sämtliche Benchmarking-Methoden auf eine Standardisierung der unternehmensspezifischen Kapitalkostenniveaus angewiesen, um Kostenunterschiede, die nicht auf die Effizienz oder Ineffizienz der Leistungserstellung zurückzuführen sind, zu nivellieren.

Die sich regelmäßig in unterschiedlichen Investitionszyklusphasen befindenden Netzbetreiber weisen in der Regel **unterschiedliche Anlagenaltersstrukturen** auf. Benchmarking-Studien, die darauf abzielen, Effizienzunterschiede aufzudecken, dürfen daher nicht von einer von historischen Restbuchwerten determinierten Kapitalkostenbasis ausgehen. Eine von unterschiedlich alten Kostengüterpreisen abgeleitete Kostenkalkulation lässt **keine aussagefähigen Kostenvergleiche zu**[551], da ein Netzbetreiber mit niedrigen Kapitalkosten aufgrund stark abgeschriebener Aktiva bevorteilt und ein Unternehmen mit höheren Kapitalkosten aufgrund einer jüngeren Anlagenaltersstruktur ungerechtfertigt benachteiligt werden würde.[552] Unterschiedlich stark veraltete Kostenwerte müssen für ein aussagefähiges Benchmarking zunächst auf das aktuelle Tagespreisniveau aktualisiert werden.[553] Benchmarking-Methoden sind daher grundsätzlich auf Basis aktueller **Wiederbeschaffungskosten der Anlagegüter** durchzuführen, die über branchenweit erhobene aktuelle Standardkosten oder über die Indizierung der historischen Anschaffungs- und Herstellungskosten mit geeigneten Preissteigerungsindizes ermittelt werden können.

Um Divergenzen zwischen den Kapitalkostenniveaus, die lediglich auf der unterschiedlichen kalkulatorischen Erfassung von Abschreibungen und Zinsen beruhen, zu nivellieren, sollten die vergleichsrelevanten Kapitalkosten auch über die Vorgabe **einheitlicher anlagenspezifischer Nutzungsdauern** standardisiert werden.[554] Dadurch wird verhindert, dass Netzbetreiber, die aufgrund in der Vergangenheit verwendeter kürzerer Abschreibungsdauern z. B. in Form steuerrechtlich zulässiger Nutzungsdauern, gegenüber Netzbetreibern, die infolge ver-

---

551 Vgl. dazu auch **Männel, Wolfgang**: Gutachterliche Stellungnahme zu dem im Auftrag der Deutsche BP AG... **(2004)**, S. 27.

552 Dies mahnen insbesondere auch die Verfechter des Cash Flow Return on Investments (CFROI) anlässlich der Kritik an der von anschaffungswertorientierten Restbuchwerten abgeleiteten traditionell erfolgsorientierten Renditemaße und darauf aufbauenden rentabilitätsorientierten Benchmarking-Analysen an. Vgl. dazu stellvertretend **Lewis, Thomas G. – Lehmann, Steffen**: Überlegene Investitionsentscheidungen durch CFROI... **(1992)**, S. 7 f.

553 Vgl. **Sabisch, Helmut – Tintelnot, Claus**: Integriertes Benchmarking... **(1997)**, S. 35 f.

554 Vgl. **Plaut Economics**: Gutachten Effizienzanalysemethoden... **(2006)**, S. 86.

gleichsweise längerer Nutzungsdauern höhere Restbuchwertniveaus aufweisen, als effizienter klassifiziert werden.[555] Für die Ermittlung der für das Benchmarking relevanten Kapitalkosten deutscher Stromnetzbetreiber können die durch Anlage 1 der StromNEV bereits standardisierten unteren Werte der Nutzungsdauerspannen herangezogen werden.

Aufgrund der zuvor bereits angesprochenen Unterschiede der investitionszyklusabhängigen Anlagenaltersstrukturen ist jedoch auch der Vergleich der von aktuellen Preisen abgeleiteten restbuchwertrechnerischen Kapitalkostenniveaus mit dem Ziel des Aufdeckens von Effizienzunterschieden nur bedingt aussagekräftig. Im Kontext von Effizienzanalysen sollte ausgehend von den aktuellen Wiederbeschaffungskosten deshalb ein **annuitätsorientierter Kapitaldienst** ermittelt werden.[556] Durch den Ansatz eines tagesneuwertbezogenen annuitätsorientierten Kapitaldienstes werden Kapitalkostenunterschiede eliminiert, die lediglich aus abweichenden Anlagenaltersstrukturen resultieren.[557]

In der europäischen Regulierungspraxis werden die für das Benchmarking von Netzbetreibern maßgeblichen Kapitalkostenniveaus in der Regel auch durch den Ansatz eines **WACC-Kapitalkostensatzes** standardisiert.[558] Die WACC-rechnerische Kapitalkostenermittlung anlässlich des Benchmarkings korrespondiert mit der im Rahmen der Anreizregulierung üblichen Kapitalkostenkalkulation auf Basis des WACC-Ansatzes anlässlich der Festlegung der zulässigen Preis- und Erlösobergrenzen.

Bei der WACC-rechnerischen Standardisierung der für das Benchmarking relevanten Kapitalkosten ist jedoch zu bedenken, dass über die Vorgabe einer einheitlichen Eigenkapital-Fremdkapital-Relation, Kostenvorteile, die Netzbetreiber aus der Optimierung der **unternehmensspezifischen Kapitalstruktur**, z. B. in infolge einer Eigenkapitalquote unterhalb der im standardisierten WACC vorgesehenen Eigenkapitalquote generieren, verlieren. Vor dem Hintergrund der hohen Anzahl an Stromnetzbetreibern in Deutschland erscheint es jedoch im Sinne eines praktikablen Vergleichsverfahrens zweckmäßig, anlässlich der annuitätsorientierten Kapitalkostenermittlung eine für alle Netzbetreiber maßgebliche Kapitalstruktur zugrunde zu legen.

555 Vgl. **Bundesnetzagentur**: Bericht der Bundesnetzagentur nach § 112 EnWG zur Einführung einer Anreizregulierung nach § 21a EnWG... **(2006)**, S. 196 ff.
556 Zur Berechnung des annuitätsorientierten Kapitaldienstes siehe die Ausführungen im 5. Kapitel, S. 327 ff.
557 Vgl. dazu auch **Bundesnetzagentur**: Bericht der Bundesnetzagentur nach § 112 EnWG zur Einführung einer Anreizregulierung nach § 21a EnWG... **(2006)**, S. 200.
558 Vgl. dazu stellvertretend **The Office of Energy Regulation (DTe)**: An overview of the first regulatory review... **(2002)**, S. 10 ff. sowie **The Swedish Energy Agency**: The Cost of Capital in the Performance Assessment Model... **(2004)**, S. 45 ff.

Bei der Durchführung von Effizienzanalysen ist des Weiteren zu bedenken, dass Netzbetreiber zur Leistungserbringung in der Regel auch Anlagen einsetzen, die bereits vollständig abgeschrieben sind. Insofern besteht die Gefahr, dass Benchmarking-Verfahren, die inputseitig lediglich von Restbuchwerten ausgehen, zu verzerrten Aussagen führen, da darüber hinaus auch Output durch bereits abgeschriebene Anlagen generiert wird. Dieser Problematik kann im Vorfeld des Benchmarkings gegebenenfalls mit einer **Neubewertung der Stromnetze** begegnet werden.[559]

Bedenkt man jedoch, dass Netzbetreiber mit einem vergleichsweise stark abgeschriebenen Anlagevermögen in der Regel auch höhere Betriebskosten infolge des zunehmenden Instandhaltungsaufwandes aufweisen, bewirkt ein **gesamtkostenbezogenes Benchmarking** in der Regel, dass sich Unterschiede aus dem Investitionsverhalten tendenziell nivellieren.[560] Um den Regulierungsaufwand zu reduzieren, erscheint es daher praktikabel, auf eine Neubewertung sämtlicher zur physischen Leistungserstellung genutzter Anlagegüter zu verzichten.

Auf Basis der voranstehenden Ausführungen lassen sich die Anforderungen für ein aussagefähiges, auf das Aufdecken von Effizienzunterschieden abzielendes Benchmarking der Kapitalkosten regulierter Unternehmen wie folgt zusammenfassen:

- Nivellierung von Unterschieden aus der Aktivierungspolitik durch **gesamtkostenbezogenes Benchmarking,**
- Sicherung der Vergleichbarkeit der Kostenniveaus durch eine **tagesneuwertorientierte Bewertung der Anlagegüter,**
- Nivellierung von Unterschieden aus der Abschreibungspolitik durch Verwendung **einheitlicher Abschreibungsdauern,**
- Nivellierung von Unterschieden infolge unternehmensspezifischer Investitionszyklen und divergierender Anlagenaltersstrukturen durch die Ermittlung einer **WACC-rechnerischen Kapitaldienst-Annuität.**

Infolge der zuvor aufgezeigten Standardisierungsmaßnahmen weichen die für das Benchmarking von Netzbetreibern aufbereiteten Kapitalkosten von den für die kostenorientierte Netzentgeltkalkulation maßgeblichen Kapitalkostenniveaus ab.

---

559 Vgl. dazu die vom Verband Schweizerischer Elektrizitätsunternehmen (VSE) in Zusammenarbeit mit der Unternehmensberatung Plaut Economics durchgeführten Netzkostenvergleiche (NeKoV), die auf einer Neubewertung der Stromnetze basieren. **Wild, Jörg:** Benchmarking-Konzepte für die Stromverteilungswirtschaft... **(2004),** S. 151 ff.

560 Auf den gegenläufigen Verlauf von Betriebs- und Kapitalkosten im Laufe des Anlagenlebenszyklus verweisen insbesondere auch **Plaut Economics:** Gutachten Effizienzanalysemethoden... **(2006),** S. 88.

VIII. Methoden und Konzepte der Qualitätsregulierung

Bislang blieb unberücksichtigt, dass ein um Benchmarking ergänztes Konzept der Entgeltregulierung auch Qualitätsunterschiede im Stromnetzbetrieb berücksichtigen muss. Empirische Untersuchungen bestätigen, dass Parameter der Versorgungsqualität regelmäßig als **Erklärungsfaktoren für divergierende Kostenniveaus** herangezogen werden können.[561] Darüber hinaus besteht die Gefahr, dass die über den Einsatz anreizorientierter Regulierungsverfahren induzierten Kostensenkungsmaßnahmen zu Lasten der Versorgungsqualität gehen. Anreizorientierte Regulierungskonzeptionen sind – wie durch § 21 Abs. 5 EnWG vorgeschrieben – deshalb um Methoden der Qualitätsregulierung zu ergänzen.[562] Nachfolgend werden im Anschluss an die Definition des Qualitätsbegriffs und eine Analyse des Zusammenhangs zwischen **Kapitalkosten und Versorgungsqualität** die Ansätze zur Qualitätsmessung erläutert und die Methoden zur Qualitätsregulierung skizziert.

A. Relevanter Qualitätsbegriff für den Stromnetzbetrieb

Die Definition des für den Stromnetzbetrieb maßgeblichen Qualitätsbegriffs erfordert eine Trennung der Begriffe Versorgungssicherheit und Versorgungsqualität. Versorgungssicherheit ist dann gegeben, wenn die Kapazitäten zur Stromerzeugung und die Stromnetze ausreichend dimensioniert und strukturiert sind, sodass die Wahrscheinlichkeit einer großräumigen Versorgungsunterbrechung hinreichend gering ist.[563] Die Aufrechterhaltung der Versorgungssicherheit ist insofern in erheblichem Ausmaß mit der **Frage der angemessenen Kapazitätsdimensionierung** verbunden. Diese Aufgabe erfordert eine integrierte Betrachtung und Koordination der gesamten Wertschöpfungskette der Elektrizitätsversorgung.[564] Im Gegensatz zu den Verteilungsnetzbetreibern betrifft die Frage der

---

561 Vgl. stellvertretend **Haubrich, Hans-Jürgen - CONSENTEC Consulting für Energiewirtschaft und –technik GmbH:** Preise und Bedingungen der Nutzung von Stromnetzen... **(2002),** S. 82.

562 Vgl. **Leprich, Uwe – Diekmann, Joachim – Ziesing, Hans-Joachim:** Anreizregulierung für Beschäftigung und Netzinvestitionen... **(2006),** S. 3 und S. 71; **Frontier Economics – Consentec:** Netzpreisaufsicht in der Praxis... **(2003),** S. 42 f. Siehe auch **Goes, Sebastian:** Management Accounting von Stromnetzbetreibern... **(2003),** S. 63, der ausführt, dass sich die Regulierungsbehörde während der Regulierungsperiode vor allem auf die Regulierung der Versorgungsqualität konzentrieren sollte.

563 Vgl. **Fritz, Wolfgang:** Welchen Wert hat die Netzqualität... **(2003),** S. 11.

564 Vgl. dazu nochmals **Fritz, Wolfgang:** Welchen Wert hat die Netzqualität... **(2003),** S. 11.

Versorgungssicherheit stärker die für den Systembetrieb verantwortlichen Übertragungsnetzbetreiber.[565]

Insbesondere für die Regulierung von Stromverteilungsnetzbetreibern kommt es anstelle der Versorgungssicherheit deshalb vorrangig auf den **Begriff der Versorgungsqualität** an, welcher regelmäßig mit dem Terminus Netzqualität gleichgesetzt wird.[566] Die nachfolgenden Ausführungen fokussieren daher insbesondere auf die Regulierung der Versorgungsqualität im Bereich der Stromverteilungsnetze.

B. Beziehung zwischen Kapitalkosten und Versorgungsqualität

Eine aktuelle Umfrage kommt zu dem Ergebnis, dass die Versorgungsqualität als einer der Hauptkostentreiber bei der Bewirtschaftung und dem Betrieb eines Stromnetzes angesehen wird.[567] Infolge der Anlagenintensität des Stromnetznetzgeschäfts verwundert es nicht, dass mit zunehmendem Kapitalkostenvolumen das Niveau der Versorgungszuverlässigkeit steigt.[568] Der Beziehungszusammenhang zwischen Netzkosten und Versorgungsqualität lässt sich durch den **Einsatz von Modellnetzanalysen** für alternative Netzkonfigurationen anhand modellnetzspezifischer Versorgungsqualitätsindizes aufzeigen.[569] Eine von *Haubrich* und *Consentec* durchgeführte Analyse bestätigt, dass die Netzzuverlässigkeit gemessen anhand der Nichtversorgungswahrscheinlichkeit mit steigendem Anschaffungswert unterschiedlich komplexer Netzbauvarianten zunimmt.[570]

---

565 Vgl. auch **Bundesnetzagentur**: Bericht der Bundesnetzagentur nach § 112 EnWG zur Einführung einer Anreizregulierung nach § 21a EnWG... **(2006)**, S. 72 und S. 127.

566 Vgl. nochmals **Fritz, Wolfgang**: Welchen Wert hat die Netzqualität... **(2003)**, S. 11.

567 Siehe dazu **Wagner, Ralf – Cohnen, Bernd**: Sicherung der Versorgungsqualität unter Anreizregulierung... **(2005)**, S. 1 und die korrespondierende Umfrage von **Wagner, Ralf – Dudenhausen, Roman**: Anreizregulierung – cui bono?... **(2005)**, S. 14 ff.

568 Vgl. **Zimmer, Christian**: Berücksichtigung der Netztechnik bei der Regulierung... **(2004)**, S. 3 sowie **Ajodhia, Virenda – Petrov, Konstantin – Scarsi, Gian Carlo**: Quality, Regulation and Benchmarking... **(2004)**, S. 109 und S. 115 und die dort zitierte Literatur.

569 Vgl. **Fritz, Wolfgang**: Welchen Wert hat die Netzqualität... **(2003)**, S. 12 f. sowie **Petrov, Konstantin**: Indikatoren und Kenngrößen für das Qualitätsmanagement regulierter Netzbetreiber... **(2004)**, S. 174.

570 Es gilt jedoch zu berücksichtigen, dass die Beziehung zwischen Kosten und Qualität keineswegs linear verläuft und an verschiedenen Stromabnahmepunkten eines Netzes und im Zeitablauf variiert. Siehe dazu die Ergebnisse bei **Haubrich, Hans-Jürgen - CONSENTEC Consulting für Energiewirtschaft und –technik GmbH**:

Der „Trade-off" zwischen Kosten und Qualität muss bei der Netzplanung und im Rahmen von Kostensenkungsüberlegungen berücksichtigt, aber auch bei der Konzeption eines stromnetzbetreiberspezifischen Regulierungskonzeptes beachtet werden. In diesem Zusammenhang sei noch einmal darauf verwiesen, dass Stromnetzbetreiber aufgrund extrem langer Investitionszyklen anlagenspezifische Kapitalkosten nur langfristig anpassen können, während sich eine Reduzierung der Betriebskosten, z. B. durch die Reduzierung des Instandhaltungsaufwandes, relativ kurzfristig auf die Versorgungsqualität auswirken kann.[571]

Es stellt sich insofern die Frage, in welchem Umfang Kostensenkungspotenziale im Stromnetzbetrieb erschlossen werden können, ohne dass die Versorgungsqualität beeinträchtigt wird. Für deren Beantwortung empfiehlt sich wiederum der Einsatz von Modellnetzanalysen, anhand derer sich z. B. die **Auswirkungen alternativer Substanzerhaltungsstrategien** im Sinne einer Variation von Erneuerungs- bzw. Reinvestitionszyklen auf die Versorgungszuverlässigkeit simulieren lassen.[572]

Es ist festzuhalten, dass das Spannungsfeld von Kostensenkung auf der einen und die Aufrechterhaltung der Versorgungsqualität auf der anderen Seite Netzbetreiber vor eine große Herausforderung stellt, die die **Aufgaben des Asset-Managements** verstärkt in den Mittelpunkt des Interesses rückt.[573]

C. Messung der Versorgungsqualität im Stromnetzbetrieb

Die Messung der Versorgungsqualität erfordert eine Unterscheidung hinsichtlich der Merkmale technische Qualität, kommerzielle Qualität und Versorgungszuverlässigkeit, die in **Abbildung 2-10** systematisiert werden.[574]

Preise und Bedingungen der Nutzung von Stromnetzen... **(2002)**, S. 82 und **Frontier Economics – Consentec**: Netzpreisaufsicht in der Praxis... **(2003)**, S. 51 f.

571   Vgl. **Zimmer, Christian**: Berücksichtigung der Netztechnik bei der Regulierung... **(2004)**, S. 6.

572   Vgl. nochmals **Zimmer, Christian**: Berücksichtigung der Netztechnik bei der Regulierung... **(2004)**, S. 7.

573   Auf die Bedeutung des Asset Managements für Stromnetzbetreiber verweisen zahlreiche Fachpublikationen. Siehe stellvertretend **Wellßow, Heinz Wolfram – Schneider, Achim – Kaiser, Martin**: Balanceakt zwischen Kosteneffizienz und Versorgungsqualität... **(2004)**, S. 47 ff. und die Ausführungen in diesem Kapitel, S. 93 ff.

574   Zur Unterscheidung der Merkmale technische Qualität [engl.: voltage quality], kommerzielle Qualität [engl.: commercial quality] und Versorgungszuverlässigkeit [engl.: continuity of supply] vgl. **Council of European Energy Regulators (CEER)**: Third Benchmarking Report on Quality of Electricity Supply, Brüssel

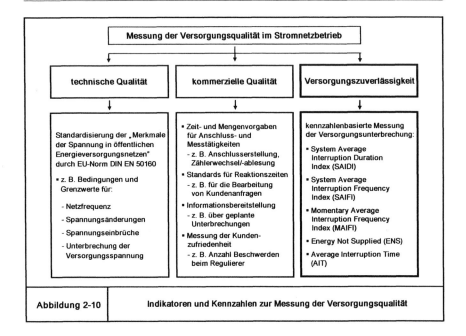

| Abbildung 2-10 | Indikatoren und Kennzahlen zur Messung der Versorgungsqualität |

Die Bedingungen und Grenzwerte **technischer Qualitätsindikatoren** werden durch die Europa-Norm DIN EN 50160 vorgegeben.[575] Die von den europäischen Regulierungsbehörden zur Regulierung der Versorgungszuverlässigkeit und der kommerziellen Qualität eingesetzten Instrumente und Kennzahlen unterscheiden sich insbesondere infolge der oftmals noch unzureichenden Datenbasis und der uneinheitlichen Datenerhebung teilweise noch erheblich voneinander.[576]

Der auf die Messung der Qualität des Kundenservices abzielende **kommerzielle Qualitätsbegriff** bezieht sich auf sämtliche Geschäftsvorgänge zwischen

---

2005. Siehe auch die Ausführungen von **Ajodhia, Virendra – Petrov, Konstantin – Scarsi, Gian Carlo**: Quality, Regulation and Benchmarking... **(2004)**, S. 112. Die BNetzA ergänzt die hier aufgeführten Qualitätsmerkmale zusätzlich um das allgemeine Kriterium der „Sicherheit der Versorgung", welches auf die Vermeidung von Schäden für Menschen und Anlagen abzielt. Vgl. **Bundesnetzagentur**: Bericht der Bundesnetzagentur nach § 112 EnWG zur Einführung einer Anreizregulierung nach § 21a EnWG... **(2006)**, S. 123 f.

575 Einige Regulierungsbehörden geben jedoch abweichende Qualitätsstandards vor. Vgl. **Council of European Energy Regulators (CEER)**: Third Benchmarking Report on Quality of Electricity Supply... **(2005)**, S. 100 f.

576 Vgl. nochmals **Council of European Energy Regulators (CEER)**: Third Benchmarking Report on Quality of Electricity Supply... **(2005)**, S. 5 ff. und S. 89 ff.

Netzbetreiber und Kunden.[577] Hierbei ist zwischen einmaligen Aktionen wie z. B. der Anschlusserstellung, regelmäßigen Aktionen, wie der Rechnungserstellung und unregelmäßigen Aktionen, wie z. B. der Bearbeitung von Beschwerden und der Abwicklung des Versorgerwechsels zu unterscheiden.[578] Die von den europäischen Regulierungsbehörden zur Überwachung der kommerziellen Qualität eingesetzten Instrumente reichen von **Zeitvorgaben** für Anschluss- und Messtätigkeiten, z. B. für die Anschlussbereitstellung sowie der Wiederherstellung der Versorgung im Fall einer Unterbrechung oder vorgegebener Reaktionszeiten, z. B. für die Bearbeitung von Kundenanfragen und die Bereitstellung von Informationen bis hin zur Messung der Anzahl der Kundenbeschwerden bei der zuständigen Regulierungsbehörde.[579]

Vor dem Hintergrund der Unbundling-Vorschriften und der mit der Liberalisierung der Elektrizitätsmärkte einhergehenden Möglichkeit des Auseinanderfallens von Netzbetreiber und Stromlieferant, ist auf eine **klare Definition bzw. Zurechnung** der von regulierten Stromnetzbetreibern zu verantwortenden Qualitätsmerkmale zu achten, da eine Vielzahl der die kommerzielle Qualität determinierenden Transaktionen auch vom nicht regulierten Stromvertrieb realisiert werden.[580] Vor dem Hintergrund der Notwendigkeit einer möglichst eindeutigen Identifizierung von Qualitätsmerkmalen, die vom Stromnetzbetreiber zu verantworten sind, sollte es deshalb vorrangig auf die kennzahlenbasierte und insofern objektivierbare Messung der Versorgungszuverlässigkeit unter Berücksichtigung struktureller Unterschiede ankommen.[581]

In der Regulierungspraxis wurden verschiedene **Kennzahlen zur Messung der Versorgungszuverlässigkeit** entwickelt, zu denen insbesondere der System Average Interruption Duration Index (SAIDI), der System Average Interruption Frequency Index (SAIFI), der Momentary Average Interruption Frequency Index (MAIFI), die Kenngröße Energy Not Supplied (ENS) und die Average Interrup-

---

577   Vgl. **Fritz, Wolfgang**: Welchen Wert hat die Netzqualität... **(2003)**, S. 12.
578   Vgl. **Ajodhia, Virendra – Petrov, Konstantin – Scarsi, Gian Carlo**: Quality, Regulation and Benchmarking... **(2004)**, S. 112.
579   Vgl. **Council of European Energy Regulators (CEER)**: Third Benchmarking Report on Quality of Electricity Supply... **(2005)**, S. 75 ff.
580   Vgl. **Council of European Energy Regulators (CEER)**: Third Benchmarking Report on Quality of Electricity Supply... **(2005)**, S. 90.
581   Vgl. **Fritz, Wolfgang**: Welchen Wert hat die Netzqualität... **(2003)**, S. 12.

tion Time (AIT) zählen.[582] Zur detaillierten Ermittlung und Interpretation dieser und alternativer Kennzahlen sei auf die Fachliteratur verwiesen.[583]

D. Methoden und Konzepte der Qualitätsregulierung

1) Indirekte Qualitätsregulierung

Die einfachste Form der Qualitätsregulierung stellt ein qualitätsorientiertes Benchmarking dar, das auf **unternehmensseitig veröffentlichten Daten** basiert, aber auch durch Kundenbefragungen ergänzt werden kann.[584] Netzbetreiber sollen damit indirekt zur Wahrung von Qualitätsstandards angehalten werden.[585] Neben den von Unternehmen freiwillig publizierten Qualitätskenngrößen besteht die Möglichkeit, dass die Regulierer qualitätsorientierte Kennzahlen erheben und veröffentlichen. Die indirekte Form der Qualitätsregulierung lässt sich vergleichsweise einfach implementieren, sie ist ohne die Verbindung mit einem Anreiz- bzw. Sanktionierungsmechanismus jedoch wenig effektiv und kann daher **nur in Übergangsphasen** als erster Schritt auf dem Weg zur Regulierung der Versorgungsqualität verstanden werden

---

582 System Average Interruption Duration Index (SAIDI) = mittlere Dauer von Versorgungsunterbrechungen pro Kunde; System Average Interruption Frequency Index (SAIFI) = mittlere Häufigkeit von Versorgungsunterbrechungen pro Kunde; Momentary Average Interruption Frequency Index (MAIFI) = mittlere Häufigkeit kurzfristiger Versorgungsunterbrechungen mit einer Dauer von weniger als 3 Minuten pro Kunde; Energy Not Supplied (ENS) = Anteil nicht gelieferter Energie; Average Interruption Time (AIT) = durchschnittliche Dauer der Versorgungsunterbrechung pro Kunde in Minuten. Die aufgeführten Kennzahlen erheben keinen Anspruch auf Vollständigkeit. Die Auswahl basiert auf den im dritten CEER-Benchmarking-Bericht zur Versorgungsqualität analysierten Kennzahlen. Vgl. dazu **Council of European Energy Regulators (CEER)**: Third Benchmarking Report on Quality of Electricity Supply... **(2005)**, S. 5.

583 Vgl. dazu nochmals **Council of European Energy Regulators (CEER)**: Third Benchmarking Report on Quality of Electricity Supply... **(2005)** S. 20 ff. Zur Definition der Kennzahlen siehe des Weiteren **Petrov, Konstantin**: Indikatoren und Kenngrößen für das Qualitätsmanagement regulierter Netzbetreiber ... **(2004)**, S. 173 f. sowie **Ajodhia, Virendra – Petrov, Konstantin – Scarsi, Gian Carlo**: Quality, Regulation and Benchmarking... **(2004)**, S. 112 f.

584 Vgl. **Wild, Jörg – Vaterlaus, Stephan**: Regulierung von Stromverteilnetzen... **(2003)**, S. 179.

585 Vgl. **Petrov, Konstantin**: Indikatoren und Kenngrößen für das Qualitätsmanagement regulierter Netzbetreiber... **(2004)**, S. 174.

2) Separate Qualitätsregulierung durch Vorgabe von Qualitätsstandards

Eine weitere Form der Qualitätsregulierung basiert auf der Implementierung separater Aufsichtsinstrumente für die bedeutsamsten Qualitätsindikatoren, sodass von einem **Nebeneinander von Qualitäts- und Entgeltregulierung** gesprochen werden kann. Diese Regulierungsmaßnahmen sehen finanzielle Entlohnungen bzw. Sanktionen für die Einhaltung und Nichteinhaltung von Qualitätsvorgaben vor.[586] Bei der Formulierung der Qualitätsziele ist stets der Beziehungszusammenhang zwischen Versorgungsgebiet, Kostenniveau und Versorgungsqualität zu beachten. Unterschiedliche strukturelle Umfeldbedingungen erfordern die Ableitung von **nach Gebietseigenschaften differenzierenden Qualitätszielen.**[587]

Im Fall der Nichteinhaltung von Qualitätszielen ist sowohl die Zahlung individueller finanzieller Kompensationen an den betroffenen Kunden als auch die Leistung von Vertragsstrafen an die Regulierungsbehörde denkbar, wobei die Anreizwirkung der Sanktionsregelung entscheidend von der oftmals schwierig zu ermittelnden Höhe der zu leistenden Geldbuße abhängt.[588] Für die Festlegung der Höhe monetärer Sanktionen im Fall von Versorgungsunterbrechungen orientieren sich Regulierungsbehörden in der Regel am **Konzept des Wertes nicht gelieferter Energie** [engl.: Value of lost load – VOLL], das auf die Quantifizierung des Wertes einer nicht gelieferten Kilowattstunde Strom aus Sicht der Kunden abzielt.[589]

In diesem Zusammenhang muss beachtet werden, dass der Wert nicht gelieferter Energie branchen- und kundenspezifisch erheblich divergiert. Diesbezüglich besteht insbesondere in Deutschland noch Bedarf an empirischen Untersuchungen, z. B. in Form **kundengruppenspezifischer Zahlungsbereitschaftsanalysen.**[590] Anhaltspunkte liefern die von den Regulierungsbehörden in anderen europäischen Ländern bemessenen Höhen der von Netzbetreibern im Fall von Versorgungsunterbrechungen an die Kunden zu leistenden Zahlungen bzw. die

---

586 Vgl. **Frontier Economics – Consentec**: Netzpreisaufsicht in der Praxis... **(2003)**, S. 49 f.
587 Vgl. **Fritz, Wolfgang**: Welchen Wert hat die Netzqualität... **(2003)**, S. 15 f.
588 Vgl. **Hense, Andreas – Schäffner, Daniel**: Regulatorische Aufgaben im Energiebereich... **(2004)**, S. 15.
589 Vgl. **Wild, Jörg – Vaterlaus, Stephan**: Regulierung von Stromverteilnetzen... **(2003)**, S. 179 und die Studie von **Bliem, Markus**: Eine makroökonomische Bewertung zu den Kosten eines Stromausfalls... **(2005)**, S. 2 ff., wonach die Kosten für den Ausfall einer Kilowattstunde Strom in Österreich rund 8,6 € betragen.
590 Vgl. dazu auch **Wagner, Ralf – Cohnen, Bernd**: Sicherung der Versorgungsqualität unter Anreizregulierung... **(2005)**, S. 6.

finanziellen Entlohnungen im Falle des Erreichens der vorgegebenen Qualitäts-ziele.[591]

3) Integration von Kosten- und Qualitätsbenchmarking

Die Praxis beschäftigt sich anlässlich des Einsatzes von Benchmarking-Verfahren im Regulierungskontext zunehmend mit einer **Integration von Kosten- und Qualitätsdaten.**[592] Diese Ansätze basieren wiederum auf mehrdimensionalen Benchmarking-Verfahren, die hinsichtlich der Outputseite um qualitätsorientierte Variablen ergänzt werden und insofern Qualitätsunterschiede bei der Bestim-mung der relativen Effizienzposition von Netzbetreibern berücksichtigen.[593] Es ist zu vermuten, dass die Ergänzung der Outputseite um Qualitätsgrößen in der Regel dazu führt, dass Unternehmen, die ein höheres Qualitätsniveau aufweisen, tendenziell ihre **relative Effizienzposition** verbessern. Insofern besteht die Ge-fahr, dass Unternehmen versuchen werden, ihr Qualitätsniveau über ein angemes-senes Niveau hinaus zu steigern.[594] Empirische Benchmarking-Studien kommen diesbezüglich jedoch zu divergierenden Ergebnissen, sodass hinsichtlich des in-tegrierten Kosten-Qualitäts-Benchmarkings noch Forschungsbedarf besteht.[595]

4) Integration von Qualitäts- und Preisregulierung

Die erst seit wenigen Jahren diskutierte, in der europäischen Regulierungspraxis unter anderem in Italien (2001), Großbritannien (2002), den Niederlanden (2004) und Norwegen (2001) jedoch bereits zum Einsatz kommende, direkte Integration

---

591 So müssen z. B. britische Verteilungsnetzbetreiber bei einer Versorgungsunter-brechung von mindestens 18 Stunden Haushalte und Nichthaushalte mit einer Zah-lung von 50 £ bzw. 100 £ entschädigen. Vgl. **Council of European Energy Regu-lators (CEER)**: Third Benchmarking Report on Quality of Electricity Supply... (2005), S. 43 ff. und S. 53 f.

592 Vgl. dazu unter anderem **Frontier Economics – Consentec**: Netzpreisaufsicht in der Praxis... (2003), S. 49 sowie **Ajodhia, Virendra – Petrov, Konstantin – Scar-si, Gian Carlo**: Integrated Cost and Quality Benchmarking... (2004), S. 2 und S. 8.

593 Vgl. **Ajodhia, Virendra – Petrov, Konstantin – Scarsi, Gian Carlo**: Quality, Re-gulation and Benchmarking... (2004), S. 115 ff.

594 Vgl. **Frontier Economics – Consentec**: Netzpreisaufsicht in der Praxis... (2003), S. 49 sowie **Hense, Andreas – Schäffner, Daniel**: Regulatorische Aufgaben im Energiebereich.... (2004), S. 17.

595 Vgl. dazu **Ajodhia, Virendra – Petrov, Konstantin – Scarsi, Gian Carlo**: Quality, Regulation and Benchmarking... (2004), S. 119 f.

von Qualitätsaspekten in die Preis- bzw. Erlösobergrenzenformel stellt eine Weiterentwicklung der Vorgabe von Qualitätsstandards dar.[596]

Mit Hilfe von **Qualitätsparametern**, die als **q-Faktor** bezeichnet werden, können Anreize zur Sicherung der Versorgungsqualität direkt in der Price- bzw. Revenue Cap-Formel einer Regulierungsperiode integriert werden:[597]

$$P_{i,t} = P_{i,t-1} \times (1 + RPI + q_i - X_i) + Z_i, \qquad (2-7)$$

bzw.

$$R_{i,t} = (R_{i,t-1} + CGA \times \Delta Cust_{i,t}) \times (1 + RPI + q_i - X_i) + Z_{i,t}, \qquad (2-8)$$

für:

q_i = Qualitätsanreizfaktor für das Unternehmen i in Prozent des zulässigen Entgelt- bzw. Umsatzniveaus.

Gelingt es einem Netzbetreiber z. B. die mittlere Dauer von Versorgungsunterbrechungen pro Kunden im Sinne des System Average Interruption Duration Index (SAIDI) während eines Geschäftsjahres unter den von der Regulierungsbehörde festgelegten Sollwert zu senken, führt dies über den q-Faktor zu einer **prozentualen Anhebung** der zulässigen Preis- bzw. Umsatzobergrenze im Folgejahr.[598] Da die Versorgungszuverlässigkeit in der Regel anhand **mehrerer Kennzahlen** gemessen wird, sind diese bei der Bestimmung des q-Faktors entsprechend zu gewichten.[599]

Die integrierte Preis- und Qualitätsregulierung verbindet das unternehmensspezifische Niveau der Versorgungsqualität und die realisierbare Kapitalverzinsung. Unterschreitet ein Unternehmen den vom Regulierer definierten Normwert bezogen auf die Häufigkeit bzw. Dauer von Versorgungsunterbrechungen, führt dies über einen positiven q-Faktor zu einer Anhebung der zulässigen Preis- bzw.

---

596 Für einen Überblick siehe **Council of European Energy Regulators (CEER)**: Third Benchmarking Report on Quality of Electricity Supply... (2005), S. 45 f.

597 Vgl. dazu auch **Hense, Andreas – Schäffner, Daniel**: Regulatorische Aufgaben im Energiebereich... (2004), S. 16 sowie **Wagner, Ralf – Cohnen, Bernd**: Sicherung der Versorgungsqualität unter Anreizregulierung... (2005), S. 6.

598 Vgl. dazu **Ajodhia, Virendra – Petrov, Konstantin – Scarsi, Gian Carlo**: Quality, Regulation and Benchmarking... (2004), S. 112 sowie **Wagner, Ralf – Cohnen, Bernd**: Sicherung der Versorgungsqualität unter Anreizregulierung... (2005), S. 6.

599 Siehe auch die von der BNetzA geplante Integration des q-Faktors in die Erlösobergrenzenformel und dessen methodische Ermittlung: **Bundesnetzagentur**: Bericht der Bundesnetzagentur nach § 112a EnWG zur Einführung der Anreizregulierung nach § 21a EnWG... (2006), S. 84 und S. 140 ff.

Umsatzobergrenze in Form und insofern zu einer **Erhöhung der Kapitalverzinsung**. Eine Überschreitung der vorgegebenen Dauer oder Häufigkeit von Versorgungsunterbrechungen wirkt über einen negativen q-Faktor und den daraus resultierenden niedrigeren Preissetzungsspielräumen hingegen **rentabilitätsmindernd**. In Analogie zu den bereits erläuterten Sliding Scale-Mechanismen sind qualitätsbezogene Erlössteigerungen bzw. -einbußen im Sinne positiver und negativer q-Faktoren allerdings entsprechend zu limitieren, um zum einen einen übermäßigen Anstieg der Netzentgelte zu vermeiden und andererseits eine Mindestverzinsung des Kapitals sicherzustellen.[600]

Im Rahmen dieses Kapitels wurde aufgezeigt, dass die Kapitalkosten und die Kapitalverzinsung von Stromnetzbetreibern stets im Zusammenhang mit dem jeweiligen **Regulierungskonzept** zu analysieren sind. Neben der Analyse der Kapitalkosten im Kontext jahresbezogener Rate of Return-Konzepte und der Rolle der Kapitalkosten im Rahmen der anreizorientierten Regulierungsmethoden wurde aufgezeigt, wie Kapitalkosten im Rahmen von Benchmarking-Verfahren zu behandeln sind und welcher Zusammenhang zwischen Kapitalkosten und der Versorgungsqualität besteht.

Es wurde belegt, dass sämtliche Regulierungsverfahren auf eine sachgerechte Kapitalkostenkalkulation angewiesen sind. Die Ausführungen der nachfolgenden Kapitel 3 bis 6 dieser Arbeit widmen sich deshalb ausführlich den Anforderungen und den einzelnen Parametern der **Kapitalkostenkalkulation** regulierter Stromnetzbetreiber.

---

600 So ist beispielsweise im Rahmen der von 2005 bis 2010 andauernden Regulierungsperiode in Großbritannien die maximale Anhebung des zulässigen Umsatzes im Falle des Erreichens der auf die Reduzierung von Versorgungsunterbrechungen abzielenden Qualitätsvorgaben auf ein Niveau von +3,0% und im Fall des Verfehlens der Qualitätsziele auf ein Niveau von -3,0% begrenzt. Vgl. **Office of Gas and Electricity Markets (OFGEM)**: Electricity Distribution Price Control Review... **(2004)**, S. 16.

3. Kapitel: Anforderungen an die Kapitalkostenkalkulation von regulierten Stromnetzbetreibern

Im Vorfeld der in den Kapiteln 4 bis 6 detailliert vorgenommenen Analyse der Determinanten der Kapitalkostenkalkulation verdeutlicht **Abbildung 3-1**, dass deren Ausgestaltung stets auf die mit der Kalkulation der Kapitalkosten regulierter Stromnetzbetreiber verbundenen Anforderungen und Zielsetzungen auszurichten ist.

Auch im Regulierungskontext müssen Erörterungen über alternative Kostenrechnungsmethoden in erster Linie auf die Zweckmäßigkeit der jeweiligen Verfahrensweisen abstellen. Spätestens seit den Arbeiten von *Clark* – „**different costs for different purposes**" –, der bereits 1923 die Lehre einer zweckorientierten Kostenrechnung begründete[601], gilt als zentraler Grundsatz der Kostenrechnungslehre, dass stets die konkreten Kostenrechnungszwecke die Kostenrechnungsinstrumente determinieren.[602] Anlässlich der Evaluierung netzgeschäftsbezogener Kapitalkostenkalküle kann es daher nicht nur auf die aus Sicht von Regulierungsbehörde und Netznutzern besonders bedeutsamen Kriterien der **Transparenz und Überprüfbarkeit** der Kalkulationsmethodik ankommen. Die Ausgestaltung der Kapitalkostenkalkulation muss auch auf die durch Abbildung 3-1 aufgezeigten Kalkulationszwecke ausgerichtet werden.[603] Die Kalkulation

---

601 Vgl. **Clark, John Maurice**: Studies in the Economics of Overhead Costs... (**1923**), S. 175-203. Siehe dazu auch die Ausführungen von **Zirkler, Bernd**: Führungsorientiertes US-amerikanisches Management Accounting... (**2002**), S. 58 f.

602 Siehe dazu unter anderem **Hummel, Siegfried - Männel, Wolfgang**: Kostenrechnung... (**1999**), S. 115 ff.; **Coenenberg, Adolf G.**: Kostenrechnung und Kostenanalyse... (**2003**), S. 18 ff. und **Schweitzer, Marcel – Küpper, Hans-Ulrich**: Systeme der Kosten- und Erlösrechnung... (**2003**), S. 69 und 78 f.

603 In kritischer Auseinandersetzung mit einer von von Hammerstein und Schlemmermeier angefertigten Expertise, die im Kontext der Netzentgeltkalkulation ein Realverzinsungskonzept nach dem Prinzip der Nettosubstanzerhaltung aufgrund vermeintlich mangelnder Transparenz und Überprüfbarkeit ablehnen, weist Männel daraufhin, dass der Gesichtspunkt der Transparenz und der Überprüfbarkeit von Kostenansätzen zweifelsfrei bedeutsam ist, aufgrund der dominanten Bedeutung der Regulierungsziele und Kalkulationszwecke jedoch nicht das ausschlaggebende Vergleichskriterium alternativer Kalkulationsmethodiken sein kann. Vgl. **Männel, Wolfgang**: Gutachterliche Stellungnahme zu dem im Auftrag der Deutsche BP AG... (**2004**), S. 8 und S. 20 ff. sowie **von Hammerstein, Christian – Schlemmermeier, Ben**: Realkapitalerhaltung und Effizienz... (**2004**), S. 5 und S. 11. Auch **Küpper, Hans-Ulrich**: Kostenorientierte Preisbestimmung... (**2002**), S. 54 fordert,

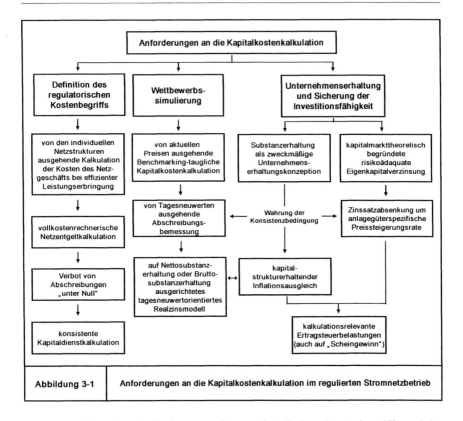

Abbildung 3-1 | Anforderungen an die Kapitalkostenkalkulation im regulierten Stromnetzbetrieb

muss zum einen den Anforderungen des regulatorischen Kostenbegriffs und der Zielsetzung einer wettbewerbssimulierenden Preissetzung gerecht werden, gleichzeitig aber den Netzbetreibern die Erhaltung der Unternehmenssubstanz und der Investitionsfähigkeit gewährleisten.

Ausgangspunkt für den Ansatz kalkulatorischer Kapitalkosten bildet die Definition und die daraus abgeleiteten Vorgaben des für den Stromnetzbetrieb maßgeblichen regulatorischen Kostenbegriffs, der Stromnetzbetreibern die Deckung der bei effizienter Leistungserbringung anfallenden Kosten des vorhandenen Netzgeschäfts ermöglichen muss. Wie nachfolgend ausführlich belegt wird, sind Netzentgeltkalkulationen stets vollkostenrechnerisch anzulegen. Aus dem **Grundsatz der Vollkostendeckung** folgt, dass in der Netzentgeltkalkulation neben kalkulatorischen Abschreibungen und Fremdkapitalzinsen auch eine ange-

dass im Kontext der Entgeltregulierung die Beziehung zwischen Rechnungszweck und Rechnungsinhalt stärker Beachtung finden sollte.

messene Verzinsung des über die Limitierung der Eigenkapitalquote begrenzten Eigenkapitals zu berücksichtigen ist.[604]

In diesem Zusammenhang ist das für preisregulierte Unternehmen zentrale bedeutsame Gebot der Einmaligkeit kostenrechnerischer Ansätze zu beachten, das anlässlich der Kapitalkostenkalkulation insbesondere durch das **Verbot von Abschreibungen „unter Null"** zum Ausdruck kommt, wie es durch § 6 Abs. 6 und Abs. 7 StromNEV auch für Stromnetzbetreiber vorgeschrieben ist.[605]

Unabhängig vom konkreten kapitalkostenrechnerischen Ansatz ist stets auf eine **konsistente Ermittlung des Kapitaldienstes** als Summe kalkulatorischer Abschreibungen und kalkulatorischer Zinsen zu achten. Im Vorfeld der konkreten Ausgestaltung der einzelnen kapitaldienstrechnerischen Modellierungen ist in Abhängigkeit des Wertansatzes der verzinsungsrelevanten Kapitalbasis auf die konsistente Ermittlung kalkulatorischer Abschreibungen und kalkulatorischer Zinsen zu achten. Dabei ist sicherzustellen, dass eine von historischen Anschaffungskosten ausgehende anschaffungswertorientierte Abschreibungsbemessung stets mit einer nominalen Verzinsung von Anschaffungspreisrestwerten gekoppelt wird, während im Fall einer von Tagesneuwerten ausgehenden Abschreibungsbemessung die tagesneuwertorientiert veranschlagten Tagespreisrestwerte lediglich mit einem realen Zinssatz zu verzinsen sind. Auf dieses **Kompatibilitätsprinzip** verweist heute nahezu jedes kostenrechnerische Lehrbuch.[606]

Wie Abbildung 3-1 verdeutlicht, sind alternative kapitalkostenrechnerische Kalkulationsmethoden darüber hinaus insbesondere dahingehend zu prüfen, inwieweit sie den Anforderungen einer **wettbewerbssimulierenden Kostenkalkulation** gerecht werden.[607] Wie im 2. Kapitel erläutert, setzt eine wettbewerbssimulierende und Benchmarking-taugliche Netzentgeltkalkulation voraus, dass Kapitalkosten ausgehend von aktuellen Preisniveaus kalkuliert und kalkulatorische Abschreibungen insofern von Tagesneuwerten abgeleitet werden. Diesbezüglich ist zu entscheiden, ob das **tagesneuwertorientierte Realzinsmodell** auf das den Ansatz tagesneuwertorientierter Abschreibungen im Ausmaß der Eigenkapitalquote limitierende Konzept der Nettosubstanzerhaltung oder auf eine

---

604 Vgl. **Männel, Wolfgang**: Kalkulationsmethodik des künftigen stromverteilungsspezifischen Regulierungskonzeptes... **(2004)**, S. 20.

605 Vgl. grundlegend **Männel, Wolfgang**: Substanzerhaltung durch kalkulatorische Abschreibungen oder durch kalkulatorische Gewinnbestandteile?... **(1998)**, S. 41 f.

606 Siehe stellvertretend **Coenenberg, Adolf G.**: Kostenrechnung und Kostenanalyse... **(2003)**, S. 46 sowie **Schweitzer, Marcel – Küpper, Hans-Ulrich**: Systeme der Kosten- und Erlösrechnung... **(2003)**, S. 764. Siehe dazu auch **Küpper, Hans-Ulrich – Pedell, Burkhard**: Gutachten zum Entwurf der Verordnung über die Entgelte für den Zugang zu Gasversorgungsnetzen... **(2005)**, S. 5 f.

607 Vgl. dazu **Männel, Wolfgang**: Gutachterliche Stellungnahme zu dem im Auftrag der Deutsche BP AG... **(2004)**, S. 16 ff.

durchgängig realverzinsungsorientierte Bruttosubstanzerhaltungskonzeption ausgerichtet werden soll. Folgt man einem auf Substanzerhaltung ausgerichteten Kapitaldienstkonzept ist darüber hinaus sicherzustellen, dass anlässlich der tagesneuwertorientierten Abschreibungsbemessung und im Rahmen der Anpassung
des Eigenkapitalzinssatzes an das reale Niveau dieselbe (anlagengüterspezifische) Preissteigerungsrate verwendet wird.[608]

Wie im 1. Kapitel dieser Arbeit erläutert, müssen kapitalkostenrechnerische
Kalkulationsmethodiken die **Unternehmenserhaltung** und die **Investitionsfähigkeit** von Stromnetzbetreibern sicherstellen, da die Regelungen des Energiewirtschaftsgesetzes (EnWG) die Betreiber von Energieversorgungsnetzen mit
weitreichenden Versorgungs-, Anschluss- und Investitionspflichten konfrontie-
ren.[609] Daraus folgt, dass die Kapitaldienstkalkulation dem **Grundsatz der Substanzerhaltung** gerecht werden muss, um Finanzierungslücken anlässlich der
Realisierung inflationsbedingt verteuerter Ersatzinvestitionen durch Innenfinanzierung zu schließen. Der auf das Ziel der Substanzerhaltung ausgerichtete Rechenzweck erfordert, die kalkulatorische Abschreibungsbemessung ausgehend
von aktuellen Wiederbeschaffungspreisen der Anlagegüter vorzunehmen.[610]

Da Stromnetzbetreiber am Kapitalmarkt mit risikowirtschaftlich vergleichbaren Unternehmen um knappes Kapital konkurrieren, muss ihnen eine **risikoadäquate Eigenkapitalverzinsung** zugestanden werden. Um den über den Ansatz tagesneuwertorientierter Abschreibung bewirkten Inflationsausgleich und die
ebenso als Gewinnelement zu begreifende Eigenkapitalverzinsung vollumfänglich realisieren zu können, müssen die diesbezüglich anfallenden Ertragsteuerbelastungen aus dem Zusammenwirken von **Gewerbe- und Körperschaftsteuer**
kalkuliert werden.

---

608   Vgl. **Männel, Wolfgang**: Kalkulationsmethodik des künftigen stromverteilungsspe-
      zifischen Regulierungskonzeptes... **(2004)**, S. 81 ff. sowie **Sieben, Günter – Mal-
      try, Helmut**: Zur Bemessung kalkulatorischer Abschreibungen und Zinsen...
      (2002), S. 410. Siehe dazu auch die Ausführungen im 5. Kapitel, S. 302 f.
609   Vgl. dazu nochmals **Männel, Wolfgang**: Gutachterliche Stellungnahme zu dem im
      Auftrag der Deutsche BP AG... **(2004)**, S. 16 ff.
610   Zu den unterschiedlichen Rechenzwecken bilanzieller und kalkulatorischer Ab-
      schreibungen siehe auch **Fischer, Thomas M. – Hitz, Jörg-Markus**: Abschrei-
      bungsfinanzierung... **(2001)**, Sp. 8 f.

I. Definition des regulatorischen Kostenbegriffs

A. Vollkostenrechnerische Entgeltkalkulation

Wie bereits im 2. Kapitel dieser Arbeit erläutert, weisen die unter wohlfahrtsökonomischen Gesichtspunkten als „first-best-Lösung" geltenden, unterhalb der Durchschnittskosten liegenden Grenzkostenpreise lediglich theoretischen Charakter auf. Realiter sind die besonders fixkostenintensiven Stromnetzbetreiber auf die Kalkulation von Abschreibungen und Zinsen angewiesen, da sie ansonsten nicht in der Lage wären, ihre Unternehmenssubstanz zu erhalten und die Versorgungssicherheit zu gewährleisten.[611] Die Kalkulation ist demzufolge konsequent vollkostenrechnerisch anzulegen. Stromnetzbetreibern muss die **Deckung der vollen Kosten des Netzgeschäfts** als Summe von Betriebs- und Kapitalkosten ermöglicht werden.[612]

Dieses Erfordernis ist insbesondere vor dem Hintergrund der zur Regulierung von Telekommunikationsnetzen entwickelten Kostenkonzepte im Sinne von Long Run Incremental Costs (LRIC) zu beachten[613], welche jenseits des nationalen Stromnetzbetriebs durch die Verordnung (EG) Nr. 1228/2003 auch für den grenzüberschreitenden Stromhandel über die Übertragungsnetze aufgegriffen wurden. Nach Artikel 3 Nr. 6 der Verordnung 1228/2003/EG sind die Durchleitungsgebühren für grenzüberschreitende Stromflüsse jedoch nicht auf Grenzkostenbasis, sondern auf der Grundlage der zu erwartenden und insofern von aktuellen Wiederbeschaffungskosten abzuleitenden, langfristigen durchschnittlichen zusätzlichen Kosten im Sinne von **Long Run Average Incremental Costs**

---

611 Vgl. **Leprich, Uwe**: Least-Cost Planning als Regulierungskonzept... **(1994)**, S. 64. Auch **Albach, Horst – Knieps, Günter**: Kosten und Preise in wettbewerblichen Ortsnetzen... **(1997)**, S. 18 betonen, dass es zur Gewährleistung der Überlebensfähigkeit von Netzbetreibern auf die Ermittlung der Gesamtkosten ankommt. Siehe dazu auch **Küpper, Hans-Ulrich**: Entscheidungsorientiertes Costing – kapitaltheoretischer Ansatz... **(2003)**, S. 32 f.

612 Vgl. **Männel, Wolfgang**: Kalkulationsmethodik des künftigen stromverteilungsspezifischen Regulierungskonzeptes... **(2004)**, S. 20.

613 Siehe dazu **Kommission der Europäischen Gemeinschaften**: Empfehlung der Kommission 98/195/EG vom 8. Januar 1998 zur Zusammenschaltung in einem liberalisierten Telekommunikationsmarkt... **(1998)**, Nr. 3, S. 34: Die Zusammenschaltungskosten sollten auf der Grundlage der **zukunftsrelevanten langfristigen durchschnittlichen zusätzlichen Kosten** berechnet werden, da diese Kosten denen eines effizienten Betreibers, der moderne Technologien einsetzt, sehr nahe kommen. Zusammenschaltungsentgelte, die auf solchen Kosten beruhen, können berechtigte Zuschläge enthalten, um einen Teil der zukunftsrelevanten Gemeinkosten eines effizienten Betreibers abzudecken, die unter Wettbewerbsbedingungen anfallen würden." (Hervorhebung durch den Verfasser dieser Arbeit).

(**LRAIC**) zu ermitteln.[614] LRAIC beinhalten auch die für die im Rahmen des grenzüberschreitenden Stromhandels in Anspruch genommenen Kapazitäten anfallenden Kapitalkosten.[615] Es besteht kein Zweifel, dass es sich bei den kalkulationsrelevanten Kosten im regulierten Netzgeschäft um **langfristige Vollkosten** handelt, die zeitanteilige Investitionsausgaben und deren Verzinsung im Sinne von Abschreibungen und Zinsen einschließen.[616]

B. Rationelle Betriebsführung vs. effiziente Leistungserbringung

Der die Bedingungen und Entgelte für den Netzzugang regelnde § 21 Abs. 2 des EnWG vom 07.07.2005 sieht vor,

> dass „die Entgelte [...] auf der Grundlage der Kosten einer Betriebsführung, die denen eines effizienten und strukturell vergleichbaren Netzbetreibers entsprechen müssen, unter Berücksichtigung von Anreizen für eine effiziente Leistungserbringung und einer angemessenen, wettbewerbsfähigen und risikoangepassten Verzinsung des eingesetzten Kapitals gebildet" werden, „soweit in einer Rechtsverordnung gemäß § 24 nicht eine Abweichung von der kostenorientierten Entgeltbildung bestimmt ist. Soweit die Entgelte kostenorientiert gebildet werden, dürfen Kosten und Kostenbestandteile, die sich ihrem Umfang nach im Wettbewerb nicht einstellen würden, nicht berücksichtigt werden."

Der überaus komplexe Wortlaut des § 21 Abs. 2 des EnWG stellt eine **Kompromisslösung** dar. Im Vorfeld der Novellierung des EnWG im Jahr 2005 kam es zu erheblichen Meinungsverschiedenheiten zwischen den am Regulierungsprozess beteiligten Parteien, an welcher grundsätzlichen Leitmaxime die Netzentgeltkalkulation auszurichten ist. Insbesondere Netznutzer und Vertreter stromintensiver Industrien forderten, das bislang für die Bestimmung von Netzentgelten gemäß der VV II plus[617] maßgebliche Prinzip der **rationellen Be-**

---

614 Vgl. **Verordnung (EG) Nr. 1228/2003** des Europäischen Parlamentes und Rates vom 26.06.2003 über die Netzzugangsbedingungen für den grenzüberschreitenden Stromhandel... **(2003)**, Artikel 3, Nr. 6.

615 Zur Kalkulationsrelevanz der anteiligen Kapazitätskosten siehe in diesem Zusammenhang auch **Schneider, Dieter:** Substanzerhaltung bei Preisregulierungen ... **(2001)**, S. 40 sowie **Siegel, Theodor:** Kosten der effizienten Leistungsbereitstellung.... **(2002)**, S. 244 f.

616 Vgl. daz **Busse von Colbe, Walther:** Thesen zur Kontrolle und Genehmigung... **(2004)**, S. 2.

617 Vgl. dazu **Bundesverband der Deutschen Industrie e. V. (BDI) – Verband der Industriellen Energie- und Kraftwirtschaft e. V. (VIK) – Verband der Elektrizitätswirtschaft e. V. (VDEW) – Verband der Netzbetreiber (VDN), beim VDEW e. V. – Arbeitsgemeinschaft regionaler Energieversorgungsunterneh-**

triebsführung durch den in § 29 Abs. 2 des Telekommunikationsgesetzes (TKG) festgeschriebenen Begriff der effizienten Leistungsbereitstellung zu ersetzen.[618] Demgegenüber plädierten die EVU dafür, am Begriff der rationellen Betriebsführung festzuhalten.[619]

Der Forderung an der Orientierung am Begriff der effizienten Leistungsbereitstellung wurde insbesondere mit dem Verweis auf eine nicht hinreichende Definition des Begriffs der rationellen Betriebsführung begründet.[620] Diese Kritik übersieht jedoch, dass der Begriff der wirtschaftlichen Betriebsführung seit jeher zu denen im **Öffentlichen Preisrecht** verankerten Grundsätzen gehört.[621] Zur Prüfung der Angemessenheit der wirtschaftlichen Betriebsführung und der Angemessenheit von Kosten wurden zahlreiche Kriterien entwickelt. Während die wirtschaftliche Betriebsführung z. B. durch die Analyse der Beschäftigungssituation und der Unternehmensorganisation beurteilt wird, werden unangemessen hohe Kosten in der Regel vermutet, wenn ein Unternehmen, das Preise für einen öffentlichen Auftrag kalkuliert, im Durchschnitt z. B. höhere Löhne und Gehälter,

---

men e.v. (ARE) – Verband kommunaler Unternehmen (VKU) e. V.: Anlage 3 zur Verbändevereinbarung... (2002), S. 1.
618 Siehe dazu **Außenhandelsverband für Mineralöl und Energie e. V. (AFM+E)** – **Bundesverband Neue Energieanbieter (bne)** – **VEA - die Energiemanager** – **Verband der Industriellen Energie- und Kraftwirtschaft e. V. (VIK)**: Stellungnahme zum Entwurf des Bundesministeriums für Wirtschaft und Arbeit... (2004), S. 33: „Anstelle des einzelwirtschaftlichen Begriffs der „energiewirtschaftlich rationellen Betriebsführung" sollte durchgängig der volkswirtschaftliche Maßstab der „effizienten Leistungsbereitstellung" verwendet werden". Siehe auch die korrespondierende Argumentation bei **von Hammerstein, Christian – Schlemmermeier, Ben**: Realkapitalerhaltung und Effizienz... (2004), S. 3 und 7 ff.
619 Vgl. **Verband der Elektrizitätswirtschaft e. V. (VDEW) – Verband der Netzbetreiber e. V. (VDN) – Verband der Verbundunternehmen und regionalen Energieversorger e. V. (VRE)**: Eckpunkte der Ausgestaltung des regulatorischen Rahmens... (2003), IV. Methodik der Netzentgeltermittlung, Punkt 3, S. 6. Die Zweckmäßigkeit des Begriffs der rationellen Betriebsführung bestätigten auch **Männel, Wolfgang**: Preisfindungsprinzipien der Verbändevereinbarung VV II plus... (2003), S. 18 sowie **Sieben, Günter – Maltry, Helmut**: Netznutzungsentgelte für elektrische Energie... (2002), S. 14.
620 Vgl. dazu nochmals **von Hammerstein, Christian. – Schlemmermeier, Ben**: Realkapitalerhaltung und Effizienz... (2004), S. 5.
621 Siehe dazu die im Öffentlichen Preisrecht vorgesehene Begrenzung der für die Selbstkostenpreisermittlung anzuerkennenden Kosten durch die Orientierung am Prinzip der wirtschaftlichen Betriebsführung, das sich direkt aus dem durch die betriebswirtschaftliche Theorie begründeten Rationalprinzip ableiten lässt. Vgl. **Ebisch, Hellmuth – Gottschalk, Joachim u. a.**: Preise und Preisprüfungen... (2001), zu LSP Nr. 4 „Kosten und Selbstkostenpreise", Abs. 2, S. 249 sowie die diesbezügliche Begründung in Tz. 12, S. 256.

Provisionen oder Lizenzgebühren zahlt als ein vergleichbares Unternehmen, das seine Leistungen am freien Markt anbietet.[622]

Der Grundsatz der rationellen Betriebsführung korrespondiert mit dem dem Erkenntnisobjekt der Betriebswirtschaftslehre zugrunde liegenden **Rationalprinzip (ökonomisches Prinzip)**, dass im hier interessierenden Kontext als Minimalprinzip zu formulieren ist, wonach „ein gegebener Güterertrag mit geringst möglichem Einsatz von Produktionsfaktoren zu erwirtschaften ist".[623] Aus betriebswirtschaftlicher Sicht besteht insofern kein Grund zwischen dem Rationalitätsbegriff und dem **Begriff der Effizienz** zu differenzieren, da bei festliegendem Leistungsziel beide als Kostenminimierungsprinzip aufzufassen sind.[624]

Aus dem Wortlaut des § 21 Abs. 2 EnWG darf jedoch nicht abgeleitet werden, dass die gemäß dem Grundsatz der effizienten Leistungserbringung kalkulierten Netzentgelte stets den Kosten eines „effizienten und strukturell vergleichbaren Netzbetreibers entsprechen" müssen. Aufgrund der besonders langen Investitionszyklen und den damit verbundenen **Kostenremanenzphänomenen** würde ein Regulierungskonzept, welches Stromnetzbetreibern nur die Kosten des günstigsten strukturell vergleichbaren Netzbetreibers vergütet, existenzbedrohende Wirkungen entfalten.[625] Stromnetzbetreiber können ihre Anlagenstrukturen und das Kapitalkostenvolumen nur sukzessive an aktuelle technologische Entwicklungen anpassen.

Anlässlich der Neuausrichtung des energiewirtschaftsbezogenen Regulierungskonzeptes wiesen mehrere Experten daraufhin, dass die regulatorischen Rahmenbedingungen des Telekommunikationsbereichs aufgrund branchenspezifischer Besonderheiten nicht ohne weiteres auf die Regulierung von Stromnetzbetreibern übertragen werden können.[626] Im Mai des Jahres 2004 stellte auch der Präsident der BNetzA Bezug nehmend auf den in § 20 Abs. 3 des EnWG-Entwurfs vom 16.02.2004 noch enthaltenen „Grundsatz der energiewirtschaftlich rationellen Betriebsführung" fest, dass Netzentgelte in der Strom- und Gasver-

---

622 Siehe dazu auch **Coenenberg, Adolf G.**: Kostenrechnung und Kostenanalyse... **(2003)**, S. 124 f.

623 **Wöhe, Günter**: Einführung in die Allgemeine Betriebswirtschaftslehre... **(2002)**, S. 1.

624 Vgl. dazu **Männel, Wolfgang**: Gutachterliche Stellungnahme zu dem im Auftrag der Deutsche BP AG... **(2004)**, S. 14 sowie **Engelsing, Felix**: Kostenkontrolle und Erlösabgleich bei Netzentgelten... **(2003)**, S. 254.

625 Vgl. **Lieb-Dóczy, Enese – von Hammerstein, Christian**: Introducing energy sector regulation in Germany... **(2003)**, S. 18.

626 Vgl. stellvertretend **Zander, Wolfgang**: Unterschiede zwischen Telekommunikation und Energiewirtschaft – Technische Implikationen... **(2004)**, S. 4.

teilung stets ausgehend von den vorhandenen **unternehmensspezifischen Netzen** zu kalkulieren sind.[627]

C. Kalkulatorische Abschreibungsbemessung

1) Verbot von Abschreibungen „unter Null" gemäß § 6 StromNEV

In der Kostenrechnungsliteratur wird für den Fall einer über den ursprünglich veranschlagten Abschreibungszeitraum hinausgehenden Nutzung von Anlagen eine **Abschreibung „unter Null"** vorgeschlagen.[628] Die Beibehaltung des kalkulatorischen Abschreibungsniveaus für Vermögensgegenstände, die bereits voll abgeschrieben sind, soll zur Erleichterung von Betriebsergebnis-Vergleichen beitragen, mit Blick auf die Verstetigung des Kosten- und Preisniveaus aber vor allem einem Absinken kostenmäßiger Preisuntergrenzen entgegenwirken[629].

Demgegenüber sind Abschreibungen „unter Null" **für entgeltregulierte Unternehmen nicht zulässig**, da eine Doppelverrechnung von Abschreibungen einer kostenorientierten Preiskalkulation zuwiderlaufen würde. Eine Abschreibung „unter Null" würde Beträge als deckungspflichtig deklarieren, die nicht zur Unternehmenserhaltung benötigt werden und insofern direkt gewinn- bzw. rentabilitätserhöhend wirken.[630] Insofern verbieten auch die am Kostendeckungsprinzip ausgerichteten Leitsätze für die Preisermittlung auf Grund von Selbstkosten (LSP) eine Doppelverrechnung kalkulatorischer Abschreibungen.[631]

---

627 Vgl. **Kurth, Matthias**: Die Rolle einer Regulierungsbehörde als Konfliktlöser... **(2004)**, S. 7.

628 Anstelle der Formulierung Abschreibungen „unter Null" wird häufig auch der Begriff Abschreibungen „über Null hinaus" verwendet. Vgl. dazu **Adam, Dietrich – Hering, Thomas**: Kalkulation von Abwassergebühren... **(1995)**, S. 264; **Schneider, Dieter**: Entscheidungsrelevante fixe Kosten... **(1984)**, S. 2527 sowie **Plinke, Wulff**: Industrielle Kostenrechnung.... **(2000)**, S. 79.

629 Siehe dazu auch **Männel, Wolfgang**: Kalkulationsmethodik des künftigen stromverteilungsspezifischen Regulierungskonzeptes... **(2004)**, S. 26. sowie **Männel, Wolfgang**: Preisfindungsprinzipien der Verbändevereinbarung VV II plus... **(2003)**, S. 59.

630 Vgl. **Arbeitskreis Internes Rechnungswesen der Schmalenbach-Gesellschaft**: Interne Unternehmensrechnung: aufwands- oder kostenorientiert?... **(1999)**, S. 37. Sowie **Schneider, Dieter**: Entscheidungsrelevante fixe Kosten... **(1984)**, insbesondere S. 2527 und **Männel, Wolfgang**: Entwicklungsperspektiven der Kostenrechnung... **(1999)**, S. 16.

631 Vgl. **Ebisch, Hellmuth – Gottschalk, Joachim u. a.**: Preise und Preisprüfungen... **(2001)**, zu Nr. 39 LSP, Tz. 14 bis 20, S. 446 ff.

Im Kontext der kostenorientierten Kalkulation von Netzentgelten kommt dem Gebot der Einmaligkeit kalkulatorischer Abschreibungen eine zentrale Bedeutung zu.[632] Da Anlage 1 zu § 6 Abs. 5 Satz 1 StromNEV, die für die **lineare kalkulatorischen Abschreibungsbemessung** maßgeblichen betriebsgewöhnlichen Nutzungsdauern anlagengruppenspezifisch vorgibt, wird eine unternehmensspezifische Schätzung der für die Preiskalkulation relevanten anlagenspezifischen Nutzungsdauern obsolet. Insofern sieht § 6 Abs. 6 und Abs. 7 StromNEV konsequenterweise ein Verbot von Abschreibungen „unter Null" vor.

2) Vorgaben des § 6 Abs. 2 Satz 2 Ziffer 2 StromNEV

Der Grundsatz des Verbots von Abschreibungen „unter Null" wird in der Strom-NEV zusätzlich durch die Regelung des § 6 Abs. 2 Satz 2 Ziffer 2 verankert, wonach die für die Abschreibungsbemessung und Tagesneuwertermittlung maßgeblichen historischen Anschaffungs- und Herstellungskosten, von den im Zeitpunkt der Anlagenerrichtung **erstmalig aktivierten Anschaffungs- und Herstellungskosten** abzuleiten sind. Diese Regelung erweist sich insbesondere dann problematisch, wenn Netzbetreiber einzelne Anlagen oder ganze Netzabschnitte zu einem den kalkulatorischen Restwert übersteigenden **Kaufpreis von Dritten** übernommen haben. Anlässlich von Netzverkäufen und -käufen, die insbesondere für Stromverteilungsnetzbetreiber im Falle des Auslaufens von Konzessionsverträgen relevant werden, war es in der Vergangenheit üblich, den regelmäßig vom Tagespreisrestwert abgeleiteten Sachzeitwert der Anlagegüter anzusetzen, der gemäß der Entscheidung des Bundesgerichtshofs vom 16.11.1999 (Kaufering-Entscheidung) in seiner Höhe durch den Ertragswert zu begrenzen ist.[633]

Werden die Abschreibungen im Anschluss ausgehend von einem Kaufpreis bemessen, der die ursprünglich beim Verkäufer geführten kalkulatorischen Restbuchwerte übersteigt, führt dies zu einer Abschreibung „unter Null" und wäre insofern mit der Vorgabe des § 6 Abs. 2 Satz 2 Ziffer 2 StromNEV nicht vereinbar. Im Fall eines kalkulatorisch bereits voll abgeschriebenen Stromnetzes wäre der Verkäufer infolge der Regelung des § 6 Abs. 2 Satz 2 Ziffer 2 StromNEV theoretisch sogar zur Schenkung der Anlagen an einen Käufer gezwungen, da dieser mit voll abgeschriebenen Anlagen über die Netzentgeltkalkulation **keinen Er-**

---

632 Siehe dazu auch die Ausführungen der **Arbeitsgruppe Netznutzung Strom der Kartellbehörden des Bundes und der Länder**: Bericht über 1. die Reichweite der kartellrechtlichen Eingriffsnormen ... **(2001)**, S. 33 f. und dem **Bundeskartellamt**: Entgeltregulierung der Elektrizitäts- und Gasnetze... **(2003)**, S. 10.

633 Vgl. **Ballwieser, Wolfgang**: Zur Ermittlung des Ertragswertes von örtlichen Stromnetzen... **(2001)**, S. 7 f.

tragswert erzielen kann und insofern grundsätzlich auch nicht bereit sein wird, einen Kaufpreis von größer Null zu zahlen. Aus betriebswirtschaftlicher Sicht ist es entgegen der Vorgabe des § 6 Abs. 2 Satz 2 Ziffer 2 StromNEV geboten, die kalkulatorischen Abschreibungen vom geleisteten Kaufpreis der übernommenen Anlagen vorzunehmen, da die kapitalbereitstellenden Investoren grundsätzlich eine **vollständige Amortisation und Verzinsung des eingesetzten Kapitals** fordern werden. Verfügt der Verkäufer im Anschluss der Veräußerung von Netzteilen weiterhin über ein Stromnetz, ist er im Fall eines den kalkulatorischen Restwert übersteigenden Kaufpreises durch die Vorgabe des § 9 Abs. 1 StromNEV verpflichtet, Veräußerungsgewinne netzkostenmindernd anzusetzen. In diesem Fall kommt es nicht zu einer Mehrbelastung der Netznutzer.

Die Auslegung und Wirkung des § 6 Abs. 2 Satz 2 Ziffer 2 StromNEV ist aus juristischer Sicht vor dem Hintergrund der Generalnorm des Verbots von Abschreibungen „unter Null" gemäß § 6 Abs. 6 und 7 StromNEV derzeit jedoch noch nicht abschließend geklärt.[634] Insofern ist Netzbetreibern zu empfehlen, Anlagenkäufe und Netzübernahmen zunächst nur noch zu einem den nach den Vorgaben der StromNEV ermittelten **kalkulatorischen Restwerten** entsprechenden Kaufpreis zu tätigen.

3) Übergangsregelung des § 32 Abs. 3 StromNEV

Anlässlich der Netzentgeltkalkulation für das Jahr 2006 zielten auch die **Übergangsregelungen des § 32 Abs. 3 StromNEV** auf eine Verhinderung von Abschreibungen „unter Null" ab.[635] Gemäß § 32 Abs. 3 Satz 2 sind im Rahmen der erstmaligen Netzentgeltkalkulation anlässlich der Bestimmung der kalkulatorischen Restwerte „die seit Inbetriebnahme der Sachanlagegüter der kalkulatorischen Abschreibung tatsächlich zu Grunde gelegten Nutzungsdauern heranzuziehen." „Soweit vor dem Inkrafttreten der StromNEV bei der Stromtarifbildung nach der Bundestarifordnung Elektrizität Kosten des Elektrizitätsversorgungsnetzes zu berücksichtigen waren und von Dritten gefordert wurden", wird gemäß

---

634 Becker/Büttner/Held stützen die betriebswirtschaftliche Argumentation des Verfassers dieser Arbeit insbesondere mit Verweis auf die aus ihrer Sicht unzulässige Rückwirkung des § 6 Abs. 2 Satz 2 Ziffer 2 StromNEV und die Regelung des § 21 Abs. 2 Satz 1 EnWG, wonach das eingesetzte Kapital angemessen zu verzinsen ist. Vgl. **Becker – Büttner – Held**: Stellungnahme zum Positionspapier der Regulierungsbehörden des Bundes und der Länder vom 7. März 2006... **(2006)**, S. 16 f.

635 Siehe auch **Bundesnetzagentur**: Positionspapier der Regulierungsbehörden des Bundes und der Länder zu Einzelfragen der Kostenkalkulation gemäß Stromnetzentgeltverordnung... **(2006)**, S. 7.

§ 32 Abs. 3 Satz 3 StromNEV vermutet, „dass die nach den Verwaltungsvor-
schriften der Länder zur Darstellung der Kosten- und Erlöslage im Tarifgenehmi-
gungsverfahren jeweils zulässigen (regelmäßig die kürzeren steuerrechtlichen[636])
Nutzungsdauern der Ermittlung der Kosten zu Grunde gelegt worden sind." Nur
wenn „vor dem Inkrafttreten dieser Verordnung keine kostenbasierten Preise im
Sinne des Satzes 3 gefordert worden sind" – die Anlagen des Netzbetreibers also
keiner Tarifpreisgenehmigung unterlagen – waren anlässlich der Restwerter-
mittlung für die erstmalige Netzentgeltermittlung die unteren Werte der **betriebsgewöhnlichen Nutzungsdauern** der Anlage 1 StromNEV zugrunde zu legen, es sei denn die Netzbetreiber konnten die der Kalkulation in der Vergangenheit tatsächlich zugrunde gelegten Nutzungsdauern nachweisen.

Die Regelungen des § 32 Abs. 3 StromNEV führten bei vielen Netzbetreibern
im Rahmen der Preisgenehmigungsverfahren 2006 zu Kürzungen der beantragten
kalkulatorischen Restwerte durch die BNetzA und infolge der daraus resultierenden Minderung der kalkulatorischen Abschreibungen, der kalkulatorischen Eigenkapitalverzinsung und der kalkulatorischen Gewerbesteuer teilweise zu einer
erheblichen **Absenkung der beantragten kalkulatorischen Kosten.**[637] Da die
Anwendung des § 32 Abs. 3 StromNEV nur während der erstmaligen Kalkulation
der Netzentgelte nach den Vorgaben der StromNEV im Jahr 2006 relevant wurde, wird im Folgenden nicht weiter darauf eingegangen.[638]

---

636 Anmerkung vom Verfasser dieser Arbeit. Siehe dazu auch **Bundesnetzagentur:** Po-
     sitionspapier der Regulierungsbehörden des Bundes und der Länder zu Einzelfragen
     der Kostenkalkulation gemäß Stromnetzentgeltverordnung... **(2006)**, S. 3.
637 Vgl. stellvertretend **Bundesnetzagentur:** Beschluss in dem Verwaltungsverfahren
     auf Grund des Antrags der E.ON Netz GmbH... **(2006)**, S. 27 ff.; **Bundesnetzagen-
     tur:** Beschluss in dem Verwaltungsverfahren auf Grund des Antrags der EnBW
     Transportnetze AG... **(2006)**, S. 31 ff. sowie **Bundesnetzagentur:** Beschluss in dem
     Verwaltungsverfahren auf Grund des Antrags der RWE Transportnetz Strom
     GmbH... **(2006)**, S. 27 ff.
638 An dieser Stelle ist jedoch darauf zu verweisen, dass die Rechtmäßigkeit der Ver-
     mutungsregelungen des § 32 Abs. 3 StromNEV auch aus juristischer Sicht derzeit
     noch nicht abschließend geklärt ist. Siehe dazu die Ausführungen von **Salje, Peter:**
     Die Abschreibung von Netzanlagen im Übergang zwischen Tarifgenehmigung und
     Netzentgeltgenehmigung, in: Recht der Energiewirtschaft (RdE), o. Jg. **(2006)**, Heft
     9, S. 253-287.

II. Wettbewerbssimulierende Kapitalkostenkalkulation

A. Zielsetzung der wettbewerbssimulierenden Kalkulation

Eines der bedeutsamsten Ziele von Preisaufsichtsmechanismen in regulierten Märkten ist es, eine wettbewerbsorientierte Kalkulation von Netzentgelten zu simulieren. Ziel der Preisregulierung ist es, „ein natürliches Monopol so zu regulieren, dass Preise, Outputs und Gewinne entstehen, wie sie durch die Konkurrenz erzielt würden, wenn diese in der Lage wären, effizient zu operieren".[639] Zimmermann wies bereits 1989 darauf an, dass die „sichtbare Hand" der staatlichen Preisaufsicht für Wirtschaftssektoren mit monopolistischen Marktstrukturen die „unsichtbare Hand" des Wettbewerbs zu ersetzen und demnach Preise durchzusetzen habe, die möglichst den sich bei einem funktionsfähigen Wettbewerb bildenden Preisen entsprechen sollen.[640] Insofern sind Regulierer dazu angehalten, für Entgeltkalkulationen nur jene Kostenniveaus akzeptieren, die auch unter Wettbewerbsbedingungen zustande kämen. Von mehreren betriebswirtschaftlich anerkannten Kalkulationsmethoden ist demzufolge jene zu bevorzugen, die den größten Markt- und Wettbewerbsbezug aufweist.[641] Die kostenorientierte Entgeltkalkulation hat sich dabei an dem unter Wettbewerbsbedingungen bedeutsamen Prinzip der Bestimmung kostenmäßiger Preisuntergrenzen zu orientieren.[642]

B. Von aktuellen Tagespreisen abgeleitete Kapitalkostenkalkulation

Obwohl sich *Swoboda* und *Zimmermann* im Kontext der staatlichen Preisadministration zum Grundsatz der Bestimmung wettbewerbsanaloger Preise bekennen,[643] kann die von ihnen vertretene Auffassung, dass **langfristige kostenmäßige Preisuntergrenzen** ausgehend von einem von historischen Anschaffungsprei-

---

639 Vgl. **Lipsey, Richard G.**: Einführung in die positive Ökonomie... (**1971**), S. 373.

640 Vgl. **Zimmermann, Gebhard**: Zur Substanzerhaltung in Unternehmen... (**1989**), S. 503.

641 Dies forderte bereits die **Arbeitsgruppe Netznutzung Strom der Kartellbehörden des Bundes und der Länder**: Bericht über 1. die Reichweite der kartellrechtlichen Eingriffsnormen... (**2001**), S. 30.

642 Siehe nochmals **Arbeitsgruppe Netznutzung Strom der Kartellbehörden des Bundes und der Länder**: Bericht über 1. die Reichweite der kartellrechtlichen Eingriffsnormen... (**2001**), S. 30.

643 Vgl. **Männel, Wolfgang**: Gutachterliche Stellungnahme zu dem von Prof. Dr. Gerhard Zimmermann im Auftrag des Bundeskartellamtes am 15. Oktober 2003 präsentierten Gutachten... (**2003**), S. 15.

sen veranschlagten Kapitaldienst abzuleiten sind, nicht überzeugen.[644] Die Forderung nach einer anschaffungswertorientierten Kapitalkostenkalkulation beruht auf der Auffassung, dass den Kapitalgebern über die Umsatzerlöse das eingesetzte Kapital im Sinne des Anschaffungspreises und eine angemessene Rendite zurückfließen muss – was gemäß der **Äquivalenztheorie** *Swobodas* aus dem Jahr 1973 sowohl auf Basis einer anschaffungswertbezogenen als auch durch eine wiederbeschaffungswertorientierte Kapitalkostenkalkulation sichergestellt werden kann.[645]

Gemäß der den Aussagensystemen *Swobodas* zugrunde liegenden **Prämissen des vollkommenen Kapitalmarktes**[646] können EVU zur Finanzierung inflationsbedingt verteuerter Ersatzinvestitionen jederzeit problemlos zusätzliches Eigen- und Fremdkapital aufnehmen.[647] Eine „zu erhöhten Kosten und damit erhöhten Preisen"[648] führende Bildung von Substanzerhaltungsrücklagen über den Ansatz einer von aktuellen Wiederbeschaffungspreisen abgeleiteten Abschreibungsbemessung sei daher nicht notwendig, zumal die **zinseszinserträgliche rentierliche Hortung** anschaffungswertorientiert kalkulierter liquider Abschreibungsgegenwerte in inflationären Zeiten die Finanzierung des Wiederbeschaffungspreises erlaube.[649]

Auf Basis der Erkenntnisse der BWL und der Regulierungstheorie sowie den Erfahrungen der internationalen Regulierungspraxis kann der von *Swoboda* und *Zimmermann* geführten Argumentation einer anschaffungswertorientierten Kalkulation wettbewerbsanaloger Preise nicht zugestimmt werden.[650] Trotz seines

---

644 Siehe dazu unter anderem **Swoboda, Peter**: Die Kostenbewertung in Kostenrechnungen... (**1973**), S. 367; **Swoboda, Peter**: Zur Anschaffungswertorientierung administrierter Preise... (**1996**), S. 365; **Zimmermann, Gebhard**: Zur Substanzerhaltung in Unternehmen... (**1989**), S. 504 f. sowie **Zimmermann, Gebhard**: Die kalkulatorischen Kosten ... (**2003**), S. 50.

645 Vgl. nochmals **Swoboda, Peter**: Die Kostenbewertung in Kostenrechnungen... (**1973**), S. 363 ff.

646 Zu den Prämissen des vollkommenen Kapitalmarktes siehe unter anderem **Gerke, Wolfgang – Bank, Matthias**: Finanzierung... (**2003**), S. 61 ff. sowie **Perridon, Louis – Steiner, Manfred**: Finanzwirtschaft der Unternehmung... (**2004**), S. 20 f. u. S. 496.

647 Vgl. **Swoboda, Peter**: Die Kostenbewertung in Kostenrechnungen... (**1973**), S. 361 sowie **Swoboda, Peter**: Bewertung zu Wiederbeschaffungswerten oder zu Anschaffungspreisen... (**1998**), S. 117.

648 **Zimmermann, Gebhard**: Die kalkulatorischen Kosten... (**2003**), S. 17.

649 Vgl. nochmals **Zimmermann, Gebhard**: Die kalkulatorischen Kosten... (**2003**), S. 17 und die Ausführungen in 5. Kapitel dieser Arbeit S. 328 ff.

650 Siehe insbesondere auch die kritischen Äußerungen von **Seicht, Gerhard**: Zur aktuellen Diskussion über Abschreibungskosten... (**1991**), S. 235 sowie **Männel, Wolfgang**: Gutachterliche Stellungnahme zu dem von Prof. Dr. Gebhard Zimmer-

Plädoyers für anschaffungswertorientiert administrierte Preise räumte *Swoboda* bereits 1973 ein, dass eine von historischen Anschaffungs- bzw. Herstellungskosten ausgehende Abschreibungsbemessung in inflationären Zeiten zu den jeweiligen Anlagenersatzzeitpunkten einen Anstieg des Abschreibungsniveaus und dementsprechende **Kosten- und Preissprünge** impliziert.[651] Anlagenintensive Unternehmen werden mit dem Ziel einer Verstetigung des Preisniveaus insofern nicht mit anschaffungswertorientierten, sondern tagesneuwertorientierte Abschreibungen kalkulieren.[652]

Auch *Schneider* belegt auf Basis der **Erkenntnisse der betriebswirtschaftlichen Investitionstheorie**, dass anlässlich der Kalkulation langfristiger kostenmäßiger Preisuntergrenzen von Durchschnittskosten auszugehen ist, die von aktuellen Wiederbeschaffungspreisen abgeleitet werden.[653] Da die Ermittlung „langfristiger" Preisuntergrenzen eine Betrachtung von Investitionsketten bedingt, „für deren Vorteilhaftigkeit die künftig steigenden oder sinkenden Wiederbeschaffungskosten in ihren Rückwirkungen auf die regulierten Preise einzubeziehen sind", entspricht die „langfristige" Preisuntergrenze „den Durchschnittkosten auf der Grundlage gestiegener bzw. gesunkener Wiederbeschaffungspreise im Ersatzzeitpunkt."[654]

Auch die **betriebswirtschaftliche Preistheorie** belegt, dass im Wettbewerb agierende Unternehmen ihre Preise ausgehend von aktuellen Wiederbeschaffungspreisen der Kostengüter kalkulieren, die in inflationären Zeiten in der Regel den für die jeweiligen Kostengüter bedeutsamen Opportunitätskosten entsprechen.[655] Der Ansatz von Opportunitätskosten korrespondiert mit dem **wertmäßigen Kostenbegriff**, wonach leistungserstellungsbezogene Güterverbräuche einer Periode prinzipiell mit dem Nutzen bewertet werden, den man bei einer anderen alternativen Verwendung der eingesetzten Produktionsfaktoren erzielen könn-

mann im Auftrag des Bundeskartellamtes am 15. Oktober 2003 präsentierten Gutachten... **(2003)**, S. 15.

651 Vgl. **Swoboda, Peter**: Die Kostenbewertung in Kostenrechnungen... **(1973)**, S. 366.

652 Vgl. nochmals **Männel, Wolfgang**: Gutachterliche Stellungnahme zu dem von Prof. Dr. Gebhard Zimmermann im Auftrag des Bundeskartellamtes am 15. Oktober 2003 präsentierten Gutachten... **(2003)**, S. 14 f. sowie **Männel, Wolfgang**: Kalkulationsmethodik des künftigen stromverteilungsspezifischen Regulierungskonzeptes... **(2004)**, S. 29 und S. 68 f.

653 Vgl. **Schneider, Dieter**: Substanzerhaltung bei Preisregulierungen... **(2001)**, S. 40 ff.

654 **Schneider, Dieter**: Substanzerhaltung bei Preisregulierungen... **(2001)**, S. 41.

655 Vgl. **Simon, Hermann**: Preismanagement... **(1992)**, S. 190 f. Siehe auch Diller, der für den Fall einer nach Substanzerhaltung strebenden Unternehmung ebenfalls eine Kalkulation ausgehend von Wiederbeschaffungspreisen empfiehlt. Vgl. **Diller, Hermann**: Preispolitik... **(2000)**, S. 220.

te.[656] Die Anschaffung und Abnutzung einer abschreibungspflichtigen Anlage in der gegenwärtigen Periode führt nach Ablauf der anlagenspezifischen Nutzungsdauer zur Notwendigkeit der Wiederbeschaffung in einer künftigen Periode. Geht man davon aus, dass die beste alternative Verwendung zum gegenwärtigen Einsatz eines Anlagegutes dessen Einsatz in einer zukünftigen Periode ist, sind die Opportunitätskosten von den ersparten Wiederbeschaffungskosten der Anlage abzuleiten.[657]

Daraus folgt, dass im Sinne einer **zukunftsorientierten Entgeltermittlung** die Differenz von den durch Tagesneuwerte ermittelten aktuellen Wiederbeschaffungskosten und den historischen Anschaffungskosten über den Ansatz tagesneuwertorientierter Abschreibungen als den kalkulationsrelevanten nominalen Kosten der aktuellen Periode im Sinne von Opportunitätskosten hinzuzurechnen ist.[658]

Diese Auffassung korrespondiert mit der von der überwiegenden **Mehrheit der Kostenrechnungslehrbücher** vertretenen Meinung, dass auf Substanzerhaltung abzielende, im Wettbewerb agierende Unternehmen in inflationären Zeiten die kalkulatorische Abschreibungsbemessung ausgehend von Wiederbeschaffungskosten abzuleiten haben, die ausgehend von aktuellen Tagespreisen ermittelt werden:

Eine vom Verfasser dieser Arbeit durchgeführte Analyse von insgesamt 35 deutschsprachigen Kostenrechnungslehrbüchern ergab, dass **30 Autoren** grundsätzlich für eine von Wiederbeschaffungskosten bzw. Tagesneuwerten ausgehende Abschreibungsbemessung plädieren[659], **vier Autoren** sich in Abhängigkeit

656 Vgl. **Hummel, Siegfried – Männel, Wolfgang**: Kostenrechnung... (**1986**), S. 71.
657 Vgl. **Arbeitskreis Internes Rechnungswesen der Schmalenbach-Gesellschaft**: Interne Unternehmensrechnung: aufwands- oder kostenorientiert?... (**1999**), S. 21.
658 Vgl. nochmals **Arbeitskreis Internes Rechnungswesen der Schmalenbach-Gesellschaft**: Interne Unternehmensrechnung: aufwands- oder kostenorientiert?... (**1999**), S. 21.
659 Vgl. **Seicht, Gerhard**: Moderne Kosten- und Leistungsrechnung... (**2001**), S. 110 ff. sowie S. 539 ff.; **Steger, Johann**: Kosten- und Leistungsrechnung... (**1996**), S. 194 f., wenngleich Steger ausführt, dass die kalkulatorischen Abschreibungen auch von den Anschaffungs- oder Herstellungskosten abgeleitet werden, wenn der Tagesneuwert schwierig oder gar nicht zu ermitteln ist; **Möller, Hans Peter – Zimmermann, Jochen – Hüfner, Bernd**: Erlös- und Kostenrechnung... (**2005**), S. 262; **Freidank, Christian**: Kostenrechnung... (**1992**), S. 111; **Kalenberg, Frank**: Grundlagen der Kostenrechnung... (**2004**), S. 53; **Witthoff, Hans-Willhelm**: Kosten- und Leistungsrechnung der Industriebetriebe... (**1995**), S. 49; **Ehrmann, Harald**: Kostenrechnung... (**1992**), S. 50; **Zimmermann, Gebhard**: Grundzüge der Kostenrechnung... (**2001**), S. 35; **Rüth, Dieter**: Kostenrechnung I... (**2000**), S. 89; **Olfert, Klaus**: Kostenrechnung... (**1996**), S. 119; **Mayer, Elmar – Liessmann, Konrad – Mertens, Hans Werner**: Kostenrechnung... (**1997**), S. 130,

des Rechenzweckes und der Datenverfügbarkeit sowohl für eine tagesneuwertorientierte als auch für eine anschaffungswertorientierte Abschreibungsbemessung aussprechen und insofern keine eindeutige Stellung beziehen[660] und dass lediglich *Swoboda* aufgrund der besseren Überprüfbarkeit in einem speziell auf
„Kostenrechnungen, die der Preisrechtfertigung dienen" abzielenden Abschnitt
seines Lehrbuches „Kostenrechnung und Preispolitik" eine von historischen Anschaffungskosten abgeleitete Abschreibungsbemessung fordert.[661]

S. 134 und S. 140 f.; **Hummel, Siegfried – Männel, Wolfgang:** Kostenrechnung...
(**1986**), S. 166. **Coenenberg, Adolf G.:** Kostenrechnung und Kostenanalyse...
(**2003**), S. 44 und S. 46; **Plinke, Wulff:** Industrielle Kostenrechnung... (**2000**), S. 74
ff.; **Fandel, Günter – Heuft, Birgit – Paff, Andreas – Pitz, Thomas:** Kostenrechnung... (**1999**), S. 117 f.; **Gabele, Eduard – Fischer, Philip:** Kosten- und Erlösrechnung... (**1992**), S. 90 f.; **Koch, Joachim:** Kosten- und Leistungsrechnung...
(**1990**), S. 46, der bemerkt, dass man „in den Betrieben aus Vereinfachungsgründen
jedoch auch noch kalkulatorische Abschreibungen von den Anschaffungs- oder
Herstellungskosten" findet.; **Jórasz, William:** Kosten- und Leistungsrechnung...
(**1996**), S. 76; **Grob, Heinz-Lothar – Bensberg, Frank:** Kosten- und Leistungsrechnung... (**2005**), S. 93; **Ebert, Günter:** Kosten- und Leistungsrechnung...
(**1997**), S. 50, der nur in Ausnahmefällen, „wenn kein einigermaßen gesicherter Ta-
ges- oder Wiederbeschaffungswert zu ermitteln ist", die Berechnung kalkulatorischer Abschreibungen vom Anschaffungs- oder Herstellkostenwert empfiehlt.
Däumler, Klaus-Dieter – Grabe, Jürgen: Kostenrechnung, 1. Grundlagen...
(**1996**), S. 162; **Wenz, Edgar:** Kosten- und Leistungsrechnung... (**1992**), S. 215 f.;
Schmidt, Andreas: Kostenrechnung... (**2001**), S. 65 ff.; **Röhrenbacher, Hans:** Intensivkurs Kosten- und Leistungsrechnung... (**1999**), S. 57; **Brombach, Klaus –
Walter, Wolfgang:** Einführung in die moderne Kostenrechnung... (**1998**), S. 101;
Haberstock, Lothar: Kostenrechnung 1...(**1997**), S. 90; **Jost, Helmuth:** Kosten-
und Leistungsrechnung... (**1996**), S. 71; **Kilger, Wolfgang:** Einführung in die
Kostenrechnung... (**1987**), S. 115 ff.; **Kosiol, Erich:** Kosten- und Leistungsrechnung... (**1979**), S. 174 f. sowie **Schmalenbach, Eugen:** Kostenrechnung und Preispolitik... (**1963**), S. 240: „In der Kostenrechnung aber herrscht die Meinung vor,
dass man die Anlagen vom Zeitwert abzuschreiben hat".

660 Vgl. dazu **Kloock, Josef – Sieben, Günter – Schildbach, Thomas:** Kosten- und
Leistungsrechnung... (**1993**), S. 86 und S. 101; **Schweitzer, Marcel – Küpper,
Hans-Ulrich:** Systeme der Kosten- und Erlösrechnung... (**2003**), S. 99 ff.; **Friedl,
Birgit:** Kostenrechnung... (**2004**), S. 110 ff., insbesondere S. 112: „Im Regelfall ge-
nügt es, wenn von den Anschaffungs- und Herstellungskosten ausgegangen wird."
Siehe ferner **Moews, Dieter:** Kosten- und Leistungsrechnung... (**1992**), S. 97.

661 Vgl. **Swoboda, Peter:** Kostenrechnung und Preispolitik... (**1991**), S. 26 ff., der zwar
anführt, dass „ die meisten Autoren der Meinung sind, dass der Abschreibungspro-
zentsatz „nicht auf den Anschaffungspreis, sondern auf den Tagesbeschaffungspreis
der Anlagen anzuwenden ist", bezüglich des Ansatzes kalkulatorischer Abschreibungen und Zinsen im Zusammenhang mit einer laufenden Geldentwertung in
Kostenrechnungen, die der Preisrechtfertigung dienen, jedoch fordert, dass „Abschreibungen und kalkulatorische Zinsen auf Anschaffungspreisbasis" errechnet

Dass Unternehmen unter Wettbewerbsbedingungen ihre kostenrechnerischen Abschreibungen durch eine **tagesneuwertorientierte Abschreibungsbemessung** an inflationäre Preisentwicklungen anpassen, wird auch durch mehrere branchenspezifische **Kosten- und Leistungsrechnungsrichtlinien** bestätigt.[662] Auch der *Bundesverband der Deutschen Industrie (BDI)* empfiehlt der industriellen Praxis schon seit Jahren eine tagesneuwertorientierte Abschreibungsbemessung.[663]

Korrespondierend mit den voranstehenden Ausführungen fordert auch die internationale Regulierungsliteratur eine von aktuellen Wiederbeschaffungspreisen – im Sinne des **Current Cost Accountings (CCA)** – ausgehende Netzentgeltkalkulation[664], die von der *Kommission der Europäischen Gemeinschaften* aufgegriffen und den Regulierungsbehörden zur Netzentgeltkalkulation im regulierten Telekommunikationsbereich empfohlen wurde.[665] Mit Blick auf das mit der

---

werden sollten. Siehe dazu auch die jüngste Auflage des zuvor zitierten Lehrbuches **Swoboda, Peter – Stepan, Adolf – Zechner, Josef:** Kostenrechnung und Preispolitik... **(2004),** S. 27 ff.

662   Siehe dazu die empirischen Befunde von **Pampel, Jochen – Viertelhaus, Miriam:** Substanzerhaltung und kalkulatorische Abschreibung in der Praxis... **(1997),** S. 14 ff.

663   Vgl. **Bundesverband der Deutschen Industrie e.V. (BDI)** (Hrsg.): Empfehlungen zur Kosten- und Leistungsrechnung, Band 1... **(1991),** S. 40.

664   Siehe unter anderem die diesbezüglich in der amerikanischen Regulierungslieratur vertretene Aufassung **Kahn, Alfred E.:** The Economics of Regulation... **(1970),** S. 88 sowie **Bromwich, Michael – Vass, Peter:** Regulation and Accounting... **(2001),** Sp. 1682. An dieser Stelle sei darauf verwiesen, dass das speziell in der britischen Regulierungstheorie und -praxis diskutierte Current Cost Accouting (CCA) in einer engen Auslegung sich vollständig von den ursprünglich investierten Vermögensgegenständen löst und stattdessen die verzinsungsrelevante Kapitalbasis und das korrespondierende Abschreibungsvolumen von **„Modern Equivalent Assets (MEA)"** ableitet, die insofern deutlich von den ausgehend von historischen Anschaffungskosten hochindizierten Tagespreisrestwerten abzugrenzen sind.

665   Vgl. **Kommission der Europäischen Gemeinschaften:** Empfehlung 98/322/EG der Kommission vom 8. April 1998 zur Zusammenschaltung in einem liberalisierten Telekommunikationsmarkt... **(1998),** S. 8 f., Ziffer 4: „Es wird vorgeschlagen, die Methodik und Kriterien für die Bewertung von Netzanlagevermögen auf der Grundlage ihres Wiederbeschaffungswerts durch die nationalen Regulierungsbehörden nach öffentlicher Konsultation mit den Marktbeteiligten festlegen zu lassen. Die Bewertung von Netzanlagevermögen nach seinem zukunftsrelevanten bzw. Wiederbeschaffungswert für einen effizienten Betreiber, das heißt nach Preisen, wie sie auf einem hart umkämpften Markt herrschen würden, ist ein entscheidendes Element der auf Wiederbeschaffungskosten beruhenden Methodik der Kostenrechnung (CCA, Current Cost Accounting). Dazu ist der auf Abschreibungen entfallende Anteil der Betriebskosten auf der Grundlage des Wiederbeschaffungswerts für äquivalentes Anlagevermögen zu berechnen und demzufolge auch die **Erfassung des ein-**

Regulierung natürlicher Monopole verfolgte Ziel einer möglichst effizienten Leistungserbringung wird eine zukunftsgerichtete, auf der „**Forward Looking**"-**Annahme** beruhende, von aktuellen Kostengüterpreisen abgeleitete Netzentgeltkalkulation gefordert, die im Gegensatz zu anschaffungswertorientiert kalkulierten Preisen eine entscheidungsrelevante, Benchmarking-taugliche Grundlage für eine effiziente Entgeltgestaltung bildet.[666] Diese Auffassung wurde bereits 1993 vom Bundesministerium für Post und Telekommunikation (BMPT) vertreten.[667] Zwischenzeitlich bekennt sich eine Reihe europäischer Regulierungsbehörden explizit zur Simulierung einer wettbewerbsorientierten Kalkulation durch eine von aktuellen Kostengüterpreisen ausgehenden Kostenbewertung.[668] Die Orientierung der Abschreibungsbemessung an der aktuellen Preisentwicklung der Anlagegüter sichert im Gegensatz zum Ansatz anschaffungswertorientierter Abschreibungen den Marktbezug der Kapitalkostenkalkulation.[669] Insofern ist der Forderung von *Knieps*, dass der **Übergang vom „Historical Cost Accounting"** zum „**Current Cost Accounting**" seit der umfassenden Öffnung der Netzsektoren unerlässlich ist, uneingeschränkt zuzustimmen.[670]

C. Wettbewerbsorientierte Limitierung der Eigenkapitalquote

Aus der Zielsetzung einer wettbewerbssimulierenden Kalkulation von Netzentgelten folgt darüber hinaus, dass die im Rahmen der Ermittlung kalkulatorischer

---

666 **gesetzten Kapitals auf Wiederbeschaffungskostenbasis** vorzunehmen." (Hervorhebung durch den Verfasser dieser Arbeit).

666 Siehe auch dazu auch die Beschreibung des Begriffs der langfristigen zusätzlichen Kosten der Leistungsbereitstellung bei **Wissenschaftliches Institut für Kommunikationsdienste GmbH (WIK)**: Ein analytisches Kostenmodell für das Ortsnetz – Referenzdokument... **(1998)**, S. 3 ff. und S. 11 ff.

667 Siehe dazu **Bundesministerium für Post und Telekommunikation**: Grundsätzliche Überlegungen zum Kostenmaßstab für die Genehmigungsfähigkeit von Monopoltarifen... **(1993)**, S. 29: "Das Tageswertprinzip sollte deshalb angewendet werden, weil nur die Tagespreise und nicht die historischen Anschaffungskosten die jeweiligen aktuellen Knappheitssituationen widerspiegeln und damit als Signale für einen effizienten Ressourceneinsatz dienen können."

668 Siehe stellvertretend die Ausführungen der Regulierungsbehörde in Irland: **Commission for Energy Regulation (CER)**: Determination of Distribution Allowed Revenues... **(2001)**, S. 2: "Valuing the regulatory asset base using a replacement cost approach will allow costs, and hence prices, to be in line with new entrant or economic prices."

669 Vgl. **Küpper, Hans-Ulrich – Pedell, Burkhard**: Gutachten zum Entwurf der Verordnung über die Entgelte für den Zugang zu Gasversorgungsnetzen... **(2005)**, S. 5.

670 Vgl. **Knieps, Günter**: Costing and Pricing in Netzindustrien... **(2003)**, S. 20.

Kapitalkosten relevante Relation von Eigenkapitalquote und Fremdkapitalquote sich an Kapitalstrukturen orientieren muss, die vergleichbare kapitalintensive Unternehmen unter Wettbewerbsbedingungen realisieren. Im Rahmen einer an der Universität Regensburg durchgeführten empirischen Studie wurde für 180 deutsche börsennotierte Unternehmen für den Zeitraum 1987 bis 2000 eine durchschnittliche **bilanzielle Eigenkapitalquote von 35,4%** ermittelt, die als robuster Orientierungsmaßstab bei der Festlegung einer wettbewerbsorientierten kalkulatorischen Eigenkapitalquote im Kontext der Netzentgeltkalkulation herangezogen werden kann.[671]

An dieser Stelle gilt es jedoch zu bedenken, dass die bilanziellen Eigenkapitalquoten infolge kürzerer handelsrechtlich zulässiger Nutzungsdauern und degressiver Abschreibungen in der Regel deutlich unterhalb der kalkulatorisch ermittelten Eigenkapitalquoten liegen. Berücksichtigt man ferner die besonders hohe Kapitalintensität des Stromnetzgeschäfts, erscheint das Niveau der durch § 6 Abs. 2 Satz 4 StromNEV **auf 40,0% begrenzten kalkulatorischen Eigenkapitalquote** angemessen.[672]

III. Unternehmenserhaltung und kapitalmarktorientierte Eigenkapitalverzinsung

A. Berücksichtigung von Preissteigerungen

Wie im 1. Kapitel bereits ausgeführt, weisen Stromnetzbetreiber nicht nur einen hohen Kapitalbedarf für Neu- bzw. Erweiterungsinvestitionen, sie sind auch zu einer umfassenden Reinvestitionstätigkeit gezwungen. Reinvestitionen erfordern in inflationären Zeiten regelmäßig, über das Volumen der nominalen liquiden Abschreibungsgegenwerte hinausgehende, Finanzbedarfe aus, die als **inflatorische (Finanzierungs-)Lücken** bezeichnet werden.[673] Insofern stellt sich die Frage, ob Stromnetzbetreiber die zur Finanzierung verteuerter Ersatzinvestitionen

---

671 Vgl. **Krotter, Simon**: Kapitalkosten und Kapitalstrukturen... **(2004)**, S. 582 f.

672 Die Normierung der kalkulatorischen Eigenkapitalquote auf ein Niveau von 40,0% hat Männel bereits 1996 anlässlich eines Gutachtens zur Neufassung der Arbeitsanleitung zur Feststellung der Kosten- und Erlöslage einschließlich Kostenträgerrechnung im Preisgenehmigungsverfahren nach § 12 BTOElt vorgeschlagen. Vgl. **Männel, Wolfgang**: Kalkulatorische Abschreibungen, Zinsen, Gewinne und Substanzerhaltungsrücklagen... **(1996)**, S. 173 ff.

673 Vgl. **Männel, Wolfgang**: Preisfindungsprinzipien der Verbändevereinbarung VV II plus... **(2003)**, S. 62 sowie **Zimmermann, Gebhard**: Unternehmenserhaltung, Kostenhöhe und Finanzstruktur... **(1997)**, S. 25.

benötigten Finanzmittel über die Veranschlagung tagesneuwertorientierter Abschreibungen vollständig oder teilweise durch Innenfinanzierung schließen sollen oder durch Außenfinanzierung über die Aufnahme zusätzlichen Eigenkapitals und/oder Fremdkapitals kompensieren sollen. Die Beantwortung dieser Frage setzt die Bestimmung der für Stromnetzbetreiber relevanten **Unternehmenserhaltungskonzeption** voraus, die die Ausgestaltung der Kapitalkostenkalkulation bestimmt.

1) Inflationsorientierte Erfolgskonzeptionen vor dem Hintergrund des Unternehmenserhaltungszieles

Die **langfristige Sicherung der Unternehmensexistenz** als grundlegendes Ziel unternehmerischen Handelns stellt auf „die Erhaltung der Gesamtheit der wirtschaftlichen Leistungskraft einer Unternehmung, die sich in Wachstum, Rendite und finanzieller Sicherheit ausdrückt" ab.[674] Das so definierte Unternehmenserhaltungsziel ist stets im Zusammenhang mit der in inflationären Zeiten maßgeblichen Erfolgskonzeption zu betrachten, um den **angemessenen Gewinn zu konkretisieren**, der erzielt werden muss, um die Potenziale des Unternehmens nicht zu gefährden.[675] Inflationsorientierte Erfolgskonzeptionen fokussieren jedoch nicht nur auf den Bereich der Gewinnerzielung, sie unterscheiden sich insbesondere auch darin, inwieweit sie konzeptspezifische Regeln zur Gewinnverwendung, insbesondere hinsichtlich der Thesaurierung von Gewinnelementen vorsehen.[676]

---

674 Vgl. **Jonas, Heinrich**: Auswirkung inflationärer Tendenzen auf Planung und Kalkulation... **(1975)**, S. 687.

675 Siehe dazu ausführlich **Reiners, Frank**: Bemessung kalkulatorischer Abschreibungen, Zinsen und Gewinne... **(2000)**, S. 32 und die dort zitierte Literatur, insbesondere **Warschburger, Volker**: Gestaltungsmaßnahmen des Rechnungswesens zur Bewältigung der Preissteigerungsproblematik... **(1989)**, S. 75.

676 An dieser Stelle ist darauf hinzuweisen, dass das Ziel der Unternehmenserhaltung jedoch noch nicht bereits dann gesichert ist, wenn inflationsbedingte Finanzierungslücken kurzfristig geschlossen werden können. Neben der Verfolgung einer einperiodischen inflationsorientierten Erfolgskonzeption, kommt es langfristig darauf an, dass Unternehmen dem technischen Fortschritt Rechnung tragen und ihren Anteilseignern dauerhaft eine kapitalmarktorientierte Verzinsung des eingesetzten Kapitals erwirtschaften, um mit Blick auf das Ziel der Unternehmenserhaltung die Investitionsfähigkeit aufrechtzuerhalten. Insofern ist es erforderlich, dass Unternehmen nicht nur auf die Erhaltung sondern auch auf eine kontinuierliche **Steigerung des Unternehmenswertes** abzielen müssen. Die zunehmende Anzahl von Energieversorgungsunternehmen, die ihre Steuerungs- und Führungssysteme wertorientiert ausgestalten, belegt dieses Erfordernis auch für die Energiewirtschaft, die durch die später noch ausführlicher analysierte Kompatibilität anreizorientierter Re-

Da das im deutschen Handels- und Steuerrecht durch § 253 Abs. 1 HGB und § 6 Abs. 1 Nr. 1 EStG verankerte **Nominalwertprinzip der Bilanzierung** nur auf die Erhaltung des ursprünglich eingesetzten Kapitals abstellt, kann es für sich allein betrachtet in inflationären Zeiten dem Ziel der Unternehmenserhaltung nicht gerecht werden.[677] Insofern haben sich speziell Bilanztheoretiker mit inflationsorientierten Erfolgskonzeptionen befasst, die sich dahingehend unterscheiden, ob sie an der Passivseite der Bilanz ansetzen und insofern auf die Erhaltung des von Investoren eingesetzten Kapitals einer Unternehmung abzielen oder ob sie auf die Erhaltung der auf der Aktivseite der Bilanz aufgeführten Vermögenssubstanz eines Unternehmens abstellen.[678] Es stellt sich daher die grundsätzliche Frage, ob die wirtschaftliche Leistungskraft eines Unternehmen langfristig eher durch **Kapitalerhaltung oder Substanzerhaltung** sichergestellt werden kann.[679]

---

gulierungsverfahren mit wertorientierten Steuerungskonzepten auch für regulierte Stromnetzbetreiber aktuelle Relevanz besitzt. Zur voranstehenden Argumentation siehe auch **Reiners, Frank**: Bemessung kalkulatorischer Abschreibungen, Zinsen und Gewinne... **(2000)**, S. 304 ff.

677   Vgl. **Reiners, Frank**: Bemessung kalkulatorischer Abschreibungen, Zinsen und Gewinne... **(2000)**, S. 36 ff.

678   Die nachfolgenden Ausführungen beschränken sich bezüglich der Kapitalerhaltungskonzeptionen auf den während der unmittelbar zurückliegenden Jahre alternativ zu den Substanzerhaltungskonzepten diskutierten Ansatz der Realkapitalerhaltung. Da sich das von Ebisch und Gottschalk in der 1994 erschienen 6. Auflage deren einschlägigen Kommentars zum Öffentlichen Preisrecht vorgeschlagene, speziell auf Energieversorgungsunternehmen abstellende Konzept der Eigenkapitalerhaltung als unzweckmäßig erwiesen hat, wird auf dessen Darstellung an dieser Stelle verzichtet. Siehe dazu die Beschreibung des Konzeptes bei **Ebisch, Hellmuth – Gottschalk, Joachim u. a.**: Preise und Preisprüfungen... **(1994)**, zu Nr. 38 LSP, Tz. 24, S. 442 f. und die korrespondierende Kritik bei **Reiners, Frank**: Bemessung kalkulatorischer Abschreibungen, Zinsen und Gewinne... **(2000)**, S. 44 ff. sowie die Begründung der „Unzweckmäßigkeit" des Konzeptes bei **Ebisch, Hellmuth – Gottschalk, Joachim u. a.**: Preise und Preisprüfungen... **(2001)**, zu Nr. 38 LSP, Tz. 14, S. 436. Neben den bilanzorientierten Unternehmenserhaltungskonzeptionen (Kapitalerhaltung und Substanzerhaltung) diskutiert die Literatur zur Unternehmenserhaltung auch das Konzept der Leistungserhaltung und das über die Periodenbetrachtung hinausgehende Konzept der Ertragswerterhaltung. Da beide Ansätze aufgrund mangelnder Objektivierbarkeit durch die Entfernung von bilanziellen Zielgrößen als Leitmaxime für die Kapitalkostenkalkulation regulierter Unternehmen ausscheiden, wird im Folgenden ausschließlich auf Kapitalerhaltungs- und Substanzerhaltungskonzeptionen eingegangen. Für eine Beschreibung dieser Konzepte siehe **Reiners, Frank**: Bemessung kalkulatorischer Abschreibungen, Zinsen und Gewinne... **(2000)**, S. 65 ff.

679   Siehe dazu insbesondere **Sieben, Günter – Schildbach, Thomas**: Substanz- und Kapitalerhaltung... **(1981)**, Sp. 1511 ff.

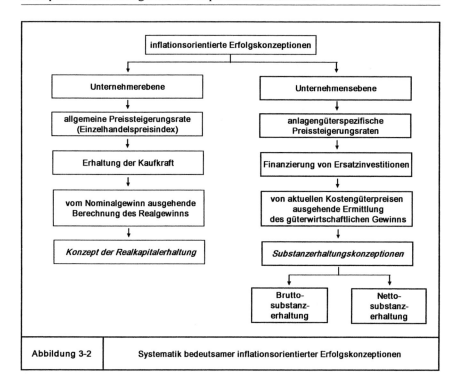

Abbildung 3-2	Systematik bedeutsamer inflationsorientierter Erfolgskonzeptionen

Wie **Abbildung 3-2** zeigt, gilt es bezüglich der Beantwortung dieser Fragestellung zunächst herauszuarbeiten, dass auf der Unternehmer- und auf der Unternehmensebene jeweils unterschiedliche Inflationserscheinungen wirksam werden, die ihrerseits die Ausgestaltung inflationsorientierter Erfolgskonzeptionen determinieren.

Ein als Eigenkapitalgeber auftretender Unternehmer wird anlässlich seiner Überlegungen über die **Gewinnverwendung** mit der allgemeinen, regelmäßig vom Einzelhandelspreisindex abgeleiteten Inflationsrate konfrontiert.[680] Ausgehend von diesen Überlegungen haben *Mahlberg* und *Schmalenbach* bereits in den 1920er-Jahren das **Konzept der Realkapitalerhaltung** entwickelt[681], das darauf abzielt, in inflationären Zeiten die im investierten Eigenkapital zum Aus-

---

680   Vgl. **Männel, Wolfgang**: Ergebniscontrolling.... **(2004)**, S. 71.
681   Zu den originären Quellen siehe **Mahlberg, Walter**: Bilanztechnik und Bewertung bei schwankender Währung, 3. Auflage, Leipzig **1923** sowie **Schmalenbach, Eugen**: Dynamische Bilanz, 4. Auflage Leipzig **1926**.

druck kommende Kaufkraft zu erhalten.[682] Mit Blick auf die Vergleichbarkeit von Periodenerfolgen schlug *Schmalenbach* vor, die im Rahmen seiner nominal angelegten **Theorie der dynamischen Bilanz** ermittelten Nominalgewinne in einer Nebenrechnung unter Rückgriff auf einen Großhandelspreisindex in Realgewinne umzurechnen.[683] Der Realgewinn als geldmäßiger bzw. kaufkraftorientierter Gewinnbegriff ergibt sich aus der Differenz zwischen dem Eigenkapital am Periodenende als Summe des zum Periodenanfang gebundenen Eigenkapital zuzüglich dem erwirtschaften nominalen Periodengewinn und dem mit der allgemeinen Preissteigerungsrate inflationierten Eigenkapital am Periodenanfang.[684] Die auch als „**Scheingewinn**" bezeichnete Differenz zwischen Nominalgewinn und Realgewinn soll jene Kaufkraftverluste ausgleichen, die durch allgemeine Preissteigerungen hervorgerufen werden.[685]

Im Gegensatz zum Konzept der Realkapitalerhaltung erfassen Substanzerhaltungskonzeptionen direkt die auf der Unternehmensebene relevanten **anlagengüterspezifischen Preissteigerungsraten**, indem sie in inflationären Zeiten mit Blick auf die Finanzierung von Ersatzinvestitionen eine konzeptspezifisch unterschiedlich weit gefasste aktuelle Kostengüterbewertung propagieren.[686] Im Mittelpunkt von Substanzerhaltungskonzepten steht folglich nicht das von Anteilseignern bereitgestellte Geldkapital, sondern die Erhaltung der Vermögensgegenstände des Unternehmens.[687] In Übereinstimmung mit der von der überwiegenden Mehrheit der Kostenrechnungsliteratur vertretenen Lehrmeinung, liegt der Theorie der Substanzerhaltung demnach der **güterwirtschaftliche Gewinnbegriff** zugrunde, nach dem ein Betriebsergebnis nur dann als positiv gilt, wenn die Erlöse höher sind als jene Kosten, die bei einer wiederbeschaffungs- bzw. ta-

682   Siehe auch die Ausführungen von **Reiners, Frank**: Bemessung kalkulatorischer Abschreibungen, Zinsen und Gewinne... (**2000**), S. 41 ff.

683   Vgl. **Schmalenbach, Eugen**: Dynamische Bilanz... (**1926**), S. 231.

684   Vgl. **Coenenberg, Adolf G.**: Inflationsbereinigte Rechnungslegung... (**1975**), S. 113; **Zimmermann, Gebhard**: Die kalkulatorischen Kosten... (**2003**), S. 18; **Sieben, Günter – Schildbach, Thomas**: Substanz- und Kapitalerhaltung..., (**1981**), Sp. 1517 und das Berechnungsbeispiel bei **Männel, Wolfgang**: Ergebniscontrolling... (**2004**), S. 75.

685   Vgl. **Männel, Wolfgang**: Kalkulatorische Abschreibungen, Zinsen, Gewinne und Substanzerhaltungsrücklagen... (**1996**), S. 20.

686   Vgl. dazu **Männel, Wolfgang**: Gutachterliche Stellungnahme zu dem im Auftrag der Deutsche BP AG... (**2004**), S. 18 f. sowie **Sieben, Günter – Diedrich, Ralf – Price Waterhouse Corporate Finance Beratung GmbH**: Kosten und Erlöse in der Stromversorgung... (**1996**), S. 25 ff.

687   Vgl. **Sieben, Günter – Schildbach, Thomas**: Substanz- und Kapitalerhaltung... (**1981**), Sp. 1518.

gesneuwertorientierten Bewertung der Kostengüterverbräuche entstehen.[688] Eine von den „Tagesbeschaffungswerten des Umsatztages" abgeleitete Abschreibung forderte bereits *Schmidt* im Rahmen der **Theorie der organischen Tageswertbilanz.**[689] Die von *Schmidt* für das externe und interne Rechnungswesen propagierte tagesneuwertorientierte Abschreibungsbemessung ermöglicht eine zeitmaßstabsgleiche Bewertung von Einsatzgütern und Absatzleistungen und sichert insofern einen aktuellen Erfolgsausweis.[690]

Die Betriebswirtschaftslehre hat **verschiedene Substanzerhaltungskonzeptionen** entwickelt, die sich zum einen danach unterscheiden, welchen Erhaltungsmaßstab – im Sinne des maßgeblichen Umfangs der zu erhaltenden Vermögenssubstanz – sie zugrunde legen und zum anderen, nach welcher Finanzierungsregel substanzerhaltende Maßnahmen durchgeführt werden. Hinsichtlich des **Umfangs der zu erhaltenden Vermögenssubstanz** kann zwischen reproduktiver, leistungsäquivalenter und relativer Substanzerhaltung unterschieden werden.[691] Während der statische, auf die reine Geldentwertung abstellende Ansatz der **reproduktiven Substanzerhaltung** auf die Wiederbeschaffung der identischen, im Produktionsprozess gebrauchten Vermögensgegenstände abzielt[692], bezieht das Konzept der **leistungsäquivalenten Substanzerhaltung** den Einfluss des technischen Fortschritts auf das Preisniveau wiederzubeschaffender Anlagegüter ein.[693] Demgegenüber erweitert das Konzept der **relativen Substanzerhaltung** die Betrachtung, indem die Unternehmenserhaltung erst

688 Vgl. **Männel, Wolfgang:** Kalkulatorische Abschreibungen, Zinsen, Gewinne und Substanzerhaltungsrücklagen... (**1996**), S. 6.
689 Vgl. **Schmidt, Fritz:** Die organische Tageswertbilanz... (**1951**), S. 188.
690 Siehe dazu **Koch, Helmut:** Zur Frage der Jahreserfolgsrechnung bei fortgesetzten Preissteigerungen... (**1996**), S. 475 ff. sowie **Kilger, Wolfgang:** Einführung in die Kostenrechnung... (**1987**), S. 116.
691 Vgl. **Reiners, Frank:** Bemessung kalkulatorischer Abschreibungen, Zinsen und Gewinne... (**2000**), S. 40 und S. 49 ff. Ergänzend sei auch auf das auf Sommerfeld zurückgehende **Konzept der qualifizierten Substanzerhaltung** verwiesen, dass auf eine Substanzerhaltung bzw. -erweiterung entsprechend des allgemeinen Trends der volkswirtschaftlichen Gesamtentwicklung abstellt, aufgrund mangelnder Praktikabilität jedoch vernachlässigt werden kann. Siehe dazu die Ausführungen bei **Wöhe, Günter:** Einführung in die Allgemeine Betriebswirtschaftslehre... (**1996**), S. 1237.
692 Bezüglich der teilweise auch mit den Attributen „absolute" oder „materielle" versehenen reproduktiven Substanzerhaltung siehe **Hax, Karl:** Die Substanzerhaltung der Betriebe... (**1957**), S. 17 und die grundsätzliche Darstellung bei **Wöhe, Günter:** Einführung in die Allgemeine Betriebswirtschaftslehre... (**1996**), S. 1235.
693 Zum Konzept der leistungsäquivalenten Substanzerhaltung sieh **Eckardt, Horst:** Die Substanzerhaltung industrieller Betriebe... (**1963**), S. 21. Sowie die Ausführungen von **Sieben, Günter – Schildbach, Thomas:** Substanz- und Kapitalerhaltung... (**1981**), Sp. 1520.

dann als gesichert angesehen wird, wenn die Leistungsfähigkeit des Unternehmens im Vergleich zu den Wettbewerbern konstant bleibt.[694]
Wenngleich die Auswirkungen des technischen Fortschritts später nochmals aufzugreifen sind, können die vorstehend aufgeführten, vorrangig theoretisch diskutierten Erhaltungsmaßstäbe zur Beantwortung der in diesem Kapitel behandelten Frage der Ausgestaltung der Kapitalkostenkalkulation nicht weiterhelfen. Die sich hinsichtlich des zu erhaltenden Gütervolumens unterscheidenden Substanzerhaltungskonzeptionen gehen zunächst übereinstimmend davon aus, dass inflatorische Lücken durch **Gewinnthesaurierung** zu schließen sind[695], sie treffen jedoch keine Aussage darüber, wie inflationsbedingt verteuerte Ersatzinvestitionen zu finanzieren sind.[696]

Unter **Finanzierungsgesichtspunkten** ist daher in einem nächsten Schritt zwischen dem Konzept der Brutto- und der Nettosubstanzerhaltung zu differenzieren, die jeweils eine unterschiedlich weit gefasste tagesneuwertorientierte Abschreibungsbemessung vorsehen, um inflatorische Finanzierungslücken vollständig oder teilweise durch Innenfinanzierung zu schließen. Unter Vernachlässigung unternehmensspezifischer Kapitalstrukturen sieht das im zeitlichen Vorfeld der Nettosubstanzerhaltung diskutierte **Konzept der Bruttosubstanzerhaltung** eine uneingeschränkte tagesneuwertorientierte Abschreibungsbemessung vor. Das unter anderem von *K. Hax* vertretene finanzierungsunabhängige originäre Konzept der Bruttosubstanzerhaltung impliziert insofern, das inflatorische Finanzierungslücken ausschließlich durch Einbehaltung erwirtschafteter Gewinne kompensiert werden.[697]

In Zeiten stark ansteigender Preise bedingt eine vollständig über die Thesaurierung von Gewinnen herbeigeführte Bruttosubstanzerhaltungskonzeption eine Ausschüttungssperre der gesamten, ebenfalls als Scheingewinn bezeichneten Differenz von tagesneuwertorientierten und anschaffungswertbezogenen Abschreibungen. Dies führt zum einen dazu, dass der **Erfolgsausweis der bilanziellen Gewinn- und Verlustrechnung** sowohl in seiner Funktion als Ausschüttungs-

---

694 Die vor allem vor dem Hintergrund von Wachstumszielen maßgebliche Forderung nach relativer Substanzerhaltung wurde insbesondere von Schmidt erhoben. Vgl. **Schmidt, Fritz**: Die organische Tageswertbilanz... (**1951**), S. 146.
695 Vgl. **Wöhe, Günter**: Einführung in die Allgemeine Betriebswirtschaftslehre... (**1996**), S. 1238.
696 Vgl. nochmals **Wöhe, Günter**: Einführung in die Allgemeine Betriebswirtschaftslehre... (**1996**), S. 1238 sowie **Reiners, Frank**: Bemessung kalkulatorischer Abschreibungen, Zinsen und Gewinne... (**2000**), S. 56.
697 Siehe dazu **Hax, Karl**: Substanzerhaltung des Betriebe... (**1957**), S. 26 sowie **Zimmermann, Gebhard**: Kostenrechnung und Unternehmenserhaltung... (**1992**), S. 1418.

bemessungsfunktion als auch seiner Informationsfunktion beeinträchtigt wird[698] und in Abhängigkeit der am Markt erzielbaren Preise nur noch ein sehr geringer Anteil des nominalen Jahresüberschusses zur Ausschüttung zur Verfügung steht. Zum anderen ist gegen das Modell der originären Bruttosubstanzerhaltung einzuwenden, dass die vollständige tagesneuwertorientierte Abschreibungsbemessung über die stetige Substitution von Fremdkapital durch Eigenkapital zu einer **ständig ansteigenden Eigenkapitalquote** führt[699], da „bisher als fremdfinanziert angesehenes Vermögen" – über die Thesaurierung der auf die anteilig fremdfinanzierte Vermögenssubstanz entfallenden Scheingewinne – „sukzessive anteilig durch Eigenkapital finanziert wird".[700]

Aufgrund dessen setzte sich ab Mitte der 1970er Jahre – bestärkt durch die damalige starke inflationäre Preisentwicklung[701] – in der deutschsprachigen Literatur die Auffassung durch, dass ein durch den Ansatz tagesneuwertorientierter Abschreibungen herbeigeführter Inflationsausgleich im Sinne des Konzeptes der Nettosubstanzerhaltung **nur für den eigenfinanzierten Anteil** des abschreibungspflichtigen Anlagevermögens erforderlich ist, während inflatorische Lücken für das anteilig fremdfinanzierte Vermögen durch zusätzliche Fremdkapitalaufstockungen zu schließen sind.[702] Die Idee der Nettosubstanzerhaltung wurde ursprünglich im Kontext der Einkommensmessung bzw. Einkommenbe-

---

698 Siehe zu dieser Argumentation insbesondere **Coenenberg, Adolf G.**: Inflationsbereinigte Rechnungslegung... **(1975)**, S. 116.

699 Vgl. **Reiners, Frank**: Bemessung kalkulatorischer Abschreibungen, Zinsen und Gewinne... **(2000)**, S. 57.

700 Vgl. **Sieben, Günter – Schildbach, Thomas**: Substanzerhaltung und anteilige Fremdfinanzierung... **(1973)**, S. 580.

701 Siehe dazu **Männel, Wolfgang**: Kalkulatorische Abschreibungen, Zinsen, Gewinn und Substanzerhaltungsrücklagen... **(1996)**, S. 156.

702 Seicht beansprucht mit Verweis auf seinen 1968 im Österreichischen Betriebswirt veröffentlichten Aufsatz als erster Autor das Konzept der Nettosubstanzerhaltung zur Diskussion gestellt zu haben. Vgl. **Seicht, Gerhard**: Moderne Kosten- und Leistungsrechnung... **(2001)**, S. 548: „Die Idee der Netto-Substanzerhaltung wurde vom Verfasser 1968 in die betriebswirtschaftliche Diskussion eingeführt." sowie **Seicht, Gerhard**: Scheingewinnbesteuerung und Substanzerhaltung – Die Grenzen der Gewinnbesteuerung, in: Der Österreichische Betriebswirt o. 1968, S. 73-79. Siehe des Weiteren unter anderem **Sieben, Günter – Schildbach, Thomas**: Substanzerhaltung und anteilige Fremdfinanzierung... **(1973)**, S. 579 ff.; **Coenenberg, Adolf G.**: Inflationsbereinigte Rechnungslegung... **(1975)**, S. 113 ff. sowie insbesondere die Stellungnahme des Hauptfachausschusses des Instituts der Wirtschaftsprüfer (IDW) aus dem Jahr 1975 „Zur Berücksichtigung der Substanzerhaltung bei der Ermittlung des Jahresergebnisses". Vgl. **Hauptfachausschuß des Instituts der Wirtschaftsprüfer (IDW)**: Stellungnahme HFA 2/75: Zur Berücksichtigung der Substanzerhaltung bei der Ermittlung des Jahresergebnisses... **(1975)**, S. 614 ff.

steuerung diskutiert und erst später auf Preisgenehmigungsverfahren übertragen.[703] Wie im 5. Kapitel noch ausführlicher erklärt wird, garantiert das **Konzept der Nettosubstanzerhaltung** in Verbindung mit einer realen Verzinsung des betriebsnotwendigen Eigenkapitals die mit Blick auf eine Begrenzung der Eigenkapitalquote auch unter Regulierungsgesichtspunkten wünschenswerte Erhaltung betriebsindividueller Kapitalstrukturen.[704]

Als Alternative zur Nettosubstanzerhaltung ist im Rahmen dieser Arbeit auch auf die von *Seicht* schon zu Beginn der 1990er-Jahre vorgeschlagene und später auch von *Ballwieser* und *Busse von Colbe* aufgegriffene Methodik einer **realverzinsungsorientierten Bruttosubstanzerhaltung** einzugehen.[705] Dieser methodische Ansatz sieht parallel zur uneingeschränkten tagesneuwertorientierten Abschreibung neben der realen Verzinsung des Eigenkapitals auch eine Anpassung des Fremdkapitalkostensatzes an das reale Niveau vor.[706]

2) Beurteilung des Realkapitalerhaltungskonzeptes für Stromnetzbetreiber

Anlässlich der Diskussion um die Ausgestaltung von Strompreiskalkulationen in den 1990er-Jahren wurde bereits vom *Bund-Länder-Ausschuss „Energiepreise"* die Auffassung vertreten, dass EVU ein Inflationsausgleich durch Realkapitalerhaltung gewährt werden soll.[707] Auch in der unmittelbaren Vergangenheit wurde anlässlich der Diskussion um die Ausgestaltung der Netzentgeltkalkulation wiederholt die Auffassung vertreten, dass auch eine auf Realkapitalerhaltung abzielende Kapitalkostenkalkulation die Unternehmenserhaltung gewährleistet.[708] Diese Forderung ist in Anlehnung an die Arbeiten *Swobodas*[709] vorrangig als Plädoyer für eine **anschaffungswertorientierte Kapitalkostenkalkulation** zu ver-

---

703 Vgl. nochmals **Seicht, Gerhard**: Moderne Kosten- und Leistungsrechnung... **(2001)**, S. 548.

704 Vgl. **Männel, Wolfgang**: Kalkulationsmethodik des künftigen stromverteilungsspezifischen Regulierungskonzeptes... **(2004)**, S. 36 sowie S. 89 ff.

705 Vgl. **Seicht, Gerhard**: Die Zinskosten in der amtlichen „Kosten"-Preisadministration... **(1992)**, S. 7 f. sowie **Ballwieser, Wolfgang – Busse von Colbe, Walther**: Kapitalkosten der Deutsche Telekom AG... **(2001)**, insbesondere S. 36 f.

706 Vgl. nochmals **Seicht, Gerhard**: Die Zinskosten in der amtlichen „Kosten"-Preisadministration... **(1992)**, S. 8.

707 Vgl. **Arbeitsgruppe „Betriebswirtschaftliche Fragen der BtOElt" des Bund-Länder-Ausschusses-Energiepreise**: Begründung zur Änderung der Arbeitsanleitung... (Bearbeitungsstand 08.04.1993), S. 5.

708 Siehe dazu **von Hammerstein, Christian – Schlemmermeier, Ben**: Realkapitalerhaltung und Effizienz... **(2004)**, S. 7 ff. sowie **Zimmermann, Gebhard**: Die kalkulatorischen Kosten... **(2003)**, S. 18, S. 42 und S. 55 f.

709 Vgl. nochmals **Swoboda, Peter**: Die Kostenbewertung in Kostenrechnungen... **(1973)**, S. 353 ff.

stehen, sie entspricht jedoch nicht den Erkenntnissen der Theorie zur Unternehmenserhaltung.[710] Da das Konzept der Realkapitalerhaltung nicht auf wirtschaftszweigspezifische Inflationsraten, sondern auf allgemeine Inflationserscheinungen abstellt, kann es keinen direkten Beitrag zur Erhaltung der unternehmensspezifischen Kaufkraft im Sinne der Schließung anlagengüterspezifischer inflatorischer Lücken leisten.[711] Da die Struktur des Vermögens von Stromnetzbetreibern nicht dem Aufbau von Warenkörben entspricht, die bei der Bestimmung der verwendeten Preisindizes zur Anwendung kommen, kann das Konzept der Realkapitalerhaltung die langfristige Sicherung der wirtschaftlichen Leistungsfähigkeit von Unternehmen nicht garantieren. Die Übertragung des auf Kaufkrafterhaltung der Investoren abstellenden Konzeptes der Realkapitalerhaltung auf die Unternehmensebene wäre nur dann gerechtfertigt, wenn man unterstellen könnte, dass das im Unternehmen gebundene Kapital nach dessen Amortisation stets beliebigen Verwendungen zugeführt werden kann.[712] Vor dem Hintergrund der über das EnWG vorgegebenen **Investitions- und Reinvestitionspflichten** scheidet diese Überlegung für Stromnetzbetreiber jedoch aus.[713]

Ferner erscheint es äußerst fraglich, die kapitalkostenrechnerische Methodik eines **anschaffungswertorientierten Nominalzinsmodells** mit dem Konzept der Realkapitalerhaltung gleichzusetzen. Eine im Sinne der Realkapitalerhaltung maßgebliche thesaurierungsbedingte Kürzung des nominalzinsrechnerisch kalkulierten Gewinnes setzt gemäß den Annahmen der später noch ausführlicher aufzugreifenden zinstheoretischen Arbeiten von *Fisher*[714] voraus, dass der kapitalmarktorientiert zu quantifizierende Nominalzinssatz stets einen vollständigen Ausgleich der allgemeinen Inflationsrate garantiert. Mehrere Arbeiten kommen jedoch zu dem Ergebnis, dass das Nominalzinsniveau keineswegs stets eine **volle Überwälzung der allgemeinen Inflationsrate** und insofern eine gesicherte Realverzinsung garantiert.[715]

---

710 Siehe dazu auch **Männel, Wolfgang**: Gutachterliche Stellungnahme zu dem im Auftrag der Deutsche BP AG... **(2004)**, S. 18.

711 Vgl. **Männel, Wolfgang**: Kalkulationsmethodik des künftigen stromverteilungsspezifischen Regulierungskonzeptes... **(2004)**, S. 53 f.

712 Vgl. dazu **Sieben, Günter – Diedrich, Ralf – Price Waterhouse Corporate Finance Beratung GmbH**: Kosten und Erlöse in der Stromversorgung... **(1996)**, S. 31.

713 Siehe dazu auch die bereits in den 1990er-Jahren vorgetragene Argumentation von **Seicht, Gerhard**: Zur Tagesneuwertorientierung administrierter Preise... **(1996)**, S. 353.

714 Vgl. **Fisher, Irving**: The Theory of Interest... **(1930, Nachdruck 1965)**, S. 36 ff.

715 Vgl. dazu unter anderem **Schneider, Dieter**: Substanzerhaltung bei Preisregulierungen ... **(2001)**, S. 55 ff. Siehe dazu auch die einschlägige Analyse von Männel,

Auch wenn man unterstellt, dass der über den kapitalmarktorientiert veranschlagten Nominalzinssatz kalkulierte Gewinn einen Ausgleich für inflationäre Preissteigerungen enthält, stellt sich – wie zuvor angesprochen – das Problem, dass die allgemeine Inflationsrate regelmäßig nicht mit den anlagengüterspezifischen Preissteigerungsraten übereinstimmt. Zur Lösung dieser Problematik ist es im Fall eines Übersteigens der durchschnittlichen anlagengüterspezifischen Teuerungsrate über die allgemeine Preissteigerungsrate grundsätzlich denkbar, den erwirtschafteten Nominalgewinn über den die allgemeine Inflationsrate hinaus zur **Schließung der inflatorischen Finanzierungslücke** notwendigen Betrag zu kürzen.[716]

Dieser methodische Ansatz wurde im Jahr 2003 auch in einem vom *Bundeskartellamt* unterbreiteten Vorschlag zur Entgeltregulierung der Elektrizitäts- und Gasnetze aufgegriffen, der darauf abzielt, einen Zusammenhang zwischen dem branchenspezifischen Nominalzinssatz und den unternehmensspezifischen Substanzerhaltungsbedürfnissen herzustellen.[717] Unter der Annahme, dass im branchenspezifisch quantifizierten Nominalzinssatz ein zur Schließung inflatorischer Lücken nutzbarer Inflationsausgleich enthalten ist, sollen Stromnetzbetreiber regelmäßig einen der wirtschaftszweigspezifischen durchschnittlichen Inflationsrate entsprechenden Teil des Nominalzinsvolumens einbehalten, mit dem Ziel, einen kapitalstrukturerhaltenden Inflationsausgleich zu realisieren.[718] Die als **thesaurierungspolitisch modifiziertes Nominalzinsmodell** zu begreifende Empfehlung des *Bundeskartellamtes* zielt zwar auf die Erhaltung der unternehmensspezifischen Vermögenssubstanz ab, kann jedoch aufgrund der ausführlich im 5. Kapitel erläuterten Problemfelder einer anschaffungswertorientierten Kapitalkostenkalkulation den Anforderungen einer regulierungstauglichen wettbewerbssimulierenden Entgeltkalkulation nicht gerecht werden.

---

der für den Zeitraum 1965 bis 1991 auf Basis einer regressionsanalytischen Untersuchung zu dem Ergebnis kommt, dass bei einer Erhöhung der Inflationsrate um einen Prozentpunkt durchschnittlich nur ein Anstieg der Umlaufrendite inländischer festverzinslicher Wertpapiere um 0,56 Prozentpunkte zu verzeichnen war. Vgl. **Männel**, **Wolfgang**: Kalkulatorische Abschreibungen, Zinsen, Gewinn und Substanzerhaltungsrücklagen... (**1996**), S. 74 ff., insbesondere S. 76.

716   Siehe dazu auch **Schneider**, **Dieter**: Betriebswirtschaftslehre – Band 2: Rechnungswesen... (**1994**), S. 78.

717   Vgl. **Bundeskartellamt**: Entgeltregulierung der Elektrizitäts- und Gasnetze... (**2003**), S. 11.

718   Vgl. nochmals **Bundeskartellamt**: Entgeltregulierung der Elektrizitäts- und Gasnetze... (**2003**), S. 11.

3) Substanzerhaltung als Unternehmenserhaltungskonzeption für Stromnetzbetreiber

Die voranstehenden Ausführungen verdeutlichen, dass für Stromnetzbetreiber nur eine auf Substanzerhaltung ausgerichtete Unternehmenserhaltungskonzeption empfohlen werden kann, da deren Leistungsfähigkeit langfristig nur bei Erhaltung der Vermögenssubstanz sichergestellt werden kann.[719] Die Notwendigkeit einer **tagesneuwertorientierten Abschreibungsbemessung** resultiert jedoch nicht nur aus den Erfordernissen einer inflationsausgleichenden substanzerhaltungsorientierten Unternehmensfinanzierung. Neben der finanzwirtschaftlichen Begründung ist eine realverzinsungsorientierte Substanzerhaltungskonzeption auch vor dem Hintergrund der Notwendigkeit einer Begrenzung der den Eigenkapitalgebern regulierter Unternehmen zugestandenen Eigenkapitalverzinsung im Sinne der Renditeregulierung geboten.[720] Realverzinsungsorientierte Kapitaldienstkonzepte gestehen den Investoren regulierter Unternehmen nur eine um die anlagengüterspezifische Inflationsrate bereinigte, **reale Eigenkapitalrendite** zu, da den Unternehmenseignern in inflationären Zeiten preissteigerungsbedingte Vermögenswertzuwächse zugute kommen, die durch die Kompensationsfunktion einer tagesneuwertorientierten Abschreibungsbemessung erhalten werden. Im Gegensatz dazu ignoriert das anschaffungswertorientierte Nominalverzinsungskonzept als stille Reserven aufzufassende **inflationsbedingte Vermögenswertzuwächse**, die insbesondere in den frühen Phasen der Anlagennutzungsdauer einen erheblichen zusätzlichen, unter Regulierungsgesichtspunkten unerwünschten Rentabilitätseffekt bewirken.[721]

B. Risikoorientierte Kapitalkostenkalkulation

1) Kalkulationsrelevante allgemeine Unternehmerrisiken

Die Literatur zur Kostenrechnung grenzt allgemeine Unternehmerrisiken stets von den bei Massenerscheinungen auftretenden messbaren und insofern kalku-

---

719 Dies stellt besonders klar Seicht in der neuesten Auflage seines Lehrbuches „Moderne Kosten- und Leistungsrechnung" in Kapitel XXIX. Administrierte Preise und Substanzerhaltung (speziell in der Elektrizitätswirtschaft) heraus. Vgl. **Seicht, Gerhard**: Moderne Kosten- und Leistungsrechnung... **(2001)**, S. 546 f. Siehe auch **Purtscher, Victor**: Kalkulatorische Abschreibungen... **(1999)**, S. 256.

720 Vgl. dazu insbesondere die Argumentation von **Männel, Wolfgang**: Gutachterliche Stellungnahme zu dem im Auftrag der Deutsche BP AG... **(2004)**, S. 5.

721 Vgl. **Männel, Wolfgang**: Kalkulationsmethodik des künftigen stromverteilungsspezifischen Regulierungskonzeptes... **(2004)**, S. 62 ff.

lierbaren **Einzelwagnissen** wie beispielsweise Ausschuss-, Gewährleistungs- und Debitorenrisiken ab.[722] „Bei allgemeinen Unternehmerrisiken handelt es sich um überwiegend unternehmensextern, teilweise aber auch unternehmensintern begründete, regelmäßig singuläre Ungewissheiten, die ein Unternehmen als Ganzes treffen und die sich im Gegensatz zu den Unsicherheiten sich wiederholender Massenerscheinungen mathematisch-statistisch nicht erfassen lassen."[723]

Zu solchen singulären Ungewissheiten zählen insbesondere Preis-, Absatz-, Auslastungs- und Kapitalamortisationsrisiken aber auch Kapitalstrukturrisiken, Managementfehler oder sich ändernde gesetzlich-politische Rahmenbedingungen, die im Gegensatz zu Einzelwagnissen **nicht kalkulierbar und nur begrenzt versicherbar** sind.[724] Da allgemeine Unternehmerrisiken für die Streuung der nach Bedienung der Fremdkapitalgeber zur Ausschüttung an die Eigenkapitalgeber verbleibenden Gewinne verantwortlich sind, fordern **Investoren** zum Ausgleich allgemeiner Unternehmerrisiken eine adäquate Risikoprämie, die bei der Bestimmung der Eigenkapitalverzinsung in Form eines Risikozuschlags zu berücksichtigen ist.[725] Dies belegt auch die Praxis der Unternehmensbewertung. Das IDW führt diesbezüglich aus:[726]

„Ein unternehmerisches Engagement ist stets mit Risiken und Chancen verbunden. Die Übernahme dieser unternehmerischen Unsicherheit (des Unternehmerrisikos) lassen sich Marktteilnehmer durch Risikoprämien abgelten."

Insofern ist auch regulierten Stromnetzbetreibern im Rahmen der Eigenkapitalverzinsung generell eine **Risikoprämie für das allgemeine Unternehmerwagnis** zuzugestehen, damit diese am Kapitalmarkt Investoren dazu gewinnen

---

722 Vgl. dazu insbesondere **Coenenberg, Adolf G.**: Kostenrechnung und Kostenanalyse... (**2003**), S. 49 f.; **Hummel, Siegfried - Männel, Wolfgang**: Kostenrechnung... (**1999**), S. 179; **Olfert, Klaus**: Kostenrechnung (**1996**), S. 135 f. und **Schweitzer, Marcel – Küpper, Hans-Ulrich**: Systeme der Kosten- und Erlösrechnung (**2003**), S. 109 f. Siehe ferner die Ausführungen in den LSP-Kommentaren von **Ebisch, Hellmuth – Gottschalk, Joachim u. a.**: Preise und Preisprüfungen... (**2001**), S. 485 f.

723 **Männel, Wolfgang**: Gutachten zur Bedeutung kalkulationsrelevanter allgemeiner Unternehmerrisiken... (**2003**), S. 19.

724 Siehe dazu **Hummel, Siegfried – Männel, Wolfgang**: Kostenrechnung... (**1999**), S. 179; **Coenenberg, Adolf G.**: Kostenrechnung und Kostenanalyse... (**2003**), S. 49 sowie **Olfert, Klaus**: Kostenrechnung... (**1996**), S. 135.

725 Vgl. **Männel, Wolfgang**: Gutachten zur Bedeutung kalkulationsrelevanter allgemeiner Unternehmerrisiken... (**2003**), S. 19.

726 **Hauptfachausschuss des Instituts der Wirtschaftsprüfer**: IDW S 1: Grundsätze zur Durchführung von Unternehmensbewertungen... (**2005**), S. 703.

können, Eigenkapital für das Netzgeschäft zur Verfügung zu stellen.[727] Wie unmittelbar einleuchtet, dürfen die besonders kapitalintensiven und extrem langlebigen Investitionen in das Stromnetzgeschäft in risikowirtschaftlicher Hinsicht nicht mit einer „quasi-sicheren" Investition in festverzinsliche Wertpapiere gleichgesetzt werden, da das anlagenintensive Netzgeschäft in mehrfacher Hinsicht risikobehaftet ist.[728]

Im Zuge der Konkretisierung der Kalkulationsprinzipien der VV II plus und des vom Bundeskartellamt gegen die *Thüringer Energie AG* eingeleiteten Missbrauchsverfahrens [Kart 4/03 (V)] wurden durch mehrere Gutachten unter anderem von *PwC Deutsche Revision*, *Sieben/Maltry*, *Salje*, *Gerke* und *Schmidt-Preuß* die auf das allgemeine Unternehmerwagnis wirkenden **Risiken des Stromnetzbetriebs** anhand von Risikosystematiken begründet, die insbesondere auf Investitions- und Auslastungsrisiken, technische und konjunkturelle Risiken, aber auch auf politische und regulatorische Risiken hinweisen.[729] Während die zuvor zitierten Arbeiten die Risiken des Stromnetzbetriebs anhand von Auflistungen und Risikolandkarten beschreiben, präsentierte *Männel* ausgehend von einer allgemeingültigen Darstellung **risikobelasteter Kapitalumschlagsprozesse** den durch **Abbildung 3-3** dargestellten Strukturierungsansatz, der in grundsätzlicher Weise verdeutlicht, dass Netzbetreiber zur Finanzierung von Stromnetzanlagen über lange Zeit hinweg erhebliche Kapitalvolumina binden, deren Amortisation und Verzinsung keineswegs sicher ist.[730]

In dem für die deutsche Regulierungspraxis **richtungsweisenden Urteil** im Kartellverwaltungsverfahren TEAG Thüringer Energie AG gegen Bundeskartellamt [Kart 4/03 (V)] bestätigte auch das OLG Düsseldorf, dass Stromnetzbetreibern ein Wagniszuschlag zur Kompensation allgemeiner Unternehmerrisiken zuzubilligen ist.[731]

---

727 Vgl. stellvertretend **Männel, Wolfgang**: Kalkulationsmethodik des künftigen stromverteilungsspezifischen Regulierungskonzeptes... **(2004)**, S. 31 f.

728 Vgl. **Männel, Wolfgang**: Risikoorientierte Kalkulation von Netznutzungsentgelten... **(2004)**, S. 256.

729 Vgl. **PwC Deutsche Revision**: Kurzgutachten zur Frage der Berücksichtigung des allgemeinen Unternehmerwagnisses... **(1999)**, S. 7 ff.; **Sieben, Günter – Maltry, Helmut**: Netznutzungsentgelte für elektrische Energie... **(2002)**, S. 58 ff.; **Salje, Peter**: Rechtliche Grundlagen und Reichweite... **(2003)**, S. 51 f.; **Gerke, Wolfgang**: Risikoadjustierte Bestimmung des Kalkulationszinssatzes in der Stromnetzkalkulation... **(2003)**, S. 14 ff. sowie **Schmidt-Preuß, Matthias**: Substanzerhaltung und Eigentum... **(2003)**, S. 63 f.

730 Vgl. **Männel, Wolfgang**: Gutachten zur Bedeutung kalkulationsrelevanter allgemeiner Unternehmerrisiken... **(2003)**, S. 23.

731 Vgl. **Oberlandesgericht Düsseldorf**: Beschluss im Kartellverwaltungsverfahren TEAG gegen Bundeskartellamt, Aktenzeichen VI-Kart 4/03 (V) vom **11.02.2004**,

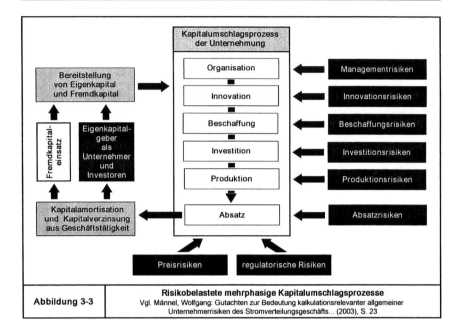

Abbildung 3-3	**Risikobelastete mehrphasige Kapitalumschlagsprozesse** Vgl. Männel, Wolfgang: Gutachten zur Bedeutung kalkulationsrelevanter allgemeiner Unternehmerrisiken des Stromverteilungsgeschäfts... (2003), S. 23

§ 7 Abs. 5 StromNEV, der Vorgaben zur Bemessung des Zuschlags zur Abdeckung unternehmerischer Wagnisse enthält, belegt, dass sich die Auffassung, dass Netzbetreibern eine risikoadäquate Eigenkapitalverzinsung auch beim (damaligen) Bundesministerium für Wirtschaft und Arbeit (BMWA) durchgesetzt hat.[732]

2) Bedeutung regulatorischer Risiken

In der jüngsten Vergangenheit wurde das Erfordernis einer risikoorientierten Kapitalkostenkalkulation regulierter Unternehmen durch mehrere Arbeiten auch mit

---

S. 17: "Wie jede unternehmerische Betätigung ist auch der Betrieb eines Stromleitungsnetzes mit Wagnissen verbunden. Zwar mögen die unternehmerischen Risiken auf dem Sektor der Stromdurchleitung wegen des bestehenden Monopols geringer zu veranschlagen sein als sie auf einem wettbewerblich geprägten Markt bestehen. Zu verneinen sind sie indes nicht."

732   So sprach sich bereits der vom BMWA am 31.08.2003 vorgelegte Monitoring-Bericht ausdrücklich für eine kapitalmarktorientierte Eigenkapitalverzinsung im regulierten Stromnetzgeschäft aus. Vgl. **Bundesministerium für Wirtschaft und Arbeit (BMWA)**: Bericht des Bundesministeriums für Wirtschaft und Arbeit an den Deutschen Bundestag ... **(2003)**, S. 48.

der **Existenz regulatorischer Risiken** begründet[733], wenngleich auch diese Erkenntnis in der Literatur insbesondere mit Blick auf einen Aufsatz von *Peltzman* aus dem Jahr 1976 kontrovers diskutiert wurde. *Peltzman* führte aus[734]:

> *"Regulation should reduce conventional measures of owner risk. By buffering the firm against demand and cost changes, the variability of profits (and stock prices) should be lower than otherwise. To the extent that the cost and demand changes are economywide, regulation should reduce systematic as well as diversifiable risk."*

Die als **"buffering effect"** bezeichnete These *Peltzmans* besagt, dass entgeltregulierte Unternehmen im Vergleich zu nicht-regulierten Unternehmen einem vergleichsweise geringen allgemeinen Unternehmerrisiko ausgesetzt sind, da die kostenorientierte Entgeltregulierung dazu führe, dass die Gewinne und Renditen regulierter Unternehmen im Zeitablauf geglättet werden.[735] Konform zu dieser Auffassung behauptete in der Vergangenheit auch das Bundeskartellamt, dass regulierte Stromnetzbetreiber keinen speziellen Unternehmerwagnissen ausgesetzt sind.[736]

Dass die Behauptung – Entgeltregulierung kompensiere allgemeine Unternehmerisiken – nicht haltbar ist, wurde jedoch in der deutschsprachigen energiewirtschaftsbezogenen Regulierungsliteratur seit langem angemahnt. Schon *Swoboda* wies 1990 daraufhin, dass risikokompensierende Wagniszuschläge allenfalls dann entbehrlich wären, wenn Preisbehörden sämtliche Kosten einschließlich aller Zufälligkeiten, Schadensfälle und Missmanagement-Folgen akzeptieren und eventuell ungedeckt bleibende Kosten früherer Perioden nachträglich voll kompensieren würden.[737] Es leuchtet ein, dass Netzentgelte **nicht als Selbstkosten-Erstattungspreise aufzufassen** sind, da allgemeine Unternehmerrisiken nur sehr begrenzt auf Netznutzer überwälzt werden können und daraus resultie-

---

733 Vgl. stellvertretend **Gerke, Wolfgang**: Risikoadjustierte Bestimmung des Kalkulationszinssatzes in der Stromnetzkalkulation... **(2003)**, S. 16: „Regulatorische Risiken sind aufgrund ihres unbestimmten Charakters schwer zu prognostizieren. Bereits aus der Heterogenität der regulatorischen Maßnahmen resultieren Risiken. Auch diese regulatorische Risiken wird ein Investor nicht eingehen, wenn dies in der Eigenkapitalverzinsung unberücksichtigt bleibt."

734 Vgl. **Peltzman, Sam**: Toward a more general theory of regulation... **(1976)**, S. 230.

735 Vgl. **Pedell, Burkhard**: Regulatory Risk and the Cost of Capital... **(2004)**, S. 31.

736 Siehe stellvertretend **Bundeskartellamt**: B11 – 40 100 – T – 45/01, 11. Beschlussabteilung, Beschluss in dem Verwaltungsverfahren gegen TEAG Thüringer Energie AG... **(2003)**, S. 23 ff.

737 Vgl. **Swoboda, Peter**: Kostenermittlung und Tarifbildung... **(1990)**, S. 74 f.

rende Erlös- und Kostenabweichungen zwangsläufig zu Lasten der Netzbetreiber gehen.[738] Andererseits ist die Preisaufsicht selbst als ein das allgemeine Unternehmerrisiko verstärkender Einflussfaktor zu begreifen. *Schulz* und *Riechmann* betonten schon 1996, dass entgeltregulierte EVU **spezifischen Regulierungsrisiken** ausgesetzt sind, die unter anderem darin bestehen, dass im Zuge von Preisprüfungsverfahren Kostenpositionen, die aus Sicht des Unternehmens als betriebsnotwendig gerechtfertigt erscheinen, vom Regulierer nicht akzeptiert werden und sodann nicht an die Kunden überwälzt werden können.[739] Dies verdeutlichen auch die Bescheide der BNetzA zu den Preisanträgen der Netzbetreiber für das Jahr 2006, aus denen teilweise Kürzungen der beantragten Kosten von mehr als 15% resultieren.[740]

Ferner ist zu berücksichtigen, dass die Entgelte in der Regel erst mit einer erheblichen **zeitlichen Verzögerung** an die Kostensituation der Unternehmen angepasst werden. Dies trifft auch auf die nach der StromNEV durchzuführende Entgeltkalkulation zu. Gemäß § 3 Abs. 1 Satz 5 StromNEV hat die Netzentgeltkalkulation auf Basis der Daten des letzten abgeschlossenen Geschäftsjahres zu erfolgen. Gleichzeitig müssen Netzbetreiber gemäß § 23a Abs. 3 EnWG bereits 6 Monate vor dem Inkrafttreten der Netzentgelte einen Preisantrag bei der Regulierungsbehörde stellen.

Dies hat zur Folge, dass die Aufwendungen eines Geschäftsjahres grundsätzlich erst mit einer zeitlichen Verzögerung von 2 Jahren in der Netzentgeltkalkulation berücksichtigt werden können, es sei denn der Netzbetreiber kann bezüglich einzelner Kostenarten gemäß § 3 Abs. 1 Satz 5 StromNEV gesicherte Erkenntnisse über das Planjahr nachweisen. Anlässlich der Preisgenehmigungsverfahren des Jahres 2006 akzeptierte die BNetzA den Ansatz von Plankosten in der

---

738 Vgl. **Männel, Wolfgang**: Kalkulationsmethodik des künftigen stromverteilungsspezifischen Regulierungskonzeptes... (**2004**), S. 34 f.

739 Vgl. dazu **Riechmann, Christoph – Schulz, Walter**: Rahmenbedingungen und Preisreglementierung... (**1996**), S. 389.

740 Siehe dazu unter anderem die Bescheide der BNetzA im Jahr 2006 zu den Preisanträgen der Übertragungsnetzbetreiber Vattenfall Europe Transmission GmbH (Kürzung von ca. 18 % der beantragten Kosten) sowie der E.ON Netz GmbH (Kürzung von ca. 16 % der beantragten Kosten). Vgl. **Bundesnetzagentur**: Erste Genehmigung der Bundesnetzagentur für Stromnetzentgelt, Pressemitteilung, Bonn **08.06.2006** sowie **Bundesnetzagentur**: Weitere Kostenkürzung im zweistelligen Prozentbereich bei Stromnetzen, Bonn **30.08.2006**: „Die Bundesnetzagentur hat nun dem Übertragungsnetzbetreiber E.ON Netz GmbH die beantragten Netzkosten um rund 16 Prozent gekürzt. Die Kürzungen betreffen, wie in den bisher von der Bundesnetzagentur erteilten Genehmigungen, u. a. die Bereiche Anlagevermögen, kalkulatorische Eigenkapitalverzinsung und kalkulatorische Gewerbesteuer [...]."

Entgeltkalkulation allerdings in der Regel nur dann, wenn die Netzbetreiber bereits **vertragliche Vereinbarungen** nachweisen konnten, die einen Kostenanstieg im Planjahr auslösen.[741]

In der jüngsten Vergangenheit wurde die These *Peltzmans* in der Regulierungsliteratur von mehreren Arbeiten, die auf den als **„Regulatorisches Risiko"** [**engl.: regulatory risk**] bezeichneten Zusammenhang zwischen den Risiken der Anteilseigner und dem Regulierungskonzept sowie dem Handeln der Regulierungsbehörde abstellen, widerlegt.[742] *Pedell* führt aus, dass die Annahme, Preisregulierung eliminiere sämtliche Unternehmerrisiken, auf einem hypothetischen Modell der perfekten Renditeregulierung beruht, das entgeltregulierten Unternehmen zu jeder Zeit eine adäquate und insofern risikolose Verzinsung des eingesetzten Kapitals garantiert.[743] Die Annahme einer perfekten Renditeregulierung ist jedoch aufgrund

- der **zeitverzögerten Anpassung** des vom Regulierer genehmigten Entgeltniveaus an die tatsächlichen unternehmensspezifischen Kostenniveaus,
- der **asymmetrischen Informationsverteilung** zwischen Regulierungsbehörde und Unternehmen
- und den stets **risikobelasteten Investitionsentscheidungen** durch das Management regulierter Unternehmen

unrealistisch, sodass eine vollständige Risikoeliminierung im Sinne der kompletten Kostenüberwälzung durch Preisregulierung praktisch nicht gelingt[744] und vor dem Hintergrund der auf die Realisierung unternehmensseitig initiierter Kostensenkungen abzielenden anreizorientierten Regulierungstheorie auch nicht gewollt sein kann.

---

741 Vgl. stellvertretend **Bundesnetzagentur**: Beschluss in dem Verwaltungsverfahren auf Grund des Antrags der Vattenfall Europe Transmission GmbH... (**2006**), S. 3 f.
742 Vgl. insbesondere **Pedell, Burkhard**: Regulatory Risk and the Cost of Capital... (**2004**), S. 29 ff. und die dort zitierte Literatur sowie **Brunekreeft, Gert – McDaniel, Tanga**: Policy Uncertainty and Supply Adequacy in Electric Power Markets... (**2005**), S. 115 f. Siehe auch die auf regulierte Unternehmen in Großbritannien abstellende Arbeit von Grout und Zalewska, die die Existenz regulatorischer Risiken für den Untersuchungszeitraum 1993-2000 empirisch bestätigen. Vgl. **Grout, Paul A. – Zalewska, Anna**: Do Regulatory Changes Affect Market Risk?... (**2004**), S. 38 ff.
743 Vgl. **Pedell, Burkhard**: Regulatory Risk and the Cost of Capital... (**2004**), S. 29.
744 Vgl. dazu nochmals die Ausführungen von **Pedell, Burkhard**: Regulatory Risk and the Cost of Capital... (**2004**), S. 29 f.

Zwischenzeitlich haben mehrere Untersuchungen den Zusammenhang zwischen alternativen Regulierungskonzeptionen und der Höhe des systematischen Risikos **auch empirisch bestätigt**, sodass abschließend festzustellen ist:[745]

Je höher das regulatorische Risiko, desto höher sind die Renditeforderungen der Anteilseigner, um so höher sind die Kapitalkosten regulierter Unternehmen.

Das regulatorische Risiko als Teil des unternehmerischen Risikos von Netzbetreibern gilt es im Rahmen der **kalkulatorischen Eigenkapitalverzinsung** durch einen angemessenen Zuschlag für das allgemeine Unternehmerwagnis abzugelten.[746]

C. Berücksichtigung kalkulationsrelevanter Ertragsteuerbelastungen

Damit Stromnetzbetreiber eine kapitalmarktorientierte Eigenkapitalverzinsung realisieren können, ist die Kalkulationsrelevanz kapitalkostenspezifischer Ertragsteuerbelastungen aus dem Zusammenwirken von **Gewerbe- und Körperschaftsteuer** anzuerkennen. Dies betrifft sowohl die auf die Eigenkapitalverzinsung entfallenden Ertragsteuern und die im Falle einer tagesneuwertorientierten Abschreibung anfallenden Ertragsteuern auf die als „Scheingewinn" bezeichnete Differenz zwischen tagesneuwertorientiert kalkulierten und anschaffungswertorientiert bemessenen Abschreibungen als auch die hälftige Gewerbesteuerbelastung von Dauerschuldzinsen.

Um die Kalkulationsrelevanz der Gewerbe- und Körperschaftsteuer zu belegen, ist es hilfreich, die Ertragsteuerbelastung des „Scheingewinns" und die hälftige Gewerbesteuerbelastung von Dauerschuldzinsen zunächst auszuklammern

---

745   Siehe dazu **Alexander, Ian – Mayer, Colin – Weeds, Helen**: Regulatory Structure and Risk... (**1996**), S. 29 und S. 30 ff.

746   Siehe dazu auch die interessante Feststellung des OLG Düsseldorfs anlässlich des Beschlusses über die Ablehnung der von der Vattenfall Europe Transmission GmbH beantragten aufschiebenden Wirkung der von der BNetzA beschlossenen Entgeltkürzung im Rahmen des Preisgenehmigungsverfahrens 2006: „Dass der Antragstellerin für das Jahr 2006 eine deutliche Entgeltkürzung droht, ist eine Frage der wirtschaftspolitisch notwendig gewordenen **Preisregulierung im Strombereich**, die damit zum **Bestandteil des typischen unternehmerischen Risikos eines Netzbetreibers** geworden ist." (Hervorhebung durch den Verfasser dieser Arbeit). Siehe dazu **Oberlandesgericht Düsseldorf**: Beschluss in dem Verfahren auf Genehmigung der Entgelte für den Netzzugang gemäß § 23a EnWG, Aktenzeichen VI-3 Kart 289/06 (V), Düsseldorf **21.07.2006**, S. 26.

und den Ansatz der auf die Eigenkapitalzinsen entfallenden Ertragsteuern zu begründen.

1) Nach Ertragsteuern kapitalmarktorientiert ermitteltes Renditeniveau

Bei den Renditeforderungen der Eigenkapitalgeber, die über kapitalmarkttheoretische Modellierungen ermittelt werden, handelt es sich grundsätzlich um **nach unternehmensspezifischen Ertragsteuern verbleibende Renditeniveaus.**[747] Auch die für das CAPM maßgeblichen Beta-Faktoren und Marktrisikoprämien werden nach Ertragsteuern, jedoch vor persönlichen Einkommensteuern ermittelt.[748] *Gerke*, der im Jahr 2003 das Niveau des bereits in der VV II plus enthaltenen, 6,5%-igen realen Eigenkapitalkostensatzes CAPM-rechnerisch bestätigte, führt aus:[749]

„Darüber hinaus muss berücksichtigt werden, dass es sich bei der ermittelten Eigenkapitalverzinsung um eine Nachsteuerrendite handelt. Ermittelt wurde die Rendite, die dem Investor nach Abzug der unternehmensspezifischen Ertragsteuern zufließen muss."

Um die vom Kapitalmarkt abgeleitete, nach Unternehmenssteuern verbleibende Eigenkapitalrendite realisieren zu können, müssen die diesbezüglich anfallenden Ertragsteuern kalkuliert und über die Umsatzerlöse erwirtschaftet werden.[750]

2) Kalkulationsrelevante Gewerbesteuer

Das Öffentliche Preisrecht zählt die kalkulatorische Gewerbesteuer, die infolge der Abschaffung der Gewerbekapitalsteuer mit der Gewerbesteuerreform 1997 seit dem 01.01.1998 nur noch als Gewerbeertragsteuer wirksam wird, gemäß Nr.

---

747 Vgl. **Schneider, Dieter**: Substanzerhaltung bei Preisregulierungen... **(2001)**, S. 54: „Die von den Eigenkapitalgebern erwartete Durchschnittsrendite [...] ist als **erwartete Rendite nach definitiven Gewinnsteuerzahlungen der Unternehmungen** und vor den persönlichen Einkommensteuerzahlungen der Eigenkapitalgeber zu deuten."

748 Vgl. **Busse von Colbe, Walther**: Zur Ermittlung der Kapitalkosten... **(2002)**, S. 13.

749 Vgl. **Gerke, Wolfgang**: Risikoadjustierte Bestimmung des Kalkulationszinssatzes... **(2003)**, S. 65 f.

750 Siehe dazu **Männel, Wolfgang**: Kalkulationsmethodik des künftigen stromverteilungsspezifischen Regulierungskonzeptes... **(2004)**, S. 40 f. Die Kalkulationsrelevanz der dem regulierten Netzbetrieb zuordenbaren Ertragsteuerbelastungen wurde in der Zwischenzeit auch von der Monopolkommission anerkannt. Vgl. dazu **Monopolkommission**: Telekommunikation und Post 2003... **(2003)**, insbesondere S. 74 ff.

30 LSP seit jeher zu den **kalkulierbaren Steuern.**[751] Auch steuerrechtlich ist es gemäß dem Wahlrecht der Einkommensteuerrichtlinie 33 Abs. 5 Satz 2 EStR zulässig, die Gewerbeertragsteuer bei der Kalkulation der Herstellungskosten zu berücksichtigen.[752] Der **Kostencharakter** der Gewerbeertragsteuer ist in der BWL unumstritten[753] und wird auch durch die Kalkulationsempfehlungen des BDI bestätigt.[754]

Nicht nachvollziehbar ist daher die Argumentation der Kartellbehörden aus dem Jahr 2001, die die Kalkulationsrelevanz sämtlicher Ertragsteuern mit dem Verweis verneinen, dass derartige Steuern „aus dem Ergebnis zu decken" sind.[755] Nach dem mehrere Gutachter die Kalkulationsrelevanz der Gewerbesteuer nachwiesen[756], bejahte auch das *OLG Düsseldorf* im Urteil vom 11.02.2004 im Kartellverwaltungsverfahren Thüringer Energie AG gegen Bundeskartellamt [Kart 4/03 (V)] den Ansatz Gewerbeertragsteuer in der Netzentgeltkalkulation.[757] Über die durch § 8 StromNEV bestätigte Kalkulationsrelevanz der Gewerbesteuer bestehen insofern keine Zweifel.

3) Kalkulationsrelevante Körperschaftsteuer

a) Von der StromNEV nicht anerkannte Körperschaftsteuer

Entgegen dem betriebswirtschaftlichen Erkenntnisstand und den steuersystembedingten Notwendigkeiten gesteht § 8 StromNEV Netzbetreibern derzeit **lediglich**

---

751 Vgl. **Ebisch, Hellmuth – Gottschalk, Joachim u. a.**: Preise und Preisprüfungen... **(2001)**, zu Nr. 30 LSP, Tz. 5-21, S. 392-402.

752 Vgl. **Endriss, Horst Walter – Haas, Helmut – Küpper, Peter**: Steuerkompendium Band 1... **(1998)**, S. 142.

753 Vgl. stellvertretend die Ausführungen von **Sieben, Günter – Maltry, Helmut**: Netznutzungsentgelte für elektrische Energie... **(2002)**, S. 67 f.

754 Vgl. **Bundesverband der Deutschen Industrie (BDI) (Hrsg.)**: Empfehlungen zur Kosten- und Leistungsrechnung, Band 1: Kosten- und Leistungsrechnung als Istrechnung... **(1991)**, S. 44.

755 Vgl. **Arbeitsgruppe Netznutzung Strom der Kartellbehörden des Bundes und der Länder**: Bericht über 1. die Reichweite der kartellrechtlichen Eingriffsnormen ... **(2001)**, S. 32. Die Argumentation der Arbeitsgruppe stützt sich dabei auf die „Arbeitsanleitung 1997", die den Ansatz der Gewerbesteuer ebenfalls verneinte. Vgl. **Bund-Länder-Ausschuss „Energiepreise"**: Arbeitsanleitung zur Darstellung der Kosten- und Erlösentwicklung ... **(1997)**, S. 10, (Abschnitt D, Ziffer 6.).

756 Vgl. **Sieben, Günter – Maltry, Helmut**: Netznutzungsentgelte für elektrische Energie... **(2002)**, S. 67 f. sowie **Männel, Wolfgang**: Preisfindungsprinzipien der Verbändevereinbarung VV II plus... **(2003)**, S. 36 ff.

757 Vgl. **Oberlandesgericht Düsseldorf**: Beschluss in Kartellverwaltungsverfahren TEAG gegen Bundeskartellamt, Aktenzeichen VI-Kart 4/03 (V) vom **11.02.2004**, S. 18.

den Ansatz der kalkulatorischen Gewerbesteuer zu. Im Rahmen der Preisgenehmigungsverfahren des Jahres 2006 war es Netzbetreibern daher untersagt, die Körperschaftsteuer in der Entgeltkalkulation anzusetzen. Entgegen den zuvor erwähnten Befunden *Gerkes*[758] definierte der Verordnungsgeber anlässlich der Formulierung der StromNEV im Jahr 2005 den realen 6,5%-igen Eigenkapitalzinssatz für Altanlagen und den nominalen 7,91%-igen Eigenkapitalzinssatz für Neuanlagen gemäß § 7 Abs. 6 StromNEV als Renditeniveau vor (Körperschaft-) Steuer:[759]

Aus der Regelung des § 7 Abs. 6 StromNEV:

> *„Über die Eigenkapitalzinssätze nach § 21 Abs. 2 des Energiewirtschaftsgesetzes entscheidet die Regulierungsbehörde in Anwendung der Absätze 4 und 5 alle zwei Jahre, erstmals, sobald die Netzentgelte im Wege der Anreizregulierung nach § 21a des Energiewirtschaftsgesetzes bestimmt werden, durch Festlegung nach § 29 Abs. 1 des Energiewirtschaftsgesetzes, wobei dieser Zinssatz nach Ertragssteuern festzulegen ist. Bis zur erstmaligen Festlegung durch die Regulierungsbehörde beträgt der Eigenkapitalzinssatz bei Neuanlagen 7,91 Prozent vor Steuern und bei Altanlagen 6,5 Prozent vor Steuern. "*

ist abzuleiten, dass die körperschaftsteuerlichen Belastungen bis zu Beginn der Anreizregulierung in den „vor Steuern" definierten Eigenkapitalzinssätzen abgegolten werden, mit der für den 01.01.2008 geplanten Einführung der Anreizregulierung jedoch in der Entgeltkalkulation in Ansatz gebracht werden dürfen.

Wenn die Regulierungsbehörde die kalkulationsrelevanten Eigenkapitalzinssätze gemäß § 7 Abs. 6 Satz 1 StromNEV mit Einführung der Anreizregulierung **nach Ertragsteuern** neu festlegt, ist die Körperschaftsteuer – da sie dann nicht mehr über den Eigenkapitalzinssatz abgegolten werden soll – neben der Gewerbesteuer als separate betragsmäßige Kostenposition zu kalkulieren.[760] § 8 der StromNEV zur Ermittlung der kalkulatorischen Steuern ist dann um eine entsprechende Passage zur Kalkulationsrelevanz der Körperschaftsteuer zu ergänzen.

Entgegen der voranstehenden Interpretation der Regelung des § 7 Abs. 6 StromNEV geht der von der BNetzA am 30.06.2006 vorgelegte Bericht zur **Ein-**

---

758 Vgl. nochmals **Gerke, Wolfgang**: Risikoadjustierte Bestimmung des Kalkulationszinssatzes... **(2003)**, S. 65 f.

759 Da die Gewerbesteuer gemäß § 8 StromNEV als separate Kostenposition betragsmäßig zu kalkulieren ist, kann mit der Formulierung „vor Steuern" ausschließlich die Körperschaftsteuer gemeint sein.

760 Diese Auslegung geht auch aus der **Bundesrats-Drucksache 245/05 vom 14.04.2005** betreffend die Verordnung über die Entgelte für den Zugang zu Elektrizitätsversorgungsnetzen (Stromnetzentgeltverordnung – StromNEV) zu § 7 Kalkulatorische Eigenkapitalverzinsung, S. 35 f. hervor.

führung der Anreizregulierung an keiner Stelle auf die Kalkulationsrelevanz der Körperschaftsteuer ein. Die Abschnitte des Berichts zur Definition der auf Basis der StromNEV ermittelten Kostenarten sehen auch für die Anreizregulierung lediglich den Ansatz der kalkulatorischen Gewerbesteuer vor.[761] Es erscheint daher auch aus aktuellem Anlass geboten, den Ansatz der Körperschaftsteuer in der Netzentgeltkalkulation auf Basis des aktuellen betriebswirtschaftlichen Erkenntnisstandes und der steuersystembedingten Rahmenbedingungen ausführlicher zu begründen.

b) Konsequenzen der Unternehmensteuerreform aus dem Jahr 2000 für den kalkulatorischen Ansatz der Körperschaftsteuer

Mit der Abschaffung des körperschaftsteuerlichen Anrechnungsverfahrens und der **Einführung des Halbeinkünfteverfahrens** durch die zum 01.01.2001 in Kraft getretene Unternehmensteuerreform unterliegen die Gewinne von Kapitalgesellschaften, unabhängig ob diese zur Ausschüttung an die Anteilseigner oder zur Thesaurierung bestimmt sind, der pauschalierten Körperschaftsteuer in Höhe von 25,0% (zzgl. des 5,5%-igen Solidaritätszuschlages), die nicht mehr auf die persönliche Einkommensteuer der Investoren angerechnet werden kann.

Es besteht daher kein Grund mehr, bei der Begründung der Kalkulationsrelevanz der Ertragsteuern zwischen der Gewerbesteuer und der ebenso als Definitivsteuer anfallenden Körperschaftsteuer zu unterscheiden.[762] Neben der Gewerbesteuer muss zwangsläufig auch die Körperschaftsteuer (zzgl. Solidaritätszuschlag) in die Netzentgeltkalkulation eingestellt werden. Wie nachfolgend noch erläutert wird, ist es daher zu empfehlen, die gewerbe- und körperschaftsteuerlichen Belastungen in der Entgeltkalkulation mit Hilfe eines **integrierten Ertragsteuersatzes** abzubilden.[763]

c) Behandlung der Ertragsteuern im Öffentlichen Preisrecht

Wie zuvor bereits erwähnt, unterscheiden die LSP grundsätzlich zwischen kalkulierbaren und nicht kalkulierbaren Steuern. Während die Gewerbesteuer als kalkulierbare „Kostensteuer" in der Selbstkostenermittlung gemäß Nr. 30 LSP ansatzfähig ist, zählt das Öffentliche Preisrecht die Körperschaftsteuer zu den nicht

---

761 Vgl. dazu **Bundesnetzagentur**: Bericht der Bundesnetzagentur nach § 112a EnWG zur Einführung der Anreizregulierung nach § 21a EnWG... **(2006)**, S. 160 und S. 161 bezüglich der Erfassung der Kosten- und Erlösarten.

762 Auf dieses Erfordernis verweisen auch **Ballwieser, Wolfgang – Busse von Colbe, Walther**: Kapitalkosten der Deutsche Telekom AG... **(2001)**, S. 51.

763 Vgl. dazu die Ausführungen in diesem Kapitel, S. 239 ff.

kalkulierbaren Steuern, die aus dem Gesamtergebnis zu decken sind.[764] Aufgrund der Einordnung der Körperschaftsteuer als **nicht kalkulierbare Steuer im Öffentlichen Preisrecht** haben sich Kartellbehörden und Netznutzer anlässlich der Diskussion um den Ansatz der kalkulatorischen Kosten in den letzten Jahren wiederholt gegen einen Ansatz der Körperschaftsteuer in der Stromnetzentgeltkalkulation ausgesprochen.[765] Diese Ansicht ist jedoch verfehlt. Aus den Regelungen des Öffentlichen Preisrechts für die Kalkulation der Preise einzelner Aufträge folgt nicht, dass die Körperschaftsteuer anlässlich von Strompreis- und Netzentgeltkalkulationen nicht ansatzfähig ist. Die speziell auf Strompreiskalkulationen abstellenden Abschnitte des einschlägigen Kommentars von *Ebisch* und *Gottschalk* sprechen sich explizit dafür aus, die Körperschaftsteuer – wie auch die Gewerbesteuer – im Rahmen einer **separaten Gewinnkalkulation** zu berücksichtigen.[766] Dies belegt auch die 19. rheinland-pfälzische „Arbeitsanleitung", die EVU sowohl den kalkulatorischen Ansatz der Gewerbesteuer als auch der Körperschaftsteuer zugesteht.[767]

---

764 Vgl. **Ebisch, Hellmuth – Gottschalk, Joachim u. a.**: Preise und Preisprüfungen bei öffentlichen Aufträgen... (**2001**), zu Nr. 30 LSP,Tz. 1 und 3, S. 391.

765 Vgl. dazu **Arbeitsgruppe Netznutzung Strom der Kartellbehörden des Bundes und der Länder**: Bericht über 1. die Reichweite der kartellrechtlichen Eingriffsnormen ... (**2001**), S. 32 sowie die Position der Netznutzerverbände **BDI e.V. – BNE e.V. – EFET – VIK e.V.**: Position der Netznutzerverbände... (**2003**), S. 4, die lediglich den Ansatz der Gewerbesteuer vorsieht. Siehe dazu auch **Zimmermann, Gebhard.**: Die kalkulatorischen Kosten... (**2003**), S. 40: „Die Körperschaftssteuer stellt nach Ebisch/Gottschalk eine nicht kalkulierbare Steuer dar."

766 Vgl. dazu **Ebisch, Hellmuth – Gottschalk, Joachim u. a.**: Preise und Preisprüfungen... (**2001**), zu Nr. 31 LSP, Tz. 37 und 38, S. 407. Siehe dazu auch die Ausführungen von *Männel*, der sich ebenfalls dafür ausspricht, Gewerbe- und Körperschaftsteuer als kalkulatorische Gewinnelemente zu behandeln. Vgl. **Männel, Wolfgang**: Gutachten zu den Preisfindungsprinzipien der Verbändevereinbarung VV II plus... (**2003**), S. 38.

767 Vgl. dazu nochmals **Ebisch, Hellmuth – Gottschalk, Joachim u. a.**: Preise und Preisprüfungen bei öffentlichen Aufträgen... (**2001**), Anhang 19: Arbeitsanleitung zur Darstellung der Kosten- und Erlösentwicklung in der Stromversorgung – Fassung Rheinland-Pfalz –, S. 687 ff., insbesondere S. 696: „Die kalkulatorischen Steuern [...] berücksichtigen die notwendige Abführung der Körperschaftsteuer und der Gewerbeertragsteuer. Bei der Berechnung der Körperschaftsteuer ist zwischen der Besteuerung – der Zuführung zur Kapitalerhaltungsrücklage und – des Restgewinns zu unterscheiden. Der Restgewinn wird ermittelt, indem vom Gewinn vor Steuern die Körperschaftsteuer auf die – Zuführung zur Kapitalerhaltungsrücklage und auf die Dividende sowie die Gewerbeertragsteuer abgezogen werden [...]. Die kalkulatorische Körperschaftsteuer ergibt sich aus der Zusammenstellung der ein-

Die voranstehenden Ausführungen sind ein Beispiel dafür, dass die Leitsätze für die Preisermittlung auf Grund von Selbstkosten (LSP), die gemäß § 3 Abs. 1 Satz 5 StromNEV – soweit die StromNEV hinsichtlich der Kostenermittlung keine besonderen Regelungen trifft – für die Netzentgeltkalkulation heranzuziehen sind, nicht unmodifiziert auf den Stromnetzbetrieb übertragen werden dürfen.

d) Kalkulationsrelevante Ertragsteuern im internationalen Vergleich

Anlässlich der Begründung des Ansatzes der Körperschaftsteuer in der Netzentgeltkalkulation ist auch darauf zu verweisen, dass die für die Regulierung der Energiewirtschaft zuständigen Regulierungsbehörden weltweit den Ansatz unternehmensspezifischer Ertragsteuern anerkennen. In diesem Zusammenhang ist neben den im 7. Kapitel analysierten regulierungskonzeptspezifischen Vorgaben anderer europäischer Länder insbesondere auch auf die Regulierungspraxis in den USA hinzuweisen. Gemäß *Phillips* zählen in den USA im Kontext EVU-spezifischer Preissetzungsverfahren sämtliche Arten von Steuern – insofern auch die Körperschaftsteuer im Sinne der **corporate income tax** – seit jeher zu den Kosten, die insofern nicht von Unternehmen und Investoren, sondern von den Kunden zu tragen sind.[768]

4) Berücksichtigung von Steuern auf den „Scheingewinn"

Folgt die Netzentgeltkalkulation einem auf Substanzerhaltung ausgerichteten Kapitaldienstkonzept, ist auch die auf die als „Scheingewinn" bezeichnete Differenz von tagesneuwertorientiert veranschlagten und den bilanziellen anschaffungswertorientierten Abschreibungen anfallende Ertragsteuerbelastung als Kostenposition anzuerkennen.[769] Tagesneuwertabschreibungen formen den im Kontext an-

---

zeln ermittelten Körperschaftsteuerbeträge. Die Gewerbeertragsteuer ist gleichfalls kalkulatorisch zu ermitteln."

768   Vgl. **Phillips, Charles F. Jr.**: The Regulation of Public Utilities... **(1988)**, insbesondere S. 247 f. sowie die diesbezügliche Ausarbeitung von **Seicht, Gerhard**: US-amerikanische Strompreiskalkulationsregeln – Vorbild für Österreich?... **(1993)**, S. 33 ff.

769   Vgl. **Männel, Wolfgang**: Kalkulationsmethodik des künftigen stromverteilungsspezifischen Regulierungskonzeptes... **(2004)**, S. 43 ff.; **Busse von Colbe, Walther**: Zur Ermittlung der Kapitalkosten... **(2002)**, S. 12; **Sieben, Günter – Maltry, Helmut**: Netznutzungsentgelte für elektrische Energie... **(2002)**, S. 68 ff.; **Seicht, Gerhard**: Moderne Kosten- und Leistungsrechnung... **(2001)**, S. 550; **Bönner, Udo**: Die Kalkulation administrierter Preise... **(1992)**, S. 257 sowie **Schmitt, Dieter – Düngen, Helmut – Bergschneider, Claus**: Bewertungsprobleme in der Elektrizitätswirtschaft... **(1990)**, S. 145.

schaffungswertorientierter Kapitalkostenkalkulationen im Nominalzins enthaltenen Inflationsausgleich lediglich in ein **zur Thesaurierung bestimmtes Gewinnelement** um, das ebenso ertragsteuerbelastet ist, wie die aus dem zu versteuern-
den Ergebnis zu deckende Eigenkapitalverzinsung.[770] Man spricht demnach von
„Scheingewinnen", weil der über die Umsatzerlöse auflaufende Betrag nicht zur
Ausschüttung an die Eigenkapitalgeber bestimmt ist, sondern als Inflationsausgleich die Wiederbeschaffung preissteigerungsbedingt verteuerter Anlagegüter
ermöglichen soll.

Der über die tagesneuwertorientierte Abschreibungsbemessung herbeigeführte Inflationsausgleich läuft in der dem Nominalprinzip folgenden bilanziellen
Gewinn- und Verlustrechnung als **ertragsteuerpflichtiges Gewinnelement** auf,
dessen Ertrag-steuerbelastungen über die Umsatzerlöse verdient werden müssen.[771] Formel 3-1 verdeutlicht die in der Unternehmenspraxis übliche Berechnungsweise der Steuern auf den „Scheingewinn" nach dem Konzept der Nettosubstanzerhaltung:[772]

kalkulatorische Abschreibungen für fremdfinanzierte Anlagegüter (zu AHK)
+ kalkulatorische Abschreibungen für eigenfinanzierte Anlagegüter (zu TNW)
- bilanzielle Abschreibungen gemäß Steuerbilanz (zu AHK)
= „Scheingewinn"
x Ertragsteuerzuschlagssatz[773]
= **Steuern auf den „Scheingewinn"** (3-1)

Wie aus dem Berechnungsschema hervorgeht, werden den kalkulatorisch ermittelten Abschreibungen die bilanziellen Abschreibungen gegenübergestellt, die
aufgrund des Prinzips der umgekehrten Maßgeblichkeit der Steuerbilanz für die
Handelsbilanz in der Regel nach der gemäß § 7 Abs. 2 EStG für bewegliche
Wirtschaftsgüter des Anlagevermögens zulässigen **degressiven Abschreibungs-**

---

770 Vgl. **Männel, Wolfgang**: Körperschaftsteuer in der Netzentgeltkalkulation...
    (2005), S. 560.
771 Siehe dazu unter anderem die Begründungen von **Männel, Wolfgang**: Kalkula-
    tionsmethodik des künftigen stromverteilungsspezifischen Regulierungskonzeptes...
    (2004), S. 43 ff.
772 Dieses Schema entspricht dem in der VV II plus enthaltenen Kalkulationsschema
    zur Berechnung der Steuern auf den „Scheingewinn". Vgl. dazu **Bundesverband
    der Deutschen Industrie e.V. (BDI) – Verband der Industriellen Energie- und
    Kraftwirtschaft e.V. (VIK) – Verband der Elektrizitätswirtschaft e.V. (VDEW)
    – Verband der Netzbetreiber (VDN) beim VDEW e.V. – Arbeitsgemeinschaft
    regionaler Energieversorgungsunternehmen e.V. (ARE) – Verband kommuna-
    ler Unternehmen (VKU) e.V.**: Anlage 3 zur Verbändevereinbarung... **(2002)**, S. 6.
773 Zur Ermittlung des Ertragsteuerzuschlagssatzes siehe die Ausführungen in diesem
    Kapitel, S. 241 f.

A	B	C	D	E	F	G	H	I	J	K	L
		HGB	lineare tagesneuwertorientierte Abschreibung			Schein-gewinn/ Schein-verlust in GuV	kalkulierte Steuer auf Schein-gewinn („im-Hundert" = 66,67 %)	kumu-lierter Schein-gewinn/ Schein-verlust in GuV	lineare anschaf-fungswert-orien-tierte Abschrei-bung	Schein-gewinn/ Schein-verlust in GuV	kumu-lierter Schein-gewinn/ Schein-verlust in GuV
Jahr	Tages-neuwert (TNW)	2-fach degressive Abschrei-bung	nominaler Anteil	Inflations-ausgleich	TNW-Abschrei-bung						
0	10.000,0										
1	10.300,0	2.000,0	1.000,0	30,0	1.030,0	-970,0	-640,2	-970,0	1.000,0	-1.000,0	-1.000,0
2	10.609,0	1.600,0	1.000,0	60,9	1.060,9	-539,1	-355,8	-1.509,1	1.000,0	-600,0	-1.600,0
3	10.927,3	1.280,0	1.000,0	92,7	1.092,7	-187,3	-123,6	-1.696,4	1.000,0	-280,0	-1.880,0
4	11.255,1	1.024,0	1.000,0	125,5	1.125,5	101,5	67,0	-1.594,9	1.000,0	-24,0	-1.904,0
5	11.592,7	819,2	1.000,0	159,3	1.159,3	340,1	224,4	-1.254,8	1.000,0	180,8	-1.723,2
6	11.940,5	655,4	1.000,0	194,1	1.194,1	538,7	355,5	-716,1	1.000,0	344,6	-1.378,6
7	12.298,7	655,4	1.000,0	229,9	1.229,9	574,5	379,2	-141,6	1.000,0	344,6	-1.033,9
8	12.667,7	655,4	1.000,0	266,8	1.266,8	611,4	403,5	469,8	1.000,0	344,6	-689,3
9	13.047,7	655,4	1.000,0	304,8	1.304,8	649,4	428,6	1.119,2	1.000,0	344,6	-344,6
10	13.439,2	655,4	1.000,0	343,9	1.343,9	688,6	454,4	1.807,8	1.000,0	344,6	0,0
Σ			10.000,0	1.807,8	11.807,8	1.807,8		1.193,1	10.000,0	0,0	0,0

Dem Beispielfall liegen die folgenden Ausgangsdaten zugrunde: Anschaffungskosten 10.000 GE, Höchstsatz für degressive Abschreibung = 20 %, anlagenspezifische Preissteigerungsrate 3,0 %, integrierter Ertragsteuerzuschlagssatz = 66,67% (Ertragsteuersatz 40,0%). Das Beispiel stellt vereinfachend auf eine Bruttosubstanzerhaltungskonzeption ab. Die Aussagen gelten für das Konzept der Nettosubstanzerhaltung analog.

Abbildung 3-4	Beispiel zur kalkulatorischen Besteuerung von „Scheingewinnen"

methode ermittelt werden.[774] Nach diesem Kalkulationsschema resultieren Scheingewinne und Scheinverluste demnach nicht nur aus der unterschiedlichen Abschreibungssumme, sondern auch aus dem **methodenspezifischen Abschrei-**

---

[774] Gemäß § 7 Abs. 2 EStG in der Fassung vom 19.10.2002 darf der für die Bemessung der degressiven Abschreibungen maßgebliche Prozentsatz höchstens das Doppelte des bei der Absetzung für Abnutzung in gleichen Jahresbeträgen (lineare Abschreibungsmethode) in Betracht kommenden Hundertsatzes betragen und 20% vom Hundert (Anschaffungskosten) nicht übersteigen. Für die Jahre 2006 und 2007 wurde mit dem **Gesetz zur steuerlichen Förderung von Wachstum und Beschäftigung vom 24.06.2006**, in Bundesgesetzblatt, Jahrgang 2006 Teil 1 Nr. 22, ausgegeben zu Bonn am 5. Mai 2006, S. 1091-1094, vorübergehend die bereits vor dem 01.01.2001 geltende Regelung wieder eingeführt: Für alle nach dem 31.12.2005 und vor dem 01.01.2008 angeschafften bzw. hergestellten beweglichen Wirtschaftsgüter darf der Höchstsatz maximal das Dreifache des bei der Absetzung für Abnutzung in gleichen Jahresbeträgen (lineare Abschreibungsmethode) in Betracht kommenden Hundertsatzes betragen und 30% vom Hundert (Anschaffungskosten) nicht übersteigen.

bungsverlauf und abweichenden kalkulatorischen und handelsrechtlich zulässigen Nutzungsdauern.

Der Vergleich der handelsrechtlich zweifach-degressiv veranschlagten Abschreibungen (Spalte C) mit den linearen anschaffungswertbezogenen Abschreibungen (Spalte J) des Beispiels der **Abbildung 3-4** zeigt jedoch, dass sich die aus dem unterschiedlichen Abschreibungsverlauf ergebenden „Scheingewinne" und „Scheinverluste" über die Totalperiode ausgleichen (Spalte L), sodass aus dem Ansatz der Steuern auf den „Scheingewinn" keine zusätzlichen Gewinne entstehen, vorausgesetzt, dass auch die in den frühen Phasen der Nutzungsdauer entstehenden **„Scheinverluste"** bei der Ermittlung der kalkulatorischen Ertragsteuern berücksichtigt werden.

Unter der Prämisse, dass kalkulatorische und handelsrechtlich zulässige Nutzungsdauer übereinstimmen, entspricht der „Scheingewinn" (Spalte G) über die Totalperiode der kumulierten Differenz aus linearen anschaffungswertorientierten Abschreibungen und linearen tagesneuwertorientierten Abschreibungen (Spalte E), sodass sich die kalkulierten Steuerbeträge lediglich auf den zu erwirtschaftenden Inflationsausgleich beziehen (Spalte H: 1.807,8 GE x 0,66 = 1.193,1 GE).

Die Diskussion um die Kalkulationsrelevanz der Steuern auf den „Scheingewinn" hätte man bereits zu Zeiten der VV II plus vermutlich weitestgehend vermeiden können, wenn man den „Scheingewinn" nur als die zur Substanzerhaltung notwendige Differenz aus anteilig tagesneuwertorientierten kalkulierten und den korrespondierenden linearen anschaffungswertorientierten Abschreibungen definiert hätte.[775]

Wie Abbildung 3-4 zeigt, ist der Ansatz von Ertragsteuern auf die Differenz von tagesneuwertorientierten Abschreibungen und den bilanziellen Abschreibungen unter der Bedingung, dass **auch auftretende „Scheinverluste"** Berücksichtigung finden, jedoch nicht zu beanstanden. Gemäß *Seicht* ist daher abschließend festzuhalten:[776]

„Wer „ja" zur Tagespreisbewertung und damit zur Substanzerhaltung [...] sagt, müßte auch „ja" zum Ansatz dieser Scheingewinnsteuer als Kalkulationsposten sagen, wenn er nicht inkonsequent werden möchte".

Es ist daher nicht nachvollziehbar, dass der Wortlaut der StromNEV und die Auslegung der StromNEV durch die BNetzA[777] die unweigerlich anfallende Er-

775 Vgl. **Männel, Wolfgang**: Preisfindungsprinzipien der Verbändevereinbarung VV II plus... **(2003)**, S. 47 sowie **PriceWaterhouseCoopers - WIBERA**: Berechnung der kalkulatorischen Gewerbesteuer... **(2006)**, S. 7.

776 **Seicht, Gerhard**: Moderne Kosten- und Leistungsrechnung... **(2001)**, S. 550.

777 Im Rahmen der Beschlüsse zu den Preisgenehmigungsverfahren 2006 hat die BNetzA die von den Unternehmen kalkulierte Gewerbesteuer auf den „Scheinge-

tragsteuerbelastung auf den infolge der tagesneuwertorientierten Abschreibungs-
bemessung für die vor dem 01.01.2006 aktivierten Altanlagen entstehenden
„Scheingewinn" nicht als Kalkulationsposition anerkennen. Über diese Notwen-
digkeit sollte künftig nicht mehr diskutiert werden.[778] Der Verordnungstext der
StromNEV sollte um die Anerkennung der Ertragsteuerbelastungen auf den
„Scheingewinn" ergänzt werden.

5) Hälftig gewerbesteuerlich belastete Dauerschuldzinsen

Anlässlich der Kalkulation der dem regulierten Netzgeschäft zuordenbaren Gewerbesteuer muss beachtet werden, dass Dauerschuldzinsen gemäß des **Hinzurechnungsgebotes** des § 8 Nr. 1 GewStG der gewerbesteuerspezifischen Bemessungsgrundlage, dem Gewerbeertrag, hälftig hinzuzurechnen sind. Von den
Schulden des laufenden Geschäftsverkehrs abzugrenzende Dauerschulden liegen
gemäß § 8 Nr. 1 GewStG in sachlicher Hinsicht dann vor, wenn die Schuldauf-
nahme mit der Gründung bzw. dem Erwerb des Betriebs (bzw. Teilbetriebs oder
eines Anteils am Betrieb) oder mit der Erweiterung oder Verbesserung des Betriebs zusammenhängt oder wenn deren Laufzeit gemäß Abschnitt 47 Abs. 4 Satz
9 GewStR **mehr als 12 Monate beträgt**.[779] Erstere bezeichnet man als „gebore-
ne Dauerschulden", während man für letztere auch den Terminus „Zeitmoment-
dauerschulden" verwendet.[780]

Das gewerbesteuerliche Hinzurechnungsgebot führt zu einer Verteuerung der
Zinsen für Dauerschulden. Im Fall der Nichtberücksichtigung der dauerschuldzinsspezifischen Gewerbesteuerbelastung in der Netzentgeltkalkulation würden
diese in vollem Umfang zu Lasten der Eigenkapitalverzinsung gehen. Die im Zusammenhang mit den als **hälftig gewerbesteuerbelastete Kostenart** zu begrei-
fenden Dauerschuldzinsen anfallende Gewerbesteuer ist daher bei der Kalkulation der Netzentgelte in Ansatz zu bringen.[781]

---

winn" nicht anerkannt. Vgl. stellvertretend **Bundesnetzagentur**: Beschluss in dem
Verwaltungsverfahren auf Grund des Antrags der RWE Transportnetz Strom
GmbH... (**2006**), S. 22.

778   Vgl. **Männel, Wolfgang**: Preisfindungsprinzipien der Verbändevereinbarung VV II
plus... (**2003**), S. 74.

779   Vgl. **Endriss, Horst Walter – Haas, Helmut – Küpper, Peter**: Steuerkompendium
Band 1... (**1998**), S. 490.

780   Vgl. **Scheffler, Wolfram**: Besteuerung von Unternehmen – Band I... (**2002**), S. 211
sowie **Rose, Gerd**: Betrieb und Steuer, Buch 1: Die Ertragsteuern... (**2004**), S. 213
ff.

781   Vgl. **Männel, Wolfgang**: Kalkulationsmethodik des künftigen stromverteilungsspezifischen Regulierungskonzeptes... (**2004**), S. 43 sowie **PriceWaterhouseCoopers -
WIBERA**: Berechnung der kalkulatorischen Gewerbesteuer... (**2006**), S. 7.

Letztlich müssten anlässlich der für die Gewerbesteuerkalkulation maßgeblichen Bemessungsgrundlage weitere gewerbesteuerlich belastete Kostenarten berücksichtigt werden, um zu gewährleisten, dass die diesbezüglich anfallende Gewerbesteuerbelastung nicht zu Lasten der Eigenkapitalverzinsung geht.[782] Beispielhaft sei auf die Hinzurechnung von Renten und dauernden Lasten im Zusammenhang mit der Gründung oder dem Erwerb eines Betriebs (bzw. Teilbetrieb oder Anteil eines Betriebs) sowie das **hälftige Hinzurechnungsgebot für Miet- und Pachtzinsen** für bewegliche Wirtschaftsgüter des Anlagevermögens gemäß § 8 Nr. 7 GewStG verwiesen.[783] Da die über das hälftige Hinzurechnungsgebot für Dauerschuldzinsen von den Hinzurechnungsvorschriften des § 8 GewStG darüber hinaus betroffenen Kostenarten im Stromnetzgeschäft tendenziell eine untergeordnete Rolle spielen und den vorgesehenen Hinzurechnungen auch Kürzungen des Gewerbeertrages gegenüberstehen, so z. B. erhaltene Miet- und Pachtzinsen, bleiben sie in der Praxis im Rahmen der Netzentgeltkalkulation in der Regel unberücksichtigt.

6) Irrelevanz der tatsächlich gezahlten Gewerbe- bzw. Körperschaftsteuer für die Entgeltkalkulation

Zu Beginn des Jahres 2006 plädierte die *BNetzA* zusammen mit den Landesregulierungsbehörden dafür, die Höhe der kalkulatorischen Gewerbesteuer auf das Niveau der im letzten abgeschlossenen Geschäftsjahr von den Netzbetreibern **tatsächlich gezahlten Gewerbesteuer** zu begrenzen.[784] Diese Forderung erhoben in der davor liegenden Zeit bereits die Netznutzerverbände.[785] Der Ansatz der tatsächlich gezahlten Gewerbesteuer ziele darauf ab, *„eine doppelte Begünstigung"* von Netzbetreibern, die auf kommunaler Ebene Mitglied eines steuerlichen Querverbundes sind bzw. im Konzernverbund Mitglied einer gewerbesteuerlichen Organschaft sind, zu verhindern.[786] *Zimmermann* negierte den kal-

---

782 Siehe dazu die umfassende Analyse kostenartenspezifischer Ertragsteuerlasten bei **Männel, Wolfgang**: Preisfindungsprinzipien der Verbändevereinbarung VV II plus... (2003), S. 49 ff.

783 Vgl. dazu ausführlich **Scheffler, Wolfram**: Besteuerung von Unternehmen – Band I... (2002), S. 201 f. sowie **Rose, Gerd**: Betrieb und Steuer, Buch 1: Die Ertragsteuern... (2004), S. 223 ff.

784 Vgl. **Bundesnetzagentur**: Positionspapier der Regulierungsbehörden des Bundes und der Länder zu Einzelfragen der Kostenkalkulation gemäß Stromnetzentgeltverordnung... (2006), S. 15.

785 Vgl. dazu **BDI e.V. – BNE e.V. – EFET – VIK e.V.**: Position der Netznutzerverbände... (2003), S. 4.

786 Vgl. nochmals **Bundesnetzagentur**: Positionspapier der Regulierungsbehörden des Bundes und der Länder zu Einzelfragen der Kostenkalkulation gemäß Strom-

kulatorischen Ansatz der Gewerbesteuer mit Verweis auf die gewerbesteuerliche Organschaft zuvor sogar vollständig.[787]

Aus den folgenden Gründen kommt es anlässlich der Kalkulation von Netzentgelten jedoch nicht auf die tatsächliche gezahlte Gewerbesteuer, sondern auf die **kalkulatorische Ermittlung der Gewerbesteuer** an:[788]

- Der Ansatz der tatsächlichen Gewerbesteuerzahllast ist mit dem **Wortlaut der StromNEV** nicht vereinbar. § 8 StromNEV ordnet die Gewerbesteuer den kalkulatorischen Kostenpositionen (§§ 6 bis 8 StromNEV) zu. § 8 StromNEV wird durch seine systematische Stellung von den aufwandsgleichen Kostenpositionen (§ 5 StromNEV) getrennt.[789]

- Die Existenz eines steuerlichen Querverbundes bzw. einer steuerlichen Organgesellschaft führt nicht zu einem Wegfall der Ertragsteuerbelastung. Die steuerliche Organschaft bewirkt, dass sich bei einer Organgesellschaft entstehende Verluste nicht zeitlich versetzt über den Auf- und Abbau von Verlustvorträgen steuermindernd auswirken, sondern sofort **mit den Gewinnen anderer Gesellschaften verrechnet** werden können.[790] Der Verlust der defizitären Organgesellschaft kommt der gewinnerzielenden Organgesellschaft zugute, da der heutige Verlust der defizitären Organgesellschaft den Gewinn der profitablen Organgesellschaft mindert. Im Gegenzug verzichtet die defizitäre Organgesellschaft auf Verlustvorträge, die ihr im Falle einer selbständigen Veranlagung in künftigen Perioden selber als „Steuerminderungspotenzial" zur Verfügung gestanden hätten, während die gewinnbringende Organgesell-

---

netzentgeltverordnung... (2006), S. 15: „Vermiedene Steuerbelastungen und damit Netzkostenminderungen sollen nicht netzkostenerhöhend in Ansatz gebracht werden."

787 Vgl. **Zimmermann, Gebhard**: Die kalkulatorischen Kosten... (2003), S. 50.

788 Die voranstehenden Ausführungen gelten für den mit Beginn der Anreizregulierung vorgesehenen kalkulatorischen Ansatz der Körperschaftsteuer in gleicher Weise. Die Voraussetzungen für das Vorliegen einer körperschaftsteuerlichen und gewerbesteuerlichen Organschaft wurden ab dem Erhebungszeitraum 2002 angeglichen. Siehe ausführlicher **Bundesministerium der Finanzen (BMF)**: Körperschaftsteuerliche und gewerbesteuerliche Organschaft unter Berücksichtigung der Änderungen durch das Steuersenkungs- (StSenkG) und das Unternehmenssteuerfortentwicklungsgesetz... (2003), S. 3.

789 Vgl. dazu auch **Böck, Rudolf**: Die Berücksichtigung der Gewerbesteuer... (2006), S. 99.

790 Vgl. **Scheffler, Wolfram**: Besteuerung von Unternehmen – Band I... (2002), S. 181 f. betreffend körperschaftsteuerliche Organschaft sowie S. 237 f. betreffend gewerbesteuerliche Organschaft.

schaft ihre Gewinne hätte versteuern müssen.[791] Die steuerliche Organschaft führt daher grundsätzlich **lediglich zu Steuerstundungseffekten**.[792]

- Es spricht vieles dafür, dass eine auf die tatsächlich gezahlte Gewerbesteuer abstellende Kalkulation bei Netzbetreibern im steuerlichen Querverbund bzw. in einer steuerlichen Organschaft dem **Gebot der Entflechtung** hinsichtlich Rechnungslegung und interner Buchführung des § 10 EnWG widerspricht.[793]

- Auch aus § 4 Abs. 2 Satz 1 StromNEV lässt sich der kalkulatorische Ansatz der Gewerbesteuer begründen, wonach zur Bestimmung der Netzkosten eine kalkulatorische Rechnung – im Sinne einer eine „**stand alone**"-**Betrachtung** des Netzgeschäfts – ausgehend von den Gewinn- und Verlustrechnungen für die Elektrizitätsübertragung und Elektrizitätsverteilung zu erstellen ist.[794]

- Der Ansatz tatsächlich gezahlter Steuerlasten würde zu einer **Verzerrung kostenorientierter Vergleichsverfahren** führen. Netzbetreiber, die nicht Mitglied einer Organschaft bzw. eines steuerlichen Querverbundes sind, würden tendenziell höhere kalkulatorische Kosten ausweisen, als Netzbetreiber, die über steuerliche Verrechnungsmöglichkeiten verfügen.[795]

Im Zuge der Preisgenehmigungsverfahren des Jahres 2006 stellte sich heraus, dass sich auch die Regulierungsbehörden von der in ihrem Positionspapier vorgesehenen Begrenzung der kalkulatorischen Gewerbesteuer auf die tatsächlich gezahlte Gewerbesteuerlast verabschiedeten und nunmehr den **Ansatz der kalkula-**

---

791 Siehe dazu **Röhling, Andreas – Sieberg, Christoph**: Gutachten zum Ansatz der Gewerbesteuer als kalkulatorische Kostenposition gemäß § 8 StromNEV... **(2006)**, S. 20 ff.

792 Vgl. **Männel, Wolfgang**: Gutachten zur Bedeutung kalkulationsrelevanter allgemeiner Unternehmerrisiken... **(2003)**, S. 107. Rose führt sogar aus, dass es bei einer gewerbesteuerlichen Organschaft je nach Zerlegungs- und Hebesatzverhältnissen sogar zu Mehrbelastungen kommen kann. Vgl. **Rose, Gerd**: Betrieb und Steuer, Buch 1: Die Ertragsteuern... **(2004)**, S. 252 f. und das dort präsentierte Rechenbeispiel.

793 Vgl. **Röhling, Andreas – Sieberg, Christoph**: Gutachten zum Ansatz der Gewerbesteuer als kalkulatorische Kostenposition gemäß § 8 StromNEV... **(2006)**, S. 18 ff.

794 Für die „stand alone"-Betrachtung des Netzgeschäfts anlässlich der Ermittlung der kalkulatorischen Gewerbesteuer plädieren auch **PriceWaterhouseCoopers - WIBERA**: Berechnung der kalkulatorischen Gewerbesteuer... **(2006)**, S. 6: „Durch die „stand-alone"-Betrachtung des Netzgeschäfts wird sichergestellt, dass die Höhe der Netzentgelte nicht von den Ergebnissen sonstiger Geschäftsbereiche bzw. der steuerlichen Organschaftsform des Energieversorgers abhängt und zum anderen die hergebrachte Finanzierung oftmals defizitärer kommunaler Betriebe (Bäder, öffentlicher Nahverkehr usw.) nicht zusätzlich geschwächt wird."

795 Vgl. auch **Böck, Rudolf**: Die Berücksichtigung der Gewerbesteuer... **(2006)**, S. 102.

torischen **Gewerbesteuer** anerkennen.[796] Wie im Folgenden dargelegt, bestehen über den methodischen Ansatz der kalkulatorischen Gewerbesteuer jedoch nach wie vor unterschiedliche Auffassungen zwischen den Behörden und den Netzbetreibern.

7) Kalkulatorische Erfassung der Gewerbe- und Körperschaftsteuer

a) Ermittlung der kalkulatorischen Gewerbesteuer

Anlässlich der Ermittlung der kalkulatorischen Gewerbesteuer sind zunächst die Gewinnbestandteile zu bestimmen, die der Gewerbebesteuerung unterliegen. Wie zuvor im Einzelnen erläutert, setzt sich der nach Gewerbesteuer verbleibende kalkulatorische Gewerbeertrag aus der kalkulatorischen Eigenkapitalverzinsung, dem „Scheingewinn" sowie den infolge der Regelung des § 8 Nr. 1 GewStG hälftig gewerbesteuerlich belasteten Dauerschuldzinsen zusammen:[797]

	kalkulatorische Eigenkapitalzinsen	
+/-	„Scheingewinn"/ „Scheinverlust"	
	(kalkulatorische Abschreibungen ./. bilanzielle Abschreibungen)	
+	**hälftige Dauerschuldzinsen**	
=	**kalkulatorischer Gewerbeertrag nach Gewerbesteuer**[798]	(3-2)

Die Kalkulation der Gewerbesteuer muss gewährleisten, dass die zuvor aufgeführten Gewinnbestandteile nach Abfluss der Gewerbesteuer erwirtschaftet werden. In Rahmen von Entgeltkalkulationen werden Ertragsteuern in der Regel über „**Im-Hundert-Kalkulationen**" erfasst, die von den nach Steuern zu erwirtschaftenden Gewinnelementen ausgehen und diese im Ausmaß der über die Umsatzerlöse zu finanzierenden Steuerbelastungen nach oben anheben.[799] Anlässlich der Ermittlung der kalkulatorischen Gewerbesteuer ist – wie auch durch § 8 Satz

796   Siehe dazu stellvertretend die Bescheide der BNetzA zu den Preisanträgen des Jahres 2006 der Übertragungsnetzbetreiber RWE Transportnetz Strom GmbH und der E.ON Netz GmbH: **Bundesnetzagentur**: Beschluss in dem Verwaltungsverfahren auf Grund des Antrags der RWE Transportnetz Strom GmbH... **(2006)** S. 41 sowie **Bundesnetzagentur**: Beschluss in dem Verwaltungsverfahren auf Grund des Antrags der E.ON Netz GmbH... **(2006)**, S. 38.

797   Steuern auf den „Scheingewinn" sind – wie zuvor bereits erläutert – nur bei einer tagesneuwertorientierten Abschreibungsbemessung kalkulationsrelevant.

798   Der kalkulatorische Gewerbeertrag nach Gewerbesteuer wird nachfolgend mit G^{nach}_{GewSt} bezeichnet.

799   Vgl. **Männel, Wolfgang**: Preisfindungsprinzipien der Verbändevereinbarung VV II plus... **(2003)**, S. 42 sowie **Männel, Wolfgang**: Gutachten zur Bedeutung kalkulationsrelevanter allgemeiner Unternehmerrisiken... **(2003)**, S. 4 und S. 114 f.

2 StromNEV vorgeschrieben – zu berücksichtigen, dass die Gewerbesteuer als **abzugsfähige Betriebsausgabe** ihre eigene Bemessungsgrundlage, den Gewerbeertrag mindert. Der Ermittlung des Gewerbeertrags geht von dem nach einkommen- oder körperschaftsteuerlichen Vorschriften ermittelten Gewinn aus.[800] Anlässlich einer von dem nach Gewerbesteuer zu erwirtschaftenden Gewinnelementen ausgehenden „Im-Hundert-Kalkulation" ist daher anstelle des nominellen Gewerbesteuersatzes auf den **effektiven Gewerbesteuersatz** abzustellen, der die Abzugsfähigkeit der Gewerbesteuer bei der Bemessung des Gewerbeertrages berücksichtigt.[801]

Für den die „Abzugsfähigkeit der Gewerbesteuer bei der Bemessung des Gewerbeertrages" berücksichtigenden effektiven Gewerbesteuersatz S_{GewSt} gilt die folgende, vom gemeindespezifischen Gewerbesteuerhebesatz H ausgehende mathematische Definition:[802]

$$S_{GewSt} = \frac{Stmz}{100} \times \frac{H}{100} \times (1 - S_{GewSt}), \qquad (3\text{-}3a)$$

$$S_{GewSt} = \underbrace{\frac{Stmz \times H}{10000}}_{\text{}} \times (1 - S_{GewSt}), \qquad (3\text{-}3b)$$

nomineller Gewerbesteuersatz S_{GewSt}

---

800 Vgl. **Scheffler, Wolfram.**: Besteuerung von Unternehmen – Band I... **(2002)**, S. 228 sowie die ausführliche Darstellung zur Ermittlung des Gewerbeertrags bei **Rose, Gerd**: Betrieb und Steuer, Buch 1: Die Ertragsteuern... **(2004)**, S. 211 ff.

801 Zur Abzugsfähigkeit der Gewerbesteuer siehe unter anderem **Scheffler, Wolfram.**: Besteuerung von Unternehmen – Band I... **(2002)**, S. 228 f.; **Kußmaul, Heinz,** Betriebwirtschaftliche Steuerlehre... **(2003)**, S. 390; **Schneider, Dieter,** Investition, Finanzierung und Besteuerung... **(1992)**, S. 277 sowie **Rose, Gerd**: Gutachterliche Stellungnahme zur Berechnung der kalkulatorischen Gewerbesteuer... **(2006)**, S. 2 f., der klarstellt, dass die Verwendung des Ausdrucks „Insichabzugsfähigkeit der Gewerbesteuer" oder die in § 8 Satz 2 StromNEV enthaltene Formulierung „Abzugsfähigkeit der Gewerbesteuer bei sich selbst" unkorrekt ist, da nicht die Gewerbesteuer von der Gewerbesteuer abgezogen wird, sondern die Bemessungsgrundlage für die Gewerbesteuer, der Gewerbeertrag um den Gewerbesteueraufwand gemindert wird. Richtig wäre daher die Bezeichnung: „Abzugsfähigkeit des Gewerbesteueraufwandes von der Gewerbesteuer-Bemessungsgrundlage (Gewerbeertrag)".

802 Vgl. **Männel, Wolfgang**: Preisfindungsprinzipien der Verbändevereinbarung VV II plus... **(2003)**, S. 41.

für:

H   =   gemeindespezifischer Hebesatz,
StmZ   =   für Kapitalgesellschaften maßgebliche, von der Bemessungsgrundlage unabhängige Steuermesszahl = 5,
S_{GewSt} =   nomineller Gewerbesteuersatz = StmZ x H/10000,
S_{GewSt} =   effektiver Gewerbesteuersatz.

Nach Umformungen gelangt man ausgehend von Formel (3-3b) zu der durch Formel (3-4) präsentierten schlanken Definition des effektiven Gewerbesteuersatzes, die erstmals durch *Rose* präsentiert wurde und daher mitunter auch als **„Rose"-Formel** bezeichnet wird:[803]

$$S_{GewSt} = \frac{H}{2000 + H} . \qquad (3\text{-}4)$$

Ausgehend von den durch Formel (3-2) präsentierten, nach Gewerbesteuer zu erwirtschaftenden Gewinnbestandteilen $G^{nach\ GewSt}$ bestimmt sich das kalkulatorische Gewerbesteuervolumen durch eine vom effektiven Gewerbesteuersatz ausgehende **„Im-Hundert-Kalkulation"** wie folgt:

$$GewSt^{kalk.} = G^{nach\ GewSt} \times \frac{1}{\left(1 - S_{GewSt}\right)} ./. G^{nach\ GewSt}, \qquad (3\text{-}5a)$$

$$GewSt^{kalk.} = G^{nach\ GewSt} \times \left[\frac{1}{\left(1 - S_{GewSt}\right)} - 1 \right], \qquad (3\text{-}5b)$$

Über wenige Umformungen gelangt man zu dem für die „Im-Hundert-Kalkulation" der Gewerbesteuer maßgeblichen **Gewerbesteuerzuschlagssatz** $S_{GewSt}/(1 - S_{GewSt})$:[804]

---

803   Vgl. dazu die ausführliche Herleitung bei **Rose, Gerd**: Betrieb und Steuer, Buch 1: Die Ertragsteuern... **(2004)**, S. 235 ff. Siehe ferner **Scheffler, Wolfram.**: Besteuerung von Unternehmen – Band I: Ertrag-, Substanz- und Verkehrsteuern... **(2002)**, S. 228 f. sowie die von Formel (3-3b) ausgehende Herleitung bei **Männel, Wolfgang**: Preisfindungsprinzipien der Verbändevereinbarung VV II plus... **(2003)**, S. 41.
804   Zur Herleitung siehe alternativ die Ermittlung des gewerbe- und körperschaftsteuerlichen Belastungen einschließenden Ertragsteuerzuschlagssatzes bei **Männel, Wolfgang**: Preisfindungsprinzipien der Verbändevereinbarung VV II plus... **(2003)**, S. 42.

$$GewSt^{kalk.} = G^{nach\ GewSt} \times \frac{S_{GewSt}}{(1 - S_{GewSt})}, \qquad (3\text{-}5c)$$

für:

$GewSt^{kalk.}$ = kalkulatorische ermittelte Gewerbesteuer,
$G^{nach\ GewSt}$ = nach Gewerbesteuer zu erwirtschaftender Gewerbeertrag.

Wie die Umstellung von Formel (3-3b) zeigt, entspricht der vom effektiven Gewerbesteuersatz ausgehende Gewerbesteuerzuschlagssatz exakt dem **nominellen Gewerbesteuersatz**:

$$S_{GewSt} = \frac{Stmz \times H}{10000} = \frac{S_{GewSt}}{(1 - S_{GewSt})}. \qquad (3\text{-}6)$$

Alternativ zu einer vom effektiven Gewerbesteuersatz ausgehenden „Im-Hundert-Kalkulation" ist es daher möglich, die kalkulatorische Gewerbesteuer aus dem Produkt von nominellen Gewerbesteuersatz und dem nach Abzug der Gewerbesteuer verbleibenden, zu erwirtschaftenden Gewerbeertrag zu ermitteln:[805]

$$GewSt^{kalk.} = G^{nach\ GewSt} \times S_{GewSt}. \qquad (3\text{-}7)$$

Wie das Zahlenbeispiel der **Abbildung 3-5** belegt, führen die zuvor erläuterten Varianten zur Ermittlung der kalkulatorischen Gewerbesteuer zum gleichen Ergebnis. Die vom Gewerbeertrag vor Gewerbesteuer und dem effektiven Gewerbesteuersatz ausgehende Verprobungsrechnung zeigt, dass das kalkulierte Gewerbesteuervolumen cetiris paribus exakt dem abfließenden Gewerbesteuervolumen entspricht.[806]

Im Gegensatz zu der zuvor erläuterten Ermittlung der kalkulatorischen Gewerbesteuer legte die BNetzA der Überprüfung des von den Netzbetreibern im Rahmen der Preisgenehmigungsverfahren des Jahres 2006 beantragten kalkulato-

---

805 Vgl. auch die Vorgehensweise bei **PriceWaterhouseCoopers – WIBERA**: Berechnung der kalkulatorischen Gewerbesteuer... **(2006)**, S. 7 f. sowie die Ausführungen bei **Scheffler, Wolfram**: Besteuerung von Unternehmen – Band I... **(2002)**, S. 229.

806 Siehe dazu nochmals die Herleitung des für die Ermittlung der Gewerbesteuerzahllast maßgeblichen effektiven Gewerbesteuersatzes bei **Rose, Gerd**: Betrieb und Steuer, Buch 1: Die Ertragsteuern... **(2004)**, S. 235-237.

Ermittlung der Bemessungsgrundlage		Ermittlung des Gewerbesteuersatzes	
kalkulatorische Eigenkapitalverzinsung	70 GE	Steuermesszahl für Kapitalgesellschaften (StmZ)	5 %
Scheingewinn	20 GE	unterstellter Gewerbesteuerhebesatz (H)	400 %
hälftige Dauerschuldzinsen	10 GE	effektiver Gewerbesteuersatz = H / (2000 + H) = 400 / 2.400	16,67 %
nach Gewerbesteuer zu erwirtschaftender Gewerbeertrag	100 GE	nomineller Gewerbesteuersatz = StmZ x H / 2000 = 5 % x 400 / 10.000	20,00 %

vom effektiven Gewerbesteuersatz ausgehende „Im-Hundert-Kalkulation"		vom nominellen Gewerbesteuersatz ausgehende Kalkulation der Gewerbesteuer	
nach Gewerbesteuer zu erwirtschaftender Gewerbeertrag	100 GE	nach Gewerbesteuer zu erwirtschaftender Gewerbeertrag	100 GE
100 GE x S_{GewSt} / (1 – S_{GewSt}) = 100 GE x 0,1667/0,8333		100 GE x S_{GewSt} = 100 GE x 0,20	
= kalkulatorischer Gewerbesteuerbetrag	20 GE	= kalkulatorischer Gewerbesteuerbetrag	= 20 GE

vom Gewerbeertrag vor Gewerbesteuer ausgehende Verprobungsrechnung	
nach Gewerbesteuer zu erwirtschaftender Gewerbeertrag	100 GE
kalkulatorischer Gewerbesteuerbetrag	20 GE
Gewerbeertrag vor Abzug der Gewerbesteuer	120 GE
effektiver Gewerbesteuersatz	16,67 %
abfließende Gewerbesteuer = 120 GE x 0,1667	20 GE

Abbildung 3-5	Exemplarische Ermittlung der kalkulatorischen Gewerbesteuer

rischen Gewerbesteuervolumens ein Berechnungsschema zugrunde, dass dazu führt, dass nach Abzug der Gewerbesteuer nicht die nach Steuern zu erwirtschaftende Eigenkapitalverzinsung verbleibt.[807] Die **Kalkulationsmethodik der BNetzA** sieht mit Verweis auf die Regelung des § 8 Satz 2 StromNEV

„Bei der Ermittlung der Gewerbesteuer ist die Abzugsfähigkeit der Gewerbesteuer bei sich selbst zu berücksichtigen."

zur Ermittlung der kalkulatorischen Gewerbesteuer vor, die kalkulatorischen Eigenkapitalzinsen (im Beispiel: 100 GE) lediglich mit dem effektiven Gewerbesteuersatz (im Beispiel: 16,67%) zu multiplizieren. Mit Hilfe der vom kalkulierten Gewerbeertrag vor Gewerbesteuer als Summe von Eigenkapitalzinsen und kalkulierter Gewerbesteuer (im Beispiel: 100 GE + 16,67 GE = 116,67 GE) ausgehenden Verprobungsrechnung lässt sich zeigen, dass die Berechnungsweise der

---

807 Vgl. im Folgenden auch **PriceWaterhouseCoopers – WIBERA**: Berechnung der kalkulatorischen Gewerbesteuer... **(2006)**, S. 7 f.

Regulierungsbehörden dazu führt, dass nach Abfluss der Gewerbesteuer (im Beispiel: 19,45 GE) nicht die zuvor kalkulierte Eigenkapitalverzinsung verbleibt:

116,67 GE ./. 116,67 GE x 0,1667 = 116,67 GE ./. 19,45 GE → 97,22 GE < 100 GE.

Der Berechnungsansatz der Regulierungsbehörden geht damit unweigerlich **zu Lasten der Eigenkapitalverzinsung**.[808] Netzbetreiber können die kapitalmarktorientierte Eigenkapitalverzinsung nur dann in voller Höhe erwirtschaften, wenn die Gewerbesteuerbelastung – wie zuvor aufgezeigt – über eine auf den effektiven Gewerbesteuersatz abstellende „Im-Hundert-Kalkulation" veranschlagt wird.

b) Integrierte Kalkulation der Ertragsteuerbelastung

Wie zuvor begründet, sind auch die körperschaftsteuerlichen Belastungen des Netzgeschäfts kalkulationsrelevant. Anlässlich der kalkulatorischen Ermittlung der Körperschaftsteuer bieten sich zwei verschiedenen Kalkulationsmethodiken an.

Zum einen ist es im Sinne einer **schrittweisen Ertragsteuerkalkulation** möglich, in einem ersten Schritt die kalkulatorische Körperschaftsteuer über einer „Im-Hundert-Kalkulation" ausgehend von den nach Körperschaftsteuer zu erwirtschaftenden Gewinnelementen zu ermitteln. Da die Summe aus dem Gewinn nach Körperschaftsteuer und der Körperschaftsteuer den zu erwirtschaftenden körperschaftsteuerlichen Gewinn ergibt, kann dieser zur Ermittlung der kalkulatorischen Gewerbesteuer in einem zweiten Schritt mit dem nominellen Gewerbesteuersatz multipliziert werden.[809]

Insbesondere im Rahmen wertorientierter und investitionsrechnerischer Steuerungskalküle werden gewerbe- und körperschaftsteuerliche Belastungen in der Regel zu einem **integrierten Ertragsteuersatz** zusammengefasst[810], der die insgesamt relevante unternehmensspezifische Ertragsteuerbelastung transparent macht. Wie nachfolgend gezeigt wird, empfiehlt es sich, auch die gewerbesteuerlichen und körperschaftsteuerlichen Belastungen des Netzgeschäfts durch einen integrierten Ertragsteuersatz abzubilden und die im Zusammenhang mit der ins-

---

808   Die dargelegte Beweisführung wird auch gestützt durch **Rose, Gerd**: Gutachterliche Stellungnahme zur Berechnung der kalkulatorischen Gewerbesteuer... **(2006)**, S. 5 f.

809   Siehe dazu das ausführliche Rechenbeispiel bei **Männel, Wolfgang**: Gutachten zur Bedeutung kalkulationsrelevanter allgemeiner Unternehmerrisiken... **(2003)**, S. 113 f.

810   Vgl. **Männel, Wolfgang**: Preisfindungsprinzipien der Verbändevereinbarung VV II plus... **(2003)**, S. 40 und die Ausführungen im ersten Kapitel dieser Arbeit.

gesamt kalkulierten Eigenkapitalverzinsung anfallenden Ertragsteuern in einem Schritt zu erfassen.[811]

Auch wenn der für die Bemessung der Gewerbesteuer maßgebliche Gewerbeertrag infolge der Hinzurechnungen gemäß § 8 GewStG und den Kürzungen gemäß § 9 GewStG anders definiert ist, als der für die Ermittlung der Körperschaftsteuer maßgebliche körperschaftsteuerliche Gewinn, stellen beide Steuerarten auf die Besteuerung der **Einkünfte aus Gewerbebetrieb** ab.[812] Dies ermöglicht eine integrierte Betrachtung der auf die Eigenkapitalverzinsung und den „Scheingewinn" entfallenden Ertragsteuerbelastung, bei der die Abzugsfähigkeit der Gewerbesteuer bei der Bemessung des Gewerbeertrags zu beachten ist und etwaige Hinzurechnungen und Kürzungen des Gewerbeertrages separat berücksichtigt werden müssen.

Neben der Interdependenz zwischen Gewerbe- und Körperschaftsteuer ist zu beachten, dass Kapitalgesellschaften gemäß der aktuellen steuerrechtlichen Gesetzgebung zusätzlich zu der gemäß § 23 Abs. 1 KStG auf 25,0% festgeschriebenen Körperschaftsteuerbelastung einen **Solidaritätszuschlag** zu entrichten haben. Nach § 3 Abs. 1 SolZG wird der Solidaritätszuschlag auf die festgesetzte Körperschaftsteuer vorgenommen. Die Höhe des Solidaritätszuschlags beträgt gemäß § 4 SolZG 5,5%. Die körperschaftsteuerliche Belastung zzgl. Solidaritätszuschlag beträgt für Kapitalgesellschaften demnach insgesamt 25,0% x 1,055 = 26,375%.

Wie zuvor bereits erwähnt, muss man anlässlich der integrierten Ertragsteuerkalkulation beachten, dass die Gewerbesteuer nicht nur ihre eigene Bemessungsgrundlage – den Gewerbeertrag – sondern als körperschaftsteuerrechtlich anerkannte Betriebsausgabe gleichzeitig den körperschaftsteuerlichen Gewinn mindert. Die Zusammenfassung von gewerbe- und körperschaftsteuerlichen Be-

---

811 Auf die Möglichkeit einer integrierten Kalkulation der Ertragsteuerbelastungen verwies bereits die „19. Arbeitsanleitung zur Darstellung der Kosten- und Erlösentwicklung in der Stromversorgung" des Bundeslandes Rheinland-Pfalz. Vgl. dazu **Ebisch, Hellmuth – Gottschalk, Joachim u. a.: Preise und Preisprüfungen... (2001)), Anhang 19, 19. Arbeitsanleitung zur Darstellung der Kosten- und Erlösentwicklung in der Stromversorgung" – Fassung Rheinland-Pfalz –, S. 696 (Kalkulatorische Steuern vom Einkommen und Ertrag). Auch anlässlich der Kalkulation von Entgelten im regulierten Telekommunikationsbereich empfehlen Busse von Colbe und Ballwieser eine vom integrierten Ertragsteuersatz ausgehende Erfassung der Ertragsteuerbelastungen. Vgl. **Ballwieser, Wolfgang – Busse von Colbe, Walther:** Kapitalkosten der Deutsche Telekom AG... **(2001)**, insbesondere S. 43 und S. 46 f. sowie **Busse von Colbe, Walther:** Zur Ermittlung der Kapitalkosten... **(2002)**, S. 20.

812 Vgl. ausführlich **Scheffler, Wolfram:** Besteuerung von Unternehmen – Band 1... **(2002)**, S. 150 und S. 201 f.

lastungen in einem integrierten Ertragsteuersatz muss demzufolge vom effektiven Gewerbesteuersatz S_{GewSt} ausgehen. Der **integrierte Ertragsteuersatz** S_Σ berechnet sich wie folgt:[813]

$$S_\Sigma = S_{GewSt} + \left(1 - S_{GewSt}\right) \times S_{KSt} \times (1 + S_{Sol}), \qquad (3\text{-}8a)$$

$$S_\Sigma = \frac{H}{2000 + H} + \left[1 - \frac{H}{2000 + H}\right] \times S_{KSt} \times (1 + S_{Sol}), \qquad (3\text{-}8b)$$

für:

S_Σ = integrierter Ertragsteuersatz (Gewerbesteuer, Körperschaftsteuer und Solidaritätszuschlag),

S_{KSt} = Körperschaftsteuersatz (25,0%),

S_{Sol} = Solidaritätszuschlagssatz (5,5% bezogen auf Körperschaftsteuersatz).

Anlässlich der kalkulatorischen Ermittlung der Ertragsteuerbelastung ist der Ertragsteuersatz S_Σ über eine „Im-Hundert-Kalkulation" in den kalkulationsrelevanten **Ertragsteuerzuschlagssatz SZ_Σ** umzurechnen:[814]

$$SZ_\Sigma = \frac{S_\Sigma}{1 - S_\Sigma}, \qquad (3\text{-}9a)$$

$$SZ_\Sigma = \frac{S_{GewSt} + \left(1 - S_{GewSt}\right) \times S_{KSt} \times (1 + S_{Sol})}{1 - \left\{S_{GewSt} + \left(1 - S_{GewSt}\right) \times S_{KSt} \times (1 + S_{Sol})\right\}}, \qquad (3\text{-}9b)$$

$$SZ_\Sigma = \frac{\dfrac{H}{2000 + H} + \left(1 - \dfrac{H}{2000 + H}\right) \times S_{KSt} \times (1 + S_{Sol})}{1 - \left\{\dfrac{H}{2000 + H} + \left(1 - \dfrac{H}{2000 + H}\right) \times S_{KSt} \times (1 + S_{Sol})\right\}}, \qquad (3\text{-}9c)$$

für:

SZ_Σ = integrierter Ertragsteuerzuschlagssatz (Gewerbesteuer, Körperschaftsteuer und Solidaritätszuschlag).

---

813 Vgl. **Männel, Wolfgang**: Preisfindungsprinzipien der Verbändevereinbarung VV II plus... **(2003)**, S. 42.

814 Siehe dazu nochmals **Männel, Wolfgang**: Preisfindungsprinzipien der Verbändevereinbarung VV II plus... **(2003)**, S. 42.

Zur Kalkulation der Ertragsteuerbelastung ist der Ertragsteuerzuschlagssatz SZ_Σ mit den zu erwirtschaftenden Eigenkapitalzinsen und im Fall einer auf Substanzerhaltung ausgerichteten Kapitaldienstkalkulation mit der Differenz aus tagesneuwertorientierten kalkulierten und den bilanziellen Abschreibungen im Sinne des „Scheingewinns" zu multiplizieren.

Da Dauerschuldzinsen lediglich hälftig gewerbesteuerbelastet sind, muss die diesbezüglich anfallende Gewerbesteuer separat durch Multiplikation des hälftigem Dauerschuldzinsvolumens mit dem Gewerbesteuerzuschlagssatz auf Basis des effektiven Gewerbesteuersatzes (Formel 3-6) oder aus dem Produkt von hälftigem Dauerschuldzinsvolumen und dem nominellem Gewerbesteuersatz (Formel 3-7) ermittelt werden. Die so kalkulierte Gewerbesteuerbelastung und das veranschlagte Dauerschuldzinsvolumen sind ungekürzt – d.h. **ohne Minderung um eine körperschaftsteuerliche Ersparnis** – in die Entgeltkalkulation einzustellen. Der Abzugsfähigkeit von Dauerschuldzinsen wird bei der Bemessung des körperschaftsteuerlichen Gewinns dadurch Rechnung getragen, indem man die Körperschaftsteuer zzgl. des Solidaritätszuschlages den Dauerschuldzinsen nicht zusätzlich anlastet.[815]

---

815 Vgl. **Schneider, Dieter**: Substanzerhaltung bei Preisregulierungen ... (**2001**), S. 52: „Zinsen und darauf anfallende Gewerbesteuer sind ungekürzt zu zahlen, so wie Lohn- oder Lieferantenrechnungen für Materialverbrauch ungekürzt zu zahlen sind. Niemand käme auf die Idee, Personal- und Materialkosten in der Kalkulation um Körperschaftsteuer und SolZ zu mindern."

4. Kapitel: Ermittlung der verzinsungsrelevanten Kapitalbasis

Im Vorfeld der Darstellung und Würdigung der Kapitaldienstkonzepte im anschließenden 5. Kapitel sind zunächst Fragen im Zusammenhang mit der Ermittlung der verzinsungsrelevanten Kapitalbasis zu klären, da diese zum einen die Verzinsungskonzeption und zum anderen die Abschreibungsbemessung determiniert.

I. Marktwertverzinsung versus Buchwertverzinsung

Anlässlich der Bestimmung der verzinsungsrelevanten Kapitalbasis gilt es zunächst zu entscheiden, ob der Ansatz kalkulatorischer Zinsen im Kontext kostenorientierter Entgeltkalkulationen auf das von kalkulatorischen Buchwerten abgeleitete Kapital oder auf eine von Marktwerten abgeleitete Kapitalbasis bezogen werden sollte.

In der Kostenrechnung erfolgt die Ermittlung kalkulatorischer Zinsen mit dem Ziel der Zurechnung von Zinslasten auf Kostenstellen traditionell ausgehend vom **kalkulatorischen betriebsnotwendigen Vermögen**.[816] Die Orientierung an den Vermögensgegenständen bedingt insofern eine buchwertorientierte Verzinsung. Während in der stark vom Öffentlichen Preisrecht geprägten Kostenrechnung traditionell eine von der unternehmensspezifischen Kapitalstruktur unabhängige gesamtkapitalbezogene Veranschlagung kalkulatorischer Zinsen Anwendung fand[817], hat sich zwischenzeitlich die Erkenntnis einer differenzierten Behandlung kalkulatorischer Zinsen durchgesetzt, indem Fremdkapitalzinsen regelmäßig aufwandsnah kalkuliert und Eigenkapitalzinsen als kalkulatorisches Gewinnelement behandelt werden.[818]

---

816 Vgl. **Coenenberg, Adolf G.**: Kostenrechnung und Kostenanalyse... (**2003**), S. 45.

817 Vgl. dazu stellvertretend **Männel, Wolfgang**: Zinsen im innerbetrieblichen Rechnungswesen... (**1998**), S. 83.

818 Vgl. vor allem **Plessentin, Heinz-Joachim**: Aspekte der betrieblichen Finanzwirtschaft in der Kalkulation... (**1998**), S. 107 ff.; **Männel, Wolfgang**: Zinsen im innerbetrieblichen Rechnungswesen... (**1998**), S. 8 ff. sowie **Reiners, Frank**: Bemessung kalkulatorischer Abschreibungen, Zinsen und Gewinne... (**2000**), S. 203 ff.

Während Fremdkapitalzinsen grundsätzlich von den bestehenden buchmäßigen Verbindlichkeiten abzuleiten sind[819], haben im Zuge der **verstärkten Kapitalmarktorientierung** während der zurückliegenden Jahre eine Reihe von Fachbeiträgen eine von Marktwerten abgeleitete Bestimmung kalkulatorischer Eigenkapitalzinsen vorgeschlagen.[820] Eine marktwertorientierte Kapitalkostenermittlung wurden anlässlich der Entgeltkalkulation regulierter Unternehmen auch in Großbritannien praktiziert.[821] Insofern stellt sich die Frage, ob eine marktwertbezogene Kapitalkostenkalkulation sich auch für deutsche Stromnetzbetreiber als zweckmäßig erweisen kann.

Busse von Colbe führt aus, dass „infolge der Bildung stiller Anschaffungswertrücklagen (durch überhöhte Abschreibungen)" das von Buchwerten abgeleitete Eigenkapital häufig zu niedrig bemessen wird – insofern die **Gefahr der Unterschätzung der Kapitalkosten** besteht – und dass es ökonomisch richtig wäre, zur Ermittlung der Eigenkapitalkosten „die Marktwerte des Eigenkapitals, bei Aktien also deren (durchschnittlichen) Börsenkurs" zugrunde zu legen, „wie es der Kapitalmarkttheorie und dem Shareholder Value-Ansatz entspräche."[822] Während es restbuchwertbezogenen Kapitalkostenkalkülen aus Sicht von Investoren an Entscheidungsrelevanz mangelt[823], spiegelt der **Börsenwert des Unternehmens** das von den Anteilseignern tatsächlich gebundene Kapital bzw. von potenziellen Investoren aufzubringende Kapital wieder.[824] Dieser Ansatz deckt sich mit den Ausführungen von *Rappaport*:[825]

„Der ökonomische Buchwert mag zwar eine bessere Schätzung sämtlicher Barinvestitionen eines Geschäftes sein als der Buchwert. Er ist und bleibt jedoch eine histori-

---

819 Vgl. stellvertretend **Reiners, Frank**: Einflüsse der wertorientierten Unternehmensrechnung... **(2001)**, S. 27.

820 Siehe unter anderem **Busse von Colbe, Walther**: Fremd- und Eigenkapitalkosten... **(1998)**, S. 99 f.

821 Siehe dazu insbesondere **Grout, Paul A. – Jenkins, Andrew – Zalewska, Anna**: Privatisation of Utilities and the Asset Value Problem... **(2003)**, S. 4 sowie **Knieps, Günter**: Entscheidungsorientierte Ermittlung der Kapitalkosten... **(2002)**, S. 1002.

822 **Busse von Colbe, Walther**: Fremd- und Eigenkapitalkosten... **(1998)**, S. 100. Bei einer Bemessung der Kapitalstruktur zu Buchwerten besteht die Gefahr einer systematischen Unterschätzung der Kapitalkosten. Siehe dazu auch **Aders, Christian – Hebertinger, Martin**: Value Based Management... **(2003)**, S. 20.

823 Zur mangelnden Entscheidungsrelevanz restbuchwertrechnerischer Kalküle siehe unter anderem **Männel, Wolfgang**: Rentabilitätskalküle und Rentabilitätsmaße... **(2000)**, S. 15, der kritisiert, dass die aktuellen Restbuchwerte regelmäßig nicht mit den durch Desinvestitionen liquidierbaren Resterlöswerten übereinstimmen.

824 Vgl. **Reiners, Frank**: Bemessung kalkulatorischer Abschreibungen, Zinsen und Gewinne...**(2000)**, S. 318 ff.

825 **Rappaport, Alfred**: Shareholder Value... **(1999)**, S. 150.

*sche Größe bereits getätigter Ausgaben. Das ist nicht die Basis, auf der die Renditebemessung der Investoren beruht. **Investoren bewerten die erwartete Rendite anhand aktueller Marktwerte** bzw. des gegenwärtigen geschätzten Shareholder Value, der die Opportunitätskosten des Verbleibs ihres Investments im Geschäft repräsentiert.* "

Dies bestätigt auch *Pratt* in einem umfassenden Werk zur Kapitalkostenermittlung:[826]

"The cost of capital is the expected rate of return on some base value. That base value is measured as the market value of an asset, not its book value."

Anlässlich der gutachterlichen Beurteilung der Kapitalkostenkalkulation des regulierten Netzgeschäfts der Deutsche Telekom AG begründen *Ballwieser* und *Busse von Colbe* ihren zunächst vorgetragenen Vorschlag einer Verzinsung von Marktwerten, der im Falle eines nicht börsennotierten Unternehmens rechnerisch zu ermitteln ist, insbesondere damit, dass es inkompatibel wäre, einen kapitalmarktorientiert ermittelten Eigenkapitalkostensatz auf eine von kalkulatorischen Restbuchwerten abgeleitete Kapitalbasis zu beziehen.[827] In diesem Sinne unterscheiden die beiden Autoren zwischen dem traditionellen **kalkulatorischen Ansatz** der Kostenrechnung, der die Verzinsung des von Buchwerten abgeleiteten Eigenkapitals mit einem regelmäßig subjektiv ermittelten Eigenkapitalkostensatz bedingt und dem modernen **kapitalmarktorientierten Ansatz**, der eine Verzinsung von Marktwerten mit einer kapitalmarkttheoretisch begründeten Renditeforderung nach sich zieht.[828]

Wenngleich dem von *Ballwieser* und *Busse von Colbe* erläuterten Äquivalenzprinz nicht zu widersprechen ist, scheidet eine Marktwertverzinsung anlässlich der Kapitalkostenkalkulation von Stromnetzbetreibern jedoch aus den folgenden Gründen aus:

- Die Verzinsung von Börsenwerten bzw. rechnerisch ermittelten Marktwerten des Eigenkapitals steht aufgrund der regelmäßig **hohen Schwankungsintensität** der von Prognosen und Erwartungen der Investoren abhängigen Marktwerte dem Normalisierungsstreben der Kostenrechnung entgegen.[829]

---

826 **Pratt, Shannon P.**: Cost of Capital: Estimation and Applications... **(2002)**, S. 6.
827 Vgl. **Ballwieser, Wolfgang – Busse von Colbe, Walther**: Kapitalkosten der Deutsche Telekom AG... **(2001)**, S. 25.
828 Vgl. dazu **Ballwieser, Wolfgang – Busse von Colbe, Walther**: Kapitalkosten der Deutsche Telekom AG... **(2001)**, S. 20 ff. Siehe dazu auch **Busse von Colbe, Walther**: Zur Ermittlung der Kapitalkosten... **(2002)**, S. 4 ff.
829 Das Erfordernis einer permanenten Adjustierung der verzinsungsrelevanten Kapitalbasis im Fall einer hohen Volatilität der Börsenkurse wird auch vom Arbeitskreis „Finanzierungsrechnung" der Schmalenbach-Gesellschaft im Kontext der wert-

- Die Verzinsung von Marktwerten erlaubt **keine konsistente Kapitaldienstermittlung**. Kalkulatorische Zinsen müssten unabhängig von der Bemessung kalkulatorischer Abschreibungen veranschlagt werden.

- Die Verzinsung von Marktwerten und die Verwendung marktwertbezogener Kapitalstrukturen setzt im Fall eines börsennotierten Unternehmens voraus, dass der Börsenwert **ausschließlich vom regulierten Geschäft** bestimmt wird. Wird der Marktwert des Unternehmens auch von nicht regulierten Geschäftsfeldern – wie es bei der Deutsche Telekom AG der Fall ist – beeinflusst, ist eine Verzinsung des Börsenwertes bzw. der Ansatz marktwertbezogener Eigenkapitalquoten unzulässig.[830] Eine objektive Zurechnung des auf den regulierten Bereich entfallenden Anteils der Differenz zwischen Börsenkapitalisierung und bilanziellem Eigenkapital im Sinne des originären Goodwills ist objektiv nicht realisierbar.[831]

- Da in Deutschland **kein börsennotierter Stromnetzbetreiber** existiert, müssten die Marktwerte der ca. 900 Stromverteilungsunternehmen und der 4 Übertragungsnetzbetreiber rechnerisch ermittelt werden. Die diskontierungsrelevanten Cash Flows sind jedoch vom gesuchten Unternehmenswert abhängig, da die Zinskosten wiederum eine Komponente des Cash Flows darstellen. Dies führt direkt zur sogenannten **Zirkularitätsproblematik der Entgeltregulierung**, auf die im nachfolgenden Abschnitt ausführlicher eingegangen wird.

Infolge der zuvor erläuterten Problemfelder entscheiden sich letztlich auch *Busse von Colbe* und *Ballwieser* trotz ihres grundsätzlichen Plädoyers für den kapitalmarktorientierten Ansatz anlässlich der Ermittlung der Kapitalkosten des regulierten Netzbereichs der Deutsche Telekom AG für einen kalkulatorischen Ansatz, indem sie einen an die **regulatorische Kapitalstruktur** angepassten

---

orientierten Unternehmenssteuerung problematisiert. Vgl. dazu **Arbeitskreis "Finanzierungsrechnung" der Schmalenbach-Gesellschaft für Betriebswirtschaft e.V.:** Wertorientierte Steuerung in Theorie und Praxis... **(2005)**, S. 97.

830 Hierauf hat die Monopolkommission anlässlich der Diskussion um eine marktwertorientierte Kapitalkostenkalkulation der regulierten Bereiche der Deutsche Telekom AG, deren Börsenwert auch maßgeblich von nicht-regulierten Geschäftsfeldern wie z. B. dem Mobilfunkbereich determiniert wird, besonders nachdrücklich verwiesen. Vgl. **Monopolkommission:** Telekommunikation und Post 2003... **(2003)**, S. 64 f. Siehe dazu auch die Ausführungen von **Küpper, Hans-Ulrich:** Kostenorientierte Preisbestimmung... **(2002)**, S. 52.

831 So auch **Busse von Colbe, Walther:** Zur Ermittlung der Kapitalkosten... **(2002)**, S. 15.

realen WACC-Kapitalkostensatz auf eine von kalkulatorischen Buchwerten abgeleitete, zu aktuellen Tagespreisen bewertete Vermögensbasis beziehen.[832]
Folgt die Kapitalkostenkalkulation nicht börsennotierter Netzbetreiber im
Kontext der Renditeregulierung dem tagesneuwertorientierten Realzinsmodell
lässt sich die zuvor erläuterte Kritik der mangelnden Entscheidungsrelevanz rest-
buchwertbezogener Kapitalkostenkalküle nicht mehr aufrecht erhalten. *Ballwieser* stellt in Anlehnung an *Eiber* und *Fuchs* fest, dass der Ertragswert von Stromnetzen in der Regel mit dem **von aktuellen Tagespreisen abgeleiteten Sub-
stanzwert** von Stromnetzen übereinstimmt.[833] Dies ist für den Fall der Renditeregulierung unmittelbar einleuchtend, da Stromnetzbetreiber unter diesen Bedingungen nur eine Verzinsung des betriebsnotwendigen Kapitals erwirtschaften
dürfen und insofern keine zusätzlichen wertsteigernden Ertragspotenziale schaffen können. Unter diesen Bedingungen lässt sich der kapitalmarktorientierte Ansatz mit dem kalkulatorischen Ansatz vereinen.

II. Zirkularitätsproblematik der Entgeltregulierung

Speziell in der angloamerikanischen Regulierungsliteratur wird das „Zirkularitätsproblem der Entgeltregulierung" intensiv diskutiert. Bereits 1898 beschloss
ein US-amerikanisches Gericht im Rahmen eines Prozesses über die Angemessenheit von Entgelten für Beförderungsleistungen auf Eisenbahnstrecken, dass
bei der Ermittlung eines „*fair return of the fair value of capital invested*", unter
anderem von der „*probable earning capacity*" – der zukünftigen Ertragskraft –
auszugehen ist.[834] Vor diesem Hintergrund war das **Zirkularitätsproblem** Thema zahlreicher Publikationen und Debatten in den USA.[835]
Werden einzelne Parameter der Kapitalkosten regulierter Unternehmen von
Marktwerten abgeleitet, spricht man von einem Zirkularitätsproblem, wie es auch

---

832 Vgl. **Ballwieser, Wolfgang – Busse von Colbe, Walther:** Kapitalkosten der Deut-
     sche Telekom AG... **(2001),** S. 212 ff. und **Busse von Colbe, Walther:** Zur Ermitt-
     lung der Kapitalkosten... **(2002),** S. 21.
833 Siehe dazu **Ballwieser, Wolfgang:** Zur Ermittlung des Ertragswertes von örtlichen
     Stromnetzen... **(2001),** S. 38 f. und S. 54 sowie **Eiber, Adolf – Fuchs, Manfred:**
     Überlegungen zur Bestimmung des Sachzeitwertes... **(1994),** S. 1176.
834 Vgl. dazu **Grout, Paul A. – Zalewska, Anna:** Circularity and the Undervaluation
     of Privatised Companies... **(2001),** S. 1 bzw. 4 f., die auf das Urteil Smyth v. Ames
     169 U.S. 466 (1898) verweisen.
835 Siehe dazu insbesondere **Phillips, Charles F. Jr.:** The Regulation of Public Utili-
     ties... **(1988***),* S. 305 ff. sowie **Bonbright, James C. – Danielsen, Albert L. – Ka-
     merschen, David R.:** Principles of Public Utility Rates... **(1988),** S. 215 ff.

in der Theorie und Praxis der Unternehmensbewertung diskutiert wird.[836] Ein solches Zirkularitätsproblem liegt immer dann vor, wenn eine gesuchte Größe in deren eigener Bestimmungsgleichung bzw. auf beiden Seiten dieser Gleichung enthalten ist.

Für nicht börsennotierte Unternehmen kann der Marktwert nur indirekt durch eine Unternehmenswertermittlung bestimmt werden. Nach dem dem Ertragswertverfahren und den DCF-Verfahren zugrunde liegenden **Prinzip des Zukunftserfolgswertes**[837] bestimmt sich der Wert eines Unternehmens aus der Summe der diskontierten, zukünftig erwarteten finanziellen Überschüsse. Die zukünftig erwarteten finanziellen Überschüsse (Cash Flows) hängen jedoch von den zu regulierenden Preisen und den darin enthaltenen kalkulatorischen Zinsen ab. Wenn die zu kalkulierende Verzinsung des eingesetzten Kapitals auf Basis von Marktwerten bestimmt werden soll, tritt daher unweigerlich ein Zirkularitätsproblem auf.[838]

Bei börsennotierten Unternehmen entspricht der Marktwert des Eigenkapitals der Börsenkapitalisierung als Kurswert der Aktie multipliziert mit der Anzahl der Aktien. Die Notwendigkeit einer indirekten Ermittlung des Marktwertes des Eigenkapitals durch den Regulierer mit Hilfe der DCF-Methodik entfällt. Man läuft daher Gefahr anzunehmen, dass das Zirkularitätsproblem bei einem börsennotierten Unternehmen gelöst wäre. Wie unmittelbar einleuchtet, ist das Zirkularitätsproblem jedoch **auch für börsennotierte entgeltregulierte Unternehmen** gegeben, da die Bewertung von Unternehmen durch die Kapitalmarktteilnehmer insbesondere von dem Nutzen abhängt, den ein Unternehmen seinen Anteilseignern in der Zukunft stiftet. Aktionäre und Analysten stellen bei ihren den Bör-

---

836 Das Zirkularitätsproblem spielt in der Diskussion um die Eignung der verschiedenen Discounted Cash Flow-Verfahren für die Bestimmung von Unternehmenswerten eine zentrale Rolle, da für deren korrekte Ermittlung Kapitalstrukturen und Kapitaleinsätze auf Basis von Marktwerten heranzuziehen sind, die man jedoch erst im Sinne des gesuchten Unternehmenswertes ermitteln möchte. Diese Interdependenzproblematik wird besonders intensiv im Zusammenhang mit der direkt den rechnerischen Marktwert des Eigenkapitals (Shareholder Value) quantifizierenden Equity-Methode diskutiert. Vgl. dazu unter anderem **Männel, Wolfgang**: Vergleichende Beurteilung der Discounted Cash Flow-Methoden... **(2006)**, S. 164 ff. sowie **Schwetzler, Bernhard – Darijtschuk, Niklas**: Unternehmensbewertung mit Hilfe der DCF-Methode... **(1999)**, S. 295 ff.

837 Vgl. dazu **Busse von Colbe, Walther**: Der Zukunftserfolg, Wiesbaden **1957**, der den Begriff prägte.

838 Siehe auch die Formulierung des Zirkularitätsproblems bei **Grout, Paul A. – Zalewska, Anna**: Circularity and the Undervaluation of Privatised Companies... **(2001)**, S. 1: „[...] a circularity problem arises since the value of assets in place is to be determined by reference to future rates but these future rates are themselves determined by a fair return on the value."

senwert determinierenden Kauf- und Verkaufsentscheidungen, daher in der Regel auf die künftig erwarteten, nach Investitionsausgaben verbleibenden Freien Cash Flows der Unternehmen ab, die den für die Eigen- und Fremdkapitalgeber maximal entziehbaren Entnahmestrom bestimmen.[839] Die Prognosen der Investoren über künftige Zahlungsströme hängen jedoch erheblich von den durch die Regulierungsinstanz genehmigten Kosten, insbesondere von der festzulegenden Rendite in Form der Eigenkapitalkosten ab.

Es bleibt festzuhalten, dass die Entscheidungen der Regulierungsbehörde die Marktwerte regulierter Unternehmen erheblich beeinflussen bzw. verändern können.[840] Aufgrund dieser **Interdependenzproblematik** erweist sich ein marktwertbezogener Ansatz kalkulatorischer Zinsen sowohl für börsennotierte als auch für nicht-börsennotierte regulierte Unternehmen als nicht zielführend.[841]

III. Ermittlung der buchwertorientierten Kapitalbasis

A. Vom bilanziellen Vermögen zum betriebsnotwendigen Eigenkapital

Zur Bestimmung der buchwertorientierten Kapitalbasis präsentiert die Kostenrechnungsliteratur in der Regel das in **Abbildung 4-1** dargestellte Ermittlungsschema[842], dessen Positionen im Folgenden Bezug nehmend auf die Spezifika der Kapitalkostenermittlung regulierter Stromnetzbetreiber und die diesbezüglich relevanten Vorgaben der StromNEV erläutert werden. Wie Abbildung 4-1 verdeutlicht, kommt es im Fall einer auf den „**entity-approach**" ausgerichteten WACC-rechnerischen Kapitalkostenkalkulation auf die Ermittlung des zinspflichtigen kalkulatorischen Gesamtkapitals an. Werden die Eigenkapitalzinsen in Verbindung mit einer aufwandsgleichen Verrechnung der Fremdkapitalzinsen

---

839   Vgl. dazu den Abschnitt „Der Marktwert wird vom inneren DCF-Wert bestimmt" bei **Copeland, Tom – Koller, Tim – Murrin, Jack**: Unternehmenswert (**2002**), S. 96 ff. sowie grundlegend **Wöhe, Günter**: Einführung in die Allgemeine Betriebswirtschaftslehre... (**2002**), S. 657.

840   Vgl. **Küpper, Hans-Ulrich**: Kostenorientierte Preisbestimmung... (**2002**), S. 52 f.

841   So auch **Grout, Paul A. – Zalewska, Anna**: Circularity and the Undervaluation of Privatised Companies... (**2001**), S. 1: "The view that it is not possible to determine regulatory asset values that are based on future earning capacity has become a core notion in the literature on regulation". Ähnlich äußern sich **Borrmann, Jörg – Finsinger, Jörg**: Markt und Regulierung... (**1999**), S. 344.

842   Vgl. unter anderem **Schweitzer, Marcel – Küpper, Hans-Ulrich**: Systeme der Kosten- und Erlösrechnung... (**2003**), S. 111; **Coenenberg, Adolf G.**: Kostenrechnung und Kostenanalyse... (**2003**), S. 45 ff. sowie **Reiners, Frank**: Bemessung kalkulatorischer Abschreibungen, Zinsen und Gewinne... (**2000**), S. 190 ff.

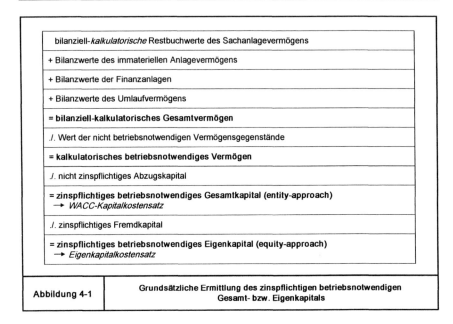

| bilanziell-*kalkulatorische* Restbuchwerte des Sachanlagevermögens |
| + Bilanzwerte des immateriellen Anlagevermögens |
| + Bilanzwerte der Finanzanlagen |
| + Bilanzwerte des Umlaufvermögens |
| = **bilanziell-kalkulatorisches Gesamtvermögen** |
| ./. Wert der nicht betriebsnotwendigen Vermögensgegenstände |
| = **kalkulatorisches betriebsnotwendiges Vermögen** |
| ./. nicht zinspflichtiges Abzugskapital |
| = **zinspflichtiges betriebsnotwendiges Gesamtkapital (entity-approach)** → *WACC-Kapitalkostensatz* |
| ./. zinspflichtiges Fremdkapital |
| = **zinspflichtiges betriebsnotwendiges Eigenkapital (equity-approach)** → *Eigenkapitalkostensatz* |

| **Abbildung 4-1** | **Grundsätzliche Ermittlung des zinspflichtigen betriebsnotwendigen Gesamt- bzw. Eigenkapitals** |

im Sinne des „**equity-approachs**" kalkuliert, ist das zinspflichtige Gesamtkapital zur Ermittlung des verzinsungsrelevanten Eigenkapitals um das zinspflichtige Fremdkapital zu reduzieren.

Die buchwertorientierte Ermittlung der verzinsungsrelevanten Kapitalbasis setzt – unabhängig ob der Wertansatz zu Tagespreisen oder zu historischen Anschaffungs- bzw. Herstellungskosten erfolgt – stets an der Bilanz des Unternehmens an. Dabei ist zu beachten, dass für die Ermittlung der verzinsungsrelevanten Kapitalbasis eine kalkulatorische Bilanz aufzustellen ist, da die **kalkulatorischen Restbuchwerte** aufgrund der auch gemäß § 6 Abs. 2 Satz 1 StromNEV für die Netzentgeltkalkulation maßgeblichen linearen Abschreibungsmethode und infolge der über Anlage 1 zu § 6 Abs. 5 Satz 1 vorgegebenen betriebsgewöhnlichen Nutzungsdauern nicht mit den Restbuchwerten der Vermögenswerte der Handels- bzw. Steuerbilanz übereinstimmen, deren Höhe durch die Anwendung der degressiven Abschreibung und kürzerer steuerrechtlich zulässiger Nutzungsdauern bestimmt wird.

Folgt die Kapitaldienstkonzeption dem tagesneuwertorientierten Realzinsmodell im Sinne der Netto- oder Bruttosubstanzerhaltung, ist das restbuchwertrechnerische Sachanlagevermögen der kalkulatorischen Bilanz im relativen Ausmaß der maßgeblichen Eigenkapitalquote bzw. vollumfänglich **von Tagesneuwerten** abzuleiten.[843] Im Fall des anschaffungswertorientierten Nominalzinsmodells bestimmen die kalkulatorischen Anschaffungspreisrestwerte den Vermögenswertansatz.

Von einigen Autoren wird vorgeschlagen, das bilanzielle betriebsnotwendige Vermögen um bereits voll abgeschriebene, jedoch betrieblich noch genutzte Vermögensgegenstände zu erhöhen.[844] Die Hinzurechnung **bilanziell voll abgeschriebener Vermögensgegenstände** würde eine über den bereits erwirtschafteten Kapitaldienst hinaus erfolgende Verrechnung kalkulatorischer Zinsen bewirken und ist daher für die Kapitalkostenermittlung entgeltregulierter Unternehmen in Analogie zum Verbot von Abschreibungen „unter Null" abzulehnen.

Des Weiteren wird mitunter auch dafür plädiert, zur Leistungserstellung eingesetzte, jedoch **nicht bilanzierte immaterielle Vermögensgegenstände**, z. B. in Form von Forschungs- und Entwicklungsaufwendungen oder Aufwendungen für selbst erstellte Software in der Kapitalbasis zu berücksichtigen, die infolge der vom Vorsichtsprinzip geprägten Regelungen des Handelsgesetzbuchs gemäß § 248 Abs. 2 HGB einem Bilanzierungsverbot unterliegen.[845] Der Ansatz nicht bilanzierter immaterieller Vermögensgegenstände würde einer transparenten, nachprüfbaren Entgeltkalkulation jedoch zuwiderlaufen, da eine objektive Ermittlung des Wertansatzes und der Wirkungsdauer immaterieller Potenziale oft erhebliche Schwierigkeiten bereitet.[846]

1) Eliminierung nicht betriebsnotwendiger Vermögensgegenstände

Um sicherzustellen, dass die Kostenrechnung nicht mit der Verzinsung von Kapitalbeträgen belastet wird, die **nicht für die effiziente Leistungserbringung** aufgebracht und eingesetzt wurden[847], ist das bilanziell-kalkulatorische Vermögen in einem nächsten Schritt um den Wert aller nicht betriebsnotwendigen Vermögensgegenstände zu reduzieren. Die Kostenrechnungsliteratur zählt insbesondere

- aktivierte derivative Geschäfts- und Firmenwerte,
- stillgelegte Anlagen und Anlagen im Bau,
- verpachtete bzw. vermietete Grundstücke und Gebäude,

---

843 Zur Ermittlung der Tagesneuwerte siehe ausführlich die umfassende Behandlung des tagesneuwertorientierten Realzinsmodells im 5. Kapitel dieser Arbeit, S. 296 ff.

844 Vgl. stellvertretend **Coenenberg, Adolf G.**: Kostenrechnung und Kostenanalyse... **(2003)**, S. 46.

845 Vgl. **Scherrer, Gerhard**: Kostenrechnung... **(1999)**, S. 283 f.

846 Vgl. **Männel, Wolfgang**: Der Cash Flow Return on Investment (CFROI)... **(2001)**, S. 42.

847 Vgl. **Hummel, Siegfried - Männel, Wolfgang**: Kostenrechnung... **(1999)**, S. 174.

- verpachtete und vermietete Anlagen,
- ausstehende Einlagen und eigene Aktien,
- nicht betriebsnotwendige Finanzanlagen (Beteiligungen),
- zu Spekulationszwecken gehaltene Wertpapiere des Umlaufvermögens,
- überhöhte Bestände an Vorräten und liquiden Mitteln,
- und aktive Rechnungsabgrenzungsposten

zum nicht betriebsnotwendigen Vermögen.[848] Der für die Ermittlung der verzinsungsrelevanten Kapitalbasis von Stromnetzbetreibern maßgebliche § 7 Abs. 1 StromNEV enthält jedoch **keine Spezifizierung** nicht betriebsnotwendiger Vermögensgegenstände. Im Gegensatz zu der zuvor aufgeführten Charakterisierung nicht betriebsnotwendiger Vermögensgegenstände in der Kostenrechnungsliteratur sieht § 7 Abs. 1 Ziffer 4 StromNEV den **undifferenzierten Ansatz** der Bilanzwerte des Finanzanlagevermögens und der Bilanzwerte des Umlaufvermögens vor, wenngleich eine doppelte Realisierung von Zinsen für kurzfristige Geldanlagen und langfristige Finanzanlagen von Stromnetzbetreibern aufgrund des kostenmindernden Ansatzes von Zins- und Beteiligungserträgen gemäß § 9 Abs. 1 Ziffer 2 StromNEV ausgeschlossen ist.

§ 7 Abs. 1 StromNEV lässt insofern erhebliche Interpretationsspielräume anlässlich der Beurteilung der Betriebsnotwendigkeit der Vermögensgegenstände der Stromnetzbetreiber zu. Es ist Stromnetzbetreibern daher zu empfehlen, die **Vorschriften des Öffentlichen Preisrechts** im Sinne der Leitsätze für die Preisermittlung auf Grund von Selbstkosten (LSP), insbesondere Nr. 44 betreffend die Ermittlung des betriebsnotwendigen Kapitals und Nr. 45 betreffend den Wertansatz des betriebsnotwendigen Vermögens heranzuziehen[849], da § 3 Abs. 1 Satz 5 StromNEV regelt, dass im Falle einer fehlenden Spezifizierung subsidiär die Vorgaben die LSP gelten.

Wengleich die Vorgaben des Öffentlichen Preisrechts bezüglich der Identifizierung nicht betriebsnotwendiger Vermögensgegenstände im Wesentlichen mit der voranstehenden Auflistung der Kostenrechnungsliteratur korrespondieren, muss berücksichtigt werden, dass die LSP-Kommentare nicht immer zu übereinstimmenden Ergebnissen kommen, sodass diesbezüglich eine differenzierte Betrachtung geboten ist. Im Folgenden wird deshalb insbesondere auf die Vermö-

---

848   Vgl. dazu stellvertretend **Coenenberg, Adolf G.**: Kostenrechnung und Kostenanalyse... (2003), S. 46 und **Reiners, Frank**: Bemessung kalkulatorischer Abschreibungen, Zinsen und Gewinne...(2000), S. 117 f.

849   Vgl. dazu im Folgenden **Ebisch, Hellmuth – Gottschalk, Joachim u. a.**: Preise und Preisprüfungen....(2001), zu Nr. 44 u. Nr. 45 LSP, S. 464-484 sowie **Michaelis, Hans – Rhösa, Carl Arthur u.a**: Preisbildung bei öffentlichen Aufträgen... (2005), zu Nr. 44 LSP, S. 1-12 sowie zu Nr. 45 LSP, S. 1-28.

genspositionen eingegangen, zu denen keine allgemeingültigen Kommentare vorliegen.

Während *Ebisch/Gottschalk* einen bilanziell aktivierten **derivativen Geschäfts- und Firmenwert** als betriebsnotwendig anerkennen[850], sind *Michaelis/ Rhösa* der Ansicht, dass ein in der Handelsbilanz aktivierter Geschäfts- und Firmenwert nicht zum betriebsnotwendigen Vermögen gehört.[851] Es kann davon ausgegangen werden, dass in der handelsrechtlichen Bilanz von Netzbetreibern Geschäfts- und Firmenwerte nur selten auftreten, da Netzübernahmen auch vor dem Inkrafttreten der StromNEV in der Regel maximal zum Sachzeitwert erfolgten, solange diese den Ertragswert nicht erheblich überstiegen.[852] Wenn Netzübernahmen den bilanziellen Ansatz eines Geschäfts- und Firmenwertes zur Folge hatten bzw. haben, ist dieser bei gegebener Betriebsnotwendigkeit nach Auffassung des Verfassers in der Verzinsungsbasis zu berücksichtigen, da Investoren die **vollständige Verzinsung ihres Kapitaleinsatzes** erwarten. Da es sich in diesem Fall um die Berücksichtigung in der Verzinsungsbasis und nicht um eine Abschreibung handelt, steht diesem Ansatz auch das Verbot von Abschreibungen „unter Null" gemäß § 6 Abs. 6 und 7 StromNEV nicht entgegen.

Unterschiedliche Auffassungen bestehen auch hinsichtlich der Betriebsnotwendigkeit von **Anlagen im Bau**. Während *Michaelis/Rhösa* Anlagen im Bau uneingeschränkt als nicht betriebsnotwendig klassifizieren, da diese noch nicht dem Betriebszweck dienen und damit noch nicht für die Leistungsbereitstellung erforderlich sind[853], differenzieren *Ebisch/Gottschalk* hinsichtlich der Betriebsnotwendigkeit von Anlagen im Bau zwischen Ersatz und Erweiterungsinvestitionen. Während Anlagen im Bau im Zusammenhang mit Ersatzinvestitionen, die die Kontinuität der Leistungsbereitstellung aufrechterhalten, mittelbar dem Betriebszweck dienen und deshalb im betriebsnotwendigen Vermögen berücksichtigt werden dürfen, können im Bau befindliche Anlagen, die einer Kapazitätsausweitung dienen, nicht Bestandteil des betriebsnotwendigen Vermögens sein.[854]

850 Vgl. dazu **Ebisch, Hellmuth – Gottschalk, Joachim u. a.**: Preise und Preisprüfungen... **(2001)**, zu Nr. 44 LSP, Tz. 5, S. 465.
851 Vgl. **Michaelis, Hans – Rhösa, Carl Arthur u. a.**: Preisbildung bei öffentlichen Aufträgen... **(2005)**, zu Nr. 44 LSP, S. 9.
852 Vgl. dazu **Bundesgerichtshof (BGH)**: Urteil vom **16.11.1999**, „Kaufering", in: Entscheidungen des Bundesgerichtshofes in Zivilsachen (BGHZ), Band 143, S. 128 ff.
853 Vgl. **Michaelis, Hans – Rhösa, Carl Arthur u. a.**: Preisbildung bei öffentlichen Aufträgen... **(2005)**, zu Nr. 44 LSP, S. 8.
854 Vgl. **Ebisch, Hellmuth – Gottschalk, Joachim u. a.**: Preise und Preisprüfungen... **(2001)**, zu Nr. 44 LSP, Tz. 56, S. 478 f.

Nach Auffassung des Autors dieser Arbeit sind sämtliche im Bau befindliche, dem Betriebszweck dienende Anlagen von Stromnetzbetreibern **in der Vermögensbasis zu berücksichtigen**, unabhängig ob sie bereits der Leistungserstellung dienen oder nicht oder ob es sich um Rationalisierungs-, Ersatz- oder Erweiterungsinvestitionen handelt. Dies ist auch vor dem Hintergrund der Aufrechterhaltung der Investitionsfähigkeit geboten. Infolge der komplexen und oft langwierigen Bau- und Instandhaltungsprojekte im Stromnetzbetrieb können Eigenkapitalgeber nicht bis zur endgültigen Inbetriebnahme der Anlagegüter mit einer Verzinsung des investierten Kapitals vertröstet werden. Die Berücksichtigung von Anlagen im Bau in der Vermögensbasis ist auch vor dem Hintergrund mehrjähriger Regulierungsperioden erforderlich. Kapital, das zur Finanzierung von Anlagen im Bau eingesetzt wurde, die erst kurz nach Beginn oder während einer Regulierungsperiode fertiggestellt werden, würde ansonsten erst in einer späteren Regulierungsperiode verzinst werden.

Auch bezüglich des **Bestandes an liquiden Mitteln** legen sich *Ebisch/Gottschalk* nicht auf einen konkreten Beurteilungsmaßstab fest. Da der Umfang liquider Mittel unternehmensspezifisch zu hinterfragen ist, heißt es lediglich:[855]

„Flüssige Mittel [...] , die den betrieblichen Bedarf wesentlich übersteigen, gehören nicht zum BNV."

Ebenso unbestimmt äußern sich *Michaelis/Rhösa*, die alle liquiden Mittel für betriebsnotwendig erachten, die zur Erfüllung laufender Zahlungsverpflichtungen zuzüglich angemessener Zahlungsreserven erforderlich sind.[856]

Da die Regelungen des Öffentlichen Preisrechts teilweise **keine konkreten Maßstäbe** für die Beurteilung der Betriebsnotwendigkeit einzelner Vermögenspositionen definieren, besteht für die Regulierungsbehörde das Dilemma insbesondere hinsichtlich der von den Netzbetreibern ausgewiesenen Bestände der Positionen des Umlaufvermögens angemessene Entscheidungen über die Betriebsnotwendigkeit zu treffen. Insofern sind Netzbetreiber, insbesondere wenn die unternehmensspezifischen Bestände an liquiden Mitteln, Forderungen oder Vorräten deutlich über dem Branchendurchschnitt liegen, aufgefordert, der Regulierungsbehörde die Betriebsnotwendigkeit der betreffenden Positionen im Einzelfall nachzuweisen.[857]

855　**Ebisch, Hellmuth – Gottschalk, Joachim u. a.**: Preise und Preisprüfungen...
　　　(2001), zu Nr. 44 LSP, S. 466.
856　Vgl. **Michaelis, Hans – Rhösa, Carl Arthur u. a.**: Preisbildung bei öffentlichen
　　　Aufträgen... (2005), zu Nr. 44 LSP, S. 12.
857　Die voranstehenden Ausführungen beschränken sich auf die Aussagen der Kommentare zum Öffentlichen Preisrecht bezüglich der liquiden Mittel, da die Bestände

2) Behandlung von „stranded investments"

Anlässlich der Kapitalkostenkalkulation stellt sich für Netzbetreiber die Frage, ob und inwieweit in der verzinsungsrelevanten Kapitalbasis – im anglo-amerikanischen Sprachraum als „stranded investments" bezeichnete – Vermögensgegenstände berücksichtigt werden können, die zum Zeitpunkt der Tätigung der Investition als betriebswirtschaftlich rational angesehen wurden, infolge **ausbleibender Netzauslastung** für sich allein betrachtet jedoch nicht amortisierbar wären.[858] „Stranded investments" spielen vor allem im Energieerzeugungsbereich eine bedeutsame Rolle, vor Beginn der Marktöffnung Überkapazitäten aufgebaut wurden.[859]

Der Verband der Netzbetreiber (VDN) weist jedoch daraufhin, dass die Gefahr von „stranded investments" aufgrund schneller Marktveränderungen und langwieriger Genehmigungen auch im Leitungsbau gegeben ist.[860] Darüber hinaus ist auch zu bedenken, dass die umfassenden **Anschlusspflichten** gemäß § 17 und § 18 EnWG potenziell „stranded investments" zur Folge haben können.

Da die Regelungen der StromNEV keine spezifischen Aussagen zur Behandlung von „stranded investments" treffen, gilt derzeit, dass deren Kalkulationsrelevanz solange gegeben ist, bis die sich ergebenden unternehmensspezifischen Entgelte, Erlöse oder Kosten die durchschnittlichen Entgelte, Erlöse oder Kosten strukturell vergleichbarer Netzbetreiber überschreiten und die Unwirtschaftlichkeitsvermutung des § 20 Abs. 4 EnWG greift. Spätestens mit der Einführung der Anreizregulierung und dem Einsatz von Effizienzanalysen wirken sich „stranded investments" unmittelbar negativ auf die relative Effizienzposition und die daraus resultierenden Kostensenkungsvorgaben aus. Netzbetreiber sind daher aufgefordert, im Sinne der § 17 Abs. 1 und 2 sowie § 18 Abs. 1 EnWG die wirtschaftliche Unzumutbarkeit potenzieller „stranded investments" anhand **investitionsrechne-**

---

an Vorräten und Forderungen in der Bilanz von Stromnetzbetreibern im Gegensatz zu liquiden Mitteln in der Regel vergleichsweise gering ausfallen. Die Bestände an liquiden Mitteln können im Stromnetzgeschäft insbesondere dann hoch ausfallen, wenn Abschreibungsgegenwerte nicht sofort reinvestiert werden können. Der Umfang an liquiden Mitteln ist insofern stets im Zusammenhang mit der Investitionspolitik bzw. den Investitionsplänen der Netzbetreiber zu beurteilen.

858   Vgl. auch die Ausführungen von **Spauschus, Phillip**: Die wettbewerbliche Öffnung von Märkten mit Netzstrukturen... **(2004)**, S. 198, der „stranded costs" von Fehlinvestitionen abgrenzt und unter „stranded costs" ausschließlich Kosten für Anlagen versteht, die bereits in der Vergangenheit nicht oder nur teilweise an die Kunden weitergewälzt werden konnten.

859   Vgl. **Hujber, András**: Strukturen und Mechanismen des liberalisierten Strommarktes... **(2002)**, S. 10.

860   Vgl. **Verband der Netzbetreiber (VDN)**: VDN-Jahresbericht 2004... **(2004)**, S. 23.

rischer **Kalküle** bereits anlässlich der Investitionsplanung aufzudecken, um diese auf ein Minimum zu reduzieren.

3) Ermittlung der Positionen des Abzugskapitals

Zur Ermittlung des zinspflichtigen betriebsnotwendigen Kapitals ist vom betriebsnotwendigen Vermögen in einem nächsten Schritt der Wert aller **zinslos zur Verfügung stehenden Positionen des Fremdkapitals** zu subtrahieren, für die insofern auch keine kalkulatorischen Zinsen erwirtschaftet werden müssen. Zu den als Abzugskapital bezeichneten Kapitalvolumina zählt § 7 Abs. 2 Strom-NEV[861]

- Rückstellungen,
- erhaltene Vorauszahlungen und Anzahlungen von Kunden,
- unverzinsliche Verbindlichkeiten aus Lieferungen und Leistungen
- sowie sonstige zinslos zur Verfügung stehende Verbindlichkeiten.

Bei der Bestimmung der Positionen des Abzugskapitals ist jedoch insbesondere bezüglich der Behandlung von Rückstellungen zu differenzieren. Im Gegensatz zu kurzfristigen Rückstellungen, die als zinslos gelten, sind langfristige **Pensionsrückstellungen** kapitalkostenbelastet.[862] Ohne an dieser Stelle auf die unterschiedlichen Methoden zur Ermittlung von Pensionsrückstellungen einzugehen, sei darauf hingewiesen, dass Pensionsrückstellungen nur dann als Abzugskapital behandelt werden dürfen, wenn der in der Zuführung zu den Pensionsrückstellungen enthaltene Zinsanteil bereits über den aufwandsgleichen Ansatz der Personalkosten bzw. den darin enthaltenen Aufwendungen zur Altersversorgung verdient wurde und insofern über die Behandlung als Abzugskapital eine Doppelverzinsung vermieden wird.[863]

---

861 Diese Positionen korrespondieren mit der Definition des Abzugskapitals bei **Schweitzer, Marcel – Küpper, Hans-Ulrich**: Systeme der Kosten- und Erlösrechnung... (**2003**), S. 111.

862 Vgl. dazu auch **Günther, Thomas**: Unternehmenswertorientiertes Controlling... (**1997**), S. 214 und dessen Ausführungen bzgl. der Kapitalkosten der Finanzierung aus Rückstellungen, S. 188 ff.

863 Vgl. dazu insbesondere **Ebisch, Hellmuth – Gottschalk, Joachim u. a.**: Preise und Preisprüfungen... (**2001**), zu Nr. 25 LSP, Tz. 26-27, S. 365 f. sowie die Ausführungen bei **Reiners, Frank**: Bemessung kalkulatorischer Abschreibungen, Zinsen und Gewinne... (**2000**), S. 197 und **Schneider, Dieter**: Substanzerhaltung bei Preisregulierungen... (**2001**), S. 47. Zur Ermittlung der Kosten für Pensionsrückstellungen siehe stellvertretend **Drukarczyk, Jochen**: Was kosten betriebliche Altersversorgungszusagen?, in: Die Betriebswirtschaft (DBW), 50. Jg. (**1990**), Heft 3, S. 333-353.

Des Weiteren ist darauf zu verweisen, dass auch die **Zurechnung von Liefe-rantenkrediten** zum Abzugskapital in Literatur und Praxis umstritten ist. Liefe-rantenkredite dürfen streng genommen nur dann zum Abzugskapital gezählt wer-den, wenn die aus der Inanspruchnahme der Lieferantenkredite infolge nicht rea-lisierter Skontierungsmöglichkeiten resultierenden höheren Beschaffungspreise auch über die Materialkosten verdient werden können.[864] Muss man hingegen davon ausgehen, dass die Kunden durch die vom Unternehmen in Anspruch ge-nommenen, zinslos zur Verfügung stehenden Kapitalvolumina niedrigere Preise fordern und auch erhalten, handelt es sich um „**implizite Kapitalkosten**", die es rechtfertigen, dass die formell zinslos zur Verfügung stehenden Fremdkapitalpo-sitionen ebenfalls zum zinspflichtigen Kapital gezählt werden.[865] Da es sich bei der Entgeltkalkulation im Stromnetzgeschäft anstelle einer marktorientierten Preispolitik um eine kostenorientierte Entgeltbildung handelt, kann dieser Aspekt hier jedoch vernachlässigt werden.

4) Behandlung von Baukostenzuschüssen und Netzanschlusskosten

Sowohl die von Anschlussnehmern und Netznutzern anlässlich des Anschlusses zu vorgelagerten Netzen geleisteten Baukostenzuschüsse als auch die von An-schlussnehmern aufzubringenden Netzanschlusskosten sind gemäß § 7 Abs. 2 Ziffer 4 StromNEV ebenfalls **als Abzugskapital zu behandeln.**
Netzanschlusskosten und erhaltene Baukostenzuschüsse sind gemäß § 9 Abs. 1 Ziffer 4 und Abs. 2 StromNEV über eine Dauer von 20 Jahren linear aufzulö-sen und jährlich netzkostenmindernd anzusetzen. Diese **lineare kalkulatorische Auflösungssystematik** steht jedoch im Widerspruch zur Vorgabe des § 9 Abs. 1 StromNEV, nach der die infolge der Auflösung von Netzanschlusskosten und Baukostenzuschüssen kostenmindernd anzusetzenden Erlöse der „netzbezogenen Gewinn- und Verlustrechnung" zu entnehmen sind, die nach § 4 Abs. 2 bzw. 3 StromNEV nach handelsrechtlichen Grundsätzen zu erstellen ist. In der handels-rechtlichen Bilanz wird für erhaltene Baukostenzuschüsse bzw. Hausanschluss-kosten ein **passiver Rechnungsabgrenzungsposten** gebildet, dessen Auflösung analog zur handelsrechtlich zulässigen Abschreibung des entsprechenden Wirt-schaftsgutes auf Basis der handelsrechtlich maßgeblichen Nutzungsdauer erfolgt. Diese Vorgehensweise basiert auf den Vorgaben des Bundesministeriums der Fi-

---

864 Vgl. unter anderem **Hummel, Siegfried - Männel, Wolfgang**: Kostenrechnung...
     (1999), S. 177; **Plinke, Wulff**: Industrielle Kostenrechnung... **(2000)**, S. 82 sowie
     Wöhe, Günter: Einführung in die Allgemeine Betriebswirtschaftslehre... **(2002)**,
     S. 1098.
865 Siehe dazu insbesondere **Schwetzler, Bernhard**: Kapitalkosten... **(2000)**, S. 99.

nanzen (BMF).[866] Infolge der bilanziellen Auflösungslogik profitieren die Netz-nutzer in den ersten Jahren der Nutzungsdauer von höheren Kostenminderungen im Vergleich zur linearen kalkulatorischen Auflösungsmethodik. Nach dem Wortlaut der StromNEV sind beide dargestellten Auflösungsmechanismen zuläs-sig.

B. Restbuchwertverzinsung statt Durchschnittswertverzinsung

Neben der Bestimmung des Umfangs der verzinsungsrelevanten Kapitalbasis ist über die **Art des Wertansatzes** der einzelnen Determinanten des zinspflichtigen betriebsnotwendigen Kapitals pro Kalkulationsperiode zu entscheiden.

Bezüglich des Umlaufvermögens und der Positionen des Abzugskapitals be-steht grundsätzlich Einigkeit darüber, dass diese mit den effektiven Werten der jeweiligen Abrechnungsperiode[867], regelmäßig mit dem **arithmetischen Mittel** aus dem Anfangs- und Endbestand der Periode angesetzt werden.[868] Auch an-lässlich des Ansatzes nicht abschreibungspflichtiger Anlagegüter ist man sich überwiegend einig, dass diese mit ihren historischen Anschaffungs- bzw. Her-stellungskosten bzw. ihren kalkulatorischen Ausgangswerten in die Preiskalkula-tion eingehen sollten.[869]

Meinungsverschiedenheiten bestehen jedoch darüber, ob der Wertansatz der abnutzbaren Anlagegüter für die einzelnen Kalkulationsperioden mit Hilfe der Durchschnittswertmethode oder der Restbuchwertmethode bestimmt werden soll.

---

866 Vgl. **Bundesministerium der Finanzen (BMF)**: Ertragsteuerliche Behandlung der Baukostenzuschüsse bei Energieversorgungsunternehmen, Berlin, Schreiben vom 27. Mai **2003** sowie **Bundesministerium der Finanzen (BMF)**: Ertragsteuerliche Behandlung von Baukostenzuschüssen; Anwendung des BMF-Schreibens vom 27. Mai 2003 in: Bundessteuerblatt (BStBl) I, 7. Oktober **2004**, S. 361.

867 Vgl. unter anderem **Hummel, Siegfried - Männel, Wolfgang**: Kostenrechnung... **(1999)**, S. 174.

868 Vgl. **Freidank, Christian**: Kostenrechnung... **(1992)**, S. 127. Siehe auch das detail-lierte Rechenbeispiel bei **Schweitzer, Marcel – Küpper, Hans-Ulrich**: Systeme der Kosten- und Erlösrechnung... **(2003)**, S. 111.

869 Vgl. unter anderem **Reiners, Frank**: Bemessung kalkulatorischer Abschreibungen, Zinsen und Gewinne... **(2000)**, S. 195 sowie **Haberstock, Lothar**: Kostenrechnung 1... **(1997)**, S. 98. Im Fall einer pauschalen Absenkung des Kalkulationszinssatzes im Rahmen von Substanzerhaltungskonzeptionen sind zur Kompensation der Zins-satzabsenkung auch die nicht abnutzbaren Vermögensgegenstände (insbeson-dere Grundstücke) anstelle der historischen Anschaffungskosten mit ihrem Tagesneuwert anzusetzen.

Einige Autoren präferieren die **Anwendung der Durchschnittswertme-thode**[870], die auch von der Praxis häufig aufgrund ihrer Einfachheit bevorzugt wird[871], sodass sie auch vom **Bundesverband der Deutschen Industrie (BDI)** empfohlen wird.[872] Unter der Annahme, dass die abschreibungspflichtigen Anlagen durchschnittlich die Hälfte des historischen Anschaffungswertes binden, werden die kalkulatorischen Zinslasten für die einzelnen Kalkulationsperioden ausgehend von dem während der anlagenspezifischen Nutzungsdauer **durchschnittlich gebundenen Kapital**, demnach unabhängig von der Anlagenaltersstruktur gegebenenfalls unter Berücksichtigung eines Resterlöswertes veranschlagt.[873] Die aus der Durchschnittswertverzinsung resultierende, gleichmäßige Belastung der Kalkulationsperioden entspricht dem Normalisierungstreben der Kostenrechnung[874], das auf eine **Verstetigung des Preisniveaus** abzielt. Die sich von der tatsächlichen Entwicklung der Kapitalbindung lösende Durchschnittswertverzinsung führt jedoch dazu, dass in den frühen Phasen der anlagenspezifischen Nutzungsdauer zu niedrige Zinsen veranschlagt werden, während zum Ende des Anlagenlebenszyklus zu hohe Zinslasten verrechnet werden.[875]

Um dem **Verursachungsprinzip** Rechnung zu tragen, sollten kalkulatorische Zinsen deshalb ausgehend von den nach Abschreibungsverrechnung verbleibenden kalkulatorischen Restwertbuchwerten im Sinne der **Restbuchwertmethode** ermittelt werden[876], die gemäß Nr. 45 Abs. 1 LSP anlässlich der Kalkulation von

---

870 Vgl. dazu unter anderem **Haberstock, Lothar**: Kostenrechnung 1... **(1997)**, S. 97; **Rüth, Dieter**: Kostenrechnung I... **(2000)**, S. 101 und **Ebert, Günter**: Kosten- und Leistungsrechnung... **(1997)**, S. 53.

871 Vgl. **Kilger, Wolfgang**: Einführung in die Kostenrechnung... **(1987)**, S. 136 sowie **Gabele, Eduard – Fischer, Philip**: Kosten- und Erlösrechnung... **(1992)**, S. 87.

872 Vgl. dazu **Bundesverband der Deutschen Industrie**: Empfehlungen zur Kosten- und Leistungsrechnung... **(1991)**, S. 40.

873 Vgl. **Reiners, Frank**: Bemessung kalkulatorischer Abschreibungen, Zinsen und Gewinne... **(2000)**, S. 193.

874 Vgl. dazu **Hummel, Siegfried – Männel, Wolfgang**: Kostenrechnung... **(1999)**, S. 175. Einige Autoren verwenden auch den Begriff „Egalisierungsstreben". Siehe dazu **Haberstock, Lothar**: Kostenrechnung 1... **(1997)**, S. 97.

875 Vgl. auch **Kilger, Wolfgang**: Flexible Plankostenrechnung und Deckungsbeitragsrechnung... **(1993)**, S. 423.

876 Vgl. dazu nochmals **Kilger, Wolfgang**: Flexible Plankostenrechnung und Deckungsbeitragsrechnung...**(1993)**, S. 423 sowie **Kilger, Wolfgang**: Einführung in die Kostenrechnung **(1987)**, S. 137. In der Literatur findet man des öfteren auch den Begriff „Restwertverfahren" oder „Restwertverzinsung". Vgl. dazu **Grob, Heinz-Lothar – Bensberg, Frank**: Kosten- und Leistungsrechnung... **(2005)**, S. 118; **Haberstock, Lothar**: Kostenrechnung... **(1997)**, S. 96.

Preisen für öffentliche Aufträge und Leistungen anzuwenden ist[877] und auch nach § 7 Abs. 1 StromNEV für die Ermittlung der Eigenkapitalverzinsung vorgeschrieben ist.

Die neuere Literatur zur Kostenrechnung schließt sich überwiegend einem restbuchwertrechnerischen Ansatz an, wobei das teilperiodenspezifische betriebsnotwendige Anlage- und Umlaufvermögen regelmäßig mit Hilfe des **arithmetischen Mittelwertes** des Anfangsbestandes und Endbestandes einer Abrechnungsperiode ermittelt wird.[878] § 7 Abs. 1 Satz 2 StromNEV spricht lediglich von kalkulatorischen Restwerten des Sachanlagevermögens und den Bilanzwerten des Finanzanlage- bzw. des Umlaufvermögens. Da anlässlich der Ermittlung des Abzugskapitals durch § 7 Abs. 2 Satz 2 StromNEV explizit die Bildung eines Mittelwertes aus Jahresanfangs- und Jahresendbestand vorgeschrieben ist, sollte die Mittelwertbildung auch bei den Positionen des betriebsnotwendigen Vermögens vorgenommen werden, um ein konsistentes Kalkulationsschema zu erhalten und das während einer Kalkulationsperiode gebundene Kapital korrekt zu erfassen.

An der Restbuchwertmethode wird mitunter kritisiert, dass sie der Verstetigung des Preisniveaus aufgrund **fallender teilperiodenspezifischer Zinsbelastungen** entgegensteht.[879] Dieses Argument trifft jedoch nur für die Betrachtung einer einzelnen Anlage, für Kostenstellen mit einem äußerst geringfügigen bzw. homogenen Anlagenpark bzw. für die Annahme einer zeitlich geballten unternehmensweiten Investitionstätigkeit zu. Da Stromnetzbetreiber regelmäßig einen äußerst komplexen heterogenen Anlagenpark mit divergierenden anlagenspezifischen Nutzungsdauern und unterschiedlich stark abgeschriebenen Anlagegütern aufweisen, kann davon ausgegangen werden, dass die Restbuchwertmethode über den gesamten Anlagenpark hinweg eine annähernd **gleiche teilperiodenspezifische Zinsbelastung** bewirkt.[880]

Im Folgenden ist nochmals gesondert auf die Bestimmungen der StromNEV zur Ermittlung des betriebsnotwendigen Eigenkapitals einzugehen, die spezifische, keinesfalls unproblematische Auswirkungen auf die Ausgestaltung und Beurteilung des insgesamt zu veranschlagenden kalkulatorischen Kapitaldienstes

---

877   Vgl. **Ebisch, Hellmuth – Gottschalk, Joachim u. a.**: Preise und Preisprüfungen... **(2001)**, zu LSP Nr. 45 „Wertansatz des betriebsnotwendigen Vermögens", S. 480 f., siehe insbesondere S. 481, Tz. 4: „Der Regelung in Abs.1 entspricht nicht die Methode mit dem halben Anschaffungswert zu rechnen [...]."

878   Siehe dazu **Coenenberg, Adolf G.**: Kostenrechnung und Kostenanalyse... **(2003)**, S. 46 f. sowie **Schweitzer, Marcel – Küpper, Hans-Ulrich**: Systeme der Kosten- und Erlösrechnung... **(2003)**, S. 110 ff.

879   Vgl. **Haberstock, Lothar**: Kostenrechnung 1... **(1997)**, S. 97 f.

880   Vgl. dazu **Wöhe, Günter**: Einführung in die Allgemeine Betriebswirtschaftslehre... **(2002)**, S. 1097 sowie **Männel, Wolfgang**: Kalkulatorische Abschreibungen, Zinsen, Gewinne und Substanzerhaltungsrücklagen... **(1996)**, S. 38.

von Stromnetzbetreibern nach sich ziehen und während der unmittelbar zurückliegenden Zeit **zu verschiedenen Auslegungen** und erheblichen Meinungsverschiedenheiten zwischen Regulierungsbehörden und Netzbetreibern führten.

**IV. Auslegungen der StromNEV anlässlich der Ermittlung des betriebsnot-
wendigen Eigenkapitals**

A. Vorgaben der StromNEV zum betriebsnotwendigen Eigenkapital

Die Ermittlung des verzinsungsrelevanten betriebsnotwendigen Eigenkapitals
wird durch § 7 Abs. 1 in Verbindung mit § 6 Abs. 2 StromNEV geregelt. § 7
Abs. 1 Satz 2 StromNEV sieht das durch **Abbildung 4-2** dargestellte, restwertrechnerische Ermittlungsschema für das betriebsnotwendige Eigenkapital vor.

Das Nebeneinander des Konzeptes der Nettosubstanzerhaltung und des für
alle Neuanlagen relevanten Nominalverzinsungskonzeptes ist auch bei der Ermittlung des betriebsnotwendigen Eigenkapitals zu beachten. Wie Abbildung 4-2
verdeutlicht, sind die kalkulatorischen Restwerte aller vor dem 01.01.2006 aktivierten Anlagegüter **im Ausmaß der zugelassenen Eigenkapitalquote** von Tagesneuwerten abzuleiten, während die kalkulatorischen Restwerte aller nach dem
01.01.2006 aktivierten Anlagegüter anschaffungswertorientiert zu ermitteln. Die
für die Bestimmung des betriebsnotwendigen Eigenkapitals maßgebliche Eigenkapitalquote ist gemäß § 6 Abs. 2 Satz 3 StromNEV aus dem Quotienten des betriebsnotwendigen Eigenkapitals und der Summe der kalkulatorisch ermittelten
Restwerte des betriebsnotwendigen Vermögens zu historischen Anschaffungs-
und Herstellungskosten zu bestimmen. Sie ist gemäß § 6 Abs. 2 Satz 4 Strom-
NEV **auf 40% begrenzt.**

Die auf 40,0% begrenzte tagesneuwertorientierte Bewertung der Restwerte
der Altanlagen gilt auch für **nicht abnutzbare Güter des Sachanlagevermögens** (insbesondere Grundstücke). Da das tagesneuwertorientierte Realzinsmodell
für alle vor dem 01.01.2006 angeschafften Güter des abschreibungspflichtigen
und nicht-abschreibungspflichtigen Sachanlagevermögens gemäß § 7 Abs. 1 Satz
2 Ziffer 2 i. V. m. § 7 Abs. 4 Satz 2 StromNEV vorgeschrieben ist, sind **auch
Grundstücke** im relativen Ausmaß der zugelassenen Eigenkapitalquote anlässlich der Bestimmung des betriebsnotwendigen Eigenkapitals mit ihrem Tagesneuwert anzusetzen. Den Regulierungsbehörden ist zu widersprechen, wenn sie
im Zuge der Ermittlung des auf Altanlagen entfallenden betriebsnotwendigen Ei-

kalkulatorische Restwerte des vor dem 01.01.2006 bilanzierten
Sachanlagevermögens (*Altanlagen*) zu historischen AHK x (1 - EK-Quote)   (1)

+ kalkulatorische Restwerte des vor dem 01.01.2006 bilanzierten
Sachanlagevermögens (*Altanlagen*) zu Tagesneuwerten x EK-Quote   (2)

+ kalkulatorische Restwerte des nach dem 01.01.2006 bilanzierten
Sachanlagevermögens (*Neuanlagen*) zu historischen AHK   (3)

= **Summe der kalkulatorischen Restwerte des Sachanlagevermögens**   (4)

+ Bilanzwerte der Finanzanlagen und Bilanzwerte des Umlaufvermögens
abzüglich des Steueranteils der Sonderposten mit Rücklageanteil

./. Abzugskapital gemäß § 7 Abs. 2 StromNEV

./. verzinsliches Fremdkapital

= **verzinsungsrelevantes betriebsnotwendiges Eigenkapital**   (5)

Abbildung 4-2	Ermittlung des verzinsungsrelevanten betriebsnotwendigen Eigenkapitals gemäß § 7 Abs. 1 Satz 2 StromNEV

genkapitals den Ansatz von Tagesneuwerten nicht anzuerkennen.[881] Der Ansatz von Tagesneuwerten für Grundstücke gleicht lediglich die Anpassung des Eigenkapitalzinssatzes an das reale Niveau aus.[882] Auch der Verweis der Behörden auf die im Falle von Grundstücksveräußerungen realisierbaren Wertsteigerungen stützt ein Verbot des Ansatzes von Tagesneuwerten für Grundstücke nicht, da Erträge aus der Veräußerung von Anlagen gemäß § 9 Abs. 1 Ziffer 5 StromNEV kostenmindernd anzusetzen sind.[883]

Wie Abbildung 4-2 zeigt, schließt die Auflistung der Vermögenspositionen nach § 7 Abs. 1 Satz 2 StromNEV zur Bestimmung des betriebsnotwendigen Vermögens lediglich Sach- und Finanzanlagen ein, **immaterielle Güter des Anlagevermögens** werden nicht erwähnt. Der Verordnungstext ist an dieser Stelle unvollständig. Netzbetreiber sind anlässlich der Bestimmung des betriebs-

---

881 Vgl. dazu auch **Männel, Wolfgang**: Gutachterliche Stellungnahme zu den auf die Eigenkapitalverzinsung abstellenden Vorgaben der Bundesnetzagentur vom 7. März 2006... **(2006)**, S. 45 ff.

882 Vgl. **Bundesnetzagentur**: Positionspapier der Regulierungsbehörden des Bundes und der Länder zu Einzelfragen der Kostenkalkulation gemäß Stromnetzentgeltverordnung... **(2006)**, S. 17.

883 Vgl. zu dieser Argumentation **Bundesnetzagentur**: Positionspapier der Regulierungsbehörden des Bundes und der Länder zu Einzelfragen der Kostenkalkulation gemäß Stromnetzentgeltverordnung... **(2006)**, S. 17.

notwendigen Vermögens auch auf die Berücksichtigung des immateriellen Anlagevermögens insbesondere in Form von Konzessionen und Schutzrechten angewiesen, die bei der Bemessung kalkulatorischer Zinsen auch vom Öffentlichen Preisrechts anerkannt werden.[884]

Bezüglich des als zinslos zur Verfügung stehenden, als (Steuer-)Verbindlichkeit gegenüber dem Finanzamt aufzufassenden **Steueranteils am Sonderposten mit Rücklageanteil** vertreten in der Zwischenzeit auch die Regulierungsbehörden die Auffassung, dass dieser nicht – wie es § 7 Abs. 1 Satz 2 StromNEV vorsieht – bereits bei der Ermittlung des betriebsnotwendigen Vermögens in Abzug zu bringen ist, sondern erst im Anschluss als Abzugskapital zu berücksichtigen ist.[885]

Das nach § 7 Abs. 1 Satz 2 StromNEV ermittelte Eigenkapital ist gemäß § 7 Abs. 3 StromNEV nach dem in **Abbildung 4-3** dargestellten Mechanismus auf Alt- und Neuanlagen aufzuteilen.[886] Aus dem Ermittlungsschema für die Aufteilung des Eigenkapitals geht hervor, dass die Regelungen der StromNEV eine vorrangige Eigenfinanzierung des Sachanlagevermögens implizieren, da das betriebsnotwendige Eigenkapital ausschließlich im Verhältnis der Summe der kalkulatorischen Restwerte der Alt- und Neuanlagen aufgeteilt wird. Dies ist jedoch nur dann korrekt, wenn man davon ausgehen kann, dass die Bilanzwerte der Finanzanlagen und des Umlaufvermögens dem Abzugskapital und dem verzinslichen Fremdkapital entsprechen.[887]

Einer konsistenten Ermittlung des kalkulatorischen Kapitaldienstes steht weiterhin entgegen, dass für das gesamte betriebsnotwendige Eigenkapital, das gemäß dem zuvor präsentierten Ermittlungsschema des § 7 Abs. 3 StromNEV auf Altanlagen entfällt, laut § 7 Abs. 4 StromNEV der um den 10-Jahres-Durchschnitt des vom Statistischen Bundesamt veröffentlichten Verbraucherpreisgesamtindex bereinigte reale Eigenkapitalzinssatz anzusetzen ist, während die tagesneuwertorientierte Abschreibung gemäß § 6 Abs. 2 Satz 2 Ziffer 1 StromNEV nur für maximal 40% der vor dem 01.01.2006 bilanzierten Altanlagen kalkuliert

---

884 Vgl. **Ebisch, Hellmuth – Gottschalk, Joachim u. a.**: Preise und Preisprüfungen...(**2001**), zu Nr. 44 LSP, Tz. 17, S. 467.

885 Siehe dazu auch **PricewaterhouseCoopers (PwC)**: Stellungnahme zu ausgewählten Fragestellungen der Strom-Netzentgeltverordnung... (**2006**), S. 19 f. sowie **Bundesnetzagentur**: Positionspapier der Regulierungsbehörden des Bundes und der Länder zu Einzelfragen der Kostenkalkulation gemäß Stromnetzentgeltverordnung... (**2006**), S. 13.

886 Vgl. dazu auch die Darstellungen bei **Feuerborn, Alfred**: Regulierung der Netzentgelte... (**2005**), S. 8.

887 Zur Aufteilung des betriebsnotwendigen Eigenkapitals auf Alt- und Neuanlagen siehe die Ausführungen in diesem Kapitel, S. 277 ff.

betriebsnotwendiges Eigenkapital der Altanlagen gemäß § 7 Abs. 3 Satz 2 StromNEV		
betriebsnotwendiges Eigenkapital = gemäß § 7 Abs. 1 Satz 2 StromNEV (5)	X	[kalkulatorische Restwerte des vor dem 01.01.2006 bilanzierten Sachanlagevermögens (*Altanlagen*) zu historischen AHK x (1- EK-Quote) (1) + kalkulatorische Restwerte des vor dem 01.01.2006 bilanzierten Sachanlagevermögens (*Altanlagen*) zu Tagesneuwerten x EK-Quote (2)] Summe der kalkulatorischen Restwerte des Sachanlagevermögens (4)
betriebsnotwendiges Eigenkapital der Neuanlagen gemäß § 7 Abs. 3 Satz 1 StromNEV		
betriebsnotwendiges Eigenkapital = gemäß § 7 Abs. 1 Satz 2 StromNEV (5)	X	Summe kalkulatorische Restwerte des nach dem 01.01.2006 bilanzierten Sachanlagevermögens (*Neuanlagen*) zu historischen AHK (3) Summe der kalkulatorischen Restwerte des Sachanlagevermögens (4)

Abbildung 4-3	Aufteilung des betriebsnotwendigen Eigenkapitals auf Alt- und Neuanlagen gemäß § 7 Abs. 3 StromNEV

werden darf. Die hier zunächst nur angerissenen Aspekte verdeutlichen die Komplexität und die Unschärfen, die aus dem Nebeneinander der beiden Kapitaldienstkonzepte für Alt- und Neuanlagen resultieren.

Im Zuge der Preisgenehmigungsverfahren des Jahres 2006 hat insbesondere die Regelung des § 7 Abs. 1 Satz 3 StromNEV

„Der die zugelassene Eigenkapitalquote übersteigende Anteil des Eigenkapitals ist nominal wie Fremdkapital zu verzinsen."

zu **unterschiedlichen Auslegungen** seitens der Regulierungsbehörden und seitens der Netzbetreiber geführt. Die von den Regulierungsbehörden für richtig befundene Auslegung des § 7 Abs. 1 Satz 3 StromNEV und die vom Verfasser für korrekt erachtete, StromNEV-konforme Ermittlung der Eigenkapitalverzinsung werden im Folgenden anhand eines einfachen Zahlenbeispiels dargestellt und analysiert.

B. Auslegung von § 7 Abs. 1 Satz 3 StromNEV durch die Regulierungsbehörden

Nach dem Eingang der Preisanträge für das Jahr 2006 mussten die Regulierungsbehörden feststellen, dass die Netzbetreiber die Eigenkapitalverzinsung bei der erstmaligen Anwendung der StromNEV nicht nach der von ihnen als richtig erachteten Methodik kalkuliert hatten und die Unternehmen der Kalkulation teilweise **unterschiedliche Berechnungsvarianten** zugrunde legten.[888] Aus diesem Grund sahen sich die Regulierungsbehörden im März 2006 veranlasst, in einem Positionspapier unter anderem ihre Auslegung von § 7 Abs. 1 Satz 3 StromNEV zur Ermittlung des die zugelassene Eigenkapitalquote übersteigenden Eigenkapitals zu erläutern.[889]

Die nachfolgenden Beispielrechnungen belegen, dass die Interpretation des § 7 Abs. 1 Satz 3 StromNEV durch die Regulierungsbehörden bereits bei Netzbetreibern, deren nominale kalkulatorische Eigenkapitalquote die durch § 6 Abs. 2 Satz 4 StromNEV auf 40,0% limitierte Eigenkapitalquote nicht übersteigt, infolge einer „**doppelten Limitierung**" der Eigenkapitalverzinsung renditeschmälernd wirkt. Dem hier präsentierten Beispielfall liegt die folgende von den historischen Anschaffungs- und Herstellungskosten abgeleitete, um nicht betriebsnotwendige Vermögensgegenstände bereinigte **kalkulatorische Bilanz** zugrunde:[890]

Kalkulatorische Bilanz zu historischen Anschaffungs-/Herstellungskosten

Anlagevermögen	100 GE	Eigenkapital	90 GE
		zinspflichtiges Fremdkapital	30 GE
Umlaufvermögen	50 GE	Abzugskapital	30 GE
	Σ 150 GE		Σ 150 GE

---

888 Siehe dazu **Wirtschaftsministerium Baden-Württemberg**: Neues Energiewirtschaftsgesetz – Genehmigung der Entgelte für den Netzzugang, Stuttgart **30.12.2005**, Ziffer 3.2, Abs. 1.

889 Vgl. zu den Ausführungen in diesem Abschnitt im Folgenden **Bundesnetzagentur**: Positionspapier der Regulierungsbehörden des Bundes und der Länder zu Einzelfragen der Kostenkalkulation gemäß Stromnetzentgeltverordnung... (**2006**), S. 12 ff.

890 Der Beispielfall geht zunächst von einem nur aus vor dem 01.01.2006 aktivierten Altanlagen bestehenden Anlagevermögen aus, da die Auslegungen von § 7 Abs. 1 Satz 3 StromNEV direkt im Zusammenhang mit der anteilig tagesneuwertorientierten Bewertung des Sachanlagevermögens stehen. Auf die Problematik der Aufteilung des Eigenkapitals auf Alt- und Neuanlagen wird im Anschluss gesondert eingegangen.

Die für die Bemessung der tagesneuwertorientierten Abschreibung gemäß § 6 Abs. 2 Satz 2 Ziffer 1 StromNEV und die anteilig tagesneuwertorientierte Bewertung des Sachanlagevermögens nach § 7 Abs. 1 Satz 2 Ziffer 2 StromNEV maßgebliche **nominale kalkulatorische Eigenkapitalquote** bestimmt sich nach § 6 Abs. 2 Satz 3 StromNEV gemäß Formel (4-1) wie folgt:[891]

$$\text{nominale EK} - \text{Quote} = \frac{\text{nominales betriebsnotwendiges Eigenkapital (BEK I)}}{\text{betriebsnotwendiges Vermögen zu AHK (BNV I)}}$$

$$= \frac{90 \text{ GE}}{150 \text{ GE}} = 60,0 \text{ \%.} \qquad (4\text{-}1)$$

Da die 60,0%-ige Eigenkapitalquote den durch § 6 Abs. 2 Satz 4 StromNEV vorgegebenen **Grenzwert von 40,0%** übersteigt, darf die anteilig tagesneuwertorientierte Bewertung des Sachanlagevermögens gemäß § 7 Abs. 1 Satz 2 Ziffer 2 StromNEV nur im Ausmaß der zugelassenen 40,0%-igen Eigenkapitalquote erfolgen. Dieser erste Begrenzungsmechanismus lag bereits der Kalkulationsmethodik der VV II plus zugrunde.[892] Das von den Regulierungsbehörden als BEK II bezeichnete betriebsnotwendige Eigenkapital berechnet sich bei einer durch den **Tagesneuwertfaktor** zum Ausdruck gebrachten Relation von Tagespreisrestwerten und Anschaffungspreisrestwerten (hier exemplarisch in Höhe von 1,5) wie folgt:

kalkulatorische Restwerte des Sachanlagevermögens zu historischen AHK x (1 - EK-Quote)
+ kalkulatorische Restwerte des Sachanlagevermögens zu Tagesneuwerten x EK-Quote
+ Bilanzwerte des Umlaufvermögens
= **anteilig tagesneuwertorientiertes betriebsnotwendiges Vermögen (BNV II)**
./. Abzugskapital
./. verzinsliches Fremdkapital

= **anteilig reales betriebsnotwendiges Eigenkapital (BEK II)**

---

891 Das nominale betriebsnotwendige Eigenkapital wird von den Regulierungsbehörden als betriebsnotwendiges Eigenkapital I (BEK I) und das von Anschaffungs- bzw. Herstellungskosten abgeleitete betriebsnotwendige Vermögen als betriebsnotwendiges Vermögen I (BNV I) bezeichnet. Vgl. **Bundesnetzagentur**: Positionspapier der Regulierungsbehörden des Bundes und der Länder zu Einzelfragen der Kostenkalkulation gemäß Stromnetzentgeltverordnung... **(2006)**, S. 12.

892 Vgl. dazu **Bundesverband der Deutschen Industrie e.V. (BDI) – Verband der Industriellen Energie- und Kraftwirtschaft e. V. (VIK) – Verband der Elektrizitätswirtschaft e. V. (VDEW) – Verband der Netzbetreiber (VDN) beim VDEW e. V. – Arbeitsgemeinschaft regionaler Energieversorgungsunternehmen e.V. (ARE) – Verband kommunaler Unternehmen (VKU) e.V.**: Anlage 3 zur Verbändevereinbarung... **(2002)**, S. 4 (Tabelle 1) und S. 6 (Tabelle 4).

```
  100 GE x (1 – 0,40)   [= 60 GE]
+ 100 GE x 1,5 x 0,40   [150 GE x 0,50 = 60 GE]
+  50 GE
= 170 GE (BNV II)
./. 30 GE
./. 30 GE
= 110 GE (BEK II).
```

Nach Auslegung des § 7 Abs. 1 Satz 3 StromNEV durch die Regulierungsbehörden ist das betriebsnotwendige Eigenkapital II (BEK II) jedoch nicht – wie bislang nach der VV II plus praktiziert – in vollem Umfang zu 6,5% zu verzinsen, sondern im Sinne einer nochmaligen **zweiten Limitierung** auf 40,0% des betriebsnotwendigen Vermögens II (BNV II) gemäß Formel (4-2) zu begrenzen. Dieser als BEK II$_{<40\%}$ bezeichnete Anteil des betriebsnotwendigen Eigenkapitals ist bei der Ermittlung der kalkulatorischen Eigenkapitalverzinsung mit 6,5% zu verzinsen:

$$BEK_{<40\%} = 0,40 \text{ x BNV II} \qquad (4\text{-}2)$$
$$= 0,40 \text{ x } 170 \text{ GE}$$
$$= 68 \text{ GE}.$$

Das die zugelassene Eigenkapitalquote übersteigende betriebsnotwendige Eigenkapital ergibt sich laut Auffassung der Regulierungsbehörden gemäß Formel (4-3) aus der Differenz des betriebsnotwendigen Eigenkapitals II (BEK II) und dem zugelassenen betriebsnotwendigen Eigenkapital (BEK II$_{<40\%}$):

$$BEK_{>40\%} = BEK \text{ II} ./. BEK_{<40\%} \qquad (4\text{-}3)$$
$$= 110 \text{ GE} ./. 68 \text{ GE}$$
$$= 42 \text{ GE}.$$

Das so ermittelte betriebsnotwendige Eigenkapital BEK II$_{>40\%}$ soll mit der durchschnittlichen Rendite der letzten zehn Jahre aller im Umlauf befindlichen festverzinslichen Inhaberschuldverschreibungen verzinst werden.[893] Für die

---

893 Die Regulierungsbehörden orientierten sich hierbei an dem in der Bundesratsdrucksache 245/05 vom 14.04.2005 anlässlich der Kommentierung von § 5 Abs. 2 StromNEV vorgeschlagenem Vorgehen zur Bemessung eines kapitalmarktüblichen Fremdkapitalzinssatzniveaus. Vgl. **Bundesrats-Drucksache 245/05 vom 14.04. 2005** betreffend die Verordnung über die Entgelte für den Zugang zu Elektrizitätsversorgungsnetzen (Stromnetzentgeltverordnung – StromNEV) zu § 5 (Aufwands-

Preisanträge 2006 wurde bezogen auf das Basisjahr 2004 ein Zinssatz von 4,8% ermittelt.[894]
Für die Ausgangsdaten des Beispielfalls ergibt sich unter Ausklammerung von Scheingewinnen und Wertzuwächsen die folgende **Eigenkapitalverzinsung**:

zu 6,5% verzinstes Eigenkapital: 0,065 x 68 GE =   4,420 GE,
zu 4,8% verzinstes Eigenkapital: 0,048 x 42 GE =   2,016 GE,
Summe kalkulatorische Eigenkapitalzinsen   =   6,436 GE.

Das von den Regulierungsbehörden für richtig erachtete Kalkulationsschema ist **aus mehreren Gründen problembeladen**:[895]

- Die zweite Limitierung des zu 6,5% zu verzinsenden Eigenkapitalvolumens bewirkt, dass die gemäß § 7 Abs. 1 Satz 2 Ziffer 2 StromNEV im relativen Ausmaß der 40,0%-igen Eigenkapitalquote erfolgende Tagesneuwertanhebung des Sachanlagevermögens [im Beispiel in Höhe von 20 GE: 0,40 x 100 GE x (1,5 – 1,0) = 20 GE] nur zu 40,0% [im Beispiel 0,40 x 20 GE = 8 GE] zu 6,5% verzinst wird. Infolge der **doppelten Limitierung** werden 60% der die Zinssatzanpassung kompensierenden Kapitalbasisadjustierung lediglich zum Fremdkapitalzinssatz in Höhe von 4,8% verzinst (im Beispielfall 12 GE).
- Die für die Berechnung der Netzentgelte maßgebliche Eigenkapitalquote ist gemäß § 6 Abs. 2 Satz 3 StromNEV nachweislich nominal definiert. Infolge des teilweise tagesneuwertorientiert bewerteten Anlagevermögens ist die Relation des nach § 7 Abs. 1 Satz 2 StromNEV ermittelten betriebsnotwendigen Eigenkapitals zum betriebsnotwendigen Vermögen **stets höher als die nominale Eigenkapitalquote** (im Beispielfall 110 GE / 170 GE = 64,7% > 40%). Wie der nachfolgend modifizierte Beispielfall zeigt, ist dies auch bei Unternehmen mit nominalen Eigenkapitalquoten von ≤ 40,0% der Fall. Die nominale Eigenkapitalquote darf daher nicht unmodifiziert auf eine teilweise tagesneuwertorientierte Realbilanz übertragen werden.
- Die Wahl des von den Regulierungsbehörden für die Verzinsung des die zugelassene Eigenkapitalquote übersteigenden Eigenkapitals veranschlagten

---

gleiche Kostenpositionen), S. 33: „Als kapitalmarktüblicher Zinssatz kann der auf die letzten 10 abgeschlossenen Kalenderjahre bezogene Durchschnitt der Umlaufrendite festverzinslicher Wertpapiere inländischer Emittenten angesehen werden."

894   Vgl. **Bundesnetzagentur**: Positionspapier der Regulierungsbehörden des Bundes und der Länder zu Einzelfragen der Kostenkalkulation gemäß Stromnetzentgeltverordnung... (**2006**), S. 14.

895   Die nachfolgende Argumentation deckt sich im Wesentlichen mit **Männel, Wolfgang**: Gutachterliche Stellungnahme zu den auf die Eigenkapitalverzinsung abstellenden Vorgaben der Bundesnetzagentur vom 7. März 2006... (**2006**), S. 30 ff.

Zinssatzes ist nicht sachgerecht. Das für die Fremdfinanzierungsfiktion des § 7 Abs. 1 Satz 3 StromNEV maßgebliche **komparative Fremdkapitalzinssatzniveau** ist von den Fremdkapitalkosten abzuleiten, die infolge einer verstärkten Fremdfinanzierung tatsächlich entstehen würden. Insofern muss sich das Zinssatzniveau gemäß § 5 Abs. 2 StromNEV an der Höhe kapitalmarktüblicher Fremdkapitalzinsen orientieren, die stets einen angemessenen Risikozuschlag enthalten.[896] Die Rendite aller im Umlauf befindlichen festverzinslichen Inhaberschuldverschreibungen bildet das branchenspezifische Fremdkapitalzinssatzniveau jedoch nicht sachgerecht ab, weil während des Ermittlungszeitraums 1995-2004 das Renditemaß zu einem hohen Anteil von den Renditen „quasi-sicherer" Staatsanleihen bestimmt wurde und nur zu einem geringeren Anteil Renditen risikobehafteter Industrieobligationen beinhaltete.[897] Der für die Netzentgeltkalkulation maßgebliche Fremdkapitalkostensatz ist um einen **angemessenen Risikozuschlag** zu erhöhen, der von *Gerke* im Jahr 2005 auf 0,6% beziffert wurde.[898]

Wie das folgende Beispiel zeigt, wirkt der von den Behörden vorgesehene „doppelte Begrenzungsmechanismus" bereits bei Netzbetreibern mit nominalen Eigenkapitalquoten **von kleiner als 40%** renditeschmälernd. Dies ist mit dem Sinn und Wortlaut der StromNEV und der Vorgabe des § 21 Abs. 2 EnWG, der Netzbetreibern eine risikoangepasste Verzinsung des eingesetzten Kapitals zugesteht, nicht vereinbar. Zur Veranschaulichung der bereits bei nominalen Eigenkapitalquoten von kleiner als 40,0% greifenden „**doppelten Limitierung**" werden die Ausgangsdaten des Beispielfalls nachfolgend modifiziert. Das betriebsnotwendige Eigenkapital wird zugunsten des Fremdkapitals bzw. Abzugskapitals von 90 GE auf 60 GE abgesenkt:

kalkulatorische Bilanz zu historischen Anschaffungs-/Herstellungskosten

Anlagevermögen	100 GE	Eigenkapital	60 GE
		zinspflichtiges Fremdkapital	50 GE
Umlaufvermögen	50 GE	Abzugskapital	40 GE
	∑ 150 GE		∑ 150 GE

---

896 Vgl. dazu die Ausführungen zur Ermittlung des für die Netzentgeltkalkulation maßgeblichen Fremdkapitalkostensatzes im 6. Kapitel dieser Arbeit, S. 393 ff.

897 Vgl. dazu **Gerke, Wolfgang**: Gutachten „Risikozuschlag für Fremdfinanzierung von Elektrizitätsversorgungsnetzen"... **(2005)**, S. 10 f.

898 Vgl. nochmals **Gerke, Wolfgang**: Gutachten „Risikozuschlag für Fremdfinanzierung von Elektrizitätsversorgungsnetzen"... **(2005)**, S. 21 f.

Demnach entspricht die **nominale Eigenkapitalquote** gemäß § 6 Abs. 2 Satz 3 StromNEV im Bespielfall exakt dem durch Satz 4 vorgegebenen Grenzwert von 40,0%, sodass die erste Limitierung der Eigenkapitalverzinsung nicht greift:

$$\text{nominale EK} - \text{Quote} = \frac{60\,\text{GE}}{150\,\text{GE}} = 40{,}0\,\%.$$

Das unter Beachtung der 40,0%-igen Eigenkapitalquote quantifizierte betriebsnotwendige Eigenkapital II (BEK II) bestimmt sich demnach wie folgt:

	100 GE x (1 – **0,40**)	*[= 60 GE]*
+	100 GE x 1,5 x **0,40**	*[150 GE x 0,40 = 60 GE]*
+	50 GE	
=	**170 GE (BNV II)**	
./.	50 GE	
./.	40 GE	
=	**80 GE (BEK II).**	

Obwohl die nominale kalkulatorische Eigenkapitalquote den durch § 6 Abs. 2 Satz 4 StromNEV vorgegebenen Grenzwert von 40,0% nicht übersteigt, ist das verordnungskonform ermittelte, zu 6,5% zu verzinsende betriebsnotwendige Eigenkapital laut Auffassung der Regulierungsbehörden **nochmals auf 40,0% des betriebsnotwendigen Vermögens** zu begrenzen:

$$\begin{aligned} \text{BEK}_{<40\%} &= 0{,}40 \text{ x BNV II} \\ &= 0{,}40 \text{ x } 170 \text{ GE} \\ &= 68 \text{ GE.} \end{aligned}$$

In Analogie zu dem originären Beispielfall werden auch bei einem Unternehmen mit einer 40,0%-igen Eigenkapitalquote lediglich 40,0% der Kapitalbasisadjustierung zum realen Eigenkapitalzinssatz verzinst, während für die verbleibenden 12 GE der Tagesneuwertanhebung nur der Fremdkapitalzinssatz kalkuliert werden soll:

$$\begin{aligned} \text{BEK}_{>40\%} &= 80 \text{ GE ./. } 68 \text{ GE} \\ &= 12 \text{ GE.} \end{aligned}$$

Unter den gewählten Bedingungen des Beispielfalls (Anlagenintensität = 66,67%, Tagesneuwertfaktor = 1,5) greift die „doppelte Limitierung" bereits bei nominalen kalkulatorischen Eigenkapitalquoten von größer als 33,3%.[899] Dieser Begrenzungsmechanismus führt dazu, dass Netzbetreiber für das zur Finanzierung der vor dem 01.01.2006 aktivierten Altanlagen **keine dem Nominalzinsniveau entsprechende Eigenkapitalverzinsung** erwirtschaften können und das Konzept der Nettosubstanzerhaltung nicht sachgerecht umgesetzt wird.

Insofern stellt sich die Frage, wie die StromNEV methodisch auszulegen und gegebenenfalls zu modifizieren ist, um eine möglichst korrekte Umsetzung des Konzepts der Nettosubstanzerhaltung für alle vor dem 01.01.2006 aktivierten Altanlagen zu erreichen. Mit dieser Problemstellung beschäftigt sich der folgende Abschnitt.

C. Methodisch korrekte Auslegung von § 7 Abs. 1 Satz 3 StromNEV

Den Ausgangspunkt für die vom Verfasser dieser Arbeit für betriebswirtschaftlich korrekt befundene Auslegung der Regelung des § 7 Abs. 1 Satz 3 StromNEV bildet die Überlegung, dass die **Regelung des § 6 Abs. 2 Satz 4 StromNEV**

„Die anzusetzende Eigenkapitalquote wird kalkulatorisch für die Berechnung der Netzentgelte auf höchstens 40 Prozent begrenzt."

als Generalnorm aufzufassen ist. Daraus folgt, dass die 40%-ige Limitierung der Eigenkapitalquote auch für die Ermittlung der Eigenkapitalverzinsung gemäß § 7 StromNEV uneingeschränkt gelten muss. Insofern stellt sich die Frage, wie der für die Regelung des § 7 Abs. 1 Satz 3 StromNEV relevante, „die zugelassene Eigenkapitalquote übersteigende Anteil des Eigenkapitals" zu bestimmen ist.

Da die für die Netzentgeltkalkulation maßgebliche Eigenkapitalquote gemäß § 6 Abs. 2 Satz 3 StromNEV als Quotient aus dem betriebsnotwendigen Eigenkapital und den kalkulatorisch ermittelten Restwerten des betriebsnotwendigen Vermögens zu historischen Anschaffungs- und Herstellungskosten zu ermitteln ist, muss der den 40,0%-igen Grenzwert übersteigende Anteil des betriebsnotwendigen Eigenkapitals **von der nominalen kalkulatorischen Bilanz** abgeleitet und mit einem kapitalmarktorientierten Fremdkapitalzinssatz verzinst werden.

---

899 Vgl. dazu auch die korrespondierenden Beispielrechnungen bei **Männel, Wolfgang**: Gutachterliche Stellungnahme zu den auf die Eigenkapitalverzinsung abstellenden Vorgaben der Bundesnetzagentur vom 7. März 2006... **(2006)**, S. 23 f., S. 33 f. und S. 39.

Das empfohlene Kalkulationsschema wird nachfolgend anhand des den vorangehenden Berechnungsvarianten zugrunde liegenden Ausgangsbeispiels erläutert:

Kalkulatorische Bilanz zu historischen Anschaffungs-/Herstellungskosten

Anlagevermögen	100 GE	Eigenkapital	90 GE
		zinspflichtiges Fremdkapital	30 GE
Umlaufvermögen	50 GE	Abzugskapital	30 GE
	$\sum$ 150 GE		$\sum$ 150 GE

Die **nominale kalkulatorische Eigenkapitalquote** beträgt gemäß § 6 Abs. 2 Satz 3 StromNEV wiederum 60,0%:

$$\text{nominale EK} - \text{Quote} = \frac{60\,\text{GE}}{150\,\text{GE}} = 60{,}0\,\%.$$

Der die zugelassene 40,0%-ige Eigenkapitalquote **übersteigende Anteil des betriebsnotwendigen Eigenkapitals** berechnet sich gemäß Formel (4-4) wie folgt:

$$\begin{aligned}\text{übersteigender EK} - \text{Anteil} = \text{betriebsnotwendiges Vermögen zu AHK} \\ \text{x (faktische EK} - \text{Quote ./. zugelassene EK} - \text{Quote)}\end{aligned} \quad (4\text{-}4)$$

Im Beispielfall beträgt der die zugelassene Eigenkapitalquote übersteigende Anteil des Eigenkapitals folglich 30 GE:

$$\begin{aligned}\text{übersteigender EK} - \text{Anteil} &= 150\,\text{GE x } (60{,}0\,\% ./. 40{,}0\,\%) \\ &= 150\,\text{GE x } 20{,}0\,\% \\ &= 30\,\text{GE}.\end{aligned}$$

Dieser Anteil des nominalen betriebsnotwendigen Eigenkapitals ist gemäß § 7 Abs. 1 Satz 3 StromNEV wie Fremdkapital zu verzinsen und folglich bei der anschließenden Ermittlung des betriebsnotwendigen Eigenkapitals **wie Fremdkapital zu behandeln**. Bei betriebswirtschaftlich korrekter Auslegung von § 7 Abs. 1 Satz 3 und unter Beachtung der in den vorhergehenden Abschnitten erläuterten Ergänzungen ergibt sich das folgende, durch **Abbildung 4-4** präsentierte Ermittlungsschema für das betriebsnotwendige Eigenkapital gemäß § 7 Abs. 1 Satz 2 StromNEV:

kalkulatorische Restwerte des vor dem 01.01.2006 bilanzierten abnutzbaren und nicht abnutzbaren Sachanlagevermögens (*Altanlagen*) zu historischen AHK x (1- EK-Quote)
+ kalkulatorische Restwerte des vor dem 01.01.2006 bilanzierten abnutzbaren und nicht abnutzbaren Sachanlagevermögens (*Altanlagen*) zu Tagesneuwerten x EK-Quote
+ kalkulatorische Restwerte des nach dem 01.01.2006 bilanzierten abnutzbaren und nicht abnutzbaren Sachanlagevermögens (*Neuanlagen*) zu historischen AHK
+ Bilanzwerte des immateriellen Anlagevermögens
+ Bilanzwerte der Finanzanlagen
+ Bilanzwerte des Umlaufvermögens
= **anteilig tagesneuwertorientiertes betriebsnotwendiges Vermögen**
./. Abzugskapital gemäß § 7 Abs. 2 StromNEV
./. verzinsliches Fremdkapital
./. *die zugelassene Eigenkapitalquote übersteigendes nominales Eigenkapital (§ 7 Abs. 1 Satz 3)*
= **verzinsungsrelevantes betriebsnotwendiges Eigenkapital**

Abbildung 4-4	Methodisch korrekte Auslegung des § 7 Abs. 1 Satz 3 StromNEV

Im Beispielfall berechnet sich das verzinsungsrelevante betriebsnotwendige Eigenkapital bei einem Tagesneuwertfaktor von 1,5 wie folgt:

$$
\begin{array}{ll}
& 100 \text{ GE x } (1 - \mathbf{0{,}40}) \quad [= 60\ GE] \\
+ & 100 \text{ GE x } 1{,}5 \text{ x } \mathbf{0{,}40} \quad [150\ GE \times 0{,}40 = 60\ GE] \\
+ & 50 \text{ GE} \\
= & \mathbf{170\ GE\ (betriebsnotwendiges\ Vermögen\ bei\ 40\%\text{-}iger\ EK\text{-}Quote)} \\
./. & 30 \text{ GE} \\
./. & 30 \text{ GE} \\
./. & 30 \text{ GE} \\
= & \mathbf{80\ GE\ (anteilig\ reales\ betriebsnotwendiges\ EK\ bei\ 40\%\text{-}iger\ EK\text{-}Quote).}
\end{array}
$$

Demnach ergibt sich die folgende kalkulatorische Eigenkapitalverzinsung:[900]

zu 6,5% verzinstes Eigenkapital: 0,065 x 80 GE = 5,200 GE,
zu 5,4% verzinstes Eigenkapital: 0,054 x 30 GE = 1,620 GE,
Summe kalkulatorische Eigenkapitalzinsen   = 6,820 GE.

Unterstellt man, dass das zinspflichtige Fremdkapital und das die zugelassene Eigenkapitalquote übersteigende Eigenkapital zu demselben Fremdkapitalzinssatz verzinst werden, entspricht diese Auslegung des § 7 Abs. 1 Satz 3 Strom-NEV einer **WACC-rechnerischen Kapitalkostenkalkulation**. Da der WACC-Ansatz sich von den unternehmensindividuellen Fremdkapitalzinslasten löst, erweist er sich – wie im 5. Kapitel ausführlicher begründet wird – für eine unternehmensindividuelle, jahresbezogene kostenorientierte Kalkulation als unzweckmäßig.

Aus methodischer Sicht führt jedoch auch der zuvor skizzierte, StromNEV-konforme Rechenweg nicht zu einer sachgerechten Umsetzung der Nettosubstanzerhaltungskonzeption. Wie nachfolgend anhand des nochmals aufgegriffenen Beispielfalls gezeigt wird, bewirkt die zuvor beschriebene Kalkulationsmethodik **keine dem Nominalzinsniveau entsprechende Eigenkapitalverzinsung**, da der für die Verzinsung des auf Altanlagen entfallenden Eigenkapitals maßgebliche Zinssatz gemäß § 7 Abs. 4 Satz 2 StromNEV pauschal an das reale Niveau angepasst wird.

Wie im anschließenden 5. Kapitel noch ausführlicher erläutert wird, ist für die Beantwortung der Frage, ob die Umsetzung des Konzepts der Nettosubstanzerhaltung den Eigenkapitalgebern eine nominalzinsadäquate Rendite garantiert, zunächst zu klären, welche **Kapitalzuordnungsprämisse** zugrunde gelegt wird. Die einschlägigen Vorschriften der StromNEV gehen in Fortführung der entsprechenden Regelungen der VV II plus davon aus, dass das nominale kalkulatorische Eigenkapital im relativen Ausmaß der zugelassenen Eigenkapitalquote **anteilig zur Finanzierung sämtlicher Aktiva eingesetzt** wird.[901] In der Literatur

---

900   Das für die Verzinsung des die zugelassene Eigenkapitalquote übersteigenden Anteils des Eigenkapitals veranschlagte Fremdkapitalzinssatzniveau orientiert sich an dem vom VDEW/VDN unter Berücksichtigung des von Gerke auf 0,6% bezifferten Risikozuschlags vorgeschlagenen 5,4%-igen Zinssatz. Vgl. **Verband der Elektrizitätswirtschaft e.V. (VDEW) – Verband der Netzbetreiber (VDN) e.V. beim VDEW – VDEW-Projektgruppe „Kalkulation":** VDEW/VDN-Anwendungshilfe zur Netzentgeltkalkulation... **(2005)**, S. 12.

901   So auch **Männel, Wolfgang:** Gutachterliche Stellungnahme zu den auf die Eigenkapitalverzinsung abstellenden Vorgaben der Bundesnetzagentur vom 7. März 2006... **(2006)**, S. 13 f.

wird diese Prämisse als Zuordnung nach der unternehmensspezifischen Gesamt-kapitalstruktur diskutiert.[902]

Wie zuvor erläutert, ist die für die Netzentgeltkalkulation maßgebliche Ei-genkapitalquote gemäß § 6 Abs. 2 Satz 3 StromNEV aus der Relation des be-triebsnotwendigen Eigenkapitals und den kalkulatorisch ermittelten Restwerten des betriebsnotwendigen Vermögens zu historischen Anschaffungs- und Her-stellungskosten zu ermitteln und im Anschluss sowohl für die Begrenzung der ta-gesneuwertorientierten Abschreibungsbemessung gemäß § 6 Abs. 2 Satz 2 Ziffer 1 StromNEV als auch für die anteilige tagesneuwertorientierte Bewertung des Anlagevermögens gemäß § 7 Abs. 1 Satz 2 Ziffer 2 StromNEV heranzuziehen.

Nach diesem Regelwerk ergibt sich für den betrachteten Beispielfall unter Beachtung der zuvor erklärten Ermittlung des überschüssigen Eigenkapitals die durch die **Kapitalzuordnungsmatrix der Abbildung 4-5** zum Ausdruck ge-brachte Zuordnung des betriebsnotwendigen Eigenkapitals auf die einzelnen Vermögenspositionen.[903]

Wie die tabellarische Übersicht verdeutlicht, wird auch das betriebsnotwendi-ge Eigenkapital, das anteilig zur Finanzierung des Umlaufvermögens eingesetzt wird (im Beispiel 20 GE), lediglich real verzinst, obwohl für die **Nominalgüter des Umlaufvermögens** kein Inflationsausgleich erwirtschaftet wird. Das anteilig auf das Umlaufvermögen entfallende Eigenkapital müsste demnach nominal ver-zinst werden.

Dieses Erfordernis bedingt, dass das im Beispielfall gemäß § 7 Abs. 1 Satz 2 Ziffer 2 StromNEV insgesamt 80 GE betragende betriebsnotwendige Eigenkapi-tal verwendungsabhängig zu zwei verschiedenen Eigenkapitalzinssätzen verzinst werden muss. Das auf das im Ausmaß der zugelassenen 40,0%-igen Eigenkapi-talquote tagesneuwertorientierte Sachanlagevermögen entfallende betriebsnot-wendige Eigenkapital [im Beispielfall 40 GE + (1,5 x 40 GE ./. 40 GE) = 60 GE] ist zum Realzinssatz von derzeit 6,5% zu verzinsen, da die Zinssatzanpassung – wie im 5. Kapitel noch ausführlicher erläutert wird – durch die im relativen Aus-maß der 40,0%-igen Eigenkapitalquote erfolgende tagesneuwertorientierte Ab-schreibung und inflationsbedingte Vermögenswertzuwächse ausgeglichen wird. Für die Nominalgüter des Umlaufvermögens werden diese, die Zinssatzanpas-sung kompensierenden Renditeeffekte jedoch nicht realisiert, weshalb das zur Fi-nanzierung des Umlaufvermögens eingesetzte Eigenkapital **zum Nominalzins-satz zu verzinsen** ist.

902 Vgl. dazu **Coenenberg, Adolf, G.**: Jahresabschluss und Jahresabschlussanalyse...
     (2005), S. 1204.
903 Eine ähnliche Kapitalzuordnungsmatrix präsentiert **Männel, Wolfgang**: Gutachter-
     liche Stellungnahme zu den auf die Eigenkapitalverzinsung abstellenden Vorgaben
     der Bundesnetzagentur vom 7. März 2006... **(2006)**, S. 35.

Kapitalzuordnungsmatrix nach der unternehmensspezifischen Gesamtkapitalstruktur				
betriebsnotwendiges Vermögen	Kapital			
	zugelassenes EK (40%)	übersteigendes EK (20%)	zinspflichtiges FK (20%)	Abzugskapital (20%)
Anlagevermögen *(anteilig real)*　120 GE	40 + *20* = 60 GE	20 GE	20 GE	20 GE
Umlaufvermögen (nominal)　50 GE	20 GE	10 GE	10 GE	10 GE
∑ 170 GE	80 GE	30 GE	30 GE	30 GE
Verzinsung gemäß StromNEV	real (derzeit 6,5%)	nominal (derzeit 5,4%)	bestehende Konditionen	-

Annahme: Das Anlagevermögen besteht ausschließlich aus vor dem 01.01.2006 aktivierten Altanlagen.

Abbildung 4-5	Exemplarische Kapitalzuordnungsmatrix für die Verzinsungskonzeption der StromNEV

Für den betrachteten Beispielfall ergibt sich demnach die folgende kalkulatorische Eigenkapitalverzinsung:

zu 6,5% verzinstes Eigenkapital:　0,065 x 60 GE　= 3,900 GE,
zu 7,91% verzinstes Eigenkapital: 0,0791 x 20 GE　= 1,582 GE,
zu 5,4% verzinstes Eigenkapital:　0,054 x 30 GE　= 1,620 GE,
Summe kalkulatorische Eigenkapitalzinsen　　　= 7,102 GE.

Diese infolge der für das Konzept der Nettosubstanzerhaltung nach den Regelungen der StromNEV vorgesehenen Kapitalzuordnungsprämisse methodisch korrekte Ermittlung der Eigenkapitalverzinsung, hätte das **Rechnen mit einem gespaltenen Eigenkapitalzinssatz** zur Folge.

Um eine konsistente Umsetzung des Konzeptes der Nettosubstanzerhaltung zu gewährleisten, müsste der Wortlaut der StromNEV entsprechend angepasst werden. Die voranstehend empfohlene Methodik der Eigenkapitalverzinsung

wurde anlässlich der Formulierung der StromNEV und deren erstmaligen Anwendung jedoch auch von der Stromwirtschaft nicht aufgegriffen.[904]
Die Problematik der überaus komplexen Regelungen der StromNEV zur kalkulatorischen Eigenkapitalverzinsung verschärft sich infolge der mit den
Netzentgeltkalkulationen für das Jahr 2008 auf Basis der Daten des Geschäftsjahres 2006 erstmals zu berücksichtigenden Neuanlagen. Auch hinsichtlich der dann
erstmalig vorzunehmenden **Aufteilung des betriebsnotwendigen Eigenkapitals**
auf Alt- und Neuanlagen erweisen sich die Vorschriften der StromNEV als problematisch und kommentierungsbedürftig. Diesem Erfordernis widmet sich der
folgende Abschnitt.

*D. Aufteilung des betriebsnotwendigen Eigenkapitals auf Altanlagen und Neu-
anlagen*

1) Von StromNEV und Regulierungsbehörden vorgesehene Methodik

Um die durch § 7 Abs. 3 StromNEV geregelte Methodik der Aufteilung des betriebsnotwendigen Eigenkapitals auf Alt- und Neuanlagen zu veranschaulichen,
werden die Parameter des den vorherigen Ausführungen zugrunde liegenden Beispielfalls noch einmal modifiziert. Das bislang ausschließlich Altanlagen umfas-

---

904 An dieser Stelle ist auch auf die vom Verband der Elektrizitätswirtschaft e.V.
(VDEW) und dem Verband der Netzbetreiber (VDN) empfohlene Methodik zur
Ermittlung der Eigenkapitalverzinsung zu verweisen, die grundsätzlich auf der nach
der VV II plus praktizierten Kalkulationsmethodik aufbaut. Die Auslegung des § 7
Abs. 1 Satz 3 StromNEV des VDEW/VDN sieht im Fall von nominalen kalkulato-
rischen Eigenkapitalquoten von größer als 40,0% vor, den Nachteil aus der Begrenzung der für die Ermittlung des teilweise tagesneuwertorientierten kalkulatorischen
Anlagevermögens maßgeblichen Eigenkapitalquote auf 40,0% aufzuheben. Diese
Methodik ist mit dem Wortlaut des § 7 Abs. 1 Satz 3 StromNEV grundsätzlich vereinbar. Es ist jedoch zu vermuten, dass diese Interpretation des § 7 Abs. 1 Satz 3
StromNEV nicht der Regelung des § 6 Abs. 2 Satz 4 StromNEV, wonach die Eigenkapitalquote für die Berechnung der Netzentgelte auf 40,0% zu begrenzen ist,
gerecht wird. Dieser methodische Ansatz soll im Rahmen dieser Arbeit deshalb
nicht weiter verfolgt werden. Vgl. dazu ausführlich **Verband der Elektrizitätswirtschaft e. V. (VDEW) – Verband der Netzbetreiber (VDN) e. V. beim VDEW –
VDEW-Projektgruppe „Kalkulation":** VDEW/VDN-Anwendungshilfe zur
Netzentgeltkalkulation... **(2005)**, S. 12 sowie **Verband der Elektrizitätswirtschaft
- VDEW- e. V.:** Kalkulationsleitfaden zur Ermittlung von Netzentgelten – Kostenartenrechnung... **(2006)**, S. 16 ff. Siehe dazu auch die Ausführungen von **PricewaterhouseCoopers (PwC):** Stellungnahme zu ausgewählten Fragestellungen der
Strom-Netzentgeltverordnung ...**(2006)**, S. 15 f.

sende Anlagevermögen, besteht nun hälftig aus vor dem 01.01.2006 aktivierten Altanlagen und zur anderen Hälfte aus nach dem 01.01.2006 angeschafften Neuanlagen:

Kalkulatorische Bilanz zu historischen Anschaffungs-/Herstellungskosten

Anlagevermögen	100 GE	Eigenkapital	90 GE
davon Altanlagen	*50 GE*	zinspflichtiges Fremdkapital	30 GE
davon Neuanlagen	*50 GE*		
Umlaufvermögen	50 GE	Abzugskapital	30 GE
	$\sum$ 150 GE		$\sum$ 150 GE

Nach den Auslegungen der StromNEV durch die Regulierungsbehörden bestimmt sich das verzinsungsrelevante betriebsnotwendige Eigenkapital unter Berücksichtigen von Neuanlagen wie folgt:

    kalkulatorische Restwerte des Altanlagen zu historischen AHK x (1 - EK-Quote)
+ kalkulatorische Restwerte der Altanlagen zu Tagesneuwerten x EK-Quote
+ kalkulatorische Restwerte der Neuanlagen zu historischen AHK
+ Bilanzwerte des Umlaufvermögens

= **anteilig tagesneuwertorientiertes betriebsnotwendiges Vermögen (BNV II)**

./. Abzugskapital
./. verzinsliches Fremdkapital

= **anteilig reales betriebsnotwendiges Eigenkapital (BEK II)**

    50 GE x (1 – **0,40**)   *[= 30 GE]*
+ 50 GE x 1,5 x **0,40**   *[= 75 GE x 0,40 = 30 GE]*
+ 50 GE *[Neuanlagen]*
+ 50 GE
= **160 GE (BNV II)**
./. 30 GE
./. 30 GE
= **100 GE (BEK II).**

Nach der anschließenden Begrenzung auf 40,0% des betriebsnotwendigen Vermögens ergibt sich ein betriebsnotwendiges Eigenkapital in Höhe von 64 GE:

$$BEK_{<40\%} = 0{,}40 \times BNV\ II$$
$$= 0{,}40 \times 160\ GE$$
$$= 64\ GE.$$

Infolge der Auslegung von § 7 Abs. 1 Satz 3 StromNEV durch die Behörden beträgt das die zugelassene Eigenkapitalquote übersteigende Eigenkapital 36 GE:

	100 GE
./.	64 GE
=	**36 GE** (die zugelassene EK-Quote übersteigendes Eigenkapital).

Laut § 7 Abs. 3 StromNEV ist das verzinsungsrelevante Eigenkapital im Ausmaß der jeweiligen Anteile der kalkulatorischen Restwerte der Alt- und Neuanlagen am gesamten kalkulatorischen Restwert des Sachanlagevermögens [im Beispielfall 110 GE = 60 GE + 50 GE] gemäß den Formeln (4-5) und (4-6) wie folgt aufzuteilen [905]

Auf **Altanlagen** entfallen gemäß § 7 Abs. 3 Satz 3 StromNEV insgesamt 34,91 GE:

$$BEK^{Altanlagen} = \frac{\text{kalkulatorischer Restwert}^{Altanlagen}}{\text{kalkulatorischer Restwert Sachanlagevermögen}} \times BEK_{<40\%}$$

$$(4\text{-}5)$$

$$BEK^{Altanlagen} = \frac{60\ GE}{110\ GE} \times 64\ GE = 0{,}55 \times 64\ GE = 34{,}91\ GE.$$

Auf **Neuanlagen** entfallen gemäß § 7 Abs. 3 Satz 2 StromNEV insgesamt 29,09 GE:

$$BEK^{Neuanlagen} = \frac{\text{kalkulatorischer Restwert}^{Neuanlagen}}{\text{kalkulatorischer Restwert Sachanlagevermögen}} \times BEK_{<40\%}$$

$$BEK^{Neuanlagen} = \frac{50\ GE}{110\ GE} \times 64\ GE = 0{,}45 \times 64\ GE = 29{,}09\ GE. \qquad (4\text{-}6)$$

---

905 An dieser Stelle sei nochmals auf die Regelungslücke der StromNEV zur Berücksichtigung des immateriellen Anlagevermögens verwiesen. Verfügen Netzbetreiber über bilanzierungsfähige immaterielle Güter des Anlagevermögens, sind diese analog zum Sachanlagevermögen zu behandeln und insofern ebenfalls bei der Ermittlung des betriebsnotwendigen Vermögens und bei der Aufteilung auf Alt- und Neuanlagen zu berücksichtigen.

Nach dieser Methodik berechnet sich die kalkulatorische Eigenkapitalverzinsung wie folgt:

zu 6,5% verzinstes Eigenkapital: 0,065 x 34,91 GE = 2,269 GE,
zu 7,91% verzinstes Eigenkapital: 0,0791 x 29,09 GE = 2,301 GE,
zu 4,8% verzinstes Eigenkapital: 0,048 x 36,00 GE = 1,728 GE,

Summe kalkulatorische Eigenkapitalzinsen   = 6,298 GE.

In Verbindung mit der Auslegung von § 7 Abs. 1 Satz 3 StromNEV führt die anschließende Anwendung von § 7 Abs. 3 und 4 StromNEV zu einer **zusätzlichen Minderung** der Verzinsung des betriebsnotwendigen Eigenkapitals. Obwohl die im Ausmaß der 40,0%-igen Eigenkapitalquote tagesneuwertorientiert veranschlagten kalkulatorischen Restwerte der Altanlagen im Beispielfall nur einen Wert von 30 GE aufweisen (50 GE x 1,50 x 0,40 = 30 GE) soll für insgesamt 34,91 GE des auf Altanlagen entfallenden betriebsnotwendigen Eigenkapitals gemäß § 7 Abs. 4 Satz 2 StromNEV der Realzinssatz veranschlagt werden, obwohl für das den kalkulatorischen Restwert des tagesneuwertorientiert bewerteten Altsachanlagevermögens von 30 GE übersteigende Eigenkapitalvolumen in Höhe von 4,91 GE überhaupt kein Inflationsausgleich erwirtschaftet wird.

2) Methodisch korrekte Aufteilung des betriebsnotwendigen Eigenkapitals

Die gesamtvermögensbezogene Definition der für die Netzentgeltkalkulation maßgeblichen Eigenkapitalquote gemäß § 6 Abs. 2 Satz 3 StromNEV, die eine **anteilige Eigenfinanzierung sämtlicher Aktiva** bedingt, muss auch bezüglich der Aufteilung des betriebsnotwendigen Eigenkapitals aufrechterhalten werden. Zur Veranschaulichung der methodischen korrekten Aufteilungslogik wird im Folgenden nochmals auf den im voranstehenden Abschnitt präsentierten Beispielfall zurückgegriffen:

Kalkulatorische Bilanz zu historischen Anschaffungs-/Herstellungskosten

Anlagevermögen	100 GE	Eigenkapital	90 GE
davon Altanlagen	*50 GE*	zinspflichtiges Fremdkapital	30 GE
davon Neuanlagen	*50 GE*		
Umlaufvermögen	50 GE	Abzugskapital	30 GE
	$\sum$ 150 GE		$\sum$ 150 GE

Gemäß dem in Abbildung 4-4 dargestellten Ermittlungsschema bestimmt sich das betriebsnotwendige Eigenkapital unter Berücksichtigung von Neuanlagen wie folgt:

kalkulatorische Restwerte der Altanlagen zu historischen AHK x (1 - EK-Quote)
+   kalkulatorische Restwerte der Altanlagen zu Tagesneuwerten x EK-Quote
+   kalkulatorische Restwerte der Neuanlagen zu historischen AHK
+   Bilanzwerte des Umlaufvermögens

=   **anteilig tagesneuwertorientiertes betriebsnotwendiges Vermögen**

./.   Abzugskapital
./.   verzinsliches Fremdkapital
./.   die zugelassene Eigenkapitalquote übersteigendes nominales Eigenkapital

=   **anteilig reales betriebsnotwendiges Eigenkapital**

50 GE x (1 – **0,40**)   *[= 30 GE]*
+   50 GE x 1,5 x **0,40**   *[= 75 GE x 0,40 = 30 GE]*
+   50 GE *[Neuanlagen]*
+   50 GE

=   **160 GE (betriebsnotwendiges Vermögen bei 40%-iger EK-Quote)**

./.   30 GE
./.   30 GE
./.   30 GE *[(60,0% ./. 40,0%) x 150 GE)*

=   **70 GE (anteilig reales betriebsnotwendiges EK bei 40%-iger EK-Quote).**

Das betriebsnotwendige Eigenkapital von 70 GE ist im Ausmaß der für die Netzentgeltkalkulation maßgeblichen, im Beispielfall 40,0%-igen Eigenkapitalquote anschließend auf die einzelnen Vermögenspositionen aufzuteilen.

Zur Verdeutlichung der Aufteilungslogik greift **Abbildung 4-6** nochmals auf die in Abbildung 4-5 präsentierte Kapitalzuordnungsmatrix zurück, die entsprechend der Aufteilung des Anlagevermögens in Alt- und Neuanlagen modifiziert wird. Wie der untere Teil von Abbildung 4-6 zeigt, ist das im Ausmaß der 40,0%-igen Eigenkapitalquote limitierte betriebsnotwendige Eigenkapital in Hö-

Kapitalzuordnungsmatrix nach der unternehmensspezifischen Gesamtkapitalstruktur				
betriebsnotwendiges Vermögen	Kapital			
	zugelassenes EK (40%)	übersteigendes EK (20%)	zinspflichtiges FK (20%)	Abzugskapital (20%)
Anlagevermögen *(anteilig real)* 110 GE	40 + *10* = 50 GE	20 GE	20 GE	20 GE
davon Altanlagen *60 GE*	*20 + 10* *= 30 GE*	*10 GE*	*10 GE*	*10 GE*
davon Neuanlagen *50 GE*	*20 GE*	*10 GE*	*10 GE*	*10 GE*
Umlaufvermögen (nominal) 50 GE	20 GE	10 GE	10 GE	10 GE
$\sum$ 160 GE	70 GE	30 GE	30 GE	30 GE

	Anlagevermögen		Umlaufvermögen (nominal)
	Altanlagen (tagesneuwert-orientiert)	Neuanlagen (anschaffungswert-orientiert)	
betriebsnotwendiges Eigenkapital (40,0%) 70 GE	30 GE	20 GE	20 GE
Eigenkapitalverzinsung	**real** (derzeit 6,5%)	**nominal** (derzeit 7,91%)	**nominal** (derzeit 7,91%)

Abbildung 4-6	Exemplarische Kapitalzuordnungsmatrix und betriebswirtschaftlich korrekte Verzinsungskonzeption für Alt- und Neuanlagen gemäß StromNEV

he von 70 GE **verwendungsabhängig** zum einen real, für das auf Altanlagen entfallende Eigenkapital und zum anderen nominal für anteilig eigenfinanzierte Neuanlagen und den eigenfinanzierten Anteil des Umlaufvermögens zu verzinsen.

Unter Berücksichtigung des die zugelassene 40,0%-ige Eigenkapitalquote übersteigenden nominalen Eigenkapitals ergibt sich die folgende kalkulatorische Eigenkapitalverzinsung:

zu 6,5% verzinstes Eigenkapital (Altanlagen):   0,065 x 30,0 GE = 1,950 GE,
zu 7,91% verzinstes Eigenkapital (Neuanlagen):   0,0791x 20,0 GE = 1,582 GE,
zu 7,91% verzinstes Eigenkapital (Umlaufvermögens): 0,0791x 20,0 GE = 1,582 GE,
zu 5,4% verzinstes, überschüssiges Eigenkapital: 0,054 x 30,0 GE = 1,620 GE,
Summe kalkulatorische Eigenkapitalzinsen   = 6,734 GE.

Die zuvor dargestellte Ermittlung und anschließende, unter Beachtung der für die Netzentgeltkalkulation maßgeblichen Eigenkapitalquote gemäß § 6 Abs. 2 Satz 3 StromNEV erfolgende Aufteilung des betriebsnotwendigen Eigenkapitals auf Altanlagen, Neuanlagen und auf das Umlaufvermögen stellt sicher, dass die Eigenkapitalgeber für alle Eigenkapitalverwendungen eine **Eigenkapitalrendite in Höhe des Nominalzinssatzniveaus** realisieren. Im Gegensatz zu der im vorangehenden Abschnitt erläuterten Aufteilung des betriebsnotwendigen Eigenkapitals gemäß § 7 Abs. 3 StromNEV wird der Realzinssatz nicht für insgesamt 34,91 GE, sondern nur für die anteilig tagesneuwertorientierten Restwerte der Altanlagen in Höhe 30,0 GE veranschlagt, die der tagesneuwertorientierten Abschreibung gemäß § 6 Abs. 2 Satz 2 Ziffer 1 unterliegen. Der die Aufteilung des betriebsnotwendigen Eigenkapitals regelnde § 7 Abs. 3 StromNEV müsste modifiziert werden, er steht im Widerspruch zu der gesamtvermögensbezogenen Ermittlung der Eigenkapitalquote gemäß § 6 Abs. 2 Satz 3 StromNEV und der auf maximal 40,0% begrenzten tagesneuwertorientierten Abschreibung der Altanlagen gemäß § 6 Abs. 2 Satz 2 Ziffer 1 StromNEV.

Nachdem im 4. Kapitel Fragen bezüglich der Ermittlung der buchwertorientierten Kapitalbasis geklärt und die diesbezüglichen Regelungen der StromNEV analysiert wurden, werden im nachfolgenden 5. Kapitel die im Zusammenhang mit der Veranschlagung kalkulatorischer Abschreibungen und Zinsen diskutierten **Kapitaldienstkonzeptionen** erläutert, die allesamt auf eine von kalkulatorischen Buchwerten abgeleitete Kapitalbasis abstellen.

5. Kapitel: Beurteilung alternativer Kapitaldienstkozepte

I. Systematisierung alternativer Kapitaldienstkonzepte

Wie **Abbildung 5-1** zeigt, ist bezüglich der im Kontext kostenorientierter Preiskalkulationen vorrangig diskutierten Kapitaldienstkonzepte zwischen dem anschaffungswertorientierten Nominalzinsmodell und dem sowohl auf das Konzept der Nettosubstanzerhaltung als auch auf das Bruttosubstanzerhaltungskonzept ausrichtbaren tagesneuwertorientierten Realverzinsungsmodell zu unterscheiden. Eine Zwischenstellung nimmt das während der letzten Jahre insbesondere durch *Knieps* und *Küpper* in die Regulierungsdiskussion eingebrachte Konzept der ökonomischen Abschreibung ein[906], das wie später noch ausführlich begründet wird, weder eindeutig als Nominalverzinsungs- noch als Realverzinsungskonzeption einzustufen ist.[907]

Anlässlich der Kapitaldienstermittlung ist grundsätzlich zu entscheiden, ob die kalkulatorischen Eigenkapital- und Fremdkapitalzinsen – wie von der Mehrheit der europäischen Regulierungsbehörden insbesondere im Rahmen der Anreizregulierung praktiziert[908] – in einem durchschnittlichen gewichteten Gesamtkapitalkostensatz im Sinne des **Weighted Average Cost of Capital (WACC)** zusammengefasst werden, oder ob der eigenkapital- und fremdkapitalbezogene Kapitaldienst – wie vom Konzept der Nettosubstanzerhaltung impliziert – getrennt veranschlagt wird.

Neben der Entscheidung für eine dem „entity-approach" oder dem „equity-approach" folgende Kalkulation ist zu klären, ob die Kalkulation von Abschreibungen und Zinsen ausgehend von der **restbuchwertrechnerisch ermittelten Kapitalbindung** erfolgt oder ob sich – wie im Kontext der Kalkulation von Abwassergebühren durch *Brüning* vorgeschlagen[909] und anlässlich der Konzipie-

---

906 Vgl. dazu unter anderem **Küpper, Hans-Ulrich**: Kostenorientierte Preisbestimmung für regulierte Märkte... **(2002)**, S. 49 f. sowie ausführlicher **Knieps, Günter – Küpper, Hans-Ulrich – Langen, René**: Abschreibungen bei fallenden Wiederbeschaffungspreisen... **(2001)**, S. 759 ff.

907 Siehe dazu **Männel, Wolfgang**: Kalkulationsmethodik des künftigen stromverteilungsspezifischen Regulierungskonzeptes... **(2004)**, S. 86 f.

908 Vgl. dazu die Ergebnisse der Untersuchung im 7. Kapitel dieser Arbeit, S. 451 f.

909 Vgl. **Brüning, Gert**: Annuitätsorientierte Kostenrechnung... **(1998)**, S. 137 ff.

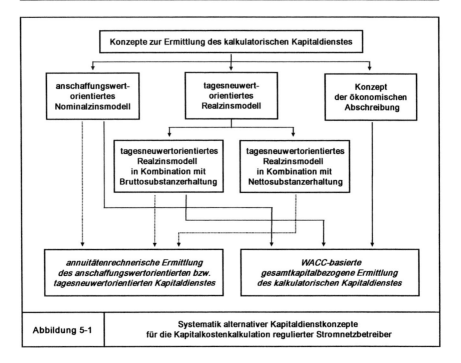

Abbildung 5-1 — Systematik alternativer Kapitaldienstkonzepte für die Kapitalkostenkalkulation regulierter Stromnetzbetreiber

rung analytischer Kostenmodelle im regulierten Telekommunikationsgeschäft aufgegriffen[910] auch eine annuitätenrechnerische Kapitaldienstermittlung als sinnvoll erweisen kann, die auf eine Verstetigung des teilperiodenspezifischen Kapitaldienstniveaus abzielt.

II. Analyse verschiedener Kapitaldienstmodelle

A. Reinvestitionsmodell als Ausgangspunkt der Analyse

Die vergleichende Analyse alternativer Kapitaldienstmodelle wird von einer Reihe von Autoren, regelmäßig mit Verweis auf den einzelanlagenbezogenen endwertrechnerischen Indifferenzbeweis *Swobodas* aus dem Jahr 1973 im Sinne des sogenannten „**Ein-Gut-Falls**" vollzogen.[911] Wie unmittelbar einleuchtet, können

---

910 Vgl. **Wissenschaftliches Institut für Kommunikationsdienste (WIK)**: Ein analytisches Kostenmodell für das Ortsnetz... **(1998)**, S. 15.
911 Vgl. **Swoboda, Peter**: Die Kostenbewertung ... **(1973)**, S. 353 ff. und **Swoboda, Peter**: Zur Anschaffungswertorientierung administrierter Preise ... **(1996)**, S. 365

einzelanlagenbezogene Betrachtungen den Kapitalumschlagsprozess anlagenintensiver Stromnetzbetreiber jedoch nicht realitätsgerecht abbilden, da Netzbetreiber liquide Abschreibungsgegenwerte vor dem Hintergrund der Versorgungspflicht und Versorgungssicherheit grundsätzlich zur Finanzierung von Ersatzinvestitionen nutzen.[912]

Insofern können auch die nachfolgend noch ausführlicher dargestellten, von *Zimmermann* in der unmittelbar zurückliegenden Zeit wiederholt zur Diskussion gestellten **einzelanlagenbezogenen Abschreibungsgegenwert-Ansparmodelle** anlässlich der Diskussion um die Ausgestaltung der Kapitalkostenkalkulation von Stromnetzbetreibern nicht weiterhelfen.[913] Stromnetzbetreiber werden die über die Umsatzerlöse erwirtschafteten Abschreibungsgegenwerte nicht bis zum Ende der jeweiligen Anlagennutzungsdauer in einem rentierlichen Ansparfonds zinseszinserträglich horten. Rational handelnde, zur Reinvestition gezwungene Netzbetreiber werden stattdessen darauf abzielen, Abschreibungsgegenwerte so schnell wie möglich zur **Finanzierung von Ersatzinvestition** zu nutzen und in Zeiten eines vorübergehenden Investitionsstaus zur Tilgung von Fremdkapital einzusetzen.[914]

Infolge der eingeschränkten Beweiskraft einzelanlagenbezogener Betrachtungen sind alternative Kapitaldienstmodelle stets für kontinuierlich reinvestierende Unternehmen anhand von Reinvestitionsmodellen im Sinne des „**Mehr-Gut-Falls**" zu beurteilen.[915] Die betriebswirtschaftliche Finanzierungstheorie hat sich anlässlich der Frage der Innenfinanzierung durch Abschreibungsgegenwerte in-

---

ff. und S. 381 sowie **Schweitzer, Marcel – Küpper, Hans-Ulrich**: Systeme der Kosten- und Erlösrechnung... **(2003)**, S. 105, die im Gegensatz zu Swoboda kapitaltheoretische Erfolgsneutralitätsbeweise alternativer Kapitaldienstkonzepte mit Hilfe eines barwertrechnerischen Kalküls durchführen.

912 Vgl. insbesondere **Bönner, Udo**: Die Kalkulation administrierter Preise... **(1992)**, S. 230, der den Zwang zur Durchführung von Ersatzinvestitionen als besonders bedeutsames Charakteristikum der Elektrizitätswirtschaft herausstellt und anschließend „um ein den Verhältnissen der Elektrizitätswirtschaft entsprechendes Bild zu zeichnen" Modellrechnungen für Unternehmen mit mehreren Wirtschaftsgütern im Sinne des Mehrgutfalls präsentiert. Siehe dazu auch **Männel, Wolfgang**: Gutachterliche Stellungnahme zu dem von Prof. Dr. Gerhard Zimmermann im Auftrag des Bundeskartellamtes am 15. Oktober 2003 präsentierten Gutachten... **(2003)**, S. 88.

913 Vgl. **Zimmermann, Gebhard.**: Die kalkulatorischen Kosten... **(2003)**, S. 17 und S. 22 ff. sowie **Zimmermann, Gebhard**: Kostenrechnung und Unternehmenserhaltung... **(1992)**, S. 1414 ff. sowie **Zimmermann, Gebhard**: Unternehmenserhaltung, Kostenhöhe und Finanzstruktur... **(1997)**, S. 25 ff.

914 Vgl. **Männel, Wolfgang**: Kalkulationsmethodik des künftigen stromverteilungsspezifischen Regulierungskonzeptes... **(2004)**, S. 60 ff.

915 Siehe dazu nochmals die **Bönner, Udo**: Die Kalkulation administrierter Preise... **(1992)**, S. 230.

tensiv mit Reinvestitionsmodellen befasst, wobei sich die Erörterungen um den sogenannten Kapitalfreisetzungseffekt und den Kapazitätserweiterungseffekt im Sinne des **Lohman-Ruchti-Effektes** unter der realitätsfernen Prämisse konstanter Wiederbeschaffungskosten auf anschaffungswertorientierte Abschreibungen beschränkten.[916]

In der Folgezeit wurden aber auch Modellierungen entwickelt, die auf substanzerhaltungsorientierte Abschreibungskonzepte abstellen und insofern die **Auswirkungen inflationsbedingter Preissteigerungen** berücksichtigen. Im Jahr 1957 wies *K. Hax* anhand eines idealtypischen Reinvestitionsmodells nach, dass in inflationären Zeiten bei stetiger Reinvestition der Abschreibungsgegenwerte eine von Tagesneuwerten abgeleitete Abschreibungsbemessung im sogenannten „eingeschwungenen Zustand" ohne die Aufnahme zusätzlichen Kapitals die Erhaltung der Unternehmenssubstanz garantiert.[917] *K. Hax* lieferte damit den Grundstein für den **Vergleich alternativer Kapitaldienstmodelle** unter Inflations- und Reinvestitionsbedingungen.

Im Rahmen dieser Arbeit wird den nachfolgenden Erörterungen des anschaffungswertorientierten Nominalzinsmodells sowie der realverzinsungsorientierten Netto- und Bruttosubstanzerhaltungskonzeption ein idealtypisches **Reinvestitionsmodell** mit den folgenden Ausgangsdaten und Prämissen zugrunde gelegt:[918].

Investitionsausgabe 100,00 Geldeinheiten (GE) – zu 40,0% eigenfinanzierte und zu 60,0% fremdfinanzierte Investition – aus 3 gleichen, nacheinander bei identischem Wiederbeschaffungsrythmus bereitgestellten Anlagen mit einer jeweils 3-jährigen Nutzungs-

---

916 Vgl. dazu stellvertretend **Perridon, Louis – Steiner, Manfred:** Finanzwirtschaft der Unternehmung... **(2004),** S. 484 ff.; **Süchting, Joachim:** Finanzmanagement... **(1984),** S. 196 ff.; **Vormbaum, Herbert:** Finanzierung der Betriebe... **(1981),** S. 326 ff. sowie **Wöhe, Günter:** Einführung in die Allgemeine Betriebswirtschaftslehre... **(2002),** S. 736 ff. Zu den originären Quellen siehe **Ruchti, Hans:** Die Bedeutung der Abschreibungen für den Betrieb, Berlin **1942** sowie **Lohmann, Martin:** Abschreibungen, was sie sind und was sie nicht sind, in: Der Wirtschaftsprüfer **1949,** S. 353-357.

917 Vgl. **Hax, Karl:** Die Substanzerhaltung der Betriebe... **(1957),** S. 216. Unter dem „eingeschwungenen Zustand" ist die Phase des Investitionszyklus zu verstehen, ab der eine Ersatzinvestition ohne zusätzliche Kapitalaufnahme vollständig über liquide Abschreibungsgegenwerte finanziert werden kann.

918 Die hier unterstellten Modellannahmen orientieren sich im Wesentlichen an dem von *Männel* konzipierten Reinvestitionsmodell, das im Rahmen gutachterlicher Arbeiten anlässlich der Diskussion um die Neukonzipierung der Kalkulationsmethodik der Stromverteilungswirtschaft Anwendung fand. Vgl. **Männel, Wolfgang:** Kalkulationsmethodik des künftigen stromverteilungsspezifischen Regulierungskonzeptes... **(2004),** S. 88 ff.

dauer bestehender, durch Ersatzinvestitionen aufrechterhaltener Anlagenpark – lineare Abschreibung – sofortige Reinvestition der Abschreibungsgegenwerte – risikoadjustierter Nominalzinssatz n = 7,12% – durchschnittliche anlagenspezifische Preissteigerungsrate i_a = 3,00% – Ermittlung des Realzinssatzes r durch Subtraktion der Preissteigerungsrate vom risikoadjustierten Nominalzinssatz n: r = n ./. i = 7,12% ./. 3,00% = 4,12% – Fremdkapitalzinssatz = 5,00% – vereinfachte Ermittlung des kalkulatorischen Kapitaldienstes unter Vernachlässigung kalkulationsrelevanter Ertragsteuerbelastungen – nach dem in den Perioden 0 bis 2 erfolgenden Kapazitätsaufbau schließt sich ab Periode 3 (bis einschließlich Periode 6) die Phase des „eingeschwungenen Zustands" an – auf die Darstellung einer (realitätsfernen) Kapazitätsabbauphase wird verzichtet – das Beispiel unterstellt komplexitätsreduzierend, dass keine Divergenzen zwischen internem und externem Rechnungswesen in Form abweichender Abschreibungsmethoden und Nutzungsdauern auftreten.

Das in dieser Arbeit präsentierte Reinvestitionsmodell stellt zur besseren Veranschaulichung insbesondere hinsichtlich der zugrunde gelegten Nutzungsdauer insofern ein **vereinfachtes Abbild der Realität** dar. Eine realitätsgerechtere Anpassung der Ausgangsdaten, z. B. ein vergrößerter Anlagenpark oder eine verlängerte Nutzungsdauer, ändert jedoch nichts an den getroffenen Schlussfolgerungen.

B. Anschaffungswertorientiertes Nominalzinsmodell

1) Methodik und Bedeutung des Nominalzinsmodells

Das insbesondere von *Swoboda* und *Zimmermann* im Kontext der Kalkulation administrierter Preise propagierte Nominalzinsmodell sieht vor, dass kalkulatorische Abschreibungen ausgehend von den historischen Anschaffungs- bzw. Herstellungskosten zu bemessen sind und nominale kalkulatorische Zinsen auf das von anschaffungswertorientierten Restbuchwerten abgeleitete Kapital zu verrechnen sind.[919] Wie in dieser Arbeit bereits erläutert, ist der kalkulatorische Kapitaldienst nach den Vorgaben der StromNEV für alle ab dem 01.01.2006 aktivierten Neuanlagen von Stromnetzbetreibern ebenfalls ausgehend von den historischen Anschaffungs- bzw. Herstellkosten zu ermitteln.

Im Vorfeld einer kritischen Würdigung präsentiert **Abbildung 5-2** die grundlegende Methodik des anschaffungswertorientierten Nominalzinsmodells

---

919 Vgl. dazu **Swoboda, Peter**: Zur Anschaffungswertorientierung administrierter Preise... **(1996)**, S. 364 ff.; **Zimmermann, Gebhard**: Anschaffungspreisorientierte Abschreibungsbemessung und Unternehmenserhaltung... **(1998)**, S. 41 ff. sowie **Zimmermann, Gebhard**: Zur Substanzerhaltung in Unternehmen unter Preisaufsicht... **(1989)**, S. 498 ff.

Zeile	Perioden (Jahre)	0	1	2	3	4	5	6
	Preisentwicklung (i_a = 3,0% p. a.)	100,00	103,00	106,09	109,27	112,55	115,93	119,40
	Anzahl der Anlagen am Periodenende	1	2	3	3	3	3	3
	Phasen des Investitionszyklus	Kapazitätsaufbau			eingeschwungener Zustand			
01	Investitionen	100,00	103,00	106,09	109,27	112,55	115,93	119,40
02	AHK-Abschreibung			33,33	67,67	103,03	106,12	109,30	112,57
03	kalkulatorische Abschreibungen			33,33	67,67	103,03	106,12	109,30	112,57
04	Anschaffungspreisrestwerte	100,00	169,67	208,09	214,33	220,76	227,39	234,21
05	davon 40% eigenfinanziert	40,00	67,87	83,24	85,73	88,30	90,95	93,69
06	davon 60% fremdfinanziert	60,00	101,80	124,85	128,60	132,46	136,43	140,53
07	kalkulatorisches Sachanlagevermögen	100,00	169,67	208,09	214,33	220,76	227,39	234,21
08	anfänglicher Eigenkapitaleinsatz	40,00						
09	zusätzliche Eigenkapitalaufnahme		27,87	15,37	2,50	2,57	2,65	2,73
10	bilanzielles Eigenkapital	40,00	67,87	83,24	85,73	88,30	90,95	93,69
11	*bilanzielle Eigenkapitalquote (Zeile 10/26)*	*40,00%*	*40,00%*	*40,00%*	*40,00%*	*40,00%*	*40,00%*	*40,00%*
12	Nominalzinsen [7,12% x Zeile 10 (t-1)]		2,85	4,83	5,93	6,10	6,29	6,48
13	*Nominalkapitalrendite [Zeile 12/10 (t-1)]*		*7,12%*	*7,12%*	*7,12%*	*7,12%*	*7,12%*	*7,12%*
14	Anschaffungspreisrestwerte	100,00	169,67	208,09	214,33	220,76	227,39	234,21
15	Tagespreisrestwerte		171,67	212,18	218,55	225,10	231,86	238,80
16	Summe stille Reserven		2,00	4,09	4,22	4,34	4,47	4,59
17	Δ 100,00% stille Reserven		2,00	2,09	0,13	0,13	0,13	0,13
18	Nominalzinsen + Δ 100,00% stille Reserven		4,85	6,92	6,06	6,23	6,42	6,61
19	40% TNW-Restwerte (reales Eigenkapital)	40,00	68,67	84,87	87,42	90,04	92,74	95,52
20	*periodenbezogene Grenzrendite [Zeile 18/19 (t-1)]*		*12,13%*	*10,08%*	*7,14%*	*7,13%*	*7,13%*	*7,12%*
21	anfänglicher Fremdkapitaleinsatz	60,00						
22	zusätzliche Fremdkapitalaufnahme		41,80	23,05	3,74	3,86	3,98	4,10
23	bilanzielles Fremdkapital	60,00	101,80	124,85	128,60	132,46	136,43	140,53
24	*bilanzielle Fremdkapitalquote (Zeile 23/26)*	*60,00%*	*60,00%*	*60,00%*	*60,00%*	*60,00%*	*60,00%*	*60,00%*
25	Fremdkapitalzinsen [5,0% x Zeile 23 (t-1)]		3,00	5,09	6,24	6,43	6,62	6,82
26	bilanzielles Gesamtkapital	100,00	169,67	208,09	214,33	220,76	227,39	234,22
27	kalkulationsrelevante AHK-Abschreibung		33,33	67,67	103,03	106,12	109,30	112,57
28	Eigenkapitalzinsen[1]		2,85	4,83	5,93	6,10	6,29	6,48
29	Fremdkapitalzinsen[2]		3,00	5,09	6,24	6,43	6,62	6,82
30	kalkulationsrelevante EK- und FK-Zinsen		5,85	9,92	12,17	12,53	12,91	13,30
31	kalkulatorischer Kapitaldienst		39,18	77,59	115,20	118,65	122,21	125,87

1) Vernachlässigung der ebenfalls kalkulationsrelevanten Ertragsteuerbelastungen
(Gewerbesteuer und Körperschaftsteuer)
2) Vernachlässigung der ebenfalls kalkulationsrelevanten dauerschuldzinsspezifischen Gewerbesteuerbelastungen

Abbildung 5-2   **Methodik des anschaffungswertorientierten Nominalzinsmodells unter idealtypischen Reinvestitionsbedingungen**

anhand des zuvor beschriebenen idealtypischen Reinvestitionsmodells, dessen **nominales Eigenkapitalrenditeniveau** zugleich die Messlatte für die insgesamt bewirkten Rentabilitätseffekte der nachfolgend analysierten tagesneuwertorientierten Realverzinsungskonzeptionen liefert. Die Modellierung verdeutlicht insbesondere die folgenden methodischen Merkmale des anschaffungswertorientierten Nominalzinsmodells:

1. Das Nominalzinsmodell verzinst den von anschaffungswertwertorientierten Restbuchwerten abgeleiteten, zum Beginn der einzelnen Teilperioden der Anlagennutzungsdauer **gebundenen Teil des ursprünglich eingesetzten Kapitals** zum jeweils relevanten nominalen Eigen- bzw. Fremdkapitalzinssatz.

2. Unter den Bedingungen des anschaffungswertorientierten Nominalzinsmodells kann die **Konstanz der bilanziellen Eigen- und Fremdkapitalquote** gewährleistet werden, wenn man eine kapitalstrukturerhaltende Investitions- und Reinvestitionsfinanzierung unterstellt.

3. Wie die *Zeilen 09 und 22* veranschaulichen, bedingt das anschaffungswertorientierte Nominalzinsmodell auch im sogenannten „eingeschwungenen Zustand" der Perioden 3 bis 6 zur Finanzierung inflationsbedingt verteuerter Ersatzinvestitionen nicht nur zusätzliche Fremdkapitalaufnahmen, sondern in jeder Periode auch **zusätzliche Eigenkapitalaufstockungen**.

4. Investoren stellen im Rahmen von Investitions- und Desinvestitionsentscheidungen nicht auf das über die nominale Verzinsung des ursprünglich eingesetzten Kapitals realisierbare Renditeniveau, sondern grundsätzlich auf die Rentabilität des veräußerungsverzichtsbedingt nicht freigesetzten und insofern entscheidungsrelevanten Kapitals ab.[920] Anlässlich der Berechnung der in *Zeile 20* aufgeführten **zeitpunktbezogenen Grenzrenditen** muss neben dem Eigenkapitalzinsvolumen in jeder Periode auch der Zuwachs der den Eigenkapitalgebern zugute kommenden stillen Reserven berücksichtigt werden. Wie ein Vergleich der *Zeilen 20* und *13* zeigt, übersteigen die periodenbezogenen Grenzrenditen insbesondere in den frühen Phasen des Investitionszyklus deutlich das im Beispielfall 7,12% betragende nominale Renditeniveau.

2) Problemfelder des Nominalzinsmodells

Die anschaffungswertorientierte Kapitaldienstkalkulation birgt zwar den Vorteil einer vergleichsweise transparenten und leicht überprüfbaren Kalkulationsmethodik[921], das anschaffungswertorientierte Nominalzinsmodell kann jedoch aufgrund

---

920 Hierauf verweist insbesondere **Männel, Wolfgang**: Kalkulationsmethodik des künftigen stromverteilungsspezifischen Regulierungskonzeptes... **(2004)**, S. 65 f.

921 Siehe zur diesbezüglichen Argumentation der Befürworter einer anschaffungswertorientierten Kapitalkostenkalkulation unter anderem **von Hammerstein, Christian – Schlemmermeier, Ben**: Realkapitalerhaltung und Effizienz... **(2004)**,

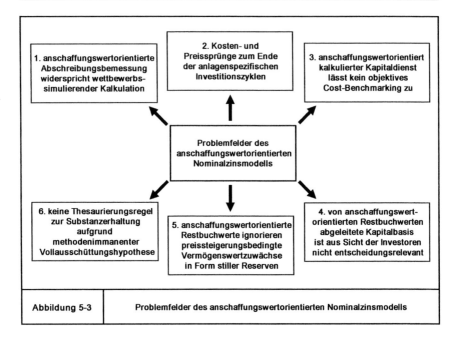

| Abbildung 5-3 | Problemfelder des anschaffungswertorientierten Nominalzinsmodells |

der in **Abbildung 5-3** dargestellten, nachfolgend erläuterten Problemfelder den Anforderungen der Kapitalkostenkalkulation von Stromnetzbetreibern nicht gerecht werden:[922]

1. Eine von den historischen Anschaffungs- bzw. Herstellungskosten ausgehende Abschreibungsbemessung widerspricht den im 3. Kapitel dieser Arbeit beschriebenen Anforderungen einer **wettbewerbssimulierenden Kalkulation** und der von der Europäischen Kommission empfohlenen zukunftsorientierten Entgeltermittlung auf Basis aktueller Wiederbeschaffungskosten.

2. Das Nominalzinsmodell erweist sich auch deshalb als nachteilig, weil die anschaffungswertorientierte Abschreibungsbemessung aufgrund der langen Anlagennutzungsdauern **erhebliche Kostensprünge** zum Zeitpunkt des An-

---

S. 11 sowie **Zimmermann, Gebhard**: Die kalkulatorischen Kosten... **(2003)**, S. 55 f.

922   Vgl. im Folgenden vor allem **Männel, Wolfgang**: Gutachterliche Stellungnahme zu dem im Auftrag der Deutsche BP AG... **(2004)**, S. 25 ff. sowie **Männel, Wolfgang**: Kalkulationsmethodik des künftigen stromverteilungsspezifischen Regulierungskonzeptes... **(2004)**, S. 53 ff.

lagenersatzes bewirkt, die durch den fallenden Verlauf der nominalen Zinslasten verstärkt werden.[923]

3. Das anschaffungswertorientierte Nominalzinsmodell steht den Anforderungen einer Benchmarking-tauglichen Kapitalkostenkalkulation entgegen, da von unterschiedlich alten Anschaffungswertniveaus ausgehende Kalkulationen **keine objektiven überbetrieblichen Kostenvergleiche** zulassen.[924]

4. Die von anschaffungswertorientierten Restbuchwerten abgeleitete Kapitalbasis weist **aus Sicht von Investoren keine Entscheidungsrelevanz** auf.[925] Auch die Eigentümer von Stromnetzen werden im Zeitablauf regelmäßig überprüfen, ob das von ihnen durch Anteils- bzw. Unternehmensveräußerung freisetzbare Kapital eine im Vergleich zu alternativen Anlagemöglichkeiten ausreichende Rendite erwirtschaftet.[926] Das Niveau anschaffungswertorientierter Restbuchwerte stimmt jedoch regelmäßig nicht mit den liquidierbaren Sachzeitwerten überein.[927] Kalkulatorische Zinsen sollten daher möglichst auf die **Höhe des alternativ freisetzbaren Kapitals** bezogen werden, das anhand von Tagespreisrestwerten approximiert werden kann.[928]

5. Aus dem zuvor angeführten Kritikpunkt folgt, dass Investoren bei einer nominalen anschaffungswertorientierten Kapitaldienstkalkulation Anreize haben, durch Desinvestitionen zusätzliche Renditeeffekte zu erzielen, da die

---

923 Auf das Problem des fallenden Gebührenverlaufs bei anschaffungswertorientierter Kapitaldienstkalkulation hat insbesondere **Brüning, Gert:** Annuitätsorientierte Kostenrechnung... **(1998),** S. 137 ff. anlässlich der Diskussion einer annuitätsorientierten Verrechnung der Kapitalkosten hingewiesen.

924 Hierauf verweist auch Seicht, der die Vorteile des Realzinsmodells gegenüber dem Nominalzinsmodell auch vor dem Hintergrund möglichst aussagefähiger Betriebsvergleiche betont. **Seicht, Gerhard:** Zur Tagesneuwertorientierung administrierter Preise... **(1996),** S. 359.

925 Sinngleich haben sich eine Reihe von Autoren im Kontext der Netzentgeltkalkulation geäußert. Vgl. dazu **Männel, Wolfgang:** Kalkulationsmethodik des künftigen stromverteilungsspezifischen Regulierungskonzeptes... **(2004),** S. 54 ff.; **Knieps, Günter:** Entscheidungsorientierte Ermittlung der Kapitalkosten... **(2002),** S. 1002 sowie **Busse von Colbe, Walther:** Zur Ermittlung der Kapitalkosten ... **(2002),** S. 5 f. Diesen Kritikpunkt hat jedoch auch speziell die Literatur zum rentabilitäts- und wertorientierten Controlling seit langem anlässlich der Beurteilung traditioneller restbuchwertrechnerischer, erfolgsorientierter Rentabilitätsmaße angemahnt. Vgl. **Rappaport, Alfred:** Shareholder Value... **(1999),** S. 150 und **Männel, Wolfgang:** Rentabilitätskalküle und Rentabilitätsmaße... **(2000),** S. 15.

926 Vgl. **Männel, Wolfgang:** Kalkulationsmethodik des künftigen stromverteilungsspezifischen Regulierungskonzeptes... **(2004),** S. 56.

927 Vgl. nochmals **Männel, Wolfgang:** Rentabilitätskalküle und Rentabilitätsmaße... **(2000),** S. 15.

928 Vgl. **Männel, Wolfgang:** Kalkulationsmethodik des künftigen stromverteilungsspezifischen Regulierungskonzeptes... **(2004),** S. 56 f. sowie S. 83 ff.

insbesondere in frühen Phasen von Anlagenlebenszyklen stark zu Buche schlagenden **Effekte stiller Reserven** vom anschaffungswertorientierten Nominalzinsmodell vernachlässigt werden.[929] Dass die hier angesprochenen methodisch bedingten Veräußerungsanreize in der Energiewirtschaft von signifikanter praktischer Bedeutung sind, belegen die Äußerungen *Schäfers*, der beklagt, dass bei der Veräußerung von EVU häufig erhebliche stille Reserven aufgedeckt werden.[930] Die Problematik **renditeerhöhender Veräußerungsgewinne** musste bereits *Swoboda* als Befürworter einer anschaffungswertorientierten Kalkulation eingestehen.[931] Da Veräußerungsgewinne gemäß § 9 Abs. 1 Satz 1 Ziffer 5 StromNEV kostenmindernd zu verrechnen sind, kann die Realisierung stiller Reserven streng genommen lediglich bei kompletten Netzverkäufen renditewirksam werden. Dabei stellt sich jedoch die Frage, ob sich unter den Vorgaben der StromNEV Käufer finden werden, die einen die aktuellen kalkulatorischen Restbuchwerte übersteigenden Kaufpreis zu zahlen bereit sind, da gemäß § 6 Abs. 2 Satz 2 Ziffer 2 StromNEV Ausgangsbasis für die Ermittlung der kalkulatorischen Abschreibungen die zum Zeitpunkt der Anlagenerrichtung erstmalig aktivierten Anschaffungskosten sind.

6. Das anschaffungswertorientierte Nominalzinsmodell enthält aufgrund seiner methodenimmanenten Vollausschüttungsprämisse **keine Thesaurierungsregel** zur Bildung von Substanzerhaltungsrücklagen. Es unterstellt, dass Investoren zur Schließung „inflatorischer Lücken" immer wieder zusätzliches Eigenkapital bereitstellen. Neben der insbesondere für Aktiengesellschaften aufwendigen Organisation regelmäßiger Eigenkapitalaufstockungen, erweist sich eine auf die Nominalzinsen abstellende „Schütt-aus-hol-zurück"-Politik auch aufgrund der Regelungen des Halbeinkünfteverfahrens als nachteilhaft.

3) Thesaurierungspolitisch modifiziertes Nominalzinsmodell

Auf Kapitalstrukturerhaltung abzielende Unternehmen sind zur Finanzierung inflationsbedingt verteuerter Ersatzinvestitionen neben dem über die anlagenspezifische Nutzungsdauer kalkulierten anschaffungswertorientierten Abschreibungsvolumen sowohl auf zusätzliche Fremdkapitalaufnahmen als auch auf die zusätz-

---

929 Vgl. nochmals die Ausführungen von **Männel, Wolfgang**: Kalkulationsmethodik des künftigen stromverteilungsspezifischen Regulierungskonzeptes... **(2004)**, S. 65 ff. und die dort präsentierten Beispielrechnungen.

930 Vgl. **Schäfer, Gert**: Preisaufsicht und Versorgerwechsel in der Elektrizitätswirtschaft... **(1996)**, S. 408 ff.

931 Siehe dazu **Swoboda, Peter**: Zur Anschaffungswertorientierung administrierter Preise... **(1996)**, S. 375 f.

liche Aufnahme von Eigenkapital angewiesen. Insofern liegt der Gedanke nahe, anstelle der zuvor problematisierten Vollausschüttung des gesamten Nominalzinsvolumens und anschließender Eigenkapitalaufnahme von vornherein einen bestimmten Teil der Nominalzinsen zur **Schließung inflatorischer Lücken** einzubehalten.

Diese Idee wurde vom *Bundeskartellamt* im November 2003 zur Diskussion gestellt.[932] Der Vorschlag geht davon aus, dass im branchenspezifisch veranschlagten Nominalzinssatz die **durchschnittliche anlagenspezifische Inflationsrate** enthalten ist. Im Ausmaß der durchschnittlichen anlagenspezifischen Inflationsrate soll deshalb ein Teil der Nominalzinsen zur Realisierung eines kapitalstrukturerhaltenden Inflationsausgleichs einbehalten werden, um inflatorischen Lücken zu schließen.[933]

Die als **thesaurierungspolitisch modifiziertes Nominalzinsmodell** zu interpretierende Empfehlung des *Bundeskartellamtes* impliziert im Gegensatz zum originären Nominalzinsmodell eine Thesaurierungsregel, deren Transparenz analog zur nachfolgend noch empfohlenen Vorgabe anlagengüter- und anlagengruppenspezifischer Preisindizes durch die Regulierungsbehörde sichergestellt werden kann. Der Vorschlag des Bundeskartellamtes ist jedoch dem nachfolgend behandelten tagesneuwertorientierten Realzinsmodell klar unterlegen, da das modifizierte Nominalzinsmodell dieselben, in Abbildung 5-3 mit den Ziffern 1 bis 5 versehenen Kritikpunkte treffen, die der originären Nominalverzinsungskonzeption anzulasten sind.[934]

---

932 Vgl. **Bundeskartellamt**: Entgeltregulierung der Elektrizitäts- und Gasnetze... (**2003**), S. 11: „Die Kalkulation der Netznutzungsentgelte muss zum Ziel haben, dass die kumulierten kalkulatorischen Abschreibungen eines Anlagegutes **einschließlich eines Inflationsausgleichs durch Ansatz eines branchenspezifischen Nominalzinssatzes** über dessen Nutzungsdauer der Höhe der bilanzierten AK/HK des wiederbeschafften Anlagegutes entsprechen. Die Betreiber von Strom- und Gasnetzen haben die kumulierten kalkulatorischen Abschreibungen **einschließlich des [...] Inflationsausgleichs** für sämtliche Anlagegüter einzeln oder – nach Maßgabe der (Regulierungs)behörde – in Anlagegütergruppen in geeigneter Weise zu dokumentieren und der Behörde auf Verlangen vorzulegen. Überschreiten die kumulierten Abschreibungen einschließlich des [...] Inflationsausgleichs die bilanzierten AK/HK im Zeitpunkt der Ersatzinvestition, ist der Differenzbetrag netzkostenmindernd in Ansatz zu bringen. Unterschreitungen können netzkostenerhöhend in Ansatz gebracht werden." (Hervorhebung durch den Verfasser dieser Arbeit)

933 Vgl. dazu die Ausführungen bei **Männel, Wolfgang**: Kalkulationsmethodik des künftigen stromverteilungsspezifischen Regulierungskonzeptes... (**2004**), S. 63 f.

934 Siehe nochmals **Männel, Wolfgang**: Kalkulationsmethodik des künftigen stromverteilungsspezifischen Regulierungskonzeptes... (**2004**), S. 63 ff.

C. Tagesneuwertorientiertes Realzinsmodell

Bevor auf die beiden grundsätzlichen Ausgestaltungsformen des Realzinsmodells, die realverzinsungsorientierte Nettosubstanzerhaltung und die durchgängig realverzinsungsorientierte Bruttosubstanzerhaltung eingegangen wird, werden zunächst die Fragen der Ermittlung der Tagesneuwerte und der Bestimmung des Realzinssatzes behandelt, die sich für beide Kapitaldienstkonzeptionen stellen.

1) Ermittlung der Tagesneuwerte und der Tagespreisrestwerte

Wie im 3. Kapitel erläutert, empfiehlt die Kostenrechnungstheorie vor dem Hintergrund der Erhaltung der Unternehmenssubstanz in inflationären Zeiten eine von Wiederbeschaffungskosten ausgehende Abschreibungsbemessung. Aufgrund der extrem langen anlagenspezifischen Nutzungsdauern des Stromnetzgeschäfts können die Wiederbeschaffungskosten zum Beginn der Anlagennutzung nicht prognostiziert werden. Um die Prognoseunsicherheit zu reduzieren, gehen auch die Unternehmen in anderen Industriezweigen bezüglich der Abschreibungsbemessung anstelle von Wiederbeschaffungswerten daher regelmäßig von aktuellen Tagesneuwerten als **gegenwartsbezogene Wiederbeschaffungspreise** aus.[935] *Kilger* spricht sich sogar explizit für das Tagesneuwertkonzept aus, da die Kostenrechnung eine kurzfristige Rechnung ist und die „Tagespreise der Wiederbeschaffungszeitpunkte nur unter der Voraussetzung die richtigen Wertansätze" sind, wenn die „lfd. Rechnung eine langfristige Planungsrechnung" wäre.[936]

Betrachtet man den sogenannten „**Ein-Gut-Fall**" ist zu bedenken, dass eine von aktuellen Tagespreisen abgeleitete Abschreibungsbemessung bei kontinuierlicher Preissteigerung nicht zur Wiederbeschaffung des Anlagegutes ausreicht, da die Abschreibungen stets nur vom Preisniveau der aktuellen Kalkulationsperiode bestimmt werden.[937] Spätestens seit der Arbeit von *K. Hax* ist jedoch bekannt, dass nach Substanzerhaltung strebende Unternehmen nicht auf die Kenntnis der zum Ende der Anlagennutzungsdauer anfallenden Wiederbeschaffungskosten angewiesen sind, da bei **stetiger Reinvestition der liquiden Abschreibungsgegenwerte** auch eine tagesneuwertorientierte Abschreibungsbemessung die Erhaltung der Unternehmenssubstanz garantiert.[938] Aufgrund der im EnWG veran-

---

935 Vgl. unter anderem **Kalenberg, Frank**: Grundlagen der Kostenrechnung... **(2004)**, S. 53.

936 **Kilger, Wolfgang**: Einführung in die Kostenrechnung... **(1987)**, S. 116 .

937 Vgl. nochmals **Kilger, Wolfgang**: Einführung in die Kostenrechnung... **(1987)**, S. 116 f.

938 Vgl. **Hax, Karl**: Die Substanzerhaltung der Betriebe... **(1957)**, S. 216. Siehe dazu auch **Plinke, Wulff**: Industrielle Kostenrechnung... **(2000)**, S. 75 f.

kerten Investitions- und Reinvestitionspflichten erscheint es zulässig, die von *K. Hax* zugrunde gelegte Reinvestitionsprämisse für die Unternehmenspraxis von Stromnetzbetreibern als erfüllt anzusehen, wenngleich eine sofortige Reinvestition von Abschreibungsgegenwerten aufgrund von Investitionsstaus nicht immer realisiert werden kann.

Zur **Tagesneuwertermittlung** werden die folgenden Methoden vorgeschlagen:[939]

■ sachkundige Schätzung von Tagesneuwerten,

■ Ermittlung von Angebotspreisen durch Lieferantenbefragung

■ sowie die Hochindizierung historischer Anschaffungs- und Herstellungskosten mit Hilfe anlagengüter- bzw. anlagengruppenspezifischer Preisindizes.

Infolge der mangelnden Objektivierbarkeit und des hohen Überprüfungsaufwandes bei über 900 Stromnetzbetreibern scheiden die ersten beiden Verfahren der Tagesneuwertermittlung für die Kapitalkostenkalkulation regulierter Stromnetzbetreiber aus. Während die die Preisfindungsprinzipien konkretisierende Anlage 3 der VV II plus vom 23.04.2002 noch eine Tagesneuwertermittlung auf Basis von Angebotspreisen vorsah[940], sind die Tagesneuwerte gemäß § 6 Abs. 3 StromNEV ausschließlich unter Verwendung überprüfbarer anlagenspezifischer bzw. anlagengruppenspezifischer Preisindizes zu ermitteln, die auf den Indexreihen des Statistischen Bundesamtes beruhen.

Die vom Statistischen Bundesamt publizierten **Indexreihen der Fachserie 17** lassen gemäß Nr. 550 unter anderem die vergangenheitsorientierte Ermittlung von Preissteigerungsraten für Elektrizitätsverteilungs- und -schalteinrichtungen zu, mit deren Hilfe die historischen Anschaffungs- und Herstellungskosten auf das Tagesneuwertniveau aktualisiert werden können.[941] In der Praxis greifen Stromnetzbetreiber anlässlich der Tagesneuwertermittlung regelmäßig auf die von der „WIBERA Wirtschaftberatung AG" entwickelten Preissteigerungsindizes zurück, da die sogenannten **WIBERA-Indizes** die Preisentwicklung von Anlagegütern in der Versorgungswirtschaft differenzierter und für weiter in die Vergangenheit zurückreichende Zeiträume abbilden als die Preisindizes des Statistischen

---

939 Vgl. unter anderen **Ehrmann, Harald:** Kostenrechnung... **(1992)**, S. 50.

940 Vgl. dazu **Bundesverband der Deutschen Industrie e.V. (BDI) – Verband der Industriellen Energie- und Kraftwirtschaft e.V. (VIK) – Verband der Elektrizitätswirtschaft e. V. (VDEW) – Verband der Netzbetreiber (VDN) beim VDEW e. V. – Arbeitsgemeinschaft regionaler Energieversorgungsunternehmen e.V. (ARE) – Verband kommunaler Unternehmen (VKU) e.V.:** Anlage 3 zur Verbändevereinbarung... **(2002)**, S. 5.

941 Vgl. stellvertretend **Statistisches Bundesamt:** Preise und Preisindizes für gewerbliche Produkte (Erzeugerpreise), Fachserie 17, Reihe 2... **(2006)**, S. 23.

Bundesamtes.[942] Da die Berechnung der WIBERA-Indizes auf den Preisindizes des Statistischen Bundesamtes beruht, entsprechen sie den Anforderungen von § 6 Abs. 3 Satz 2 StromNEV.

Ausgehend von den historischen Anschaffungskosten ergibt sich der zum Bewertungszeitpunkt maßgebliche, regelmäßig auch als Tageswiederbeschaffungspreis bezeichnete **Tagesneuwert (TNW)** aus dem Produkt der historischen Anschaffungskosten mit dem Tageswertfaktor als Quotient aus dem Preisindex der Kalkulationsperiode und dem Preisindex zum Anschaffungszeitpunkt:[943]

$$TNW_t = AHK_{t=0} \; x \; \frac{q_t}{q_{t=0}},\qquad(5\text{-}1)$$

für:

TNW_t	=	Tagesneuwert der Periode t,
$AK_{t=0}$	=	historische Anschaffungs- bzw. Herstellungskosten zum Anschaffungszeitpunkt t=0,
q_t	=	Preisindex der Periode t,
$q_{t=0}$	=	Preisindex zum Anschaffungszeitpunkt = 100,00,
$q_t/q_{t=0}$	=	Tageswertfaktor.

Der für die Bemessung kalkulatorischer Zinsen maßgebliche **anlagenspezifische Tagespreisrestwert** ist anschließend wie folgt zu quantifizieren:

$$TPRW_t = TNW_t \; x \; \frac{T-t}{T},\qquad(5\text{-}2)$$

für:

$TPRW_t$	=	anlagenspezifischer Tagespreisrestwert der Periode t,
T	=	anlagenspezifische Nutzungsdauer,
t	=	Teilperiode t der anlagenspezifischen Nutzungsdauer.

Aus der Vorgabe des § 4 Abs. 2 Satz 1 StromNEV, wonach die Kalkulation der Netzentgelte auf der Gewinn- und Verlustrechnung **des letzten abgeschlossenen Geschäftsjahres** zu basieren hat, folgt, dass die für die Abschreibungsbemessung maßgeblichen Tagesneuwerte und die für die Verzinsung relevanten Tagespreisrestwerte nicht für die aktuelle Kalkulationsperiode, sondern für einen

---

942 So auch **Bundesnetzagentur**: 2. Referenzbericht Anreizregulierung – Generelle sektorale Produktivitätsentwicklung im Rahmen der Anreizregulierung... **(2006)**, S. 26 f.

943 Vgl. **Kilger, Wolfgang**: Einführung in die Kostenrechnung... **(1987)**, S. 117.

bereits in der Vergangenheit liegenden Bilanzstichtag zu ermitteln sind. Im Rahmen der Preisgenehmigungsverfahren 2006 wurden die Tagesneuwerte für das zum Zeitpunkt der Erstellung der Preisanträge im Jahr 2005 letzte abgeschlossene Geschäftsjahr 2004 durch Indizierung der historischen Anschaffungs- bzw. Herstellungskosten ermittelt. Die so konzipierte Tagesneuwertermittlung weist zwar ein hohes Maß an Überprüfbarkeit auf, da **keine Tagesneuwertprognosen erforderlich** sind, sie führt jedoch dazu, dass das tagesneuwertorientierte Realzinsmodell nicht konsistent umgesetzt wird. Es leuchtet ein, dass nach dieser Methodik für die jeweils aktuelle Kalkulationsperiode keine aktuellen Tagesneuwerte ermittelt werden und insofern die jeweilige Preissteigerung des aktuellen Geschäftsjahres nicht sachgerecht abgebildet wird.

Die sachgerechte Umsetzung des Substanzerhaltungskonzeptes würde eine nach der VV II plus noch praktizierte Plankalkulation erfordern, die auf die Prognose des Tagesneuwertes **zum Ende der aktuellen Kalkulationsperiode** angewiesen ist.[944] In Abschnitt 5-III dieser Arbeit wird exemplarisch verdeutlicht, dass das tagesneuwertorientierte Realzinsmodell und das anschaffungswertorientierte Nominalzinsmodell nur dann indifferent sind, wenn bereits in der ersten Kalkulationsperiode auf den zum Ende des Geschäftsjahres prognostizierten Tagesneuwert abgeschrieben wird.[945] Dieser entspricht dem Tagesneuwert am Bilanzstichtag zum Ende der aktuellen Kalkulationsperiode.[946] Um dem Ziel der Substanzerhaltung Rechnung zu tragen, müsste § 6 Abs. 3 StromNEV derart ausgelegt werden, dass der für die Abschreibungsbemessung maßgebliche Tagesneuwert vom Wiederbeschaffungswert am Ende der jeweiligen Kalkulationsperiode abgeleitet wird.

---

944 An dieser Stelle sei darauf hingewiesen, dass auch in der Kostenrechnungsliteratur teilweise vorgeschlagen wird, die tagesneuwertorientierte Abschreibungsbemessung von den zum Beginn eines Geschäftsjahres maßgeblichen Tagesneuwerten vorzunehmen. Unter dieser Bedingung wird in der für ein Anlagegut maßgeblichen ersten Kalkulationsperiode von den Anschaffungs-/Herstellungskosten abgeschrieben. Auch diese Vorgehensweise ermöglicht es jedoch nicht, dass zum Ende der Kalkulationsperiode über die Abschreibungsbemessung der notwendige Inflationsausgleich zur Finanzierung der Ersatzinvestition erwirtschaftet wird. Vgl. dazu **Kilger, Wolfgang**: Einführung in die Kostenrechnung... **(1987)**, S. 121 sowie **Plinke, Wulff**: Industrielle Kostenrechnung... **(2000)**, S. 76.

945 Siehe dazu auch den formalen Beweis bei **Swoboda, Peter**: Zur Anschaffungswertorientierung administrierter Preise... **(1996)**, S. 372 f. sowie S. 381 sowie bei **Küpper, Hans-Ulrich – Pedell, Burkhard**: Gutachten zum Entwurf der Verordnung über die Entgelte für den Zugang zu Gasversorgungsnetzen... **(2005)**, S. 5 f.

946 Vgl. **Purtscher, Victor**: Kalkulatorische Abschreibungen... **(1999)**, S. 258 und S. 262.

Die Regulierungsbehörde könnte gemäß § 30 Abs. 2 Ziffer 2 StromNEV auf Basis der vom Statistischen Bundesamt ermittelten Preisindizes geeignete durchschnittliche anlagen- bzw. anlagengruppenspezifische Preissteigerungsraten für die **Tagesneuwertprognosen** vorgeben.[947] Dabei ist man allerdings auf die Unterstellung angewiesen, dass die in der Vergangenheit ermittelten Inflationsraten im Durchschnitt der erwarteten aktuellen Inflationsrate entsprechen. In diesem Zusammenhang erscheint es zweckmäßig, auftretende Divergenzen zwischen den durch die Behörde vorgegebenen anlagenspezifischen Preissteigerungsraten und den die unternehmensindividuellen Anlagenparks tatsächlich betreffenden Inflationserscheinungen dem **allgemeinen Unternehmerrisiko** zuzuordnen[948], das durch den Ansatz eines risikoadjustierten Eigenkapitalkostensatzes vergütet wird.

Anlässlich der Bestimmung von Tagesneuwerten für kostenrechnerische Preiskalkulationen stellt sich darüber hinaus die Frage, wie mit dem **technischen Fortschritt von Betriebsmitteln** umzugehen ist. Anlagenspezifische Preissteigerungen können nicht nur auf Erhöhungen des allgemeinen Preisniveaus basieren, sondern auch auf eine verbesserte Leistungsfähigkeit der Anlagen zurückzuführen sein. Die Kostenrechnungstheorie fordert daher, die für die Verzinsung und Abschreibungsbemessung maßgeblichen Tagesneuwerte um die prozentuale Leistungszunahme des verbesserten Betriebsmittels in der jeweiligen Kalkulationsperiode zu bereinigen, da der Einbezug des durch Leistungsverbesserung bedingten Anteils anlagenspezifischer Preissteigerungen in der Abschreibungsbemessungsgrundlage zur Substanzausweitung führt und insofern **über das Ziel der Substanzerhaltung hinausgeht**.[949]

Diesem Erfordernis entspricht die Verwendung anlagengüter- bzw. anlagengruppenspezifischer Preisindizes des Statistischen Bundesamtes. Gemäß den Beschreibungen des Statistischen Bundesamtes zur Ermittlung von Indizes für Erzeugerpreise gewerblicher Produkte werden „alle für die Höhe des Preises maßgeblichen Faktoren, die sogenannten preisbestimmenden Merkmale, solange wie möglich konstant gehalten" und somit „Qualitätsänderungen und andere Ände-

---

947 Zu diesem Vorschlag siehe auch **Männel, Wolfgang**: Kalkulationsmethodik des künftigen stromverteilungsspezifischen Regulierungskonzeptes... **(2004)**, S. 83.

948 Siehe zu dieser Argumentation **Ballwieser, Wolfgang – Busse von Colbe, Walther**: Kapitalkosten der Deutsche Telekom AG... **(2001)**, S. 37.

949 Vgl. **Kilger, Wolfgang**: Einführung in die Kostenrechnung... **(1987)**, S. 117 f. sowie S. 118, Fußnote 75, der eine Korrektur des prognostizierten Wiederbeschaffungswertes um eine die technische Leistung berücksichtigende Schätzgröße vorsieht, gleichzeitig jedoch anmerkt, dass die Ermittlung anlagengüterspezifischer Leistungsveränderungen insbesondere hinsichtlich qualitativer Merkmale kaum gelingen kann. Siehe ferner **Jost, Helmuth**: Kosten- und Leistungsrechnung... **(1996)**, S. 71 sowie die ausführliche Darstellung bei **Grob, Heinz-Lothar – Bensberg, Frank**: Kosten- und Leistungsrechnung... **(2005)**, S. 104 f.

rungen in den preisbestimmenden Merkmalen der beobachteten Erzeugnisse her-
ausgerechnet."[950] Die vom Statistischen Bundesamt ermittelten Preissteigerungsindizes zielen darauf ab, **reine Preisveränderungen** zum Ausdruck zu
bringen, sodass eine Korrektur der über die indizierten historischen Anschaffungskosten ermittelten Tagesneuwerte um den technischen Fortschritt nicht erforderlich ist.

Die Ermittlung aktueller Wiederbeschaffungswerte auf Basis von Preissteigerungsindizes kann sich jedoch als problematisch erweisen, wenn die Anlagen in
der ursprünglichen Qualität nicht mehr käuflich sind, weil von der betreffenden
Güterart ausschließlich verbesserte Ausführungen am Markt erhältlich sind.[951] In
diesem Fall können sich über die indizierten historischen Anschaffungskosten
Tagesneuwerte ergeben, die unter den Beträgen liegen, die im Fall es Anlagenersatzes tatsächlich aufgewendet werden müssen. Da die vom Statistischen Bundesamt für die Anlagen des Stromnetzbetriebs ermittelten Indizes in der Regel
kontinuierliche Preissteigerungen ausweisen[952] und der **Grad des technischen
Fortschritts** für die Anlagegüter des Stromnetzbetriebs im Vergleich zu High-
Tech-Branchen und dem Betrieb von Telekommunikationsnetzen eher als gering
einzustufen ist[953], kann dieses Phänomen für den regulierten Stromnetzbetrieb
tendenziell ausgeklammert werden.

Andererseits kann nie ausgeschlossen werden, dass die tatsächlichen Wiederbeschaffungspreise oberhalb oder unterhalb der indizierten Anschaffungskosten
liegen. Ein regelmäßiger Abgleich der über die Indizierung ermittelten Tagesneuwerte mit den aktuellen Angebotspreisen ist daher grundsätzlich empfehlens-
wert. Eine Korrektur potenziell zu **hoch veranschlagter Tagesneuwertprognosen** ist unter Rentabilitätsgesichtspunkten jedoch nicht erforderlich, wenn bei der

---

950 **Statisches Bundesamt**: Index der Erzeugerpreise gewerblicher Produkte (Inlandsabsatz) nach dem Güterverzeichnis für Produktionsstatistiken, Ausgabe 2002
(GP 2002), Lange Reihen von Januar 1995 bis Sept. 2006... **(2006)**, S. 3.

951 Vgl. **Statisches Bundesamt**: Index der Erzeugerpreise gewerblicher Produkte
(Inlandsabsatz) nach dem Güterverzeichnis für Produktionsstatistiken, Ausgabe
2002 (GP 2002), Lange Reihen von Januar 1995 bis Sept. 2006... **(2006)**, S. 3.

952 Vgl. dazu nochmals **Statisches Bundesamt**: Index der Erzeugerpreise gewerblicher Produkte (Inlandsabsatz) nach dem Güterverzeichnis für Produktionsstatistiken, Ausgabe 2002 (GP 2002), Lange Reihen von Januar 1995 bis Sept. 2006...
(2006), S. 190, lfd. Nr. 550: „Elektrizitätsverteilungs- und -schalteinrichtungen,
Teile dafür," Januar 1996: Preisindex 98,0, Januar 2006: Preisindex 102,4.

953 Vgl. dazu stellvertretend **Zander, Wolfgang**: Unterschiede zwischen Telekommunikation und Energiewirtschaft... **(2004)**, S. 4

Umsetzung des tagesneuwertorientierten Realzinsmodells die Wahrung der folgenden zuvor bereits angesprochen **Konsistenzbedingung** garantiert wird:[954]

*Anlässlich der Bestimmung des für das tagesneuwertorientierte Realverzinsungsmodell maßgeblichen realen Zinssatzes ist sicherzustellen, dass die Kürzung des kapitalmarktorientiert veranschlagten nominalen Zinssatzes mit derselben **durchschnittlichen anlagengüterspezifischen Preissteigerungsrate** erfolgt, die auch für die Tagesneuwertermittlung maßgeblich ist.*

Eine zu hoch veranschlagte anlagengüterspezifische Preissteigerungsrate führt zwar zu einer Anhebung des Tagesneuwertes, sie bedingt im selben Ausmaß jedoch eine entsprechende Anpassung der kalkulatorischen realen Eigenkapitalverzinsung und bewirkt insofern keine zusätzlichen Rentabilitätseffekte.

Auf die Wahrung dieser spezifischen Konsistenzbedingung wurde in der jüngsten Vergangenheit speziell anlässlich der Beurteilung der StromNEV mit Nachdruck verwiesen[955], da § 6 Abs. 4 StromNEV für die Tagesneuwertermittlung der vor dem 01.01.2006 angeschafften Altanlagen die Verwendung anlagenspezifischer oder anlagengruppenspezifischer Preisindizes vorsieht, während § 7 Abs. 4 StromNEV regelt, dass für die Ermittlung des realen Eigenkapitalkostensatzes inkonsistenterweise vom Durchschnitt der Preisänderungsrate gemäß dem vom Statistischen Bundesamt veröffentlichten **Verbraucherpreisgesamtindex** auszugehen ist.

Die auf das realverzinsungsorientierte Konzept der Nettosubstanzerhaltung abstellenden Regelungen der StromNEV sind in dieser Hinsicht inkonsistent, sie führen immer dann zu einer **Benachteiligung der Eigenkapitalgeber**, wenn der allgemeine Verbraucherpreisindex die anlagengüterspezifischen Preissteigerungsraten übersteigt. Dies war während der zurückliegenden Jahre regelmäßig der Fall. Während der Anstieg des Verbraucherpreisgesamtindex im Zeitraum 1996

---

954 Auf die Wahrung dieser Konsistenzbedingung haben während der zurückliegenden Jahre eine Vielzahl von Experten hingewiesen. Siehe insbesondere **Knieps, Günter – Küpper, Hans-Ulrich – Langen, René**: Abschreibungen bei fallenden Wiederbeschaffungspreisen... **(2001)**, S. 266; **Küpper, Hans-Ulrich**: Kostenorientierte Preisbestimmung für regulierte Märkte ... **(2002)**, S. 48; **Männel, Wolfgang**: Kalkulationsmethodik des künftigen stromverteilungsspezifischen Regulierungskonzeptes... **(2004)**, S. 81 ff.; **Sieben, Günter**: Diskussionsbeiträge zum Meinungsspiegel „Administrierte Preise in der Energiewirtschaft"... **(1996)**, S. 429 sowie **Sieben, Günter – Maltry, Helmut**: Zur Bemessung kalkulatorischer Abschreibungen und Zinsen bei der kostenbasierten Preisermittlung... **(2002)**, S. 410.

955 Vgl. unter anderem **Männel, Wolfgang**: Kalkulationsmethodik des Regulierungskonzeptes der Stromverteilung... **(2005)**, S. 6.

bis 2005 durchschnittlich ca. +1,3% betrug[956], wurde für „Elektrizitätsvertei-
lungs- und -schalteinrichtungen" im Zeitraum Januar 1996 bis Januar 2006 lediglich eine durchschnittliche anlagengruppenspezifische Preissteigerungsrate von
+0,44% verzeichnet.[957]

2) Ermittlung des kalkulationsrelevanten Realzinssatzes

Ausgehend von der im nachfolgenden 6. Kapitel behandelten Ermittlung des risikoadjustierten Nominalzinssatzes stellt sich die Frage, wie das nominale Zins-
satzniveau in den für das Realzinsmodell maßgeblichen Realzinssatz umzurechnen ist.

Als theoretisch exakt gilt in der Literatur die Herleitung des Realzinssatzes
nach der **Irving-Fisher-Formel**:[958]

$$1 + n = (1 + r) \times (1 + i), \tag{5-3a}$$

$$1 + r = \frac{(1 + n)}{(1 + i)}, \tag{5-3b}$$

Demnach gilt für den **Realzinssatz r**:

$$r = \frac{(1 + n)}{(1 + i)} - 1, \tag{5-3c}$$

für:

i = allgemeine Inflationsrate,
n = risikoadjustierter inflationsausgleichender Nominalzinssatz,
r = nicht inflationsadjustierter Realzinssatz.

---

956 Vgl. **Statistisches Bundesamt**: Verbraucherpreisindizes für Deutschland - Lange
Reihen ab 1948, Wiesbaden... (**2006**), S. 3 (1996: Preisindex 95,3 2005: Preisindex
108,3).

957 Vgl. **Statistisches Bundesamt**: Index der Erzeugerpreise gewerblicher Produkte
(Inlandsabsatz) nach dem Güterverzeichnis für Produktionsstatistiken, Ausgabe
2002 (GP 2002), Lange Reihen von Januar 1995 bis Sept. 2006... (**2006**), S. 190,
lfd. Nr. 550, Elektrizitätsverteilungs- und -schalteinrichtungen, Teile dafür, Januar
1996: Preisindex 98,0, Januar 2006: Preisindex 102,4.

958 Zur Originalquelle siehe **Fisher, Irving**: The Theory of Interest (**1930**, Nachdruck
1965), S. 36-44. Siehe des Weiteren **Schneider, Dieter**: Allgemeine Betriebswirtschaftslehre... (**1985**), S. 346 sowie **Schneider, Dieter**: Betriebswirtschaftslehre,
Band 4... (**2001**), S. 829 ff.

Die Irving-Fisher-Formel unterstellt, dass der Realzinssatz selbst inflationsbelastet ist und die allgemeine Inflationsrate vollständig im Nominalzinssatz „überwälzt" ist.[959] Letzteres kann **empirisch nicht bestätigt** werden.[960] Auf diesen im Falle der Verwendung anlagenspezifischer Inflationsraten ohnehin nicht zu erbringenden Nachweis kommt es anlässlich der Ausgestaltung des tagesneuwertorientierten Realzinsmodells auch nicht an, da die Kürzung des Nominalzinssatzes um die durchschnittliche anlagenspezifische Preissteigerungsrate durch den Ansatz tagesneuwertorientierter Abschreibungen und die, den Anteilseignern zugute kommenden Vermögenswertzuwächse kompensiert wird.[961]

Die im Rahmen dieser Arbeit verfolgte Umsetzung des tagesneuwertorientierten Realzinsmodells bedingt im Gegensatz zur originären Irving-Fisher-Formel eine **vereinfachte Ermittlung** des Realzinssatzes aus der Differenz des risikoadjustierten Nominalzinssatzes und der durchschnittlichen anlagenspezifischen Inflationsrate:[962]

$$r = n - i_a \qquad (5\text{-}4)$$

für:

i_a = durchschnittliche anlagenspezifische Inflationsrate.

Diese auch von § 7 Abs. 4 Satz 2 StromNEV, jedoch inkonsistenterweise unter Verwendung des Verbraucherpreisgesamtindex vorgesehene Realzinssatzermittlung bedingt die Verzinsung der **zu Beginn einer Kalkulationsperiode** geltenden Tagespreisrestwerte.[963] Diese Methodik berücksichtigt das Zusammen-

---

959 Vgl. **Schneider, Dieter**: Substanzerhaltung bei Preisregulierungen... (2001), S. 57 sowie **Männel, Wolfgang**: Kalkulationsmethodik des künftigen stromverteilungsspezifischen Regulierungskonzeptes... (2004), S. 80.

960 Vgl. nochmals **Schneider, Dieter**: Substanzerhaltung bei Preisregulierungen ... (2001), S. 57 und die dort in Fußnote 24 zitierte Literatur sowie die empirische Studie von **Männel, Wolfgang**: Kalkulatorische Abschreibungen, Zinsen, Gewinne und Substanzerhaltungsrücklagen... (1996), S. 76, wonach im Zeitraum 1965 bis 1991 eine Erhöhung der Inflationsrate um einen Prozentpunkt lediglich einen Anstieg der Umlaufrendite inländischer festverzinslicher Wertpapiere um 0,56 Prozentpunkte zur Folge hatte.

961 Siehe dazu die Ausführungen in diesem Kapitel, S. 233 f.

962 Vgl. **Männel, Wolfgang**: Kalkulationsmethodik des künftigen stromverteilungsspezifischen Regulierungskonzeptes... (2004), S. 80. Auch Gerke bezeichnet die hier präsentierte Ermittlung des Realzinssatzes als zuverlässige Näherungslösung. Vgl. **Gerke, Wolfgang**: Risikoadjustierte Bestimmung des Kalkulationszinssatzes... (2003), S. 41.

963 Würde die Bestimmung des Realzinssatzes der Irving-Fisher-Formel folgen, müssten zur Sicherstellung der Nominalzinskonformität stattdessen die zum Ende der

wirken des Realzinsvolumens sowie der aus dem Ansatz tagesneuwertorientierter Abschreibungen und dem Entstehen stiller Reserven resultierenden Rendite-effekte.[964]

3) Auf Nettosubstanzerhaltung ausgerichtetes Realzinsmodell

Das Konzept der Nettosubstanzerhaltung bestimmte die kapitalkostenrechneri-sche Kalkulationsmethodik der VV II plus und ist gemäß der StromNEV vom 25.07.2005 weiterhin für alle vor dem 01.01.2006 aktivierten Altanlagen anzu-wenden. Wenngleich im Rahmen der bundesländerspezifischen Strompreiskal-kulationen auch andere Kalkulationsmethodiken praktiziert wurden[965] und meh-rere Branchenrichtlinien in der Vergangenheit auf das Konzept der Bruttosub-stanzerhaltung abstellten[966], hat sich die Idee der Nettosubstanzerhaltung **seit den 1970er-Jahren** in Deutschland in Theorie und Unternehmenspraxis als Un-ternehmenserhaltungskonzeption und kostenrechnerisches Kapitaldienstmodell etabliert.[967]

Nach dem Konzept der Nettosubstanzerhaltung werden nur für den gemäß § 6 Abs. 2 Satz 4 StromNEV auf maximal 40,0% begrenzten eigenfinanzierten Teil des abschreibungspflichtigen Anlagevermögens Tagesneuwertabschreibungen kalkuliert, während die Abschreibungen für den fremdfinanzierten Teil des ab-nutzbaren Anlagevermögens von den historischen Anschaffungs- bzw. Herstel-lungskosten abgeleitet werden. Das Konzept der Nettosubstanzerhaltung operiert

---

Kalkulationsperiode maßgeblichen Tagespreisrestwerte verzinst werden. Vgl. dazu die Darstellungen bei **Männel, Wolfgang**: Gutachten zu den Preisfindungsprinzi-pien der Verbändevereinbarung VV II plus... (**2003**), S. 82 ff.
964 Vgl. **Männel, Wolfgang**: Kalkulationsmethodik des künftigen stromverteilungsspe-zifischen Regulierungskonzeptes... (**2004**), S. 80.
965 Siehe dazu die Untersuchung von **Staibl, Barhold**: Die Substanzerhaltung der EVU... (**1993**), S. 73.
966 Vgl. **Pampel, Jochen – Viertelhaus, Miriam**: Substanzerhaltung und kalkulatori-sche Abschreibung in der Praxis... (**1997**), S. 14 ff.
967 Vgl. **Wöhe, Günter**: Einführung in die Allgemeine Betriebswirtschaftslehre... (**1996**), S. 1238 sowie **Seicht, Gerhard**: Moderne Kosten- und Leistungsrech-nung... (**2001**), S. 548. Siehe des Weiteren **Schmitt, Dünger – Düngen, Helmut – Bergschneider Claus**: Bewertungsprobleme in der Elektrizitätswirtschaft... (**1990**), S. 145: „Als am verbreitetsten darf die Auffassung gelten, daß dem Erfordernis der Substanzerhaltung adäquat mit Hilfe der Nettomethode Rechnung getragen werden kann." Auch **Zimmermann, Gebhard**: Zur Substanzerhaltung in Unternehmen un-ter Preisaufsicht... (**1989**), S. 510, als Befürworter einer anschaffungswertorientier-ten Kalkulation administrierter Preise stellte fest: „Nun wird seit Beginn der 70er Jahre die Auffassung vertreten, daß nur der eigenfinanzierte Anteil des abnutzbaren Sachanlagevermögens auf Basis von Wiederbeschaffungswerten abzuschreiben ist".

insofern mit einer **gespaltenen Abschreibung**, die ein Nebeneinander zweier Kapitaldienste bedingt.[968]

Abbildung 5-4 präsentiert die grundlegende Methodik des auf Nettosubstanzerhaltung abzielenden tagesneuwertorientierten Realzinsmodells anhand des bereits anlässlich der Erörterung des Nominalzinsmodells präsentierten Reinvestitionsmodells. Die Modellierung belegt die folgenden **bedeutsamen Charakteristika** der realverzinsungsorientierten Nettosubstanzerhaltung:

1. *Zeile 19* verdeutlicht, dass den Eigenkapitalgebern nur ein inflationsbereinigter Realzinssatz (in Höhe von 7,12% – 3,00% = 4,12%) zugestanden wird. Im „eingeschwungenen Zustand" (in den Perioden 3 bis 6) muss infolge der im Ausmaß der 40%-igen Eigenkapitalquote bemessenen tagesneuwertorientierten Abschreibung (*Zeile 04*) und der daraus resultierenden Bildung von Substanzerhaltungsrücklagen (*Zeile 15 und 16*) jedoch **kein zusätzliches Eigenkapital** zur Finanzierung der Ersatzinvestitionen aufgenommen werden.

2. Wie *Zeile 28* verdeutlicht, impliziert die im Ausmaß der Eigenkapitalquote limitierte tagesneuwertorientierte Abschreibungsbemessung, dass auch im „eingeschwungenen Zustand" zur Finanzierung der Ersatzinvestitionen „inflatorische Lücken" im Ausmaß der anteiligen Fremdfinanzierung durch **zusätzliche Fremdkapitalaufnahmen** zu schließen sind.[969] Die *Zeilen 18 und 30* belegen, dass das „Mitatmen des Fremdkapitals" in Kombination mit der im Ausmaß der Eigenkapitalquote erfolgenden Bildung von Substanzerhaltungsrücklagen (*Zeilen 15 und 16*) die **Erhaltung der Kapitalstruktur** bewirkt.[970]

3. Die *Zeilen 19 bis 24* weisen nach, dass das Realverzinsungskonzept den Eigenkapitalgebern – bei Vernachlässigung der im Ausmaß des fremdfinanzierten Anlagevermögens entstehenden Wertzuwächse – über alle Teilperioden der anlagenspezifischen Nutzungsdauer eine **nominalzinskonforme Rendite** (im Modell 7,12%) zugesteht. Die in *Zeile 24* ausgewiesenen Real-

---

968 Vgl. **Kern, Werner**: Betriebswirtschaftliche Aspekte der Tarifgenehmigung... **(1983)**, S. 71; **Bierich, Marcus**: Substanzerhaltungsrechnungen in der Praxis... **(1973)**, S. 521 ff. sowie **Männel, Wolfgang**: Kalkulationsmethodik des künftigen stromverteilungsspezifischen Regulierungskonzeptes **(2004)**, S. 77.

969 Man unterstellt insofern, dass sich anteilig fremdfinanzierte abschreibungspflichtige Vermögensgegenstände auch bei deren Wiederbeschaffung fremdfinanzieren lassen. Vgl. **Sieben, Günter – Schildbach, Thomas**: Substanzerhaltung und anteilige Fremdfinanzierung... **(1973)**, S. 582.

970 Die Aufrechterhaltung der Kapitalstruktur ist jedoch nur unter der hier geltenden Prämisse der kontinuierlichen Reinvestition gegeben. Im Fall einer einzelanlagenbezogenen Betrachtung verändert sich die Eigenkapital-Fremdkapital-Relation zugunsten des Eigenkapitals. Vgl. dazu **Purtscher, Victor**: Kalkulatorische Abschreibungen... **(1999)**, S. 266.

Zeile	Perioden (Jahre)	0	1	2	3	4	5	6
	Preisentwicklung (i_a = 3,0% p. a.)	100,00	103,00	106,09	109,27	112,55	115,93	119,40
	Anzahl der Anlagen am Periodenende	1	2	3	3	3	3	3
	Phasen des Investitionszyklus	Kapazitätsaufbau		eingeschwungener Zustand				
01	Investitionen	100,00	103,00	106,09	109,27	112,55	115,93	119,40
02	40,00% AHK-Abschreibung		13,33	27,07	41,21	42,45	43,72	45,03
03	40,00% Inflationsausgleich[1]		0,40	1,22	2,50	2,57	2,65	2,73
04	40,00% TNW-Abschreibung		13,73	28,29	43,71	45,02	46,37	47,76
05	60,00% AHK-Abschreibung		20,00	40,60	61,82	63,67	65,58	67,54
06	kalkulatorische Abschreibungen		33,73	68,89	105,53	108,69	111,95	115,30
07	Anschaffungspreisrestwerte	100,00	169,67	208,09	214,33	220,76	227,39	234,21
08	Tagespreisrestwerte		171,67	212,18	218,55	225,10	231,86	238,80
09	Summe stille Reserven		2,00	4,09	4,22	4,34	4,47	4,59
10	40,00% TNW-Restwerte	40,00	68,67	84,87	87,42	90,04	92,74	95,52
11	60,00% AHK-Restwerte	60,00	101,80	124,85	128,60	132,46	136,43	140,53
12	kalkulatorisches Sachanlagevermögen	100,00	170,47	209,73	216,02	222,50	229,18	236,05
13	anfänglicher Eigenkapitaleinsatz	40,00						
14	zusätzliche Eigenkapitalaufnahme		27,47	14,14	-	-	-	-
15	Δ Substanzerhaltungsrücklagen (40,00%)		0,40	1,22	2,50	2,57	2,65	2,73
16	*kumulierte Substanzerhaltungsrücklagen*		*0,40*	*1,62*	*4,12*	*6,69*	*9,34*	*12,07*
17	bilanzielles Eigenkapital	40,00	67,87	83,24	85,73	88,30	90,95	93,69
18	*bilanzielle Eigenkapitalquote*	*40,00%*	*40,00%*	*40,00%*	*40,00%*	*40,00%*	*40,00%*	*40,00%*
19	Realzinsen [4,12% x Zeile 08 (t-1)]		1,65	2,83	3,50	3,60	3,71	3,82
20	40,00% Inflationsausgleich		0,40	1,22	2,50	2,57	2,65	2,73
21	Δ 40,00% stille Reserven		0,80	0,84	0,05	0,05	0,05	0,05
22	Vermögenswertzuwachs		1,20	2,06	2,55	2,62	2,70	2,78
23	Realzinsen + 40% Vermögenswertzuwachs		2,85	4,89	6,04	6,23	6,41	6,60
24	*Realkapitalrendite [Zeile 23/10 (t-1)]*		*7,12%*	*7,12%*	*7,12%*	*7,12%*	*7,12%*	*7,12%*
25	+ Δ 60,00% stille Reserven		1,20	1,25	0,08	0,08	0,08	0,08
26	*Grenzrendite [(Zeile 23+25)/10 (t-1)]*		*10,12%*	*9,05%*	*7,35%*	*7,35%*	*7,35%*	*7,35%*
27	anfänglicher Fremdkapitaleinsatz	60,00						
28	zusätzliche Fremdkapitalaufnahme		41,80	23,05	3,74	3,86	3,98	4,10
29	bilanzielles Fremdkapital	60,00	101,80	124,85	128,60	132,46	136,43	140,53
30	*bilanzielle Fremdkapitalquote*	*60,00%*	*60,00%*	*60,00%*	*60,00%*	*60,00%*	*60,00%*	*60,00%*
31	Fremdkapitalzinsen [5,0% x Zeile 29 (t-1)]		3,00	5,09	6,24	6,43	6,62	6,82
32	bilanzielles Gesamtkapital	100,00	169,67	208,09	214,33	220,76	227,39	234,22
33	40,00% TNW-Abschreibung[1]		13,73	28,29	43,71	45,02	46,37	47,76
34	60,00% AHK-Abschreibung		20,00	40,60	61,82	63,67	65,58	67,54
35	kalkulationsrelevante Abschreibungen		33,73	68,89	105,53	108,69	111,95	115,30
36	reale Eigenkapitalzinsen[1]		1,65	2,83	3,50	3,60	3,71	3,82
37	nominale Fremdkapitalzinsen[2]		3,00	5,09	6,24	6,43	6,62	6,82
38	kalkulationsrelevante EK- und FK-Zinsen		4,65	7,92	9,74	10,03	10,33	10,64
39	kalkulatorischer Kapitaldienst		38,38	76,81	115,27	118,72	122,29	125,94

1) Vernachlässigung der ebenfalls kalkulationsrelevanten Ertragsteuerbelastungen (Gewerbesteuer und Körperschaftsteuer)

2) Vernachlässigung der ebenfalls kalkulationsrelevanten dauerschuldzinsspezifischen Gewerbesteuerbelastungen

Abbildung 5-4 — **Methodik des auf Nettosubstanzerhaltung ausgerichteten Realzinsmodells unter idealtypischen Reinvestitionsbedingungen**

kapitalrendite setzt sich aus der Verzinsung der zum Beginn einer Kalkulationsperiode maßgeblichen Tagespreisrestwerte (*Zeile 08*) zu dem um die anlagenspezifische Inflationsrate abgesenkten realen Eigenkapitalzinssatz, der zur Bildung von Substanzerhaltungsrücklagen einbehaltenen Differenz der tagesneuwertorientierten und anschaffungsbezogen Abschreibungen im Sinne des „Scheingewinns" (*Zeilen 15 und 20*) sowie dem aus dem Verzicht auf die Liquidierung preissteigerungsbedingter verteuerter Anlagen resultierenden 40,0%-igen Anstieg stiller Reserven (Zeile 21) zusammen.

4. Berücksichtigt man zusätzlich die vom Konzept der Nettosubstanzerhaltung vernachlässigten, im Ausmaß des fremdfinanzierten Sachanlagevermögens entstehenden, den Eigenkapitalgebern zusätzlich zugute kommenden inflationsbedingten Vermögenswertzuwächse (*Zeile 25*), deckt *Zeile 26* auf, dass die **zeitpunktbezogenen Grenzrenditen** die in *Zeile 24* ausgewiesenen Realkapitalrenditen insbesondere in Kapazitätsaufbauphasen signifikant übersteigen. Dieser **methodische Nachteil** des Konzepts der Nettosubstanzerhaltung, der in den Phasen des „eingeschwungenen Zustands" jedoch nur in einem sehr geringen Ausmaß zum Tragen kommt, kann durch den Übergang auf eine durchgängige, auf Bruttosubstanzerhaltung abzielende Realverzinsungskonzeption vermieden werden.[971]

Im Zuge der Limitierung tagesneuwertorientierter Abschreibungen auf den eigenfinanzierten Teil des abnutzbaren Sachanlagevermögens stellt sich die Frage, wie das auf der Passivseite der Bilanz aufgeführte Eigen- und Fremdkapital den entsprechenden Vermögenswerten auf der Aktivseite der Bilanz zugeordnet werden soll.[972] Über die Frage der Kapitalzuordnung wurde bereits in den von hohen Inflationsraten geprägten 1970er-Jahren intensiv und kontrovers debat-

---

971 Siehe dazu die Ausführungen in diesem Kapitel, S. 313 ff.
972 Vgl. dazu auch **Reiners, Frank**: Bemessung kalkulatorischer Abschreibungen, Zinsen und Gewinne... **(2000)**, S. 61 ff.

tiert.[973] In der Literatur werden die folgenden **Kapitalzuordnungsprämissen** diskutiert:[974]

1. Kapitalzuordnung durch **anlagenspezifische Einzelnachweise,**
2. Kapitalzuordnung nach der **unternehmensspezifischen bzw. normierten Gesamtkapitalstruktur** (jede Vermögensposition ist im Verhältnis der gesamtunternehmensbezogenen Eigen- und Fremdkapitalquote finanziert),
3. Kapitalzuordnung nach der **unternehmensspezifischen Restkapitalstruktur** (Ermittlung der verbleibenden Restkapitalstruktur im Anschluss an die Zuordnung von Fremdkapital zu den nominell gebundenen Aktiva),
4. Kapitalzuordnung **nach dem Geldcharakter und nach der Fristigkeit** (Zuordnung von Fremdkapital zu den nominell gebundenen Aktiva, anschließend zu den kurzfristigen, mittelfristigen und den langfristig gebunden Aktiva, sodass eine vorrangige Eigenfinanzierung des Sachanlagevermögens unterstellt wird)

Es leuchtet ein, dass der Versuch einer **einzelanlagenbezogenen Zuordnung** von Eigen- und Fremdkapital praktisch nicht gelingen kann, zumal er implizieren würde, dass den mit eigenfinanzierten Anlagen hergestellten Produkten höhere Kosten angelastet werden als den mit fremdfinanzierten Anlagen gefertigten Erzeugnissen.[975] Die einzelanlagenspezifische Kapitalzuordnung ist daher abzulehnen.

Als Folge der Kritik, dass eine konkrete Zuordnung von Eigenkapital- und Fremdkapitalanteilen zu einzelnen Vermögenspositionen nicht gelingen kann, wurde insbesondere anlässlich der Ausarbeitung der bundeseinheitlichen „Arbeitsanleitung zur Darstellung der Kosten- und Erlösentwicklung in der Stromversorgung 1997" vorgeschlagen, von einer **proportionalen Finanzierung der**

---

973 Zu Beginn der 1970er-Jahre stieg der Preisindex für die Lebenshaltung in der Bundesrepublik Deutschland mehr als 6% pro Jahr. Die Preissteigerungen für Sachanlagegüter fielen teilweise noch höher aus. Im Zeitraum 1968 bis 1976 stiegen die Preise für gewerbliche Bauten durchschnittlich mehr als 9% pro Jahr. Vgl. **Busse von Colbe, Walther:** Auswirkungen inflatorischer Preissteigerungen auf Gewinn und Finanzierung... **(1976),** S. 11 und die daraufhin geführten Diskussionen um die Frage der richtigen Kapitalzuordnung bei **Sieben, Günter – Schildbach, Thomas:** Bewertungsmethoden zum Zwecke der Substanzerhaltung ... **(1974),** S. 8; **Coenenberg, Adolf G.:** Inflationsbereinigte Rechnungslegung ... **(1975),** S. 116 f. sowie **Jacobs, Otto H. – Schreiber, Ulrich:** Betriebliche Kapital- und Substanzerhaltung ... **(1979),** S. 164 f.

974 Vgl. **Coenenberg, Adolf, G.:** Jahresabschluss und Jahresabschlussanalyse... **(2005),** S. 1204.

975 Siehe dazu **Reiners, Frank:** Bemessung kalkulatorischer Abschreibungen, Zinsen und Gewinne... **(2000),** S. 61 ff. sowie die Ausführungen von **Adam, Dietrich:** Wiederbeschaffungswertorientierte Bewertung in der Kostenrechnung... **(1998),** S. 46.

Vermögensgegenstände[976] auszugehen und insofern anzunehmen, dass alle Vermögenswerte im Sinne der unternehmensspezifischen Kapitalstruktur anteilig eigen- und fremdfinanziert sind.[977] Diese Kapitalzuordnungsregel ist jedoch auf den Ansatz eines gespaltenen – nominalen und realen – Eigenkapitalzinssatzes angewiesen, da für die anteilig eigenfinanzierten nominelllen Güter des Umlaufvermögens keine Vermögenswertzuwächse wirksam werden.[978] Die Annahme der proportionalen Finanzierung der Vermögensgegenstände wäre mit einer pauschal realen Eigenkapitalverzinsung nicht vereinbar, sie würde den Eigenkapitalgebern nur eine Rendite unterhalb des Nominalzinsniveaus gewähren.[979]

Wie im 4. Kapitel erläutert, folgt auch die StromNEV anlässlich der Umsetzung der für alle vor dem 01.01.2006 aktivierten Altanlagen maßgeblichen Nettosubstanzerhaltung einer Zuordnungsprämisse nach der **unternehmensspezifischen Gesamtkapitalstruktur**, weil die für die tagesneuwertorientierte Abschreibungsbemessung und die für die tagesneuwertorientierte Ermittlung des Sachanlagevermögens maßgebliche Eigenkapitalquote gemäß § 6 Abs. 2 Satz 3 StromNEV als Relation des betriebsnotwendigen Eigenkapitals zu dem betriebsnotwendigen Vermögen auf Basis historischer Anschaffungs- und Herstellungskosten zu bestimmen ist. Die pauschal reale Eigenkapitalverzinsung der StromNEV hat jedoch zur Folge, dass für das zur Finanzierung des Umlaufvermögens eingesetzte Eigenkapital keine nominalzinskonforme Rendite erwirtschaftet wird.

Die bereits von der VV II plus implizierte[980] und von der StromNEV gemäß § 7 Abs. 4 für Altanlagen übernommene pauschal reale Verzinsung des betriebs-

---

976 Vgl. dazu **Selchert, Franz W.**: Abschreibung und substanzielle Kapitalerhaltung... **(1975)**, S. 546.

977 Vgl. dazu insbesondere **Männel, Wolfgang**: Kalkulatorische Abschreibungen, Zinsen, Gewinne und Substanzerhaltungsrücklagen... **(1996)**, S. 26 ff. und die Argumentation bei **Reiners, Frank**: Bemessung kalkulatorischer Abschreibungen, Zinsen und Gewinne... **(2000)**, S. 64. Auch Schneider befürwortet diese Kapitalzuordnungsregel. Vgl. **Schneider, Dieter**: Entscheidungsrelevante fixe Kosten... **(1984)**, S. 2526.

978 Vgl. **Männel, Wolfgang**: Kalkulationsmethodik des künftigen stromverteilungsspezifischen Regulierungskonzeptes... **(2004)**, S. 91.

979 Vgl. **Männel, Wolfgang**: Gutachten zur Bedeutung kalkulationsrelevanter allgemeiner Unternehmerrisiken... **(2003)**, S. 95.

980 Trotz der pauschalen Absenkung des Eigenkapitalzinssatzes sahen auch die Preisfindungsprinzipien der VV II plus eine proportionale Finanzierung der Vermögensgegenstände vor. Sie verzichteten jedoch darauf, für den eigenfinanzierten Teil des Umlaufvermögens den nominalen Eigenkapitalzinssatz zu veranschlagen. Vgl. **Bundesverband der Deutschen Industrie e.V. (BDI) – Verband der Industriellen Energie- und Kraftwirtschaft e. V. (VIK) – Verband der Elektrizitätswirtschaft e. V. (VDEW) – Verband der Netzbetreiber (VDN) beim VDEW e. V. – Arbeitsgemeinschaft regionaler Energieversorgungsunternehmen e.V. (ARE) –**

notwendigen Eigenkapitals setzt anstelle einer Zuordnung nach der Gesamtkapitalstruktur stattdessen die Prämisse einer **vorrangigen Eigenfinanzierung des Sachanlagevermögens** voraus.[981] Eine für das gesamte betriebsnotwendige Eigenkapital vorgenommene pauschale Anpassung des Eigenkapitalzinssatzes an das reale Niveau ist nur dann gerechtfertigt, wenn diese vollständig durch Vermögenswertzuwächse des nicht abnutzbaren Sachanlagevermögens und über den Ansatz tagesneuwertorientierter Abschreibungen für das abschreibungspflichtige Sachanlagevermögen kompensiert wird. Diese auch vom Institut der Wirtschaftsprüfer (IDW) anlässlich der Berücksichtigung der Substanzerhaltung bei der Ermittlung des Jahresergebnisses empfohlene Kapitalzuordnung ist sachlich geboten, sie korrespondiert mit der **goldenen Bilanzregel**, wonach Eigenkapital vornehmlich zur Finanzierung der langfristig gebundenen Vermögensgegenstände eingesetzt werden sollte.[982] Für den Fall, dass das Anlagevermögen das betriebsnotwendige Eigenkapital übersteigt, bedingt die Prämisse der vorrangigen Eigenfinanzierung des Sachanlagevermögens, dass zur Substanzerhaltung nur eine Korrektur der Abschreibungen erforderlich ist.[983]

Auch die **Kapitalzuordnung nach der Restkapitalstruktur** erweist sich gegenüber der Kapitalzuordnung durch anlagenspezifische Einzelnachweise und der Kapitalzuordnung nach der Gesamtkapitalstruktur als vorteilhaft, weil die nominalen Vermögensgegenstände des Anlage- und Umlaufvermögens als fremdfinanziert betrachtet werden und im Kontext der Substanzerhaltungsrechnung insofern nicht berücksichtigt werden müssen.[984] Die Kapitalzuordnung nach der

Verband kommunaler Unternehmen (VKU) e. V.: Anlage 3 zur Verbändevereinbarung... **(2002)**, Anlage 3, S. 4 und S. 6 f.

981 Vgl. dazu insbesondere **Männel, Wolfgang**: Gutachten zur Bedeutung kalkulationsrelevanter allgemeiner Unternehmerrisiken... **(2003)**, S. 94 ff.

982 Vgl. **Hauptfachausschuß des Instituts der Wirtschaftsprüfer (IDW)**: Zur Berücksichtigung der Substanzerhaltung bei der Ermittlung des Jahresergebnisses... **(1975)**, S. 615 sowie **Männel, Wolfgang**: Kalkulationsmethodik des künftigen stromverteilungsspezifischen Regulierungskonzeptes... **(2004)**, S. 90 f. Zur goldenen Bilanzregel siehe unter anderem **Wöhe, Günter**: Einführung in die Allgemeine Betriebswirtschaftslehre... **(1996)**, S. 887.

983 Vgl. **Hauptfachausschuß des Instituts der Wirtschaftsprüfer (IDW)**: Zur Berücksichtigung der Substanzerhaltung bei der Ermittlung des Jahresergebnisses... **(1975)**, S. 615. Auch **Sieben, Günter – Schildbach, Thomas**: Bewertungsmethoden zum Zwecke der Substanzerhaltung... **(1974)**, S. 10, bevorzugen aus Zweckmäßigkeitsgründen die Annahme einer vorrangigen Eigenfinanzierung des Sachanlagervermögens.

984 Vgl. **Coenenberg, Adolf, G.**: Jahresabschluss und Jahresabschlussanalyse... **(2005)**, S. 1204, der die Prämisse einer vorrangigen Eigenfinanzierung des Sachanlagevermögens bereits seit Mitte der 1970er-Jahre für zweckmäßig erachtet. Vgl. dazu **Coenenberg, Adolf G.**: Inflationsbereinigte Rechnungslegung ... **(1975)**, S. 117.

Restkapitalstruktur impliziert jedoch, dass auch für das Vorratsvermögen im Ausmaß des sich nach der Restkapitalstruktur ergebenden Eigenfinanzierungsanteils eine inflationsbedingte Adjustierung des Materialaufwandes vorzunehmen ist, weshalb der Prämisse einer vorrangigen Eigenfinanzierung des Sachanlagevermögens der Vorzug zu geben ist.[985]

Wie **Abbildung 5-5** verdeutlicht, erfordert die Ermittlung der für die tagesneuwertorientierte Abschreibungsbemessung maßgeblichen Eigenkapitalquote – bei vorrangiger Eigenfinanzierung des Sachanlagevermögens – auch die **Berücksichtigung nicht abnutzbarer Sachanlagegüter**, deren prozentualer Anteil (im Beispiel 10,0%) zuvor von der für die Kalkulation maßgeblichen Eigenkapitalquote in Abzug zu bringen ist. Insofern wird die Abschreibungsbemessung von jenem residualen Eigenkapitalanteil (im Beispiel 30,0%) bestimmt, der zur Finanzierung der abschreibungspflichtigen Anlagegüter (im Beispiel 70,0%) verbleibt.[986] Wie der Beispielfall verdeutlicht, müssen prämissenbedingt nicht 40,0%, sondern 42,9% der abschreibungspflichtigen Sachanlagen der tagesneuwertorientierten Abschreibung unterliegen, um die Anpassung des Eigenkapitalzinssatzes an das reale Niveau zu kompensieren. Eine nominalzinskonforme Eigenkapitalverzinsung wird im Beispielfall allerdings nur dann erreicht, wenn sowohl 42,9% der abschreibungspflichtigen Sachanlagen als auch die nicht der Abnutzung unterliegenden Grundstücke bei der Ermittlung der Verzinsungsbasis mit Tagesneuwerten angesetzt werden.

Bedenkt man, dass regulierte und nicht-regulierte Unternehmen unter Kreditwürdigkeitsgesichtspunkten, aber auch hinsichtlich konkurrenzfähiger Angebotspreise im Wettbewerb um günstige Kapitalstrukturen stehen, wird deutlich, dass das kapitaldienstrechnerische Konzept der Nettosubstanzerhaltung in Verbindung mit einer realen Verzinsung des kalkulatorischen Eigenkapitals den Anforderungen einer **wettbewerbssimulierenden Kalkulation** gerecht wird, da es impliziert, dass die kalkulatorische Eigenkapital- und Fremdkapitalrelation über einen kapitalstrukturerhaltenden Inflationsausgleich im Zeitablauf erhalten wird.[987] Auf der anderen Seite ist einzuwenden, dass das Konzept der Nettosubstanzerhaltung aufgrund des Nebeneinanders des tagesneuwertorientierten und anschaffungswertorientierten Kapitaldienstes nur bedingt den Forderungen nach

---

985 Vgl. nochmals **Coenenberg, Adolf, G.**: Jahresabschluss und Jahresabschlussanalyse... **(2005)**, S. 1204 ff.

986 Vgl. **Männel, Wolfgang**: Kalkulationsmethodik des künftigen stromverteilungsspezifischen Regulierungskonzeptes... **(2004)**, S. 93.

987 Vgl. **Männel, Wolfgang**: Kalkulationsmethodik des künftigen stromverteilungsspezifischen Regulierungskonzeptes... **(2004)**, S. 77 f. sowie **Männel, Wolfgang**: Wissenschaftliche Grundsätze bei der Preiskalkulation... **(2005)**, S. 2.

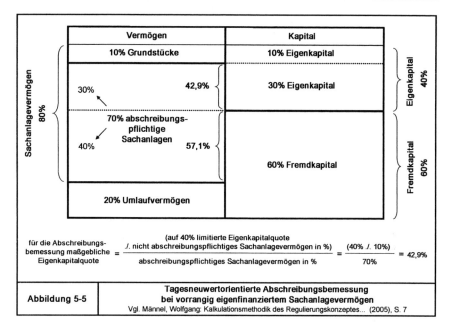

Abbildung 5-5

Tagesneuwertorientierte Abschreibungsbemessung bei vorrangig eigenfinanziertem Sachanlagevermögen
Vgl. Männel, Wolfgang: Kalkulationsmethodik des Regulierungskonzeptes... (2005), S. 7

einer zukunftsorientierten, von aktuellen Kostengüterpreisniveaus abgeleiteten Entgeltkalkulation entspricht.

Vor diesem Hintergrund ist im Folgenden das im deutschsprachigen Raum vor allem von *Seicht* und *Busse von Colbe* in die Regulierungsdiskussion eingebrachte Modell einer durchgängig tagesneuwertorientierten, auf Bruttosubstanzerhaltung abzielenden Realverzinsung näher zu untersuchen.

4) Auf Bruttosubstanzerhaltung ausgerichtetes Realzinsmodell

Der Vorschlag einer durchgängigen auf Bruttosubstanzerhaltung abzielenden realen Verzinsungskonzeption wurde als Alternative zum Konzept der Nettosubstanzerhaltung in der deutschsprachigen Literatur erstmals von *Seicht* im Jahr 1992 speziell mit Blick auf die Ermittlung administrierter Preise in der Elektrizitätswirtschaft zur Diskussion gestellt.[988] Das von *Seicht* empfohlene Kalkulationsschema sieht vor, **sämtliche kalkulatorische Abschreibungen von aktuellen Wiederbeschaffungskosten** (im Sinne von Tagespreisen) abzuleiten und gleichzeitig nicht nur den Eigenkapitalzinssatz um die Inflationsrate zu bereini-

---

988 Vgl. **Seicht, Gerhard**: Die Zinskosten in der amtlichen „Kosten"-Preisadministration... (1992), S. 81 f.

gen, sondern auch lediglich reale Fremdkapitalzinsen in die Kalkulation einzustellen.[989] Während der unmittelbar zurückliegenden Jahre wurde das Modell einer realverzinsungsorientierten Bruttosubstanzerhaltung in Deutschland auch von *Busse von Colbe* und *Ballwieser* anlässlich der Begutachtung der Kapitalkostenkalkulation des regulierten Netzgeschäfts der Deutsche Telekom AG aufgegriffen.[990]

Da die für eine reale Eigenkapitalverzinsung erforderlichen Vermögenswertzuwächse sich überwiegend auf das abschreibungspflichtige und nicht abschreibungspflichtige Sachanlagevermögen beschränken, ist auch das Konzept der auf Bruttosubstanzerhaltung abzielenden durchgängigen Realverzinsung auf die Prämisse einer **vorrangigen Eigenfinanzierung des Sachanlagevermögens** angewiesen, die insofern kein methodisches Spezifikum der Nettosubstanzerhaltung ist. Auch *Busse von Colbe* und *Ballwieser* folgen dieser Annahme anlässlich des Vorschlags einer durchgängigen realen Eigen- und Fremdkapitalverzinsung, mit der gleichbedeutenden Prämisse, dass zur Finanzierung des Umlaufvermögens vorrangig zinsloses Abzugskapital und zinspflichtiges Fremdkapital eingesetzt wird.[991]

Im Vorfeld einer Exemplifizierung, gilt es zunächst zu klären, wie die nach Korrektur des nominalen Fremdkapitalzinssatzes um die anlagenspezifische Inflationsrate nur mit ihrem realen Niveau kalkulierten, realiter jedoch **nominal zu zahlenden Fremdkapitalzinsen** aufgebracht werden. Zur Lösung dieser Problematik sind verschiedene Wege denkbar. Auf den ersten Blick liegt es nahe, zu unterstellen, dass die Fremdkapitalgeber aus der Summe des real kalkulierten Fremdkapitalzinsvolumens und der Differenz zwischen tagesneuwertorientierten und anschaffungswertbezogenen kalkulatorischen Abschreibungen für den im

---

989 Vgl. **Seicht, Gerhard**: Zur Tagesneuwertorientierung administrierter Preise... **(1996)**, S. 355 ff. sowie **Seicht, Gerhard**: Moderne Kosten- und Leistungsrechnung... **(2001)**, S. 551. Auch wenn Seicht keine Spezifizierung der zu verwendenden Inflationsrate vornimmt, erfordert die konsistente Kapitaldienstermittlung, dass sowohl bei der Bestimmung des realen Eigenkapitalzinssatzes als auch bei der Ermittlung des realen Fremdkapitalzinssatzes auf die (durchschnittliche) anlagenspezifische Inflationsrate abgestellt wird.

990 Siehe dazu **Ballwieser, Wolfgang – Busse von Colbe, Walther**: Kapitalkosten der Deutsche Telekom AG... **(2001)**, S. 12 ff. und S. 45 ff. sowie die Ausführungen von **Busse von Colbe, Walther**: Zur Ermittlung der Kapitalkosten... **(2002)**, S. 3.

991 Vgl. **Ballwieser, Wolfgang – Busse von Colbe, Walther**: Kapitalkosten der Deutsche Telekom AG... **(2001)**, S. 12. Busse von Colbe und Ballwieser fassen die reale Eigen- und Fremdkapitalverzinsung in einem realen WACC-Kapitalkostensatz zusammen. Dieser Modellierung widmen sich die Ausführungen auf den Seiten 321 ff. dieses Kapitels. Im Folgenden wird zunächst eine separate Veranschlagung realer Eigen- und Fremdkapitalzinsen unterstellt.

Ausmaß der zugrunde gelegten Fremdkapitalquote fremdfinanzierten Teil des Anlagevermögens bedient werden.[992] Da es das Ziel der uneingeschränkt tagesneuwertorientierten Abschreibungsbemessung im Sinne der Bruttosubstanzerhaltungskonzeption jedoch sein muss, inflationsbedingt verteuerte Ersatzinvestitionen ohne zusätzliche Kapitalaufnahmen, vollständig durch die über die Umsatzerlöse auflaufenden Abschreibungsgegenwerte zu finanzieren, bedingt die hier präsentierte Modellierung, dass **Zinsschulden** als Differenz zwischen nominalem und realem Fremdkapitalzinsvolumen in jeder Kalkulationsperiode durch entsprechende Fremdkapitalaufnahmen geschlossen werden.

Abbildung 5-6 präsentiert die grundlegende, auf die zuvor erörterten Prämissen abstellende Methodik der realen Bruttosubstanzerhaltungskonzeption anhand des idealtypischen Reinvestitionsmodells. Der Beispielfall belegt die folgenden bedeutsamen Spezifika der realverzinsungsorientierten Bruttosubstanzerhaltung:

1. Die in *Zeile 04* ausgewiesene uneingeschränkt tagesneuwertorientierte Abschreibungsbemessung ermöglicht, dass im Anschluss an den Kapazitätsaufbau, in der ab Periode 3 eintretenden Phase des „eingeschwungenen Zustands" die zur Aufrechterhaltung der Periodenkapazität notwendigen Ersatzinvestitionen **vollständig über Innenfinanzierung** getätigt werden können.

2. Die zur Schließung der Differenz zwischen real kalkulierten, jedoch nominal zu zahlenden Fremdkapitalzinsen notwendigen Fremdkapitalaufnahmen *(Zeile 26)* bewirken, dass die zu Beginn des idealtypischen Investitionszyklus 40,0% betragende **bilanzielle Eigenkapitalquote** *(Zeile 32)* bis zum Beginn des „eingeschwungenen Zustands" auf 38,82% sinkt.

3. Durch das zinsschuldbedingte „Mitatmen des Fremdkapitals"[993] bleiben die auf das zu aktuellen Tagespreisen bewertete Vermögen bezogenen **realen Eigen- und Fremdkapitalquoten** *(Zeile 35 und 36)* während des gesamten Investitionszyklus im Ausmaß von 40% zu 60% konstant.

4. Die nicht in die Kalkulation eingestellte Differenz zwischen den in der bilanziellen Gewinn- und Verlustrechnung vollständig aufwandswirksam zu Buche schlagenden **nominalen Fremdkapitalzinsen** und den realen Fremdkapitalzinsen bewirkt, dass die infolge der 100%-igen tagesneuwertorientierten Abschreibungsbemessung im Ausmaß des fremdfinanzierten Vermögens ent-

---

992 Vgl. zu diesem Vorschlag **Männel, Wolfgang**: Kalkulationsmethodik des künftigen stromverteilungsspezifischen Regulierungskonzeptes... **(2004)**, S. 98.

993 An dieser Stelle sei erwähnt, dass der Begriff des „Mitatmen des Fremdkapitals" von Drukarczyk anlässlich der Erörterung der für die zu den Discounted Cash Flow-Methoden zählenden WACC-Methode maßgeblichen unternehmenswertorientierten Finanzierungsstrategie geprägt wurde. Vgl. dazu **Drukarczyk, Jochen**: Unternehmensbewertung... **(2003)**, S. 276 f.

Zeile	Perioden (Jahre)	0	1	2	3	4	5	6
	Preisentwicklung (i_a = 3,0% p. a.)	100,00	103,00	106,09	109,27	112,55	115,93	119,40
	Anzahl der Anlagen am Periodenende	1	2	3	3	3	3	3
	Phasen des Investitionszyklus	Kapazitätsaufbau			eingeschwungener Zustand			
01	Investitionen	100,00	103,00	106,09	109,27	112,55	115,93	119,40
02	100% AHK-Abschreibung		33,33	67,67	103,03	106,12	109,30	112,57
03	100% Inflationsausgleich		1,00	3,06	6,24	6,43	6,63	6,83
04	100% TNW-Abschreibung		34,33	70,73	109,27	112,55	115,93	119,40
05	100 % Anschaffungspreisrestwerte	100,00	169,67	208,09	214,33	220,76	227,39	234,21
06	100% Tagespreisrestwerte		171,67	212,18	218,55	225,10	231,86	238,80
07	Summe stille Reserven		2,00	4,09	4,22	4,34	4,47	4,59
08	Δ stille Reserven		2,00	2,09	0,13	0,12	0,13	0,12
09	kalkulatorisches Sachanlagevermögen	100,00	171,67	212,18	218,55	225,10	231,86	238,80
10	anfänglicher Eigenkapitaleinsatz	40,00						
11	zusätzliche Eigenkapitalaufnahme		27,47	14,14	-	-	-	-
12	Δ Substanzerhaltungsrücklagen (100,00%)		1,00	3,06	6,24	6,43	6,63	6,83
13	kumulierte Substanzerhaltungsrücklagen		1,00	4,06	10,30	16,73	23,36	30,19
14	./. Δ nominale/reale Fremdkapitalzinsen		1,80	3,09	3,82	3,93	4,05	4,17
15	bilanzielles Eigenkapital	40,00	66,67	80,78	83,20	85,70	88,27	90,93
16	Summe stille Reserven gemäß Zeile 08		2,00	4,09	4,22	4,34	4,47	4,59
17	reales Eigenkapital	40,00	68,67	84,87	87,42	90,04	92,75	95,52
18	Realzinsen [4,12% x Zeile 17 (t-1)]		1,65	2,83	3,50	3,60	3,71	3,82
19	40,00% Inflationsausgleich		0,40	1,22	2,50	2,57	2,65	2,73
20	Δ 40,00% stille Reserven		0,80	0,84	0,05	0,05	0,05	0,05
21	Vermögenswertzuwachs		1,20	2,06	2,55	2,62	2,70	2,78
22	Realzinsen + Vermögenswertzuwachs		2,85	4,89	6,04	6,23	6,41	6,60
23	Realkapital(Grenz-)rendite [Zeile 22/17 (t-1)]		7,12%	7,12%	7,12%	7,12%	7,12%	7,12%
24	anfänglicher Fremdkapitaleinsatz	60,00						
25	zusätzliche Fremdkapitalaufnahme		41,20	21,22	-	-	-	-
26	zinsschuldkompensierende FK-Aufnahme		1,80	3,09	3,82	3,93	4,05	4,17
27	bilanzielles Fremdkapital	60,00	103,00	127,31	131,13	135,06	139,11	143,29
28	nominale Fremdkapitalzinsen [5,0% x Zeile 27 (t-1)]		3,00	5,15	6,37	6,56	6,75	6,96
29	reale Fremdkapitalzinsen [2,0% x Zeile 27 (t-1)]		1,20	2,06	2,55	2,62	2,70	2,78
30	zu kompensierende Zinsschuld		1,80	3,09	3,82	3,93	4,05	4,17
31	bilanzielles Gesamtkapital	100,00	169,67	208,09	214,33	220,76	227,39	234,22
32	bilanzielle Eigenkapitalquote (Zeile 15/31)	40,00%	39,29%	38,82%	38,82%	38,82%	38,82%	38,82%
33	bilanzielle Fremdkapitalquote (Zeile 27/31)	60,00%	60,71%	61,18%	61,18%	61,18%	61,18%	61,18%
34	reales Gesamtkapital (= Zeile 06)	100,00	171,67	212,18	218,55	225,10	231,86	238,80
35	reale Eigenkapitalquote Zeile (17/34)	40,00%	40,00%	40,00%	40,00%	40,00%	40,00%	40,00%
36	reale Fremdkapitalquote (27/34)	60,00%	60,00%	60,00%	60,00%	60,00%	60,00%	60,00%
37	kalkulationsrelevante TNW-Abschreibungen[1]		34,33	70,73	109,27	112,55	115,93	119,40
38	reale Eigenkapitalzinsen[1]		1,65	2,83	3,50	3,60	3,71	3,82
39	reale Fremdkapitalzinsen[2]		1,20	2,06	2,55	2,62	2,70	2,78
40	kalkulationsrelevante EK- und FK-Zinsen		2,85	4,89	6,04	6,22	6,41	6,60
41	kalkulatorischer Kapitaldienst		37,18	75,62	115,31	118,77	122,34	126,00

1) Vernachlässigung der ebenfalls kalkulationsrelevanten Ertragsteuerbelastungen
(Gewerbesteuer und Körperschaftsteuer)

2) Vernachlässigung der ebenfalls kalkulationsrelevanten dauerschuldzinsspezifischen Gewerbesteuerbelastung

Abbildung 5-6	Methodik des auf Bruttosubstanzerhaltung ausgerichteten Realzinsmodells unter idealtypischen Reinvestitionsbedingungen

stehenden Gewinnrücklagen – wie durch *Zeile 14* belegt – entsprechend reduziert werden, wodurch die Eigenkapitalgeber in jeder Periode auch nur eine
nominalzinsadäquate realkapitalbezogene Eigenkapitalrendite realisieren.

5. Die Problematik inflationsbedingt entstehender Wertzuwächse am fremdfinanzierten Sachanlagevermögen wird durch das „Mitatmen des Fremdkapitals" eliminiert, da die im Rahmen von Unternehmens- bzw. Anteilsveräuße-
rungen im relativen Ausmaß der Fremdfinanzierung liquidierbaren – hier mit
dem Niveau der Tagespreisrestwerte gleichgesetzten – Resterlöswerte vollständig zur Schuldentilgung verwendet werden müssten.[994] Die zur Bedienung der Fremdkapitalgeber notwendigen **inflationsabhängigen Neuver-
schuldungen** bewirken, dass sich das Fremdkapital parallel zur Höhe der
fremdkapitalquotenspezifischen Tagespreisrestwerte des Sachanlagevermögens entwickelt (bilanzielles Fremdkapital *Zeile 27* = 60,0% der Tagespreisrestwerte *Zeile 06*). Die zinsschuldbedingten Fremdkapitalaufnahmen führen
zu einer anteiligen Kompensation der stillen Reserven. Die in *Zeile 23* ausgewiesene reale Eigenkapitalrendite entspricht insofern der zeitpunktbezogenen Grenzrendite.

Die durchgängig realverzinsungsorientierte Bruttosubstanzerhaltungskonzeption weist gegenüber dem zuvor erläuterten Modell der Nettosubstanzerhaltung
die folgenden **methodischen Vorteile** auf:

- Die realverzinsungsorientierte Bruttosubstanzerhaltung macht das Rechnen
mit einer gespaltenen Abschreibungskonzeption obsolet. Die **durchgängig
tagesneuwertorientierte Abschreibungsbemessung** bewirkt eine konsequent wettbewerbssimulierende Entgeltkalkulation und eine unmittelbare
Vergleichbarkeit der unternehmensspezifischen Kapitalkostenstrukturen. Diesen methodischen Vorteil gilt es vor dem Hintergrund der verstärkt auf ein
kostenorientiertes Benchmarking abzielenden anreizorientierten Regulierungskonzeptionen als besonders hoch einzustufen.[995]

- Eine durchgängige reale Verzinsungskonzeption erweist sich auch deshalb als
vorteilhaft, weil im Fall der Unternehmensveräußerung die das fremdfinanzierte Anlagevermögen betreffenden liquidierbaren Vermögenswertzuwächse
in Form realisierter stiller Reserven konzeptbedingt zur Fremdkapitaltilgung
verwendet werden müssen und insofern im Vergleich zur Nettosubstanzerhaltungskonzeption **keine zusätzlichen Renditeeffekte** entstehen.[996]

---

994 Vgl. dazu auch **Seicht, Gerhard**: Moderne Kosten- und Leistungsrechnung (**2001**),
S. 551.

995 Vgl. **Männel, Wolfgang**: Kalkulationsmethodik des künftigen stromverteilungsspezifischen Regulierungskonzeptes... (**2004**), S. 97 f.

996 Hierauf verweist auch **Seicht, Gerhard**: Moderne Kosten- und Leistungsrechnung
(**2001**), S. 551.

- Im Gegensatz zur Nettosubstanzerhaltungskonzeption kann das Modell der realverzinsungsorientierten Bruttosubstanzerhaltung mit einer **WACC-rechnerischen Kapitaldienstermittlung** gekoppelt werden, indem die reale Eigen- und Fremdkapitalverzinsung in einem realen WACC-Kapitalkostensatz zusammengefasst werden.

Trotz der zuvor skizzierten Vorteile ist zu bedenken, dass das Modell einer durchgängig realverzinsungsorientierten Bruttosubstanzerhaltungskonzeption aufgrund der Implikationen der real kalkulierten Fremdkapitalverzinsung ein hohes Maß an Komplexität und konzeptbedingten Prämissen aufweist. Die methodisch elegante Annahme des zinsschuldbedingten „Mitatmens des Fremdkapitaleinsatzes" darf nicht darüber hinwegtäuschen, dass ein Regulierungskonzept nicht in die **Finanzierungspolitik der Unternehmen** eingreifen kann. Die Differenz zwischen nominalen und realen Fremdkapitalzinsen könnte in Abhängigkeit der unternehmensspezifischen Ausschüttungspolitik realiter auch durch die infolge tagesneuwertorientierten Abschreibungsbemessung gebildeten Gewinnrücklagen oder durch die periodisch in die Entgeltkalkulation eingestellten Eigenkapitalzinsen gedeckt werden. Insofern ist die Konstanz der realen Eigenkapital-Fremdkapital-Relation keineswegs garantiert.

Aus Sicht des Verfassers scheidet das Konzept der realverzinsungsorientierten Bruttosubstanzerhaltung als kapitalkostenrechnerischer Kalkül für eine unternehmensindividuelle, jahresbezogene Entgeltkalkulation im Rahmen eines traditionellen Renditeregulierungskonzeptes aus. Die konzeptbedingten Prämissen der realverzinsungsorientierten Bruttosubstanzerhaltung wären der Unternehmenspraxis nur schwer zu vermitteln. Für einen im Kontext der traditionellen Renditeregulierung kostenorientiert zu stellenden, jahresbezogenen Preisantrag sollte die Kapitaldienstkalkulation daher auf dem Konzept der Nettosubstanzerhaltung basieren.

Die Vorteile der realverzinsungsorientierten Bruttosubstanzerhaltung kommen jedoch speziell anlässlich einer wettbewerbssimulierenden Kalkulation von **Preisobergrenzen und Erlösobergrenzen** im Rahmen der Price Cap- und der Revenue Cap-Regulierung zum Tragen, die wie im 2. Kapitel erläutert, nicht als Preisstrukturregulierung zu begreifen sind und insofern keine verbindlichen Vorgaben für die unternehmensspezifischen Kalkulationspositionen während der einzelnen Geschäftsjahre einer Regulierungsperiode machen. Aus den Implikationen der Kapitalkostenkalkulation nach der Methodik der realverzinsungsorientierten Bruttosubstanzerhaltung im Rahmen der **Festlegung eines Price- bzw. Revenue Caps** folgt demnach nicht, dass die unternehmensspezifische Kapitalkostenkalkulation dieser vor allem im Zusammenhang mit den Konsequenzen einer nur realen Kalkulation von Fremdkapitalzinsen durchaus komplexen Modellierung zwingend folgen muss.

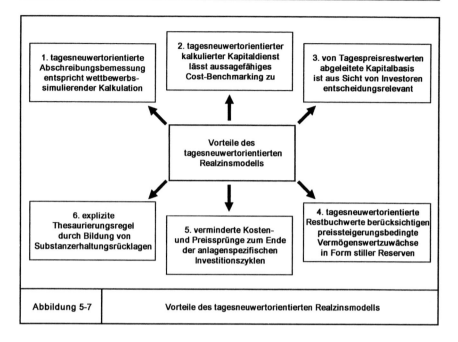

Abbildung 5-7 | Vorteile des tagesneuwertorientierten Realzinsmodells

5) Abschließende Würdigung

Das tageswertorientierte Realverzinsungsmodell überwindet die dem anschaffungswertorientierten Nominalzinsmodells zuvor angelasteten Problemfelder, es wird den Anforderungen einer regulierungstauglichen Kapitalkostenkalkulation gerecht. Im Einzelnen sind insbesondere die in **Abbildung 5-7** dargestellten Vorteile hervorzuheben, die nachfolgend erläutert werden.[997]

1. Infolge der tagesneuwertorientierten Abschreibungsbemessung wird das Realverzinsungskonzept den Anforderungen einer **wettbewerbssimulierenden Entgeltkalkulation** gerecht.

2. Der tagesneuwertorientiert veranschlagte Kapitaldienst lässt **aussagefähige Kostenvergleiche** auf Basis aktualisierter Kostenniveaus zu.[998]

---

997 Vgl. im Folgenden **Männel, Wolfgang**: Kalkulationsmethodik des künftigen stromverteilungsspezifischen Regulierungskonzeptes... **(2004)**, S. 77 ff. und S. 93 ff. sowie **Männel, Wolfgang**: Kapitalkosten in der Entgeltkalkulation deutscher Stromverteilungsunternehmen... **(2004)**, S. 20 f.

998 Vgl. dazu auch **Seicht, Gerhard**: Tageswertorientierung administrierter Preise... **(1996)**, S. 359.

3. Die tagesneuwertorientierte Kapitalbasis weist aus Sicht der Eigenkapitalgeber eine **weitaus höhere Entscheidungsrelevanz** auf als eine von anschaffungswertorientierten Restbuchwerten abgeleitete Kapitalbasis.[999]

4. Das tagesneuwertorientierte Realverzinsungskonzept erfasst die inflationsbedingten Wertzuwächse des Sachanlagevermögens in Form stiller Reserven über die Verzinsung der Tagespreisrestwerte als eine zum Realzinsvolumen hinzukommende Renditekomponente direkt im Kapitalkostenkalkül. Aus der Verzinsung von Tagespreisrestwerten zu einem um die anlagenspezifische Preissteigerungsrate abgesenkten realen Zinssatz folgt, dass Investoren in inflationären Zeiten durch Anteils- bzw. Unternehmensveräußerung **keine zusätzlichen Renditeeffekte** realisieren können.

5. Die bei langen Investitionszyklen zum Zeitpunkt des Anlagenersatzes infolge der anschaffungswertorientierten Abschreibungsbemessung resultierenden **Kostensprünge** können durch den Ansatz tagesneuwertorientierter Abschreibungen reduziert werden.[1000]

6. Das Realverzinsungskonzept formuliert eine **explizite Thesaurierungsregel**, indem die Differenz zwischen tagesneuwertorientierten und anschaffungswertbezogenen Abschreibungen zur Schließung „inflatorischer Lücken" einbehalten wird und lediglich die Realzinsen zur Ausschüttung an die Investoren bestimmt sind. Diese methodenimmanente Thesaurierungsregel bewirkt eine **Erhaltung der unternehmensspezifischen Kapitalstruktur**, sie erweist sich aber auch deshalb als vorteilhaft, weil die Bildung von Substanzerhaltungsrücklagen der Außenfinanzierung im Sinne der „Schütt-aus-hol-zurück"-Politik vor dem Hintergrund der Regelungen des Halbeinkünfteverfahrens auch unter einkommensteuerlichen Gesichtspunkten überlegen ist.

Abschließend ist jedoch zu berücksichtigen, dass die zuvor erläuterten Vorteile des Realzinsmodells infolge der gespaltenen Abschreibungskonzeption der Nettosubstanzerhaltung nur für das Modell einer durchgängig realverzinsungsorientierten Bruttosubstanzerhaltungskonzeption uneingeschränkt wirksam werden.

---

999 Es gilt jedoch zu bedenken, dass das Ausmaß der Entscheidungsrelevanz der tagesneuwertorientierten Kapitalbasis davon abhängt, inwieweit die über die Indizierung historischer Anschaffungs- und Herstellungskosten ermittelten Tagespreisrestwerte tatsächlich den infolge eines Anteils- oder Unternehmensveräußerungsverzichts nicht freigesetzten Kapitalvolumina im Sinne der Liquidationswerte entsprechen.

1000 Infolge der restbuchwertrechnerischen Kapitalverzinsung können Kostensprünge im Zeitpunkt des Anlagenersatzes jedoch nicht vollständig vermieden Vgl. dazu die Beispielrechnungen bei **Männel, Wolfgang**: Kalkulationsmethodik des künftigen stromverteilungsspezifischen Regulierungskonzeptes... **(2004)**, S. 73 f.

D. WACC-basierte Kapitaldienstermittlung am Beispiel der realverzinsungs-orientierten Bruttosubstanzerhaltungskonzeption

WACC-rechnerische Kapitaldienstmodellierungen können entweder einer uneingeschränkt nominalen oder einer durchgängig realen Verzinsungskonzeption folgen. Grundsätzlich ist es denkbar, den nominalen Eigen- und Fremdkapitalkostensatz in einem nominalen WACC-Kapitalkostensatz zusammenzufassen, der auf das durchgängig vom anschaffungswertorientierten Vermögen abgeleitete Gesamtkapital bezogen wird und mit einer vollständig anschaffungswertbezogenen Abschreibungsbemessung zu kombinieren ist. Aufgrund der methodischen Nachteile des anschaffungswertorientierten Nominalzinsmodells stellen die nachfolgenden Ausführungen ausschließlich auf eine **reale WACC-basierte Kapitaldienstkonzeption** ab.

Ein realer WACC-basierter Kapitalkostenkalkül ist auf die zuvor erörterte Methodik einer realverzinsungsorientierten Bruttosubstanzerhaltung auszurichten. Insofern unterscheidet sich die in **Abbildung 5-8** dargestellte Methodik einer realen WACC-Kapitaldienstkonzeption von der in Abbildung 5-6 präsentierten realen Bruttosubstanzerhaltung nur durch die in den *Zeilen 16 bis 19* verdeutlichte Zusammenfassung von Eigen- und Fremdkapitalkostensatz in einem realen WACC und die in den *Zeilen 39 bis 41* ausgewiesene Kapitaldienstkalkulation. Es gilt insbesondere die folgenden Spezifika einer realen WACC-Kapitaldienstkalkulation herauszustellen:

- Anlässlich der Bestimmung des realen WACC-Kapitalkostensatzes kommt es aufgrund der durchgängig von Tagesneuwerten abgeleiteten kalkulatorischen Vermögensbasis (Zeile 09) nicht auf die bilanzielle Eigenkapital-Fremdkapital-Relation, sondern auf die in den Zeilen 11 und 14 ausgewiesenen **realen kalkulatorischen Eigen- und Fremdkapitalquoten** an.
- Aufgrund des zinsschuldbedingten „Mitatmens des Fremdkapitals" (Zeile 34) verändert sich die reale Eigenkapital- und Fremdkapitalrelation während der gesamten Teilperioden des Investitionszyklus nicht. Infolge dessen bleibt der in Zeile 16 ausgewiesene **reale WACC-Kapitalkostensatz**, der im Beispielfall infolge der aus Darstellungsgründen vergleichsweise hoch gewählten durchschnittlichen anlagenspezifischen Inflationsrate von 3,00% ein niedriges Niveau von lediglich 2,85% aufweist, **ebenfalls konstant**.
- Aus Vereinfachungsgründen wurde wie in den vorausgehend präsentierten Modellierungen auf die Abbildung der ebenfalls kalkulationsrelevanten Ertragsteuerbelastungen verzichtet. Wie im 6. Kapitel ausführlicher begründet wird, erweist sich die Abbildung der kapitalkostenspezifischen Ertragsteuerbelastungen in einem **realen „WACC vor Steuern" als ungeeignet**. Die kalkulatorische Gewerbe- und Körperschaftsteuer sollte im Fall einer WACC-

	Perioden (Jahre)	0	1	2	3	4	5	6
Zeile	Preisentwicklung (i_a = 3,0% p. a.)	100,00	103,00	106,09	109,27	112,55	115,93	119,40
	Anzahl der Anlagen am Periodenende	1	2	3	3	3	3	3
	Phasen des Investitionszyklus		Kapazitätsaufbau			eingeschwungener Zustand		

		0	1	2	3	4	5	6
01	Investitionen	100,00	103,00	106,09	109,27	112,55	115,93	119,40
02	100% AHK-Abschreibung		33,33	67,67	103,03	106,12	109,30	112,57
03	100% Inflationsausgleich		1,00	3,06	6,24	6,43	6,63	6,83
04	100% TNW-Abschreibung		34,33	70,73	109,27	112,55	115,93	119,40

		0	1	2	3	4	5	6
05	100 % Anschaffungspreisrestwerte	100,00	169,67	208,09	214,33	220,76	227,39	234,21
06	100% Tagespreisrestwerte	100,00	171,67	212,18	218,55	225,10	231,86	238,80
07	Summe stille Reserven		2,00	4,09	4,22	4,34	4,47	4,59
08	*Δ stille Reserven*		*2,00*	*2,09*	*0,13*	*0,12*	*0,13*	*0,12*

		0	1	2	3	4	5	6
09	kalkulatorisches Vermögen (= Zeile 06)	100,00	171,67	212,18	218,55	225,10	231,86	238,80
10	40% reales Eigenkapital	40,00	68,67	84,87	87,42	90,04	92,74	95,52
11	*reale Eigenkapitalquote Zeile (10/09)*	*40,00%*	*40,00%*	*40,00%*	*40,00%*	*40,00%*	*40,00%*	*40,00%*
12	*realer Eigenkapitalzinssatz (7,12%-3,00%)*		*4,12%*	*4,12%*	*4,12%*	*4,12%*	*4,12%*	*4,12%*
13	60% reales (=bilanzielles) Fremdkapital	60,00	103,00	127,31	131,13	135,06	139,12	143,28
14	*reale Fremdkapitalquote Zeile (13/09)*	*60,00%*	*60,00%*	*60,00%*	*60,00%*	*60,00%*	*60,00%*	*60,00%*
15	*realer Fremdkapitalzinssatz (5,00%-3,00%)*		*2,00%*	*2,00%*	*2,00%*	*2,00%*	*2,00%*	*2,00%*

		0	1	2	3	4	5	6
16	*konstanter realer WACC-Kapitalkostensatz*		*2,85%*	*2,85%*	*2,85%*	*2,85%*	*2,85%*	*2,85%*
17	WACC-Kapitalkosten [Zeile 16 x 09 (t-1)]		2,85	4,89	6,04	6,22	6,41	6,60
18	*davon reale Eigenkapitalzinsen*		*1,65*	*2,83*	*3,50*	*3,60*	*3,71*	*3,82*
19	*davon reale Fremdkapitalzinsen*		*1,20*	*2,06*	*2,55*	*2,62*	*2,70*	*2,78*

		0	1	2	3	4	5	6
20	anfänglicher Eigenkapitaleinsatz	40,00						
21	zusätzliche Eigenkapitalaufnahme		27,47	14,14	-	-	-	-
22	Δ Substanzerhaltungsrücklagen (100,00%)		1,00	3,06	6,24	6,43	6,63	6,83
23	*kumulierte Substanzerhaltungsrücklagen*		*1,00*	*4,06*	*10,30*	*16,73*	*23,36*	*30,19*
24	*./. Δ nominale/reale Fremdkapitalzinsen*		*1,80*	*3,09*	*3,82*	*3,93*	*4,05*	*4,17*
25	bilanzielles Eigenkapital	40,00	66,67	80,78	83,20	85,70	88,27	90,93

		0	1	2	3	4	5	6
26	reale Eigenkapitalzinsen gemäß Zeile 18		1,65	2,83	3,50	3,60	3,71	3,82
27	40,00% Inflationsausgleich (0,40 x Zeile 03)		0,40	1,22	2,50	2,57	2,65	2,73
28	*Δ 40,00% stille Reserven (0,40 x Zeile 08)*		*0,80*	*0,84*	*0,05*	*0,05*	*0,05*	*0,05*
29	Vermögenswertzuwachs		1,20	2,06	2,55	2,62	2,70	2,78
30	Realzinsen + Vermögenswertzuwachs		2,85	4,89	6,04	6,23	6,41	6,60
31	*Realkapital(Grenz-)rendite [Zeile 30/10 (t-1)]*		*7,12%*	*7,12%*	*7,12%*	*7,12%*	*7,12%*	*7,12%*

		0	1	2	3	4	5	6
32	anfänglicher Fremdkapitaleinsatz	60,00						
33	zusätzliche Fremdkapitalaufnahme		41,20	21,22	-	-	-	-
34	zinsschuldkompensierende FK-Aufnahme		1,80	3,09	3,82	3,93	4,05	4,17
35	bilanzielles Fremdkapital	60,00	103,00	127,31	131,13	135,06	139,11	143,29

		0	1	2	3	4	5	6
36	nominale Fremdkapitalzinsen [5,0% x Zeile 35 (t-1)]		3,00	5,15	6,37	6,56	6,75	6,96
37	reale Fremdkapitalzinsen [2,0% x Zeile 35 (t-1)]		1,20	2,06	2,55	2,62	2,70	2,78
38	zu kompensierende Zinsschuld		1,80	3,09	3,82	3,93	4,05	4,17

		0	1	2	3	4	5	6
39	kalkulationsrelevante TNW-Abschreibungen[1]		34,33	70,73	109,27	112,55	115,93	119,40
40	kalkulationsrelevante WACC-Kapitalkosten[2]		2,85	4,89	6,04	6,22	6,41	6,60
41	kalkulatorischer Kapitaldienst		37,18	75,62	115,31	118,77	122,34	126,00

1) Vernachlässigung der ebenfalls kalkulationsrelevanten Ertragsteuerbelastungen (Gewerbe- und Körperschaftsteuer)
2) Vernachlässigung der ebenfalls kalkulationsrelevanten Ertragsteuerbelastungen (Gewerbe- und Körperschaftsteuer)
sowie der dauerschuldzinsspezifischen Gewerbesteuerbelastung im Kontext der Fremdkapitalverzinsung

Abbildung 5-8   **WACC-rechnerische Kapitaldienstermittlung am Beispiel der realverzinsungsorientierten Bruttosubstanzerhaltungskonzeption**

basierten Bruttosubstanzerhaltungskonzeption über eine separate betragsmäßige Kalkulation erfasst werden.

Im Kontext einer traditionellen Renditeregulierungskonzeption erweist sich die pauschale Vorgabe eines gesamtkapitalbezogenen Renditemaßes aufgrund der realiter stark streuenden Eigen- und Fremdkapitalrelationen und der unterschiedlichen Fremdkapitalzinslasten der einzelnen Unternehmen als nicht zweckmäßig.[1001] Das vorstehend präsentierte WACC-rechnerische Kapitaldienstmodell ist daher insbesondere mit Blick auf **anreizorientierte Regulierungskonzeptionen** und die diesbezüglich konzipierten Kalkulationsmethodiken zu würdigen, die im Kontext der regulierungsperiodenbezogenen Definition von Preis- bzw. Erlösobergrenzen mit durchschnittlichen WACC-Kapitalkostensätzen operieren. Die in verschiedenen europäischen Ländern, z. B. in Großbritannien und den Niederlanden, praktizierten, von einer durchgängig **inflationierten „regulatory asset base"** ausgehenden Kapitalkostenkalkulationen sind auf das Rechnen mit einem realen WACC angewiesen.[1002]

E. Alternativ zur Diskussion gestellte Kapitaldienstkonzeptionen

Im Folgenden wird untersucht, inwieweit das Konzept der ökonomischen Abschreibung und eine annuitätsorientierten Kapitaldienstverrechnung als Alternative für die Kapitalkostenkalkulation von Stromnetzbetreibern in Frage kommen.

1) Das Konzept der ökonomischen Abschreibung

Der Begriff der ökonomischen Abschreibung wird in der Betriebswirtschaftslehre für **verschiedene Konzepte** verwendet.[1003] Die nachfolgenden Ausführungen stellen auf das Konzept der ökonomischen Abschreibung ab, das während der zu-

---

1001 Vgl. **Männel, Wolfgang**: Kalkulationsmethodik des künftigen stromverteilungsspezifischen Regulierungskonzeptes... **(2004)**, S. 107.

1002 Vgl. dazu die Ergebnisse der empirischen Untersuchung im 7. Kapitel dieser Arbeit, insbesondere S. 449 f.

1003 Von dem nachfolgend behandelten Kapitaldienstkonzept ist der im Rahmen des modifizierten Cash Flow Return on Investment (CFROI)-Konzeptes der Boston Consulting Group (BCG) verwendete Begriff der ökonomischen Abschreibung abzugrenzen. Anlässlich der CFROI-Ermittlung handelt es sich bei der ökonomischen Abschreibung um einen Betrag, der vom jahresbezogenen Brutto-Cash Flow einzubehalten ist und über die durchschnittliche Anlagennutzungsdauer zum WACC-Kapitalkostensatz rentierlich angespart werden soll, um die Ersatzinvestitionen unter Vernachlässigung inflationärer Preissteigerungen zu refinanzieren. Vgl. dazu **Stelter, Daniel**: Wertorientierte Anreizsysteme... **(1999)**, S. 235 f.

rückliegenden Jahre von *Knieps* und *Küpper* zur Diskussion gestellt wurde und zwischenzeitlich auch von der Deutsche Telekom AG aufgegriffen wurde.[1004] Nach dem Konzept der ökonomischen Abschreibung ist der kalkulatorische Abschreibungsbetrag aus der **Differenz der Tagesgebrauchtwerte** zum Periodenanfang und zum Periodenende zu ermitteln.[1005]

Diese spezifische Abschreibungskonzeption geht auf die in der anglo-amerikanischen Literatur schon seit längerem diskutierte „**theory of economic depreciation**" zurück[1006], die im deutschsprachigen Raum auch als Ertragswertabschreibung bezeichnet wird.[1007] Die **Ertragswertabschreibung** stellt auf den Unterschiedsbetrag zwischen dem Ertragswert am Periodenanfang und dem anhand der diskontierten künftigen Cash Flows quantifizierten Ertragswert am Periodenende ab.[1008] Berücksichtigt man, dass unter den Bedingungen der Renditeregulierung der Ertragswert grundsätzlich dem Tagespreisrestwert einer Anlage bzw. eines Stromnetzes entspricht,[1009] erkennt man die enge methodische Verwandschaft der Ertragswertabschreibung mit dem hier analysierten Konzept der ökonomischen Abschreibung.

Die Theorie der ökonomischen Abschreibung zielt vorrangig darauf ab, das Phänomen **sinkender Wiederbeschaffungspreise** im Kontext der Kapitaldienst-

---

1004 Siehe dazu **Knieps, Günter – Küpper, Hans-Ulrich – Langen, René**: Abschreibungen bei fallenden Wiederbeschaffungspreisen... **(2001)**, S. 259 ff.; **Küpper, Hans-Ulrich**: Kostenorientierte Preisbestimmung für regulierte Märkte ... **(2002)**, S. 49 f.; **Knieps, Günter**: Entscheidungsorientierte Ermittlung der Kapitalkosten... **(2003)**, S. 994 sowie **Hohenadel, Werner – Reiners, Frank**: Das Kalkulationssystem INTRA... **(2000)**, S.165.

1005 Vgl. **Knieps, Günter – Küpper, Hans-Ulrich – Langen, René**: Abschreibungen bei fallenden Wiederbeschaffungspreisen... (2001), S. 264.

1006 Das Ursprünge der „Theory of economic depreciation" gehen auf die Arbeit von Harald Hotelling aus dem Jahr 1925 zurück, der den ökonomischen Abschreibungsbetrag als Wertveränderung einer betrieblich genutzten Anlage zwischen zwei Perioden definierte. Vgl. dazu **Hotelling, Harald**: A General Mathematical Theory of Depreciation, in: Journal of the American Statistical Association, September **1925**, S. 340-353. Zur Theorie einer ökonomisch fundierten Abschreibungskonzeption siehe auch **Solomons, David**: Economic and Accounting Concepts of Cost and Value... **(1966)**, S 135 f.

1007 Vgl. grundlegend **Schneider, Dieter**: Investition, Finanzierung und Besteuerung... **(1992)**, S. 220 ff.

1008 Vgl. **Burger, Anton**: Abschreibungen... **(1995)**, Sp. 13 f.

1009 Vgl. nochmals **Ballwieser, Wolfgang**: Zur Ermittlung des Ertragswertes von örtlichen Stromnetzen... **(2001)**, S. 38 f. und S. 54 und die Ausführungen im 4. Kapitel dieser Arbeit, S. 247.

kalkulation regulierter Unternehmen abzubilden.[1010] Sinkende Wiederbeschaffungspreise spielen insbesondere in der von einem vergleichsweise schnellen technologischen Fortschritt geprägten Telekommunikationsindustrie eine große Rolle.[1011]

Für den Fall kontinuierlich sinkender Wiederbeschaffungspreise erweist sich das herkömmliche **tagesneuwertorientierte Realverzinsungskonzept** als unzweckmäßig. Unterschreiten die Wiederbeschaffungskosten die historischen Anschaffungskosten, würde die von aktuellen Tagespreisen ausgehende Abschreibungsbemessung den Unternehmen zwar die Erhaltung der Unternehmenssubstanz garantieren, den Investoren jedoch keine Erhaltung des Kapitaleinsatzes gewähren.[1012]

Im Gegensatz zu der von den jeweils aktuellen Tagesneuwerten einer wiederzubeschaffenden Anlage ausgehenden Tagesneuwertabschreibung des Realverzinsungskonzeptes, soll der periodische Abschreibungsbetrag nach dem Konzept der ökonomischen Abschreibung deshalb anhand der **Differenz der Tagesgebrauchtwerte** im Sinne von Sachzeitwerten zum Beginn und zum Ende einer Kalkulationsperiode bemessen werden.[1013] Dies ermöglicht in Zeiten schnellen technologischen Fortschritts, insbesondere in den ersten Phasen der Anlagennutzungsdauer die Verrechnung höherer Abschreibungsbeträge als in späteren Phasen des Lebenszyklus in den regelmäßig nur noch niedrigere Absatzpreise erzielt werden können.[1014]

Da die Ermittlung anlagenspezifischer Gebrauchtwerte einer möglichst objektiven und kontrollierbaren Entgeltkalkulation entgegenstehen würden, können **ersatzweise indizierte Tagespreisrestwerte** herangezogen werden.[1015] Durch die Vorgabe anlagegüterspezifischer Preissteigerungsraten und die periodische Überprüfung der Tagesneuwertermittlung durch die Regulierungsbehörde kann

---

1010 Dies geht schon aus dem Titel des Aufsatzes von **Knieps, Günter – Küpper, Hans-Ulrich – Langen, René**: Abschreibungen bei fallenden Wiederbeschaffungspreisen... (**2001**), S. 259 ff. hervor.

1011 So sanken z. B. die Wiederbeschaffungspreise für die Übertragungstechnik auf Basis von Kupfer- und Glasfaserkabeln in den 1990er-Jahren jährlich um 5 bis 10%. Vgl. **Busse von Colbe, Walther**: Kostenorientierte Entgeltregulierung von Telekommunikationsdienstleistungen... (**2001**), S. 49.

1012 Vgl. **Busse von Colbe, Walther**: Kostenorientierte Entgeltregulierung von Telekommunikationsdienstleistungen... (**2001**), S. 51.

1013 Vgl. **Knieps, Günter – Küpper, Hans-Ulrich – Langen, René**: Abschreibungen bei fallenden Wiederbeschaffungspreisen... (**2001**), S. 264.

1014 Vgl. **Küpper, Hans-Ulrich**: Kostenorientierte Preisbestimmung für regulierte Märkte... (**2002**), S. 49.

1015 Vgl. **Knieps, Günter – Küpper, Hans-Ulrich – Langen, René**: Abschreibungen bei fallenden Wiederbeschaffungspreisen... (**2001**), S. 264.

die Gefahr „manipulierter Preisprognosen" sowohl bei Anwendung des tagesneuwertorientierten Realverzinsungsmodells als auch des Konzeptes der ökonomischen Abschreibung erheblich reduziert werden.[1016] Ausgehend von einer ta-
gespreisrestwertorientierten Abschreibungsbemessung bestimmt sich der periodische ökonomische Abschreibungsbetrag als **Differenz der Tagespreisrestwerte**
zum Beginn und zum Ende einer Kalkulationsperiode bei linearer Abnutzung
gemäß Formel (5-5) wie folgt:[1017]

$$A_t^{ökon.} = TNW_{t-1} \times \frac{[T-(t-1)]}{T} - TNW_t \times \frac{(T-t)}{T} \qquad (5-5)$$

für:

$A_t^{ökon.}$	=	ökonomischer Abschreibungsbetrag der Periode t,
TNW_{t-1}	=	anlagenspezifischer Tagesneuwert zum Beginn der Periode t (= Ende der Periode t - 1),
TNW_t	=	anlagenspezifischer Tagesneuwert zum Ende der Periode t,
t	=	aktuelle Kalkulationsperiode,
T	=	anlagenspezifische betriebsgewöhnliche Nutzungsdauer.

Es ist zu beachten, dass in der ersten Periode der anlagenspezifischen Nutzungsdauer die dem Tagesneuwert am Periodenanfang entsprechenden **Anschaf-
fungs- bzw. Herstellungskosten** als Ausgangsbasis für die Bemessung der ökonomischen Abschreibung heranzuziehen sind.[1018] Daraus folgt, dass die Summe
der während der anlagenspezifischen Nutzungsdauer veranschlagten ökonomischen Abschreibungsbeträge im Fall kontinuierlich sinkender Wiederbeschaffungspreise den historischen Anschaffungskosten entspricht. Aufgrund dessen
sind die ökonomischen Abschreibungsbeträge mit einer **nominalen Verzinsung**
der zu Beginn einer Kalkulationsperiode maßgeblichen Tagesgebrauchwerte zu
koppeln.[1019]

1016 Vgl. **Schneider, Dieter**: Substanzerhaltung bei Preisregulierungen... (**2001**), S. 43
und die Erwiderung von **Küpper, Hans-Ulrich**: Kostenorientierte Preisbestimmung
für regulierte Märkte ... (**2002**), S. 49.

1017 Vgl. **Knieps, Günter – Küpper, Hans-Ulrich – Langen, René**: Abschreibungen
bei fallenden Wiederbeschaffungspreisen... (**2001**), S. 264.

1018 Vgl. nochmals **Knieps, Günter – Küpper, Hans-Ulrich – Langen, René**: Abschreibungen bei fallenden Wiederbeschaffungspreisen... (**2001**), S. 264.

1019 Vgl. **Küpper, Hans-Ulrich**: Kostenorientierte Preisbestimmung für regulierte
Märkte... (**2002**), S. 49.

Wenngleich die Summe aus ökonomischer Abschreibung und nominaler Verzinsung der Tagespreisrestrestwerte zum Periodenanfang in Zeiten steigender Preise dem Kapitaldienst des tagesneuwertorientierten Realverzinsungskonzeptes entspricht[1020], widerspricht die Veranschlagung ökonomischer Abschreibungen aufgrund der konzeptbedingten **Anschaffungskostenverrechnung**[1021] den Anforderungen einer in Zeiten steigender Preise auf Substanzerhaltung abzielenden Kapitalkostenkalkulation.

Die besonders langlebigen abschreibungspflichtigen Vermögensgegenstände von Stromnetzbetreibern sind in der Regel **von steigenden Wiederbeschaffungspreisen betroffen.**[1022] Anwendungsvoraussetzung für das Konzept der ökonomischen Abschreibung ist jedoch, dass die Tagesgebrauchtwerte bei Preissteigerungen nicht über den Anschaffungspreisen liegen.[1023] In hoch inflationären Zeiten und unter der Voraussetzung langer anlagenspezifischer Nutzungsdauern können die Tagespreisrestwerte in den ersten Perioden der Nutzungsdauer durchaus die historischen Anschaffungskosten übersteigen, sodass anstelle ökonomischer Abschreibungen gegebenenfalls „**ökonomische Zuschreibungen**" veranschlagt werden müssten.[1024] Dies würde nicht nur die Zielsetzung des Konzeptes konterkarieren, anstelle des Nominalzinssatzes müsste dann auch eine reale Verzinsung des Tagespreisrestwertes erfolgen. Aus diesen Gründen hat sich das ökonomische Abschreibungskonzept anlässlich der Kapitalkostenkalkulation regulierter Unternehmen der Energiewirtschaft nicht durchgesetzt[1025], weshalb es im Folgenden nicht weiter betrachtet wird.

2) Annuitätsorientierte Kapitaldienstermittlung

Ein anschaffungswertorientierter Kapitaldienst führt während der Nutzungsdauer eines Anlagegutes über die sinkenden nominalen Zinslasten bei gleichbleibenden

1020 Vgl. **Männel, Wolfgang**: Kalkulationsmethodik des künftigen stromverteilungsspezifischen Regulierungskonzeptes... **(2004)**, S. 87.

1021 Vgl. **Busse von Colbe, Walther**: Zur Ermittlung der Kapitalkosten... **(2002)**, S. 13.

1022 Siehe dazu nochmals Vgl. **Statistisches Bundesamt**: Index der Erzeugerpreise gewerblicher Produkte (Inlandsabsatz) nach dem Güterverzeichnis für Produktionsstatistiken, Ausgabe 2002 (GP 2002), Lange Reihen von Januar 1995 bis Sept. 2006... **(2006)**, S. 190, lfd. Nr. 550: „Elektrizitätsverteilungs- und -schalteinrichtungen, Teile dafür", Januar 1996: Preisindex 98,0, Januar 2006: Preisindex 102,4.

1023 Vgl. **Schweitzer, Marcel – Küpper, Hans-Ulrich**: Systeme der Kosten- und Erlösrechnung... **(2003)**, S. 107.

1024 Siehe dazu das Rechenbeispiel bei **Männel, Wolfgang**: Kalkulationsmethodik des künftigen stromverteilungsspezifischen Regulierungskonzeptes... **(2004)**, S. 87.

1025 Vgl. **Küpper, Hans-Ulrich – Pedell, Burkhard**: Gutachten zum Entwurf der Verordnung über die Entgelte für den Zugang zu Gasversorgungsnetzen... **(2005)**, S. 7.

nominalen Abschreibungsbeträgen zu einem stark abfallenden Kapitaldienstvolumen. Das Kapitaldienstvolumen des tagesneuwertorientierten Realzinsmodells nimmt bei langen anlagenspezifischen Nutzungsdauern ebenfalls – wenn auch deutlich weniger stark – ab.[1026] Es stellt sich daher die Frage, ob die annuitätische Veranschlagung kalkulatorischer Abschreibungen und Zinsen sich als eine sinnvolle Alternative zu restbuchwertrechnerischen Kapitaldienstkonzepten erweisen kann.

Der Vorschlag einer annuitätsorientierten kalkulatorischen Abschreibungsbemessung wurde insbesondere von *Schneider* in Form einer annuitätsrechnerischen Zinseszinsabschreibung zur Diskussion gestellt.[1027] Die vom Wiederbeschaffungspreis-Barwert ausgehende annuitätsorientierte Zinseszinsabschreibung soll einschließlich der ansparungsbedingten Zinseszinserträge als „**Minimum an interner Finanzierung**" einen vollständigen Inflationsausgleich bewirken und eine zusätzliche kalkulatorische Verzinsung des eingesetzten Eigenkapitals überflüssig machen.[1028] Der jährliche, auch als **Kapitaldienst-Annuität** bezeichnete, konstante annuitätische Abschreibungsbetrag leitet sich für den eigenfinanzierten Anteil einer abschreibungspflichtigen Anlage gemäß Formel (5-6) wie folgt her:[1029]

$$\overbrace{}^{\text{Wiedergewinnungsfaktor}}$$

$$KD_t^{A-EK} = \frac{q_{EK} \times WBW_T}{(1+r_{EK})^T} \times \frac{r_{EK} \times (1+r_{EK})^T}{(1+r_{EK})^T - 1} \qquad (5\text{-}6)$$

für:

KD_t^{A-EK} = im Ausmaß der kalkulatorischen Eigenkapitalquote bemessene Kapitaldienst-Annuität,

q_{EK} = kalkulatorische Eigenkapitalquote,

1026 Vgl. **Männel, Wolfgang**: Kalkulationsmethodik des künftigen stromverteilungsspezifischen Regulierungskonzeptes... **(2004)**, S. 73 f.

1027 Vgl. **Schneider, Dieter**: Entscheidungsrelevante fixe Kosten ... **(1984)**, S. 2526.
    Der Grundgedanke der Zinseszinsabschreibung findet sich bereits im Rahmen der von Schmidt begründeten Theorie der organischen Tageswertbilanz wieder. Siehe dazu **Schmidt, Fritz**: Die organische Tageswertbilanz... **(1951)**, S. 201 ff.

1028 Vgl. nochmals **Schneider, Dieter**: Entscheidungsrelevante fixe Kosten... **(1984)**, S. 2526 f.

1029 Vgl. dazu die formalen Darstellungen und Rechenbeispiele bei **Zimmermann, Gebhard**: Die kalkulatorischen Kosten... **(2003)**, S. 25.

WBW_T = zum Ende der anlagenspezifischen Nutzungsdauer maßgeblicher Wiederbeschaffungswert,

t = Teilperiode der Gesamtnutzungsdauer T,

T = betriebsgewöhnliche anlagenspezifische Nutzungsdauer,

r_{EK} = nach Ertragsteuern verbleibende Eigenkapitalrendite.

Die Abschreibungssumme ist demnach nicht der Wiederbeschaffungswert im Ersatzzeitpunkt, sondern der mit der Eigenkapitalquote gewichtete Barwert des Wiederbeschaffungspreises.[1030] Die **zinseszinserträgliche Ansparung** des so kalkulierten Abschreibungsbetrags zum Eigenkapitalkostensatz nach Steuern soll in inflationären Zeiten sicherstellen, dass zum Ende der Anlagennutzungsdauer genau das für die Wiederbeschaffung der Anlage erforderlich Kapital zur Verfügung steht.[1031] Für den fremdfinanzierten Teil der abschreibungspflichtigen Anlage soll ausgehend von den mit der Fremdkapitalquote gewichteten historischen Anschaffungskosten eine **Annuität der Zins- und Tilgungszahlungen** gebildet werden.[1032] Eine zusätzliche Veranschlagung kalkulatorischer Eigenkapitalzinsen ist nicht vorgesehen, sie würde dazu führen, dass „zuviel an Kosten verrechnet wird"[1033] und „verdeckte Gewinne als Kosten"[1034] ausgewiesen werden.

Dieser von *Zimmermann*[1035] während der unmittelbar zurückliegenden Jahre anlässlich der Diskussion um die Ausgestaltung der Entgeltkalkulation im Stromnetzgeschäft erneut aufgegriffene methodische Ansatz erweist sich jedoch aus den nachfolgenden Gründen als **nicht praxistauglich**:[1036]

- Die Höhe des für die Abschreibungsbemessung maßgeblichen Wiederbeschaffungswertes lässt sich aufgrund der extrem langen anlagenspezifischen Nutzungsdauern im Stromnetzbetrieb realiter **nicht prognostizieren**. Eine vom Wiederbeschaffungswert ausgehende Zinseszinsabschreibung widerspräche den Anforderungen einer möglichst objektiven Kalkulationsmethodik.

1030 Vgl. nochmals **Schneider, Dieter**: Entscheidungsrelevante fixe Kosten... **(1984)**, S. 2526.

1031 Vgl. **Zimmermann, Gebhard**: Zur Substanzerhaltung in Unternehmen unter Preisaufsicht... **(1989)**, S. 514.

1032 Vgl. **Zimmermann, Gebhard**: Zur Substanzerhaltung in Unternehmen unter Preisaufsicht... **(1989)**, S. 513.

1033 **Schneider, Dieter**: Entscheidungsrelevante fixe Kosten... **(1984)**, S. 2527.

1034 **Zimmermann, Gebhard**: Betriebs- und volkswirtschaftliche Kosten in der Kalkulation öffentlicher Unternehmen... **(1994)**, S. 265.

1035 Siehe dazu **Zimmermann, Gebhard**: Die kalkulatorischen Kosten... **(2003)**, S. 22 ff.

1036 Zu den nachfolgend aufgelisteten Kritikpunkten siehe ausführlicher **Männel, Wolfgang**: Gutachterliche Stellungnahme zu dem von Prof. Dr. Gerhard Zimmermann im Auftrag des Bundeskartellamtes am 15. Oktober 2003 präsentierten Gutachten... **(2003)**, S. 33 ff.

- Die Schlussfolgerung, dass den Investoren bei Anwendung der vom Barwert des Wiederbeschaffungspreises ausgehenden annuitätsorientierten Zinseszinsabschreibung **keine zusätzliche (reale) Verzinsung des Eigenkapitals** zusteht, beruht auf der realitätsfernen Prämisse, dass der nominale Eigenkapitalzinssatz der anlagenspezifischen Preissteigerungsrate entspricht.[1037]

- Das Konzept der annuitätsorientierten Zinsesabschreibung impliziert, dass während der gesamten anlagenspezifischen Nutzungsdauer **keine Eigenkapitalzinsen ausgeschüttet werden.** Ein dauerhafter Verzicht auf Dividendenausschüttungen ist in der Unternehmenspraxis nicht realisierbar.[1038]

- Ebenfalls wirklichkeitsfremd ist die Bildung zinseszinsträglicher Abschreibungsgegenwert-Ansparfonds während der gesamten Anlagennutzungsdauer, da kapitalintensive Unternehmen Abschreibungsgegenwerte in der Regel zur **Reinvestition** nutzen oder in Zeiten eines vorübergehenden Investitionsstaus vorrangig zur **Fremdkapitaltilgung** verwenden.[1039]

- Letztlich verpflichtet § 9 Abs. 1 Ziffer 2 StromNEV Stromnetzbetreiber dazu, **Zins- und Beteiligungserträge kostenmindernd zu verrechnen.** Insofern kann über die zinseszinsträgliche Hortung liquider Abschreibungsgegenwerte kein Beitrag zur Schließung inflatorischer Lücken realisiert werden.

Eine interessante Weiterentwicklung der annuitätsorientierten Kapitaldienstkalkulation stellt der von *Brüning* präsentierte Vorschlag der Ermittlung inflationierter, **kapitaldienstbezogener Realwert-Annuitäten** dar.[1040] Wie Formel (5-7) zeigt, soll der von den Anschaffungskosten einer Anlage ausgehende annuitätische Kapitaldienstbetrag über die Anlagennutzungsdauer hinweg im relativen

---

1037 Vgl. **Schneider, Dieter.**: Entscheidungsrelevante fixe Kosten... **(1984)**, S. 2524 und S. 2527 f.

1038 Vgl. dazu auch **Bönner, Udo**: Die Kalkulation administrierter Preise unter dem Aspekt der Substanzerhaltung... **(1992)**, S. 256.

1039 In diesem Sinne führt auch **Schneider, Dieter**: Entscheidungsrelevante fixe Kosten... **(1984)**, S. 2526 aus, dass die Rendite aus der Wiederanlage von Abschreibungsgegenwerten „gelegentlich [...] der Kosteneinsparung bei Kredittilgung" entspricht.

1040 An dieser Stelle ist erwähnenswert, dass der nachfolgend dargestellte, von Brüning auch als Annuitätenmodell auf Wiederbeschaffungszeitwertbasis bezeichnete Ansatz mit der vom Wissenschaftlichen Institut für Kommunikationsdienste (WIK) präsentierten, nur hinsichtlich der formalen Darstellung abweichenden Annuitätenmethode mit Preisanpassung übereinstimmt. Beide formalen Ansätze führen zu gleichen annuitätsrechnerischen Kapitaldienstbeträgen. Zum WIK-Ansatz siehe **Ickenroth, Bernd**: Ein integrativer Ansatz zur Bestimmung der Kapitalkosten... **(1998)**, S. 3 ff. sowie die Darstellungen bei **Knieps, Günter – Küpper, Hans-Ulrich – Langen, René**: Abschreibungen bei fallenden Wiederbeschaffungspreisen... **(2001)**, S. 264.

Ausmaß der teilperiodenspezifischen Inflationsrate **sukzessive angehoben** werden:[1041]

$$\text{KD}_t^{A-EK-real} = q_{EK} \times AK_{t=0} \times \overbrace{\frac{r_{EK}^{real} \times \left(1 + r_{EK}^{real}\right)^T}{\left(1 + r_{EK}^{real}\right)^T - 1}}^{\text{Wiedergewinnungsfaktor}} \times (1 + i_a)^t \qquad (5\text{-}7)$$

für:

$\text{KD}_t^{A-EK-real}$ = im Ausmaß der kalkulatorischen Eigenkapitalquote bemessener während der Anlagennutzungsdauer fortlaufend inflationierter annuitätsorientierter Kapitaldienstbetrag,

q_{EK} = kalkulatorische Eigenkapitalquote,

t =. aktuelle Kalkulationsperiode,

T = anlagenspezifische betriebsgewöhnliche Nutzungsdauer,

$AK_{t=0}$ = historische Anschaffungskosten im Zeitpunkt $t=0$,

r_{EK}^{real} = realer, gemäß der Irving Fisher-Formel quantifizierter Eigenkapitalkostensatz:

$$(r_{EK}^{real} = [(1 + r_{EK}^{no\,min\,al}) / (1 + i_a)] - 1),$$

$r_{EK}^{no\,min\,al}$ = nominaler Eigenkapitalkostensatz,

i_a = anlagenspezifische Inflationsrate.

Auch wenn man mit einem Indifferenzbeweis belegen kann, dass der so angelegte, insgesamt veranschlagte annuitätenrechnerische Kapitaldienst über den Investitionszyklus hinweg zu dem gleichen Endwert führt wie ein restbuchwert-

---

1041 Vgl. **Brüning, Gerd**: Annuitätsorientierte Kostenrechnung... **(1998)**, S. 149 ff. Brüning geht vereinfachend von einer vollständig eigenfinanzierten Anlage aus. In Modifikation dazu, stellt der durch Formel (5-7) präsentierte Rechenalgorithmus nur auf den eigenfinanzierten Teil einer abschreibungspflichtigen Anlage ab, da für nominal zu bedienende Fremdkapitalgeber ein annuitätenrechnerischer Ansatz letztlich nur dann in Frage kommt, wenn die Zinszahlungen und Tilgungsleistungen tatsächlich annuitätsorientiert zu leisten sind. Im Gegensatz zu dem auf den Ausgleich der allgemeinen Kaufkraft abstellenden annuitätsrechnerischen Ansatz von Brüning, wird in Formel (5-7) darüber hinaus zur Berechnung der inflationierten Realwert-Annuität anstelle der allgemeinen Inflationsrate die anlagenspezifische Preissteigerungsrate verwendet.

rechnerischer anschaffungswert- oder tagesneuwertorientiert kalkulierter Kapitaldienst[1042], kann der theoretisch interessante Ansatz einer annuitätsorientierten Kapitaldienstermittlung für die Entgeltkalkulationen von Stromnetzbetreibern aus den folgenden Gründen letztlich **nicht empfohlen werden:**

- Annuitätsorientierte Kapitaldienstkonzeptionen lösen sich von der restbuchwertrechnerischen Veranschlagung von Abschreibungen und aufwandswirksamen Verrechnung von Fremdkapitalzinsen im bilanziellen Rechnungswesen. Die durch eine annuitätenrechnerische Kapitalkostenkalkulation zusätzlich bewirkten **Divergenzen zwischen internem und externem Rechnungswesen** sollten vermieden werden.

- Eine anschaffungswertorientierte annuitätenrechnerische Kapitaldienstermittlung führt zwar grundsätzlich zu einer Gleichbelastung der Teilperioden während der Anlagennutzungsdauer, im Zeitpunkt des Anlagenersatzes jedoch zu einem unvermeidbaren **Anstieg des Kosten- und Preisniveaus.**[1043]

- Die ermittelten Kapitaldienstannuitäten müssten bei langen anlagenspezifischen Nutzungsdauern insbesondere an **veränderte Zinssatzniveaus angepasst werden.**[1044] Eine laufende Adjustierung der Annuitäten an veränderte Abschreibungsdeterminanten oder Renditeniveaus, würde der Zielsetzung des Rechnens mit Annuitäten zuwiderlaufen.

Wie im 2. Kapitel erläutert, erweist sich eine annuitätsorientierte Kapitaldienstermittlung jedoch dann als zweckmäßig, wenn es im Rahmen von Benchmarking-Analysen darum geht, infolge unterschiedlicher Investitionszyklen divergierende Kapitalkostenniveaus zu standardisieren und insofern vergleichbar zu machen. In der Regulierungspraxis geschieht dies in der Regel über die Veranschlagung eines von **aktuellen Wiederbeschaffungskosten** oder gänzlich neu bewerteter Netzanlagen ausgehenden WACC-basierten annuitätsorientierten Kapitaldienstes.[1045] Gemäß Formel (5-8) berechnet sich die WACC-Kapitaldienst-Annuität wie folgt:

1042 Vgl. nochmals **Brüning, Gerd**: Annuitätsorientierte Kostenrechnung... **(1998)**, S. 140 f. sowie S. 150. Siehe ferner dazu auch die kapitalwertrechnerischen Indifferenzbeweise bei **Knieps, Günter – Küpper, Hans-Ulrich – Langen, René**: Abschreibungen bei fallenden Wiederbeschaffungspreisen... **(2001)**, S. 263 f.

1043 Vgl. dazu die Beispielrechnungen bei **Männel, Wolfgang**: Kalkulationsmethodik des künftigen stromverteilungsspezifischen Regulierungskonzeptes... **(2004)**, S. 69 f.

1044 Vgl. **Brüning, Gerd**: Annuitätsorientierte Kostenrechnung... **(1998)**, S. 152 ff.

1045 Vgl. **Bundesnetzagentur**: Bericht der Bundesnetzagentur nach § 112a EnWG zur Einführung der Anreizregulierung nach § 21a EnWG... **(2006)**, S. 172 sowie **Plaut Economics**: Gutachten Effizienzanalysemethoden... **(2006)**, S. 79 f.

$$KD_t^{A\text{-}WACC} = TNW_{t=0} \times \frac{WACC^{real} \times \left(1 + WACC^{real}\right)^T}{\left(1 + WACC^{real}\right)^T - 1} \qquad (5\text{-}8)$$

für:

$KD_t^{A\text{-}WACC}$ = während der standardisierten Anlagennutzungsdauer konstante WACC-Kapitaldienst-Annuität,

$TNW_{t=0}$ = aktuelle Wiederbeschaffungskosten im Sinne des Tagesneuwertes im Zeitpunkt $t = 0$,

t = Teilperiode der Gesamtnutzungsdauer T,

T = standardisierte anlagenspezifische Nutzungsdauer,

$WACC^{real}$ = realer WACC-Kapitalkostensatz.

Aus der zu aktuellen Wiederbeschaffungskosten bewerteten Vermögensbasis folgt, dass der für die Ermittlung der Kapitaldienst-Annuität maßgebliche WACC-Kapitalkostensatz um die anlagenspezifische Preissteigerungsrate zu reduzieren ist.[1046]

F. Kapitaldienstrechnerische Indifferenzbeweise

Anlässlich der Diskussion um die Ausgestaltung der Kapitalkostenkalkulation regulierter Unternehmen werden in der Literatur verschiedene Indifferenzbeweise präsentiert, die die **Gleichwertigkeit alternativer Kapitaldienstkonzeptionen** belegen sollen.[1047] Während der unmittelbar zurückliegenden Jahre wurden kapitaldienstrechnerische Indifferenzbeweise von mehreren Autoren im Zuge der Beurteilung der realverzinsungsorientierten Nettosubstanzerhaltung herangezogen, um zu belegen, dass das Realverzinsungskonzept den Eigenkapitalgebern

---

1046 Wie im 6. Kapitel noch erläutert wird, darf der reale Fremdkapitalkostensatz bei der Berechnung des WACC nicht um die Steuerersparnis aus der Abzugsfähigkeit von Fremdkapitalzinsen gekürzt werden.

1047 Die Ausgangsbasis lieferte der von Swoboda im Jahr 1973 endwertrechnerisch angelegte Indifferenzbeweis. Vgl. dazu **Swoboda, Peter**: Die Kostenbewertung in Kostenrechnungen... (1973), S. 353 ff. Siehe des Weiteren den barwertrechnerischen Beweis der kapitaltheoretischen Erfolgsneutralität bei **Schweitzer, Marcel – Küpper, Hans-Ulrich**: Systeme der Kosten- und Erlösrechnung... (2003), S. 105 ff. sowie den periodenbezogenen Indifferenzbeweis von **Männel, Wolfgang**: Gutachten zur Bedeutung kalkulationsrelevanter allgemeiner Unternehmerrisiken... (2003), S. 87 ff.

eine nominalzinsadäquate Eigenkapitalverzinsung zugesteht.[1048] Wenngleich die präsentierten Indifferenzbeweise alle dasselbe Ziel verfolgen, sind sie **methodisch unterschiedlich angelegt**. Um die grundsätzlichen Unterschiede aufzuzeigen, wird im Folgenden auf die endwertrechnerische Modellierung *Swobodas*, auf den von *Küpper* als kapitaltheoretischen Erfolgsneutralitätsbeweis bezeichneten kapitalwertrechnerischen Ansatz und den von *Männel* präsentierten periodenbezogenen Indifferenzbeweis eingegangen.

1) Endwertrechnerische und barwertrechnerische Indifferenzbeweise

a) Von Swoboda ausgehender endwertrechnerischer Indifferenzbeweis

Eine Vielzahl von Autoren verweist anlässlich der Beurteilung des anschaffungswertorientierten Nominalzinsmodells und des tagesneuwertorientierten Realzinsmodells regelmäßig auf die von *Swoboda* im Jahr 1973 präsentierte endwertrechnerische Modellierung.[1049] *Swoboda* beweist für eine voll eigenfinanzierte abschreibungspflichtige Anlage mit 3-jähriger Nutzungsdauer, dass der mit dem nominalen Zinssatz quantifizierte Endwert des anschaffungswertorientierten Kapitaldienstes dem Endwert des tagesneuwertorientierten Kapitaldienstes entspricht.[1050]

Die Indifferenz beider Kapitaldienstkonzepte ist jedoch nur dann gewahrt, wenn anlässlich der Anpassung des Nominalzinssatzes an das reale Niveau **dieselbe Inflationsrate** wie für die Tagesneuwertermittlung herangezogen wird.[1051] Da *Swoboda* davon ausgeht, dass für die Realzinssatzermittlung die allgemeine Geldentwertungsrate maßgeblich ist, unterstellt er für den von ihm präsentierten Indifferenzbeweis, dass die anlagenspezifische Preisentwicklung der allgemeinen Geldentwertungsrate entspricht und folgert daher, dass die Äquivalenz des anschaffungswertorientierten Nominalzinsmodells und des tagesneuwertorientierten Realzinsmodells nur in Ausnahmefällen gegeben ist.[1052] Wie zuvor ausführlich

---

1048 Vgl. dazu **Sieben, Günter – Maltry, Helmut**: Netznutzungsentgelte für elektrische Energie... **(2002)**, S. 75 ff. sowie **Männel, Wolfgang**: Gutachten zur Bedeutung kalkulationsrelevanter allgemeiner Unternehmerrisiken... **(2003)**, S. 84 ff. und S. 119 ff.

1049 Siehe stellvertretend **Busse von Colbe, Walther**: Zur Ermittlung der Kapitalkosten... **(2002)**, S. 4.

1050 Vgl. **Swoboda, Peter**: Die Kostenbewertung in Kostenrechnungen... **(1973)**, S. 363 f.

1051 Vgl. nochmals **Swoboda, Peter**: Die Kostenbewertung in Kostenrechnungen... **(1973)**, S. 363.

1052 Vgl. nochmals **Swoboda, Peter**: Die Kostenbewertung in Kostenrechnungen... **(1973)**, S. 364.

begründet, ist dem entgegenzuhalten, dass die Nominalzins-Adäquatheit des Realverzinsungskonzeptes zwingend dadurch sicherzustellen ist, dass die Anpassung des Nominalzinssatzes nicht mit der allgemeinen, sondern mit der **anlagenspezifischen Inflationsrate** erfolgt.[1053]

Die endwertrechnerische Beweisführung hat in der Vergangenheit wiederholt zu der Schlussfolgerung geführt, dass zur Finanzierung inflationsbedingt verteuerter Ersatzinvestitionen die **rentierliche Wiederanlage** von Kapitaldienstelementen erforderlich ist.[1054] Im Regulierungskontext kommt es jedoch nicht auf den zum Ende der anlagenspezifischen Lebenszyklen nach Ausschüttung und rentierlicher Anlage von Abschreibungsgegenwerten und Eigenkapitalzinsen realisierten Vermögensendwert der Anteilseigner an. Vielmehr ist sicherzustellen, dass alternative Kapitaldienstkonzepte in jeder Kalkulationsperiode **dieselbe Eigenkapitalrendite** bewirken.

b) Barwertrechnerischer Indifferenzbeweis nach Küpper

Die von *Küpper* konzipierten Indifferenzbeweise folgen einer **barwertrechnerischen Modellierung**, Die Beispielrechnungen *Küppers* zeigen, dass sowohl die Summe des zum Nominalzinssatz abgezinsten anschaffungswertorientierten Kapitaldienstes als auch der Barwert des tagesneuwertorientierten Kapitaldienstes den Anschaffungskosten einer abschreibungspflichtigen Anlage entspricht.[1055] *Küpper* bezeichnet die zu einem Kapitalwert von Null führende Übereinstimmung des abgezinsten Kapitaldienstvolumens mit den Anschaffungskosten als **kapitaltheoretische Erfolgsneutralität**.[1056] Kapitaltheoretische Erfolgsneutralität bedeutet jedoch nicht, dass alternative Kapitaldienstkonzepte in jeder Periode erfolgsneutral sind.[1057]

Infolge der unterschiedlichen Abschreibungs- und Verzinsungskonzeption wirken sich das Nominalzins- und das Realzinsmodell keineswegs neutral auf den Periodenerfolg aus. Interpretiert man aber in Übereinstimmung mit dem Share-

---

1053 Vgl. dazu stellvertretend **Küpper, Hans-Ulrich**: Kostenorientierte Preisbestimmung... (**2002**), S. 48.

1054 Siehe dazu nochmals die zuvor behandelte Kritik an rentierlichen Abschreibungsgegenwert-Ansparmodellen auf den Seiten 329 f.

1055 Vgl. **Knieps, Günter – Küpper, Hans-Ulrich – Langen, René**: Abschreibungen bei fallenden Wiederbeschaffungspreisen... (**2001**), S. 263 u. 265 f. sowie **Schweitzer, Marcel – Küpper, Hans-Ulrich**: Systeme der Kosten- und Erlösrechnung... (**2003**), S. 105 ff.

1056 Vgl. **Küpper, Hans-Ulrich**: Kostenorientierte Preisbestimmung... (**2002**), S. 54.

1057 Hierauf verweist auch **Busse von Colbe, Walther**: Kostenorientierte Entgeltregulierung von Telekommunikationsdienstleistungen... (**2001**), S. 55.

Zeile	Perioden	0	1	2	3	Σ
01	Investition (I)	-100,00				
02	Tageneuwerte (Preissteigerungsrate i_a = 3,00%)		103,00	106,09	109,27	
	Anschaffungswertorientiertes Nominalzinsmodell					
03	anschaffungswertorientierter Restbuchwert	100,00	66,67	33,33	0,00	
04	anschaffungswertorientierte Abschreibungen		+33,33	+33,33	+33,33	
05	Nominalzinsen (n = 7,12%)		+7,12	+4,75	+2,37	
06	anschaffungswertorientierter Kapitaldienst		+40,45	+38,08	+35,71	
07	Aufzinsungsfaktoren (bei n = 7,12%)		1,15	1,07	1,00	
08	Kapitaldienst-Endwert		+46,42	+40,79	+35,71	+122,92
09	Abzinsungsfaktoren		0,93	0,87	0,81	
10	Kapitaldienst-Barwert (BW)		+37,76	+33,19	+29,05	+100,00
11	Kapitalwert (BW ./. I = 100,00 ./. 100,00)	0,00				
	Tagesneuwertorientiertes Realzinsmodell					
12	kalkulatorischer Tagespreisrestwert	100,00	68,67	35,36	0,00	
13	tagesneuwertorientiertes Abschreibungen		+34,33	+35,36	+36,42	
14	Realzinsen (r = n ./. i_a = 4,12% = 7,12% ./. 3,00%)		+4,12	+2,83	+1,46	
15	tagesneuwertorientierter Kapitaldienst		38,45	38,19	37,88	
16	Aufzinsungsfaktoren (bei n = 7,12%)		1,15	1,07	1,00	
17	Kapitaldienst-Endwert		+44,12	+40,91	+37,88	+122,92
18	Abzinsungsfaktoren		0,93	0,87	0,81	
19	Kapitaldienst-Barwert (BW)		+35,90	+33,28	+30,82	+100,00
20	Kapitalwert (BW ./. I = 100,00 ./. 100,00)	0,00				

Abbildung 5-9	Exemplarische Veranschaulichung des endwertrechnerischen und kapitalwertrechnerischen Indifferenzbeweises

holder Value-Ansatz das Kapitalwertkriterium als **mehrperiodisches Erfolgsziel** ist der Begriff der kapitaltheoretischen Erfolgsneutralität gerechtfertigt.[1058]

Abbildung 5-9 präsentiert den endwert- und barwertrechnerischen Indifferenzbeweis anhand einer eigenfinanzierten Anlage mit 3-jähriger Nutzungsdauer.

2) Periodenbezogener Indifferenzbeweis nach Männel

Die zuvor behandelten Indifferenzbeweise stellen entweder auf den zum Ende des Investitionszyklus realisierbaren Vermögensendwert des Investors oder den zum Investitionszeitpunkt maßgeblichen Kapitalwert einer abschreibungspflichtigen Sachanlage ab. Im Kontext der regelmäßig 3- bis 5-jährigen Regulierungsperioden stellt jedoch weder der Vermögensendwert noch der Kapitalwert einer Investition einen zweckmäßigen Vergleichsmaßstab dar, da endwert- und kapitalwertrechnerische Kalküle nicht offen legen, inwieweit alternative Kapitaldienst-

---

1058 Vgl. **Knieps, Günter – Küpper, Hans-Ulrich – Langen, René**: Abschreibungen bei fallenden Wiederbeschaffungspreisen... **(2001)**, S. 267.

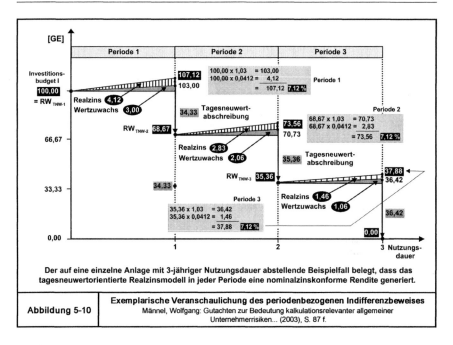

Der auf eine einzelne Anlage mit 3-jähriger Nutzungsdauer abstellende Beispielfall belegt, dass das tagesneuwertorientierte Realzinsmodell in jeder Periode eine nominalzinskonforme Rendite generiert.

Abbildung 5-10	Exemplarische Veranschaulichung des periodenbezogenen Indifferenzbeweises Männel, Wolfgang: Gutachten zur Bedeutung kalkulationsrelevanter allgemeiner Unternehmerrisiken... (2003), S. 87 f.

konzeptionen auch in jeder Teilperiode des Investitionszyklus den Eigenkapital-gebern ein **gleichbleibendes konstantes Renditeniveau** gewähren.

Zu diesem Zweck konzipierte *Männel* den durch **Abbildung 5-10** präsentier-ten, auf den Ausgangsdaten der Abbildung 5-9 beruhenden periodenbezogenen Indifferenzbeweis, der transparent macht, dass das tagesneuwertorientierte Real-verzinsungskonzept den Eigenkapitalgebern auch in jeder Teilperiode der Anla-gennutzungsdauer lediglich eine **nominalzinskonforme Eigenkapitalrendite** zugesteht.[1059]

Das Beispiel verdeutlicht, dass das **additive Zusammenwirken** von tages-neuwertorientierter Abschreibung, realer Verzinsung der zum Periodenbeginn maßgeblichen Tagespreisrestwerte sowie teilperiodenspezifisch realisiertem Vermögenswertzuwachs in jeder Periode dem Nominalzinsvolumen entspricht. Die vom Tagesneuwert zum Periodenende abgeleiteten Abschreibungen sichern in jeder Periode den preissteigerungsbedingten Vermögenswertzuwachs ab. Un-

---

1059 Siehe dazu **Männel, Wolfgang**: Gutachterliche Stellungnahme zu dem von Prof. Dr. Gerhard Zimmermann im Auftrag des Bundeskartellamtes am 15. Oktober 2003 präsentierten Gutachten... **(2003)**, S. 46 ff. sowie **Männel, Wolfgang**: Gutachten zur Bedeutung kalkulationsrelevanter allgemeiner Unternehmerrisiken... **(2003)**, S. 87 ff.

terstellt man, dass die Tagespreisrestwerte den jeweiligen Sachzeitwerten entsprechen, belegt Abbildung 5-10, dass infolge der tagesneuwertorientierten Kapitalbasis des Realverzinsungskonzeptes stets das zum Periodenbeginn infolge des Desinvestitionsverzichts **nicht freigesetzte Kapital** verzinst wird.[1060]

Anhand der in den vorangegangen Abschnitten präsentierten Reinvestitionsmodelle wurde belegt, dass sich der hier dargestellte einzelanlagenbezogene Indifferenzbeweis sowohl auf anteilige fremdfinanzierte Investitionen als auch auf die Bedingungen eines **kontinuierlich reinvestierenden Unternehmens** übertragen lässt. Auch unter Reinvestitionsbedingungen gesteht das Realverzinsungskonzept den Investoren in jeder Periode lediglich eine nominalzinskonforme Rendite zu.

Die Ausführungen in diesem Kapitel haben belegt, dass sich das **tagesneuwertorientierte Realverzinsungskonzept** sowohl unter den Bedingungen einer traditionellen jahresbezogenen Renditeregulierung als auch für die Bestimmung von Preisobergrenzen und Umsatzobergrenzen im Kontext der Anreizregulierung gegenüber dem anschaffungswertorientierten Nominalverzinsungskonzept und alternativ zur Diskussion gestellten Kapitaldienstkonzepten als überlegen erweist. Im folgenden 6. Kapitel wird der Frage nachgegangen, wie die für die Kapitalkostenkalkulation regulierter Stromnetzbetreiber maßgeblichen Kapitalkostensätze zu ermitteln sind.

1060 Vgl. **Männel, Wolfgang**: Gutachten zur Bedeutung kalkulationsrelevanter allgemeiner Unternehmerrisiken (**2003**), S. 89.

6. Kapitel: Ermittlung der Kapitalkostensätze

Die bisherigen Ausführungen gingen im Rahmen der vergleichenden Betrachtung alternativer Kapitaldienstmodelle von einem gegebenen Kapitalkostensatz aus. Neben der Diskussion um die Wahl der Kapitaldienstkonzeption stellt die Festlegung der kalkulationsrelevanten Kapitalkostensätze die methodisch anspruchsvollste Aufgabe anlässlich der Bestimmung der Parameter der Kapitalkostenkalkulation regulierter Unternehmen dar. Im Folgenden werden zunächst die Ermittlung WACC-rechnerischer Kapitalkostensätze und die in diesem Zusammenhang auftretenden Problemfelder analysiert. Im Anschluss daran wird detailliert auf die Bestimmung risikoadäquater Eigenkapitalkostensätze für das Stromnetzgeschäft und auf die Ermittlung des für die Entgeltkalkulation maßgeblichen Fremdkapitalkostensatzes eingegangen.

I. Bestimmung des WACC-Kapitalkostensatzes

A. Für die Entgeltkalkulation irrelevanter steuerersparniskorrigierter WACC-Kapitalkostensatz

Seit den Arbeiten von *Modigliani* und *Miller*[1061] zum WACC-Konzept wurden in Abhängigkeit des Rechenzwecks **verschiedene WACC-Varianten** entwickelt, die sich insbesondere bezüglich der Erfassung von Ertragsteuern und der Be-

---

[1061] Volkart bezeichnet die Arbeiten von Modigliani und Miller sogar als „Geburtsstunde" des Rechnens mit WACC-Kapitalkostensätzen. Vgl. **Volkart, Rudolf**: Kapitalkosten und Risiko... **(2001)**, S. 21. Besondere Relevanz besitzt das von Modigliani und Miller formulierte Irrelevanztheorem, das als Ausgangsbasis zur Erklärung der wertsteigernden Effekte verschuldungsbedingter Steuerersparnisse dient. Das Irrelevanztheorem besagt, dass bei Vernachlässigung verschuldungsbedingter Steuerersparnisse die durchschnittlichen Kapitalkosten unabhängig von der Kapitalstruktur eines Unternehmens sind und die Unternehmensverschuldung somit wertneutral ist. Vgl. **Modigliani, Franco – Miller, Merton H.**: The Cost of Capital, Corporation Finance and the Theory of Investment, in: The American Economic Review, Vol. **48, 1958**, S. 261-297. **Schneider, Dieter**: Substanzerhaltung bei Preisregulierungen ... **(2001)**, S. 56 stellt jedoch klar, dass das Rechnen mit durchschnittlichen Kapitalkosten bereits „ein rundes Jahrhundert vor Erfindung des angelsächsischen WACC" im Rahmen von Untersuchungen zum Verschuldungshebel Anwendung fand.

stimmung der zugrunde gelegten Kapitalstruktur unterscheiden. Die am weitesten verbreitete, speziell im Kontext des wertorientierten Controllings Anwendung findende WACC-Definition erklärt den durchschnittlichen Kapitalkostensatz als „**WACC nach Steuern**", indem die steuerliche Abzugsfähigkeit der Fremdkapitalzinsen durch den Ansatz eines steuerersparniskorrigierten Fremdkapitalkostensatzes direkt im WACC erfasst wird.

Der so definierte „WACC nach Steuern" korrigiert als „Hurdle Rate" die pauschale Besteuerung des Net Operating Profit after Tax (NOPAT) im Rahmen der Konzeption des **Economic Value Added (EVA)**.[1062] Er wird darüber hinaus zur Diskontierung des finanzierungsneutralen Free Cash Flows (FCF) im Kontext der zu den **Discounted Cash Flow-Verfahren** zählenden WACC-Methode verwendet.[1063]

Wie im 1. Kapitel bereits erläutert, ist bei der Bestimmung des WACC für die unternehmenswertorientierte Steuerung grundsätzlich anstelle einer buchwertorientierten Kapitalstruktur eine von Marktwerten abgeleitete Relation von Eigen- und Fremdkapital zugrunde zu legen[1064], da ansonsten insbesondere die Gefahr der **Unterschätzung der Kapitalkosten** besteht.[1065] Infolge schwankender Börsenkurse und insbesondere aufgrund des Fehlens von Marktwerten für nicht börsennotierte Unternehmen und Geschäftsbereiche geht man in der Unternehmenspraxis in der Regel von einer von Marktwerten abgeleiteten **Zielkapitalstruktur** aus, die häufig über einen mehrjährigen Zeitraum konstant gehalten wird.[1066]

Wie im 4. Kapitel dieser Arbeit erörtert, scheidet die Verzinsung von Marktwerten und eine dementsprechend von Marktwerten abgeleitete Kapitalstruktur anlässlich einer WACC-basierten Kapitalkostenkalkulation regulierter Stromnetzbetreiber in Deutschland aus. Demzufolge kommt es bei der Bestimmung des für die Entgeltkalkulation maßgeblichen WACC-Kapitalkostensatzes nicht auf

---

1062 Vgl. dazu stellvertretend **Hostettler, Stephan**: Economic Value Added (EVA)... (**2002**), S. 168 und S. 170 f.

1063 Vgl. stellvertretend **Günther, Thomas**: Unternehmenswertorientiertes Controlling... (**1997**), S. 105.

1064 Vgl. im Allgemeinen **Pratt, Shannon P.**: Cost of Capital: Estimation and Applications... (**2002**), S. 46 f.; im Rahmen des EVA-Konzeptes **Hostettler, Stephan**: Economic Value Added (EVA)... (**2002**), S. 169 sowie anlässlich der Unternehmensbewertung stellvertretend **Ballwieser, Wolfgang**: Unternehmensbewertung mit Discounted Cash Flow-Verfahren... (**1998**), S. 84.

1065 Vgl. **Aders, Christian – Hebertinger, Martin**: Value Based Management – Shareholder-Value-Konzepte... (**2003**), S. 20 f.

1066 Vgl. dazu stellvertretend **Stewart, G. Bennett**: The Quest for Value – A guide for Senior Managers... (**1991**), S. 85 und die Ausführungen im 1. Kapitel dieser Arbeit, S. 46.

die Marktwertrelation von Eigen- und Fremdkapital, sondern auf eine von Buchwerten abgeleitete, wettbewerbssimulierende Kapitalstruktur an. In Anbetracht des Rechenzweckes ist es sachgerecht, nachfolgend von einem **kalkulatorischen WACC** zu sprechen.

Der nominale „**WACC nach Steuern**" ermittelt sich wie folgt:[1067]

$$WACC_{nominal}^{nach\,Steuern} = \frac{EK}{GK} \times r_{EK} + \frac{FK}{GK} \times r_{FK} \times (1 - S_\Sigma),$$ (6-1a)

für:

WACC	=	Weighted Average Cost of Capital,
EK	=	Eigenkapitaleinsatz,
FK	=	zinspflichtiger Fremdkapitaleinsatz,
GK	=	zinspflichtiger Gesamtkapitaleinsatz,
r_{EK}	=	risikoadäquater Eigenkapitalkostensatz,
r_{FK}	=	gewogener durchschnittlicher Fremdkapitalkostensatz,
S_Σ	=	integrierter Ertragsteuersatz der Unternehmung.[1068]

Wie in der voranstehenden Legende ersichtlich, geht die durch die Formel (6-1a) dargestellte Definition des WACC von einer vollständig durch zinspflichtiges Eigen- und Fremdkapital finanzierten Vermögensbasis aus. In der Realität verfügen Unternehmen regelmäßig auch über erhebliche Bestände an **nicht zinspflichtigem Abzugskapital** in Form von zinslosen Darlehen, kurzfristigen Rückstellungen oder Lieferantenverbindlichkeiten. Würde man den WACC auf das durch sämtliche Positionen der Passivseite finanzierte Gesamtvermögen eines Unternehmens beziehen, wäre Formel (6-1a) um das Produkt aus dem Verhältnis von zinslosem Abzugskapital zum Gesamtkapital des Unternehmens und den Kapitalkosten für Abzugskapital in Höhe von Null zu erweitern.[1069] Das Verhältnis von

---

1067 Da diese Formel zunächst überwiegend in amerikanischen Lehrbüchern präsentiert wurde, wird sie auch als „text-book-formula" bezeichnet. Siehe dazu **Pratt, Shannon P.**: Cost of Capital: Estimation and Applications... **(2002)**, S. 46 sowie **Schwetzler, Bernhard**: Kapitalkosten... **(2000)**, S. 95 und **Drukarczyk, Jochen**: Unternehmensbewertung... **(2003)**, S. 262.
1068 Vgl. dazu die Ausführungen im 3. Kapitel dieser Arbeit S. 240 f.
1069 Vgl. dazu das Vorgehen der österreichischen Regulierungsbehörde, die die regulatorische Vermögensbasis lediglich um Baukostenzuschüsse, nicht jedoch um das zinslos zur Verfügung stehende Abzugskapital in Form von Lieferantenverbindlichkeiten, erhaltenen Anzahlungen, unverzinslichen Verbindlichkeiten und Rückstellungen mindert und stattdessen pauschal einen 15%-igen Anteil des Abzugskapitals bei der Ermittlung des WACC-Kapitalkostensatzes berücksichtigt: Vgl. **Energie-**

Eigenkapital zum Gesamtkapital und die Relation von zinspflichtigem Fremdkapital zum Gesamtkapital würden sich entsprechend reduzieren und der gesamt-
vermögensorientierte WACC entsprechend absinken. Die Behandlung des Abzugskapitals ist insbesondere dann zu hinterfragen, wenn das Niveau der regulierten Unternehmen in verschiedenen Branchen und Ländern zugestandenen
WACC-Kapitalkostensätze verglichen wird.

    Sowohl anlässlich der Ermittlung WACC-rechnerischer „Hurdle Rates" im
Rahmen EVA-orientierter Residualgewinnkonzepte[1070] als auch bei der Ermittlung kalkulatorischer Zinsen in der Kostenrechnung ist es üblich, zinslos zur Verfügung stehendes Abzugskapital **vom betriebsnotwendigen Gesamtvermögen
zu subtrahieren** und Kapitalkostenvorgaben insofern lediglich auf das zinspflichtige Kapital zu beziehen.[1071] Dieser Methodik folgt auch das durch § 7 Abs.
1 Satz 2 StromNEV vorgegebene Schema zur Bestimmung des betriebsnotwendigen Eigenkapitals. Gemäß § 6 Abs. 2 Satz 4 StromNEV müssten der Berechnung des WACC die für die Netzentgeltkalkulation maximal zulässige Eigenkapitalquote von 40,0% und eine dementsprechend für das ausschließlich zinspflichtige Fremdkapital maßgebliche Fremdkapitalquote von 60,0% zugrunde
gelegt werden. Für die nachfolgenden Betrachtungen wird daher unterstellt, dass
sich der für die Entgeltkalkulation maßgebliche WACC-Kapitalkostensatz auf eine um das zinslos zur Verfügung stehende Abzugskapital reduzierte, **zinspflichtige regulatorische Vermögensbasis** bezieht.

    Die durch Formel (6-1a) präsentierte Bestimmungsgleichung des „WACC
nach Steuern" ist jedoch nur dann korrekt, wenn die kalkulierten Fremdkapitalzinsen in voller Höhe steuerlich abzugsfähig sind. Nur unter dieser Bedingung
stimmt die im angloamerikanischen Sprachraum als „Tax Shield"[1072] bezeichnete
Steuerersparnis aus der Abzugsfähigkeit von Fremdkapitalzinsen mit dem
unternehmensspezifischen Ertragsteuersatz s_{Σ} überein. Im Falle des Vorliegens
von Dauerschulden ist bei der Berechnung des WACC für in Deutschland steuer-
pflichtige Unternehmen aufgrund des hälftigen Hinzurechnungsgebotes von
Dauerschuldzinsen bei der Ermittlung des Gewerbeertrages nach § 8 Nr. 1

Control **Kommission (ECK):** Erläuterungen zur Systemnutzungstarife-Verordnung
        2006... **(2006)**, S. 17.
1070 Vgl. stellvertretend **Hostettler, Stephan:** Economic Value Added (EVA)... **(2002)**,
        S. 111 und S. 127 ff.
1071 Vgl. **Busse von Colbe, Walther:** Zur Ermittlung der Kapitalkosten... **(2002)**, S. 9 f.
        sowie die Ausführungen im 4. Kapitel dieser Arbeit, S. 256 f. und die dort zitierte
        Literatur.
1072 Vgl. **Günther, Thomas:** Unternehmenswertorientiertes Controlling... **(1997)**, S. 105
        und S. 132.

GewStG gemäß Formel (6-1b) daher zwischen **Dauerschulden und Nicht-Dauerschulden** zu unterscheiden:[1073]

$$WACC_{nominal}^{nach\ Steuern} = q_{EK} \times r_{EK} + q_{NDS} \times r_{NDS} \times (1 - S_{\Sigma}) + q_{DS} \times r_{DS} \times (1 - s_{DS}), \quad (6\text{-}1b)$$

für:

q_{EK} = als Anteil am zinspflichtigem Kapital definierte Eigenkapitalquote,
q_{NDS} = Anteil Nicht-Dauerschulden am zinspflichtigen Kapital,
r_{NDS} = nominaler Zinssatz für Nicht-Dauerschulden,
q_{DS} = Anteil Dauerschulden am zinspflichtigen Kapital,
r_{DS} = nominaler Zinssatz für Dauerschulden,
S_{DS} = Tax Shield für Dauerschuldzinsen.

Das **Tax Shield S_{DS} für hälftig gewerbesteuerbelastete Dauerschuldzinsen** berechnet sich unter Berücksichtigung der Abzugsfähigkeit der Gewerbesteuer bei der Bemessung des Gewerbeertrags gemäß Formel (6-2) wie folgt:[1074]

$$S_{DS} = 0,5 \times S_{GewSt} + (1 - 0,5 \times S_{GewSt}) \times S_{KSt} \times (1 + S_{Sol}), \quad (6\text{-}2)$$

für:

S_{GewSt} = effektiver Gewerbesteuersatz,
S_{KSt} = Körperschaftsteuersatz (25,0%),
S_{Sol} = Solidaritätszuschlagssatz (5,5% bezogen auf Körperschaftsteuersatz).

In ausführlicher Schreibweise ergibt sich demnach die folgende Bestimmungsgleichung für den steuerersparniskorrigierten WACC-Kapitalkostensatz:

$$WACC_{nominal}^{nach\ Steuern} = \frac{EK}{GK} \times r_{EK} \quad (6\text{-}1c)$$

$$+ \frac{NDS}{GK} \times r_{NDS} \times [1 - \{S_{GewSt} + (1 - S_{GewSt}) \times S_{KSt} \times (1 + S_{Sol})\}]$$

$$+ \frac{DS}{GK} \times r_{DS} \times [1 - \{0,5 \times S_{GewSt} + (1 - 0,5 \times S_{GewSt}) \times S_{KSt} \times (1 + S_{Sol})\}]$$

1073 Vgl. dazu auch die Ausführungen von **Pedell, Burkhard**: Regulatory Risk and the Cost of Capital... **(2004)**, S. 171 sowie **Männel, Wolfgang**: Kapitalkostensätze für das rentabilitäts- und wertorientierte Controlling... **(2005)**, S. 128 ff.
1074 Siehe dazu die ausführliche Herleitung bei **Männel, Wolfgang**: Kapitalkostensätze für das rentabilitäts- und wertorientierte Controlling... **(2005)**, S. 130 f.

für:

NDS = Nicht-Dauerschulden,
DS = Dauerschulden.

Die Definition des „WACC nach Steuern" ist für Stromnetzbetreiber vor allem dann relevant, wenn Investitionsrechnungen auf eine WACC-rechnerische Kapitalwertmethode ausgerichtet sind, die anlässlich der Ermittlung der diskontierungsrelevanten Cash Flows vom pauschal versteuerten Betriebsergebnis im Sinne des Net Operating Profit After Tax (NOPAT) ausgehen. Für **Entgeltkalkulationen** sind die steuerersparniskorrigierten Definitionen des WACC jedoch irrelevant. Da die Netzentgeltkalkulation sicherstellen muss, dass Netzbetreiber über die Umsatzerlöse die zu leistenden Fremdkapitalzinsen in voller Höhe erwirtschaften, kommt es im Rahmen der Kapitalkostenkalkulation nicht auf den „WACC nach Steuern" an.[1075]

Anlässlich der Entgeltkalkulation sind zwei verschiedene Varianten des WACC-Kapitalkostensatzes denkbar. Werden die Ertragsteuerbelastungen direkt im Kapitalkostensatz erfasst, kommt es auf den nachfolgend beschriebenen „**WACC vor Steuern**" an. Wie später ausführlicher erörtert wird, empfiehlt es sich jedoch die kalkulatorischen Ertragsteuern als separate Kostenposition zu kalkulieren. In diesem Fall kommt es auf einen WACC-Kapitalkostensatz an, in dem weder Steuerbelastungen berücksichtigt werden, noch Steuerersparniskorrekturen vorgenommen werden.

B. Ermittlung des nominalen „WACC vor Steuern"

In anderen europäischen Ländern wie z. B. in Österreich, in Irland und in den Niederlanden werden die kalkulationsrelevanten Ertragsteuerbelastungen im Rahmen von Netzentgeltkalkulationen direkt bei der Ermittlung des WACC-Kapitalkostensatzes berücksichtigt.[1076] Man spricht dann von einem „**pre-tax-WACC**", der in der deutschsprachigen Regulierungsliteratur als „WACC vor Steuern" bezeichnet wird.[1077]

1075 Vgl. **Schneider, Dieter**: Substanzerhaltung bei Preisregulierungen ... **(2001)**, S. 50.
1076 Vgl. dazu die Ergebnisse der Untersuchung im 7. Kapitel dieser Arbeit, S. 410 f. bzgl. Österreich, S. 419 f. bzgl. Irland) und S. 425 f. bezüglich Niederlande.
1077 Vgl. **Knieps, Günter**: Entscheidungsorientierte Ermittlung der Kapitalkosten... **(2003)**, S. 1001 sowie **Busse von Colbe, Walther**: Zur Ermittlung der Kapitalkosten... **(2002)**, S. 22.

Auch im Kontext der **wertorientierten Unternehmenssteuerung** rechnet man häufig mit einem „WACC vor Steuern", wenn Ertragsteuerbelastungen bei der Ermittlung von wertorientierten Steuerungsgrößen aus Gründen der besseren standortübergreifenden Vergleichbarkeit und der Zuordnungsproblematik von Ertragsteuerbelastungen auf Geschäftsbereiche ausgeklammert werden.[1078]

Unter der Annahme, dass sämtliche **Fremdkapitalzinsen vollständig steuerlich abzugsfähig** sind – Fremdkapitalzinsen also keine steuerliche Belastung tragen – müssen anlässlich der Bestimmung des „WACC vor Steuern" nur die auf die Eigenkapitalverzinsung entfallenden Ertragsteuerbelastungen berücksichtigt werden. Unter dieser Bedingung kann man zur Ermittlung des „WACC vor Steuern" – wie in anderen europäischen Ländern üblich – direkt von der durch Formel (6-1a) präsentierten Bestimmungsgleichung des nominalen „WACC nach Steuern" ausgehen, der über eine auf den integrierten Ertragsteuersatz S_Σ abstellende „Im-Hundert-Kalkulation" in den nominalen „WACC vor Steuern" transformiert wird:

$$WACC_{nominal}^{vor\ Steuern} = \frac{WACC^{nach\ Steuern}}{(1-S_\Sigma)}, \qquad (6\text{-}3a)$$

$$WACC_{nominal}^{vor\ Steuern} = \frac{\dfrac{EK}{GK} \times r_{EK} + \dfrac{FK}{GK} \times r_{FK} \times (1-S_\Sigma)}{(1-S_\Sigma)}. \qquad (6\text{-}3b)$$

Nach Kürzungen ergibt sich die folgende Bestimmungsgleichung für den „WACC vor Steuern":

$$WACC_{nominal}^{vor\ Steuern} = \frac{q_{EK} \times r_{EK}}{(1-S_\Sigma)} + q_{FK} \times r_{FK}. \qquad (6\text{-}3c)$$

Im Falle des Vorliegens von Dauerschulden muss auch anlässlich der Ermittlung des „WACC vor Steuern" zwischen Dauerschulden und Nicht-Dauerschulden differenziert werden. Nachfolgend wird gezeigt, dass man auch unter

---

1078 Vgl. dazu die Aussagen der folgenden Geschäftsberichte: **E.ON AG**: Geschäftsbericht... **(2005)**, S. 38 (konzernweiter „WACC vor Steuern" = 9,0%); **RWE AG**: Geschäftsbericht... **(2005)**, S. 4 und S. 49 (konzernweiter „WACC vor Steuern" = 9,0%, „WACC vor Steuern" der RWE Energy AG = 10,0%) sowie **EnBW AG**: Geschäftsbericht... **(2005)**, S. 81 ff. (konzernweiter „WACC vor Steuern" = 9,0%).

Berücksichtigung der **hälftig gewerbesteuerbelasteten Dauerschuldzinsen** von der entsprechenden Definition des „WACC nach Steuern" ausgehen kann. Definitionsgleichung (6-1b) kann über eine „Im-Hundert-Kalkulation" auf Basis des integrierten Ertragsteuersatzes S_Σ direkt in die nach Nicht-Dauerschulden und Dauerschulden differenzierende Definition des nominalen „WACC vor Steuern" überführt werden:

$$WACC_{nominal}^{vor\,Steuern} = \frac{WACC^{nach\,Steuern}}{(1-S_\Sigma)} \tag{6-4a}$$

$$WACC_{nominal}^{vor\,Steuern} = \frac{q_{EK} \times r_{EK} + q_{NDS} \times r_{NDS} \times (1-S_\Sigma) + q_{DS} \times r_{DS} \times (1-s_{DS})}{(1-S_\Sigma)} \tag{6-4b}$$

Nach Kürzungen ergibt sich die folgende Definition des „WACC vor Steuern":

$$WACC_{nominal}^{vor\,Steuern} = \frac{q_{EK} \times r_{EK}}{(1-S_\Sigma)} + q_{NDS} \times r_{NDS} + q_{DS} \times r_{DS} \times \frac{(1-s_{DS})}{(1-S_\Sigma)}. \tag{6-4c}$$

Die Verprobungsrechnung in **Abbildung 6-1** belegt die Richtigkeit der durch Formel (6-4c) dargestellten Berechnungsweise des nominalen „WACC vor Steuern".[1079]

Für den Fall einer nominalen Kalkulation des WACC-Kapitalkostensatzes lassen sich die auf die Eigenkapitalverzinsung entfallenden Gewerbe- und Körperschaftsteuerbelastungen und die hälftige gewerbesteuerliche Belastungen von Dauerschuldzinsen in ein und demselben WACC-Kapitalkostensatz abbilden. Gleichwohl ist zu bedenken, dass die Ermittlung des „WACC vor Steuern" nach der durch Formel (6-4c) präsentierten Bestimmungsgleichung ein **hohes Maß an Komplexität** aufweist und es einer derartigen „Verpackung" der auf die Eigenkapitalzinsen und Dauerschuldzinsen entfallenden Ertragsteuern an Transparenz mangelt. Folgt die Kapitaldienstermittlung dem Realverzinsungsmodell, lassen sich ohnehin nicht sämtliche Ertragsteuerbelastungen in einem „WACC vor Steuern" abbilden, da man auf die zusätzliche betragsmäßige Kalkulation der Ertragsteuern auf den „Scheingewinn" angewiesen ist. Entscheidet man sich für eine WACC-rechnerische Kapitalkostenermittlung, empfiehlt es sich daher, die unter den aktuellen steuerrechtlichen Rahmenbedingungen in Deutschland relevanten

---

1079 Eine ähnliche Verprobungsrechnung findet sich bei **Männel, Wolfgang**: Kapitalkostensätze für das rentabilitäts- und wertorientierte Controlling... **(2005)**, S. 128 ff.

verzinsungsrelevante Kapitalbasis		kalkulationsrelevante Steuersätze/Tax Shield	
Eigenkapitaleinsatz (EK)	40 GE	effektiver Gewerbesteuersatz (S_{GewSt}) = H / (2000 + H) = 454 / 2.454	18,50 %
Nicht-Dauerschulden (NDS)	20 GE	Körperschaftsteuersatz inkl. SolZ [S_{KSt} x (1 + S_{Sol})] = 0,25 x (1,055) = 0,26375	26,375 %
Dauerschulden (DS)	40 GE	integrierter Ertragsteuersatz (S) = S_{GewSt} + (1 – S_{GewSt}) x S_{KSt} x (1 + S_{Sol})	40,00 %
zinspflichtiges Gesamtkapital (GK)	100 GE	dauerschuldzinsspezifisches Tax Shield (S_{DS}) = 0,5 x S_{GewSt} + (1 – 0,5 x S_{GewSt}) x S_{KSt} x (1 + S_{Sol})	33,19 %

kalkulatorische Kapitalquoten		kalkulationsrelevante Zinssätze	
kalkulatorische Eigenkapitalquote (q_{EK})	40,0 %	Eigenkapitalzinssatz nach Steuern (r_{EK})	8,0 %
Anteil NDS am zinspflichtigem Kapital (q_{NDS})	20,0 %	Zinssatz für Nicht-Dauerschulden (r_{NDS})	6,0 %
Anteil DS am zinspflichtigem Kapital (q_{DS})	40,0 %	Zinssatz für Dauerschulden (r_{DS})	5,0 %

Ermittlung des nominalen „WACC vor Steuern"

$$WACC^{\text{vor Steuern}}_{\text{nominal}} = \frac{q_{EK} \times r_{EK}}{(1-S_t)} + q_{NDS} \times r_{NDS} + q_{DS} \times r_{DS} \times \frac{(1-s_{DS})}{(1-S_t)} = \frac{0,40 \times 0,08}{(1-0,40)} + 0,20 \times 0,06 + 0,40 \times 0,05 \times \frac{(1-0,3319)}{(1-0,40)} = 0,08757 = 8,76\%$$

vom WACC-rechnerisch kalkulierten Betriebsergbnis vor Steuern ausgehende Verprobungsrechnung	
WACC-rechnerisches Betriebsergebnis vor Steuern (100 GE x 0,08757)	8,757 GE
./. Zinsen für Nicht-Dauerschulden (20 GE x 0,06)	1,200 GE
./. Zinsen für Dauerschulden (40 GE x 0,05)	2,000 GE
= Einkünfte aus Gewerbetrieb	5,557 GE
+ hälftige Zinsen für Dauerschulden nach § 8 Nr. 1 GewStG (40 GE x 0,05 x 0,5)	1,000 GE
= Gewerbeertrag vor Gewerbesteuer	6,557 GE
./. Gewerbesteuer unter Berücksichtigung der „Insichabzugsfähigkeit" (6,557 GE x 0,1850)	1,213 GE
./. hälftige Zinsen für Dauerschulden (40 GE x 0,05 x 0,5)	1,000 GE
= körperschaftsteuerlicher Gewinn	4,344 GE
./. Körperschaftsteuer zuzüglich Solidaritätszuschlag [4,344 GE x 0,25 x (1,055)]	1,444 GE
= Gewinn nach Steuern = Eigenkapitalverzinsung nach Steuern (40 GE x 0,08 GE)	3,200 GE

Abbildung 6-1 | **Beispielhafte Erklärung der Kalkulation des nominalen „WACC vor Steuern"**

Ertragsteuerbelastungen außerhalb des WACC durch eine betragsmäßige Kalkulation zu erfassen.[1080]

[1080] Hierfür plädieren auch **Küpper, Hans-Ulrich**: Kostenorientierte Preisbestimmung... **(2002)**, S. 50 und **Pedell, Burkhard**: Regulatory Risk and the Cost of Capital... **(2004)**, S. 173.

C. *Nominaler WACC-Kapitalkostensatz bei separater Kalkulation der Ertrag-steuerbelastung*

Werden sämtliche Ertragsteuerbelastungen im Rahmen der Entgeltkalkulation betragsmäßig als eigenständige kalkulatorische Kostenposition erfasst, müssen in dem für die Zinskostenermittlung maßgeblichen WACC-Kapitalkostensatz keine Steuerbelastungen abgebildet werden. Da Fremdkapitalzinsen für Dauerschulden und Nicht-Dauerschulden in voller Höhe bezahlt werden müssen, dürfen in dem WACC-rechnerischen Kapitalkostensatz auch keine verschuldungsbedingten Steuerersparnisse berücksichtigt werden.[1081] Der bei betragsmäßiger Ertragsteuerkalkulation relevante, **weder Steuerbelastungen noch Steuerersparnisse** erfassende WACC-Kapitalkostensatz bestimmt sich gemäß Formel (6-5) wie folgt:

$$WACC_{nominal}^{ohne\ Steuern} = q_{EK} \times r_{EK} + q_{FK} \times r_{FK} , \hspace{2cm} (6\text{-}5)$$

für:

q_{EK} = als Anteil am zinspflichtigen Kapital definierte Eigenkapitalquote,
q_{FK} = als Anteil am zinspflichtigen Kapital definierte Fremdkapitalquote,
r_{EK} = risikoadäquater Eigenkapitalkostensatz,
r_{FK} = gewogener durchschnittlicher Fremdkapitalkostensatz.

Im Rahmen der deutschsprachigen Literatur zur Unternehmensbewertung wird der so ermittelte WACC in Abgrenzung zum steuerersparniskorrigierten WACC-Kapitalkostensatz als **durchschnittlicher Kapitalkostensatz** bezeichnet.[1082] Eine Differenzierung nach Nicht-Dauerschulden und Dauerschulden ist im Falle einer betragsmäßigen Ertragsteuerkalkulation nicht notwendig. Die relevanten Zinssätze für Nicht-Dauerschulden und Dauerschulden können zu einem gewogenen durchschnittlichen Fremdkapitalzinssatz zusammengefasst werden, der auf den gesamten Anteil des Fremdkapitals am zinspflichtigen Gesamtkapital bezogen wird.

1081 Vgl. dazu nochmals **Schneider, Dieter**: Substanzerhaltung bei Preisregulierungen ... **(2001)**, S. 52.
1082 Der so definierte durchschnittliche Kapitalkostensatz findet im Rahmen der Total Cash Flow-Methode Anwendung, die auch als **DUK-Methode** bezeichnet wird. Vgl. dazu unter anderem **Schwetzler, Bernhard**: Kapitalkosten... **(2000)**, S. 96 sowie **Hachmeister, Dirk**: Die Abbildung der Finanzierung im Rahmen verschiedener Discounted Cash Flow-Verfahren... **(1996)**, S. 255.

D. *Realer WACC-Kapitalkostensatz bei separater Kalkulation der Ertragsteuerbelastung*

Wie im nachfolgenden 7. Kapitel belegt wird, operieren mehrere Regulierungsbehörden in Europa anlässlich der Festlegung von Ausgangspreisniveaus und der damit verbundenen Kapitalkostenkalkulation mit einem **realen WACC-Kapitalkostensatz**. Die Ermittlung des realen WACC hängt wiederum davon ab, ob die auf die Eigenkapitalverzinsung und die Fremdkapitalzinsen entfallenden Ertragsteuerbelastungen direkt in einem realen „WACC vor Steuern" oder außerhalb der WACC-Kalkulation als separate Kostenposition in die Netzentgeltkalkulation einfließen.

Werden die Ertragsteuern betragsmäßig separat kalkuliert, muss die Ermittlung des realen WACC vom nominalen WACC-Kapitalkostensatz ausgehen, in dem weder Steuerbelastungen noch Steuerersparnisse Berücksichtigung finden. Der kalkulationsrelevante reale WACC bestimmt sich unter dieser Bedingung wie folgt:[1083]

$$WACC_{real}^{ohne\ Steuern} = WACC_{no\,min\,al}^{ohne\ Steuern} - i_a \qquad (6\text{-}6a)$$

$$WACC_{real}^{ohne\ Steuern} = (q_{EK} \times r_{EK} + q_{FK} \times r_{FK}) - i_a \qquad (6\text{-}6b)$$

für:

i_a = durchschnittliche anlagenspezifische Inflationsrate.

Das Rechnen mit einem realen WACC bedingt, dass dieser auf eine vollständig zu aktuellen Tagespreisen bewertete regulatorische Vermögensbasis bezogen wird und die Abschreibungsbemessung uneingeschränkt von aktuellen Wiederbeschaffungskosten im Sinne von Tagesneuwerten abgeleitet wird. Zur Wahrung der Konsistenzbedingung ist der nominale WACC daher nicht um die allgemeine Inflationsrate, sondern um die **durchschnittliche anlagenspezifische Preissteigerungsrate** zu reduzieren.[1084] Die Kalkulation mit einem realen WACC ist fer-

---

1083 Aufgrund seiner vergleichsweise einfachen Berechnung wird der so definierte WACC in der britischen Regulierungspraxis auch als "Vanilla WACC" bezeichnet. Vgl. dazu **Office of Gas and Electricity Markets (OFGEM)**: Electricity Distribution Price Control Review... **(2004)** S. 108 f.

1084 Die Verwendung der allgemeinen Inflationsrate wäre nur dann gerechtfertigt, wenn die regulatorische Vermögensbasis – wie in einigen europäischen Ländern praktiziert – im Rahmen der jährlichen Fortschreibung der Preis- bzw. Erlösobergrenzen

ner auf die Prämisse angewiesen, dass die Nominalgüter des Umlaufvermögens vollständig durch Abzugskapital finanziert sind und die regulatorische Vermögensbasis ausschließlich aus Anlagevermögen besteht, das inflationsbedingte Wertzuwächse erfährt.[1085]

An dieser Stelle sei noch einmal darauf hingewiesen, dass sich die auf einem realen WACC beruhende Kapitalkostenermittlung – wie bereits anlässlich der Würdigung der realverzinsungsorientierten Bruttosubstanzerhaltungskonzeption im 5. Kapitel erläutert – im Falle einer **jahresbezogenen kostenorientierten Entgeltkalkulation** grundsätzlich als problematisch erweist, da Fremdkapitalzinsen mit ihrem nominalem Wert zu zahlen sind und man deshalb konzeptbedingt auf Prämissen angewiesen ist, die einer transparenten Netzentgeltkalkulation entgegenstehen.[1086]

E. Probleme bei der Emittlung des realen „WACC vor Steuern"

Unter den aktuellen Rahmenbedingungen des deutschen Steuerrechts erweist sich das Rechnen mit einem realen „WACC vor Steuern" als unzweckmäßig. Wie zuvor bereits erwähnt, ist man bei einer auf Substanzerhaltung ausgerichteten Kapitaldienstkalkulation auf eine separate betragsmäßige Kalkulation der Steuern auf den infolge der tagesneuwertorientierten Abschreibung entstehenden „Scheingewinn" angewiesen. Insofern wäre es falsch, den realen „WACC vor Steuern" aus der Differenz von nominalem „WACC vor Steuern" und durchschnittlicher anlagenspezifischer Inflationsrate zu ermitteln. Da sich die im nominalen „WACC vor Steuern" über eine „Im-Hundert-Rechnung" berücksichtigte Ertragsteuerbelastung auf die nominalen Eigenkapitalzinsen bezieht[1087], würde die in dem so ermittelten realen „WACC vor Steuern" verbleibende Ertragsteuerbelastung nicht mit der real veranschlagten Eigenkapitalverzinsung korrespondieren. In diesem Fall würden insgesamt zu hohe kalkulatorische Ertragsteuern veranschlagt werden.

---

mit der allgemeinen Preissteigerungsrate inflationiert wird und die so inflationierte Vermögensbasis wiederum die Basis für die Abschreibungsbemessung bildet. Ein derartiges, von allgemeinen Preissteigerungsraten ausgehendes Kapitaldienstkonzept ist jedoch nicht auf den Grundsatz der Substanzerhaltung ausgerichtet und soll daher auch nicht weiter verfolgt werden.

1085 Vgl. dazu nochmals das methodische Vorgehen bei **Ballwieser, Wolfgang – Busse von Colbe, Walther**: Kapitalkosten der Deutsche Telekom AG... **(2001)**, S. 12.

1086 Vgl. dazu nochmals die Aussagen im 5. Kapitel, S. 321 ff.

1087 Siehe dazu auch die Ausführungen von Pedell und dessen Kritik an der Ermittlung eines realen „WACC vor Steuern". Vgl. **Pedell, Burkhard**: Regulatory Risk and the Cost of Capital... **(2004)**, S. 172.

Weiterhin ist zu bedenken, dass sich die faktisch anfallende **hälftige Gewerbesteuerbelastung von Dauerschulden** stets auf die nominal zu zahlenden Dauerschuldzinsen bezieht. Würde man die hälftige Gewerbesteuerbelastung über eine „Im-Hundert-Rechnung" auf den realen Zinssatz für Dauerschuldzinsen beziehen, würde man zu niedrige Gewerbesteuerlasten kalkulieren. Die Ertragsteuern auf den „Scheingewinn" – die auch bei einer kalkulatorischen Abschreibung ausgehend von einer mit der allgemeinen Preissteigerungsrate inflationierten Vermögensbasis anfallen würden[1088] – und die hälftige Gewerbesteuerbelastung von Dauerschuldzinsen müssen folglich **betragsmäßig separat kalkuliert werden**. Anlässlich der Ermittlung des realen „WACC vor Steuern" kann unter diesen Bedingungen auf eine Differenzierung zwischen Nicht-Dauerschulden und Dauerschulden verzichtet werden.

Der reale „WACC vor Steuern", der lediglich die Ertragsteuerbelastung aus der realen Eigenkapitalverzinsung berücksichtigt, bestimmt sich demnach wie folgt:

Ausgangspunkt bildet die durch Formel (6-6b) dargestellte Definition des realen WACC ohne Berücksichtigung von Steuerbelastungen und Steuerersparnissen:

$$WACC_{real}^{ohne\ Steuern} = \left(q_{EK} \times r_{EK} + q_{FK} \times r_{FK}\right) - i_a. \tag{6-7a}$$

Formel (6-7a) lässt sich auch wie folgt darstellen:

$$WACC_{real}^{ohne\ Steuern} = q_{EK} \times \left(r_{EK} - i_a\right) + q_{FK} \times \left(r_{FK} - i_a\right). \tag{6-7b}$$

Bei einer separaten betragsmäßigen Kalkulation der hälftigen Gewerbesteuerbelastung von Dauerschuldzinsen darf sich die „Im-Hundert-Kalkulation" der Ertragsteuerbelastung nur auf die Eigenkapitalverzinsung beziehen:

$$WACC_{real}^{vor\ Steuern} = \frac{q_{EK} \times \left(r_{EK} - i_a\right)}{\left(1 - S_\Sigma\right)} + q_{FK} \times \left(r_{FK} - i_a\right) \tag{6-8}$$

In **europäischen Ländern**, in denen die Unternehmens- und Regulierungspraxis auf ein Substanzerhaltungskonzept verzichtet und das Steuerrecht

---

1088 Vgl. dazu die zusammenfassenden Ergebnisse der empirischen Studie im 7. Kapitel dieser Arbeit.

keine Gewerbesteuerbelastung von Dauerschuldzinsen kennt, ist das Rechnen mit dem durch Formel (6-8) dargelegten realen „WACC vor Steuern" nicht zu beanstanden.[1089] Unter Beachtung der in Deutschland derzeit maßgeblichen steuerrechtlichen Rahmenbedingungen lässt sich die auf die Eigenkapitalverzinsung entfallende Ertragsteuerbelastung und die hälftige Gewerbesteuerbelastung von Dauerschuldzinsen nicht in ein und demselben realen WACC-Kapitalkostensatz abbilden.[1090] Folgt die Kapitalkostenkalkulation einem WACC-Ansatz in Verbindung mit einer auf Substanzerhaltung abzielenden tagesneuwertorientierten Abschreibung sollten die Ertragsteuern als separate **eigenständige Kostenposition** in der Kalkulation berücksichtigt werden.

II. Bestimmung des Eigenkapitalkostensatzes

Anlässlich der Kapitalkostenkalkulation regulierter Unternehmen steht die Ermittlung des Eigenkapitalkostensatzes neben der Frage nach dem relevanten Kapitaldienstkonzept im Mittelpunkt der Diskussion.[1091] Zielsetzung der nachfolgenden Ausführungen ist es daher, auf Basis des Erkenntnisstandes der Finanzierungstheorie und der wertorientierten Unternehmensführung Handlungsempfehlungen zur Festlegung des Eigenkapitalkostensatzes regulierter Stromnetzbetreiber zu formulieren.

A. Kapitalmarktorientierte Eigenkapitalkostensatzermittlung

In diesem Abschnitt wird ausführlich analysiert, wie der für die Entgeltkalkulation von Stromnetzbetreibern maßgebliche, risikoadjustierte Eigenkapitalkostensatz auf Basis kapitalmarkttheoretischer Modellierungen bestimmt werden kann. Neben einer ausführlichen Analyse des Capital Asset Pricing Model (CAPM) wird im Folgenden auch der Frage nachgegangen, inwieweit die Arbitrage

---

1089 Siehe dazu die Ausführungen von **Energiewirtschaftliches Institut an der Universität Köln (EWI) – Frontier Economics**: Zusammenstellung von Kostenrechnungsansätzen... **(2001)**, S. 6 und S. 23 bzgl. des Rechnens mit einem „real pre tax WACC" in England und Wales und den Verweis darauf, dass in der Entgeltkalkulation in den untersuchten europäischen Ländern regelmäßig keine Ertragsteuern auf den „Scheingewinn" berücksichtigt werden.

1090 Vgl. **Siegel, Theodor**: Kosten der effizienten Leistungsbereitstellung... **(2002)**, S. 265 sowie **Küpper, Hans-Ulrich**: Kostenorientierte Preisbestimmung... **(2002)**, S. 50, der auf Siegel verweist.

1091 So auch **Knieps, Günter**: Costing und Pricing in Netzindustrien... **(2003)**, S. 19.

Pricing Theory (APT) und das Dividend Growth Model (DGM) eine geeignete Alternative zur Ermittlung risikoadjustierter Eigenkapitalkosten regulierter Unternehmen darstellen.

1) Capital Asset Pricing Model (CAPM)

a) Grundsätzliche Methodik des CAPM

Wenngleich das auf den Erkenntnissen der Portfoliotheorie von *Markowitz* aufbauende, von *Sharpe, Lintner* und *Mossin* Mitte der 1960er-Jahre entwickelte Capital Asset Pricing Model (CAPM)[1092] auf äußerst restriktiven – realiter nicht erfüllten – **Prämissen** beruht[1093], stellt es das in Theorie und Unternehmenspraxis populärste Modell zur Bestimmung risikoadjustierter Renditeforderungen dar.[1094] Die nachfolgenden Ausführungen erklären das CAPM jedoch weniger

---

1092 Zu den Originalquellen siehe **Markowitz, Harry**: Portfolio Selection, in: The Journal of Finance, 7. Jg. (**1952**), Heft 1, S. 77-91; **Sharpe, William F.**: Capital Asset Prices: A Theory of Market Equilibrium under Conditions of Risk, in: The Journal of Finance, 19. Jg. (**1964**), Heft 3, S. 425-442; **Lintner, John**: The Valuation of Risk Assets and the Selection of Risky Investments in Stock Portfolios and Capital Budgets, in: The Review of Economics and Statistics, 47. Jg. (**1965**), Heft 2, S. 13-37 sowie **Mossin, Jan**: Equilibrium in a Capital Asset Market, in: Econometrica, 34. Jg. (**1966**), Heft 4, S. 768-783.

1093 Es gelten insbesondere die folgenden Annahmen, die über die Basisprämissen der Neoklassischen Kapitalmarkttheorie (Nutzenmaximierung, Präferenzstabilität und Kapitalmarktgleichgewicht) hinausgehen: alle Investoren verhalten sich risikoavers und nutzenmaximierend während eines modellhaft unterstellten einperiodischen Anlagehorizontes, alle Investoren sind vollständig über die Wahrscheinlichkeitsverteilungen der Renditen und deren zugehörigen Standardabweichungen informiert, alle Investoren haben homogene Erwartungen bezüglich der Wertpapierrenditen, alle Investoren haben als Preisnehmer unbegrenzte Kapitalaufnahmemöglichkeiten zum risikolosen Zinssatz und unbegrenzte Kapitalanlagemöglichkeit bei beliebiger Teilbarkeit der Wertpapiere, alle Investoren sind perfekt diversifiziert, auf dem Kapitalmarkt existieren keinerlei Friktionen (keine Steuern, Transaktionskosten, Inflationserscheinungen). Vgl. dazu ausführlicher **Richter, Frank**: Konzeption eines marktwertorientierten Steuerungs- und Monitoringsystems... (**1996**), S. 39; **Gerke, Wolfgang – Bank, Matthias**: Finanzierung... (**2003**), S. 242 ff.; **Günther, Thomas**: Unternehmenswertorientiertes Controlling... (**1997**), S. 163; **Perridon, Louis – Steiner, Manfred**: Finanzwirtschaft der Unternehmung... (**2004**), S. 274 ff. sowie **Zimmermann, Peter**: Schätzung und Prognose von Betawerten... (**1997**), S. 11 ff.

1094 Das CAPM ist fundamentaler Bestandteil aller bedeutsamen Lehrbücher zu Corporate Finance. Vgl. unter anderem **Brealey, Richard A. – Myers, Stewart C.**: Principles of Corporate Finance... (**2003**), S. 194 ff. sowie **Copeland, Thomas E. – Weston, J. Fred**: Financial Theory and Corporate Policy... (**1992**), S. 193 ff. und

aus Sicht der Kapitalmarkttheorie. Ziel ist es, stattdessen aufzuzeigen, welche praktischen Implikationen sich ergeben, wenn das CAPM zur Ermittlung risiko-ädaquater Eigenkapitalkosten Anwendung finden soll und die erklärende Model-lierung des CAPM damit zur **gestaltenden Theorie** wird.[1095] Wie im Einzelnen gezeigt wird, steht man anlässlich der rechnungszweckspezifischen Verwendung insbesondere vor der Herausforderung, den strengen Prämissen des CAPM so weit wie möglich gerecht zu werden.

Mittlerweile stützt sich auch die überwiegende **Mehrheit der europäischen Regulierungsbehörden** zur Ermittlung des Eigenkapitalkostensatzes im regu-lierten Netzgeschäft auf die Methodik des CAPM.[1096] Dies liegt insbesondere daran, dass die durch Formel (6-9) präsentierte CAPM-rechnerische Bestim-mungsgleichung einen transparenten, **leicht verständlichen Ansatz** zur Ermitt-lung der Renditeforderungen der Eigenkapitalgeber liefert:

$$r_i{}^* = r_f + \beta_i \times (\bar{r}_m - r_f),$$ (6-9)

für:

$r_i{}^*$ = CAPM-rechnerische Renditeforderung für das Unternehmen i,

r_f = risikoloser Basiszinssatz (risk-free interest rate),

β_i = für das Unternehmen i regressionsanalytisch bestimmter Beta-Faktor im Sinne des Kovarianz-Varianz-Risikos,

$\bar{r}_m$ = durchschnittliche Rendite des Marktportefeuilles.

Die durch Formel (6-9) präsentierte Bestimmungsgleichung wird graphisch durch die anhand von **Abbildung 6-2** veranschaulichte **Wertpapierlinie** zum Ausdruck gebracht. Der von der Wertpapierlinie erklärte lineare Zusammenhang zwischen der Höhe des Beta-Faktors und der Renditeforderung bringt zum Aus-druck, dass risikoaverse Investoren zum Ausgleich höherer Risiken höhere Ren-diten fordern.

---

die deutschsprachigen Lehrbücher von **Franke, Günter – Hax, Herbert**: Finanz-wirtschaft des Unternehmens und Kapitalmarkt... **(2003)**, S. 485 ff.; Gerke, **Wolf-gang – Bank, Matthias**: Finanzierung... **(2003)**, S. 242 ff. sowie **Perridon, Louis – Steiner, Manfred**: Finanzwirtschaft der Unternehmung... **(2004)**, S. 274 ff. Dem **Arbeitskreis "Finanzierungsrechnung" der Schmalenbach-Gesellschaft für Be-triebswirtschaft e.V.**: Wertorientierte Steuerung in Theorie und Praxis... **(2005)**, S. 60, zufolge findet das CAPM auch im Kontext des wertorientierten Controllings deutscher Unternehmen zunehmend Anwendung.

1095 Vgl. **Perridon, Louis – Steiner, Manfred**: Finanzwirtschaft der Unternehmung... **(2004)**, S. 272 f.

1096 Vgl. dazu die Ergebnisse der im Rahmen dieser Arbeit durchgeführten Studie im 7. Kapitel, S. 453 ff.

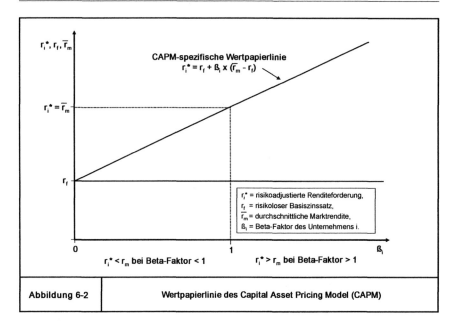

Abbildung 6-2	Wertpapierlinie des Capital Asset Pricing Model (CAPM)

b) Bedeutung und Ermittlung des Beta-Faktors

Der als **Kovarianz-Varianz-Risiko** definierte Beta-Faktor drückt aus, welches zusätzliche Risiko die Aufnahme eines bestimmten Wertpapiers in ein perfekt diversifiziertes Portefeuilles trägt.[1097] Der Beta-Faktor β_i bestimmt sich als relatives Risikomaß aus dem Verhältnis der Kovarianz der Wertpapierrendite r_i zur Marktrendite r_m und der Varianz der Marktrendite r_m:

$$\beta_i = \frac{\text{cov}\left(r_i, r_m\right)}{\text{var}(r_m)} = \frac{\sigma_{r_i, r_m}}{\sigma^2_{r_m}}, \qquad (6\text{-}10)$$

für:

σ_{r_i, r_m} = Kovarianz der Wertpapierendite des Unternehmens i zur Rendite des Marktportefeuilles,

$\sigma^2_{r_m}$ = Varianz der Rendite des Marktportefeuilles.

1097 Vgl. **Spremann, Klaus:** Modern Finance... **(2005),** S. 109.

Bei einem Beta-Faktor von größer als 1 verändert sich die wertpapierspezifische Rendite im Vergleich zur Marktrendite überproportional, während sich die
Wertpapierrendite bei einem Beta von kleiner als 1 lediglich unterproportional
verändert.

Aus der Annahme perfekt diversifizierter Investoren folgt, dass die aus dem
Produkt von Beta-Faktor und Marktrisikoprämie resultierende wertpapierspezifische Risikoprämie nur das durch den Investor übernommene **systematische Risiko** vergütet, welches von den Schwankungen der Wertpapierrendite in Abhängigkeit der Entwicklung der Marktrendite bestimmt wird.[1098] Das systematische
Risiko wird insbesondere durch die Konjunkturentwicklung, das Zinsniveau oder
die Preisentwicklung auf den Absatz- und Beschaffungsmärkten beeinflusst.[1099]
Unsystematische Risiken, die auf unternehmensspezifische Einflussfaktoren wie
die Qualität des Managements, das Produktprogramm oder die technologische
Leistungsfähigkeit zurückzuführen sind und insofern unabhängig vom Gesamt-
markt zustande kommen, werden prämissenbedingt nicht vergütet, da die daraus
resultierenden Schwankungen der Wertpapierrendite durch Portfoliobildung
„wegdiversifiziert" werden können.[1100]

Basierend auf den Erkenntnissen des von *Sharpe* 1963 im zeitlichen Vorfeld
des CAPM entwickelten Marktmodells[1101] wird der Beta-Faktor in der Praxis regelmäßig mit der **Methode der kleinsten Quadrate**[1102] regressionsanalytisch
geschätzt.[1103] Der über das Modell einer linearen Einfachregression, in das auf
Basis einer hinreichend großen Stichprobe[1104] empirisch beobachtete Wertpa-

---

1098 Vgl. **Pfister, Christian**: Divisionale Kapitalkosten… (**2003**), S. 41 f.

1099 Vgl. **Günther, Thomas**: Unternehmenswertorientiertes Controlling… (**1997**),
S. 164.

1100 Vgl. nochmals **Günther, Thomas**: Unternehmenswertorientiertes Controlling…
(**1997**), S. 164 und **Baetge, Jörg – Krause, Clemens**: Die Berücksichtigung des Risikos… (**1994**), S. 437.

1101 Siehe dazu **Sharpe, William F.**: A Simplified Model for Portfolio Analysis, in:
Management Science, 9. Jg. (**1963**), Heft 1, S. 277-293.

1102 Bei der Methode der kleinsten Quadrate werden die Parameter der gesuchten Regressionsgerade, die Regressionskoeffizienten, so bestimmt, dass die Summe der
quadrierten Abweichungen (nicht erklärte Streuung = Residuen u) der Beobachtungswerte von den Schätzwerten der Regressionsgerade minimiert wird. Ausführlicher dazu **Backhaus, Klaus u. a.**: Multivariate Analysemethoden… (**2000**), S. 15 ff.

1103 Regressionsanalytisch ermittelte Beta-Faktoren lassen sich unter anderem den folgenden kostenpflichtigen **Datenbanken professioneller Informations- und Finanzdienstleister** entnehmen: Bloomberg professional, Barra international, Reuters
3000 Xtra.

1104 Der regressionsanalytischen Ermittlung von Beta-Faktoren sollten mindestens 50
Datenpaare zugrunde liegen. Vgl. **Beiker, Hartmut**: Überrenditen und Risiken
kleiner Aktiengesellschaften… (**1993**), S. 234. Baetge und Krause berechnen daher

pierrenditen als abhängige und die Renditen eines Aktienindex als unabhängige Variablen eingehen[1105], ermittelte Regressionskoeffizient dient als Schätzwert für den Beta-Faktor.

Der regressionsanalytischen Beta-Faktoren-Ermittlung wird entgegengehalten, dass ein vergangenheitsorientiert quantifizierter Beta-Faktor prinzipiell keinen Anspruch auf Gültigkeit in der Zukunft haben kann, weil sich Beta-Faktoren im Zeitablauf z. B. aufgrund konjunktureller Entwicklungen verändern.[1106] Insbesondere im Regulierungskontext stellt eine alternative zukunftsorientierte Beta-Faktoren-Schätzung auf Basis prognostizierter Kennzahlen des Rechnungswesens[1107] jedoch keine transparente und objektive Alternative zu der mitunter auch als **naive Prognose** bezeichneten Übertragung regressionsanalytisch ermittelter Beta-Faktoren auf die aktuelle Regulierungsperiode dar. Die Stabilität der für die Eigenkapitalkostenermittlung regulierter Unternehmen zugrunde gelegten Beta-Faktoren sollte stattdessen insbesondere durch die Variation der Renditeintervalle[1108], der Untersuchungszeiträume und der gewählten Aktienindizes überprüft werden.

Ferner wurde nachgewiesen, dass Beta-Faktoren eine **autoregressive Tendenz** aufweisen, das heißt, im Zeitverlauf gegen den durchschnittlichen Beta-Wert des Marktes in Höhe von 1,0 tendieren.[1109] Mit dem Ziel, Extremwerte zu

in ihrer Untersuchung zum einen 1-Jahres-Betas auf Basis wöchentlicher Renditen und 4-Jahres-Betas auf Basis monatlicher Renditen. Vgl. **Baetge, Jörg – Krause, Clemens**: Die Berücksichtigung des Risikos... **(1994)**, S. 442.

1105 Siehe auch **Vettiger, Thomas – Volkart, Rudolf**: Kapitalkosten und Unternehmenswert... **(2002)**, S. 756.

1106 Vgl. dazu auch **Hachmeister, Dirk**: Der Discounted Cash Flow als Maß der Unternehmenswertsteigerung... **(2000)**, S. 187 sowie die Ausführungen von **Vettiger, Thomas – Volkart, Rudolf**: Kapitalkosten und Unternehmenswert... **(2002)**, S. 756.

1107 Vgl. insbesondere **Zimmermann, Peter**: Schätzung und Prognose von Betawerten... **(1997)**, S. 259 ff. sowie **Steiner, Manfred – Bauer, Christian**: Die fundamentale Analyse und Prognose... **(1992)**, S. 353 f.

1108 Empirische Studien wiesen nach, dass ein signifikanter Zusammenhang zwischen der Wahl des zeitlichen Renditeintervalls (täglich, wöchentlich, monatlich) und der Höhe des Beta-Faktors besteht. Zu diesem als „Intervalling-Effekt" bezeichneten Zusammenhang siehe insbesondere **Frantzmann, Hans-Jörg**: Zur Messung des Marktrisikos... **(1990)**, S. 67 ff.; **Zimmermann, Peter**: Schätzung und Prognose von Betawerten... **(1997)**, S. 99 ff., **Thiele, Dirk – Cremers, Heinz – Robé, Sophie**: Beta als Risikomaß... **(2000)**, S. 18 sowie die Ausführungen von **Gerke, Wolfgang**: Risikoadjustierte Bestimmung des Kalkulationszinssatzes... **(2003)**, S. 18.

1109 Die autoregressive Tendenz regressionsanalytisch geschätzter Beta-Faktoren wurde erstmals in der Studie von Blume festgestellt. Vgl. **Blume, Marshall. E.**: Betas and

glätten und einen stabileren Schätzwert für den Beta-Faktor zu generieren, wird vorgeschlagen, die als „Raw Betas" bezeichneten, auf Basis historisch beobachteter Aktienrenditen regressionsanalytisch ermittelten Beta-Faktoren wie folgt zu adjustieren:[1110]

Adjusted Beta = 0,67 x Raw Beta + 0,33 x 1,00.   (6-11)

Auch anlässlich der regulierungsperiodenspezifischen Festlegung von Eigenkapitalkosten empfiehlt es sich daher **Adjusted Betas** zu verwenden.[1111]

Abbildung 6-3 präsentiert die im Rahmen verschiedener empirischer Arbeiten bzw. durch Finanzdienstleister erhobenen Beta-Faktoren börsennotierter EVU. Die Ergebnisse zeigen, dass die Aktienrenditen von EVU regelmäßig weniger stark streuen als der Marktindex, die Investoren ausgehend von einem **Beta-Faktor zwischen 0,5 und 1,0** jedoch signifikante Risikoprämien fordern. Wie nachfolgend noch ausführlicher behandelt wird, können die auf integrierte EVU abstellenden Betas jedoch nicht unmodifiziert auf nicht börsennotierte Stromnetzbetreiber übertragen werden.

c) Ermittlung der Marktrisikoprämie

Wie die graphische Darstellung der Wertpapierlinie zeigt, setzt sich die Renditeforderung r_i^* – die aus Sicht der Unternehmung den Eigenkapitalkosten entspricht – aus dem risikolosen Basiszinssatz und einem wertpapierspezifischen Risikozuschlag zusammen, der sich aus der mit dem Beta-Faktor gewichteten Marktrisikoprämie ergibt. Die als Preis für die Übernahme des Marktrisikos zu verstehende **Marktrisikoprämie** ergibt sich aus der Differenz der geschätzten durchschnittlichen Rendite des Marktportefeuilles und der Höhe des risikolosen Basiszinssatzes.

---

their Regression Tendencies, in: The Journal of Finance, 30. Jg. **(1975)**, Heft 3, S. 785-795 sowie **Spremann, Klaus**: Modern Finance... **(2005)**, S. 113 f.

1110 Dieser Vorgehensweise folgen unter anderem auch die Beta-Faktor-Berechnungen des Informationsdienstleisters Bloomberg mit Verweis auf die Vorgehensweise von **Sharpe, William F. – Alexander, Gordon J. – Bailey, Jeffery V.**: Investments... **(1995)**, S. 529 f. Zur Darstellung weiterer Adjustierungsverfahren siehe **Pfister, Christian**: Divisionale Kapitalkosten... **(2003)**, S. 71 ff. sowie **Zimmermann, Peter**: Schätzung und Prognose von Betawerten... **(1997)**, S. 245 ff.

1111 So auch **Pedell, Burkhard**: Regulatory Risk and the Cost of Capital... **(2004)**, S. 157 f.

Autoren / Quelle	Land	Unternehmen/ Stichprobe	Untersuchungs-zeitraum	Beta-Faktor
Gerke[1]	Deutschland	14 deutsche Energieversorgungs-unternehmen (CDAX Utilities-Index)	1992-2001	0,54
	Großbritannien	National Grid Company (NGC)	1997-2001	0,61
	Europa	17 europäische Energieversorgungsunternehmen Dow Jones Euro Stoxx Utilities-Index	1992-2001	0,72
Gray – Officer[2]	Australien	5 verschiedene australische Energieversorger	verschiedene Zeiträume von 1994-2004	Ø1,0
Handelsblatt[3] nach Informationen der Deutsche Börse AG	Deutschland	E.ON AG	04.12.2006 (250 Handelstage)	1,07
	Deutschland	RWE AG	04.12.2006 (250 Handelstage)	0,84
Thiele – Cremers – Robé[4]	Europa	14 europäische Energieversorgungsunternehmen Dow Jones Euro Stoxx Utilities-Index	31.12.1991 – 23.09.1998	0,92

1) Gerke, Wolfgang: Risikoadjustierte Bestimmung des Kalkulationszinssatzes... (2003), S. 45 und S. 59.

2) Gray Stephen – Officer, Bob: The Equity Beta of an Electricity Distribution Business... (2004), S. 9 ff..

3) Handelsblatt: Ausgabe vom 04.12.2006 – Nr. 234, S. 35, Quelle: Deutsche Börse AG, übermittelt am 30.11.2006.
Die Beta-Faktoren der Unternehmen des DAX-30-Index werden täglich im Handelsblatt veröffentlicht.

4) Thiele, Dirk – Cremers, Heinz – Robé, Sophie: Beta als Risikomaß: Eine Untersuchung am europäischen Aktienmarkt... (2000), S. 18.

Abbildung 6-3	Empirisch erhobene Beta-Faktoren der Energiewirtschaft

Der **risikolose Zinssatz** wird regelmäßig von den Renditen als „quasi-sicher" geltender Anleihen des Landes, in dem die jeweilige Investition getätigt wird, abgeleitet.[1112] Dabei ist zu bedenken, dass der so quantifizierte risikolose Zinssatz lediglich eine theoretische Größe ist, die in der Realität nicht existiert, da auch Staatsanleihen und Rentenpapiere Zinsänderungs- und Inflationsrisiken unterliegen.[1113]

Anlässlich der Festlegung des risikolosen Basiszinssatzes stellt sich prinzipiell die Frage, ob vor dem Hintergrund der im Zeitablauf schwankenden Anleiherenditen[1114] auf das zum Beginn einer Regulierungsperiode maßgebliche aktuelle Renditeniveau oder auf eine langfristige durchschnittliche Rendite abge-

1112 Vgl. **Offenbächer, Volker – Schmitt, Günther:** Spezialprobleme und Lösungsansätze... **(2000),** S. 243 f.

1113 Vgl. **Günther, Thomas:** Unternehmenswertorientiertes Controlling... **(1997),** S. 176. Siehe dazu auch die Ausführungen zur Ermittlung des risikolosen Basiszinssatzes anlässlich der Bestimmung des Fremdkapitalkostensatzes in diesem Kapitel, S. 395 ff.

1114 Zum zyklischen Verlauf von Zinssätzen langfristig laufender festverzinslicher Wertpapiere und der als „mean reverting process" bezeichneten Annäherung an das langfristige Durchschnittsniveau im Zeitablauf siehe **Steiner, Manfred – Bruns, Christoph:** Wertpapiermanagement... **(1998),** S. 335.

stellt werden sollte.[1115] Um die Planungssicherheit der Investoren zu erhöhen und die langen anlagenspezifischen Nutzungsdauern im Stromnetzbetrieb zu berücksichtigen, sollte das für den risikolosen Zinssatz maßgebliche Renditeniveau auf Basis eines **langfristig erhobenen durchschnittlichen Niveaus** von Staatsanleihen bemessen werden.[1116] Vor dem Hintergrund der regelmäßig mehr als 40 Jahre betragenden Kapitalbindung der Investitionen im Stromnetzgeschäft spricht im Sinne des Gebotes der **Fristenkongruenz** vieles dafür, Staatsanleihen mit einer langen Laufzeit, z. B. durchschnittliche Umlaufrenditen von Bundesanleihen mit 15- bis 30-jähriger Laufzeit, heranzuziehen.[1117] Dies korrespondiert mit der Auffassung von *Baetge* und *Krause*, wonach die gewählten Parameter dem Verwendungszweck des CAPM entsprechen sollten.[1118]

Das CAPM-spezifische Marktportefeuille schließt definitionsgemäß neben Aktien auch alle anderen risikobehafteten Kapitalanlagemöglichkeiten, wie z. B. Gold oder Immobilien, ein.[1119] Da man für ein solch breit angelegtes Marktportefeuille keine Rendite ermitteln kann, wird für die **Bestimmung der Marktrendite** approximativ auf einen möglichst breit angelegten Aktienindex zurückgegriffen.[1120] Für Deutschland empfiehlt sich die Verwendung des CDAX-Index, der

---

1115 Diese Frage wird im Kontext der Unternehmensbewertung uneinheitlich beantwort. Vgl. **Nowak, Karsten**: Marktorientierte Unternehmensbewertung... (**2003**), S. 71, der für stichtagsbezogene Renditeniveaus plädiert. Günther hingegen argumentiert, dass vor dem Hintergrund nicht-spekulativer langfristiger Investitionen ebenfalls ein auf Basis eines möglichst langen Beobachtungszeitraums ermittelter vergangenheitsbezogener, durchschnittlicher risikofreier Zinssatz r_f verwendet werden sollte, da ein Anleger sich bei einem niedrigen Zinsniveau zunächst nur kurzfristig binden würde, um möglichst bald höhere Zinssätze realisieren zu können. Siehe dazu **Günther, Thomas**: Unternehmenswertorientiertes Controlling... (**1997**), S. 177.

1116 Vgl. dazu **Gerke, Wolfgang**: Risikoadjustierte Bestimmung des Kalkulationszinssatzes... (**2003**), S. 40 f., der zur Ermittlung des risikolosen Basiszinssatzes einen 40-jährigen Beobachtungszeitraum veranschlagt und die in den bundesländerspezifischen Arbeitsanleitungen zur Tarifpreisgenehmigung vorgesehenen 4- bis 6-jährigen Beobachtungszeiträume als nicht zielführend einschätzt.

1117 Vgl. dazu **Pedell, Burkhard**: Regulatory Risk and the Cost of Capital... (**2004**), S. 151 sowie **Kruschwitz, Lutz**: Investitionsrechnung... (**2005**), S. 209, der sich für die Investitionsbeurteilung mit Hilfe des CAPM dafür ausspricht, eine Laufzeit zu wählen, die in etwa der Nutzungsdauer des Investitionsprojektes entspricht.

1118 Vgl. **Baetge, Jörg – Krause, Clemens**: Die Berücksichtigung des Risikos... (**1994**), S. 448 ff.

1119 Vgl. nochmals **Baetge, Jörg – Krause, Clemens**: Die Berücksichtigung des Risikos... (**1994**), S. 441.

1120 Aufgrund der nur 30 enthaltenen Aktientitel, der hohen Indexgewichtung einzelner Unternehmen und des Ausschlusses von Neben- und Spezialwerten wird die Verwendung des DAX-30 als Marktportfolio für den deutschen Aktienmarkt als problematisch eingestuft. Vgl. **Herter, Ronald N.**: Unternehmenswertorientiertes Maalle gehandelten deutschen Aktien des Prime und des General Standard abbildet.[1121]

Die Fachliteratur schlägt vor, die Marktrendite aus empirisch beobachteten Werten der Vergangenheit abzuleiten.[1122] Man unterstellt insofern vereinfachend, dass die durchschnittliche Marktrendite der Vergangenheit auch dem Durchschnitt künftiger Perioden entspricht. Bei der Berechnung einer durchschnittlichen Marktrendite sollte deshalb ein **möglichst langer Beobachtungszeitraum** zugrunde gelegt werden, um die Effekte kurzfristiger Anomalien wie z. B. den Einfluss von Kriegen, Rezessionen und Boomphasen auf die Messung auszuschalten.[1123]

Bezüglich der für die Berechnung der durchschnittlichen Marktrendite und des risikolosen Basiszinssatzes maßgeblichen Mittelwertbildung herrscht Uneinigkeit. Für die Ermittlung des **geometrischen Mittelwertes** spricht, dass dieser im Gegensatz zum arithmetischen Mittelwert Fehleinschätzungen über die tatsächlich realisierte Rendite insbesondere im Fall starker Renditeschwankungen verhindert.[1124] Ferner berücksichtigt der geometrische Mittelwert als durchschnittliche Wachstumsrate bei unterstellter Kauf- und Haltestrategie der Investoren im Gegensatz zum arithmetischen Mittelwert Zinseszins- bzw. Wiederanlageeffekte und kann insofern die Renditeerwartungen der Investoren bezüglich mehrperiodischer Anlageentscheidungen besser approximieren.[1125] Dabei ist zu

---

nagement... **(1994)**, S. 114 und **Hachmeister, Dirk**: Der Discounted Cash Flow als Maß der Unternehmenswertsteigerung... **(2000)**, S. 193.

1121 Der CDAX misst die Entwicklung des gesamten deutschen Aktienmarktes und eignet sich deshalb zu Analysezwecken. Vgl. **Deutsche Börse AG**: Leitfaden zu den Aktienindizes der Deutschen Börse... **(2006)**, S. 9.

1122 Vgl. **Günther, Thomas**: Unternehmenswertorientiertes Controlling... **(1997)**, S. 177; **Baetge, Jörg – Krause, Clemens**: Die Berücksichtigung des Risikos... **(1994)**, S. 450 sowie **Arbeitskreis „Finanzierung" der Schmalenbach-Gesellschaft – Deutsche Gesellschaft Betriebswirtschaft e.V.**: Wertorientierte Steuerung mit differenzierten Kapitalkosten ... **(1996)**, S. 548 f.

1123 Vgl. **Arbeitskreis „Finanzierung" der Schmalenbach-Gesellschaft – Deutsche Gesellschaft Betriebswirtschaft e.V.**: Wertorientierte Steuerung mit differenzierten Kapitalkosten... **(1996)**, S. 552; **Copeland, Tom – Koller, Tim – Murrin, Jack**: Unternehmenswert... **(2002)**, S. 267 f. sowie **Mandl, Gerwald – Rabel, Klaus**: Unternehmensbewertung... **(1997)**, S. 293.

1124 Vgl. **Günther, Thomas**: Unternehmenswertorientiertes Controlling... **(1997)**, S. 177 und das Zahlenbeispiel bei **Copeland, Tom – Koller, Tim – Murrin, Jack**: Unternehmenswert... **(2002)**, S. 269.

1125 Siehe dazu **Hachmeister, Dirk**: Der Discounted Cash Flow als Maß der Unternehmenswertsteigerung... **(2000)**, S. 180 f.

berücksichtigen, dass der geometrische Mittelwert stets zu niedrigeren Ergebnissen führt als die arithmetische Mittelwertbildung.[1126]

Andere Autoren wiederum präferieren den **arithmetischen Mittelwert**, der der einperiodischen Betrachtungsweise des originären CAPM entspricht[1127] und aufgrund der Annahme zufälliger, stochastisch unabhängiger Renditen vergangener Perioden ein geeigneterer Schätzwert für das künftig zu erwartende Renditespektrum ist.[1128] Berücksichtigt man die Schwankungen der Ergebnisse in Abhängigkeit der zugrunde gelegten Mittelwertbildung, spricht vieles dafür, dass die „wahre" Marktrisikoprämie zwischen dem arithmetischen und dem geometrischen Mittelwert liegt.[1129]

Abbildung 6-4 präsentiert eine Übersicht über die Höhe der im Rahmen verschiedener empirischer Untersuchungen erhobenen Marktrisikoprämien.[1130]

Die Ergebnisse divergieren in Abhängigkeit vom Beobachtungszeitraum, von der Bemessung des risikolosen Zinssatzes und vom gewählten Aktienindex in einer **großen Spannbreite**. Ausgehend von den Ergebnissen langfristig angelegter Untersuchungen sollte sich die für die Kapitalkostenkalkulation regulierter Stromnetzbetreiber maßgebliche Markrisikoprämie – in Übereinstimmung mit dem Vorgehen anderer europäischer Regulierungsbehörden[1131] – auf einem **Niveau zwischen 4,0% und 5,0%** bewegen, wie es seit dem 31.12.2004 auch vom Arbeitskreis Unternehmensbewertung des Instituts der Wirtschaftsprüfer (IDW) empfohlen wird.[1132]

1126 Vgl. **Copeland, Tom – Koller, Tim – Murrin, Jack:** Unternehmenswert... **(2002)**, S. 270. Siehe dazu auch die Ergebnisse bei **Arbeitskreis "Finanzierungsrechnung" der Schmalenbach-Gesellschaft für Betriebswirtschaft e.V.:** Wertorientierte Steuerung in Theorie und Praxis... **(2005)**, S. 65.

1127 Vgl. **Brealey, Richard A. – Myers, Stewart C.:** Principles of Corporate Finance... **(2003)**, S. 156 f.

1128 Vgl. **Drukarczyk, Jochen:** Unternehmensbewertung... **(2003)**, S. 390 ff. mit Verweis auf **Copeland, Tom – Koller, Tim – Murrin, Jack:** Unternehmenswert... **(2002)**, S. 270.

1129 Vgl. **Copeland, Tom – Koller, Tim – Murrin, Jack:** Unternehmenswert... **(2002)**, S. 271.

1130 Eine noch umfassendere Übersicht über das Niveau empirisch gemessener Renditen von Aktienindizes und festverzinslicher Wertpapiere präsentiert die jedoch schon einige Jahre zurückliegende Studie des Deutschen Aktieninstituts (DIA) „Aktie versus Rente". Vgl. **Deutsches Aktieninstitut:** Aktie versus Rente... **(1999)**, insbesondere Tabelle 1 „Übersicht über die Ergebnisse für Deutschland", S. 14 f. und Tabelle 2 „Übersicht über die Ergebnisse für ausgewählte andere Länder", S. 16.

1131 Siehe dazu die Ergebnisse der Untersuchung im 7. Kapitel, S. 453 f.

1132 Bei den hier angegebenen Höhe der Marktrisikoprämie handelt es sich um das Niveau der Marktrisikoprämie vor persönlichen Ertragsteuern, wie auch für die Netzentgeltkalkulation relevant ist. Vgl. dazu **Institut der Wirtschaftsprüfer**

Autoren	Land	Untersuchungszeitraum	Marktrendite		risikoloser Basiszinssatz		Marktrisikoprämie
			Aktienindex	erhobene Rendite	Wertpapiertyp	erhobene Rendite	
Baetge/Krause[1]	Deutschland	1967-1991	Aktienindex der FAZ	10,41%	Umlaufrendite öffentlicher Anleihen	7,76%	2,65%
Bimberg[2]	Deutschland	1954-1988	Aktienindex des Statistischen Bundesamtes	15,00% (arithmetisch) 11,90% (geometrisch)	Bundesanleihen mit Restlaufzeiten von mindestens 8 Jahren	6,80% (arithmetisch) 6,60% (geometrisch)	8,20% (arithmetisch) 5,30% (geometrisch)
Conen/Väth[3]	Deutschland	1949-1992	Statistisches Bundesamt/ FAZ/MSCI	12,9% (arithmetisch)	Schatzanweisungen des Bundes / Deutscher Renten Performance Index (REXP)	6,1% (arithmetisch)	6,8%
Gerke[4]	Deutschland	1992-2002	CDAX	10,7% (arithmetisch)	Umlaufrendite öffentlicher Anleihen	7,15% (arithmetisch)	3,55% (arithmetisch)
Gerke[4]	Europa	1992-2002	Dow Jones Euro Stoxx-Index	15,0% (arithmetisch)	Umlaufrendite öffentlicher Anleihen	7,15% (arithmetisch)	7,85% (arithmetisch)
Ibbotson Associates[5]	USA	1926-2001	S&P 500	12,70% (arithmetisch) 10,70% (geometrisch)	Long-Term Government Bond Total Return Index	5,70% (arithmetisch) 5,30% (geometrisch)	7,00% (arithmetisch) 5,40% (geometrisch)
Morawietz[6]	Deutschland	1950-1992	Aktienkursindex des Statistischen Bundesamtes	14,60% (arithmetisch) 11,80% (geometrisch)	Durchschnittliche Umlaufrendite des statistischen Bundesamtes	7,49%	4,4%
Stehle/ Hartmond[7]	Deutschland	1954-1988	alle in Frankfurt gehandelte deutsche Aktien	12,1% (geometrisch)	Umlaufrenditen langfristiger festverzinsliche Wertpapiere	7,5% (geometrisch)	4,6% (geometrisch)
Stehle[8]	Deutschland	1969-1998	DAX-30	14,45% (arithmetisch) 10,80% (geometrisch)	Deutscher Renten Performance Index (REXP)	7,80% (arithmetisch) 7,60% (geometrisch)	6,65% (arithmetisch) 3,20% (geometrisch)
Stehle[9]	Deutschland	1955-2003	CDAX	12,40% (arithmetisch) 9,50% (geometrisch)	Deutscher Renten Performance Index (REXP)	6,94% (arithmetisch) 6,84% (geometrisch)	5,46% (arithmetisch) 2,66% (geometrisch)

1) Baetge, Jörg – Krause, Clemens: Die Berücksichtigung des Risikos bei der Unternehmensbewertung... (1994), S. 452.
2) Bimberg, Lothar H.: Langfristige Renditeberechnung zur Ermittlung von Risikoprämien... (1991), S. 136.
3) Conen, Ralf – Väth, Hubertus: Risikoprämien am deutschen Kapitalmarkt... (1993), S. 643.
4) Gerke, Wolfgang: Risikoadjustierte Bestimmung des Kalkulationszinssatzes... (2003), S. 65.
5) Ibbotson, Robert: Building the Future from the Past – Measuring Equity Risk Premium 2002, S. 10, basierend auf Ibbotson Associates: „Stocks, Bonds, Bills and Inflation: SBBI Valuation Edition 2002.
6) Morawietz, Markus: Rentabilität und Risiko deutscher Aktien- und Rentenanlagen seit 1870... (1994), S. 176 u. S. 188.
7) Stehle, Richard – Hartmond, Anette: Durchschnittsrenditen deutscher Aktien 1954-1988... (1991), S. 371 ff.
8) Stehle, Richard: Renditevergleich von Aktien und festverzinslichen Wertpapieren auf Basis des DAX und des REXP... (1999), S. 13.
9) Stehle, Richard: Die Festlegung der Risikoprämie von Aktien ... (2004), S. 919 ff.

Abbildung 6-4	Empirisch erhobene Marktrisikoprämien im Überblick

d) Beurteilung des CAPM

Das CAPM wird der in Literatur häufig nicht nur wegen seiner strengen Prämissenwelt, sondern auch aufgrund **erheblicher Ermessensspielräume** bei dessen praktischer Anwendung kritisiert. Die Festlegung der Parameter der CAPM-spezifischen Renditeformel hat erheblichen Einfluss auf das Niveau und die Band-

(IDW): 84. Sitzung des Arbeitskreises Unternehmensbewertung (AKU)-Eckdaten zur Bestimmung des Kapitalisierungszinssatzes im Rahmen der Unternehmensbewertung... **(2005)**, S. 71.

breite der ermittelten Eigenkapitalkosten.[1133] Die Kritik an der mangelnden Robustheit des CAPM lässt sich bei der Ermittlung der Eigenkapitalkosten regulierter Unternehmen jedoch überwinden. Bei der Bestimmung des Renditeniveaus für eine regulierte Branche sollte die Regulierungsbehörde durch Kapitalmarktexperten unterstützt werden, die anhand **überprüfbarer, einheitlicher Parameter** die Eigenkapitalkosten mit Hilfe des CAPM ermitteln. Um die Stabilität der Ergebnisse abzusichern, sollten die Eingangsparameter, z. B. der zugrunde gelegte Marktindex, die Renditeintervalle und die Beobachtungszeiträume, stets variiert werden, um ausgehend von der ermittelten Bandbreite einen **robusten mittleren Eigenkapitalkostensatz** zu generieren.

Obwohl seit der Modellierung des Standard-CAPM verschiedene Varianten des CAPM entwickelt wurden[1134], die insbesondere auf die Überwindung der originären Modellprämissen abstellen, wird in der Regel konstatiert, dass „bisher kein überzeugenderer Ansatz für die Schätzung des Risikozuschlags entwickelt

---

1133 Siehe dazu insbesondere die Studie von Baetge und Krause, die in Abhängigkeit der zugrundegelegten Modellparameter für die Daimler Benz AG CAPM-spezifische Eigenkapitalkosten zwischen 1,0 und 17,0% ermittelten. Vgl. **Baetge, Jörg – Krause, Clemens**: Die Berücksichtigung des Risikos... **(1994)**, S. 433-456, insbesondere S. 454 f.

1134 Auf eine Darstellung dieser Modellierungen wird an dieser Stelle verzichtet, da diese für die Praxis entgeltregulierter Unternehmen aus Sicht des Verfassers keine praktikable und transparente Alternative zum originären CAPM liefern. Zu nennen sind das unter Einbezug persönlicher Ertragsteuern vorgestellte „Tax CAPM" von **Brennan Michael J.**: Taxes, Market Valuation and Corporate Financial Policy, in: National Tax Journal, 23. Jg. **(1970)**, S. 417-427; das „Zero Beta CAPM" von **Black, Fischer**: Capital Market Equilibrium with Restricted Borrowing, in: Journal of Business, 45. Jg. **(1972)**, Heft 3, S. 444-455; das mehrperiodisch angelegte „Intertemporal Capital Asset Pricing Model" von **Merton, Robert C.**: An Intertemporal Capital Asset Pricing Model, in: Econometrica, 41. Jg. **(1973)**, Heft 5, S. 867-887; das „Consumption Based Capital Asset Pricing Model" von **Breeden, Douglas T.**: An Intertemporal Asset Pricing Model with Stochastic Consumption and Investment Opportunities, in: The Journal of Finance, 7. Jg. **(1979)**, Heft 3, S. 265-296; das ausschließlich auf Verlustrisiken im Sinne des „downside risk" abstellende vereinfachte CAPM-Modell von **Merton, Robert C.**: A Simple Model of Capital Market Equilibrium with Incomplete Information, in: The Journal of Finance, 42 Jg. **(1987)**, Heft 3, S. 483-510. Siehe des Weiteren das während der unmittelbar zurückliegenden Jahre verstärkt diskutierte Market-derived Capital Pricing Model[TM] (MCPM[TM]) bei **Uzík, Martin – Weiser, M. Felix**: Kapitalkostenbestimmung mittels CAPM oder MCPM[TM], in: Finanz Betrieb, 5. Jg. **(2003)**, Heft 11, S. 707-718 sowie die Ausführungen zu dem von mehreren Autoren entwickelten, auch eine Illiquiditätsprämie berücksichtigende liquiditätsbasierte Kapitalmarktmodell (LAPM) bei **Gerke, Wolfgang**: Risikoadjustierte Bestimmung des Kalkulationszinssatzes... **(2003)**, S. 24 f. und S. 63 und die dort zitierte Literatur.

worden ist".[1135] Auch *Schneider* kommt zu dem Ergebnis, dass das CAPM trotz der methodischen Einwände und des empirisch nicht eindeutig nachgewiesenen Beitrags des CAPM zur Erklärung tatsächlicher Aktienrenditen[1136] „mangels besseren Wissens eine erwägenswerte Lösung" für die Ermittlung der Eigenkapitalkostenermittlung regulierter Unternehmen ist.[1137]

Im Folgenden werden dennoch die auch im Regulierungskontext regelmäßig als Alternativen zum CAPM diskutierte **Arbitrage Pricing Theory (APT)** sowie das **Dividend Growth Model (DGM)** auf ihre Eignung zur Ermittlung risikoadjustierter Eigenkapitalkostensätze regulierter Unternehmen untersucht, da eine Vernachlässigung der Diskussion von Alternativen aus wissenschaftlicher Sicht nicht befriedigen kann und ein Abgleich mit den Ergebnissen alternativer Modellierungen Auskunft über die Robustheit CAPM-basierter Eigenkapitalkostensätze liefern kann.[1138]

2) Arbitrage Pricing Theory (APT)

Die von *Ross* im Jahr 1976[1139] erstmals vorgestellte Arbitrage Pricing Theory (APT)[1140] basiert auf weniger restriktiven Prämissen als das CAPM[1141] und un-

---

1135 **Busse von Colbe, Walther**: Was ist und was bedeutet Shareholder Value... **(1997)**, S. 279.

1136 Vgl. dazu unter anderem die viel zitierte Arbeit von Fama und French aus dem Jahr 1992, die den Beitrag des CAPM zur Erklärung von Aktienrenditen als äußerst gering einstuft. Vgl. **Fama, Eugene F. – French, Kenneth R.**: The Cross-Section of Expected Stock Returns, in: The Journal of Finance, 67 Jg. **(1992)**, Heft 2, S. 427-465. Eine Auflistung widersprüchlicher Ergebnisse empirischer Studien für den deutschen Kapitalmarkt findet sich bei **Hachmeister, Dirk**: Der Discounted Cash Flow als Maß der Unternehmenswertsteigerung... **(2000)**, S. 187 ff.

1137 **Schneider, Dieter**: Substanzerhaltung bei Preisregulierungen ... **(2001)**, S. 49.

1138 Vgl. dazu **Wright, Stephen – Mason, Robin – Miles, David**: A Study into Certain Aspects of the Cost of Capital... **(2003)**, S. 6.

1139 Vgl. **Ross, Stephen A.**: The Arbitrage Theory of Capital Asset Pricing, in: Journal of Economic Theory, 13. Jg. **(1976)**, Heft 12, S. 341-360.

1140 Häufig wird auch der Begriff Arbitrage Pricing Model (APM) verwendet. Vgl. stellvertretend **Copeland, Tom – Koller, Tim – Murrin, Jack**: Unternehmenswert... **(2002)**, S. 277.

1141 Die Arbitrage Pricing Theory (APT) beruht zwar ebenfalls auf den Prämissen des Kapitalmarktgleichgewichts, es sind jedoch unter anderem keine Annahmen über die Risikopräferenzen und Nutzenfunktionen der Anleger und die Verteilung der Renditen erforderlich. Die APT basiert auf der Annahme der Arbitragefreiheit, die besagt, dass die Existenz risikoloser Portfolios, die ohne Kapitaleinsatz gebildet werden können, aber dennoch einen positiven Ertrag aufweisen, ausgeschlossen ist. Insofern kann eine Wertpapiertransaktion, die weder einen Kapitaleinsatz noch die Übernahme eines systematischen oder unsystematischen Risikos erfordert, keine

ternimmt den Versuch die wertpapierspezifische Risikoprämie nicht nur durch eine Risikodeterminante im Sinne des durch den Beta-Faktor zum Ausdruck kommenden Kovarianz-Varianz-Risikos zu bestimmen, sondern anhand mehrerer Einflussfaktoren zu erklären. Man spricht insofern von einem **linearen Mehrfaktorenmodell**[1142], dem folgender formaler Zusammenhang zugrunde liegt:[1143]

$$E(r_i) = r_f + b_{i,1} \times [E(r_{p,1}) - r_f] + ... + b_{i,k} \times [E(r_{i,k}) - r_f]$$

$$= r_f + \sum_{k=1}^{K} b_{i,k} \times [E(r_{p,k}) - r_f], \qquad (6\text{-}12)$$

für:

$E(r_i)$ = APT-spezifische Renditeforderung für das Unternehmen i,

r_f = risikoloser Basiszinssatz (risk-free interest rate),

$b_{i,k}$ = Sensitivität der Rendite des Unternehmens i gegenüber der Ausprägung des Einflussfaktors k,

K = Anzahl der risikoerhöhenden Einflussfaktoren,

p = Portfolio p,

$E(r_{p,k})$ = ausschließlich vom k-ten Einflussfaktor abhängige, erwartete Rendite des Portfolios p.

Die unternehmensspezifische Renditeforderung $E(r_i)$ setzt sich aus dem risikolosen Basiszinssatz r_f und der Summe der mit den unternehmensspezifischen Faktorsensitivitäten $b_{i,k}$ gewichteten faktorspezifischen Risikoprämien $E(r_{p,k}) - r_f$ zusammen, die diversifizierte Investoren durch die Übernahme der **durch verschiedene Einflussfaktoren verursachten Risiken** fordern. Anlässlich der praktischen Umsetzung der APT kommt es in einem ersten Schritt darauf an, die rentabilitätswirksamen, risikoerhöhenden ökonomischen Einflussgrößen mit Hilfe von Faktoranalysen[1144] oder anhand theoretischer Überlegungen im Sinne einer

---

positive Rendite erzielen. Vgl. **Zimmermann, Peter**: Schätzung und Prognose von Beta-Werten... (**1997**), S. 35 f.; **Perridon, Louis – Steiner, Manfred**: Finanzwirtschaft der Unternehmung... (**2004**), S. 288 ff. sowie die Erläuterung der APT-Prämissen bei **Hachmeister, Dirk**: Der Discounted Cash Flow als Maß der Unternehmenswertsteigerung... (**2000**), S. 165 f.

1142 Vgl. **Perridon, Louis – Steiner, Manfred**: Finanzwirtschaft der Unternehmung... (**2004**), S. 289.

1143 Vgl. **Pfister, Christian**: Divisionale Kapitalkosten... (**2003**), S. 31 und die dort in Fußnote 95 zitierte Literatur.

1144 Vgl. dazu das Vorgehen bei **Frantzmann, Hans-Jörg**: Zur Messung des Marktrisikos... (**1990**), S. 80 f.

Vorabspezifikation zu identifizieren und deren statistische Signifikanz zu untersuchen.[1145]

Im Rahmen empirischer APT-Analysen konnte nachgewiesen werden, dass der Branchenproduktionsindex, die Inflationsrate, die Differenz zwischen lang- und kurzfristigen Zinssätzen und der Renditeunterschied zwischen risikoreichen und risikoärmeren Industrieanleihen die durchschnittlichen Aktienrenditen und insofern die erwartenden Renditen hinreichend erklären.[1146] Die von *Nowak* präsentierte Literaturanalyse zeigt jedoch, dass bezüglich der Auswahl und Identifikation der zugrunde gelegten Risikofaktoren **erhebliche Unterschiede** bestehen.[1147]

Zur Bestimmung der Renditeforderung sind im Anschluss an die Identifizierung der Risikofaktoren mit Hilfe multivariater linearer Regressionsanalysen die durch die Regressionskoeffizienten zum Ausdruck kommenden **Faktorsensitivitäten** $b_{i,k}$ zu ermitteln.[1148] Die Faktorsensitivitäten $b_{i,k}$ messen – wie der Beta-Faktor des CAPM – die Sensitivität der unternehmensspezifischen Wertpapierrendite gegenüber dem Einflussfaktor k.[1149] Darüber hinaus müssen die faktorspezifischen Risikoprämien $E(r_{p,k})$ bestimmt werden[1150], deren Höhe maßgeblich von der Wahl des zugrunde gelegten Aktienportefeuilles und der Länge des Un-

1145 Vgl. **Zimmermann, Peter**: Schätzung und Prognose von Beta-Werten... **(1997)**, S. 37 sowie **Pfister, Christian**: Divisionale Kapitalkosten... **(2003)**, S. 32 f.

1146 Vgl. die Untersuchung von **Chen, Nai-fu – Roll, Richard – Ross, Stephen A.**: Economic Forces and the Stock Market, in: Journal of Business, 59. Jg. **(1986)**, Heft 3, S. 383-403. Siehe außerdem **Nowak, Karsten**: Marktorientierte Unternehmensbewertung... **(2003)**, S. 76 sowie exemplarisch die von **Copeland, Tom – Koller, Tim – Murrin, Jack**: Unternehmenswert... **(2002)**, S. 277 vorgeschlagenen Einflussgrößen: Index der industriellen Produktion zur Erfassung der Leistungsfähigkeit der Volkswirtschaft, kurzfristiger Realzinssatz (quantifizierbar durch Subtraktion der Rendite von Schatzwechseln mit dem Verbraucherpreisindex), kurzfristige Inflation sowie das Ausfallrisiko als Differenz der Renditen langfristiger Industrieobligationen mit gutem und schlechterem Rating.

1147 Vgl. **Nowak, Karsten**: Marktorientierte Unternehmensbewertung... **(2003)**, S. 76.

1148 Siehe dazu **Hachmeister, Dirk**: Der Discounted Cash Flow als Maß der Unternehmenswertsteigerung... **(2000)**, S. 226.

1149 Vgl. nochmals **Copeland, Tom – Koller, Tim – Murrin, Jack**: Unternehmenswert... **(2002)**, S. 277.

1150 Zur Ermittlung der faktorspezifischen Risikoprämien wird die Sensitivität der Rendite eines Aktienindex gegenüber dem jeweiligen Risikofaktor ermittelt und anschließend bestimmt, welche zusätzliche Rendite ein diversifizierter Investor in der Vergangenheit für die Übernahme des faktorspezifischen Risikos erhalten hat. Vgl. **Brealey, Richard A. – Myers, Stewart C.**: Principles of Corporate Finance... **(2003)**, S. 207.

tersuchungszeitraum abhängt.[1151] Die APT geht dabei von der Prämisse aus, dass die von verschiedenen Einflussgrößen abhängigen Renditen des Portfolios $E(r_{p,k})$ voneinander unabhängig sind.[1152] Eine Übersicht über das Niveau empirisch erhobener **faktorspezifischer Risikoprämien** findet sich bei *Elton, Gruber, Mei*.[1153]

So einleuchtend der Grundgedanke der in der betriebswirtschaftlichen Forschung häufig vernachlässigten[1154] und auch in der Unternehmenspraxis bislang wenig Beachtung findenden[1155] Arbitrage Pricing Theory auch ist, vor dem Hintergrund einer möglichst transparenten, objektivierbaren Eigenkapitalkostenermittlung regulierter Unternehmen erscheint die zuvor lediglich skizzenhaft dargestellte Modellierung insbesondere aufgrund **erheblicher Ermessensspielräume** im Rahmen der Modellspezifikation[1156] sowie der aufwendigen Beschaffung der

---

1151 Vgl. **Freygang, Winfried**: Kapitalallokation in diversifizierten Unternehmen... **(1993)**, S. 237.

1152 Vgl. **Copeland, Tom – Koller, Tim – Murrin, Jack**: Unternehmenswert... **(2002)**, S. 277.

1153 Für den Zeitraum 1978 bis 1990 ermittelten *Edwin, Gruber* und *Mei*, dass die jährliche über das Niveau des risikolosen Zinssatzes hinaus realisierte Rendite eines industriegüterspezifischen Aktienindex durchschnittlich zu +5,10% vom Renditeunterschied zwischen risikoreichen und risikoärmeren Industrieanleihen (yield spread), zu -0,61% vom Zinsniveau (interest rate), zu -0,59% vom Wechselkurs (exchang rate), zu +0,49% vom realen Produktionsniveau der Volkswirtschaft (Real GNP), zu –0,83% von der Inflationsrate und zu +6,36% von gesamtmarktbezogenen Einflussfaktoren bestimmt wird, die nicht durch die zuvor ermittelten fünf Einflussgrößen erklärt werden. Vgl. dazu **Edwin J., Elton - Gruber, Martin J. - Mei, Jianping**: Cost of Capital Using Arbitrage Theory: A Case of the Nine New York Utilities, in: Financial Markets, Institution and Instruments, 2. Jg. **(1994)**, Heft 3, S. 46-73, zitiert nach **Brealey, Richard A. – Myers, Stewart C.**: Principles of Corporate Finance... **(2003)**, S. 207.

1154 Dies bemerkt auch **Kruschwitz, Lutz**: Aktuelle Fragen der Unternehmensbewertung... **(2002)**, S. 20. Hachmeister weist übereinstimmend daraufhin, dass die Beschreibung der APT-spezifischen Bewertungsschritte, insbesondere die Bestimmung der Faktorsensitivitäten und der faktorspezifischen Risikoprämien häufig nur „vage" mit Verweis auf Finanzdienstleister erfolgt. Vgl. **Hachmeister, Dirk**: Der Discounted Cash Flow als Maß der Unternehmenswertsteigerung... **(2000)**, S. 226.

1155 Auch das Institut der Wirtschaftsprüfer (IDW) erwähnt die Arbitrage Pricing Theory (APT) als Alternative zum CAPM zur Ermittlung risikoadäquater Diskontierungsfaktoren bislang lediglich in einer Fußnote. Vgl. **Institut der Wirtschaftsprüfer in Deutschland e. V.**: Wirtschaftsprüfer-Handbuch 2002 ‚Band 2... **(2002)**, S. 73, Fußnote 428.

1156 Vgl. zur mangelnden Standardisierbarkeit **Volkart, Rudolf**: Kapitalkosten und Risiko... **(2001)**, S. 25; **Perridon, Louis – Steiner, Manfred**: Finanzwirtschaft der Unternehmung... **(2004)**, S. 292 sowie **Hachmeister, Dirk**: Der Discounted Cash

Datenbasis und der damit verbundenen statistischen Testverfahren[1157] als nur begrenzt hilfreich. Die Arbitrage Pricing Theory sollte jedoch nicht von vornherein verworfen werden. Im Regulierungskontext sind Kapitalmarktexperten durchaus in der Lage, anlässlich der aller 2 bis 5 Jahre durchzuführenden Ermittlung des Eigenkapitalkostensatzes die Plausibilität der auf Basis des CAPM ermittelten Renditeforderungen durch den ergänzenden Einsatz des APT-Verfahrens zu überprüfen.[1158]

3) Dividend Growth Model (DGM)

Das häufig auch nach seinem methodischen Begründer *Myron J. Gordon*[1159] als „**Gordon Growth Model**"[1160] oder kurz als „**Gordon Model**"[1161] bezeichnete Dividend Growth Model (DGM) wird nicht nur im Kontext des wertorientierten Controllings[1162], sondern auch im Kontext der Entgeltkalkulation regulierter Un-

---

Flow als Maß der Unternehmenswertsteigerung... (**2000**), S. 227, der von einer „Potenzierung der Manipulationsspielräume" im Vergleich zum CAPM spricht.

1157 Auf den hohen Daten- und Analyseaufwand verweist auch **Günther, Thomas**: Unternehmenswertorientiertes Controlling... (**1997**), S. 172.

1158 Hierfür plädiert auch Günther im Kontext des wertorientierten Controllings. Vgl. **Günther, Thomas**: Unternehmenswertorientiertes Controlling... (**1997**), S. 173. Diesbezüglich gilt es allerdings zu berücksichtigen, dass die APT-rechnerisch ermittelten Eigenkapitalkosten nicht den Anspruch erheben, den mit Hilfe des CAPM ermittelten Eigenkapitalkosten zu entsprechen. Im direkten Vergleich stimmen die gemäß der APT und über das CAPM quantifizierten Eigenkapitalkosten regelmäßig nicht überein. Empirische Befunde kommen zu dem Ergebnis, dass die mit Hilfe der APT geschätzten Eigenkapitalkosten häufig signifikant unterhalb der CAPM-rechnerisch quantifizierten Renditeforderungen liegen. **Copeland, Tom – Koller, Tim – Murrin, Jack**: Unternehmenswert... (**2002**), S. 277, die auf Studien von Alcar APT! und McKinsey verweisen.

1159 Zu den originären Quellen siehe **Gordon, Myron J. – Shapiro, Eli**: Capital Equipment Analysis: The Required Rate of Profit, in: Management Science, 3. Jg. (**1956**), Heft 1, S. 102-110; **Gordon, Myron J.**: Dividends, Earnings and Stock Prices, in: Review of Economics and Statistics, 41. Jg. (**1959**), Heft 2, S. 99-105 sowie **Gordon, Myron J.**: The Savings Investment and Valuation of the Corporation, in: Review of Economics and Statistics, 44. Jg., (**1962**), Heft 1, S. 37-51.

1160 Vgl. **Pagès, Henry**: A Note on the Gordon Growth Model with Nonstationary Dividend Growth, (**1999**), S. 2.

1161 Vgl. **Spremann, Klaus**: Valuation... (**2004**), S. 47. Bezug nehmend auf den zweiten Autor der Originalquelle ist es sachgerechter, anstelle der Bezeichnung "Gordon Model" vom „Gordon-Shapiro-Model" zu sprechen.

1162 Siehe dazu **Günther, Thomas**: Unternehmenswertorientiertes Controlling... (**1997**), S. 173.

ternehmen[1163] als eine mögliche Alternative zur Ermittlung der Eigenkapitalkosten diskutiert.

Der methodische Ansatz des DGM beruht – in Analogie zum Prinzip des Zukunftserfolgswertes der Unternehmensbewertung – auf der Prämisse, dass der
aktuelle Wert eines Unternehmensanteils sich aus den diskontierten über einen
unendlichen Betrachtungszeitraum erwartenden Zahlungen an den Anteilseigner
ergibt und sich der **Eigenkapitalkostensatz als interner Zinssatz** dieser Zah-
lungsreihe ergibt.[1164] Unter der Annahme, dass die jährlich ausgeschütteten Dividenden mit einer konstanten Rate wachsen, ergeben sich die folgenden formalen
Zusammenhänge:[1165]

$$PV_{t=0} = \sum_{t=1}^{\infty} D_0 \times \frac{(1+g)^t}{(1+r_{EK})^t},$$
(6-13)

für:

$PV_{t=0}$ = aktueller Wert des Unternehmensanteils (bzw. Aktie) zu $t = 0$,

D_0 = zu $t = 0$ bekanntes aktuelles Niveau der Dividendenausschüttung ($t = 0$ entspricht dem Beginn der Periode $t = 1$),

g = prognostizierte Wachstumsrate der Dividende,

r_{EK} = risikoadjustierte Renditeforderung der Anteilseigner.

Die Annahme unendlichen Dividendenwachstums ermöglicht unter der Voraussetzung, dass die Renditeforderung der Eigenkapitalgeber die Dividendenwachstumsrate übersteigt, die Herleitung der **Gordon-Shapiro-Wachstumsformel**, die die konstante Dividendenwachstumsrate g der unendlichen geometri-

---

1163 Vgl. dazu **WIK-Consult**: Analytisches Kostenmodell Nationales Verbindungsnetz,
Referenzdokument 2.0... **(2000)**, S. 66 ff. sowie **Wright, Stephen – Mason, Robin
– Miles, David**: A Study into Certain Aspects of the Cost of Capital... **(2003)**, S. 43
ff.

1164 Vgl. dazu **Spremann, Klaus**: Valuation... **(2004)**, S. 44 ff.

1165 Vgl. zur Darstellung auch **WIK-Consult**: Analytisches Kostenmodell Nationales
Verbindungsnetz, Referenzdokument 2.0... **(2000)**, S. 67. Für eine ausführlichere
Herleitung, die auch den ausgehend von dem zunächst auf eine begrenzte Investi-
tionsdauer abstellenden, für das Dividend Growth Model (DGM) vorgesehenen
Endwert der Anlage zum Investionsende und den Endlichkeitsterm $[1-(1+g)^T/(1+r_{EK})^T]$ berücksichtigt, siehe nochmals **Spremann, Klaus**: Valuation... **(2004)**, S. 47
ff.

schen Dividenden-Reihe in einen prozentualen Abschlag vom Diskontierungs-faktor r_{EK} transformiert:[1166]

$$PV_{t=0} = D_0 \times \frac{(1+g)}{r_{EK} - g} = \frac{D_1}{r_{EK} - g},$$
(6-14)

für:

D_1 = zum Ende der Periode 1 erwartete Dividendenausschüttung.

Die Umformung der Gordon-Shapiro-Wachstumsformel ermöglicht im Rahmen des „**Gordon-Shapiro-Modells**" die Schätzung der Eigenkapitalkosten r_{EK} aus der additiven Verknüpfung des Verhältnisses aus prognostizierter Dividende zum Ende der Periode 1 und aktuellem Anteilswert sowie der Dividendenwachstumsrate:

$$r_{EK} = \frac{D_1}{PV_{t=0}} + g.$$
(6-15)

Auf Basis von Gleichung (6-15) lassen sich bei Kenntnis
- des aktuellen **Marktwertes einer Unternehmung** $PV_{t=0}$, der im Falle eines nicht börsennotierten Unternehmens anstelle der Börsenkapitalisierung durch den rechnerisch ermittelten Shareholder Value ersetzt werden muss,
- der prognostizierten **Dividendenausschüttung** D_1 in t = 1 und
- der geschätzten **Dividendenwachstumsrate** g

die Eigenkapitalkosten eines Unternehmens zukunftsorientiert ermitteln.[1167]

Die Annahme eines konstanten Dividendenwachstums wird von einigen Autoren als realitätsfern kritisiert.[1168] Zur Ermittlung der Dividendenwachstumsrate wird daher auf Basis der Vollausschüttungshypothese vorgeschlagen, zunächst für einen 3- bis 5-jährigen Zeitraum vom detailliert geschätzten Gewinnwachstum eines Unternehmens auszugehen und im Anschluss auf das durchschnittliche Ge-

---

1166 Vgl. im Folgenden **Gordon, Myron J. – Shapiro, Eli**: Capital Equipment Analysis... (**1956**), S. 102 ff. Siehe dazu auch **Gerke, Wolfgang – Bank, Matthias**: Finanzierung... (**2003**), S. 111.

1167 Vgl. dazu **Günther, Thomas**: Unternehmenswertorientiertes Controlling... (**1997**), S. 173.

1168 Vgl. stellvertretend **Pagès, Henry**: A Note on the Gordon Growth Model with Nonstationary Dividend Growth... (**1999**), S. 1 und S. 4.

winnwachstum einer Branche bzw. der Gesamtwirtschaft zurückzugreifen.[1169]
Eine plausible regulierungsperiodenübergreifende **Schätzung des Dividendenwachstums** regulierter Netzbetreiber kann insbesondere im Kontext der Anreizregulierung nicht gelingen.

Die Verwendung des DGM zur risikogerechten Ermittlung der Eigenkapitalkosten regulierter Unternehmen erweist sich jedoch vor allem deshalb als weitestgehend ungeeignet, weil die gesuchte Eigenkapitalverzinsung eines regulierten Unternehmens die während einer Regulierungsperiode zur Ausschüttung verbleibenden Dividendenströme erst determiniert. Das Dividend Growth Model
(DGM) führt aufgrund dieses **rechnungszweckbedingten Zirkularitätsproblems** in eine Sackgasse. Allerdings spricht nichts dagegen, die zunächst CAPM-
rechnerisch ermittelten Eigenkapitalkosten mit den Ergebnissen des DGM kon-
trollierend abzugleichen.[1170] Für diesen Rechenzweck ist es vorstellbar, mit Hilfe
des DGM die Eigenkapitalkosten branchenbezogen oder für eine Peer Group
ausländischer Netzbetreiber zu schätzen.

Die nachfolgenden Betrachtungen zur Ermittlung der Eigenkapitalkosten
nicht börsennotierter Unternehmen stellen aufgrund der eingängigen, gut kom-
munizierbaren Modellstruktur jedoch ausschließlich auf das Capital Asset Pricing
Model (CAPM) ab.

*B. Ermittlung der Eigenkapitalkostensätze von nicht börsennotierten Unter-
nehmen*

Die möglichst modellkonforme Anwendung des CAPM ist davon abhängig, wie
gut die spezifischen Modellprämissen anlässlich der Ermittlung risikoadjustierter
Eigenkapitalkosten mit den zur Verfügung stehenden Daten umgesetzt werden
können. Während die Marktrendite und der risikolose Zinssatz als modellexogene Größen für alle Unternehmen gelten[1171], ist die regressionsanalytische Ermittlung des Beta-Faktors auf die **Verfügbarkeit unternehmensspezifischer
Aktienrenditen** angewiesen. An der Deutschen Börse wird jedoch keines der

---

1169 Vgl. **Cornell, Bradford - Hirshleifer, Jack – James, Elizabeth P.**: Estimating the
     Cost of Equity Capital... **(1997)**, S. 11.

1170 Vgl. dazu inbesondere **Günther, Thomas**: Unternehmenswertorientiertes Control-
     ling... **(1997)**, S. 173. Hierfür plädieren auch **WIK-Consult**: Analytisches Kosten-
     modell Nationales Verbindungsnetz, Referenzdokument 2.0... **(2000)**, S. 68, mit
     Verweis auf die Regulierungspraxis der britischen Regulierungsbehörde für Tele-
     kommunikation Oftel.

1171 Vgl. **Günther, Thomas**: Unternehmenswertorientiertes Controlling... **(1997)**,
     S. 180.

deutschen Stromverteilungsunternehmen selbstständig gehandelt. Auch die vier großen deutschen Stromübertragungsnetzbetreiber, EnBW Transportnetze AG, E.ON Netz GmbH, RWE Transportnetz Strom GmbH und Vattenfall Europe Transmission GmbH sind zwar rechtlich selbständige, jedoch **nicht börsennotierte Unternehmen.**

Die unmodifizierte Übertragung der für börsennotierte EVU ermittelten Beta-Faktoren auf regulierte Netzbereiche ist jedoch nicht sachgerecht, da die Risiken nicht regulierter Bereiche regelmäßig nicht mit den Risiken im regulierten Netzbereich übereinstimmen und insofern auch das systematische Risiko der Gesamtunternehmung nicht dem **systematischen Risiko des Netzbetreibers** entspricht.[1172]

Insbesondere die Theorie und Praxis der wertorientierten Unternehmenssteuerung hat vor dem Hintergrund einer risikoadäquaten, effizienten Kapitalallokation und Performancemessung einen umfangreichen Methodenvorrat zur Bestimmung risikoadäquater Eigenkapitalkostensätze nicht börsennotierter Unternehmen und Geschäftsbereiche entwickelt.[1173] Diese Ansätze werden im Folgenden auf ihre Eignung zur Ermittlung des Eigenkapitalkostensatzes regulierter Stromnetzbetreiber untersucht.

1) Verfahren zur Ermittlung der Eigenkapitalkostensätze nicht börsennotierter Unternehmen im Überblick

Die Verfahren zur Ermittlung der Eigenkapitalkostensätze nicht börsennotierter Unternehmen können auf einer obersten Ebene in quantitative und qualitative Verfahren unterschieden werden. Die **quantitativen Methoden** sehen eine auf unternehmensinternen und unternehmensexternen Daten basierende Berechnung des Beta-Faktors vor. Während Analyseansätze die fehlenden Kapitalmarktdaten durch Daten des Rechnungswesens und teilweise auch um makroökonomische Daten ersetzen, sehen Analogieansätze vor, Beta-Faktoren unter Rückgriff auf Marktdaten vergleichbarer börsennotierter Gesellschaften abzuleiten. Im Gegen-

---

1172 Vgl. dazu auch **Monopolkommission:** Telekommunikation und Post 2003... **(2003),** S. 65 ff.
1173 Siehe vor allem **Arbeitskreis „Finanzierung" der Schmalenbach-Gesellschaft – Deutsche Gesellschaft Betriebswirtschaft e.V.:** Wertorientierte Steuerung mit differenzierten Kapitalkosten... **(1996),** S. 552 ff.; **Copeland, Tom – Koller, Tim – Murrin, Jack:** Unternehmenswert... **(2002),** S. 370 ff.; **Freygang, Winfried:** Kapitalallokation in diversifizierten Unternehmen... **(1993),** S. 245 ff.; **Günther, Thomas:** Unternehmenswertorientiertes Controlling... **(1997),** S. 180 ff. sowie **Herter, Ronald N.:** Unternehmenswertorientiertes Management... **(1994),** S. 102 ff.

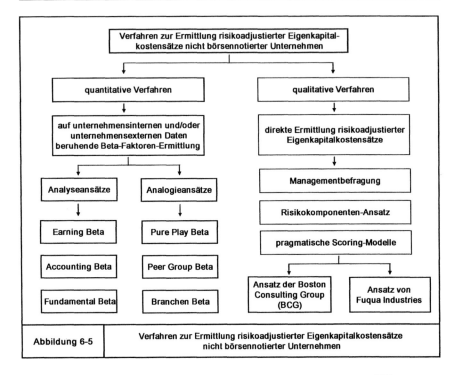

Abbildung 6-5	Verfahren zur Ermittlung risikoadjustierter Eigenkapitalkostensätze nicht börsennotierter Unternehmen

satz zu diesen quantitativen Verfahren zielen **qualitative Verfahren**[1174] nicht auf die Bestimmung des Beta-Faktors, sondern direkt auf die Ermittlung der risikoadäquaten Eigenkapitalkostensätze nicht börsennotierter Unternehmen ab.

Abbildung 6-5 fasst die verschiedenen Methoden zur Ermittlung des risikoorientierten Eigenkapitalkostensatzes nicht börsennotierter Unternehmen zusammen.[1175]

2) Beta-Faktoren-Ermittlung mit Hilfe von Analyseansätzen

Analyseansätze zielen grundsätzlich darauf ab, die wesentlichen ökonomischen Bestimmungsfaktoren für das im Beta-Faktor zum Ausdruck kommende Risiko

---

1174 Vgl. **Arbeitskreis „Finanzierung" der Schmalenbach-Gesellschaft – Deutsche Gesellschaft Betriebswirtschaft e.V.**: Wertorientierte Steuerung mit differenzierten Kapitalkosten... (**1996**), S. 552.
1175 Die Systematisierung der qualitativen Methoden erfolgt in Anlehnung an **Pfister, Christian**: Divisionale Kapitalkosten... (**2003**), S. 222.

zu analysieren.[1176] Diesen Verfahren liegt die durchaus plausible Annahme zugrunde, dass die Daten des Rechnungswesens grundsätzlich durch dieselben Ereignisse und Informationen beeinflusst werden, die auch die Aktienkurse am Kapitalmarkt bestimmen.[1177] Insofern werden **Daten des Rechnungswesens** zur regressionsanalytischen Ermittlung „buchhalterischer" Beta-Faktoren herangezogen.

Die einfachste Form der analyseorientierten Beta-Faktoren-Ermittlung stellen **Earning Betas** dar, die bei unterstelltem linearen Zusammenhang über eine Regression unternehmensspezifischer Gewinne (bzw. Gewinnwachstumsraten) an die durchschnittlichen, aggregierten Gewinne (bzw. Gewinnwachstumsraten) eines Marktes bzw. Marktsegmentes gewonnen werden können.[1178]

Im Gegensatz zu der ausschließlich auf Gewinngrößen basierenden Ermittlung von Earning Betas sehen **Accounting Beta-Ansätze** vor, mehrere Kennzahlen des Rechnungswesen im Rahmen einer multivariaten regressionsanalytischen Beta-Faktoren-Ermittlung einzubeziehen.[1179] *Beaver, Kettler* und *Scholes*

1176 Vgl. **Arbeitskreis „Finanzierung" der Schmalenbach-Gesellschaft − Deutsche Gesellschaft Betriebswirtschaft e.V.**: Wertorientierte Steuerung mit differenzierten Kapitalkosten... **(1996)**, S. 554.

1177 Siehe dazu auch die Ergebnisse einer empirischen Untersuchung von Günther, Landrock und Muche, die signifikante Korrelationen zwischen buchhalterischen, auf Gewinngrößen basierenden Kennzahlen mit der Entwicklung von Performancemaßen des Kapitalmarktes, wie dem Total Shareholder Return (TSR) nachweisen. Vgl. **Günther, Thomas − Landrock, Bert − Muche, Thomas**: Gewinn- versus unternehmenswertbasierte Performancemaße − Teil 2: Datenaufbereitung, Ergebnisse und Schlussfolgerungen, in: Controlling, 12. Jg. **(2000)**, Heft 3, S. 129-134.

1178 Vgl. dazu die auf die Ermittlung von Earning Betas abstellende Studie von **Gordon, Myron J. − Halpern, Paul J.**: Cost of Capital for a Division of a Firm, in: The Journal of Finance, 29. Jg. **(1974)**, Heft 4, S. 1153-1163. Siehe ferner die Studie von Kulkarni, Powers und Shannon, die anstelle von Gewinnen segmentbezogene Renditen verwenden. Vgl. dazu **Kulkarni, Mukund S. − Powers, Marian − Shannon, Donald S.**: The Use of Segment Earning Betas in the Formation of Divisional Hurdle Rates, in: Journal of Business, 18. Jg. **(1991)**, Heft 4, S. 497-512 und die darauf aufbauende Ermittlung von Beta-Werten für den deutschen Kapitalmarkt bei **Dinstuhl, Volkmar**: Konzernbezogene Unternehmensbewertung... **(2003)**, S. 251 ff.

1179 An dieser Stelle ist darauf zu hinzuweisen, dass die Einordnung der verschiedenen Methoden der rechnungswesengestützten Beta-Faktoren-Ermittlung und die jeweils verwendeten Begriffe unterschiedlich erfolgt. So werden z. B. Earning Betas mitunter ebenfalls als Accounting Beta-Ansatz betrachtet, zu denen teilweise auch die nachfolgend noch vorgestellten Fundamental Betas gezählt werden. So unter anderem bei **Günther, Thomas**: Unternehmenswertorientiertes Controlling... **(1997)**, S. 182 f. Die hier vorgenommene Differenzierung zwischen Earning Betas, Accounting Betas und Fundamental Betas orientiert sich an **Arbeitskreis „Finanzierung" der Schmalenbach-Gesellschaft − Deutsche Gesellschaft für Betriebs-**

identifizierten im Rahmen einer empirischen Studie zur rechnungswesenbasierten Bestimmung von Beta-Faktoren die folgenden sieben als „accounting measures of risk" bezeichnete Einflussgrößen: Dividendenquote, Wachstum der Aktiva, Verschuldungsgrad, Liquidität, Unternehmensgröße, Ertragsvariabilität und die Kovarianz der Unternehmensgewinne mit dem durchschnittlichen Gewinn eines Marktes.[1180]

Unter der Annahme, dass auch ökonomische Parameter aus dem Unternehmensumfeld einen maßgeblichen Einfluss auf den Beta-Faktor ausüben,[1181] werden die Daten des Rechnungswesens anlässlich der Ermittlung von **Fundamental Betas** noch um nicht unmittelbar dem Rechnungswesen zu entnehmende, branchenspezifische und gesamtwirtschaftsbezogene Einflussfaktoren, wie z. B. die Veränderung der Inflationsrate oder die Veränderung der Energiepreise ergänzt.[1182]

Allen zuvor skizzierten primär rechnungswesengestützt ermittelten Beta-Faktoren ist gemeinsam, dass deren Ermittlung mit Blick auf den verfolgten Zweck der Eigenkapitalkostenermittlung regulierter Unternehmen **zirkularitätsbehaftet** ist. Basiert die Beta-Faktoren-Ermittlung auf den historischen Daten des Rechnungswesens regulierter Unternehmen hängen die für die Zukunft ermittelten Beta-Faktoren vom Eigenkapitalkostenniveau, aber auch von eventuellen Ineffizienzen während der vorhergehenden Regulierungsperiode ab. In frühen Phasen der Marktöffnung würden darüber hinaus **keine ausreichenden buchhal-**

---

wirtschaft e.V.: Wertorientierte Unternehmenssteuerung mit differenzierten Kapitalkosten... (**1996**), S. 555 f.

1180 Vgl. **Beaver, Wiliam – Kettler, Paul – Scholes, Myron**: The association between market determined and accounting risk measures... (**1970**), S. 660 ff. sowie die Kommentierungen bei **Freygang, Winfried**: Kapitalallokation in diversifizierten Unternehmen... (**1993**), S. 292. Siehe auch die auf deutsche Unternehmen abstellende Studie von **Steiner, Manfred – Bauer, Christian**: Die fundamentale Analyse und Prognose des Marktrisikos... (**1992**), S. 356 f., die rechnungswesengestützte Beta-Faktoren auf Basis des Jahresüberschusses, des Umsatzes, des Betriebsergebnisses und der Eigenkapitalrentabilität ermitteln.

1181 Vgl. dazu auch **Arbeitskreis „Finanzierung" der Schmalenbach-Gesellschaft – Deutsche Gesellschaft für Betriebswirtschaft e.V.**: Wertorientierte Unternehmenssteuerung mit differenzierten Kapitalkosten... (**1996**), S. 556.

1182 Vgl. **Pfister, Christian**: Divisionale Kapitalkosten (**2003**), S. 197 ff. Siehe weiterhin insbesondere die Arbeiten des Gründers des Beratungsunternehmens und Informationsdienstleisters BARRA International Rosenberg: **Rosenberg, Barr – Guy, James**: Prediction of Beta from Investment Fundamentals, in: Financial Analysts Journal Part I, 32. Jg. (**1976**), Heft 3, S. 60-72 und die Kommentierungen bei **Freygang, Winfried**: Kapitalallokation in diversifizierten Unternehmen... (**1993**), S. 312 ff.

terischen **Daten** für die zumeist erst infolge der Liberalisierung separierten Netzbereiche zur Verfügung stehen.

Im Sinne einer zukunftsorientierten Ermittlung von Accounting Betas müssten die Beta-Faktoren regulierter Netzbetreiber von prognostizierten Gewinnen, Renditen und anderen Kennzahlen des Rechnungswesens abgeleitet werden. Diese sind jedoch im Kontext der Entgeltregulierung von den gesuchten Eigenkapitalkosten abhängig. Analyseansätze sind deshalb für die CAPM-rechnerische Bestimmung risikoadjustierter Eigenkapitalkosten entgeltregulierter Unternehmen ungeeignet.

3) Beta-Faktoren-Ermittlung mit Hilfe von Analogieansätzen

Im Gegensatz zu den Analyseansätzen erweisen sich Analogieansätze für die Eigenkapitalkostenermittlung regulierter Stromnetzbetreiber als weitaus zweckmäßiger.[1183] Analogieansätze zielen darauf ab, Beta-Faktoren risikowirtschaftlich vergleichbarer börsennotierter Unternehmen auf das nicht börsennotierte Unternehmen im Anschluss an eine Kapitalstrukturanpassung zu übertragen.[1184] Die Methoden unterscheiden sich dabei hinsichtlich der Anzahl der Vergleichsunternehmen.

a) Grundsätzliche Typen von Analogieansätzen

Mit Hilfe der – gemäß *Fuller* und *Kerr* im Jahr 1981 als „valid procedure"[1185] zur Ermittlung divisionaler Beta-Faktoren bestätigten – **Pure Play Technique** wird der Beta-Faktor lediglich eines vergleichbaren Referenzunternehmens auf das nicht börsennotierte Unternehmen übertragen. Da bislang kein börsennotierter deutscher Stromnetzbetreiber existiert, können auf Basis des Pure Play-Ansatzes auch Beta-Faktoren vergleichbarer ausländischer börsennotierter Netzge-

---

1183 Auch § 7 Abs. 5 Ziffer 1 und 2 der StromNEV ebnet den Weg für eine vergleichsorientierte Eigenkapitalkostensatzermittlung, in dem die „Verhältnisse auf den nationalen und internationalen Kapitalmärkten und die Bewertung von Betreibern von Elektrizitätsversorgungsunternehmen auf diesen Märkten" sowie die „durchschnittliche Verzinsung des Eigenkapitals von Betreibern von Elektrizitätsversorgungsunternehmen auf ausländischen Märkten" im Rahmen der „Festlegung der Höhe des Zuschlags zur Abdeckung netzbetriebsspezifischer unternehmerischer Wagnisse" zu berücksichtigen sind.

1184 Vgl. **Arbeitskreis „Finanzierung" der Schmalenbach-Gesellschaft – Deutsche Gesellschaft Betriebswirtschaft e.V.**: Wertorientierte Steuerung mit differenzierten Kapitalkosten... **(1996)**, S. 552.

1185 **Fuller, Russel J. – Kerr, Halbert S.**: Estimating the Divisional Cost of Capital... **(1981)**, S. 1007.

sellschaften wie z. B. der Beta-Faktor der englischen Strom- und Gasnetzgesellschaft National Grid plc. oder des italienischen Übertragungsnetzbetreiber TERNA – Trasmissione Elettricita Rete Nazionale S.p.A als Orientierung für das systematische Risiko deutscher Stromnetzbetreiber herangezogen werden. Allerdings ist zu bedenken, dass das durch den Beta-Faktor zum Ausdruck kommende systematische Risiko vom jeweiligen **Regulierungskonzept** beeinflusst wird. Dies ist anlässlich der Übertragung von im internationalen Raum erhobenen Beta-Faktoren auf die nationalen Netzbetreiber mit Sorgfalt zu prüfen.

Da sich die Auswahl eines in jeder Hinsicht vergleichbaren börsennotierten Unternehmens oft schwierig gestaltet und die Gefahr besteht, dass einzelne Beta-Faktoren mit statistischen Schätzfehlern behaftet sein können, liegt es nahe, auf stabilere durchschnittliche Branchen-Betas zurückzugreifen.[1186] Neben der Ermittlung von **Branchen- bzw. Industry Betas** über die Regression vordefinierter Branchen-Subindizes an den jeweiligen Gesamtindex[1187], bietet es sich an, Beta-Faktoren einer eigens zusammengestellten Referenzgruppe vergleichbarer Unternehmen im Sinne des **Peer Group-Ansatzes** heranzuziehen.[1188] Diesen Verfahren liegt die Annahme zugrunde, dass das systematische Risiko innerhalb einer Branche bzw. einer Peer Group für alle Unternehmen gleich ist.

Anlässlich der Ermittlung des Eigenkapitalkostensatzes für deutsche Stromnetzbetreiber ist jedoch zu bedenken, dass die Branchen-Betas bzw. Peer Group-Betas aufgrund fehlender börsennotierter Stromnetzbetreiber nur für integrierte deutsche EVU ermittelt werden können, deren systematisches Risiko vom dem des Netzgeschäfts zwangsläufig abweicht. Energieversorgungsunternehmen wie die RWE AG und die E.ON AG befassen sich zwar vorrangig mit dem Energiegeschäft, sie operierten in der Vergangenheit jedoch **auch auf anderen Geschäftsfeldern**, wie z. B. dem Immobiliengeschäft, der chemischen Industrie

---

1186 Zu dieser Argumentation siehe – wenn auch im Kontext nicht regulierter Unternehmen – **Arbeitskreis „Finanzierung" der Schmalenbach-Gesellschaft – Deutsche Gesellschaft Betriebswirtschaft e.V.**: Wertorientierte Steuerung mit differenzierten Kapitalkosten... **(1996)**, S. 552 f.; **Herter, Ronald N.**: Unternehmenswertorientiertes Management... **(1994)**, S. 102 f. und **Günther, Thomas**: Unternehmenswertorientiertes Controlling... **(1997)**, S. 182.

1187 Für die deutsche Versorgungswirtschaft können Industry Betas unter Verwendung des **PRIME Xetra Utilities Index der Deutschen Börse AG** ermittelt werden. Siehe dazu auch die von **Dinstuhl, Volkmar**: Konzernbezogene Unternehmensbewertung **(2003)**, S. 23 ff., über eine lineare Regression von Branchenindizes gegen den CDAX durchgeführte Ermittlung von Branchen-Betas.

1188 Vgl. **Arbeitskreis „Finanzierung" der Schmalenbach-Gesellschaft – Deutsche Gesellschaft Betriebswirtschaft e.V.**: Wertorientierte Steuerung mit differenzierten Kapitalkosten... **(1996)**, S. 552 ff.

oder der Wasserversorgung.[1189] Kapitalmarktexperten haben jedoch Methoden entwickelt, die darauf abzielen, den Beta-Faktor für einen Geschäftsbereich ausgehend vom Beta-Faktor eines diversifizierten Vergleichsunternehmens zu ermitteln.

b) Analogieansätze bei diversifizierten Vergleichsunternehmen

Auf der Suche nach einem börsennotierten Vergleichsunternehmen wird man häufig mit dem Problem konfrontiert, dass das gewählte Referenzunternehmen nicht nur in dem Tätigkeitsbereich des nicht börsennotierten Zielunternehmens, sondern mit dem **Ziel der Diversifizierung** auch in anderen Geschäftsfeldern agiert.

Um die Anwendungsmöglichkeiten von Analogieansätzen auch auf diversifizierte Vergleichsunternehmen auszuweiten, bedienen sich Kapitalmarktanalytiker regelmäßig dem „**Theorem der Wertadditivität**". Wertadditivität liegt vor, wenn der Marktwert des durch Addition von zwei Zahlungsströmen entstehenden Zahlungsstromes der Summe der Marktwerte der beiden einzelnen Zahlungsströme entspricht.[1190] Übertragen auf ein Unternehmen mit mehreren Geschäftsbereichen bedeutet dies, dass die Summe der geschäftsbereichsspezifischen Marktwerte gleich dem Marktwert des Gesamtunternehmens ist.[1191] Die Gültigkeit der Wertadditivität bedingt, dass zwischen den einzelnen Geschäftsfeldern eines Unternehmens weder positive, noch negative Synergien bestehen.[1192] Ist diese Voraussetzung erfüllt, spricht man von **Konglomeraten**.[1193] Ausgehend von diesen Überlegungen wird unterstellt, dass sich der kapitalmarktanalytisch gemessene Beta-Faktor eines Konglomerates aus der Summe der mit dem Anteil

---

1189 Vgl. **RWE AG**: Geschäftsbericht... **(2005)**, S. 158 (Segmentberichterstattung bzgl. RWE Thames Water) und **E.ON AG**: Geschäftsbericht... **(2004)**, Konzernübersicht. Allerdings ist in der unmittelbaren Vergangenheit zu beobachten, dass sich sowohl E.ON als auch RWE zunehmend auf die Kerngeschäfte Strom und Gas konzentrieren. E.ON trennte sich im Jahr 2005 von der Beteiligung an der Degussa AG (Chemische Industrie) und vom Immobiliengeschäft (Viterra). Vgl. **E.ON AG**: Geschäftsbericht... **(2005)**, S. 174. Die RWE AG trennte sich im Jahr 2006 von RWE Thames Water. Vgl. **RWE AG**: Aufsichtsrat stimmt Verkauf von Thames Water Holdings plc an Kemble Water Limited zu, Pressemeldung, Essen **21.10.2006**.
1190 Vgl. **Franke, Günter – Hax, Herbert**: Finanzwirtschaft des Unternehmens und Kapitalmarkt... **(2003)**, S. 334. Siehe auch **Gerke, Wolfgang – Bank, Matthias**: Finanzierung... **(2003)**, S. 104 f.
1191 Vgl. **Günther, Thomas**: Unternehmenswertorientiertes Controlling **(1997)**, S. 199.
1192 Vgl. nochmals **Günther, Thomas**: Unternehmenswertorientiertes Controlling **(1997)**, S. 182, Fußnote 128.
1193 Vgl. **Franke, Günter – Hax, Herbert**: Finanzwirtschaft des Unternehmens und Kapitalmarkt... **(2003)**, S. 335.

der einzelnen Sparten am Marktwert des Gesamtunternehmens gewichteten Sparten-Beta-Faktoren ergibt:[1194]

$$\beta = \sum_{i=1}^{n} w_i \times \beta_i,$$ (6-16)

für:

β = Beta-Faktor des diversifizierten Gesamtunternehmens,
n = Anzahl der Unternehmenssparten i = 1,...,n,
w_i = Anteil der Unternehmenssparte i am Marktwert des Gesamtunternehmens,
β_i = Beta-Faktor der Unternehmenssparte i des Gesamtunternehmens.

Da für nicht börsennotierte Unternehmenssparten keine Marktwerte vorliegen, wird ersatzweise vorgeschlagen, auf die **buchmäßigen Eigenkapitalanteile** der Sparten zurückzugreifen.[1195] Um ausgehend von dem Beta-Faktor des Gesamtunternehmens und den über die buchmäßigen Kapitalanteile approximierten Gewichtungsfaktoren auf die Beta-Faktoren der Sparten zu schließen, wird für den Fall mehrerer Vergleichsunternehmen mit derselben Anzahl risikowirtschaftlich vergleichbarer Geschäftsbereiche vorgeschlagen, die resultierenden Gleichungssysteme mit Hilfe von Verfahren der linearen Optimierung aufzulösen oder die gesuchten Sparten-Beta-Faktoren über multivariate lineare Regressionsanalysen zu bestimmen.[1196]

1194 Vgl. **Gerke, Wolfgang**: Risikoadjustierte Bestimmung des Kalkulationszinssatzes... (**2003**), S. 54; **Schwetzler, Bernhard**: Kapitalkosten... (**2000**), S. 92 f. sowie **Herter, Ronald**: Unternehmenswertorientiertes Management... (**1994**), S. 103 f. Erfüllt ein diversifiziertes Unternehmen die zuvor beschriebene Prämisse eines „synergielosen" Konglomerates korrespondiert Formel (6-16) mit den Grundannahmen des CAPM bzw. der unter anderem bei Franke und Hax dargestellten CAPM-spezifischen Bewertungsfunktion, die die Eigenschaft der Wertadditivität erfüllt. Siehe dazu ausführlich **Franke, Günter – Hax, Herbert**: Finanzwirtschaft des Unternehmens und Kapitalmarkt... (**2003**), S. 356.

1195 Vgl. **Günther, Thomas**: Unternehmenswertorientiertes Controlling... (**1997**), S. 182; **Herter, Ronald N.**: Unternehmenswertorientiertes Management... (**1994**), S. 103 f. sowie **Gerke, Wolfgang**: Risikoadjustierte Bestimmung des Kalkulationszinssatzes... (**2003**), S. 54.

1196 Zu einem linearen Optimierungsansatz siehe **Boquist, John A. – Moore, William T.**: Estimating the Systematic Risk of an Industry Segment: A Mathematical Programming Approach, in: Financial Management, 12. Jg. (**1983**), Heft 4, S. 11-18. Zu einem regressionsanalytischen Ansatz siehe **Ehrhardt, Michael C. – Bhagwat, Yatin N.**: A Full-Information Approach for Estimating Divisional Betas, in: Financial Management, 20. Jg. (**1991**), Heft 2, S. 60-69 sowie **Copeland, Tom – Koller,**

Entgegen den zuvor skizzierten Ansätzen, die auf mehrere Vergleichsunternehmen abstellen, greift *Gerke* zur Erfassung des systematischen Risikos der im Geschäftsbericht des Jahres 2000/2001 angegebenen Geschäftsfelder des RWE-Konzerns „Energie, Baubranche und Sonstige Industrie" ersatzweise auf mit Hilfe der CDAX-Branchenindizes ermittelte **Branchen-Beta-Faktoren** zurück.[1197] Dabei ist zu berücksichtigen, dass der Beta-Faktor eines Konglomerates niedriger ist, als die Summe der einzelnen anhand von Branchenindizes quantifizierten Branchen-Betas.[1198] Der Unterschied zwischen dem Konzern-Beta und der Summe der mit den anteiligen geschäftsfeldspezifischen Eigenkapitalvolumina gewichteten Branchen-Betas wird als **Konglomerate-Abschlag** bezeichnet.[1199] Ausgehend vom Beta-Faktor des RWE-Konzerns ermittelt Gerke einen 10%-igen Konglomerate-Abschlag, der es rechtfertigt, den anhand des CDAX-Utility-Index ermittelten Branchen-Beta-Faktor als Ausgangsbasis für die Ermittlung der Höhe des für deutsche Stromnetzbetreiber relevanten systematischen Risikos heranzuziehen.[1200]

Tim – Murrin, Jack: Unternehmenswert... **(2002)**, S. 373. Siehe zu den einzelnen Verfahren auch die Ausführungen von **Hachmeister, Dirk**: Der Discounted Cash Flow als Maß der Unternehmenswertsteigerung... **(2000)**, S. 196 ff. und die dort zitierte Literatur.

1197 Vgl. **Gerke, Wolfgang**: Risikoadjustierte Bestimmung des Kalkulationszinssatzes... **(2003)**, S. 57. Die zuvor beschriebene regressionsanalytische Bestimmung spartenspezifischer Beta-Faktoren würde eine hinreichend große Stichprobe risikowirtschaftlicher und hinsichtlich der Art und Anzahl von Geschäftsbereichen vergleichbarer diversifizierter börsennotierter Energieunternehmen voraussetzen. Diese Voraussetzungen sind in Deutschland nicht erfüllt.

1198 Vgl. **Gerke, Wolfgang**: Risikoadjustierte Bestimmung des Kalkulationszinssatzes... **(2003)**, S. 51 und S. 54.

1199 Der im anglo-amerikanischen Sprachraum als „conglomerate discount" bezeichnete Konglomerate-Abschlag wird auch anlässlich der Bewertung von diversifizierten Unternehmen in vergleichender Betrachtung mit nicht diversifizierten Unternehmen diskutiert. Empirische Untersuchungen weisen im Zuge der Bewertung von Konglomeraten durchschnittliche Abschläge auf den eigentlichen Unternehmenswert (als Summe der Marktwerte der fiktiv als selbständig behandelten Sparten) zwischen 10% und 15% nach. Diese Abschläge werden unter anderem mit der Quersubventionierung verlustbringender mit gewinnbringenden Geschäftsfeldern und Informationsasymmetrien zwischen Konzernzentrale und den einzelnen Divisionen begründet. Vgl. **Gerke, Wolfgang**: Risikoadjustierte Bestimmung des Kalkulationszinssatzes... **(2003)**, S. 51 ff. und die dort zitierte Literatur. Siehe insbesondere die Studie von **Berger, Philip G. – Ofek, Eli**: Diversification´s effect on firm value, in: Journal of Financial Economics, 37. Jg. **(1995)**, Heft 1, S. 39-65.

1200 Dieser Nachweis bestätigt in der Studie von Gerke die Angemessenheit des anhand des CDAX-Utilitiy-Index erhobenen Beta-Faktors von 0,536. Vgl. **Gerke, Wolfgang**: Risikoadjustierte Bestimmung des Kalkulationszinssatzes... **(2003)**, S. 58.

In einem nächsten Schritt ist jedoch zu berücksichtigen, dass das systematische Risiko des Stromnetzgeschäfts regelmäßig niedriger ist als der Beta-Faktor einer Konzernunternehmenssparte „Energie", da die nicht regulierten, im Wettbewerb operierenden Geschäftsfelder wie die Energieerzeugung und der Energiehandel regelmäßig stärker risikobehaftet sind als das **regulierte Netzgeschäft**. Anlässlich der Ermittlung des Beta-Faktors für die Eigenkapitalkostenermittlung deutscher Stromnetzbetreiber korrigiert *Gerke* den zuvor erläuterten Branchen-Beta-Faktor um einen 10%-igen Abschlag nach unten.[1201] Es stellt sich jedoch die Frage, ob und inwieweit ein Abschlag von der Höhe eines Branchen-Betas objektivierbar ist. Um die Robustheit und Objektivität der vergleichsorientierten Beta-Faktorenermittlung für deutsche Stromnetzbetreiber zu erhöhen, sollten deshalb – wie zuvor bereits erwähnt – möglichst reine ausländische börsennotierte Netzbetreiber herangezogen werden.[1202]

c) Anpassung der Kapitalstruktur

Die Relation des unternehmensspezifisch eingesetzten Eigen- und Fremdkapitals und das daraus resultierende **Kapitalstrukturrisiko**[1203] übt – wie spätestens seit den Arbeiten von *Modigliani* und *Miller* auch theoretisch fundiert[1204] – einen maßgeblichen Einfluss auf die Volatilität der Gewinne, der buchmäßigen Renditen und über die ausgeschütteten nach Bedienung der Fremdkapitalgeber verbleibenden Dividenden auch auf die Streuung der Aktienrenditen aus. Je höher ein Unternehmen verschuldet ist, desto größer ist die **Standardabweichung der Eigenkapitalrendite** und desto höher ist die Renditeforderung der Eigenkapitalgeber.[1205]

1201 Vgl. **Gerke, Wolfgang**: Risikoadjustierte Bestimmung des Kalkulationszinssatzes... **(2003)**, S. 51 ff.: Die anhand des CDAX Utility-Index und des Dow Jones Euro Stoxx Utility-Index quantifizierten Beta-Faktoren in Höhe von 0,536 und 0,722 wurden um einen pauschalen 10,0%-igen Abschlag auf 0,48 bzw. 0,65 reduziert.

1202 Ergänzend zu dem zuvor beschriebenen Vorgehen ermittelt Gerke zusätzlich den Beta-Faktor für die englische Strom- und Gasnetzgesellschaft National Grid plc. Vgl. nochmals **Gerke, Wolfgang**: Risikoadjustierte Bestimmung des Kalkulationszinssatzes... **(2003)**, S. 59.

1203 Mit dem Phänomen des Kapitalstrukturrisikos befasst sich besonders intensiv die Theorie und Praxis der Unternehmensbewertung anlässlich der Ermittlung eines geschäftsrisiko- und kapitalstrukturrisikoadjustierten Diskontierungsfaktors. Vgl. stellvertretend **Mandl, Gerwald – Rabl, Klaus**: Unternehmensbewertung... **(1997)**, S. 214 ff. sowie S. 288 f. sowie **Drukarczyk, Jochen**: Unternehmensbewertung... **(2003)**, S. 185 ff.

1204 Vgl. **Modigliani, Franco – Miller, Merton H.**: Cost of Capital... **(1963)**, S. 438 ff.

1205 Siehe dazu auch **Drukarczyk, Jochen**: Unternehmensbewertung... **(2003)**, S. 179.

Die Höhe des regressionsanalytisch ermittelten Beta-Faktors ist folglich von dem während des Beobachtungszeitraums maßgeblichen **Verschuldungsgrad des Referenzunternehmens** bzw. dem durchschnittlichen Verschuldungsgrad der betrachteten Branche bzw. Peer Group abhängig. Weicht die Kapitalstruktur der (des) Referenzunternehmen(s) von der Eigenkapital-Fremdkapital-Relation des nicht börsennotierten Zielunternehmens ab, sind die mit Hilfe von Analogieansätzen erhobenen Beta-Faktoren zunächst um die Kapitalstruktur zu bereinigen und anschließend an den maßgeblichen **Verschuldungsgrad des Zielunternehmens** anzupassen.[1206]

Die Kapitalstrukturanpassung der Beta-Faktoren erfolgt in zwei Schritten. In einem ersten Schritt wird der empirisch erhobene, verschuldungsgradabhängige „levered" Beta-Faktor um die Kapitalstruktur der (des) Referenzunternehmen(s) bereinigt und in ein sogenanntes „unlevered" Beta umgerechnet, das auch als **Asset Beta** bezeichnet wird.[1207] Ausgehend von der Prämisse risikolosen Fremdkapitals – wie sie bereits von *Modigliani* und *Miller* anlässlich der Erklärung des Irrelevanztheorems aufgestellt wurde[1208] – und der damit verbundenen Annahme, das der Fremdkapitalzinssatz dem risikolosen Basiszinssatz entspricht[1209], schlägt die Literatur regelmäßig den folgenden formalen Zusammenhang zur Ermittlung

---

1206 Zur Notwendigkeit der Kapitalstrukturanpassung siehe stellvertretend **Günther, Thomas**: Unternehmenswertorientiertes Controlling... **(1997)**, S. 181. Eine Ausnahme bilden **Fuller, Russel J. – Kerr, Halbert S.**: Estimating the Divisional Cost of Capital... **(1981)**, S. 1007, die die „leverage"-Bereinigung bzw. -Anpassung der Beta-Faktoren in Frage stellen, da die Ergebnisse der von den beiden Autoren durchgeführten empirischen Studie ergaben, dass die nicht kapitalstrukturbereinigten Beta-Faktoren eine bessere Näherung der tatsächlichen Betas darstellen.

1207 Vgl. **Schwetzler, Bernhard**: Kapitalkosten... **(2000)**, S. 90.

1208 Die nachfolgend präsentierte Kapitalstrukturbereinigung bzw. Kapitalstrukturanpassung des Beta-Faktors unterstellt – übereinstimmend mit der von Modigliani und Miller anlässlich der Erklärung des Kapitalstrukturrisikos getroffenen Prämisse – risikoloses Fremdkapital, das unabhängig vom unternehmensspezifischen Cash Flow-Profil konstant gehalten wird. Die Literatur zur Unternehmensbewertung bezeichnet eine solche Finanzierungspolitik als autonome Finanzierungsstrategie. Daraus folgt, dass die den Risikozuschlag für das Kapitalstrukturrisiko dämpfenden Steuerersparnisse auf Dauer sicher sind. Zu den Modigliani-Miller-Thesen siehe **Perridon, Louis – Steiner, Manfred**: Finanzwirtschaft der Unternehmung... **(2004)**, S. 511 ff. sowie **Franke, Günter – Hax, Herbert**: Finanzwirtschaft des Unternehmens und Kapitalmarkt... **(2003)**, S. 485. Zur autonomen Finanzierungsstrategie siehe **Drukarczyk, Jochen**: Unternehmensbewertung... **(2003)**, S. 209 f.

1209 Hierauf verweisen auch **Mandl, Gerwald – Rabl, Klaus**: Unternehmensbewertung... **(1997)**, S. 300. Eine formale Herleitung präsentieren **Perridon, Louis – Steiner, Manfred**: Finanzwirtschaft der Unternehmung... **(2004)**, S. 523 f.

des „unlevered", nur auf das **leistungswirtschaftliche Risiko** abstellenden Asset Beta-Faktors vor:[1210]

$$\beta_u^R = \frac{\beta_v^R}{\left[1 + \left(1 - s_{tax\,shield}^R\right) \times \dfrac{FK_M^R}{EK_M^R}\right]},$$ (6-17)

für:

β_v^R = „levered" Beta des verschuldeten Referenzunternehmens,

β_u^R = „unlevered" Beta des fiktiv unverschuldeten Referenzunternehmens,

$s_{tax\,shield}^R$ = für das Referenzunternehmen maßgeblicher Steuerersparnis-Satz (Tax Shield) aus der Abzugsfähigkeit der Fremdkapitalzinsen[1211],

FK_M^R = Marktwert des Fremdkapitals des Referenzunternehmens,

EK_M^R = Marktwert des Eigenkapitals des Referenzunternehmens.

Man eliminiert insofern zunächst den aus der Verschuldung des Referenzunternehmens resultierenden Einfluss auf das systematische Risiko der Eigenkapitalgeber und erzeugt insofern einen Beta-Faktor für das **fiktiv rein eigenfinanzierte Referenzunternehmen**.[1212] Wie durch Formel (6-17) ersichtlich, ist für die Kapitalstrukturbereinigung des „levered" Betas der Verschuldungsgrad aus

---

1210 Vgl. dazu stellvertretend **Mandl, Gerwald – Rabl, Klaus**: Unternehmensbewertung... **(1997)**, S. 301; **Serfling, Klaus – Pape, Ulrich**: Der Einsatz spartenspezifischer Beta-Faktoren... **(1994)**, S. 522; **Perridon, Louis – Steiner, Manfred**: Finanzwirtschaft der Unternehmung... **(2004)**, S. 523 sowie **Copeland, Tom – Koller, Tim – Murrin, Jack**: Unternehmenswert... **(2002)**, S. 372 f.

1211 Im Falle eines mit Dauerschulden finanzierten deutschen Referenzunternehmens entspricht die aus der Abzugsfähigkeit von Fremdkapitalzinsen resultierende Steuerersparnis nicht dem durchschnittlichen unternehmensspezifischen Ertragsteuersatz. Vgl. dazu die Ausführungen zur Bestimmung des Tax Shields unter Berücksichtigung der derzeit in Deutschland nach § 8 Nr. 1 GewStG maßgeblichen nur hälftigen Abzugsfähigkeit von Dauerschuldzinsen in diesem Kapitel, S. 343.

1212 Vgl. **Serfling, Klaus – Pape, Ulrich**: Der Einsatz spartenspezifischer Beta-Faktoren... **(1994)**, S. 522.

der Marktwertrelation von Eigen- und Fremdkapital heranzuziehen.[1213] Der Marktwert des Fremdkapitals wird dabei regelmäßig anhand der Buchwerte des Fremdkapitals approximiert.[1214] Der Marktwert des Eigenkapitals entspricht der während des Beobachtungszeitraums maßgeblichen durchschnittlichen **Börsenkapitalisierung** des Referenzunternehmens. Anlässlich der Kapitalstrukturbereinigung eines Peer Group- bzw. Branchen-Betas ist man hingegen auf die Kenntnis des durchschnittlichen Verschuldungsgrades der Referenzunternehmen bzw. der gesamten Branche angewiesen. Stehen diese Informationen nicht zur Verfügung, sollte vereinfachend auf einen sektor- bzw. branchenüblichen Verschuldungsgrad zurückgegriffen werden.

In einem zweiten Schritt ist das so quantifizierte, kapitalstrukturbereinigte „unlevered" Beta unter Beachtung der maßgeblichen Kapitalstruktur des Zielunternehmens in ein auch als **Equity Beta**[1215] bezeichnetes „relevered" Beta umzurechnen:[1216]

$$\beta_v^Z = \beta_u^R \times \left[1 + \left(1 - s_{tax\ shield}^Z \right) \times \frac{FK_M^Z}{EK_M^Z} \right], \qquad (6\text{-}18)$$

für:

β_v^Z = „relevered" Beta des verschuldeten Zielunternehmens,

β_u^R = „unlevered" Beta des fiktiv unverschuldeten Referenzunternehmens,

$s_{tax\ shield}^Z$ = für das Zielunternehmen maßgeblicher Steuerersparnis-Satz (Tax Shield) aus der Abzugsfähigkeit der Fremdkapitalzinsen,

FK_M^Z = Marktwert des Fremdkapitals des Zielunternehmens,

EK_M^Z = Marktwert des Eigenkapitals des Zielunternehmens.

1213 Vgl. **Günther, Thomas**: Unternehmenswertorientiertes Controlling... **(1997)**, S. 182.

1214 Vgl. nochmals **Günther, Thomas**: Unternehmenswertorientiertes Controlling... **(1997)**, S. 182.

1215 Vgl. **Gray Stephen – Officer, Bob**: The Equity Beta of an Electricity Distribution Business... **(2004)**, S. 15 ff.

1216 Vgl. nochmals **Mandl, Gerwald – Rabl, Klaus**: Unternehmensbewertung... **(1997)**, S. 301 und die dort zitierte Literatur. Siehe ferner auch **Günther, Thomas**: Unternehmenswertorientiertes Controlling... **(1997)**, S. 181 sowie **Copeland, Tom – Koller, Tim – Murrin, Jack**: Unternehmenswert... **(2002)**, S. 372 f.

Die Marktwerte des Eigen- und Fremdkapitals des Zielunternehmens werden in der Regel durch eine marktwertorientierte Zielkapitalstruktur ersetzt.[1217] Anlässlich der Kapitalstrukturanpassung im Rahmen der Ermittlung eines für alle regulierten deutschen Stromnetzbetreiber branchenweit vorgegebenen Eigenkapitalkostensatzes ist stattdessen auf die in § 6 Abs. 2 Satz 4 StromNEV **auf 40,0% limitierte Eigenkapitalquote** und den daraus resultierenden Verschuldungsgrad von 1,5 abzustellen.

Wie bereits angemerkt, basiert der vorstehend beschriebene Unlevering- bzw. Relevering-Prozess des Beta-Faktors risikowirtschaftlich vergleichbarer Referenzunternehmen auf der **Prämisse risikolosen Fremdkapitals**.[1218] Aus der Annahme des konstanten, risikolosen Fremdkapitals folgt, dass auch die steuerlichen Vorteile aus der Abzugsfähigkeit der Fremdkapitalzinsen risikolos und demnach dauerhaft sicher sind.[1219] Nur unter dieser Bedingung wirkt das in Formel (6-17) und (6-18) berücksichtigte Tax Shield auf Dauer risikoreduzierend.[1220] Im Fall eines konstanten, risikolosen Fremdkapitalvolumens bewirken dauerhaft sichere Steuerersparnisse folglich eine Reduzierung der Renditeforderungen der Eigenkapitalgeber.

Diese Prämisse ist jedoch keineswegs zwingend. Passt das Finanzmanagement eines Unternehmens im Sinne der **wertorientierten Finanzierungsstrategie** die periodenspezifischen Fremdkapitalvolumina an die über das risikobehaftete Cash Flow-Profil konkretisierte Unternehmenswertentwicklung an, gelten die steuerlichen Vorteile der Fremdfinanzierung als vollständig unsicher.[1221] Dies führt zu einem **Anstieg des Beta-Faktors** und der Renditeforderung der Eigenkapitalgeber. Unter dieser empirisch jedoch nicht bestätigten Prämisse gelten die folgenden formalen Zusammenhänge zur Bestimmung das „unlevered" bzw. „relevered" Beta:[1222]

1217 Vgl. dazu auch **Hachmeister, Dirk**: Der Discounted Cash Flow als Maß der Unternehmenswertsteigerung... **(2000)**, S. 206.

1218 Siehe dazu auch die formale Herleitung bei **Perridon, Louis – Steiner, Manfred**: Finanzwirtschaft der Unternehmung... **(2004)**, S. 523.

1219 Vgl. **Drukarczyk, Jochen**: Unternehmensbewertung... **(2003)**, S. 382 f.

1220 Vgl. **Volkart, Rudolf**: Kapitalkosten und Risiko... **(2001)**, S. 152.

1221 Vgl. **Drukarczyk, Jochen**: Unternehmensbewertung... **(2003)**, S. 384 f.

1222 Zur formalen Darstellung siehe **Drukarczyk, Jochen**: Unternehmensbewertung... **(2003)**, S. 384 und **Männel, Wolfgang**: Grundlegende Bedeutung der Discounted Cash Flow-Methoden... **(2006)**, S. 151. Zu den Zweifeln an der empirischen Relevanz der beiden idealtypischen (autonomen und wertorientierten) Finanzierungsstrategie, auf deren Formulierung die Discounted Cash Flow-Methoden aufgrund der Finanzierungsneutralität des Freien Cash Flows (FCF) angewiesen sind, siehe nochmals **Drukarczyk, Jochen**: Unternehmensbewertung... **(2003)**, S. 209 und S. 279.

$$\beta_u^R = \frac{\beta_v^R}{\left[1 + \frac{FK_M^R}{EK_M^R}\right]}, \quad \text{(6-19a)} \qquad \text{bzw.} \qquad \beta_v^Z = \beta_u^R \times \left[1 + \frac{FK_M^Z}{EK_M^Z}\right]. \quad \text{(6-19b)}$$

Berücksichtigt man anlässlich der Kapitalkostenermittlung für regulierte Unternehmen bei der Ermittlung des Fremdkapitalkostensatzes einen fremdkapitalspezifischen Risikozuschlag im Sinne der **debt risk premium**[1223] – woraus folgt, dass der Fremdkapitalzinssatz nicht dem risikolosen Zinssatz entspricht – erweisen sich beide zuvor präsentierten Wege theoretisch als nicht sachgerecht. Die nachfolgenden Darstellungen basieren deshalb zusätzlich auf der Überlegung, dass im Fall risikobehafteten Fremdkapitals auch die Fremdkapitalgeber einen Teil des Kovarianzrisikos übernehmen und folglich die Anteilseigner entsprechend weniger Risiko tragen.[1224] Unter Vernachlässigung von Steuern gilt die folgende **Definition des Asset Betas**, als Maß für das leistungswirtschaftliche Risiko eines Unternehmens:[1225]

$$\beta_u = \beta_v \times \frac{EK_M}{GK_M} + \beta_f \times \frac{FK_M}{GK_M}, \quad \text{(6-20)}$$

für:

β_u = finanzierungsunabhängiges Asset Beta eines Unternehmens,

β_v = Equity Beta als Maß für das systematische Risiko der Anteilseigner,

β_f = Beta-Faktor des risikobehafteten Fremdkapitals.

Ausgehend von Formel (6-20) präsentiert das Schrifttum die folgenden formalen Zusammenhänge zur Ermittlung des unlevered bzw. relevered Beta-Faktors:[1226]

1223 Vgl. dazu auch die Ausführungen in diesem Kapitel, S. 393 f.

1224 Vgl. **Drukarczyk, Jochen:** Unternehmensbewertung... **(2003)**, S. 387 sowie **Hachmeister, Dirk:** Der Discounted Cash Flow als Maß der Unternehmenswertsteigerung... **(2000)**, S. 206 und die dort zitierte Literatur.

1225 Vgl. **Brealey, Richard A. – Myers, Stewart C.:** Principles of Corporate Finance... **(2003)**, S. 229 sowie **Hachmeister, Dirk:** Der Discounted Cash Flow als Maß der Unternehmenswertsteigerung... **(2000)**, S. 206.

1226 Vgl. im Folgenden **Drukarczyk, Jochen:** Unternehmensbewertung... **(2003)**, S. 386 ff.; **Mandl, Gerwald – Rabl, Klaus:** Unternehmensbewertung... **(1997)**, S. 301; **Arbeitskreis "Finanzierungsrechnung" der Schmalenbach-Gesellschaft für Be-**

$$\beta_u^R = \dfrac{\beta_v^R + \beta_f^R \times \left(1 - s_{\text{tax shield}}^R\right) \times \dfrac{FK_M^R}{EK_M^R}}{\left[1 + \left(1 - s_{\text{tax shield}}^R\right) \times \dfrac{FK_M^R}{EK_M^R}\right]},$$
(6-21a)

$$\beta_v^Z = \beta_u^R \times \left[1 + \left(1 - s_{\text{tax shield}}^Z\right) \times \dfrac{FK_M^Z}{EK_M^Z}\right] - \beta_f^Z \times \left(1 - s_{\text{tax shield}}^Z\right) \times \dfrac{FK_M^Z}{EK_M^Z}.$$
(6-21b)

Berücksichtigt man anlässlich des Unlevering-Prozesses einen Beta-Faktor für das Fremdkapital, übersteigt das auf diese Weise ermittelte „unlevered Beta" das im Fall der Vernachlässigung von β_f bestimmte Asset Beta gemäß Formel (6-17). Die Nicht-Berücksichtigung von β_f führt deshalb tendenziell zu einer **Unterschätzung des Asset Betas** des Referenzunternehmens.[1227] Diese Berechnung setzt jedoch voraus, dass der Beta-Faktor des Fremdkapitals anhand am Kapitalmarkt gehandelter Anleihetitel empirisch ermittelt werden kann.[1228] Dies gelingt jedoch in der Praxis aufgrund fehlender **fremdkapitalspezifischer Kapitalmarktdaten** häufig nicht.[1229]

Für eine 3- bis 5-jährige Regulierungsperiode können die unternehmensspezifischen Fremdkapitalbestände in der Regel relativ exakt geplant werden, sodass die steuerlichen Vorteile aus der Abzugsfähigkeit der Fremdkapitalzinsen weitestgehend sicher sind. Darüber hinaus kann der Beta-Faktor des Fremdkapitals von Netzbetreibern als vergleichsweise niedrig eingestuft werden, da das Ausfallrisiko regulierter Unternehmen als gering einzuschätzen ist.[1230] Im Sinne einer

---

triebswirtschaft e.V.: Wertorientierte Steuerung in Theorie und Praxis (2005), S. 79 sowie **Volkart, Rudolf**: Kapitalkosten und Risiko... (2001), S. 147 ff.

1227 Vgl. **Volkart, Rudolf**: Kapitalkosten und Risiko... (2001), S. 171 sowie **Pfister, Christian**: Divisionale Kapitalkosten... (2003), S. 117, der auf Volkart verweist.

1228 Der Beta-Faktor für Fremdkapitaltitel lässt sich nach dem CAPM in Analogie zum Beta-Faktor eigenfinanzierter Investments ableiten. Vgl. **Brealey, Richard A. – Myers, Stewart C.**: Principles of Corporate Finance... (2003), S. 229, die den anhand von Unternehmensanleihen geschätzten Beta-Faktor des Fremdkapitals von „large blue-chip firms" in einer Bandbreite zwischen 0,1 und 0,3 beziffern.

1229 Siehe dazu **Volkart, Rudolf**: Kapitalkosten und Risiko... (2001), S. 170 und S. 172, der bemerkt, dass man in der Regel nicht über fremdkapitalspezifische Beta-Faktoren verfügt.

1230 Auch **Mandl, Gerwald – Rabl, Klaus**: Unternehmensbewertung... (1997), S. 300, stufen den Fehler aus der Vernachlässigung des Beta-Faktors für das Fremdkapital bei Unternehmen mit guter Bonität als vernachlässigbar gering ein.

praktischen und handhabbaren Vereinfachung[1231] erscheint es im Regulierungskontext anlässlich des Unlevering und Relevering von Beta-Faktoren deshalb gerechtfertigt, die zuvor durch Formel (6-17) und (6-18) präsentierten, für den Fall risikolosen Fremdkapitals geltenden Adaptionslogiken zu verwenden.[1232]

4) Qualitative Verfahren als ergänzende Hilfsmittel

Qualitative Verfahren verfolgen das Ziel, die Komplexität der Kapitalkostenermittlung zu reduzieren und die **Akzeptanz und Plausibilität** des ermittelten Kapitalkostensatzes durch den Einbezug des Managements zu verbessern.[1233] Die nachfolgend skizzierten Methoden zielen direkt auf Ermittlung des risikoadäquaten Eigenkapitalkostensatzes ab.[1234] Wie durch Abbildung 6-5 zuvor veranschaulicht, können qualitative Ansätze in Managementbefragungen, den Risikokomponentenansatz und in „pragmatische Ansätze" auf Basis von Scoring-Modellen unterschieden werden.[1235]

Der einfachste Weg einer Abschätzung risikoadjustierter Eigenkapitalkosten stellt die **Befragung des Managements** des nicht börsennotierten Unternehmens dar. *Copeland, Koller, Murrin* schlagen vor, die verantwortlichen Manager aus einer Liste mit Branchenbetas die Branche auswählen zu lassen, die deren Unternehmen bzw. Geschäftsbereichen unter risikowirtschaftlichen Gesichtspunkten

---

1231 Vgl. **Pfister, Christian:** Divisionale Kapitalkosten... **(2003),** S. 117 und die dort angegebene Literatur.

1232 So auch **Pedell, Burkhard:** Regulatory Risk and the Cost of Capital...**(2004),** S. 160.

1233 Vgl. **Bufka, Jürgen – Schiereck, Dirk – Zinn, Kai:** Kapitalkostenermittlung für diversifizierte Unternehmen... **(1999),** S. 127: Qualitative Verfahren ermöglichen „eine intuitiv nachvollziehbare und vergleichsweise unkomplizierte Annäherung an eine aus Kapitalmarktdaten abgeleitete risikoadjustierte Eigenkapitalrendite."

1234 Während der **Arbeitskreis „Finanzierung" der Schmalenbach-Gesellschaft – Deutsche Gesellschaft für Betriebswirtschaft e.V.:** Wertorientierte Unternehmenssteuerung mit differenzierten Kapitalkosten... **(1996),** S. 556, die nachfolgend analysierten qualitativen Methoden der Bestimmung der Eigenkapitalkosten zuordnet, diskutieren Bufka, Schiereck und Zinn den Einsatz qualitativer Methoden zur Bestimmung geschäftsbereichsspezifischer Gesamtkapitalkosten. Vgl. **Bufka, Jürgen – Schiereck, Dirk – Zinn, Kai:** Kapitalkostenermittlung für diversifizierte Unternehmen... **(1999),** S. 115. Im Folgenden werden die qualitativen Ansätze ausschließlich zur Ermittlung risikoadjustierter Eigenkapitalkostensätze diskutiert.

1235 Vgl. dazu **Pfister, Christian:** Divisionale Kapitalkosten... **(2003),** S. 222 f. sowie **Dinstuhl, Volkmar:** Konzernbezogene Unternehmensbewertung... **(2003),** S. 256 ff.

am besten entspricht.[1236] Es handelt sich hierbei nur um eine erste grobe Abschätzung des geschäftsbereichsspezifischen Risikos.[1237] Dieser Ansatz scheidet mangels Objektivität für die Kapitalkostenermittlung regulierter Unternehmen aus.

Der **Risikokomponentenansatz** sieht vor, den risikolosen Basiszinssatz mit Hilfe subjektiver Einschätzungen um prozentuale Zu- bzw. Abschläge für einzelne Risikokomponenten, z. B. für das Investitionsrisiko sowie das Geschäfts- und Finanzierungsrisiko, zu erhöhen bzw. zu vermindern.[1238] Aufgrund mangelnder Validierung und sachlicher Fundierung[1239] ist diese Methode für die Kapitalkostenermittlung von Stromnetzbetreibern ebenfalls ungeeignet. In methodischer Weiterentwicklung des Risikokomponentenansatzes haben verschiedene Unternehmensberatungen **differenziertere Scoring-Modelle** zur „pragmatischen" risikoadäquaten Ermittlung geschäftsbereichsspezifischer Gesamtkapitalkosten entwickelt.[1240] Diesbezüglich ist insbesondere auf den methodischen Ansatz der Boston Consulting Group (BCG) hinzuweisen, der in der Literatur besonders häufig diskutiert wird.[1241] Infolge der Kritik an den Prämissen des CAPM prä-

---

1236 Vgl. **Copeland, Tom – Koller, Tim – Murrin, Jack**: Unternehmenswert... (**2002**), S. 371.

1237 Vgl. dazu auch **Arbeitskreis „Finanzierung" der Schmalenbach-Gesellschaft – Deutsche Gesellschaft für Betriebswirtschaft e.V.**: Wertorientierte Unternehmenssteuerung mit differenzierten Kapitalkosten... (**1996**), S. 558 f.

1238 Vgl. **Knüsel, Daniel**: Die Anwendung der Discounted Cash Flow-Methode... (**1994**), S. 205. Siehe ferner die von **Pratt, Shannon P.**: Cost of Capital ... (**1998**), S. 58 vorgeschlagene Methodik zur Ermittlung divisionaler Kapitalkosten, die Risikozuschläge in Abhängigkeit des allgemeinen Unternehmerwagnisses, der Unternehmensgröße und des unternehmensspezifischen Risikos vorsieht.

1239 Vgl. **Pfister, Christian**: Divisionale Kapitalkosten... (**2003**), S. 223 ff.

1240 Vgl. **Fröhling, Oliver**: Segmentbezogene Ermittlung von Kapitalkosten... (**2000**), S. 50 und die dort zitierte Literatur.

1241 Vgl. unter anderem **Pfister, Christian**: Divisionale Kapitalkosten... (**2003**), S. 226 ff.; **Bufka, Jürgen – Schiereck, Dirk – Zinn, Kai**: Kapitalkostenermittlung für diversifizierte Unternehmen... (**1999**), S. 118 ff. sowie **Arbeitskreis „Finanzierung" der Schmalenbach-Gesellschaft – Deutsche Gesellschaft Betriebswirtschaft e.V.**: Wertorientierte Steuerung mit differenzierten Kapitalkosten... (**1996**), S. 557. Darüber hinaus ist auch auf das zur Ermittlung risikoadjustierter Kapitalkosten nicht börsennotierter Geschäftsbereiche abstellende Scoring-Modell der früheren US-amerikanischen Holding-Gruppe Fuqua Industries zu verweisen, das im Gegensatz zu dem nachfolgend präsentierten Modell der BGG ein differenzierteres Kriterienraster vorsieht. Vgl. dazu ausführlicher **Freygang, Winfried**: Kapitalallokation in diversifizierten Unternehmen... (**1993**), S. 326 ff.; **Bufka, Jürgen – Schiereck, Dirk – Zinn, Kai**: Kapitalkostenermittlung für diversifizierte Unternehmen... (**1999**), S. 119 sowie im Detail **Gup, Benton E. – Norwood, Samuel W.**: Divisional Cost

Risiko-Kriterium	Ausprägung des Kriteriums						
	geringes Risiko	1	2	3	4	5	hohes Risiko
Kontrolle	geringe externe Renditeeinflüsse						starke externe Renditeeinflüsse
Markt	stabil, ohne Zyklen						dynamisch, zyklisch
Wettbewerber	wenige, konstante Marktanteile						viele, variable Marktanteile
Produkte / Konzepte	langer Lebenszyklus, nicht substituierbar						kurzer Lebenszyklus, substituierbar
Markteintrittsbarrieren	hoch						niedrig
Kostenstruktur	geringe Fixkosten						hohe Fixkosten

risikoadjustierte Kapitalkosten des Geschäftsbereichs $KK_{GB} = KK_{GU}$ x Kriterienwert$_{GB}$ / Kriterienwert$_{GU}$

für:

KK_{GB}	=	Kapitalkosten des Geschäftsbereichs (bzw. des nicht börsennotierten Unternehmens)
KK_{GU}	=	bekannte risikoadjustierte Kapitalkosten des Gesamtunternehmens
Kriterienwert$_{GB}$	=	mithilfe des Scoringverfahrens ermittelter Kriterienwert des Geschäftsbereichs
Kriterienwert$_{GU}$	=	Kriterienwert des Gesamtunternehmens [kriterienspezifischer Wert des Gesamtunternehmens (3) x Kriterienanzahl (6) = 18]

Abbildung 6-6	Kriterienraster der BCG zur Ermittlung risikoadjustierter Kapitalkostensätze Vgl. Lewis, Thomas G.: Steigerung des Unternehmenswertes... (1995), S. 86

sentierte die BCG bereits in den frühen 1990er-Jahren das in **Abbildung 6-6** skizzierte Scoring-Verfahren zur Ermittlung geschäftsbereichsspezifischer Kapitalkosten.[1242]

Auch wenn die BCG das relativ grob strukturierte Kriterienraster zur Ermittlung risikoadjustierter Gesamtkapitalkosten nutzt[1243], spricht nichts dagegen, diese Methodik ausgehend von den Eigenkapitalkosten eines integrierten Energieversorgungsunternehmens auch für eine **erste Abschätzung** der risikoadjustierten Eigenkapitalkostensätze von Stromnetzbetreibern zu nutzen. Während für die Kriterien Kontrolle und Kostenstruktur aufgrund der renditebestimmenden regulatorischen Risiken und der extrem hohen Fixkostenintensität eine vergleichsweise hohe Punktzahl zu veranschlagen wäre, müssten die Kriterien Markt, Wettbewerber, Produkte/Konzepte sowie Markteintrittsbarrieren aufgrund der natürlichen Monopolstellung des Stromnetzbereichs mit niedrigeren Punktwerten versehen werden.

---

of Capital: A. Practical Approach, in: Financial Management, 11. Jg. (**1982**), Heft 1, S. 20-24.

1242 Vgl. **Lewis, Thomas G.**: Steigerung des Unternehmenswertes... (**1995**), S. 86.

1243 Vgl. nochmals **Lewis, Thomas G.**: Steigerung des Unternehmenswertes... (**1995**), S. 85 ff.

Qualitative Verfahren stellen im Regulierungskontext jedoch keine Alternative zu einer kapitalmarktorientierten Eigenkapitalkostenermittlung dar. Neben der **eingeschränkten Objektivierbarkeit** bei der Auswahl der Kriterien und der Festlegung der Kriterienausprägung darf anlässlich einer Würdigung der Methoden des Weiteren nicht übersehen werden, dass die risikoadjustierten Renditeforderungen der Eigenkapitalgeber nicht an den Forderungen des Kapitalmarktes (outside in) ausgerichtet werden, sondern unternehmensseitig von innen heraus (inside out) bestimmt werden.[1244] Differenzierte Scoring-Verfahren können lediglich einen Beitrag zur Plausibilisierung kapitalmarktorientiert ermittelter Eigenkapitalkostensätze leisten.

III. Bestimmung des Fremdkapitalkostensatzes

Der Ansatz der Fremdkapitalkosten ist davon abhängig, ob die Kapitalkostenkalkulation auf den „equity-approach" oder auf den „entity-approach" ausgerichtet ist. Für den Fall einer Kapitalkostenkalkulation nach dem „equity-approach" kommt es auf eine aufwandsgleiche Verrechnung der Fremdkapitalzinsen an. Werden die Eigen- und Fremdkapitalkostensätze im Sinne des „entity-approach" in einem WACC-Kapitalkostensatz zusammengefasst, stellt sich explizit die Frage, wie der für die Netzentgeltkalkulation maßgebliche Fremdkapitalkostensatz zu bestimmen ist.

A. Aufwandsnahe Erfassung von Fremdkapitalzinsen im „equity-approach"

Folgt die Kapitalkostenkalkulation dem in Deutschland nach den Regelungen der StromNEV praktizierten „equity-approach", werden Fremdkapitalzinsen **aufwandsgleich auf Basis der Gewinn- und Verlustrechnung** des letzten abgeschlossenen Geschäftsjahres erfasst. § 5 Abs. 2 StromNEV stuft Fremdkapitalzinsen als aufwandsgleiche, „in ihrer tatsächlichen Höhe" einzustellende Kostenposition ein, schränkt jedoch gleichzeitig ein, dass diese „höchstens [...] in der Höhe kapitalmarktüblicher Zinsen für vergleichbare Kreditaufnahmen" angesetzt werden dürfen.

Der 2. Halbsatz des § 5 Abs. 2 StromNEV soll den Ansatz unverhältnismäßig hoher Fremdkapitalzinsen verhindern, er lässt insofern Raum für Interpretationen.

1244 Vgl. dazu auch **Fröhling, Oliver**: Risikoadjustierte Kapitalkostenermittlung für Geschäftssegmente... **(1999)**, S. 1448 und **Dinstuhl, Volkmar**: Konzernbezogene Unternehmensbewertung... **(2003)**, S. 259.

Aufgrund der extrem langen anlagenspezifischen Nutzungsdauern des Strom-netzgeschäfts ist es regelmäßig der Fall, dass die **bestehenden Konditionen** der Kreditverträge von den aktuell maßgeblichen kapitalmarktüblichen Zinskonditio-nen abweichen. Man darf die Regelung des § 5 Abs. 2 StromNEV sicher nicht dahingehend interpretieren, dass die Kalkulation jeglicher die aktuellen Kredit-konditionen übersteigenden Fremdkapitalzinsen missbräuchlich sei.

Im Rahmen kostenorientierter Netzentgeltkalkulation kann es nicht auf den Ansatz des aktuellen kapitalmarktüblichen Zinssatzes ankommen. Übersteigt das Zinsniveau bestehender Kreditverträge eines Unternehmen den aktuellen kapi-talmarktüblichen Fremdkapitalzinssatz, würde die Zinssatzdifferenz unweigerlich **zu Lasten der Eigenkapitalverzinsung** gehen. Eine ausschließlich auf aktuelle Fremdkapitalkonditionen unter Vernachlässigung der für die in der Vergangen-heit aufgenommenen Verbindlichkeiten maßgeblichen Zinssatzniveaus abstellen-de Zinssatzberechnung würde gegebenenfalls dazu führen, dass regulierte Unter-nehmen ihren Zinsverpflichtungen nicht mehr nachkommen können.[1245] § 5 Abs. 2, 2. Halbsatz StromNEV sollte daher als Aufforderung zum **Abschluss bestmöglicher Kreditkonditionen** verstanden werden und erst im Falle eines deutlichen Überschreitens der durchschnittlichen Fremdkapitalzinsen über das in der Vergangenheit und Gegenwart kapitalmarktübliche durchschnittliche Zins-satzniveau zum Tragen kommen.

B. Ermittlung des Fremdkapitalkostensatzes im „entity-approach"

Im Rahmen der in der europäischen Regulierungspraxis überwiegend Anwen-dung findenden WACC-basierten Kapitalkostenkalkulation wird die Höhe der Fremdkapitalkosten überwiegend von dem Niveau des risikolosen Zinssatzes zu-züglich eines als „**debt risk premium**" bezeichneten fremdkapitalspezifischen Risikozuschlags abgeleitet.[1246] Dieses Vorgehen löst sich von den bestehenden Fremdkapitalkonditionen der gegenwärtigen unternehmensspezifischen Verbind-lichkeiten.

Die Berücksichtigung einer „debt risk premium" begründet sich damit, dass im Gegensatz zu den Prämissen des vollkommenen Kapitalmarktes nach *Modig-liani* und *Miller* Fremdkapital nicht unbegrenzt zum Niveau des risikolosen Zins-

---

1245 Ähnlich äußert sich **Reiners, Frank**: Einflüsse der wertorientierten Unternehmens-rechnung... **(2001)**, S. 27.
1246 Siehe auch **Pedell, Burkhard**: Regulatory Risk and the Cost of Capital... **(2004)**, S. 152 ff.

satzes aufgenommen werden kann.[1247] Fremdkapitalgeber fordern in Analogie zu den Eigenkapitalgebern eines Unternehmens stets eine risikoadäquate kapitalmarktorientierte Verzinsung des bereitgestellten Fremdkapitals. Der für die Netzentgeltkalkulation maßgebliche Fremdkapitalkostensatz sollte daher aus der Summe des langfristig erhobenen **durchschnittlichen risikolosen Zinssatzes** und einem angemessenen branchenspezifischen Risikozuschlag für Fremdfinanzierung bestimmt werden[1248], wie es *Busse von Colbe* auch anlässlich der Kapitalkostenermittlung im regulierten Telekommunikationsbereich empfiehlt.[1249]

Die Bemessung eines fremdkapitalspezifischen Risikozuschlags für Stromnetzbetreiber sollte grundsätzlich von der Höhe markt- und risikogerechter Fremdkapitalkonditionen abgeleitet werden, die von der **Rating-Einstufung von Stromnetzbetreibern** durch die kreditvergebenden Banken bestimmt werden.[1250] Zur Festlegung eines unternehmensübergreifend geltenden fremdkapitalspezifischen Risikozuschlags sollte eine branchenweite Rating-Einstufung der deutschen Stromnetzbetreiber durch professionelle Rating-Agenturen vorgenommen werden.[1251]

Je besser die Bonitätsbewertung ausfällt, umso niedriger ist die von den Fremdkapitalgebern geforderte Risikoprämie.[1252] Anlässlich der Festlegung des

---

1247 Siehe dazu unter anderem die Ausführungen von Perridon und Steiner zur Beurteilung des Modigliani-Miller-Theorems unter Annahme von Kreditrisiko und die vergleichende Würdigung der Modellansätze Vgl. **Perridon, Louis – Steiner, Manfred**: Finanzwirtschaft der Unternehmung... (**2004**), S. 512 f. und S. 519 ff. Siehe ferner auch **Franke, Günter – Hax, Herbert**: Finanzwirtschaft des Unternehmens und Kapitalmarkt... (**2003**), S. 485 sowie **Richter, Frank**: Konzeption eines marktwertorientierten Steuerungs- und Monitoringsystems... (**1996**), S. 261.

1248 Vgl. **Männel, Wolfgang**: Gutachterliche Stellungnahme zu den auf die Eigenkapitalverzinsung abstellenden Vorgaben der Bundesnetzagentur vom 7. März 2006... (**2006**), S. 41 f.

1249 Vgl. **Busse von Colbe, Walther**: Zur Ermittlung der Kapitalkosten... (**2002**), S. 9.

1250 Zur eine theoretischen und praxisorientierten Darstellung der Ermittlung risikoadäquater Fremdkapitalkostensätze siehe **Volkart, Rudolf**: Kapitalkosten und Risiko... (**2001**), S. 49 ff., S. 84 ff. sowie S. 147 ff.

1251 Zur Bonitätsbewertung von Energieversorgungsunternehmen siehe **Ellwanger, Niels – Munsch, Michael**: Energiewirtschaftliches Scoring und Rating... (**2003**), S. 51 ff., ausführlicher zum Rating siehe unter anderem **Achleitner, Ann-Kristin – Everling, Oliver**: Praxishandbuch Rating. Antworten auf die Herausforderung Basel II, Berlin **2006** sowie **Munsch, Michael – Weiß, Bernd**: Externes Rating – Finanzdienstleistung und Entscheidungshilfe, 4. Auflage, Berlin **2004**.

1252 Siehe dazu auch die von Damodaran für US-amerikanische Unternehmen präsentierte Übersicht fremdkapitalspezifischer Risikoschläge in Abhängigkeit vom ausgehend vom Interest Coverage Ratio (Zinsaufwandsverhältnis) abgeleiteten Rating-Einstufung, die z. B. für Unternehmen mit einem AAA-Rating +0,75%, für Unternehmen mit einem A-Rating +1,80% und für Unternehmen mit einem B-Rating

fremdkapitalspezifischen Risikozuschlags orientieren sich die Regulierungsbehörden in Europa in Abhängigkeit des jeweils zugrunde gelegten, als „gearing" bezeichneten Verschuldungsgrades regelmäßig an einem BBB- bzw. A-Rating.[1253] Das Niveau der den risikolosen Basiszinssatz erhöhenden „debt risk premium" liegt für regulierte Unternehmen europaweit in einer Bandbreite **zwischen 0,60% und 2,00%.**[1254] Dabei ist zu berücksichtigen, dass der fremdkapitalspezifische Risikozuschlag nicht nur vom unternehmensspezifischen oder branchenweit vorgegebenen Verschuldungsgrad, sondern auch von der Ausgestaltung des Regulierungskonzeptes abhängt. Während unter den Bedingungen einer traditionellen kostenorientierten Renditeregulierung das Ausfallrisiko als gering eingestuft werden kann, sehen sich auch die Fremdkapitalgeber im Fall hoch bemessener Effizienz- bzw. Kostensenkungsvorgaben einer anreizorientierten Regulierung mit einem höheren Risiko konfrontiert.

Der fremdkapitalspezifische Risikozuschlag sollte stets auf die Rendite von Staatsanleihen oder festverzinslichen Bundeswertpapieren bezogen werden, für deren Bemessung es in Analogie zur Bestimmung des risikolosen Basiszinssatzes bei der Ermittlung des Eigenkapitalkostensatzes nicht auf aktuelle Konditionen, sondern auf ein für einen langfristig angelegten Beobachtungszeitraum erhobenes **durchschnittliches Renditeniveau** ankommen muss. Das vom *Bundesrat* empfohlene und von der *BNetzA* praktizierte Vorgehen, das von § 5 Abs. 2 StromNEV vorgesehene kapitalmarktübliche Fremdkapitalzinssatzniveau von der durchschnittlichen Rendite der letzten zehn Jahre aller im Umlauf befindlichen festverzinslichen Inhaberschuldverschreibungen abzuleiten[1255], ist daher nicht

---

+6,50% betragen. Vgl. **Damodaran, Aswath:** Investment Valuation: Tools and Techniques for Determining the Value of Any Asset, 2. Auflage, New York **2002,** S. 209, zitiert nach **Arbeitskreis "Finanzierungsrechnung" der Schmalenbach-Gesellschaft für Betriebswirtschaft e.V.:** Wertorientierte Steuerung in Theorie und Praxis... **(2005),** S. 76. Siehe ergänzend auch die Übersicht über die Rendite und das Rating von Anleihen bei **Copeland, Tom – Koller, Tim – Murrin, Jack:** Unternehmenswert...(2002), S. 262.

1253 Siehe dazu unter anderem **The Office for Energy Regulation (DTe):** Guidelines for price cap regulation... **(2000),** S. 23, A-Rating sowie **Office of Gas and Electricity Markets (OFGEM):** Reviews of Public Electricity Suppliers 1998 to 2000... **(1999),** S. 40, BBB-Rating.

1254 Vgl. die Ergebnisse der Untersuchung in Kapitel 7, S. 455 ff. sowie die Befunde von **Knieps, Günter:** Entscheidungsorientierte Ermittlung der Kapitalkosten... **(2003),** S. 1000.

1255 Vgl. nochmals **Bundesrats-Drucksache 245/05 vom 14.04.2005** betreffend die Verordnung über die Entgelte für den Zugang zu Elektrizitätsversorgungsnetzen (Stromnetzentgeltverordnung – StromNEV), S. 33 sowie **Bundesnetzagentur:** Positionspapier der Regulierungsbehörden des Bundes und der Länder zu Einzelfragen der Kostenkalkulation gemäß Stromnetzentgeltverordnung... **(2006),** S. 14.

sachgerecht. Wie im 4. Kapitel erläutert, bildete dieses Renditemaß das risikoadäquate branchenspezifische Fremdkapitalzinssatzniveau nicht sachgerecht ab.
Wie die Übersicht in **Abbildung 6-7** zeigt, sollte der risikolose Basiszinssatz
sich in Deutschland an den Umlaufrenditen festverzinslicher Bundeswertpapiere
bzw. von Anleihen der öffentlichen Hand orientieren. Um der langen Kapitalbindung im Stromnetzgeschäft gerecht zu werden, kommt es auf Anleihen bzw.
Bundeswertpapiere mit einer **möglichst langen Laufzeit** an. Zur Bemessung eines branchenspezifischen Fremdkapitalzinssatzes wurden die risikolosen durchschnittlichen Renditeniveaus in Abbildung 6-7 um den von *Gerke* auf 0,60% veranschlagten Risikozuschlag für die Fremdfinanzierung von Elektrizitätsversorgungsnetzen erhöht.[1256]

Die in Abbildung 6-7 ausgewiesenen Renditeniveaus für den Monat Januar
des Jahres 2006 verdeutlichen, dass ein Abstellen auf aktuelle Zinssätze zu Beginn einer Regulierungsperiode aufgrund der im Zeitablauf stark schwankenden
Zinsniveaus nicht sachgerecht ist. Im Hinblick auf bestehende Fremdkapitalkonditionen der Netzbetreiber und künftige, während einer Regulierungsperiode abgeschlossene Kreditverträge muss es auf ein durchschnittliches Fremdkapitalzinssatzniveau ankommen. Die **Verwendung durchschnittlicher Renditen** ist auch
deshalb geboten, weil zu Beginn einer Regulierungsperiode nicht absehbar ist,
wie sich das Zinssatzniveau während der regelmäßig 3- bis 5-jährigen Regulierungszeiträume entwickeln wird.

Die an letzter Stelle ausgewiesene durchschnittliche Rendite aller Industrieobligationen zeigt, dass der über die Addition von risikolosem Zinssatz und
fremdkapitalspezifischem Risikozuschlag bemessene Fremdkapitalzinssatz für
Stromnetzbetreiber in etwa dem durchschnittlichen Renditeniveau aller Industrieobligationen entspricht.[1257]

1256 Vgl. dazu **Gerke, Wolfgang**: Gutachten „Risikozuschlag für Fremdfinanzierung
       von Elektrizitätsversorgungsnetzen"... **(2005)**, S. 21 f.
1257 Im Gegensatz zu den Renditen von Staatsanleihen und festverzinslichen Bundes-
       wertpapieren ist die durchschnittliche Umlaufrendite von Industrieobligationen
       nicht um einen fremdkapitalspezifischen Risikozuschlag zu erhöhen. Die durch-
       schnittlichen Renditen von Industrieobligationen beinhalten bereits einen mittleren
       fremdkapitalspezifischen Risikozuschlag.

Wertpapiertyp	Zeitreihe der Deutschen Bundesbank	Monats-rendite Januar 2006	10-Jahres-Durchschnitt (1996-2005)		40-Jahres-Durchschnitt (1966-2005)	
			geometrisch	arithmetisch	geometrisch	arithmetisch
Umlaufrenditen inländischer Inhaberschuldverschreibungen / Börsennotierte Bundeswertpapiere / Restlaufzeit über 15 bis 30 Jahre / Monatswerte	WU3975	3,60 %	5,35 %	5,35 %	n. v.	n. v.
+ Risikozuschlag (*Gerke*, 2005)		0,60 %	0,60 %	0,60 %	-	-
= risikoadjustierter Fremdkapitalzinssatz		4,20 %	5,95 %	5,95 %	-	-
Umlaufrenditen inländischer Inhaberschuldverschreibungen / Börsennotierte Bundeswertpapiere / Restlaufzeit über 8 bis 15 Jahre / Monatswerte	WU9554	3,30 %	4,70 %	4,70 %	n. v.	n. v.
+ Risikozuschlag (*Gerke*, 2005)		0,60 %	0,60 %	0,60 %	-	-
= risikoadjustierter Fremdkapitalzinssatz		3,90 %	5,30 %	5,30 %	-	-
Umlaufrenditen inländischer Inhaberschuldverschreibungen / Anleihen der öffentlichen Hand / Mittlere Restlaufzeit von über 9 bis einschließlich 10 Jahren / Monatswerte	WU8612	3,40 %	4,74 %	4,75 %	n. v.	n. v.
+ Risikozuschlag (*Gerke*, 2005)		*0,60 %*	*0,60 %*	*0,60 %*	-	-
= risikoadjustierter Fremdkapitalzinssatz		4,00%	5,34%	5,35%	-	-
Umlaufrenditen inländischer Inhaberschuldverschreibungen / Anleihen der öffentlichen Hand / Monatsdurchschnitte	WU0004	3,30 %	4,47 %	4,47 %	6,80%	6,82%
+ Risikozuschlag (*Gerke*, 2005)		0,60 %	0,60 %	0,60 %	-	-
= risikoadjustierter Fremdkapitalzinssatz		3,90 %	5,07 %	5,07 %		
Umlaufrenditen inländischer Inhaberschuldverschreibungen / Industrieobligationen	WU0022	3,70 %	5,17 %	5,18 %	n. v.	n. v.

Die Berechnungen der Mittelwerte beruht auf den über die Internet-Plattform www.bundesbank.de verfügbaren Zeitreihen (Abruf 30.10.2006).

n. v. = Zeitreihe über diesen Zeitraum nicht verfügbar.

Abbildung 6-7	Ermittlung des risikoadjustierten Fremdkapitalkostensatzes im „entity-approach"

7. Kapitel: Regulierungskonzepte und Kapitalkostenkalkulation im europäischen Vergleich

In den vorherigen Kapiteln wurden die Konzepte zur Regulierung von Stromnetzbetreibern und die Kapitalkostenkalkulation unter Bezugnahme auf die Vorgaben der StromNEV analysiert. Die Ausführungen des 7. Kapitels zielen darauf ab, die zuvor auf Basis des aktuellen wissenschaftlichen Erkenntnisstandes getroffenen Handlungsempfehlungen um Schlussfolgerungen zu ergänzen, die sich aus der Regulierungspraxis in anderen europäischen Ländern ableiten lassen.

I. Zielsetzung, Objekte und Datenbasis der Untersuchung

A. Motivation der Untersuchung

Aus den Erfahrungen und Vorgaben der Regulierungspraxis in anderen europäischen Ländern, insbesondere Großbritannien und Norwegen, denen eine Vorreiterrolle bei der Liberalisierung der Strommärkte zukommt, lassen sich Schlussfolgerungen und Richtwerte für die noch junge deutsche Regulierungspraxis und die Ausgestaltung der Kapitalkostenkalkulation von Stromnetzbetreibern ableiten. Die Regulierungskonzepte der zuvor genannten Länder haben als **Referenzmodelle** in Wissenschaft und Praxis eine hohe Bedeutung erlangt. Anlässlich der Diskussion über die Ausgestaltung der Regulierungspraxis in Deutschland sollten die in anderen europäischen Ländern gemachten Erfahrungen nicht unbeachtet bleiben.

In diesem Zusammenhang darf nicht übersehen werden, dass deutsche Stromnetzbetreiber mit europäischen Vergleichsunternehmen auf den Kapitalmärkten konkurrieren. Bei der Festlegung der **Determinanten der Kapitalkostenkalkulation** für deutsche Netzbetreiber müssen die in anderen europäischen Ländern getroffenen Regelungen berücksichtigt werden, da ansonsten die Gefahr besteht, die deutsche Stromwirtschaft im internationalen Vergleich zu bevor- oder zu benachteiligen.

Auch die Vorgaben der StromNEV zur Bemessung der kalkulatorischen Eigenkapitalverzinsung sehen ein Benchmarking mit den Kalkulationsmethodiken in anderen europäischen Ländern vor. § 7 Abs. 5 StromNEV Ziffer 1 und 2 regelt, dass bei der Ermittlung des Eigenkapitalzinssatzes die Verhältnisse auf den **internationalen Kapitalmärkten** und die durchschnittliche Verzinsung des Eigenkapitals von Betreibern von Elektrizitätsversorgungsnetzen auf ausländischen Märkten zu berücksichtigen sind. Auch vor diesem Hintergrund ist es erforderlich, die in den Regulierungskonzepten anderer europäischer Länder vorgesehenen Determinanten der Eigenkapitalverzinsung von Stromnetzbetreibern zu analysieren.

B. Gang der Untersuchung

Die vergleichende Analyse kapitalkostenspezifischer Regelungen setzt zunächst die Darstellung des jeweiligen Regulierungskonzeptes voraus. Wie im 2. Kapitel dieser Arbeit erläutert, erfüllt die Kapitalkostenkalkulation im Rahmen der verschiedenen Regulierungskonzepte unterschiedliche Zwecke. Während die Kalkulationsmethodik im Kontext traditioneller Regulierungskonzepte verbindlichen Vorgabecharakter für die jahresbezogene unternehmensspezifische Netzentgeltkalkulation hat, dienen die Kalkulationsparameter im Rahmen der anreizorientierten Regulierung zur Bestimmung von Preis- und Erlösobergrenzen. Kalkulationsmethodiken müssen daher immer **im Kontext des gesamten Regulierungssystems** analysiert werden.[1258] Dieser zentral bedeutsame Aspekt muss bei der Interpretation der Ergebnisse eines länderübergreifenden Vergleichs der Kapitalkostenkalkulation beachtet werden.

Da die grundsätzliche Methodik der einzelnen Regulierungsverfahren im 2. Kapitel dieser Arbeit behandelt wurde, werden nachfolgend nur die wesentlichen Charakteristika der Regulierungskonzepte der analysierten Länder skizziert. An dieser Stelle ist darauf zu verweisen, dass sich die Regelungen der für Übertragungsnetzbetreiber und Verteilungsnetzbetreiber zum Einsatz kommenden Regulierungskonzepte teilweise unterscheiden.[1259] Komplexitätsreduzierend konzentriert sich die nachfolgende Analyse auf die **stromverteilungsspezifischen Regulierungskonzepte**.

Die Ausgestaltung des jeweiligen Regulierungskonzeptes ist auch von der Struktur und den Rahmenbedingungen des jeweiligen nationalen Strommarktes, insbesondere den historischen Entwicklungen, der Anzahl und Organisation der Marktakteure und den gesetzlichen Vorgaben abhängig. Im Vorfeld der Erläuterung der Regulierungskonzeptionen können im Rahmen dieser Arbeit nur die we-

---

1258 Hierauf verweisen auch **Wild, Jörg – Vaterlaus, Stephan**: Norwegische Elektrizitätsmarktöffnung: Kostenrechnungs- und Preisbildungsfragen... **(2002)**, S. 3.

1259 So weichen z.B. die Regelungen für den nationalen Übertragungsnetzbetreiber TenneT in den Niederlanden von den Vorgaben für die regionalen stromverteilenden Netzbetreiber ab. Das gleiche gilt für die Ausgestaltung des Regulierungskonzeptes in Großbritannien.

sentlichen gesetzlichen Rahmenbedingungen und Regulierungszuständigkeiten aufgezeigt werden. Eine tiefergehende Analyse der Charakteristika und der Struktur der einzelnen nationalen Strommärkte kann im Rahmen dieser Arbeit nicht geleistet werden.

Im Anschluss an die länderspezifischen Analysen erfolgt ein zusammenfassender Vergleich der Untersuchungsergebnisse, um Aussagen darüber treffen zu können, inwieweit von einer **Konvergenz oder Divergenz** hinsichtlich der Ausgestaltung der Regulierungskonzepte und der Kapitalkostenkalkulation gesprochen werden kann. Auf Basis der Untersuchungsergebnisse werden Schlussfolgerungen für die Ausgestaltung des Regulierungskonzeptes in Deutschland abgeleitet.

C. Auswahl der analysierten Länder

Die Ausgangsbasis für die Länderauswahl bildeten die im 4. Benchmarking-Bericht über die Verwirklichung des Elektrizitäts- und Erdgasbinnenmarktes der Kommission der Europäischen Gemeinschaften vom 05.01.2005 analysierten **Mitgliedstaaten der Europäischen Union.**[1260] In einem ersten Schritt wurden die im Jahr 2004 beigetretenen Länder Estland, Lettland, Litauen, Polen, Tschechien, Slowakei, Ungarn, Slowenien, Zypern und Malta von der Betrachtung ausgegrenzt.[1261] Um sicherzustellen, dass sich anhand der durchgeführten länderspezifischen Analysen nachhaltige Schlussfolgerungen ableiten lassen, wurden nach ersten grundsätzlichen Strukturanalysen von den verbleibenden 14 Mitgliedstaaten der Europäischen Union anschließend mit Luxemburg, Frankreich, Griechenland, Belgien, Dänemark, Spanien, und Portugal weitere 7 Länder von der Untersuchung ausgeschlossen.

Wie nachfolgend im Einzelnen erläutert wird, ist dies damit zu begründen, dass die eliminierten Länder aufgrund von Ausnahmeregelungen (Luxemburg) und verspäteter Umsetzung der Liberalisierungs- und Regulierungsvorgaben der EU-Richtlinien (Frankreich, Griechenland) sowie struktureller Reformen des Strommarktes (Spanien, Portugal) **keinen Referenzcharakter** aufweisen. Darüber hinaus mussten Belgien und Dänemark aufgrund des Mangels an öffentlich zugänglichen Informationen über das stromverteilungsspezifische Regulie-

---

1260 Vgl. **Kommission der Europäischen Gemeinschaften:** Communication from the Commission to the European Parliament and the Council – Annual Report on the implementation of the Gas and Electricity Internal Market, Technical Annexes... **(2005),** Annex 1, S. 2.

1261 Aufgrund des erst im Jahr 2004 erfolgten EU-Beitritts lassen sich anhand der Regulierungskonzepte dieser Länder keine nachhaltigen Schlussfolgerungen ableiten.

rungskonzept und die Kapitalkostenvorgaben von der Analyse ausgeschlossen werden. Im Einzelnen begründet sich der Untersuchungsausschluss der vorstehend aufgeführten Länder wie folgt:

- **Luxemburg** wurde aufgrund struktureller elektrizitätswirtschaftlicher Besonderheiten von der Untersuchung ausgeschlossen. Der überwiegende Teil der benötigten Elektrizität wird importiert, sodass das luxemburgische Stromnetz direkt mit den Netzen der ausländischen Versorger RWE (Deutschland) und Electrabel (Belgien) verbunden ist und insofern eine Unterscheidung von Stromverteilung und Stromübertragung entfällt.[1262] Die luxemburgische Stromwirtschaft ist daher von den Unbundling-Vorgaben der Richtlinie 96/92/EG der Europäischen Kommission befreit.[1263]

- **Frankreich und Griechenland** haben die Vorgaben der EU-Binnenmarktrichtlinien für Elektrizität 96/92/EG bzw. 2003/54/EG bislang nur verzögert bzw. nur hinsichtlich der Erfüllung von Minimalanforderungen realisiert.[1264] Da darüber hinaus von der zuständigen französischen und griechischen Regulierungsbehörde La Commission de Régulation de l'Energie (CRE) bzw. Regulatory Authority of Energy (RAE) nur sehr wenige Informationen über die regulierungskonzeptspezifische Kalkulationsmethodik bereitgestellt werden, wurden beide Länder von der Untersuchung ausgeschlossen.[1265]

1262 Die Durchleitungstarife in Luxemburg müssen jedes Jahr dem zuständigen Ministerium zur Genehmigung vorgelegt werden. Über die Kalkulationsansätze sind der Öffentlichkeit jedoch keine Informationen zugänglich. Vgl. dazu **Lackner, Ursula**: Design von Regulierungsbehörden... **(2001)**, S. 85 sowie **Hollos, Bela**: Privatisierung und Liberalisierung öffentlicher Dienstleistungen... **(2003)**, S. 27.

1263 Vgl. **Hollos, Bela**: Privatisierung und Liberalisierung öffentlicher Dienstleistungen... **(2003)**, S. 27

1264 Vgl. nochmals **Lackner, Ursula**: Design von Regulierungsbehörden... **(2001)**, S. 74 (bzgl. Frankreich) und S. 76 f. (bzgl. Griechenland). Zu Beginn des Jahres 2005 betrug die Marktöffnung in Frankreich ca. 70% und in Griechenland ca. 62%. Vgl. dazu **Kommission der Europäischen Gemeinschaften**: Communication from the Commission to the European Parliament and the Council – Annual Report on the implementation of the Gas and Electricity Internal Market, Technical Annexes... **(2005)**, Annex 1, S. 2. Bezüglich Griechenland ist zu berücksichtigen, dass die Richtlinie 96/92/EG der griechischen Regierung bezüglich der Umsetzung der in der gleichnamigen Richtlinie enthaltenen Verpflichtungen in Artikel 27, Abs. 2 aufgrund der technischen Besonderheiten des Elektrizitätssystems eine zusätzliche Frist von 2 Jahren einräumte.

1265 An dieser Stelle sei lediglich darauf hingewiesen, dass die Netzentgelte in Frankreich vom zuständigen Wirtschaftsministerium im Sinne einer Ex ante-Regulierung im Voraus unter Berücksichtigung einer angemessenen Rendite festgelegt werden, während die stromverteilungsspezifischen Netzentgelte in Griechenland auf Basis eines Ex post-Modells in Kombination mit einer Rendltebegrenzung reguliert wer-

- **Dänemark** wurde zum einen infolge unzureichender Informationen über die kapitalkostenrechnerischen Vorgaben von der Analyse ausgeschlossen.[1266] Zum anderen erwies sich der Einbezug Dänemarks infolge sich parallel zur Erstellung dieser Arbeit vollziehender gerichtlicher Auseinandersetzungen zwischen der Stromwirtschaft und den zuständigen Behörden im Zuge der Neubewertung der Vermögensbasis der Stromversorger zum Start der ersten Regulierungsperiode als nicht zielführend.[1267] Zur Ausgestaltung des Regulierungskonzeptes während der Regulierungsperiode 2000 bis 2003 und die begrenzt zur Verfügung stehenden Informationen über die Kalkulationsmethodik sei auf existierende Arbeiten verwiesen.[1268]

---

den. Vgl. **EURELECTRIC**: EURELECTRIC report on Regulatory Models... **(2004)**, S. 24.

1266 Die dänische Regulierungsbehörde Danish Energy Regulatory Authority (DERA) [dänisch: Energitilsynet] verwies auf Anfrage des Verfasser bezüglich der Ausgestaltung der Kapitalkostenkalkulation lediglich auf den von ihr erstellten Jahresbericht 2004, dem sich jedoch keine konkreten Kalkulationsansätze entnehmen lassen. Vgl. **Danish Energy Regulatory Authority (DERA)**: Annual report 2004, Kopenhagen, April **2005.**

1267 Als Hauptstreitpunkt bildete sich anlässlich der im Jahr 2002 vorgenommenen Neubewertung der Vermögensgegenstände die von der Regulierungsbehörde angestrebte Kapitalzuordnung heraus. Die Passivseite der Bilanz sollte in einen Anteil, der den Eigenkapitalgebern als „free shareholder equity" zugestanden wird und zum anderen Teil in ein Kapitalvolumen, das als „tied up capital" den Kunden zugeordnet wird und insofern keine Eigenkapitalverzinsung widerfahren sollte, aufgeteilt werden. Die als **„capital issue"** bezeichnete Frage der Kapitalzuordnung führte im Folgenden zu zahlreichen Rechtsstreits zwischen der dänischen Regulierungsbehörde und den Netzbetreibern. Auf Basis eines politischen Kompromisses wurde letztlich entschieden, dass die Anteilseigner der Netzbetreiber ein Recht auf die vollständige Verzinsung des investierten Kapitals haben. Infolge der mehrjährigen Rechtsstreits verzögerte sich auch die Weiterentwicklung der regulatorischen Rahmenbedingungen, sodass das dänische Regulierungskonzept als Referenzmodell für diese Arbeit ausscheidet. Vgl. dazu **Danish Energy Regulatory Authority (DERA)**: Annual report 2003... **(2004)**, S. 6 f. sowie **Danish Energy Regulatory Authority (DERA)**: Annual report 2004... **(2005)**, S. 6 ff.

1268 Das für die dänischen Stromverteilnetzbetreiber maßgebliche Regulierungskonzept folgt einem Revenue Cap-Ansatz, dass mit dem Einsatz von Modellnetzanalysen gekoppelt ist. Vgl. dazu **Kinnunen, Kaisa**: Network Pricing in the Nordic Countries... **(2003)**, S. 63 f. In der Regulierungsperiode 2000-2003 wurde der kalkulatorische Kapitaldienst anschaffungswertorientiert ermittelt. Der gesamtkapitalbezogene Zinssatz setzte sich aus einem risikolosen Basiszins zuzüglich eines Risikozuschlags zusammen. Erwähnenswert ist, dass der kalkulationsrelevante Zinssatz für jeden zusätzlichen Prozentsatz, den die tatsächliche Eigenkapitalquote den vorgegebenen 40,0%-igen Grenzwert überstieg, um 0,1%-Punkte abgesenkt wurde. Vgl. dazu **Energiewirtschaftliches Institut an der Universität Köln (EWI) – Frontier Economics**: Zusammenstellung von Kostenrechnungsansätzen... **(2001)**, S. 38.

- **Belgien** wurde aufgrund mangelnder Informationen über die Kalkulationsvorgaben im Rahmen des von der Bundesregulierungsbehörde Comission de Régulation de l'Electricité et du Gaz (CREG) verfolgten Regulierungskonzeptes von der Untersuchung ausgeschlossen.[1269] Die Analyse des belgischen Strommarktes erweist sich darüber hinaus als äußerst komplex, da neben der Bundesregulierungsbehörde CREG infolge der föderalen Struktur des Bundesstaates Belgien in den Regionen Flandern, Wallonien und der Hauptstadtregion Brüssel neben der Bundesregulierungsbehörde CREG jeweils eine zusätzliche regionale Regulierungsbehörde errichtet wurde.

- Die **Strommärkte Spaniens und Portugals** wurden aufgrund sich parallel zur Erstellung dieser Arbeit vollziehender weitreichender struktureller Veränderungen von der Untersuchung ausgeschlossen. Der spanische und der portugiesische Strommarkt sollen zu einem gemeinsamen iberischen Strom-Binnenmarkt vereinigt werden.[1270] Eine separate Analyse der bislang praktizierten Regulierungskonzepte erweist sich als nicht zielführend, da die Rahmenbedingungen sich mit der geplanten Gründung einer gemeinsamen Regulierungsbehörde vermutlich grundlegend verändern werden.

Um den Umfang der Stichprobe zu vergrößern, wurde neben den verbliebenen Mitgliedsstaaten der Europäischen Union **Österreich, Finnland, Irland, Italien, Niederlande, Schweden und Großbritannien** auch der norwegische Strommarkt analysiert. Norwegen wurde als Nicht-EU-Mitgliedsstaat in die Analyse einbezogen, da dem schon seit längerer Zeit liberalisierten **norwegischen Strommarkt** und dem korrespondierenden Regulierungskonzept auf Basis einer integrierten Preis- und Qualitätsregulierung als Referenzmodell eine besonders große Bedeutung zukommt. Ingesamt umfasst die Stichprobe damit insgesamt **acht europäische Länder**.

1269 Die grundlegenden Prinzipien zur Kalkulation der Netzentgelte im Stromverteilungsbereich wurden durch die Verordnung „Royal Decree" vom 12.07.2002 vorgegeben. Die Netzentgelte werden von den Unternehmen jährlich neu kalkuliert und seit 2003 der Regulierungsbehörde als Tarifvorschlag zur Genehmigung vorgelegt. Auch wenn der Öffentlichkeit keine detaillierten Informationen über die stromverteilungsspezifische Kalkulationsmethodik zur Verfügung stehen, kann das in Belgien bislang praktizierte Regulierungskonzept als Ex ante-Regulierung auf Basis eines Rate of Return-Ansatzes charakterisiert werden. Vgl. **Comission des Régulation de l'Electricité et du Gaz (CREG)**: Annual Report 2003 – Summary… **(2004)**, S. 16 sowie **EURELECTRIC**: EURELECTRIC report on Regulatory Models... **(2004)**, S. 24.

1270 Zur geplanten Ausgestaltung des iberischen Strommarktes siehe **Comisión National de Energía (CNE) – Entitade Reguladora do Sector Eléctrico**: The Iberian Electricity Market: Organisational Model, Madrid – Lisboa **2002**.

Land	Anzahl Stromnetzbetreiber		Unbundling		erklärte Marktöffnung zu Beginn des Jahres 2005
	Übertragung	Verteilung	Übertragungs- netzbetreiber	Verteilungs- netzbetreiber	
Österreich	3	133	Legal Unbundling	Legal Unbundling	100%
Finnland	1	104	Ownership Unbundling	Accounts Unbundling	100%
Irland	1	1	Legal Unbundling	Management Unbundling	56%
Italien	1	170	Ownership Unbundling	Legal Unbundling	79%
Niederlande	1	20	Ownership Unbundling	Legal Unbundling	100%
Schweden	1	180	Ownership Unbundling	Legal Unbundling	100%
Vereinigtes Königreich [1]	2	15	Ownership Unbundling	Legal Unbundling	100%
Norwegen	1	150	Ownership Unbundling	Legal / Accounts Unbundling	100%

[1] Angaben für Großbritannien und Nordirland. In Nordirland ist der Elektrizitätsmarkt nur für Nicht-Haushalte geöffnet.

Quelle: Kommission der Europäischen Gemeinschaften: Communication from the Commission to the European Parliament and the Council – Annual Report on the implementation of the Gas and Electricity Internal Market, Technical Annexes... (2005), S. 2 und S. 11.

Abbildung 7-1	Anzahl der Stromnetzbetreiber, Unbundling und Marktöffnung zu Beginn des Jahres 2005

Im Vorfeld der länderspezifischen Analyse präsentiert **Abbildung 7-1** eine Übersicht über die Anzahl der Übertragungs- und Verteilungsnetzbetreiber, die Umsetzung des Unbundlings und den Grad der Strommarktöffnung zu Beginn des Jahres 2005.

D. Datenbasis der Untersuchung

Die Informationen zur Ausgestaltung des Regulierungskonzeptes und den Determinanten der Kapitalkostenkalkulation wurden vorrangig über die Internet-Seiten der **Regulierungsbehörden** in den ausgewählten europäischen Ländern und durch öffentlich zugängliche Publikationen generiert. Bereits zu Beginn der Untersuchung stellte sich heraus, dass der Umfang der von den einzelnen europäischen Regulierungsbehörden bereitgestellten Informationen erheblich voneinander abweicht. Während z. B. die britische Regulierungsbehörde OFGEM eine sehr transparente und umfängliche **Informationspolitik** betreibt, veröffentlicht z. B. die Regulierungsbehörden in Italien bislang nur wenige Informationen zur Ausgestaltung des Regulierungskonzeptes und der Kapitalkostenkalkulation.

Land	Regulierungsbehörde	Internet-Adresse
Österreich	Energie-Control GmbH Energie-Control Kommission (ECK)	www.e-control.at
Finnland	Energy Market Authority (EMA)	www.energiamark-kinavirasto.fi
Irland	Commission for Energy Regulation (CER)	www.cer.ie
Italien	Italian Regulatory Authority for Electricity and Gas (AEEG)	www.autorita.energia.it
Niederlande	Office for Energy Regulation (DTe)	www.dte.nl
Schweden	Swedish Energy Agency (STEM)	www.stem.se
Großbritannien	Office of Gas and Electricity Markets (OFGEM)	www.ofgem.gov.uk
Norwegen	Norwegian Water Resources and Energy Directorate (NVE)	www.nve.no

Abbildung 7-2	Regulierungsbehörden der ausgewählten europäischen Länder

Um den Umfang der verfügbaren Informationen zu vergrößern, wurden sämtliche Regulierungsbehörden der Mitgliedsstaaten der Europäischen Union durch den Verfasser im April des Jahres 2005 mit der Bitte um die Bereitstellung von Informationen über die Regulierungskonzeption und die Kapitalkostenkalkulation angeschrieben. Zusätzliche, über die **öffentlich verfügbaren Informationen** hinausgehende Dokumente wurden jedoch nur von der schwedischen Regulierungsbehörde bereitgestellt. **Abbildung 7-2** zeigt eine Übersicht der für die Regulierung der Stromnetzbetreiber in den jeweiligen europäischen Ländern zuständigen Behörden.

Die erhobenen Informationen wurden zusätzlich mit den Aussagen bereits veröffentlichter wissenschaftlicher und praxisorientierter **Fachbeiträge und Gutachten** abgeglichen, die sich in der Regel jedoch auf wenige Vergleichsländer beschränken oder die Parameter der Kapitalkostenkalkulation nur am Rande beleuchten.[1271]

1271 An dieser Stelle sei unter anderem auf die folgenden Arbeiten verwiesen: **Haubrich, Hans-Jürgen – CONSENTEC Consulting für Energiewirtschaft und -technik GmbH**: Preise und Bedingungen der Nutzung von Stromnetzen in ausgewählten europäischen Ländern... **(2002)**, S. 23 ff. (Österreich, England/Wales, Schweden, Finnland); **Energiewirtschaftliches Institut an der Universität Köln**

Vergleicht man die Ergebnisse verschiedener empirischer Untersuchungen und die nachfolgend präsentierten Auswertungen der Analyse dieser Arbeit miteinander, muss stets beachtet werden, welcher Erfassungszeitraum bzw. welche länderspezifische Regulierungsperiode betrachtet wird. Andere Autoren beziehen sich gelegentlich auf abweichende, in der Regel frühere **Betrachtungszeiträume**, weshalb die Angaben zu den Regulierungskonzepten und Kalkulationsmethodiken nicht immer unmittelbar miteinander vergleichbar sind. Des Weiteren ist darauf hinzuweisen, dass vor dem Hintergrund der sich schnell ändernden gesetzlichen und ökonomischen Rahmenbedingungen in den einzelnen europäischen Ländern Informationen über Regulierungskonzepte und Kalkulationsmethodiken zu Vergleichszwecken immer wieder aktualisiert werden müssen. Die im Rahmen dieser Arbeit durchgeführten Analysen wurden zum 01.11.2006 abgeschlossen.

II. Stromverteilungsspezifische Regulierungskonzepte und Kapitalkostenkalkulation in ausgewählten europäischen Ländern

Im Anschluss an den Verweis auf die zuständigen Regulierungsbehörden und die für die Regulierung der Stromnetzbetreiber bedeutsamsten gesetzlichen Regelwerke werden im Folgenden das länderspezifische Regulierungskonzept in Grundzügen skizziert und anschließend – in Abhängigkeit von den verfügbaren Informationen – die für die Ermittlung der Kapitalkosten maßgeblichen Vorgaben analysiert.

(EWI) – Frontier Economics: Zusammenstellung von Kostenrechnungsansätzen... **(2001)**, S. 18 ff. (Norwegen, England/Wales, Dänemark und Niederlande); **Hense, Andreas – Schäffner, Daniel**: Regulatorische Aufgaben im Energiebereich... **(2004)**, S. 18 ff. (England/Wales, Norwegen, Finnland, Spanien, Österreich); **Leprich, Uwe – Diekmann, Joachim – Ziesing, Hans-Joachim**: Anreizregulierung für Beschäftigung und Netzinvestitionen... **(2006)**, S. 43 ff. [Großbritannien, Norwegen, Österreich, New South Wales (Australien)]; **Plaut Economics**: Gutachten Effizienzanalysemethoden... **(2006)**, S. 164 ff. (England/Wales, Finnland, Niederlande, Norwegen, Österreich, Schweden und Spanien); **Evers, Elfried – Kremp, Ralph**: Bestandsaufnahme und Perspektiven bundesdeutscher Energiemarktregulierung... **(2004)**, S. 76 ff. (Österreich, Finnland, Niederlande, Norwegen); **Haupt, Ulrike – Kinnunen, Kaisa – Pfaffenberger, Wolfgang**: Anwendung der Vergleichsmarktanalyse... **(2002)**, S. 64 ff. (Finnland) sowie **Kinnunen, Kaisa**: Network Pricing in the Nordic Countries... **(2003)**, S. 61 ff. (Dänemark, Finnland, Norwegen und Schweden).

A. Österreich

Als oberste Regulierungsbehörde fungiert die mit weitreichenden Kompetenzen ausgestattete **Energie-Control Kommission (ECK)**, die die wesentlichen regulatorischen Grundsatzentscheidungen, insbesondere die hier interessierenden Regelungen für die Ermittlung der Netzentgelte trifft.[1272] Für die operative Regulierung der drei Übertragungsnetzbetreiber und der 133 Verteilungsnetzbetreiber ist die im März des Jahres 2001 gegründete **Energie-Control GmbH** zuständig.[1273]

Die oberste gesetzliche Grundlage für die Liberalisierung und Regulierung der österreichischen Stromwirtschaft bildet das **Elektrizitätswirtschafts- und Organisationsgesetz (ElWOG)** aus dem Jahr 1998 und das Bundesgesetz über die Aufgaben der Regulierungsbehörden im Elektrizitäts- und Ergasbereich (Energie-Regulierungsbehördengesetz/ERBG). Beide Gesetze wurden zuletzt durch das Energie-Versorgungssicherheitsgesetz im Juni 2006 geändert. Die Methodik der Netzentgeltkalkulation und die Ausgestaltung des Regulierungskonzeptes werden durch die von der Energie-Control Kommission (ECK) erlassene **Systemnutzungstarifeverordnung 2006 (SNT-VO 2006)** in der Fassung vom 06.12.2005 geregelt.

1) Ausgestaltung des Regulierungskonzeptes in Österreich

In den Jahren 2001 bis 2005 wurden die Netzentgelte in Österreich auf Basis eines **Systems der Ex ante-Regulierung** kostenorientiert ermittelt und von der Energie-Control Kommission (ECK) für ein Jahr im Voraus genehmigt.[1274] Die Bestimmung der Netzentgelte orientierte sich zunächst am Prinzip der traditionellen kostenorientierten Renditeregulierung. Allgemeingültige Kalkulationsvorgaben existieren jedoch erst seit der zum 01.10.2003 von der Energie-Control Kommission (ECK) erlassenen Systemnutzungstarifeverordnung 2003 (SNT-VO 2003).[1275] Aus den vor Beginn eines Geschäftsjahres durchgeführten Kostenprüfungen durch die Regulierungsbehörde, die auch die von den Stromnetzbetrei-

---

1272 Vgl. **Haberfellner, Maria**: Liberalisierung und Regulierung des österreichischen Strommarktes... **(2002)**, S. 5.

1273 Vgl. **Boltz, Walter**:   Regulierung des Elektrizitätsmarktes in Österreich... **(2004)**, S. 150 f.

1274 Vgl. **Haberfellner, Maria – Hujber, András – Koch, Peter**: Liberalisierung und Strompreisentwicklung... **(2002)**, S. 1.

1275 Vgl. dazu **Energie-Control Kommission (ECK)**: Verordnung der Energie-Control Kommission, mit der die Tarife für die Systemnutzung bestimmt werden – Systemnutzungstarife-Verordnung 2003, SNT-VO 2003, Wien **07.10.2003**.

bern durchgeführte Gemeinkostenschlüsselung in Frage stellten[1276], resultierten in der Zeit vom 30.09.2001 bis zum 01.01.2006 mehrfach **erhebliche individuelle Tarifsenkungen.**[1277]

Gleichzeitig ermöglicht es die Regelung des § 25 ElWOG der Regulierungsbehörde, den Netzbetreibern bei der Preisbestimmung am individuellen Einsparungspotenzial orientierte Effizienzziele vorzugeben. Seit Beginn der Etablierung der Strommarktregulierung im Jahr 2001 diskutierten die Regulierungsbehörden und die österreichische Stromwirtschaft intensiv über die Einführung und die Ausgestaltung einer Anreizregulierung. Im Jahr 2003 wurde von der Energie-Control Kommission (ECK) das **Projekt „Neue Netztarife"**, mit dem Ziel die kostenorientierte Regulierungskonzeption durch ein Modell der Anreizregulierung zu ersetzen, gestartet.[1278]

Netzbetreiber und Regulierungsbehörde konnten sich jedoch lange Zeit nicht auf ein anreizorientiertes Regulierungsmodell einigen.[1279] Infolge der massiven Entgeltkürzungen in den Jahren 2001 bis 2005 von durchschnittlich 25,0% gegenüber dem ursprünglichen Niveau, unterstützten letztlich auch die Netzbetreiber die Einführung der Anreizregulierung.[1280] In der Folge einigte man sich auf das in § 16 der SNT-VO 2006 geregelte, dem **Price Cap-Verfahren** folgende System der Anreizregulierung, das seit dem 01.01.2006 Anwendung findet. Die für die Übertragungsnetzbetreiber und Verteilungsnetzbetreiber gleichermaßen geltende Anreizregulierung ist nach den folgenden Prinzipien geregelt:[1281]

- Preisobergrenzenregulierung für eine **4-jährige Regulierungsperiode** (01. 01.2006 bis 31.12.2009),

---

1276 Vgl. **Sapetschnig, Gottfried**: Kalkulation der Systemnutzungstarife in Österreich... **(2005)**, S. 19 f.

1277 Vgl. **Energie-Control GmbH**: Jahresbericht 2005... **(2006)**, S. 51.

1278 Das Projekt „Neue Netztarife" sah vor, dass die Kostenentwicklung von der Entwicklung der Erlöse während eines vorab festgelegten Zeitraums entkoppelt wird und überdurchschnittlich effiziente Unternehmen eine entsprechend höhere Rendite erwirtschaften können. Zur Konzeption und Zielsetzung des Projekts „Neue Netztarife" siehe **Boltz, Walter**: Begrüßung und Überblick über das Projekt, Vortragsunterlangen anlässlich einer Informationsveranstaltung der E-Control GmbH, Wien, **27.06.2003**

1279 Vgl. **Energie-Control Kommission (ECK)**: Erläuterungen zur Systemnutzungstarife-Verordnung 2006, SNT-VO 2006... **(2005)**, S. 1.

1280 Vgl. **Verband der Elektrizitätsunternehmen Österreichs (VEÖ)**: Tätigkeitsbericht 2005... **(2006)**, S. 21.

1281 Vgl. **Energie-Control Kommission (ECK)**: Verordnung der Energie-Control Kommission, mit der die Tarife für die Systemnutzung bestimmt werden – Systemnutzungstarife-Verordnung 2006... **(2005)**, S. 9 f. sowie **Energie-Control Kommission (ECK)**: Erläuterungen zur Systemnutzungstarife-Verordnung 2006, SNT-VO 2006... **(2005)**, S. 2 f. sowie S. 24 ff.

- kostenorientierte Bestimmung des **Ausgangspreisniveaus** ausgehend von den geprüften Kosten aus dem Tarifpreisgenehmigungsverfahren 2003,
- Abbildung der Preisentwicklung auf Basis eines **Netzbetreiberpreisindex** (30% Verbrauchpreisindex, 40% Tariflohnindex, 30% Baupreisindex),
- Vorgabe einer jährlichen branchenbezogenen Produktivitätsfortschrittsrate in Form eines **allgemeinen X-Faktors** in Höhe von 1,95%,
- Vorgabe jährlicher, auf Basis eines gesamtkostenbezogenen Benchmarkings der 20 größten Netzbetreiber mit Hilfe der Data Envelopment Analysis (DEA) und der Modified Ordinary Least Square (MOLS)-Methode ermittelter **individueller X-Faktoren**, deren Höhe jedoch auf 3,5% begrenzt wurde,
- Anpassung der Kostenbasis für die Ermittlung der Preisobergrenze im Falle von **Mengensteigerungen** um einen Faktor von 0,5.

Das Regulierungskonzept verfolgt das Ziel, dass nach dem Ablauf der zweiten Regulierungsperiode zum Ende des Jahres 2013 die unternehmensindividuellen Ineffizienzen abgebaut sind.

2) Kapitalkostenkalkulation österreichischer Stromnetzbetreiber

Die Determinanten der für die Bemessung des Ausgangspreisniveaus maßgeblichen Kapitalkosten werden durch § 12 „Allgemeine Grundsätze der Kostenermittlung" und § 13 „Finanzierungskosten" der seit dem 01.01.2006 geltenden Fassung SNT-VO 2006 grundsätzlich geregelt und durch die Erläuterungen zur SNT-VO 2006 konkretisiert. § 12 Abs. 1 SNT-VO 2006 regelt, dass die Kalkulation von den **ursprünglichen Anschaffungskosten** auszugehen hat. Eigenkapitalkosten und Fremdkapitalkosten werden in einem gewogenen durchschnittlichen Kapitalkostensatz auf Basis des WACC-Ansatzes zusammengefasst. Die Eigenkapitalkosten werden unter Berücksichtigung eines Risikozuschlags nach der Methodik des CAPM ermittelt.[1282]

Die folgenden Parameter liegen der Bestimmung des **Weighted Average Cost of Capital (WACC)** für die Regulierungsperiode 2006-2009 zugrunde:[1283]

1282 Siehe dazu die Begründung der österreichischen Regulierungsbehörde für die Wahl des CAPM zur Bestimmung der Eigenkapitalkosten, die damit „dem Vorgehen zahlreicher Regulierungsbehörden im EU-Raum" folgt. Vgl. **Energie-Control Kommission (ECK)**: Rechnungslegung und Kostenrechnung... **(2002)**, S. 40.

1283 Vgl. **Energie-Control Kommission (ECK)**: Verordnung der Energie-Control Kommission, mit der die Tarife für die Systemnutzung bestimmt werden – Systemnutzungstarife-Verordnung 2006... **(2006)**, § 13 Finanzierungskosten, S. 7 f. sowie **Energie-Control Kommission (ECK)**: Erläuterungen zur Systemnutzungstarife-Verordnung 2006, SNT-VO 2006... **(2005)**, S. 15 ff. und S. 20 ff.

- Ansatz des **risikolosen Zinssatzes** in Höhe von 4,0% auf Basis der im Zeitraum Oktober 2002 bis September 2005 erhobenen durchschnittlichen Rendite österreichischer Staatsanleihen mit einer Restlaufzeit von 10 Jahren,
- Ansatz der **Marktrisikoprämie** in Höhe von 5,0%,
- Ansatz des **Asset Beta-Faktors** in Höhe von 0,325, der unter Berücksichtigung der vorgegebenen Eigenkapital-Fremdkapital-Relation einem Equity Beta-Faktor von 0,691 entspricht,[1284]
- Berücksichtigung der **Körperschaftsteuerbelastung** in Höhe von 25,0% bei der Bemessung des Kapitalkostensatzes,
- unter Berücksichtigung der zuvor aufgeführten Determinanten ergibt sich ein CAPM-rechnerischer **nominaler Eigenkapitalkostensatz vor Steuern** von 9,93% (entspricht einem Eigenkapitalkostensatz nach Steuern von 7,45%),
- Vorgabe einer **kalkulatorischen Eigenkapitalquote** von 40,0%, eines Anteils für das zinspflichtige Fremdkapital von 45,0% und eines Anteils für das Abzugskapital von 15,0% (ohne Baukostenzuschüsse),
- Ansatz des **Fremdkapitalkostensatzes** in Höhe von 4,60%, der sich aus dem 3-Jahres-Durchschnitt des risikolosen Zinssatzes von 4,0% und einem fremdkapitalspezifischen **Risikozuschlag** von 0,60% zusammensetzt,
- auf Basis der zuvor aufgeführten Parameter wird ein für alle Netzbetreiber geltender durchschnittlicher Kapitalkostensatz in Form eines **nominalen „WACC vor Steuern"** in Höhe von 6,04% ermittelt, (entspricht einem „WACC nach Steuern" von 4,53%).[1285]

Der WACC-Kapitalkostensatz wird auf das zinspflichtige Gesamtkapital bezogen, das von dem zu historischen Anschaffungskosten bewerteten, gemäß § 13 Abs. 4 SNT-VO 2006 zuvor um Baukostenzuschüsse und Finanzanlagen reduzierte Gesamtvermögen der Netzbetreiber abgeleitet wird.

B. Finnland

Mit der Regulierung des für den Betrieb des nationalen Stromnetzes zuständigen Übertragungsnetzbetreibers Fingrid AG und den derzeit ca. 95 lokalen und regionalen Stromverteilungsunternehmen ist die sektorspezifische Regulierungsbe-

---

1284 Anlässlich des Übergangs zur Anreizregulierung wurde die Höhe des Beta-Faktors unverändert beibehalten. Vgl. **Energie-Control Kommission (ECK)**: Erläuterungen zur Systemnutzungstarife-Verordnung 2003... **(2003)**, S. 10.

1285 Unter Berücksichtigung der zuvor aufgeführten Parameter der Systemnutzungstarife-Verordnung 2006 ergibt sich der unternehmensübergreifende WACC für die österreichischen Netzbetreiber wie folgt: 0,40 x 9,93% + 0,45 x 4,6% + 0,15 x 0,0% = 6,042 %.

hörde Energiamarkkinavirasto [engl.: **Energy Market Authority (EMA)**] betraut, die dem finnischen Ministerium für Handel und Industrie untersteht. Die rechtliche Grundlage für die 1995 beginnende Liberalisierung des finnischen Strommarktes ist der im selben Jahr in Kraft getretene **Electricity Market Act 386/1995**. Die 100%-ige Öffnung des finnischen Strommarktes wurde bereits 1997 realisiert. Da die Struktur der nah an der stromintensiven Industrie angesiedelten finnischen Stromerzeugung vergleichsweise breit gestreut ist und im Vergleich zu anderen skandinavischen Ländern relativ viele kleinere Netzbetreiber operieren, wird Finnland von einigen Autoren bevorzugt für einen Vergleich mit Deutschland herangezogen.[1286]

1) Ausgestaltung des Regulierungskonzeptes in Finnland

Die Gegenüberstellung mit dem deutschen Strommarkt erwies sich in der Vergangenheit auch aufgrund des bis zum 31.12.2004 praktizierten finnischen Regulierungssystems als zweckmäßig. In Analogie zu dem vom Bundeskartellamt in Deutschland praktizierten System der Missbrauchsaufsicht unterlagen die Netzentgelte der finnischen Stromnetzbetreiber einer **fallweisen Ex post-Kontrolle** durch die Regulierungsbehörde.[1287] Diesem System lag die Prämisse zugrunde, dass die Netzbetreiber sich entsprechend den Grundsätzen und Vorgaben des Electricity Market Act 386/1995 verhalten werden.[1288] Im Gegensatz zu den in der Mehrheit der europäischen Länder bereits implementierten Systemen der Ex ante-Regulierung unterlagen die Netzentgelte in Finnland daher auch bezüglich der Kapitalkosten keinem vorgegebenen Kalkulationsschema.[1289]

Um das Regulierungskonzept mit Anreizwirkungen zu unternehmensseitigen Kostensenkungen und Effizienzsteigerungen auszustatten, wurden die von den Netzbetreibern beeinflussbaren Betriebskosten im Kontext der nachträglichen Preisprüfung seit 2002 einem Benchmarking unterzogen, das mit Hilfe der **Data Envelopment Analysis (DEA)** durchgeführt wurde.[1290] Der Einsatz der DEA-

---

1286 Vgl. unter anderem **Perner, Jens – Riechmann, Christoph**: Netzzugangsregimes im nationalen Strommarkt... **(1999)**, S. 210; **Hense, Andreas – Schäffner, Daniel**: Regulatorische Aufgaben im Energiebereich... **(2004)**, S. 28 sowie **Haupt, Ulrike – Kinnunen, Kaisa – Pfaffenberger, Wolfgang**: Anwendung der Vergleichsmarktanalyse... **(2002)**, S. 64.

1287 Vgl. **Energiamarkkinavirasto**: Annual Report 2005... **(2006)**, S. 6.

1288 Vgl. **Haupt, Ulrike – Kinnunen, Kaisa – Pfaffenberger, Wolfgang**: Anwendung der Vergleichsmarktanalyse... **(2002)**, S. 67.

1289 Vgl. **Kinnunen, Kaisa**: Electricity Network Regulation... **(2002)**, S. 9.

1290 Für genauere Informationen des in Kooperation mit der Helsinki School of Economics and Business Administration entwickelten DEA-Modells und dessen Implementierung vgl. **Korhonen, Pekka – Syrjänen, Mikko – Tötterström, Mikael**: As-

Methodik als ergänzendes Regulierungsinstrument implizierte seit der Preisbe-urteilungsperiode 2002, dass die von den Unternehmen realisierbaren Renditen mit den relativen Effizienzpositionen der Netzbetreiber gekoppelt wurden. Ab ei-ner relativen Effizienzposition von 90% bezogen auf das strukturell vergleichba-re Effizienzunternehmen wurde die **Angemessenheit der Betriebskosten** eines Netzbetreibers in Frage gestellt. Das finnische Regulierungskonzept wies inso-fern ab dem Jahr 2002 Elemente einer Anreizregulierung auf, da effizient operie-rende Netzbetreiber eine überdurchschnittliche Kapitalverzinsung realisieren können, während als ineffizient eingestufte Unternehmen mit finanziellen Sank-tionen rechnen mussten.[1291] Das in Finnland bis einschließlich 2004 praktizierte Regulierungskonzept wurde daher auch als Mischung zwischen Renditeregulie-rung und Vergleichsmarktansatz bezeichnet.[1292]

Da die EU-Richtlinie 2003/54/EG die Implementierung einer Ex ante-Regu-lierung erfordert, wurde im Jahr 2003 seitens einer vom finnischen Ministerium für Handel und Industrie eingerichteten Arbeitsgruppe damit begonnen, das finni-sche Regulierungskonzept zu reformieren. Die **Methodik des reformierten Re-gulierungskonzeptes** für die Stromverteilungsunternehmen wurde im Juni 2004 veröffentlicht und impliziert die folgenden grundsätzlichen Regelungen:[1293]

- Vorgabe unternehmensübergreifend geltender Parameter für die Netzentgelt-kalkulation durch die Regulierungsbehörde für den vom 01.01.2005 bis 31.12.2007 andauernden **3-jährigen Regulierungszeitraum** und die an-schließende 4-jährige Regulierungsperiode,

- im Zeitraum 2005 bis 2007 wird allen Netzbetreibern ein **allgemeines jährli-ches Effizienzziel** in Höhe von 1,3% vorgegeben, das aus der Differenz der branchenbezogenen Produktivitätsentwicklung in Höhe von 2,2% (1999 bis 2002) und der anhand des Industrial Producer Price Index quantifizierten durchschnittlichen Inflationsrate von 0,9% (1999 bis 2002) ermittelt wurde,

---

sessment of Cost Efficiency in Finnish Electricity Distribution Using DEA, Helsinki School of Economics and Business Administration, Helsinki **2001** sowie **Ener-giamarkkinavirasto**: Consideration of efficiency in the assessment of the reasonableness of electricity distribution pricing, Helsinki **2001**.

1291 Vgl. dazu auch **Haupt, Ulrike – Kinnunen, Kaisa – Pfaffenberger, Wolfgang**: Anwendung der Vergleichsmarktanalyse... **(2002)**, S. 70.

1292 Vgl. nochmals **Haupt, Ulrike – Kinnunen, Kaisa – Pfaffenberger, Wolfgang**: Anwendung der Vergleichsmarktanalyse... **(2002)**, S. 67.

1293 Vgl. dazu im Folgenden **Energiamarkkinavirasto**: Guidelines for assessing Reasonableness in Pricing of Electricity Distribution Network Operations for 2005-2007, unofficial translation, Reg. no. 9/429/2004, Helsinki **22.06.2004**; **Ener-giamarkkinavirasto**: The economic regulation of electricity network services, Hel-sinki **2005**; **Energiamarkkinavirasto**: Annual report 2003... **(2004)**, S. 33 sowie **Energiamarkkinavirasto**: Annual Report 2005... **(2006)**, S. 6 und S. 8.

- die Vorgabe **unternehmensspezifischer Effizienzziele** ist erst für die von 2008 bis 2011 andauernde zweite Regulierungsperiode geplant,
- sowohl die allgemeine Produktivitätswachstumsrate als auch das individuelle Effizienzziel werden nicht auf die Kapitalkosten, sondern ausschließlich auf die **beeinflussbaren Betriebskosten** bezogen,
- die absolute **Höhe der Netzentgelte** wird nicht im Voraus festgeschrieben, sondern obliegt der unternehmensseitigen Kalkulation unter Beachtung der von der Regulierungsbehörde vorgegebenen Parameter,
- im Gegensatz zur bisherigen einzelfallspezifischen Ex post-Kontrolle im Kontext der Missbrauchsaufsicht, werden die Netzentgelte aller finnischen Stromnetzbetreiber **jährlich auf ihre Angemessenheit** überprüft,
- die jährlichen Preisprüfungen haben nur eine Informationsfunktion, Preissenkungen im Fall unangemessener Preise, die anhand des Durchschnitts der Netzentgelte der Geschäftsjahre einer Regulierungsperiode erhoben werden, sind erst **nach Ablauf der Kontrollperiode** im Anschluss an die 3- bzw. 4-jährigen Regulierungszeiträume vorgesehen,
- stuft die Regulierungsbehörde nach Ablauf der ersten Regulierungsperiode die realisierten Gewinne eines Netzbetreibers in den Jahren 2005 bis 2007 als unangemessen hoch ein, wird das betroffene Unternehmen in den Folgejahren zu einer entsprechenden Absenkung der Netzentgelte in Höhe des auch als „**windfall profit**" bezeichneten Übergewinns verpflichtet,
- im Gegensatz dazu wird Netzbetreibern, die in der abgelaufenen Regulierungsperiode keinen angemessenen Gewinn erwirtschaften konnten, zugestanden, den auch als „**windfall loss**" bezeichneten entgangenen Betrag durch eine entsprechende Anhebung der Netzentgelte in der nachfolgenden Regulierungsperiode zu kompensieren.

Ab der zweiten, im Jahr 2008 beginnenden Regulierungsperiode soll die Prüfung der Angemessenheit der Netzentgelte direkt an die Erfüllung bestimmter **Parameter der Versorgungsqualität** gekoppelt werden, welche im Regulierungszeitraum 2005 bis 2007 lediglich einem Monitoring unterliegen. Der seit 2005 geltende regulatorische Rahmen weist nach wie vor Elemente einer Ex post-Regulierung auf und ist daher nur als Schritt in Richtung einer Ex ante-Regulierung anzusehen.[1294] Im Laufe des Jahres 2005 legten bereits 76 finnische Netzbetreiber vor Gericht Einspruch gegen das von der finnischen Regulierungsbehörde implementierte Regulierungskonzept ein.[1295] Endgültige Urteile lagen bis zum Abschluss dieser Arbeit noch nicht vor.

1294 Hierauf verweisen auch **Hense, Andreas – Schäffner, Daniel**: Regulatorische Aufgaben im Energiebereich... **(2004)**, S. 30.
1295 Vgl. **Energiamarkkinavirasto**: Annual Report 2005... **(2006)**, S. 8.

2) Kapitalkostenkalkulation finnischer Stromnetzbetreiber

Wie im vorausgehenden Abschnitt dargelegt, konnten die finnischen Stromnetzbetreiber die Netzentgelte und insofern auch die Kapitalkosten bis zum 31.12.2004 nach unternehmensindividuell gewählten kostenrechnerischen Grundsätzen kalkulieren. Erst im Fall einer nachträglichen individuellen Preisprüfung wurde die Angemessenheit der kalkulierten Kapitalkosten durch den Regulierer anhand unternehmensübergreifender Kriterien untersucht, die einem WACC-rechnerischen Gesamtkapitalkostenkalkül folgten und Eigenkapitalkosten nach Grundsätzen des CAPM quantifizierten.[1296] Die Ex post-Kontrolle der Netzentgelte folgte demnach einem kostenorientierten Rate of Return-Ansatz.

Im **Regulierungszeitraum 2005 bis 2007** legt die Regulierungsbehörde anlässlich der kontinuierlichen Überprüfung der Netzentgelte für die Berechnung der als angemessen erachteten Kapitalverzinsung die folgenden Parameter zugrunde:[1297]

- Eigen- und Fremdkapitalkostensatz werden in einem **WACC-rechnerischen Gesamtkapitalkostensatz** zusammengefasst,
- Ermittlung des Eigenkapitalkostensatzes auf Basis des **Capital Asset Pricing Models (CAPM)**,
- Ansatz des **risikolosen Zinssatzes**, der stichstagsbezogen von der im Monat Mai des jeweils vorangegangenen Jahres durchschnittlich gültigen nominalen Rendite 5-jähriger finnischer Staatsanleihen (Mai 2004: 3,53% als Vorgabe für das Jahr 2005) abgeleitet wird,
- Ansatz eines **Asset Beta-Faktors** in Höhe von 0,3, der unter Berücksichtigung des unternehmensspezifischen Tax-Shields in das für die Eigenkapitalkostensatzermittlung maßgebliche Equity-Beta umgerechnet wird,[1298]
- Ansatz einer **Marktrisikoprämie** in Höhe von 5,0%,

1296 Hinsichtlich der Parameter zur Bestimmung der Kapitalkosten im Kontext der von der finnischen Regulierungbehörde durchgeführten Ex post-Kontrolle der Netzentgelte siehe **Energiamarkkinavirasto**: The supervision on the reasonableness of network pricing, Helsinki **2001** sowie **Haupt, Ulrike – Kinnunen, Kaisa – Pfaffenberger, Wolfgang**: Anwendung der Vergleichsmarktanalyse... **(2002)**, S. 69 f.

1297 Siehe dazu im Folgenden ausführlich **Energiamarkkinavirasto**: Guidelines for Assessing Reasonableness in Pricing of Electricity Distribution Network Operations for 2005-2007... **(2004)**, S. 8 ff.

1298 Siehe dazu ausführlicher **Energiamarkkinavirasto**: Guidelines for Assessing Reasonableness in Pricing of Electricity Distribution Network Operations for 2005-2007... **(2004)**, S. 27.

- Vorgabe einer für alle Netzbetreiber gültigen Kapitalstruktur durch die Normierung einer **70%-igen Eigenkapitalquote** und einem Anteil von 30% für das zinspflichtige Fremdkapital,[1299]
- Ansatz des **Fremdkapitalkostensatzes** zum Niveau des risikolosen Zinssatzes (in 2004: 3,53% als Vorgabe für das Jahr 2005) und einem fremdkapitalspezifischen Risikozuschlag in Höhe von 0,6%,
- Berücksichtigung der **steuerlichen Abzugsfähigkeit** der Fremdkapitalzinsen im Kontext der von der Regulierungsbehörde durchzuführenden WACC-rechnerischen Prüfung der Angemessenheit der Netzentgelte.

Der nach den vorstehenden Vorgaben kalkulierte WACC wird im Kontext der Preisprüfungen auf einen für jedes Unternehmen individuell nach Abzug des Finanzvermögens sowie des zinslosen Abzugskapitals ermittelten aktuellen Wert des investierten Kapitals bezogen.[1300] Ausgehend von der Bilanz des Stromnetzbetriebs werden die Buchwerte des Sachanlagevermögens unter Berücksichtigung aktueller standardisierter Wiederbeschaffungskosten, dem Anlagenalter und der linearen Abschreibungsmethode in den „Net Present Value" des individuellen Stromnetzes umgerechnet, während alle sonstigen Gegenstände des Anlagevermögens und des Umlaufvermögens von den Buchwerten abgeleitet werden. Die von den Netzbetreibern während eines Geschäftsjahres getätigten und der Regulierungsbehörde nachzuweisenden **Ersatz- und Erweiterungsinvestitionen** werden bei der Ermittlung des „Net Present Value" berücksichtigt. Die Differenz des „Net Present Value" und des Buchwertes des Anlagevermögens wird dem Eigenkapital zugeordnet.

Die standardisiert ermittelten aktuellen Wiederbeschaffungswerte der Anlagegüter dienen bei der Beurteilung der Unternehmensgewinne gleichzeitig als Basis für die **Abschreibungsbemessung**.[1301] Die wiederbeschaffungswertorientierte Abschreibung wird jedoch nicht von der planmäßigen betriebsgewöhnlichen Nutzungsdauer, sondern ausgehend von der durchschnittlichen technisch-wirtschaftlichen Nutzungsdauer einer Anlagengruppe vorgenommen. Aus der Neubewertung der netzgeschäftsspezifischen Vermögensbasis folgt jedoch keine reale Verzinsung, eine Absenkung des nominalen WACC-Kapitalkostensatzes

---

1299 In den folgenden Regulierungsperioden soll die Kapitalstruktur zu Lasten der vergleichsweise hohen Eigenkapitalquote modifiziert werden.

1300 Zur Methodik der Bestimmung der Kapitalbasis siehe im Folgenden **Energiamarkkinavirasto**: Guidelines for Assessing Reasonableness in Pricing of Electricity Distribution Network Operations for 2005-2007... **(2004)**, S. 8 ff., insbesondere S. 22 zur Ermittlung des adustierten bilanziellen Kapitals.

1301 Vgl. dazu im Folgenden **Energiamarkkinavirasto**: Guidelines for Assessing Reasonableness in Pricing of Electricity Distribution Network Operations for 2005-2007... **(2004)**, S. 15 und S. 41 ff.

um die jährliche Preissteigerungsrate wird nicht vorgenommen. Die Neubewertung dient insofern zur Schaffung einer einheitlichen **marktkonformen verzinsungsrelevanten Kapitalbasis.**

Das ermittelte WACC-rechnerische Kapitalkostenvolumen wird anschließend unter Berücksichtigung der branchenbezogenen bzw. unternehmensindividuellen Effizienzziele den adjustierten **Betriebsergebnissen nach Steuern** gegenübergestellt.[1302] Da als Grundlage für die Beurteilung der Angemessenheit der Netzentgelte das adjustierte, nach Unternehmenssteuern verbleibende Betriebsergebnis dient, folgt im Umkehrschluss, dass die Unternehmenssteuern[1303] von den Netzbetreibern kalkuliert werden müssen, auch wenn dies aus den Dokumenten der finnischen Regulierungsbehörde nicht explizit hervorgeht.[1304] Aus der Gegenüberstellung von adjustiertem Betriebsergebnis und den WACC-basierten Kapitalkosten folgt, dass die von der Regulierungsbehörde quantifizierten Kapitalkosten als indirekte Vorgabe für die unternehmensseitige Kapitalkostenkalkulation aufgefasst werden können.

C. Irland

Die Stromübertragung und die Stromverteilung werden in Irland durch das staatliche Stromversorgungsunternehmen **Electricity Supply Board (ESB)** organisiert. Infolge der Vorgaben der Richtlinie 2003/54/EG wurde der Stromübertragungsbereich der ESB National Grid (ESBNG) im Jahr 2005 durch die Gründung des rechtlich eigenständigen, jedoch mehrheitlich in staatlichem Besitz befindlichen Unternehmens **EirGrid plc** separiert, während die Stromverteilungsnetze nach wie vor im Besitz des ESB stehen und von diesem betrieben werden. In Irland existiert insofern jeweils nur ein seitens der Regulierungsbehörde CER

1302 Zur Adjustierung des Betriebsergebnisses siehe **Energiamarkkinavirasto**: Guidelines for Assessing Reasonableness in Pricing of Electricity Distribution Network Operations for 2005-2007... **(2004)**, S. 44 f. Das von der finnischen Regulierungsbehörde gewählte Vorgehen zur Ex post-Prüfung der Angemessenheit der von den regulierten Netzbetreibern erhobenen Netzentgelte korrespondiert grundsätzlich mit der Methodik des Konzepts des Economic Value Added (EVA). Das finnische Konzept der Renditeregulierung zielt insofern darauf ab, seitens der Netzbetreiber während des Regulierungszeitraums ermittelte Übergewinne aufzudecken und über Preissenkungen an die Kunden bzw. Netznutzer weiterzureichen.

1303 Der Körperschaftsteuersatz beträgt in Finnland derzeit 26,0 %. Siehe dazu **Bundesministerium der Finanzen (BMF)**: Die wichtigsten Steuern im internationalen Vergleich 2005... **(2006)**, S. 34.

1304 Vgl. **Energiamarkkinavirasto**: Guidelines for Assessing Reasonableness in Pricing of Electricity Distribution Network Operations for 2005-2007... **(2004)**, S. 41 ff.

per Lizenz befugtes Stromübertragungs- bzw. Stromverteilungsunternehmen. Im Dezember des Jahres 1999 wurden die Vorgaben der EU-Richtlinie 96/92/EG mit dem **Electricity Regulation Act** in irisches Recht umgesetzt, welcher auch die Kompetenzen und Aufgaben der für die Regulierung des Gas- und Strommarktes zuständigen **Commission for Energy Regulation (CER)** regelt.

1) Ausgestaltung des Regulierungskonzeptes in Irland

Das von der irischen Regulierungsbehörde CER verfolgte Regulierungskonzept ist als **Revenue Cap-Ansatz** ausgestaltet.[1305] Während der ersten, vom 01.01.2001 bis 31.12.2005 andauernden, 5-jährigen Regulierungsperiode wurden die von den Netzbetreibern realisierten Umsätze und die diesbezüglich kalkulierten Netzentgelte nach Ablauf eines Geschäftsjahres von der Regulierungsperiode hinsichtlich ihrer Angemessenheit und Kostenorientierung mit den vorgegebenen Umsatzobergrenzen abgeglichen.[1306] Während der ersten Regulierungsperiode wurden allen Netzbetreibern moderate 1%-ige Produktivitätsfortschrittsraten vorgegeben. Die darüber hinaus realisierten gesamtkostenbezogenen Effizienzgewinne wurden nicht jährlich, sondern erst nach Ablauf der 5-jährigen Regulierungsperiode durch die Anpassung der Erlösobergrenzen abgeschöpft.[1307]

Das für die ESB Distribution Networks maßgebliche Regulierungskonzept der aktuellen **zweiten Regulierungsperiode**, die am 01.01.2006 begann und zum 31.12.2010 endet, lässt sich wie folgt charakterisieren:[1308]

- die von der Regulierungsbehörde **genehmigte Erlösobergrenze** liegt um 26,0% unter den von ESB Networks beantragten Erlösen,
- separate Regulierung des Kapitalbedarfs für Ersatz- und Erweiterungsinvestitionen über **Investitionsbudgets**, deren Angemessenheit über ein Benchmarking der Wiederbeschaffungskosten und detaillierte „Bottom-up"-Analysen des unternehmensspezifischen Investitionsprogramms geprüft werden,
- die von ESB Networks über das genehmigte Investitionsbudget der ersten Regulierungsperiode hinaus getätigten Investitionen wurden nur zu einem Teil in der neu ermittelten **verzinsungsrelevanten Kapitalbasis** anerkannt,

1305 Siehe dazu **Commission for Energy Regulation (CER)**: Determination of Distribution Allowed Revenues... **(2001)**, S. 2.

1306 Vgl. **Commission for Energy Regulation (CER)**: Annual Report 2003... **(2004)**, S. 21.

1307 Vgl. **Commission for Energy Regulation (CER)**: Determination of Distribution Allowed Revenues... **(2001)**, S. 4 f.

1308 Vgl. dazu im Folgenden **Commission for Energy Regulation (CER)**: Annual Report 2005... **(2006)**, S. 19 sowie ausführlich **Commission for Energy Regulation (CER)**: 2006-2010 ESB Price Control Review... **(2005)**, insbesondere S. 13 ff, S. 59 ff. und S. 96 ff.

- 85,6% des von ESB Networks für die zweite Regulierungsperiode **beantragten Investitionsvolumens** wurde von der Regulierungsbehörde genehmigt,
- die während der Geschäftsjahre einer Regulierungsperiode **geplanten Investitionen** werden bei der Bemessung der Vermögensbasis und der zulässigen Erlöse Jahr für Jahr berücksichtigt,
- aufgrund fehlender nationaler Vergleichsunternehmen wurden für das Benchmarking der Betriebs- und Kapitalkosten des Verteilungsnetzbetreibers ESB auch **britische und US-amerikanische Stromverteiler** herangezogen,
- von den beantragten **Betriebskosten** der ESB Networks wurden 82,3% bei der Bemessung der Erlösobergrenze berücksichtigt, die bis zum Ablauf der zweiten Regulierungsperiode nochmals um 15,0% zu reduzieren sind,
- infolge der separaten Prüfung des Betriebskostenniveaus wurde im Gegensatz zur ersten Regulierungsperiode auf eine Abbildung von **X-Faktoren** in der Erlösobergrenzenformel verzichtet,
- Einsparungen bei den Betriebskosten können bis zum Ablauf der Regulierungsperiode einbehalten werden, während Einsparungen bei den Kapitalkosten über ein **nicht ausgeschöpftes Investitionsbudget** vom Regulierer unter Qualitäts- und Effizienzgesichtspunkten separat geprüft werden,
- **Integration von Qualitätsregulierung und Preisregulierung** über Qualitätsvorgaben (z. B. maximal zulässige Versorgungsunterbrechungen), die im Fall des Unterschreitens zur Anhebung der Umsatzobergrenze und im Fall des Überschreitens zu renditemindernden Umsatzkürzungen führen.

2) Kapitalkostenkalkulation irischer Stromnetzbetreiber

Während der **Regulierungsperiode 2006 bis 2010** werden den maximal realisierbaren Erlösobergrenzen für das Stromverteilungsgeschäft der ESB die folgenden kapitalkostenspezifischen Kalkulationsprinzipien zugrunde gelegt:[1309]
- Eigenkapital- und Fremdkapitalkostensatz werden unter Berücksichtigung der 12,5%-igen Corporate Income Tax und einer Inflationsrate von 1,60% in einem **realen „WACC vor Steuern"** in Höhe von 5,63% zusammengefasst,[1310] der einem realen „WACC nach Steuern" von 4,92% entspricht, [1311]

1309 Vgl. dazu im Folgenden **Commission for Energy Regulation (CER)**: 2006-2010 ESB Price Control Review... **(2005)**, S. 18 ff.

1310 Der 5,63%-ige reale „WACC vor Steuern" ermittelt sich unter Berücksichtigung der nachfolgenden aufgeführten Parameter wie folgt: 0,50 x 0,0658 /(1 - 0,125) + 0,50 x 0,0373 = 0,05625 = 5,63%.

1311 Infolge des niedrigen aktuellen Niveaus des risikolosen Zinssatzes wurde die für die erste Regulierungsperiode maßgebliche reale „WACC vor Steuern" in Höhe von

- Vorgabe einer für alle Netzbetreiber gültigen Kapitalstruktur durch die Normierung einer 50%-igen **Eigenkapitalquote** und einer entsprechenden Fremdkapitalquote von 50%,[1312]
- CAPM-rechnerische Ermittlung des **realen Eigenkapitalkostensatzes** in Höhe von 6,58% nach Steuern unter Berücksichtigung der 1,60%-igen Inflationsrate und der durchschnittlich 12,5%-igen Ertragsteuerbelastung,
- Approximation des **realen risikolosen Zinssatzes** anhand der Spannbreite zu Beginn der Regulierungsperiode maßgeblicher Renditen 10-jähriger deutscher, französischer und irischer Staatsanleihen in Höhe von 2,38%,
- Ansatz der **Marktrisikoprämie** in Höhe von 5,25%, die sich an dem mittleren Niveau der Ergebnisse weltweit durchgeführter Renditemessungen orientiert,
- Ansatz eines über Analogieansätze in Bezug auf ausländische börsennotierte Netzbetreiber und EVU erhobenen **Equity Beta-Faktors** von 0,80,
- Ansatz eines unter Berücksichtigung der 1,60%-igen Inflationsrate ermittelten **realen Fremdkapitalkostensatzes** in Höhe von 3,73%, der sich aus dem realen risikolosen Zinssatz von 2,38% und einem fremdkapitalspezifischen Risikozuschlag in Höhe von 1,35% zusammensetzt,
- bei der Bemessung der „debt risk premium" wurden Vergleichsunternehmen mit einem **A bzw. BBB-Rating** zugrunde gelegt.

Der reale Gesamtkapitalkostensatz WACC wird auf eine um das zinslos zur Verfügung stehende Abzugskapital reduzierte **wiederbeschaffungswertorientierte Vermögensbasis** bezogen, deren Ermittlung vereinfachend über die Indizierung der historischen Anschaffungskosten mit einer vom Consumer Price Index (CPI) abgeleiteten allgemeinen Inflationsrate erfolgt. Der linearen Abschreibungsbemessung und der Ermittlung der Restbuchwerte wird für alle Anlagegüter des Netzgeschäfts eine 45-jährige Nutzungsdauer zugrunde gelegt.

D. Italien

Mit der von der italienischen Regierung am 16.03.1999 erlassenen Verordnung Nr. 79/99 wurde die EU-Richtlinie 96/92/EG umgesetzt und der Strommarkt

---

6,5% deutlich abgesenkt. Vgl. dazu **Commission for Energy Regulation (CER)**: Determination of Distribution Allowed Revenues... **(2001)**, S. 2 f. und S. 18 ff.

1312 Die vergleichsweise hohe kalkulatorische Eigenkapitalquote wird von der irischen Regulierungsbehörde unter anderem mit den niedrigen Unternehmensteuern in Irland und den daraus resultierenden vergleichsweise geringen verschuldungsbedingten Steuerersparnissen begründet. Vgl. **Commission for Energy Regulation (CER)**: Determination of Distribution Allowed Revenues... **(2001)**, S. 19.

schrittweise liberalisiert.[1313] Infolge der EU-Vorgaben wurden aus den Bereichen Erzeugung, Übertragung, Verteilung und Vertrieb des staatlichen Energieversorgungsmonopols „**Ente nazionale per l'energia elettrica**" **(ENEL)** separate Unternehmen gegründet.[1314] Während die Stromübertragung ausschließlich durch das aus ENEL hervorgehende Unternehmen „Gestore della Rete di Trasmissione Nazionale (GRTN)" betrieben wird, sind für die Stromverteilung **ca. 170 Netzbetreiber** zuständig.

Für die Regulierung des italienischen Strom- und Gasmarktes ist die Regulierungsbehörde **L'Autoritá per l'Energia Elettrica e il Gas (AEEG)** zuständig. Die durch die regulierten Unternehmen finanzierte AEEG nahm ihre Arbeit zum 23.04.1997 auf und ist per Gesetz mit umfangreichen Kompetenzen, wie z. B. der Festlegung der Tarifhöhe und Tarifstruktur, der Definition von Qualitätsstandards, der Beratung der Regierung und der Umsetzung der EU-Vorgaben ausgestattet.[1315]

1) Ausgestaltung des Regulierungskonzeptes in Italien

Das von der AEEG konzipierte Regulierungskonzept folgt dem Prinzip des **Price Cap-Verfahrens**, das gemäß Artikel 2, Ziffer 18 des die Regulierung der italienischen Energiewirtschaft regelnden Gesetzes Nr. 481/1995 festgeschrieben wurde.[1316] Das für jeweils 4-jährige Regulierungsperioden maßgebliche Price Cap-Verfahren ist mit den folgenden Mechanismen versehen:[1317]

1313 Siehe dazu auch **Freshfields Bruckhaus Deringer**: Electricity Regulation - in 30 jurisdictions worldwide... **(2006)**, S. 98.

1314 Vgl. **L'Autorità per l'Energia Elettrica e il Gas**: Annual Report to the European Commission... **(2005)**, S. 3.

1315 Vgl. **L'Autorità per l'Energia Elettrica e il Gas**: The structure and role of the Italian Regulatory Authority for Electricity and Gas, Mailand **2005**.

1316 Vgl. **L'Autorità per l'Energia Elettrica e il Gas**: Law n. 481 of november 14th 1995 – Norms governing competition and the regulation of public utilities... **(2005)**, dort Artikel 2: Constituting Regulatory Authorities for Public Utilities, Nr. 18: „[...] determine the tariff using the price-cap method, defined as the maximum limit of price variation tied to a period of several years [...]."

1317 Vgl. im Folgenden **L'Autorità per l'Energia Elettrica e il Gas**: Annual Report 2004... **(2005)**, S. 43 ff.; **L'Autorità per l'Energia Elettrica e il Gas**: Electricity tariffs for 2004-2007: lower prices for consumers coupled with greater resources for investment, Pressemeldung, Mailand **31.01.2004**; **L'Autorità per l'Energia Elettrica e il Gas**: Second consultation document on electricity tariffs for 2004-2007 published, Pressemeldung, Mailand **19.11.2003** sowie **Benintendi, Daniele**: Regulatory Road Map for Italy... **(2004)**, S. 16.

- innerhalb der von der Regulierungsbehörde für den Netzbetrieb vorgegebenen **Preisobergrenzen** können die Netzbetreiber nach Kundengruppen differenzierende Durchleitungsgebühren erheben,
- die während der ersten Regulierungsperiode **realisierten Einsparungen** bei den Betriebskosten konnten von den Netzbetreibern zur Hälfte einbehalten werden,
- Vorgabe eines **realen Effizienzziels** von 3,5% für die Geschäftsjahre der vom 01.01.2004 bis 31.12.2007 andauernden zweiten Regulierungsperiode,
- der vorgegebene **X-Faktor** bezieht sich nicht auf die kalkulatorische Verzinsung, sondern ausschließlich auf die Summe von Betriebskosten und kalkulatorischen Abschreibungen,
- Integration von **Qualitätsregulierung und Price Cap-Verfahren** über „q-Faktoren" in der Preisobergrenzenformel.

2) Kapitalkostenkalkulation italienischer Stromnetzbetreiber

Über die in Italien im Kontext des stromverteilungsspezifischen Price Cap-Verfahrens praktizierte Kapitalkostenkalkulation sind der Öffentlichkeit nur sehr wenige Informationen zugänglich. Die folgenden kapitalkostenspezifischen Parameter liegen der Ermittlung der Durchleitungsgebühren im Stromverteilungsgeschäft für die vom 01.12.2004 bis 31.12.2007 andauernde **zweite Regulierungsperiode** zugrunde:[1318]

- Ansatz eines realen gesamtkapitalbezogenen Kapitalkostensatzes im Sinnes eines **realen „WACC vor Steuern"** in Höhe von 6,8%,[1319]
- Kalkulation der **Ertragsteuerbelastung** im WACC-Kapitalkostensatz,[1320]
- die **netzgeschäftsspezifische Vermögensbasis** wird ausgehend von den historischen Anschaffungs- bzw. Herstellungskosten unter Berücksichtigung der Netto-Investitionen jährlich neu bewertet.

1318 Vgl. im Folgenden **L'Autorità per l'Energia Elettrica e il Gas**: Annual Report 2004... **(2005)**, S. 47; **L'Autorità per l'Energia Elettrica e il Gas**: Electricity tariffs for 2004-2007: lower prices for consumers coupled with greater resources for investment, Pressemeldung, Mailand **31.01.2004** sowie **L'Autorità per l'Energia Elettrica e il Gas**: Second consultation document on electricity tariffs for 2004-2007 published, Pressemeldung, Mailand **19.11.2003**.

1319 In der vorhergehenden ersten Regulierungsperiode vom 01.12.2000 bis 31.12.2003 betrug der reale gesamtkapitalbezogene WACC-Kapitalkostensatz vor Steuern sowohl für den Übertragungsbereich als auch für den Verteilungsbereich einheitlich 5,6%.

1320 Der Körperschaftsteuersatz beträgt in Italien derzeit 33,0 %. Siehe dazu **Bundesministerium der Finanzen (BMF)**: Die wichtigsten Steuern im internationalen Vergleich... **(2006)**, S. 34.

E. Niederlande

Die rechtliche Grundlage für die Liberalisierung des Strommarktes in den Niederlanden bildete das niederländische Wettbewerbsgesetz und das **Elektrizitätsgesetz** aus dem Jahr 1998, das mit nachträglichen zum 01.07.1999 in Kraft getretenen Regelungen bezüglich des Stromnetzbetriebs die Richtlinie 96/92/EG umsetzte. Im Jahr 1999 wurde in Den Haag die für die Regulierung der Elektrizitäts- und Gaswirtschaft zuständige, dem Wirtschaftsministerium unterstehende Regulierungsbehörde „Dienst uitvoering en toezicht Energie" [im Folgenden engl.: **The Office for Energy Regulation (DTe)**] gegründet, die für die Festlegung der Höhe der Netzentgelte verantwortlich ist. Für den Stromnetzbetrieb sind neben der Übertragungsnetzgesellschaft TenneT derzeit **20 Stromverteilungsunternehmen** zuständig.

1) Ausgestaltung des Regulierungskonzeptes in den Niederlanden

Während der jeweils **4-jährigen Regulierungsperioden** legt die niederländische Regulierungsbehörde die Höhe der maximal zulässigen Netzentgelte auf Basis des im niederländischen Elektrizitätsgesetz verankerten **Price Cap-Verfahrens** fest.[1321]

a) Erste Regulierungsperiode 01.01.2000 bis 31.12.2003

Zum Start der ersten Regulierungsperiode gab die Regulierungsbehörde DTe den Netzbetreibern mit Hilfe der **Data Envelopment Analysis (DEA)** ermittelte individuelle X-Faktoren vor, die darauf abzielten, die Effizienzprofile der Netzbetreiber während der ersten Regulierungsperiode zu harmonisieren.[1322] Nach Ablauf der als Übergangsphase geplanten ersten Regulierungsperiode sollten die niederländischen Stromnetzbetreiber ihre Rationalisierungspotenziale vollständig ausgeschöpft haben und insofern die Effizienzgrenze erreicht oder sich derer

---

1321 Vgl. **Elektriciteitswet 1998** [engl.: Act of 2 July 1998 Providing Rules in Relation to the Production, Transmission and Supply of Electricity (Electricity Act) [including all amendments pursuant to the Gas Act 26463 and the Electricity Production Sector (Transition) Act 27250]], § 6. Tariffs and Accounts of the Grid Manager, Section 41 und die darin vorgegebene Price Cap-Formel: $P_t = [1 \times (CPI - X_t)/100] \times P_{t-1}$.

1322 Für weitere Details siehe im Folgenden **The Office for Energy Regulation (DTe)**: Guidelines for price cap regulation of the Dutch electricity sector – In the period from 2000 to 2003, Den Haag, February **2000**.

weitestgehend angenähert haben.[1323] Vor diesem Hintergrund beabsichtigte das DTe mit der zum 01.01.2004 beginnenden zweiten Regulierungsperiode die Implementierung von **Yardstick Competition**,[1324] indem sich die Entwicklung der Tarife eines Netzbetreibers gemäß der Yardstick-Regel ausschließlich an der durchschnittlichen Produktivitätsentwicklung der gesamten Branche orientieren sollte.

Infolge einer Reihe von Rechtsstreits, einschließlich eines am 13.11.2002 getroffenen Urteils, welches besagt, dass das individuelle Price Cap-System nicht mit den Prinzipien des Elektrizitätsgesetzes des Jahres 1998 vereinbar ist, einigten sich Netzbetreiber und DTe im Sommer 2003 für die erste Regulierungsperiode rückwirkend auf ein **branchenweites Effizienzziel** in Höhe von 3,2%.[1325] Schon vor Ablauf der Regulierungsperiode deckte eine vom DTe in Auftrag gegebene Studie jedoch auf, dass die Kostenniveaus der niederländischen Netzbetreiber noch erheblich über den angestrebten Effizienzgrenzen lagen und signifikante Produktivitätsunterschiede vor allem auf regional unterschiedliche Umfeldfaktoren zurückzuführen waren.[1326]

b) Zweite Regulierungsperiode 01.01.2004 bis 31.12.2006

Da die Regionalnetzbetreiber bis zum Ablauf der ersten Regulierungsperiode kein einheitliches effizientes Kostenniveau realisieren konnten, gibt das DTe auch in der vom 01.01.2004 bis zum 31.12.2006 andauernden zweiten Regulierungsperiode den einzelnen Netzbetreibern auf der Grundlage einer entsprechenden Änderung des Elektrizitätsgesetzes von 1998 individuelle Effizienzziele in Verbindung mit einem Price Cap-Mechanismus vor. Die X-Faktoren wurden auf Basis eines gesamtkostenbezogenen Benchmarking mit der Methodik der **Data Envelopment Analysis (DEA)** ermittelt.[1327] Die zwischen -3,6% und 6,3% liegenden, durchschnittlich 2,8% betragenden X-Faktoren setzen sich aus einem individuellen Kostensenkungsziel und einer allgemeinen 1,5%-igen branchenwei-

---

1323 Vgl. **Huggins, Michael – Riechmann, Christoph**: Wettbewerb zwischen den Netzen... (**2001**), S. 13.

1324 Siehe zu **The Office of Energy Regulation (DTe)**: Yardstick Competition... (**2002**), S. 3.

1325 Vgl. **Nillesen, Paul H. L. – Pollitt, Michael G.**: The Consequences for Consumer Welfare of the 2001-2003 Electricity Distribution Price Review in the Netherlands... (**2004**), S. 20 ff.

1326 Vgl. **The Office of Energy Regulation (DTe)**: Yardstick Competition... (**2002**), S. 8.

1327 Vgl. dazu auch **Plaut Economics**: Gutachten Effizienzanalysemethoden... (**2006**), S. 168.

ten Produktivitätsvorgabe zusammen.[1328] Während der zweiten Regulierungsperiode implementierte das DTe rückwirkend ab 01.01.2004 ein **integriertes Konzept der Preis- und Qualitätsregulierung**, das die Umsätze der Netzbetreiber über finanzielle Anreize bzw. Sanktionen direkt an die Erfüllung bzw. Nicht-Erfüllung individueller Qualitätsziele koppelt.[1329] Für die **dritte Regulierungsperiode** vom 01.01.2007 bis zum 01.01.2009 ist wiederum der Einsatz des Price Cap-Verfahrens in Verbindung mit der Vorgabe individueller X-Faktoren geplant. Die Methodik basiert dabei im Wesentlichen auf den in der zweiten Regulierungsperiode eingesetzten Mechanismen.[1330]

2) Kapitalkostenkalkulation niederländischer Stromnetzbetreiber

Die folgenden Parameter, die sich weitestgehend an den während der ersten Regulierungsperiode entwickelten Kalkulationsprinzipien orientieren,[1331] liegen der Kapitalkostenkalkulation im Kontext des für die niederländischen Stromverteilungsnetzbetreiber vom 01.01.2004 bis zum 31.12.2006 geltenden **Price Cap-Mechanismus** der zweiten Regulierungsperiode zugrunde:[1332]

- Eigenkapital- und Fremdkapitalkostensatz werden unter Berücksichtigung einer erwarteten Inflationsrate in Höhe von 2,2% in einem **realen „WACC vor Steuern"** in Höhe von 6,6% zusammengefasst,

1328 Siehe dazu **The Office of Energy Regulation (DTe)**: New Price-Cap For Electricity Grid Managers, Pressemeldung, Den Haag **27.10.2003**.

1329 Für genauere Informationen siehe **The Office of Energy Regulation (DTe)**: DTe Introduces Quality Regulation of Electricity Grids, Pressemeldung, Den Haag **12.10.2004**.

1330 Siehe dazu **The Office of Energy Regulation (DTe)**: Final method decisions for regional grid managers in the electricity sector 2007-2009, Den Haag **26.10.2006**.

1331 Vgl. dazu **The Office of Energy Regulation (DTe)**: Guidelines for price cap regulation of the Dutch electricity sector – In the period from 2000 to 2003... **(2000)**, insbesondere S. 24 sowie **Energiewirtschaftliches Institut an der Universität Köln (EWI) – Frontier Economics**: Zusammenstellung von Kostenrechnungsansätzen... **(2001)**, S. 25 ff. und S. 45.

1332 Zu den nachfolgenden Informationen siehe **The Office of Energy Regulation (DTe)**: Yardstick Competition... **(2002)**, S. 23 ff.; **The Office of Energy Regulation (DTe)**: An overview of the first regulatory review... **(2002)**, S. 21 ff. sowie die am 15.11.2003 veröffentlichten Methodenbeschlüsse bezüglich der Kalkulationsprinzipien betreffend den Ausgangspreis für regionale Netzbetreiber für die zweite Regulierungsperiode: **The Office of Energy Regulation (DTe)**: BIJLAGE B BIJ METHODEBESLUIT, Nummer: 100947-82... **(2003)**, S. 5 f. bzw. **The Office of Energy Regulation (DTe)**: BIJLAGE C BIJ METHODEBESLUIT, Nummer: 100947-82... **(2003)**, S. 6 ff.

- Antizipation der durchschnittlich 34,5%-igen **Ertragsteuerbelastung** bei der Ermittlung des WACC-Kapitalkostensatzes,
- Vorgabe einer für alle Netzbetreiber gültigen **Kapitalstruktur** durch die Normierung einer 40%-igen Eigenkapitalquote,
- Ermittlung des Eigenkapitalkostensatzes auf Basis der Methodik des **Capital Asset Pricing Models (CAPM)**,
- Ermittlung des Equity Beta-Faktors ausgehend von einem durchschnittlichen **Asset Beta-Faktor** von 0,4,
- Ansatz der **Marktrisikoprämie** in Höhe von 5,5%,
- Ansatz des **risikolosen Zinssatzes** in Höhe des 5-jährigen-Durchschnittes der Rendite 10-jähriger niederländischer Staatsanleihen von 4,9%,
- Ansatz des Fremdkapitalkostensatzes zum Niveau des risikolosen Zinssatzes zuzüglich eines **fremdkapitalspezifischen Risikozuschlags**.[1333]

Die Abschreibungen werden von der, von historischen Anschaffungs- bzw. Herstellungskosten abgeleiteten, **Regulatory Asset Base (RAB)** vorgenommen, die im Rahmen der Fortschreibung des Price Caps in Analogie zu den linearen Abschreibungen jährlich mit dem Consumer Price Index inflationiert wird und insofern den Ansatz des realen WACC begründet.[1334] Der in den Niederlanden zum Einsatz kommende Price Cap-Mechanismus sieht jedoch keine jährliche Anpassung der Vermögensbasis um die während der Regulierungsperiode getätigten Erweiterungsinvestitionen vor. Die Vermögensbasis wird erst nach Ablauf einer Regulierungsperiode neu bestimmt.

F. Schweden

Zum 01.01.1998 trat parallel zur Implementierung der aus der staatlichen Energieaufsichtsbehörde Swedish Energy Authority hervorgegangenen sektorspezifischen **Regulierungsbehörde Swedish Energy Agency (STEM)** [schwedisch: Energimyndigheten] das reformierte schwedische Elektrizitätsgesetz in Kraft, das

---

1333 Der fremdkapitalspezifische Risikozuschlag betrug während der ersten Regulierungsperiode 0,80%. Vgl. **The Office of Energy Regulation (DTe)**: Guidelines for price cap regulation of the Dutch electricity sector – In the period from 2000 to 2003... **(2000)**, S. 23.

1334 Siehe dazu insbesondere **The Office of Energy Regulation (DTe)**: Yardstick Competition... **(2002)**, S. 26: "A real WACC will also be assumed in the coming regulatory period. The Electricity Act does not provide for a nominal treatment of the average cost of capital because the tariffs are corrected on the basis of the CPI. Applying financial information based on a nominal value would result in double compensation for inflation."

den gesetzlichen Rahmen für die Regulierung der schwedischen Stromnetzbetreiber umfasst.[1335] Die Stromübertragung wird in Schweden durch das staatliche Unternehmen Svenska Kraftnät betrieben, während die Stromverteilung derzeit von ca. **180 lokalen und regionalen Netzbetreibern** organisiert wird, deren Anzahl sich von über 1500 Unternehmen im Jahr 1950 infolge von Gemeindezusammenschlüssen und Unternehmensübernahmen bis zum heutigen Zeitpunkt stark reduziert hat.[1336]

1) Ausgestaltung des Regulierungskonzeptes in Schweden

Auch in Schweden wurde im Zuge der Strommarktliberalisierung ein Modell des regulierten Netzzugangs implementiert, das die Netzbetreiber verpflichtet, Dritten den Zugang zu ihren Netzen zu nicht diskriminierenden Entgelten zu gewähren.[1337] Entgegen den Vorgaben der EU-Beschleunigungsrichtlinie 2003/54/EG praktiziert der schwedische Regulierer ein **Modell der Ex post-Regulierung**, indem die Netzentgelte nach Ablauf eines Geschäftsjahres auf ihre Angemessenheit überprüft werden.

Zur Überprüfung der Rationalität der Betriebsführung werden den tatsächlich realisierten Kostenniveaus und Umsätzen des Netzgeschäfts seit 2004 im Rahmen der Preisprüfung die auf Basis einer als **Network Performance Assessment Model (NPAM)** bezeichneten Modellnetzanalyse ermittelten Kosten bzw. Umsätze eines Referenznetzes gegenübergestellt.[1338] Übersteigen die realisierten Umsätze der Netzbetreiber die mittels des NPAM ermittelten Erlösobergrenzen, leitet die schwedische Regulierungsbehörde **individuelle Prüfprozesse** ein, die auch den Unternehmen Gelegenheit zur Erläuterungen der Kostenabweichungen geben.[1339]

1335 Vgl. **The Swedish Electricity Act**: Fassung vom 20. November 1997, inklusive der letzten Überarbeitung vom 01.11.1999.

1336 Vgl. dazu **Fillipini, Massimo – Wild, Jörg – Luchsinger, Cornelia**: Regulierung der Verteilnetzpreise... (**2001**), S. 31. Während sich die lokalen Netzbetreiber vorwiegend in kommunalem Besitz befinden, gehören über 50% der regionalen Stromverteilungsnetze dem Unternehmen Vattenfall.

1337 Vgl. nochmals **Fillipini, Massimo – Wild, Jörg – Luchsinger, Cornelia**: Regulierung der Verteilnetzpreise... (**2001**), S. 33.

1338 Vgl. **Swedish Energy Agency (STEM)**: Performance Assessment Model – Description of Model, Eskilstuna **2004**.

1339 Siehe dazu auch **Plaut Economics**: Gutachten Effizienzanalysemethoden... (**2006**), S. 172. An dieser Stelle ist zu berücksichtigen, dass das Network Performance Assessment Model (NPAM) parallel zum Zeitpunkt der Fertigstellung dieser Arbeit implementiert wurde und insofern noch keine weiteren Erkenntnisse über die Er-

2) Kapitalkostenkalkulation schwedischer Stromnetzbetreiber

Das schwedische Elektrizitätsgesetz sieht vor, dass die Netzentgelte angemessen und **auf der Basis objektiver kostenorientierter Kriterien** kalkuliert werden sollen.[1340] Im Kontext der Ex post-Überprüfung der Netzentgelte ist eine angemessene Rendite des netzgeschäftsspezifisch investierten Kapitals zu berücksichtigen, jedoch kein darüber hinaus realisierbarer Gewinn.[1341] Im Gegensatz zu den Regelungen der Stromnetzentgeltverordnung (StromNEV) in Deutschland, werden den schwedischen Stromnetzbetreibern jedoch **keine direkten Vorgaben** bezüglich der Kalkulation der Kapitalkosten gemacht. Die Angemessenheit der Höhe der Netzentgelte wird erst nach Ablauf eines Geschäftsjahres im Rahmen des **Network Performance Assessment Model** überprüft. Die folgenden kapitalkostenspezifischen Parameter werden vom schwedischen Regulierer bei der Simulierung angemessener Netzentgelte im Kontext der Modellnetzanalyse des Network Performance Assessment Model (NPAM) zugrunde gelegt:[1342]

- Bewertung der Vermögensgegenstände des fiktiven Modellnetzes auf Basis **aktueller standardisierter Wiederbeschaffungskosten,**
- Ansatz eines realen gesamtkapitalbezogenen Kapitalkostensatzes im Sinne eines **realen „WACC vor Steuern"** in Höhe von 4,62%,
- Berücksichtigung der 28%-igen **Ertragsteuerbelastung** bei der Ermittlung des WACC-Kapitalkostensatzes,
- Ermittlung des WACC auf Basis einer 20%-igen **Eigenkapitalquote** und einem 80-%-igen Anteil für das zinspflichtige Fremdkapital,

---

gebnisse des Einsatzes des NPAM in der schwedischen Regulierungspraxis vorliegen.

1340 Vgl. **The Swedish Electricity Act**: Fassung vom 20. November 1997, inklusive der letzten Überarbeitung vom 01.11.1999, CHAPTER 4, Network tariffs, general provisions, insbesondere § 1.

1341 Vgl. **The Swedish Electricity Act**: Fassung vom 20. November 1997, inklusive der letzten Überarbeitung vom 01.11.1999, CHAPTER 4, Network tariffs, general provisions, insbesondere § 1 sowie die Kommentierung von **Fillipini, Massimo – Wild, Jörg – Luchsinger, Cornelia**: Regulierung der Verteilnetzpreise... **(2001)**, S. 35.

1342 Die hier präsentierten Angaben basieren auf dem folgenden von der schwedischen Regulierungsbehörde STEM zur Verfügung gestellten Dokument: **The Swedish Energy Agency (STEM) – Dreber Lundkvist & partners AB**: A critical examination of the financial parameter values for the cost of capital in the Performance Assessment Model for Electricity Networks... **(2004)**, S. 45 ff.

- Ansatz eines 7,13%-igen realen Eigenkapitalkostensatzes vor Steuern, der mit Hilfe des **Capital Asset Pricing Model (CAPM)** ermittelt wurde,[1343]
- Ansatz des **realen risikolosen Zinssatzes** in Höhe von 3,25% aus dem Mittelwert der über einen 4-Jahres-Zeitraum erhobenen durchschnittlichen realen Rendite schwedischer Staatanleihen mit einer 5-jährigen (3,1%) und einer 12-jährigen Restlaufzeit (3,4%),
- bei der Ermittlung des realen risikolosen Zinssatzes werden die nominalen Renditen der Staatsanleihen um die **allgemeine Inflationsrate** bereinigt,
- Ansatz eines **Equity Beta-Faktors** von 0,33, der mit Hilfe von Analogieansätzen begründet wird,
- Ansatz der **Marktrisikoprämie** in Höhe von 4,2%, die von der durchschnittlichen Marktrisikoprämie für den schwedischen Kapitalmarkt im Zeitraum 1998-2002 abgeleitet wurde,
- Berücksichtigung einer **Illiquiditätsprämie** bei der CAPM-rechnerischen Ermittlung des Eigenkapitalkostensatzes in Höhe von 0,5%, die mit der Nicht-Börsennotierung der Stromnetzbetreiber und der langen Kapitalbindung im Stromnetzgeschäft begründet wird,
- Ansatz des **realen Fremdkapitalkostensatzes** in Höhe von 4,0%, der sich aus dem realen risikolosen Zinssatz in Höhe von 3,25% und einem auf Basis eines A-Ratings abgeleiteten fremdkapitalspezifischen Risikozuschlag (debt risk premium) in Höhe von 0,75% zusammensetzt.

Der reale WACC-Kapitalkostensatz wird auf die von aktuellen Wiederbeschaffungskosten abgeleitete Vermögensbasis des Modellnetzes bezogen. Das WACC-rechnerische Zinsvolumen und das wiederbeschaffungswertorientierte Abschreibungsvolumen werden über die Ermittlung einer **Kapitaldienst-Annuität** auf Basis standardisierter Nutzungsdauern normalisiert.[1344]

G. Großbritannien

Ausgangspunkt für die Liberalisierung des Elektrizitätsmarktes in Großbritannien bildet der im Jahr 1989 novellierte „Electricity Act" und das darauffolgende breit angelegte **Privatisierungsprogramm der Thatcher-Regierung** im Jahre

---

1343 Basierend auf den nachfolgend erläuterten Parametern ermittelt sich der reale Eigenkapitalkostensatz vor Steuern wie folgt: $(0{,}0325 + 0{,}33 \times 0{,}0420 + 0{,}005) / (1 - 0{,}28) = 0{,}07133 = 7{,}13\%$.

1344 Vgl. dazu auch **Plaut Economics**: Gutachten Effizienzanalysemethoden... **(2006)**, S. 171 f.

1990,[1345] das sich auf eine Reihe von Versorgungsbranchen bezog und auf die Steigerung der Effizienz bei gleichzeitiger Steigerung der Versorgungszuverlässigkeit abzielte.[1346]

Im Rahmen der Privatisierung und Umstrukturierung in England und Wales wurde des ehemals staatliche Stromerzeugungs- und Versorgungsmonopol, das **Central Electricity Generating Board (CEGB)**, zum 01.04.1990 in die drei Stromerzeuger National Power, PowerGen und Nuclear Electric, die börsennotierte Übertragungsnetzgesellschaft National Grid Company (NGC) und in zwölf regionale, für Stromverteilung und Stromvertrieb zuständige, **Regional Electricity Companies (REC)** aufgespalten, deren Stromverteilungsnetze als eigenständige Distribution Network Operators (DNO) fungieren.[1347] In Schottland sind die Verteilungsnetze im Besitz der Unternehmen Scottish Power UK plc. und Scottish and Southern Energy plc.

Für die Stromverteilung in England, Schottland und Wales sind zur Zeit insgesamt **14 Netzbetreiber** zuständig, während die Stromübertragung durch das Unternehmen National Grid Electricity Transmission plc realisiert wird, das auch die Übertragungsnetze der beiden schottischen Unternehmen Scottish Power UK plc und Scottish and Southern Energy plc betreibt.

Von 1989 bis 1998 war die sektorspezifische Regulierungsbehörde Office of Electricity Regulation (OFFER) mit der Überwachung der Regulierungsziele betraut. Seit Beginn des Jahres 1999 ist die aus einer Fusion des Office of Electricity Regulation (OFFER) und des Office of Gas Supply (OFGAS) hervorgegangene unabhängige Regulierungsbehörde **Office of Gas and Electricity Markets (OFGEM)** mit der Regulierung des Elektrizitäts- und Gasmarktes betraut. Die umfangreichen Kompetenzen der Regulierungsbehörde, so z. B. die Festlegung der Netzentgelte sind im Gas Act und im Electricity Act des Jahres 1989, dem Competition Act des Jahres 1998 und dem Utilities Act des Jahres 2000

1345 Die Regierung von Margaret Thatcher verfolgte seit 1979 das wirtschaftspolitische Ziel der Auflösung und Privatisierung staatlicher Versorgungsmonopole. Nach der Entstaatlichung des Telekommunikationsbereiches und des Gassektors sollte mit dem im Jahr 1983 verabschiedeten Energy Act 1983 die Elektrizitätswirtschaft liberalisiert werden, was jedoch erst mit der Novellierung des Energy Acts im Jahr 1989 gelang.

1346 Vgl. **Riechmann, Christoph**: Regulierung von Energiemärkten... **(2003)**, S. 20 sowie bezüglich des Liberalisierungsprozesses in Großbritannien: **Riechmann, Christoph**: Preisentwicklungen in einem liberalisierten Strommarkt... **(1999)** , S. 65 f. und dort zitierte Literatur.

1347 Vgl. **Monopolkommission**: Wettbewerbspolitik im Schatten „Nationaler Champions"... **(2004)**, S. 559.

festgehalten.[1348] Die stufenweise Öffnung des Elektrizitätsmarktes in Großbritannien wurde im Juni 1999 mit der Möglichkeit der freien Wahl des Energieversorgers für alle Endkunden vollendet.[1349]

1) Ausgestaltung des Regulierungskonzeptes in Großbritannien

Das von der sektorspezifischen Regulierungsbehörde OFFER von 1990 bis 1999 und nachfolgend durch OFGEM verfolgte elektrizitätswirtschaftliche Regulierungskonzept diente in den zurückliegenden Jahren als Referenzmodell für den Liberalisierungsprozess und die Regulierung der Energiemärkte in Europa. Die von den britischen Regulierungsbehörden OFFER bzw. OFGEM konzipierte stromverteilungsspezifische Preisregulierung der Netzentgelte basiert grundsätzlich auf der von *Littlechild* geprägten **Ex ante-Regulierung auf Basis des RPI-X-Ansatzes**. Die Höhe der Preis- bzw. Umsatzobergrenzen wird nach Ablauf der jeweils 5-jährigen Regulierungsperioden im Anschluss an das "regulatory review" neu festgelegt.

Während der letzten 15 Jahre ließen sich ausgehend von der Privatisierung der britischen Stromwirtschaft im Jahr 1990 verschiedene regulierungskonzeptspezifische Entwicklungsstufen verfolgen, die **Abbildung 7-3** skizziert und im Folgenden deshalb ausführlicher erläutert werden.

a) Regulierungskonzept der ersten Regulierungsperiode von 1990 bis 1995

Während der ersten Regulierungsperiode wurde das Regulierungskonzept nach dem **Price Cap-Verfahren** ausgestaltet.[1350] Aus der Vorgabe einer durchschnittlichen Preisobergrenze folgte, dass der Gesamterlös im Ausmaß des Nachfragewachstums ansteigen konnte.[1351] Aufgrund hoher Prognosen bezüglich des In-

---

1348 Vgl. **Monopolkommission**: Wettbewerbspolitik im Schatten „Nationaler Champions"... **(2004)**, S. 556. Das Electricity Act aus dem Jahre 1989 regelt unter anderem die Vergabe von Lizenzen als grundlegende Voraussetzung für jegliche Betätigung im Bereich der Elektrizitätswirtschaft (Erzeugung, Übertragung oder Versorgung). Das Utility Act sieht im Sinne des Unbundling seit dem Jahr 2000 getrennte Lizenzen für Stromverteilung und Stromversorgung von Endkunden vor, die nur an rechtlich selbstständige Unternehmen vergeben werden dürfen.

1349 Siehe dazu nochmals **Monopolkommission**: Wettbewerbspolitik im Schatten „Nationaler Champions"... **(2004)**, S. 565.

1350 Vgl. **Monopolkommission**: Wettbewerbspolitik im Schatten "Nationaler Champions"... **(2004)**, S. 560.

1351 Vgl. **Lechner, Herbert – Stockmayer, Manfred**: Energiepreisregulierung in Europa... **(1994)**, S. 31.

2005-2010 Revenue Cap-Regulierung,
erhöhte Ausgangspreise, anschließend
RPI-0-Regulierung (X-Faktor = 0), Sliding
Scale-Mechanismus, integrierte Preis- und
Qualitätsregulierung

2000-2005 Revenue Cap-Regulierung,
hohe einmalige reale Preissenkungen (2000/01: Ø 17%),
Benchmarking der Betriebskosten (OPEX),
ab 2002 integrierte Preis- und Qualitätsregulierung

1995-2000 Revenue Cap-Regulierung,
hohe reale Preissenkungen (z.B. 1995/96: 11-17%),
1997/98 Einführung der „windfall-tax",
separate Qualitätsregulierung

1990-1995 Price Cap-Regulierung,
Ø reale Preissteigerungen von +1,15% p. a.,

1990 Privatisierung der
Stromwirtschaft in
England und Wales

Abbildung 7-3	Entwicklungsstufen des stromverteilungsspezifischen Regulierungskonzeptes in Großbritannien

vestitionsbedarfs während der Regulierungsperiode wurden den Unternehmen jährliche reale Preissteigerungen in Form **positiver X-Faktoren** von durchschnittlich +1,15% zugestanden.[1352] Die von April 1990 bis März 1995 verfolgte Price Cap-Regulierung entsprach daher faktisch einer traditionellen kostenorientierten Preisregulierung.[1353]

b) Regulierungskonzept der zweiten Regulierungsperiode von 1995 bis 2000

Infolge der aus volkswirtschaftlicher Sicht unerwünschten Preis- und Gewinnentwicklungen reagierte die Regulierungsbehörde OFFER in den ersten beiden Jahren der zweiten Regulierungsperiode mit **hohen einmaligen realen Preiskürzungen** von 11% bis 17% für das Geschäftsjahr 1995/1996 und 10% bis 13% für das Geschäftsjahr 1996/1997.[1354] Parallel zu den einmaligen Preiskürzungen

1352 Vgl. **Riechmann, Christoph**: Preisentwicklungen in einem liberalisierten Strommarkt... (**1999**) , S. 78.

1353 Vgl. **Riechmann, Christoph**: Strommarktregulierung in Großbritannien... (**2002**), S. 4.

1354 Vgl. **Monopolkommission**: Wettbewerbspolitik im Schatten "Nationaler Champions"... (**2004**), S. 560.

wurde ein für alle Netzbetreiber geltender X-Faktor von -2,0% vorgegeben, der für die Geschäftsjahre 1997/1998 bis 1999/2000 und die darauffolgende dritte Regulierungsperiode auf -3,0% angehoben wurde.[1355] Die Labour-Regierung führte zusätzlich im Jahr 1998 zur Abschöpfung der während der ersten Regulierungsperiode aufgelaufenen Gewinne eine als „Windfall Tax" bezeichnete Sondersteuer ein, die im Geschäftsjahr 1997/1998 zu einer weiteren Umsatzkürzung der Netzbetreiber führte.[1356]

Mit Beginn der zweiten Regulierungsperiode im April 1995 wurde die RPI-X-Regulierung zu einem **Revenue Cap-Ansatz** umgebaut, indem Mengenänderungen aufgrund von Nachfragewachstum nicht mehr zu einer 100%-igen, sondern nur noch zu einer 50%-igen Anpassung der Erlösobergrenze führen durften.[1357] Neben der zusätzlich verteilten Strommenge wurde auch der Anstieg der Kundenanzahl im Rahmen der Festlegung der Umsatzobergrenzen berücksichtigt.[1358]

c) Regulierungskonzept der dritten Regulierungsperiode von 2000 bis 2005

Um das Preisniveau an das tatsächliche Kostenniveau der Netzbetreiber anzupassen, reagierte die Regulierungsbehörde OFGEM auch zu Beginn der dritten Regulierungsperiode im Jahr 2000 mit einmaligen **realen Preissenkungen** von durchschnittlich 17,0%.[1359] Erst anlässlich der Festlegung der X-Faktoren für die dritte Regulierungsperiode setzte OFGEM während des von 1998 bis 1999 andauernden Preisaufsichtsverfahrens auf ein auf der **COLS-Methode** basierendes Benchmarking, das sich jedoch auf die Betriebskosten der Netzbetreiber beschränkte.[1360]

1355 Vgl. **Office of Gas and Electricity Markets (OFGEM)**: Reviews of Public Electricity Suppliers 1998 to 2000... **(1999)**, S. 49.

1356 Vgl. **Riechmann, Christoph**: Preisentwicklungen in einem liberalisierten Strommarkt... **(1999)**, S. 79.

1357 Vgl. **Monopolkommission**: Wettbewerbspolitik im Schatten "Nationaler Champions"... **(2004)**, S. 560.

1358 Vgl. **Office of Gas and Electricity Markets (OFGEM)**: Reviews of Public Electricity Suppliers 1998 to 2000... **(1999)**, S. 6.

1359 Vgl. **Riechmann, Christoph**: Strommarktregulierung in Großbritannien... **(2004)**, S. 161.

1360 Vgl. **Office of Gas and Electricity Markets (OFGEM)**: Reviews of Public Electricity Suppliers 1998 to 2000... **(1999)**, S. 14 ff. Auch bei der Festlegung der Effizienzziele für die Regulierungsperiode 2005 bis 2010 wurde das zu Effizienzvergleichen durchgeführte regressionsanalytische Benchmarking lediglich auf Basis der Betriebskosten (OPEX) durchgeführt. Vgl. **Office of Gas and Electricity Markets (OFGEM)**: Electricity Distribution Price Control Review... **(2004)**, S. 3 und S. 89.

Zur Überprüfung, ob die Netzbetreiber trotz der jährlichen Kostensenkungsvorgabe eine angemessene Kapitalverzinsung realisieren können, setzt die Regulierungsbehörde mehrperiodisch angelegte barwertrechnerische Simulationsrechnungen ein, die als „**Financial Models**" bezeichnet werden.[1361] Der Kapitalbedarf für die während einer Regulierungsperiode geplanten Ersatz- und Modernisierungsinvestitionen unterliegt einer separaten Kontrolle über die von der Regulierungsbehörde zu genehmigenden **Investitionsbudgets**.[1362]

Zur Sicherstellung der Versorgungsqualität erfolgte von 1990 bis 2002 neben der Preisregulierung eine **separate Qualitätsregulierung** durch die Vorgabe von garantierten Standards (Guaranteed Standards) und generellen Standards (Overall Standards) im Rahmen der Lizenzvergabe. Nur die Nichterfüllung der garantierten Standards führte zu direkten Kompensationszahlungen an die Kunden, während die allgemeinen Qualitätskriterien durch öffentliche Vergleiche der Qualitätskennzahlen einen indirekten Anreiz zur Qualitätssteigerung liefern sollten.[1363]

d) Regulierungskonzept der vierten Regulierungsperiode von 2005 bis 2010

Der Beginn der vierten Regulierungsperiode im April 2005 leitete eine **Kehrtwende** bezüglich der Ausgestaltung der RPI-X-Regulierung für die stromverteilenden Netzbetreiber in Großbritannien ein. Empirische Untersuchungen kamen zu dem Ergebnis, dass die Effizienz des Netzgeschäfts im Verlauf der zurückliegenden 15 Jahre erheblich anstieg. Während das gesamtwirtschaftliche jährliche Produktivitätswachstum in Großbritannien von 1991/1992 bis 2000/2001 durchschnittlich nur 1,3% betrug, konnten die Netzbetreiber die **totale Faktorproduk-**

1361 Vgl. dazu die Ausführungen im 2. Kapitel dieser Arbeit, S. **88 f.** sowie **Office of Gas and Electricity Markets (OFGEM)**: Reviews of Public Electricity Suppliers 1998 to 2000... **(1999)**, S. 23 ff., insbesondere S. 29.

1362 Vgl. **Office of Gas and Electricity Markets (OFGEM)**: Reviews of Public Electricity Suppliers 1998 to 2000... **(1999)**, S. 46 f.

1363 Zu den garantierten Standards zählen unter anderem zeitliche Vorgaben für die Wiederaufnahme der Versorgung nach einer Unterbrechung, die Ankündigung einer Versorgungsunterbrechung und Zeitvorgaben für die Bearbeitung von Beschwerden sowie die Veröffentlichung von Informationen über Entgelte, den Erstanschluss und die Einhaltung von Terminabsprachen. Vgl. **Monopolkommission**: Wettbewerbspolitik im Schatten "Nationaler Champions"... **(2004)**, S. 561.

tivität im gleichen Zeitraum jährlich um durchschnittlich 4,2% steigern.[1364] In der gleichen Zeit konnte auch die Versorgungsqualität verbessert werden.[1365]

Seit dem Beginn der Liberalisierung sind die Netzentgelte in Großbritannien im Durchschnitt bis zum Jahr 2005 **real um ø40–50% gefallen**.[1366] Aufgrund der beachtlichen Kostensenkungen der Vergangenheit ging die Regulierungsbehörde OFGEM zu Beginn der vierten Regulierungsperiode davon aus, dass im Stromverteilungsgeschäft nur noch mit moderaten Effizienzsteigerungen zu rechnen ist. Anstelle negativer X-Faktoren wurde den Unternehmen für das Jahr 2005 im Durchschnitt eine 1,3%-ige reale Preissteigerung zugestanden und die Höhe der X-Faktoren für die Jahre 2006 bis 2010 auf Null gesetzt.[1367] Von 2006 bis 2010 steigen die Netzentgelte im Sinne einer **RPI-0-Regulierung** daher im Ausmaß der anhand des allgemeinen Einzelhandelspreisindex quantifizierten Inflationsrate. Die Anhebung der Erlöse wurde darüber hinaus mit einem zunehmenden Bedarf an Ersatz- und Erweiterungsinvestitionen während der folgenden Jahre begründet.[1368]

Im Anschluss an das 1999 endende Preisaufsichtsverfahren der zweiten Regulierungsperiode startete die Regulierungsbehörde OFGEM das **Information**

1364 Die jährlichen individuellen Produktivitätsfortschrittsraten der Netzbetreiber schwankten in einer Bandbreite von 0,5% bis 7,0%. Vgl. dazu **Cambridge Economic Policy Associates Ltd**: Productivity Improvements in Distribution Network Operators... **(2003)**, S. 18 f. u. S. 26.

1365 Die von der Regulierungsbehörde regelmäßig veröffentlichten stromübertragungs- und stromverteilungsspezifischen Performance-Berichte [Report on distribution and transmission system performance] zeigen, dass die immensen Kosteneinsparungen während der ersten Regulierungsperioden die Versorgungsqualität nicht beeinträchtigt haben, sondern sich sowohl die Anzahl als auch die Dauer von Versorgungsunterbrechungen bis auf wenige Ausnahmen seit dem Privatisierungszeitpunkt 1990 kontinuierlich verringert haben. Während des Zeitraums 1990/1991-2001/2002 ist die Anzahl an Versorgungsunterbrechungen pro 100 angeschlossener Kunden um 30,82% gefallen und die durchschnittliche Dauer einer Versorgungsunterbrechung um 63,71% gesunken. Siehe dazu **Office of Gas and Electricity Markets (OFGEM)**: Report on distribution and transmission system performance 2000/ 2001... **(2002)**, S. 8 und S. 12.

1366 Vgl. **Monopolkommission**: Wettbewerbspolitik im Schatten "Nationaler Champions"... **(2004)**, S. 562 und **Office of Gas and Electricity Markets (OFGEM)**: Electricity distribution price control 2005-2010... **(2004)**, S. 4: Die Netzentgelte in der Stromverteilung fielen von 1995 bis 2000 real um durchschnittlich 25,5% und von 2000 bis 2005 um rund 24,5% gegenüber dem Ausgangspreisniveau.

1367 Vgl. **Office of Gas and Electricity Markets (OFGEM)**: Electricity distribution price control 2005-2010... **(2004)**, S. 3 f. und **Office of Gas and Electricity Markets (OFGEM)**: Electricity Distribution Price Control Review ... **(2004)**, S. 6.

1368 Vgl. **Office of Gas and Electricity Markets (OFGEM)**: Electricity distribution price control 2005-2010... **(2004)**, S. 1.

and Incentive Project (IIP). Das Projekt zielte darauf ab, monetäre Anreize zur Aufrechterhaltung und Steigerung der Versorgungsqualität direkt in die Erlösobergrenzenformel zu integrieren, indem ein bestimmter Anteil der maximal realisierbaren Erlösobergrenzen an die Erfüllung **unternehmensspezifischer Qualitätsziele** gekoppelt wurde[1369] Überschreitet ein Netzbetreiber die unternehmensindividuelle Qualitätsvorgabe in Form der durchschnittlichen Anzahl bzw. Dauer ungeplanter Versorgungsunterbrechungen, erfolgt während der vierten Regulierungsperiode eine jährliche Reduktion der erlaubten Erlösobergrenze von bis zu 3,0%, während eine Unterschreitung die jährliche Erlösobergrenze analog um bis zu 3,0% erhöht.[1370]

Um das für die Regulierungsperiode unternehmensindividuell genehmigte Investitionsbudget mit Anreizmechanismen für eine angemessene Prognose des Kapitalbedarfs seitens der Unternehmen und effiziente Ausschöpfung zu versehen, wurden die Investitionsbudgets während der vierten Regulierungsperiode mit einem **Sliding Scale-Mechanismus** gekoppelt.[1371] Die Netzbetreiber können zwischen einem niedriger bemessenen Budget und einem höher veranschlagten Budget wählen. Entscheidet sich der Netzbetreiber für das niedrigere Budget, kann er im Fall der Ausschöpfung und Unterschreitung des Budgets bis zu einem bestimmten Mindestinvestitionsvolumen eine zusätzliche Verzinsung realisieren. Netzbetreiber, die sich für das höhere Investitionsbudget entscheiden, können hingegen bei Ausschöpfung des Budgets keine zusätzliche Verzinsung und im Fall des Unterschreitens nur eine geringfügig höhere Verzinsung realisieren.

1369 Von April 2002 bis März 2005 führte die Überschreitung der Sollvorgaben zu Kürzungen der Erlösobergrenzen von maximal 1,75%, während die Unterschreitung der vorgegebenen Anzahl und Dauer von Versorgungsunterbrechungen zu einer maximal 2,0%-igen Anhebung der realisierbaren Umsätze führte. Für nähere Informationen siehe **Office of Gas and Electricity Markets (OFGEM):** Information and incentives project - Incentive schemes... **(2001),** insbesondere S. 6 ff.

1370 Neben den auf die Versorgungsqualität abstellenden Qualitätsparametern werden zusätzlich auch Vorgaben hinsichtlich der kommerziellen Qualität, z. B. hinsichtlich des Telefonservices, an die Erlösobergrenzen gekoppelt. Vgl. dazu ausführlich **Office of Gas and Electricity Markets (OFGEM):** Electricity Distribution Price Control Review... **(2004)** S. 15 ff.

1371 Vgl. im Folgenden **Office of Gas and Electricity Markets (OFGEM):** Electricity Distribution Price Control Review... **(2004)** S. 83 ff.

2) Kapitalkostenkalkulation britischer Stromnetzbetreiber

Im Vergleich zu der von OFGEM während der Regulierungsperiode 2000 bis 2005 praktizierten Kalkulationsmethodik[1372] wurden für den von 2005 bis 2010 andauernden Regulierungszeitraum **wesentliche Modifikationen** vorgenommen. Wie im Folgenden skizziert wird, betrifft dies die Festlegung der WACC-spezifischen Kapitalstruktur und des Eigenkapitalkostensatzes sowie die Kalkulationsmethodik der Ertragsteuerbelastung. Im Gegensatz zum Regulierungszeitraum 2000 bis 2005 wird der unternehmensübergreifend geltende durchschnittliche Kapitalkostensatz als „**WACC nach Steuern**" definiert, wodurch die antizipierten Ertragsteuerbelastungen einer separaten betragsmäßigen Kalkulation unterliegen. Darüber hinaus wurde bei der Ermittlung des WACC eine von 50% auf 42,5% abgesenkte Eigenkapitalquote und auf eine detaillierte CAPM-rechnerische Ermittlung des Eigenkapitalkostensatzes verzichtet. Im Einzelnen legt OFGEM für die Regulierungsperiode von 2005 bis 2010 der Kapitalkostenermittlung die folgenden Parameter zugrunde:[1373]

- Eigenkapital- und Fremdkapitalkostensatz werden im realen „WACC nach Steuern" in Höhe von 4,8% zusammengefasst, der im Rahmen der „Financial Models" in einen weder Steuerbelastungen noch Steuerersparnisse berücksichtigenden **realen „Vanilla WACC"** in Höhe von 5,5% umgerechnet wird (entspricht einem realen „WACC vor Steuern" von 6,9%),[1374]

1372 Die von der britischen Regulierungsbehörde OFGEM während der Regulierungsperiode 2000 bis 2005 verfolgten Prinzipien der Kapitalkostenkalkulation lassen sich wie folgt zusammenfassen: Verzinsung der mit der allgemeinen Preissteigerungsrate inflationierten Vermögensbasis „Regulatory Asset Base (RAV)" zum realen Weighted Average Cost of Capital (WACC) vor Steuern von 6,5%, Berücksichtigung der 30%-igen Ertragsteuerbelastung im WACC, Eigenkapitalquote = 50 %, Ermittlung des Eigenkapitalkostensatzes mit Hilfe des CAPM, realer risikoloser Zinssatz = 2,5%, Marktrisikoprämie = 3,5%; Equity-Beta = 1,0; realer Eigenkapitalkostensatz nach Steuern = 6,0%; Eigenkapitalkostensatz vor Steuern = 8,6%; realer Fremdkapitalkostensatz = 4,3% als Summe von realem risikolosen Zinssatz in Höhe von 2,5% zzgl. einer „debt risk premium" in Höhe von 1,4% zzgl. eines Zuschlags für langfristige Verbindlichkeiten in Höhe von 0,4%. Vgl. dazu ausführlich **Office of Gas and Electricity Markets (OFGEM)**: Reviews of Public Electricity Suppliers 1998 to 2000... (**1999**), S. 38 ff.

1373 Vgl. im Folgenden **Office of Gas and Electricity Markets (OFGEM)**: Electricity Distribution Price Control Review... (**2004**), insbesondere S. 102 ff.

1374 Basierend auf den nachfolgend erläuterten Parametern ermitteln sich die WACC-Kapitalkostensätze wie folgt: realer „WACC nach Steuern" = 0,425 x 0,075 + 0,575 x (1-0,30) x 0,041 = 0,0483 = 4,8%, realer „Vanilla WACC" = 0,425 x 0,075 + 0,575 x 0,041 = 0,05545 = 5,5%, realer „WACC vor Steuern" = 0,425 x 0,075 / (1-

- im Gegensatz zur vorangegangenen Regulierungsperiode wird die 30%-ige **Ertragsteuerbelastung** nicht mehr im Kontext der Kapitalverzinsung – im Sinne eines „WACC vor Steuern" – erfasst, sondern anlässlich der Ermittlung der Erlösobergrenze betragsmäßig separat kalkuliert,
- Ansatz einer 42,5%-igen **Eigenkapitalquote** und einer dementsprechenden **Fremdkapitalquote** von 57,5% bei der Ermittlung des WACC,
- Ansatz eines nach Ertragsteuern kalkulierten **realen Eigenkapitalkostensatzes** in Höhe von 7,5%, der basierend auf den Ergebnissen einer breit angelegten Studie die nach dem arithmetischen Durchschnitt ermittelte Eigenkapitalrendite auf internationalen Kapitalmärkten repräsentiert und insofern auf der Prämisse eines **Equity Beta-Faktors** in Höhe von 1,0 beruht,[1375]
- Ansatz eines **realen Fremdkapitalkostensatzes** in Höhe von 4,1%, der sich an dem mittleren Renditeniveau langfristiger Staatsanleihen zuzüglich einer nicht näher spezifizierten **„debt risk premium"** orientiert,

Der WACC-Gesamtkapitalkostensatz wird auf die von historischen Anschaffungskosten abgeleitete Vermögensbasis im Sinne des in den vorangegangenen Regulierungsperioden standardisierten, um Erweiterungsinvestitionen adjustierte, als **Regulatory Asset Value (RAV)** bezeichnete Vermögensbasis bezogen. Der Ansatz des realen WACC wird mit der vom Retail Price Index (RPI) abgeleiteten jährlichen Inflationsanpassung der Vermögensbasis begründet, die auch als Basis für die Ermittlung der Abschreibungen bei standardisierten Anlagennutzungsdauern dient.[1376]

0,30) + 0,575 x 0,041 = 0,0691 = 6,9%. Siehe dazu auch die Ausführungen zur Bestimmung der WACC-Kapitalkostensätze im 6. Kapitel dieser Arbeit, S. 339-352.

1375 Vgl. **Office of Gas and Electricity Markets (OFGEM)**: Electricity Distribution Price Control Review... **(2004)**, insbesondere S. 106, Punkt 8.43: "Given this background, Ofgem decided also to have regard to other methods in determining the appropriate cost of equity, most notably an **aggregate return on equity approach** as proposed by Smithers & Co. The Smithers & Co report for the joint regulators group argues that, in situations where there is considerable uncertainty with respect to the key inputs to the cost of equity, an aggregate return on equity approach might be more appropriate." Siehe ferner Punkt 8.44: "Ofgem notes that the Smithers & Co report for the joint regulators group concludes that their central estimate of the cost of equity capital, derived from a wide range of markets, is around 5.5% (geometric average), and thus 6.5% to **7.5% (arithmetic average)**". (Hervorhebung durch den Verfasser dieser Arbeit). Siehe dazu auch die diesbezügliche Arbeit von **Wright, Stephen – Mason, Robin – Miles, David**: A Study into Certain Aspects of the Cost of Capital... **(2003)**, insbesondere S. 4.

1376 Auf die Problematik der Inflationsanpassung im Kontext der RPI-X-Regulierung wurde bereits im 2. Kapitel dieser Arbeit hingewiesen. Im Kontext der Analyse des von der britischen Regulierungsbehörde OFGEM verfolgten Regulierungskonzeptes verweisen auch andere Autoren auf die pauschale Berücksichtigung inflatorischer

H. Norwegen

Norwegen kommt eine Vorreiterrolle bei der Liberalisierung des Energiemarktes zu, deren Grundlage das zum 01.01.1991 in Kraft getretene norwegische Energiegesetz [engl.: Norwegien Energy Act] bildet. Das infolge der Vorgaben des Energiegesetzes aus dem staatseigenen Stromerzeuger Statkraft ausgegliederte Übertragungsnetz wird durch das Unternehmen Statnett F betrieben, während die Stromverteilung derzeit von **ca. 150 überwiegend kommunalen Netzbetreibern** organisiert wird. Für die Ausgestaltung der Regulierung und die Festlegung der Netzentgelte ist die Regulierungsbehörde **Norges Vassdrags-og Energieverk (NVE)** [engl.: Norwegian Water Resources and Energy Directorate] zuständig.[1377]

1) Ausgestaltung des Regulierungskonzeptes in Norwegen

Die Netzentgelte der norwegischen Stromnetzbetreiber unterliegen einem von der Regulierungsbehörde NVE seit 1992 organisierten, jeweils auf eine 5-jährige Regulierungsperiode ausgerichteten **Konzepts der Ex ante-Regulierung.** Seit dem Beginn der Marktöffnung lassen sich vier aufeinander aufbauende Regulierungsperioden beobachten, deren grundlegende Merkmale durch **Abbildung 7-4** zusammengefasst und im Folgenden ausführlicher erläutert werden.

a) Regulierungskonzept der ersten Regulierungsperiode von 1992 bis 1996

Während der auf die Schaffung einer vergleichbaren Datenbasis und die Verhinderung von Monopolrenten abzielenden, von 1992 bis 1996 andauernden, ersten Regulierungsperiode wurden die Netzentgelte kostenorientiert auf Basis einer **Renditeregulierung** im Voraus für ein Jahr bestimmt.[1378] Die in den Richtlinien des NVE festgelegte Kalkulationsmethodik sah die Deckung der netzgeschäftsspezifischen Betriebs- und Kapitalkosten vor, wobei die maximale kalkulierbare Kapitalrendite auf das Renditeniveau mittelfristiger Staatsanleihen zuzüglich eines **1%-igen Risikozuschlags** begrenzt wurde. Die zulässige Kapitalrendite

---

Preissteigerungen. Vgl. dazu **Energiewirtschaftliches Institut an der Universität Köln (EWI) – Frontier Economics**: Zusammenstellung von Kostenrechnungsansätzen.. **(2001)**, S. 20 f.

1377 Vgl. dazu auch **Jonassen, Torfinn**: Opening of the Power Market to End Users in Norway 1991 – 1999... **(1998)**, insbesondere S. 12.

1378 Vgl. dazu im Folgenden **Grasto, Ketil**: Incentive-based regulation of electricity monopolies in Norway... **(1997)**, S. 3. und S. 6 f.

2007-2011 Revenue Cap-Regulierung:
geplante Revision des Regulierungskonzeptes,
verstärkte Anreizmechanismen für Investitionen,
Optimierung der Vergleichsverfahren

2002-2006 Revenue Cap-Regulierung:
Integration von Preis- und Qualitätsregulierung,
Sliding Scale-Mechanismus zwischen 2% und 20%,
Vorgabe individueller Effizienzziele

1997-2001 Revenue Cap-Regulierung:
Sliding Scale-Mechanismus zwischen 1,3% und 15,3%,
seit 1998 Vorgabe individueller Effizienzziele

1992-1996 Rate of Return-Regulierung:
Schaffung einheitlicher Startbedingungen,
Ex ante-Genehmigung der Netznutzungsentgelte,
Neubewertung der regulatorischen Vermögensbasis

01.01.1991
Energiegesetz
tritt in Kraft

Abbildung 7-4	Entwicklungsstufen des stromverteilungsspezifischen Regulierungskonzeptes in Norwegen

wurde auf das von anschaffungswertorientierten Restbuchwerten abgeleitete betriebsnotwendige Kapital einschließlich eines 1%-igen Zuschlags für das Working Capital bezogen. Überstiegen bzw. unterschritten die Gewinne eines Geschäftsjahres die zugelassene Kapitalverzinsung, mussten die Netzbetreiber ihre Entgelte in der nachfolgenden Kalkulationsperiode entsprechend absenken bzw. anheben.

Mit dem Ziel der Schaffung einer standardisierten „regulatory asset base" wurde zu Beginn der ersten Regulierungsperiode eine **Neubewertung der Vermögensgegenstände** durchgeführt.[1379] Die Neubewertung der Aktiva begründete sich insbesondere damit, dass das Rechnungswesen einer Vielzahl der kommunalen EVU vor Liberalisierungsbeginn nicht den für die im Wettbewerb agierenden Unternehmen geltenden Grundsätzen der externen Rechnungslegung entsprach und erhebliche Unterschiede bezüglich der gewählten Aktivierungs- und Abschreibungsmethoden bestanden.[1380]

1379 Siehe dazu **Wild, Jörg – Vaterlaus, Stephan**: Norwegische Elektrizitätsmarktöffnung... **(2002)**, S. 10.
1380 Vgl. nochmals **Wild, Jörg – Vaterlaus, Stephan**: Norwegische Elektrizitätsmarktöffnung... **(2002)**, S. 10.

b) Regulierungskonzept der zweiten Regulierungsperiode von 1997 bis 2001

In der von 1997 bis 2001 andauernden zweiten Regulierungsperiode implementierte die norwegische Regulierungsbehörde ein anreizorientiertes, nach den **Grundsätzen des Revenue Cap-Verfahrens** funktionierendes Regulierungskonzept, das darauf abzielte, die Effizienz der Stromnetzbetreiber zu erhöhen.[1381] Auf Basis der durchschnittlichen netzbetriebsspezifischen Kosten der Jahre 1994 und 1995 wurden die Netzentgelte durch die Vorgabe einer Umsatzobergrenze und die Limitierung der Umsatzwachstumsrate in den Jahren 1997 bis 2001 begrenzt.

Das während der Teilperioden des fünfjährigen Regulierungszeitraums zulässige Umsatzwachstum wird durch die allgemeine Inflationsrate, einer Produktivitätsvorgabe und einem Erweiterungsfaktor für **zusätzliche Betriebs- und Kapitalkosten** bestimmt. Der an der hälftigen jährlich erwarteten Zuwachsrate der verteilten Energiemenge ermittelte Erweiterungsfaktor berücksichtigt, dass die Netzkosten bei Erhöhung der Netzauslastung aufgrund von Größenvorteilen infolge der hohen Fixkostenintensität nur unterproportional steigen.[1382] Der norwegische Regulierer verzichtete damit auf eine separate Abbildung und Genehmigung des Kapitalbedarfs für Neuinvestitionen während der Regulierungsperiode.[1383]

Während in der Startperiode 1997 allen Netzbetreibern ein einheitliches Produktivitätsziel von 2,0% gesetzt wurde,[1384] wurden den Netzbetreibern für die Jahre 1998 bis 2001 auf Basis eines im Jahr 1997 mit Hilfe der Methode der Data Envelopment Analysis (DEA) durchgeführten **gesamtkostenbezogenen Benchmarkings** individuelle Effizienzziele vorgegeben. Die X-Faktoren setzten sich aus einer allgemeinen Produktivitätsvorgabe von 1,5% für lokale Netzbetreiber bzw. 2,0% für regionale Netzbetreiber und einem individuellen Aufschlag von durchschnittlich 1,39% für lokale und 0,87% für regionale Netzbetreiber zusammen.[1385]

1381 Vgl. **Grasto, Ketil**: Incentive-based regulation of electricity monopolies in Norway... **(1997)**, S. 9 ff.

1382 Vgl. **Energiewirtschaftliches Institut an der Universität Köln (EWI) – Frontier Economics**: Zusammenstellung von Kostenrechnungsansätzen... **(2001)**, S. 34.

1383 Vgl. **Grasto, Ketil**: Incentive-based regulation of electricity monopolies in Norway... **(1997)**, S. 22 f.

1384 Vgl. **Grasto, Ketil**: Incentive-based regulation of electricity monopolies in Norway... **(1997)**, S. 13.

1385 Vgl. **Energiewirtschaftliches Institut an der Universität Köln (EWI) – Frontier Economics**: Zusammenstellung von Kostenrechnungsansätzen **(2001)**, S. 33. Für nähere Informationen zu den verwendeten Input- und Output-Parametern des von

Die Kapitalkosten wurden im Rahmen der DEA-Untersuchung auf Basis anschaffungswertorientierter Restbuchwerte und in einer parallel durchgeführten Analyse auf Basis von Wiederbeschaffungspreisen im Sinne von Tagespreisrestwerten angesetzt, wobei den Netzbetreibern das aus beiden **Kapitalbewertungsmethoden** hervorgehende, aus Unternehmenssicht jeweils günstigere Effizienzziel vorgegeben wurde.[1386] Zu Beginn der ersten Regulierungsperiode wurde festgelegt, dass die ermittelten Effizienzvorgaben von den Netzbetreibern im Laufe von 15 Jahren, d. h. in den drei aufeinanderfolgenden 5-jährigen Regulierungsperioden, zu je einem Drittel abgebaut werden müssen.[1387]

Die bei der Bemessung der Erlösobergrenzen berücksichtigte **gesamtkapitalbezogene Verzinsung** betrug 8,3%. Der darin enthaltene Risikozuschlag wurde im Rahmen des Übergangs von der kostenorientierten Renditeregulierung zur Anreizregulierung von 1,0% auf 2,0% angehoben. Die infolge von Kostensenkungen über das vorgegebene Effizienzziel hinaus realisierbaren jährlichen Unternehmensrenditen wurden im Sinne eines **Sliding-Scale-Mechanismus** durch einen Renditekorridor von +/- 7,0% begrenzt.[1388] Die während eines Geschäftsjahres auf das von den historischen Anschaffungskosten der Vermögensbasis abgeleitete Kapital maximal erzielbare Rendite wurde auf 15,3% begrenzt. Gleichzeitig wurde eine garantierte Mindestverzinsung von 1,3% festgeschrieben, um Verluste der Netzbetreiber auszuschließen. Im Falle eines Über- und Unterschreitens des Renditekorridors wurden die Erlösobergrenzen entsprechend angepasst.[1389]

Parallel dazu wurde ein **periodenübergreifender Saldierungsmechanismus** installiert, der darauf abzielt, Kostenunter- und vor allem Kostenüberdeckungen infolge nicht eintreffender bzw. zu hoch veranschlagter Mengenprognosen mit dem zulässigen Gesamterlös des folgenden Geschäftsjahres zu verrechnen.[1390]

der NVE verwendeten inputorientierten DEA-Modells siehe **Wild, Jörg – Vaterlaus, Stephan**: Norwegische Elektrizitätsmarktöffnung... **(2002)**, S. 34.

1386 Vgl. **Wild, Jörg – Vaterlaus, Stephan**: Norwegische Elektrizitätsmarktöffnung... **(2002)**, S. 34.

1387 Vgl. **Wild, Jörg – Vaterlaus, Stephan**: Norwegische Elektrizitätsmarktöffnung... **(2002)**, S. 34 sowie **Plaut Economics**: Gutachten Effizienzanalysemethoden... **(2006)**, S. 80.

1388 Vgl. nochmals **Grasto, Ketil**: Incentive-based regulation of electricity monopolies in Norway... **(1997)**, S. 11 f.

1389 Vgl. dazu auch **Wild, Jörg – Vaterlaus, Stephan**: Norwegische Elektrizitätsmarktöffnung... **(2002)**, S. 11.

1390 Vgl. **Grasto, Ketil**: Incentive-based regulation of electricity monopolies in Norway... **(1997)**, S. 16 f. sowie **Norwegian Water Resources and Energy Directorate (NVE)**: Regulations concerning financial and technical reporting, permitted income for network operations and transmission tariffs... **(2001)**, Part IV Income

Auflaufende kundenseitige Guthaben sind von den Netzbetreibern mit dem risikolosen Basiszinssatzes zu verzinsen, während für Guthaben des Netzbetreibers auch ein niedrigerer Zinssatz verwendet werden kann.[1391] Diese Regelung der norwegischen Stromverordnung diente dem Bundesministerium für Wirtschaft und Arbeit (BMWA) als Vorlage für die Formulierung des § 11 StromNEV, der ebenfalls das Ziel verfolgt, durch Nachkalkulationen aufgedeckte Kostenüberdeckungen bzw. Kostenunterdeckungen infolge von Mengenabweichungen in den darauffolgenden Kalkulationsperioden kostenmindernd bzw. kostenerhöhend auszugleichen.[1392]

Auf die Etablierung von Instrumenten zur **Regulierung der Versorgungsqualität** wurde während der ersten anreizorientierten Regulierungsperiode verzichtet, da die Regulierungsbehörde davon ausging, dass die Effizienzvorgaben nicht zu einer Beeinträchtigung des bislang hohen Niveaus der Versorgungsqualität führen.[1393]

c) Regulierungskonzept der dritten Regulierungsperiode von 2002 bis 2006

Auch das Regulierungskonzept der dritten Regulierungsperiode folgt dem **Revenue Cap-Verfahren**. Die kostenorientierte Bestimmung des Ausgangsniveaus der Umsatzobergrenze im Jahr 2002 basierte auf den durchschnittlichen Betriebs- und Instandhaltungskosten der Jahre 1996 bis 1999 und den Kapitalkosten als

---

from sales of network services, Chapter 8: Periodic revision of input values and efficiency requirements, and annual determination of permitted income, Section 8-6 Handling of excess or deficit income, S. 18.

1391 Vgl. **Norwegian Water Resources and Energy Directorate (NVE)**: Regulations concerning financial and technical reporting, permitted income for network operations and transmission tariffs... **(2001)**, Part IV Income from sales of network services, Chapter 8: Periodic revision of input values and efficiency requirements, and annual determination of permitted income, Section 8-6 Handling of excess or deficit income, S. 18.

1392 Vgl. **Bundesministerium für Wirtschaft und Arbeit (BMWA)**: Entwurf der Verordnung über die Entgelte für den Zugang zu Elektrizitätsversorgungsnetzen (Netzentgeltverordnung Strom), (NEntgVO) vom **20.04.2004**, S. 8, Fußnote 37: „Beseitigung einer zentralen Lücke in der VV II plus (Kostenüberdeckung durch gezielt niedrige Mengenprognose...), alternativer Titel: "Ausgleich von Über- und Unterdeckungen der Kosten": Regelung lehnt sich an existierende Regelung in Norwegen an (Norwegische Stromverordnung, Fassung vom 17.12.2001, Abschnitt 8-6, „Handling of excess or deficit income")."

1393 Vgl. **Grasto, Ketil**: Incentive-based regulation of electricity monopolies in Norway... **(1997)**, S. 19 ff.

Summe kalkulatorischer Abschreibungen und Zinsen.[1394] Die individuellen Effizienzziele für die Jahre 2002 bis 2006 wurden auf Basis einer neu durchgeführten Benchmarking-Untersuchung ermittelt, die wiederum auf Basis der **DEA-Methodik** durchgeführt wurde.[1395] Die netzbetreiberspezifischen Effizienzvorgaben setzen sich erneut aus einer allgemeinen Produktivitätsvorgabe von 1,5% und einem zusätzlichen individuellen Effizienzziel in der Bandbreite von 0% bis 5,2% zusammen.[1396] Gleichzeitig wurde der für den Sliding Scale-Mechanismus maßgebliche Renditekorridor verändert. Die während eines Geschäftsjahres **maximal realisierbare Rendite** wurde auf 20% angehoben, während die Mindestverzinsung auf 2% fixiert wurde.[1397]

Da die Anpassung der Erlösobergrenze an das Nachfragewachstum in Form der hälftigen jährlich erwarteten Zuwachsrate der verteilten Energiemenge während des Regulierungszeitraumes 1997 bis 2001 allgemein als sehr hart empfunden wurde, wird die jährliche Anpassung der Erlösobergrenze in der Regulierungsperiode 2002 bis 2006 sowohl unter Berücksichtigung der zusätzlich verteilten Strommenge als auch dem damit verbundenen Anstieg von Netzanschlüssen nach Ablauf eines Geschäftsjahres ermittelt.[1398] **Erweiterungsinvestitionen** und die in diesem Zusammenhang entstehenden Betriebs- und Kapitalkosten werden insofern im Rahmen der Anpassung der jährlichen Umsatzobergrenze berücksichtigt.

1394 Vgl. **Neurauter, Thor Martin**: Regulation of electricity monopolies... **(2002)**, S. 24.

1395 Vgl. dazu auch **Plaut Economics**: Gutachten Effizienzanalysemethoden... **(2006)**, S. 169.

1396 Vgl. **Neurauter, Thor Martin**: Regulation of electricity monopolies... **(2002)**, S. 24.

1397 Vgl. **Norwegian Water Resources and Energy Directorate (NVE)**: Regulations concerning financial and technical reporting, permitted income for network operations and transmission tariffs... **(2001)**, Part IV Income from sales of network services, Chapter 7 General provisions on income from sales of network services, Section 7-3 Permitted income, return on capital employed and efficiency: „The Network owner may, irrespective of efficiency, achieve a minimum rate of return of 2% and a maximum rate of return of 20% as an arithmetic average over the regulating period."

1398 Vgl. **Norwegian Water Resources and Energy Directorate (NVE)**: Regulations concerning financial and technical reporting, permitted income for network operations and transmission tariffs... **(2001)**, Part IV Income from sales of network services, Chapter 8: Periodic revision of input values and efficiency requirements and annual determination of permitted income, Section 8-4 Annual supplement for new investments, S. 17 f.: "The Norwegian Water Resources and Energy Directorate fixes by individual decision shortly after the end of the particular year a supplement to the permitted income to accommodate new investments."

Eine wesentliche Neuerung des für den Zeitraum 2002 bis 2006 geltenden Regulierungsmodells ist die **explizite Berücksichtigung von Qualitätsvorgaben** bei der Bestimmung der individuellen Erlösobergrenzen.[1399] Jedem Netzbetreiber wird auf Basis der unternehmensspezifisch ermittelten Häufigkeit von Versorgungsunterbrechungen in der Vergangenheit und einem Vergleich mit ähnlichen Netzbetreibern ein **individuelles Qualitätsziel** vorgegeben, das anhand der erwarteten Kosten für nichtgelieferte Energie infolge nicht angekündigter und angekündigter langfristiger Versorgungsunterbrechungen von mehr als drei Minuten direkt bei der Festlegung des während der Regulierungsperiode zulässigen Umsatzpfades berücksichtigt wird.[1400] Übersteigen die tatsächlichen Kosten der Versorgungsunterbrechung die in der jährlichen Umsatzobergrenze berücksichtigten **erwarteten Kosten der Versorgungsunterbrechung**, führt dies zu einer Reduzierung der zulässigen Umsatzobergrenze, während ein Unterschreiten der erwarteten Kosten für Versorgungsunterbrechungen zu einer Anhebung der zulässigen Umsatzobergrenze führt.[1401]

d) Regulierungskonzept der vierten Regulierungsperiode von 2007 bis 2011

Zum Zeitpunkt der Fertigstellung dieser Arbeit waren die Details des Regulierungskonzepts der vierten Regulierungsperiode noch nicht bekannt. Die norwegische Regulierungsbehörde kündigte jedoch an, am Konzept der Revenue Cap-Regulierung festzuhalten, über **wirkungsvollere Anreizmechanismen** die Investitionsbereitschaft der Netzbetreiber zu fördern, die Versorgungsqualität sicherzustellen und auch künftig auf den Einsatz vergleichender Effizienzbeurteilungen zu setzen.[1402] Zu diesem Zwecke wurden die Kostenkonzepte und Ver-

---

1399 Das auf die langfristige Sicherung der Versorgungsqualität abzielende seit dem Jahr 2002 auf allen Netzebenen implementierte Konzept der Qualitätsregulierung wird in Norwegen kurz als KILE bezeichnet (KILE steht für Quality-adjusted permitted income in the event of non-supplied energy). Siehe hierzu insbesondere **Norwegian Water Resources and Energy Directorate (NVE)**: Regulations concerning financial and technical reporting, permitted income for network operations and transmission tariffs… **(2001)**, Chapter 9 Quality-adjusted permitted income in the event of non-supplied energy (Norwegian acronym: KILE), S. 19 ff.

1400 Vgl. **Wild, Jörg – Vaterlaus, Stephan**: Norwegische Elektrizitätsmarktöffnung… **(2002)**, S. 7 u. S. 10. und die auf S. 35 beschriebene Methodik zur Bestimmung der diesbezüglich relevanten Kosten der Versorgungsunterbrechung pro Kilowattstunde Strom.

1401 Vgl. **Sagen, Jon**: Norwegian TSO Regulation… **(2004)**, S. 10 f.

1402 Vgl. nochmals **Sagen, Jon**: Norwegian TSO Regulation... **(2004)**, S. 14.

gleichsverfahren, die für die Bemessung der Erlösobergrenzen eingesetzt werden, überarbeitet.[1403]

2) Kapitalkostenkalkulation norwegischer Stromnetzbetreiber

Die folgenden Parameter wurden der Kapitalkostenkalkulation anlässlich der **Festlegung der Umsatzobergrenze** im Startzeitpunkt 2002 der bis einschließlich des Jahres 2006 andauernden dritten Regulierungsperiode zugrunde gelegt:[1404]

- Ansatz eines als „NVE-Rate" bezeichneten nominalen Referenzkapitalkostensatzes, der auf das von **anschaffungswertorientierten Restbuchwerten** abgeleitete Gesamtkapital zuzüglich eines 1%-igen Aufschlags für im Netzbetrieb gebundenes Netto-Umlaufvermögen (Working Capital) bezogen wird,
- die NVE-Rate fungiert als **durchschnittlicher Kapitalkostensatz**, bei dessen pauschaler Ermittlung auf die Berücksichtigung einer bestimmten Relation von Eigenkapital und Fremdkapital verzichtet wird,
- **Ansatz des risikolosen Zinssatzes** in der Startperiode 2002 in Höhe der nominalen Rendite 4-jähriger norwegischer Staatsanleihen (ST4X) zum 31.12.1999, welcher jährlich durch die Regulierungsbehörde aktualisiert wird, wodurch auch der Kapitalkostensatz einer jährlichen Adjustierung unterliegt,
- der **gesamtkapitalbezogene Risikozuschlag** in Höhe von 2,0% deckt sowohl den Risikozuschlag für die Eigenkapitalgeber als auch den fremdkapitalspezifischen Risikozuschlag ab,
- als Basis für die Festlegung der unternehmensspezifischen Umsatzobergrenzen im Startjahr 2002 wurden die **anschaffungswertorientierten Abschreibungen** des Jahres 1999 herangezogen,
- separate Berücksichtigung der 28,0%-igen **Ertragsteuerbelastung** bei der Bemessung der Erlösobergrenzen.[1405]

1403 Vgl. **Bjørndal, Mette – Bjørndal, Endre – Bjørnenak, Trond – Johnsen, Thore**: Regulating Electricity Networks - A Norm Model for Electricity Distribution, NHH / SNF SNF-SESSA Conference, **03.12.2005** und **Leprich, Uwe – Diekmann, Joachim – Ziesing, Hans-Joachim**: Anreizregulierung für Beschäftigung und Netzinvestitionen... **(2006)**, S. 53.

1404 Siehe dazu im Folgenden **Neurauter, Thor Martin**: Regulation of electricity monopolies... **(2002)**, S. 24; **Kinnunen, Kaisa**: Electricity Network Regulation... **(2002)**, S. 7 sowie **Norwegian Water Resources and Energy Directorate (NVE)**: Regulations concerning financial and technical reporting, permitted income for network operations and transmission tariffs... **(2001)**, insbesondere S. 15 ff.

1405 Vgl. dazu **Grasto, Ketil**: Incentive-based regulation of electricity monopolies in Norway... **(1997)**, S. 11: "The permitted income should cover the network's total

Das anlässlich der Festlegung der Erlösobergrenze zu Beginn der Regulie-rungsperiode **anschaffungswertorientiert ermittelte Kapitaldienstvolumen** als Summe kalkulatorischer Abschreibungen und kalkulatorischer Zinsen wird bei der Fortschreibung der Erlösobergrenzen während der Regulierungsperiode mit der allgemeinen Inflationsrate fortlaufend indiziert.[1406]

III. Zusammenfassung der Untersuchungsergebnisse

Die nachfolgenden Abschnitte zielen darauf ab, die zuvor präsentierten länder-spezifischen Informationen in systematischer Form zusammenzufassen, um in vergleichender Betrachtung **Aussagen über gesamteuropäische Tendenzen** hinsichtlich der Regulierungskonzeption und der Kapitalkostenkalkulation der Stromverteilungsnetzbetreiber treffen zu können. Im Anschluss an die Zusam-menfassung der in den europäischen Ländern angewandten Regulierungsmodelle werden die verschiedenen Parameter der Kapitalkostenkalkulation vergleichend gegenübergestellt.

A. Regulierungskonzepte im europäischen Vergleich

Die in **Abbildung 7-5** präsentierte Tabelle fasst die Verfahren, die zur Regulie-rung der Stromverteilungsnetzbetreiber in den analysierten europäischen Ländern zum Einsatz kommen, zusammen. Es lassen sich die folgenden Ergebnisse fest-halten:
- In sechs der insgesamt acht betrachteten europäischen Länder kommen an-reizorientierte **Price Cap- bzw. Revenue Cap-Verfahren** zum Einsatz, die nach dem Prinzip der Ex ante-Regulierung die zulässigen Preis- bzw. Umsatz-obergrenzen für die Regulierungsperioden im Voraus festlegen.

---

costs: operation and maintenance, capital costs in the form of depreciation and re-turn on capital invested, network losses and **profit tax of 28%**." (Hervorhebung durch den Verfasser dieser Arbeit). Siehe dazu auch **Norwegian Water Resources and Energy Directorate (NVE)**: Regulations concerning financial and technical reporting, permitted income for network operations and transmission tariffs... **(2001)**, Part IV Income from sales of network services, Chapter 7 General provisi-ons on income from sales of network services, Section 7-4 Costs which must be met within the permitted income, S. 16, dort Punkt: „l) income tax".
1406 Vgl. nochmals **Grasto, Ketil**: Incentive-based regulation of electricity monopolies in Norway... **(1997)**, S. 22.

Land	Regulierungs-periode/ Betrachtungs-zeitraum	Ex ante-Regulierung/ Ex post-Regulierung	Regulierungs-konzept	Benchmarking-Methode
Österreich	2003 – 2005	Ex ante	Rate of Return	netzebenenbezogenes Tarif-Benchmarking
	2006 – 2009	Ex ante	Price Cap	Data Envelopment Analysis (DEA) Modified Ordinary Least Square (MOLS) (jeweils gesamtkostenbezogen)
Finnland	1995 – 2004	Ex post	Rate of Return	seit 2002 Data Envelopment Analysis (DEA) (betriebskostenbezogen)
	2005 – 2007	Ex post	Rate of Return	
Irland	2001 – 2005	Ex ante	Revenue Cap	Prozessanalysen, Kennzahlenvergleiche mit ausländischen Netzbetreibern
	2006 – 2010	Ex ante	Revenue Cap	
Italien	2000 – 2003	Ex ante	Price Cap	k. A.
	2004 – 2007	Ex ante	Price Cap	qualitätsbezogenes Benchmarking
Niederlande	2000 – 2003	Ex ante	Price Cap	Data Envelopment Analysis (DEA) (gesamtkostenbezogen)
	2004 – 2006	Ex ante	Price Cap	
	2007 – 2009	Ex ante	Price Cap	k. A.
Schweden	2004/2005/2006	Ex post	Rate of Return	seit 2004 Modellnetzanalysen (Network Performance Assessment Model)
Großbritannien	1990 – 1995	Ex ante	Price Cap	-
	1995 – 2000	Ex ante	Revenue Cap	-
	2000 – 2005	Ex ante	Revenue Cap	Corrected Ordinary Least Square (COLS) (betriebskostenbezogen)
	2005 – 2010	Ex ante	Revenue Cap (bei X = 0)	
Norwegen	1992 – 1996	Ex ante	Rate of Return	-
	1997 – 2001	Ex ante	Revenue Cap	Data Envelopment Analysis (DEA) (gesamtkostenbezogen)
	2002 – 2006	Ex ante	Revenue Cap	
	2007 – 2011	Ex ante	Revenue Cap	k. A.

k. A. = keine Angaben verfügbar

Abbildung 7-5	Stromverteilungsspezifische Regulierungskonzepte in ausgewählten europäischen Ländern

- Nur in Finnland und Schweden werden die Netzentgelte nach Ablauf einer Regulierungsperiode bzw. eines Geschäftsjahres von der Regulierungsbehörde im Sinne einer **Ex post-Regulierung** auf ihre Angemessenheit geprüft.
- Die Regulierungskonzepte in Finnland und Schweden sind zwar an ein Benchmarking-Verfahren gekoppelt, sie sind ihrem Wesen nach jedoch als **Renditeregulierung** zu begreifen.
- Die Entwicklung in Großbritannien zeigt, dass die auf die Eliminierung von Ineffizienzen abstellenden, mit hohen Kostensenkungsvorgaben verbundenen

anreizorientierten Regulierungskonzepte im Zeitablauf wieder zu einer mit **Anreizmechanismen versehenen Renditeregulierung** zurückführen.

- Bezüglich der komplementär zur Preisregulierung eingesetzten Benchmarking-Verfahren kann **keine eindeutige Präferenz** für eine bestimmte Methode festgestellt werden.

- Während die Regulierungsbehörden in Österreich, den Niederlanden und Norwegen auf ein **gesamtkostenbezogenes Benchmarking** setzen, beziehen sich die in Großbritannien und Finnland praktizierten Benchmarking-Verfahren lediglich auf die Betriebskosten.

- Die **Verwendung der Benchmarking-Ergebnisse** im Rahmen der Preisfestsetzung erfolgt unterschiedlich. Einige Regulierungsbehörden, z. B. in Österreich und den Niederlanden, berücksichtigen die Effizienzziele direkt bei der Festlegung der vorgegebenen Erlösobergrenzen. In Schweden und Finnland dienen die Benchmarking-Ergebnisse lediglich zur Beurteilung der Angemessenheit der Netzentgelte nach Ablauf einer Regulierungsperiode.

- Die während einer Regulierungsperiode anfallenden Kosten für Ersatz- und Erweiterungsinvestitionen werden unterschiedlich erfasst. In Großbritannien und Irland wird der Kapitalbedarf für Neuinvestitionen über separate **Investitionsbudgets** reguliert und bei der jährlichen Ermittlung der Erlösobergrenzen entsprechend erfasst. Demgegenüber werden die zusätzlichen Kosten für die während einer Regulierungsperiode getätigten Investitionen in Österreich und Norwegen über die **Berücksichtigung von Erweiterungsfaktoren** abgebildet, die zu einer Anhebung der Erlösobergrenze im Fall eines Anstiegs der verteilten Strommenge führen.

- Die Regulierungsbehörden in Europa setzen zunehmend auf die **Integration von Preis- und Qualitätsregulierung**. In Großbritannien, Irland, Italien, den Niederlanden und Norwegen werden Qualitätsziele über „q-Faktoren" direkt in die Preis- bzw. Umsatzobergrenzen-Formel integriert. Dies ermöglicht den Unternehmen für den Fall des Übertreffens der Qualitätsvorgabe die Realisierung einer höheren Kapitalverzinsung.

B. Kapitalkostenkalkulation im europäischen Vergleich

1) Überblick über die Kapitaldienstkalkulation

Abbildung 7-6 präsentiert die im Rahmen der stromverteilungsspezifischen Regulierungsmodelle der analysierten europäischen Länder geregelten Konzepte der Kapitaldienstkalkulation. Es lassen sich die folgenden Ergebnisse festhalten:

Land	Regulierungs-periode/ Betrachtungs-zeitraum	Kapitaldienstkonzeption	verzinsungsrelevante Kapitalbasis
Österreich	2003 – 2005	anschaffungswertorientiertes Nominalzinsmodell (jährliche Neukalkulation)	zu historischen Anschaffungs- bzw. Herstellungskosten bewertete Vermögensbasis nach Abzug von Finanzanlagen und Baukostenzuschüssen
	2006 – 2009	anschaffungswertorientiertes Nominalzinsmodell (Kapitaldienst wird über die Erlösfortschreibung mit dem Netzbetreiberpreisindex inflationiert)	
Finnland	1995 – 2004	keine verbindliche Vorgabe	-
	2005 – 2007	anschaffungswertorientiertes Nominalzinsmodell	zu Beginn des Jahres 2005 neubewertete, um Finanzanlagen und Abzugskapital reduzierte Vermögensbasis
Irland	2001 – 2005	Realverzinsungskonzept (jährliche Inflationierung der RAB mit dem Consumer Price Index (CPI))	um das Abzugskapital reduzierte wiederbeschaffungswertorientierte Regulatory Asset Base (RAB)
	2006 – 2010		
Italien	2000 – 2003	Realverzinsungskonzept	Vermögensbasis wird ausgehend von den historischen Anschaffungskosten jährlich neu bewertet
	2004 – 2007		
Niederlande	2000 – 2003	Realverzinsungskonzept (jährliche Inflationierung der RAB mit dem Consumer Price Index (CPI))	nach Neubewertung in 2001 standardisierte, von historischen Anschaffungs- bzw. Herstellungskosten abgeleitete Regulatory Asset Base (RAB)
	2004 – 2006		
	2007 – 2009		
Schweden	2004/2005/2006	Realverzinsungskonzept (Ermittlung eines tagesneuwert-orientierten annuitätischen Kapitaldienstbetrages)	von aktuellen Wiederbeschaffungswerten abgeleitete Vermögensbasis im Kontext der Modellnetzanalyse
Großbritannien	1990 – 1995	Realverzinsungskonzept (jährliche Inflationierung des RAV mit dem Retail Price Index (RPI))	Regulatory Asset Value (RAV): Anlagenbestand vor April 1990 (errechnet aus dem Privatisierungswert des jeweiligen Unternehmens) und den seit April 1990 zu historischen Anschaffungskosten bewerteten investierten Vermögensgegenständen
	1995 – 2000		
	2000 – 2005		
	2005 – 2010		
Norwegen	1992 – 1996	anschaffungswertorientiertes Nominalzinsmodell (Kapitaldienst wird über die Erlösfortschreibung mit dem Consumer Price Index (CPI) inflationiert)	von anschaffungswertorientierten Restbuchwerten abgeleitetes Gesamtkapital zuzüglich eines 1%-igen Aufschlags für das Netto-Umlaufvermögen (Working Capital)
	1997 – 2001		
	2002 – 2006		
	2007 – 2011		

Abbildung 7-6	Kapitaldienstkonzeption und verzinsungsrelevante Kapitalbasis in ausgewählten europäischen Ländern

- Die Kapitaldienstkalkulation und die Verzinsungskonzeption erfolgt in den einzelnen europäischen Ländern **äußerst unterschiedlich**.
- In Österreich, Finnland und Norwegen werden Abschreibungen und Zinsen nach dem anschaffungswertorientierten **Nominalzinsmodell** kalkuliert.
- Demgegenüber folgen die Regulierungsbehörden in Irland, Italien, den Niederlanden, Schweden und Großbritannien einem **Realverzinsungskonzept**.

- Da die Inflationierung der Vermögensbasis in den zuvor aufgeführten Ländern nicht mit anlagengüterspezifischen Inflationsraten, sondern mit allgemeinen, vom **Retail Price Index (RPI)** oder dem **Consumer Price Index (CPI)** abgeleiteten Inflationsraten erfolgt, wird die Kapitaldienstermittlung dem Ziel einer auf Substanzerhaltung abzielenden Kapitalkostenkalkulation nicht gerecht.

- Eine im Kontext der Price- und Revenue Cap-Regulierung von einer allgemeinen Inflationsrate ausgehende reale Kapitalverzinsung stellt grundsätzlich auf das Konzept der **Realkapitalerhaltung** ab.[1407]

- In keinem der analysierten Länder erfolgt die Kapitaldienstkalkulation nach den Grundsätzen der **Netto- oder Bruttosubstanzerhaltung**.

- Für die Ermittlung eines auf Substanzerhaltung abzielenden Kapitaldienstes müsste die regulatorische Vermögensbasis bei der Bemessung der Ausgangspreis- bzw. Umsatzniveaus mit **anlagegüterspezifischen Preissteigerungsraten** inflationiert werden und die jährliche Fortschreibung der Preis- und Umsatzobergrenzen mit einem Netzbetreiberpreisindex erfolgen.

2) Überblick über die Kapitalkostensätze

a) Grundsätzliche Methodik der Kapitalkostensatzermittlung

Alle Regulierungsbehörden der analysierten Länder folgen anlässlich der Kapitalkostenkalkulation dem „entity-approach", indem Eigen- und Fremdkapitalkosten nach dem Konzept des Weighted Average Cost of Capital (WACC) zusammengefasst werden. Wie **Abbildung 7-7** verdeutlicht[1408], bestehen jedoch erhebliche Unterschiede bei der konkreten Ermittlung des WACC.

- In fünf der untersuchten Länder ermitteln die Behörden einen **realen WACC,** der auf eine inflationierte Kapitalbasis bezogen wird. In Österreich, Finnland und Norwegen folgt aus der anschaffungswertorientierten Ermittlung der Vermögensbasis der Ansatz eines **nominalen Gesamtkapitalkostensatzes**.

- Die der WACC-Ermittlung **zugrunde gelegte Kapitalstrukturen** weichen erheblich voneinander ab. Während die Regulierungsbehörde in Schweden lediglich eine Eigenkapitalquote von 20% als angemessen erachtet, liegt die Eigenkapitalquote in den Niederlanden bei 40%, in Großbritannien bei

---

1407 Vgl. dazu auch **Bromwich, Michael – Vass, Peter**: Regulation and Accounting... **(2001)**, Sp. 1683.

1408 Zur besseren Übersichtlichkeit beschränkt sich Darstellung der Abbildung 7-7 auf die zum Zeitpunkt der Fertigstellung dieser Arbeit im November 2006 relevante Regulierungsperiode.

Land	Regulierungs-periode	Definition des Kapitalkosten-satzes	Erfassung der Ertragsteuer-belastung	Bemessung der Kapitalstruktur	Höhe des Kapitalkosten-satzes
Österreich	2006 – 2009	nominaler „WACC vor Steuern"	direkt im WACC (25%)	Eigenkapital: 45% Fremdkapital: 40% Abzugskapital: 15%	6,04%
Finnland	2005 – 2007	nominaler „WACC nach Steuern"	separate betragsmäßige Erfassung	Eigenkapital: 70% Fremdkapital: 30%	k. A. individuelle Ermittlung
Irland	2006 – 2010	realer „WACC vor Steuern"	direkt im WACC (12,5%)	Eigenkapital: 50% Fremdkapital: 50%	5,63%
Italien	2004 – 2007	realer „WACC vor Steuern"	direkt im WACC (33%)	k. A.	6,8%
Niederlande	2004 – 2006	realer „WACC vor Steuern"	direkt im WACC (34,5%)	Eigenkapital: 40% Fremdkapital: 60%	6,6%
Schweden	2004/2005/2006	realer „WACC vor Steuern"	direkt im WACC (28%)	Eigenkapital: 20% Fremdkapital: 80%	4,62%
Großbritannien	2005 – 2010	realer „Vanilla" WACC (ohne Steuern)	separate betragsmäßige Erfassung	Eigenkapital: 42,5% Fremdkapital: 57,5%	5,5% (entspricht einem realen „WACC vor Steuern" von 6,9%)
Norwegen	2002 – 2006	gesamtkapital-bezogener Referenzzinssatz	separate betragsmäßige Erfassung	wird nicht erfasst	k.A. wird jährlich neu ermittelt

k. A. = keine Angaben verfügbar

Abbildung 7-7	Grundlegende Methodiken zur Bestimmung des Kapitalkostensatzes in ausgewählten europäischen Ländern

- 42,5%, in Österreich bei 45%, in Irland bei 50% und in Finnland sogar bei 70%.
- Die europäischen Regulierungsbehörden erkennen die Kalkulationsrelevanz der **kapitalkostenspezifischen Ertragsteuerbelastungen** der Stromverteilungsnetzbetreiber uneingeschränkt an.
- Während die Regulierungsbehörden in Österreich, Irland, Italien, den Niederlanden und Schweden die Ertragsteuerbelastung über eine „Im-Hundert-Kalkulation" direkt in einem „**WACC vor Steuern**" abbilden, werden die kalkulatorischen Ertragsteuern in Finnland, Großbritannien und Norwegen als separate Kalkulationsposition betragsmäßig erfasst.

- Das **Niveau der WACC-Kapitalkostensätze** erfordert die Analyse der zugrunde gelegten Kapitalstruktur, der Höhe der länderspezifischen Ertragsteuerbelastung und die Untersuchung der nachfolgend zusammengefassten Parameter der Eigenkapital- und Fremdkapitalverzinsung.

b) Determinanten des Eigenkapitalkostensatzes

Die Ermittlung des Eigenkapitalkostensatzes ist von einer Vielzahl von Parametern abhängig, die eine detaillierte Analyse erfordern. Wie die zusammenfassende Synopse der **Abbildung 7-8** verdeutlicht,[1409] kann bezüglich der methodischen Vorgehensweise der europäischen Regulierungsbehörden zur Bestimmung des Eigenkapitalkostensatzes von einer **Konvergenz** gesprochen werden. Bezüglich des Niveaus der Determinanten der Eigenkapitalverzinsung bestehen jedoch Unterschiede. Es lassen sich die folgenden Ergebnisse festhalten:

- Im Kontext der Bestimmung des Eigenkapitalkostensatzes regulierter Stromnetzbetreiber hat sich die Anwendung des **Capital Asset Pricing Model (CAPM)** europaweit durchgesetzt.
- Zur Festlegung der einzelnen Parameter der Eigenkapitalkosten, insbesondere bei der Bestimmung der Marktrisikoprämie und der Höhe des Beta-Faktors, **kooperieren die Regulierungsbehörden**, z. B. in Großbritannien und den Niederlanden, häufig mit Finanz- bzw. Kapitalmarktexperten.
- Die in den einzelnen Ländern voneinander abweichenden Renditeniveaus des **risikolosen Basiszinssatzes** haben erheblichen Einfluss auf die Höhe des Eigenkapitalkostensatzes. Wie die im nachfolgenden Abschnitt dargelegte Zusammenfassung zur Bestimmung des Fremdkapitalkostensatzes verdeutlicht, hängt die Höhe des risikolosen Basiszinssatzes entscheidend davon ab, ob für dessen Ermittlung aktuelle Renditeniveaus oder über mehrere Jahre erhobene Durchschnittsrenditen herangezogen werden.
- Die Höhe der von den Regulierungsbehörden nach CAPM-rechnerischen Grundsätzen ermittelten **Marktrisikoprämie** konvergiert in Übereinstimmung mit den mittleren Ergebnissen empirischer Studien auf einem Niveau zwischen **5,0% und 5,5%.** Lediglich die schwedische Regulierungsbehörde setzt die Höhe der Marktrisikoprämie mit 4,2% vergleichsweise niedrig an.
- Erhebliche Unterschiede bestehen jedoch bezüglich der Höhe des von den Regulierungsbehörden in unterschiedlicher Form ausgewiesenen **Beta-Faktors.** Während die schwedische Regulierungsbehörde trotz der von ihr zugrund

---

1409 Zur besseren Übersichtlichkeit beschränkt sich Darstellung der Abbildung 7-8 auf die zum Zeitpunkt der Fertigstellung dieser Arbeit im November 2006 relevante Regulierungsperiode.

Land	Regulierungs-periode	Methodik	Definition	risikoloser Basis-zinssatz	Markt-risiko-prämie	Beta-Faktor	Höhe
Österreich	2006 – 2009	CAPM	nominal, vor Steuern	4,0% nominal	5,0%	Asset Beta: 0,325 Equity Beta: 0,691	9,93%
Finnland	2005 – 2007	CAPM	nominal, nach Steuern	wird jährlich neu ermittelt	5,0%	Asset Beta: 0,3	wird jährlich neu ermittelt
Irland	2006 – 2010	CAPM	real, vor Steuern	2,38% real	5,25%	Asset Beta: 0,40 Equity Beta: 0,80	6,58%
Italien	2004 – 2007	k. A.	k. A.	k. A.	k. A.	k. A.	k. A.
Niederlande	2004 – 2006	CAPM	real, vor Steuern	4,9% nominal	5,5%	Asset Beta: 0,4	k. A.
Schweden	2004/2005/2006	CAPM	real, vor Steuern	3,25% real	4,2%	Equity Beta: 0,33	7,13%
Großbritannien	2005 – 2010	-	real, nach Steuern	-	-	Equity Beta: 1,0	7,5%
Norwegen	2002 – 2006	k. A.	k. A.	wird jährlich neu ermittelt	k. A.	k. A.	wird jährlich neu ermittelt

k. A. = keine Angaben verfügbar

Abbildung 7-8	Determinanten der Eigenkapitalverzinsung in ausgewählten europäischen Ländern

- gelegten hohen 80%-igen Fremdkapitalquote lediglich einen Equity Beta-Faktor in Höhe von 0,33 veranschlagt, legen die Regulierungsbehörden in Irland und Großbritannien der Eigenkapitalkostensatzermittlung kapitalstrukturadjustierte **Equity Betas in Höhe von 0,8 bzw. 1,0** zugrunde.
- Vergleicht man die in Abbildung 7-8 angegebenen Beta-Faktoren, ist zu berücksichtigen, dass die Regulierungsbehörden in Finnland und in den Niederlanden in den der Öffentlichkeit zugänglichen Dokumenten lediglich die zwischen **0,3 und 0,4 betragenden Asset Betas** unverschuldeter Unternehmen publizieren und die für die Ermittlung des Eigenkapitalkostensatzes unter

Berücksichtigung der normierten Eigenkapital- und Fremdkapitalquote notwendige Kapitalstrukturanpassung offen lassen.

- Die Beurteilung des Niveaus der in Abbildung 7-8 aufgeführten Eigenkapitalkostensätze ist nicht nur von der Höhe der zuvor angesprochenen Determinanten, sondern insbesondere auch davon abhängig, ob die Kapitalkostenkalkulation dem **Real- oder Nominalverzinsungskonzept** folgt und ob die länderspezifische Ertragsteuerbelastung über eine „Im-Hundert-Kalkulation" direkt im Eigenkapitalkostensatz erfasst wird oder betragsmäßig kalkuliert wird.

c) Determinanten des Fremdkapitalkostensatzes

Im Gegensatz zu der in Deutschland derzeit nach der Vorgabe des § 5 Abs. 2 StromNEV praktizierten aufwandsgleichen Erfassung der Fremdkapitalzinsen, werden die Fremdkapitalkostensätze in den untersuchten europäischen Ländern vom **risikolosen Basiszinssatz** abgeleitet, der um einen als „debt risk premium" bezeichneten fremdkapitalspezifischen Risikozuschlag erhöht wird. Wie die Übersicht der Determinanten des Fremdkapitalkostensatzes in **Abbildung 7-9** zeigt,[1410] bestehen jedoch erhebliche Unterschiede hinsichtlich der Höhe der gewählten Parameter.

Es lassen sich die folgenden Ergebnisse festhalten:
- Alle Regulierungsbehörden der ausgewählten Länder bestimmen das Niveau des risikolosen Zinssatzes anhand der **Rendite von Staatsanleihen**.
- Bis auf die irische Regulierungsbehörde, die zur Bestimmung des risikolosen Zinssatze neben irischen Staatsanleihen auch die Rendite deutscher und französischer Staatsanleihen heranzieht, wählen die europäischen Regulierer als **Anleihe-Emittenten** grundsätzlich den jeweiligen heimischen Staat.
- Der für die Ermittlung der Renditen von Staatsanleihen zugrunde gelegte **Beobachtungszeitraum** hat erheblichen Einfluss auf das Niveau des risikolosen Zinssatzes und auf die davon abgeleiteten Eigen- und Fremdkapitalkosten.
- Die Regulierungsbehörden in Finnland, Irland und Norwegen leiten die Höhe des risikolosen Basiszinssatzes anhand des Renditeniveaus von Staatsanleihen zu einem **bestimmten Stichtag bzw. Monat** ab.
- Demgegenüber legen die Regulierungsbehörden in Österreich, Finnland, den Niederlanden, Schweden und Großbritannien der Bemessung des durchschnittlichen Renditeniveaus von Staatsanleihen einen **mehrjährigen Beobachtungszeitraum** zugrunde.

1410 Zur besseren Übersichtlichkeit beschränkt sich Darstellung der Abbildung 7-9 auf die zum Zeitpunkt der Fertigstellung dieser Arbeit im November 2006 relevante Regulierungsperiode.

Land	Regulierungs-periode	Definition	risikoloser Basiszinssatz		Risiko-zuschlag (debt risk premium)	Höhe
			Ermittlung	Höhe		
Österreich	2006 – 2009	nominal	3-Jahres-Durchschnitt der Rendite österreichischer Staatsanleihen mit einer Restlaufzeit von 10 Jahren	4,0%	0,60%	4,60%
Finnland	2005 – 2007	nominal	durchschnittlich gültige nominale Rendite 5-jähriger finnischer Staatsanleihen im Monat Mai des Vorjahres	3,53% (Niveau Mai 2004 für 2005)	0,60%	4,13% (in 2005)
Irland	2006 – 2010	real	Spannbreite zu Beginn der Regulierungsperiode maßgeblicher Renditen 10-jähriger deutscher, französischer und irischer Staatsanleihen	2,38%	1,35% (A/BBB-Rating)	3,73%
Italien	2004 – 2007	k. A.	k. A.	k. A.	k. A.	k. A.
Niederlande	2004 – 2006	real	5-Jahres-Durchschnitt der Rendite 10-jähriger niederländischer Staatsanleihen	4,9% nominal, 2,7% real	ja (2001-2003: 0,8%, A-Rating)	k. A.
Schweden	2004/2005/2006	real	arithmetischer Mittelwert des 4-Jahres-Durchschnitts der realen Rendite schwedischer Staatanleihen mit 5-jähriger und 12-jähriger Restlaufzeit	3,25%	0,75% (A-Rating)	4,0%
Großbritannien	2005 – 2010	real	mittleres Renditeniveau langfristiger Staatsanleihen	k. A.	ja (2000-2005: 1,4%, BBB-Rating)	4,1%
Norwegen	2002 – 2006	nominal	stichtagsbezogenes Renditeniveau 4-jähriger norwegischer Staatsanleihen (ST4X)	k. A.	2,0%	wird jährlich neu ermittelt

k. A. = keine Angaben verfügbar

Abbildung 7-9	Determinanten der Fremdkapitalverzinsung in ausgewählten europäischen Ländern

- Weitere Unterschiede bestehen hinsichtlich der **Fristigkeit der gewählten Staatsanleihen.** Während sich einige Regulierer für an die Dauer von Regulierungsperioden angepasste Laufzeiten entscheiden, wählen andere Regulierungsbehörden mit Blick auf die hohen Kapitalbindungsdauern im Stromnetzgeschäft längere, in der Regel 10-jährige Laufzeiten.
- Alle Regulierungsbehörden berücksichtigen bei der Ermittlung des Fremdkapitalkostensatzes einen, den risikolosen Basiszinssatz erhöhenden, als „debt risk premium" bezeichneten Risikozuschlag, der in Abhängigkeit der jeweiligen Rating-Einstufung der Netzbetreiber in einer Bandbreite zwischen 0,60% (Finnland, Österreich), 1,4% (Großbritannien) und 2,0% (Norwegen) liegt.

8. Kapitel: Thesenartige Zusammenfassung und Ausblick

Im nachfolgenden Kapitel werden die Ergebnisse dieser Arbeit abschließend zusammengefasst. Das Kapitel gliedert sich in zwei Teile. Im **ersten Teil** werden grundsätzliche Empfehlungen zur Ausgestaltung der Kapitalkostenkalkulation regulierter Stromnetzbetreiber formuliert. Zudem wird abschließend dargestellt, wie die Kalkulationsmethodik auf alternative Regulierungsverfahren auszurichten ist. Basierend auf den Ergebnissen der theoretischen Analyse und den empirischen Befunden der Untersuchung der Regulierungskonzepte in anderen europäischen Ländern werden im anschließenden **zweiten Teil** konkrete Handlungsempfehlungen für die aktuelle Regulierungspraxis in Deutschland gegeben. Darüber hinaus wird aufgezeigt, inwieweit über diese Arbeit hinausgehender Forschungsbedarf bezüglich der Regulierung und Kapitalkostenermittlung von Stromnetzbetreibern besteht.

I. Thesen zur Ausgestaltung der Kapitalkostenkalkulation

A. Grundsätzliche Anforderungen und Kalkulationsbestandteile

Abbildung 8-1 fasst die vom Verfasser dieser Arbeit empfohlene grundlegende Ausgestaltung der Kapitalkostenkalkulation von Stromnetzbetreibern zusammen.
- Das für Stromnetzbetreiber maßgebliche Streben nach Substanzerhaltung und das Ziel einer zukunftsorientierten, wettbewerbssimulierenden Netzentgeltkalkulation bedingt, dass die Kapitalkosten nach dem tagesneuwertorientierten **Realverzinsungskonzept** kalkuliert werden.
- Daraus folgt, dass die mit einem realen Kapitalkostensatz zu verzinsende Kapitalbasis von einer **zu aktuellen Tagespreisen bewerteten Vermögensbasis** und lineare Abschreibungen von Tagesneuwerten bei standardisierten betriebsgewöhnlichen Nutzungsdauern und unter Beachtung des Verbots von Abschreibungen „unter Null" abzuleiten sind.
- Aus dem Grundsatz der Simulierung von Wettbewerbspreisen resultiert das Erfordernis, die für die Netzentgeltkalkulation maßgebliche Eigenkapitalquote zu limitieren. Das durch § 6 Abs. 2 Satz 4 StromNEV **auf 40,0% begrenzte Niveau der Eigenkapitalquote** korrespondiert mit den Kapitalstrukturen im Wettbewerb agierender kapitalintensiver Branchen und den Ei-

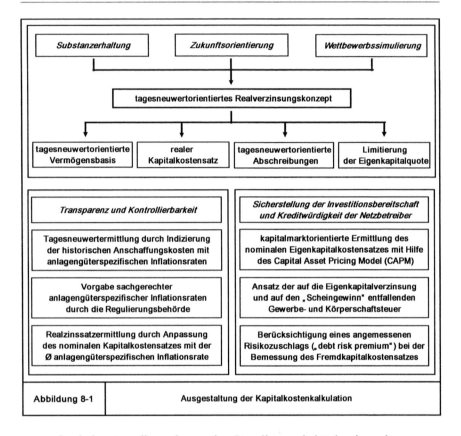

Abbildung 8-1 | Ausgestaltung der Kapitalkostenkalkulation

genkapitalquoten, die auch von den Regulierungsbehörden in anderen europäischen Ländern (z. B. Niederlande, Österreich und Großbritannien) als angemessen erachtet werden.

- Die überprüfbare Umsetzung des Realverzinsungskonzeptes bedingt, dass die Tagesneuwertermittlung über die **Indizierung der historischen Anschaffungs- bzw. Herstellungskosten** mit anlagengüter- bzw. anlagengruppenspezifischen Preissteigerungsraten erfolgt.

- Um die Transparenz und Kontrollierbarkeit der Kapitalkostenermittlung zu erhöhen, sollten die für die Tagesneuwertermittlung maßgeblichen Preissteigerungsraten im Fall der traditionellen kostenorientierten Regulierung **von der Regulierungsbehörde vorgegeben** werden.

- Die konsistente nominalzinskonforme Umsetzung des Realverzinsungskonzeptes verlangt, dass die Anpassung des nominalen Kapitalkostensatzes an das reale Niveau mit der **durchschnittlichen anlagengüterspezifischen**

Preissteigerungsrate erfolgt, die von jenen Inflationsraten abzuleiten ist, die auch für die Tagesneuwertermittlung verwendet werden.

- Um die Investitionsfähigkeit von Stromnetzbetreibern zu gewährleisten, ist der kalkulationsrelevante Eigenkapitalkostensatz kapitalmarktorientiert mit Hilfe des **Capital Asset Pricing Model (CAPM)** zu ermitteln, wie es im Rahmen der wertorientierten Unternehmensführung und der Regulierungspraxis in anderen europäischen Ländern schon seit längerem üblich ist.

- Die Ermittlung des Beta-Faktors nicht börsennotierter Netzbetreiber sollte auf Basis von **Analogie-Ansätzen** in Verbindung mit der notwendigen Kapitalstrukturbereinigung bzw. -anpassung erfolgen. Bei der Auswahl risikowirtschaftlich vergleichbarer ausländischer Referenzunternehmen sind auch die vom jeweiligen Regulierungskonzept ausgehenden Risiken zu beachten.

- Zur Plausibilisierung der anhand des CAPM ermittelten Eigenkapitalkostensätze sollte ein Abgleich mit den Ergebnissen alternativer Verfahren, wie z.B. dem **Dividend Growth Model (DGM)** erfolgen.

- Um zu gewährleisten, dass die Eigenkapitalgeber das kapitalmarktorientierte Renditeniveau nach Abfluss der unternehmensspezifischen Ertragsteuern realisieren, ist unter den derzeit geltenden steuergesetzlichen Vorgaben sowohl die auf die Eigenkapitalverzinsung entfallende **Gewerbesteuer** als auch die **Körperschaftsteuer** in der Entgeltkalkulation zu berücksichtigen.

- Folgt die Kapitalkostenkalkulation dem tagesneuwertorientierten Realverzinsungskonzept, ist zusätzlich auch die Ertragsteuerbelastung kalkulationsrelevant, die aus der als „Scheingewinn" bezeichneten Differenz von tagesneuwertorientiert kalkulatorisch ermittelten und anschaffungswertorientierten bilanziell verrechneten Abschreibungen resultiert. Im Gegenzug sind auch die aus der unterschiedlichen kalkulatorischen und bilanziellen Abschreibungsbemessung resultierenden „Scheinverluste" bei der Bemessung des kalkulationsrelevanten Ertragsteuervolumens zu berücksichtigen.

- Für den Fall einer jahresbezogenen kostenorientierten Entgeltkalkulation kommt es grundsätzlich auf den **aufwandsgleichen Ansatz** der Fremdkapitalzinsen an. Gibt die Regulierungsbehörde den für die Netzentgeltkalkulation maßgeblichen Fremdkapitalzinssatz vor, ist darauf zu achten, dass bei der vom Renditeniveau risikoloser Staatsanleihen ausgehenden Bemessung des Fremdkapitalkostensatzes ein angemessener, als „**debt risk premium**" bezeichneter Risikozuschlag berücksichtigt wird, wie es in der Regulierungspraxis aller im Rahmen dieser Arbeit untersuchten Länder üblich ist.

- Verfügen Stromnetzbetreiber über zinspflichtige Dauerschulden, ist auch das aus der **hälftigen Gewerbesteuerbelastung von Dauerschuldzinsen** resultierende Gewerbesteuervolumen in der Netzentgeltkalkulation anzusetzen.

B. *Beziehungszusammenhang zwischen Regulierungskonzept und Kapitalkosten-*
   kalkulation

Die Ausgestaltung der Kapitalkostenkalkulation regulierter Stromnetzbetreiber
ist stets vor dem Hintergrund des jeweiligen Regulierungskonzeptes zu beurteilen. Im Fall der **traditionellen Renditeregulierung** stellen die von der Regulierungsbehörde definierten Kalkulationsparameter direkte Vorgaben für die unternehmensindividuelle Kalkulation dar. Demgegenüber sind die kapitalkostenspezifischen Kalkulationsvorgaben unter den Bedingungen der **anreizorientierten**
Price- und Revenue Cap-Verfahren grundsätzlich nur für die Bemessung der
Preis- bzw. Umsatzobergrenzen und die Ermittlung der Effizienzvorgaben relevant. Aus den regulierungskonzeptspezifischen Rechenzwecken folgt, dass die
Kalkulationsmethodik der Kapitalkosten auf das jeweilige Regulierungskonzept
auszurichten ist.

Wie durch **Abbildung 8-2** veranschaulicht wird, sollte die Kapitalkostenermittlung im Fall einer traditionellen kostenorientierten Renditeregulierung nach
dem Konzept der realverzinsungsorientierten Nettosubstanzerhaltung erfolgen,
während sich für die Ermittlung von Preis- und Umsatzobergrenzen das Konzept
der realverzinsungsorientierten Bruttosubstanzerhaltung in Verbindung mit einer
WACC-basierten Kapitalkostenkalkulation empfiehlt. Die **regulierungskonzept-**
spezifische Ausrichtung der Kapitalkostenkalkulation begründet sich wie
folgt:

- Für die nach dem Konzept der traditionellen Renditeregulierung erforderliche
  jahresbezogene unternehmensindividuelle Netzentgeltkalkulation sollte die
  Kapitalkostenkalkulation nach dem **Konzept der Nettosubstanzerhaltung**
  durchgeführt werden, wie sie nach den Regelungen der StromNEV jedoch nur
  für alle vor dem 01.01.2006 aktivierten Altanlagen vorgesehen ist.

- Die Umsetzung des realverzinsungsorientierten Nettosubstanzerhaltungskon-
  zeptes ist auf die zugrunde gelegte **Kapitalzuordnungsprämisse** auszurichten. Um das Rechnen mit einem gespaltenen Eigenkapitalkostensatz zu vermeiden, ist das Konzept der Nettosubstanzerhaltung auf die Annahme einer
  vorrangigen Eigenfinanzierung des Anlagevermögens angewiesen.

- Das Konzept der Nettosubstanzerhaltung bewirkt – ceteris paribus – über die
  im Ausmaß der zugelassenen Eigenkapitalquote erfolgende Limitierung der
  tagesneuwertorientierten Abschreibungsbemessung die **Erhaltung der kal-**
  kulatorischen Kapitalstruktur.

- Die realverzinsungsorientierte Nettosubstanzerhaltung koppelt die Vorgabe
  eines realen Eigenkapitalkostensatzes mit der **aufwandsgleichen Verrech-**
  nung der Fremdkapitalzinsen und wird deshalb den Anforderungen einer
  möglichst aufwandsnahen jahresbezogenen Entgeltkalkulation gerecht.

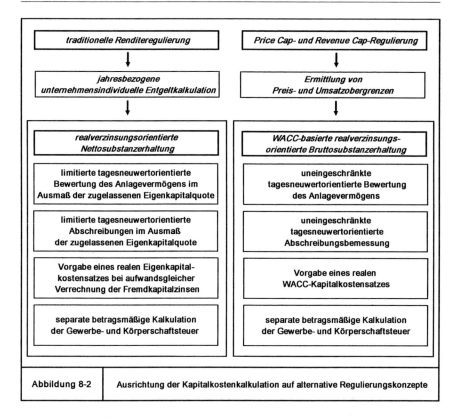

Abbildung 8-2	Ausrichtung der Kapitalkostenkalkulation auf alternative Regulierungskonzepte

- Im Fall des Übergangs von der traditionellen jahresbezogenen Renditeregulierung zu einem sich von der jährlichen unternehmensindividuellen Kostensituation lösenden Price Cap- bzw. Revenue Cap-Verfahren sollte die Kapitalkostenkalkulation auf das Konzept einer **WACC-basierten realverzinsungsorientierten Bruttosubstanzerhaltung** ausgerichtet werden.

- Das Konzept der Bruttosubstanzerhaltung in Verbindung mit einer realen WACC-basierten Kapitalverzinsung ist – wie das Konzept der Nettosubstanzerhaltung – auf die Prämisse der vorrangigen Eigenfinanzierung des Sachanlagevermögens angewiesen. Es unterstellt, dass das Umlaufvermögen vollständig durch **zinsloses Abzugskapital** finanziert ist.

- Die uneingeschränkte tagesneuwertorientierte Abschreibungsbemessung wird den Anforderungen einer **wettbewerbssimulierenden Ermittlung von Preis- und Umsatzobergrenzen** gerecht und führt zu einer besseren Vergleichbarkeit der unternehmensspezifischen Kapitalkostenkostenniveaus.

- Die in der europäischen Regulierungspraxis im Kontext der Price Cap- und Revenue Cap-Regulierung weit verbreitete Anwendung von allgemeinen, aus **Einzelhandelspreisen bzw. Konsumentenpreisen** abgeleiteten Preissteigerungsraten wird einer auf Substanzerhaltung abzielenden Kapitalkostenkalkulation nicht gerecht.

- Anlässlich der Inflationierung der Vermögensbasis und der Anpassung des nominalen WACC-Kapitalkostensatzes an das reale Niveau sind stattdessen **anlagegüterspezifische Preissteigerungsraten** zu verwenden. Parallel dazu ist darauf zu achten, dass auch die jährliche Fortschreibung der Preis- und Umsatzobergrenzen – wie z. B. in Österreich praktiziert – mit einem durchschnittlichen gewogenen Netzbetreiberpreisindex erfolgt.

- Die Ermittlung der für den WACC-Kapitalkostensatz maßgeblichen Eigen- und Fremdkapitalkostensätze sollte stets ausgehend von einem risikolosen Basiszinssatz erfolgen, der von dem Renditeniveau **risikoloser Staatsanleihen** mit einer dem Investitionshorizont im Stromnetzgeschäft gerecht werdenden, möglichst langen Restlaufzeit abgeleitet wird.

- Anstelle stichtagsbezogener Renditeniveaus sind bei der Ermittlung des risikolosen Basiszinssatzes stets **durchschnittliche Renditen von Staatsanleihen** zu verwenden, die über einen mehrjährigen Beobachtungszeitraum erhoben werden. Infolge der regelmäßig hohen Schwankungsintensität können stichtagsbezogene Zinssätze zum einen die bestehenden Fremdkapitalkonditionen der Unternehmen und zum anderen die künftige Zinssatzentwicklung während einer mehrjährigen Regulierungsperiode nicht abbilden.

- Der ermittelte risikolose Basiszinssatz ist zur Ermittlung des Eigenkapital- und Fremdkapitalkostensatzes jeweils um einen **eigenkapital- und fremdkapitalspezifischen Risikozuschlag** zu erhöhen.

- Das in anderen europäischen Ländern übliche Rechnen mit einem „**WACC vor Steuern**" erweist sich in Deutschland aufgrund des komplexen Nebeneinanders von Gewerbe- und Körperschaftsteuer, der Kalkulationsrelevanz von Steuern auf den „Scheingewinn" und der hälftigen Gewerbesteuerbelastung von Dauerschuldzinsen als unzweckmäßig.

- Die ertragsteuerlichen Belastungen sollten stattdessen **als betragsmäßige Kostenposition** separat kalkuliert werden. Daraus folgt, dass bei der Ermittlung des WACC-Kapitalkostensatzes weder Steuerersparnisse noch Steuerbelastungen berücksichtigt werden dürfen.

II. Ausblick für Regulierungspraxis und Wissenschaft

Basierend auf den Ergebnissen dieser Arbeit werden im Folgenden konkrete Handlungsempfehlungen für die Regulierungspraxis und die Wissenschaft abgeleitet.

Im Rahmen des auf die Regulierungspraxis ausgerichteten ersten Abschnitts werden zunächst Antworten auf Fragestellungen gegeben, die sich im Zusammenhang mit der derzeit nach den **Regelungen der StromNEV** in der Fassung vom 25.07.2005 praktizierten Kapitalkostenkalkulation ergeben. Dieses Erfordernis ist auch von langfristiger Relevanz, da die Kapitalkostenkalkulation nach den Plänen der BNetzA auch im Rahmen der künftigen Anreizregulierung auf den Vorgaben der StromNEV basieren soll.[1411] Im Anschluss werden Handlungsempfehlungen zur Behandlung der **Kapitalkosten im Kontext der Anreizregulierung** insbesondere hinsichtlich der Beeinflussbarkeit der Kapitalkosten und bezüglich der Standardisierung der Kapitalkosten anlässlich von Benchmarking-Analysen formuliert.

In einem zweiten Abschnitt wird die Relevanz der Themenstellung dieser Arbeit für die Wissenschaft aufgezeigt und ein Ausblick auf Fragestellungen gegeben, die künftigen **Forschungsbedarf** begründen.

A. Handlungsempfehlungen für die Regulierungspraxis

1) Auslegung und Modifikationsbedarf der StromNEV

Um eine sachgerechte Kapitalkostenkalkulationen auf Basis der StromNEV zu gewährleisten, bedarf es zum einen einer methodisch korrekten Auslegung der einzelnen Regelungen der StromNEV und zum anderen dringend notwendiger Ergänzungen der Kalkulationsvorgaben. Darüber hinaus ist mit Blick auf die geplante Einführung der Anreizregulierung und die Kalkulationspraxis in anderen europäischen Ländern die grundsätzliche Frage zu stellen, inwieweit die Regelungen der StromNEV den Anforderungen einer transparenten, **betriebswirtschaftlich sachgerechten Kalkulationsmethodik** gerecht werden. Basierend auf den Ergebnissen dieser Arbeit lassen sich zur Beantwortung dieser Fragestellungen die folgenden Thesen ableiten:

- Im Rahmen des 4. Kapitels wurde detailliert aufgezeigt, wie die zwischen den Regulierungsbehörden und den Netzbetreibern kontrovers diskutierte Vorga-

---

1411 Vgl. **Bundesnetzagentur**: Bericht der Bundesnetzagentur nach § 112a EnWG zur Einführung der Anreizregulierung nach § 21a EnWG... **(2006)**, S. 84 und S. 86.

be des **§ 7 Abs. 1 Satz 3 StromNEV**, wonach „der die zugelassene Eigenkapitalquote übersteigende Anteil des Eigenkapitals [...] nominal wie Fremdkapital zu verzinsen" ist, auszulegen ist. Das die zugelassene nominale und auf
40,0% limitierte Eigenkapitalquote **übersteigende Eigenkapital** ist in der
von anschaffungswertorientierten Restbuchwerten des betriebsnotwendigen
Vermögens abgeleiteten kalkulatorischen Bilanz bei der Ermittlung des betriebsnotwendigen Eigenkapitals nach § 7 Abs. 1 Satz 2 StromNEV – wie
Abzugskapital und zinspflichtiges Fremdkapital – in Abzug zu bringen und
mit einem angemessenen risikoadjustierten Fremdkapitalzinssatz zu verzinsen.

- Wie im 3. Kapitel begründet, können die Eigenkapitalgeber von Stromnetzbetreibern das ihnen durch § 21 Abs. 2 EnWG zugestandene **risikoangepasste Renditeniveau** und den über den Ansatz tagesneuwertorientierter Abschreibungen zum Substanzerhalt bestimmten Inflationsausgleich nur dann in
voller Höhe erwirtschaften, wenn neben den gewerbesteuerlichen Belastungen
auch die diesbezüglich anfallende **Körperschaftsteuer** über die Umsatzerlöse erwirtschaftet wird. Der bislang auf den kalkulatorischen Ansatz der Gewerbesteuer beschränkte § 8 StromNEV ist um eine entsprechende Passage
zur Kalkulationsrelevanz der Körperschaftsteuer zu ergänzen.

- Das in keinem der im Rahmen dieser Arbeit untersuchten europäischen Länder praktizierte Nebeneinander der realverzinsungsorientierten Nettosubstanzerhaltung für alle vor dem 01.01.2006 aktivierten Altanlagen und der
anschaffungswertorientierten Nominalverzinsung für alle nach dem 01.01.
2006 aktivierten Neuanlagen steht einer praktikablen und **transparenten
Kapitalkostenkalkulation** entgegen. Bedenkt man, dass diese äußerst komplexe Kalkulationsmethodik infolge der langen Anlagennutzungsdauern noch
über Jahrzehnte hinweg fortzuführen wäre, sollte darüber nachgedacht werden, im Zuge der Neuausrichtung des Regulierungskonzeptes die **Kalkulationsmethodik für Alt- und Neuanlagen zu harmonisieren**. Wie im 5. Kapitel ausführlich begründet, wäre in diesem Zusammenhang dem Konzept der
realverzinsungsorientierten Bruttosubstanzerhaltung der Vorzug vor einem
anschaffungswertorientierten Nominalverzinsungskonzept zu geben.

2) Behandlung der Kapitalkosten im Kontext der Anreizregulierung

Anlässlich des Übergangs von der traditionellen jahresbezogenen Renditeregulierung zur Anreizregulierung sind bezüglich der Ermittlung und Behandlung der
Kapitalkosten die folgenden Sachverhalte zu berücksichtigen:

- Bei der durch § 7 Abs. 6 StromNEV zum Beginn der Anreizregulierung vorgesehenen Neufestlegung des kalkulationsrelevanten Eigenkapitalkostensat-

zes sind nicht nur die Verhältnisse auf den Kapitalmärkten, sondern auch die mit dem Wechsel des Regulierungskonzeptes verbundenen **Veränderungen der regulatorischen Risiken** zu berücksichtigen. Wie im 3. Kapitel durch die Ergebnisse empirischer Studien begründet und anhand der im 7. Kapitel durchgeführten Analyse der Regulierungskonzepte in anderen europäischen Ländern (z. B. Norwegen) belegt, ist der mit der Einführung der Anreizregulierung verbundene Anstieg des regulatorischen Risikos durch eine **Anhebung des Zuschlags für das allgemeine Unternehmerwagnis** zu vergüten.

- Um die Transparenz und die Robustheit der einzelnen Parameter der Eigenkapitalkostensätze, insbesondere die Höhe der Marktrisikoprämie und des Niveau des Beta-Faktors zu erhöhen, sollten die Regulierungsbehörden in Deutschland, wie es in Großbritannien und den Niederlanden gängige Praxis ist, verstärkt mit **Finanz- bzw. Kapitalmarktexperten** kooperieren.

- Wie im 2. Kapitel dieser Arbeit ausführlich erläutert, ist auch jedes anreizorientierte Regulierungskonzept auf eine betriebswirtschaftlich sachgerechte, **kapitalkostenspezifische Kalkulationsmethodik** angewiesen, die stets von der unternehmensindividuellen Vermögensbasis ausgehen muss.

- Bei der Festlegung von **Ausgangspreis- und Umsatzniveaus** und bei der Ermittlung von Effizienzvorgaben ist stets sicherzustellen, dass die Netzbetreiber eine angemessene Kapitalverzinsung realisieren.

- Die unternehmensindividuellen Effizienzziele sind gemäß § 21a Abs. 5 Satz 3 EnWG derart zu bemessen, dass sie durch die Netzbetreiber unter „zumutbaren Bedingungen" erreicht werden können und im Falle des Übertreffens eine **zusätzliche Kapitalverzinsung** ermöglichen.

- Um das regulatorische Risiko zu reduzieren, sollte den Netzbetreibern für den Fall, dass das vorgegebene Kostensenkungsziel nicht realisiert werden kann, im Sinne einer **Sliding Scale-Regulierung** auch ein bestimmtes Mindestrenditeniveau garantiert werden.

- Die für eine Regulierungsperiode maßgeblichen Effizienzziele sollten stets von den Ergebnissen eines **gesamtkostenbezogenen Benchmarkings** abgeleitet werden, dessen Resultate durch den komplementären Einsatz mehrerer Benchmarking-Verfahren, wie der Methodik der Data Envelopment Analysis (DEA) oder der Stochastic Frontier Analysis (SFA), zu erhärten sind.

- Aussagefähige Effizienzanalysen sind darauf angewiesen, Kapitalkostendivergenzen, die lediglich aus der unterschiedlichen Anlagenaltersstruktur und der Abschreibungspolitik der Netzbetreiber resultieren, durch die Ermittlung eines **tagesneuwertbezogenen annuitätsorientierten Kapitaldienstes** und die Verwendung einheitlicher Anlagennutzungsdauern zu nivellieren.

- Da über die Vorgabe individueller X-Faktoren grundsätzlich das Ziel verfolgt wird, **Ineffizienzen und Monopolgewinne** aus den Zeiten vor der Liberalisierung abzubauen, sollten sich gesamtkostenbezogene Kostensenkungsvorgaben nur auf die Betriebskosten und jene Kapitalkosten beziehen, die aus der bestehenden Vermögensbasis resultieren.

- Infolge der im Stromnetzgeschäft stark ausgeprägten Kostenremanenz ist bei der **Bemessung der Zeiträume** für den Abbau gesamtkostenbezogener Effizienzvorgaben darauf zu achten, dass Netzbetreiber kapitalkostenspezifische Effizienzpotenziale nur langfristig realisieren können.
- Kapitalkosten für Neuinvestitionen sind von der Effizienzanalyse auszugrenzen. Der als CAPEX bezeichnete Kapitalbedarf für Ersatz- und Erweiterungsinvestitionen sollte – wie in Großbritannien seit Jahren praktiziert – über separate **Investitionsbudgets** reguliert werden, deren Bemessung und Ausschöpfung mit adäquaten Anreizmechanismen zu versehen ist.
- Infolge der Notwendigkeit zur Erschließung gesamtkostenbezogener Effizienzsteigerungen ist Stromnetzbetreibern zu empfehlen, sich einem umfassenden **Kapitalkostenmanagement** zu verschreiben. Insbesondere die Literatur und Praxis des wertorientierten Controllings hat einen umfangreichen Maßnahmenkatalog zur Senkung der Kapitalkosten entwickelt, der nicht nur am Sachanlagevermögen ansetzt, sondern Produktivitätssteigerungen auch über die **Optimierung des Working Capitals** ermöglicht.

B. Zukünftige Forschungsfragen

Die vorliegende Arbeit zielt vorrangig darauf ab, auf Basis des betriebswirtschaftlichen Erkenntnisstandes und der Analyse der Regulierungskonzeptionen in anderen europäischen Ländern grundlegende Empfehlungen zur **Ausgestaltung der Kapitalkostenkalkulation** regulierter Stromnetzbetreiber abzuleiten und einen aktuellen Beitrag zur Klärung strittiger Kalkulationsfragen zu leisten. Gleichzeitig wurde verdeutlicht, dass die Kalkulationsmethodik und die Rolle der Kapitalkosten stets im Zusammenhang mit dem jeweiligen Regulierungskonzept betrachtet werden müssen.

Die durchgeführte Literaturanalyse hat belegt, dass sich in Deutschland bislang nur wenige mit dem **innerbetrieblichen Rechnungswesen** befasste Wissenschaftler mit den Auswirkungen verschiedener Regulierungsverfahren auf die Kostenrechnung von Netzbetreibern befasst haben. Bedenkt man, dass dieses Erfordernis nicht nur für die mehr als 900 Stromnetzbetreiber, sondern auch für die ca. 700 Gasnetzbetreiber und die von der BNetzA regulierten Netz- und Dienstleistungssektoren im Telekommunikations-, Post- und Eisenbahnbereich relevant ist, wird die hohe praktische Bedeutung dieses Forschungsgebietes deutlich. Vor diesem Hintergrund lassen sich die folgenden Thesen für die Wissenschaft ableiten:

- Die Betriebswirtschaftslehre, insbesondere die Kostenrechnungslehre, sollte sich verstärkt mit den **Verfahren der Preisregulierung** und der Ausgestaltung der Kalkulationsmethodik regulierter Unternehmen befassen.

- Es gilt zum einen herauszuarbeiten, wie die **Kalkulationsmethodik** durch alternative Regulierungsverfahren beeinflusst wird und zum anderen zu untersuchen, wie die Kostenrechnung und das Controlling regulierter Unternehmen auszugestalten sind, um vor dem Hintergrund alternativer Regulierungsszenarien sowohl das Unternehmensmanagement mit **entscheidungsrelevanten Informationen** zu versorgen als auch die umfangreichen Informationsanforderungen der Regulierungsbehörden zu erfüllen.

- Die Auswirkungen der in der Praxis erst seit kurzer Zeit zum Einsatz kommenden anreizorientierten Regulierungsverfahren sind in den kommenden Jahren durch **empirische Studien** zu untersuchen.

- In diesem Zusammenhang kommt es zum einen darauf an, die Auswirkungen des **regulatorischen Risikos** auf die Höhe der Renditeforderungen der Anteilseigner durch regulierungsperiodenübergreifende vergleichende Beta-Faktoren-Analysen aufzudecken.

- Zum anderen ist durch langfristig angelegte empirische Studien zu untersuchen, welche Auswirkungen die Implementierung anreizorientierter Regulierungsverfahren auf das **Investitionsverhalten**, die **Instandhaltungspolitik** und die **Versorgungsqualität** im Stromnetzgeschäft hat.

Literaturverzeichnis

A) Aufsätze, Monografien und Beiträge in Sammelwerken

Achleitner, Ann-Kristin – Everling, Oliver: Praxishandbuch Rating. Antworten auf die Herausforderung Basel II, Berlin **2006**.

Adam, Dietrich: Wiederbeschaffungswertorientierte Bewertung in der Kostenrechnung, in: Kostenrechnungspraxis (krp), 42. Jg. (**1998**), Heft 1, S. 44-47.

Adam, Dietrich: Investitionscontrolling, 3. Auflage, München-Wien **2000**.

Adam, Dietrich – Hering, Thomas: Kalkulation von Abwassergebühren, Veröffentlichungen des Instituts für Industrie- und Krankenhausbetriebslehre der Westfälischen Wilhelms-Universität, Münster **1995**.

Aders, Christian - Hebertinger, Martin: Value Based Management – Shareholder-Value-Konzepte, eine Untersuchung der DAX100-Unternehmen, hrsg. von Wolfgang Ballwieser und Peter Wesner/KPMG, Frankfurt **2003**.

Ai, Chunrong – Sappington, David E. M.: The Impact of State Incentive Regulation on the U.S. Telecommunication Industry, in: Journal of Regulatory Economics, 22. Jg. (**2002**), Heft 2, S. 133-160.

Ajodhia, Virendra – Petrov, Konstantin – Scarsi, Gian Carlo: Benchmarking and its Applications, in: Zeitschrift für Energiewirtschaft (ZfE), 28. Jg. (**2003**), Heft 4, S. 261-271.

Ajodhia, Virendra – Petrov, Konstantin – Scarsi, Gian Carlo: Integrated Cost and Quality Benchmarking in Electricity Distribution, Working Paper, 6th IAEE European Conference, Zürich **01./02.09.**2004, url: www.saee.ch/saee 2004/Scarsi_Gian%20carlo.pdf, (Abruf 21.11.2004).

Ajodhia, Virendra – Petrov, Konstantin – Scarsi, Gian Carlo: Quality, Regulation and Benchmarking: An Application to Electricity Distribution Networks, in: Zeitschrift für Energiewirtschaft (ZfE), 29. Jg. (**2004**), Heft 2, S. 113-120.

Albach, Horst – Knieps, Günter: Kosten und Preise in wettbewerblichen Ortsnetzen, Freiburger Studien zur Netzökonomie, Band 2, Baden Baden **1997**.

Alexander, Ian – Mayer, Colin – Weeds, Helen: Regulatory Structure and Risk and Infrastructure Firms – An International Comparison, Policy Research Paper 1698, The World Bank, Private Sector Development Department, Washington December **1996**, url: http://privatewww.essex.ac.uk/~hfweeds/802_wps1698.pdf, (Abruf 15.11.2006).

Alexandre, Paulo - Sasse, Alexander - Weber, Kurt: Steigerung der Kapitaleffizienz durch Investitions- und Working Capital Management, in: Controlling, 16. Jg. (**2004**), Heft 3, S. 125-131.

Arbeitskreis „Finanzierung" der Schmalenbach-Gesellschaft, Deutsche Gesellschaft für Betriebswirtschaft e. V.: Wertorientierte Unternehmenssteuerung mit differenzierten Kapitalkosten, in: Zeitschrift für betriebswirtschaftliche Forschung (ZfbF), 48. Jg. (**1996**), Heft 6, S. 543-578.

Arbeitskreis "Finanzierungsrechnung" der Schmalenbach-Gesellschaft für Betriebswirtschaft e.V.: Wertorientierte Steuerung in Theorie und Praxis, in: Zeitschrift für betriebswirtschaftliche Forschung (ZfbF), Sonderheft 53, hrsg. v. Günther Gebhardt und Helmut Mansch, Düsseldorf-Frankfurt/Main **2005**.

Arbeitskreis Internes Rechnungswesen der Schmalenbach-Gesellschaft: Interne Unternehmensrechnung: aufwands- oder kostenorientiert?, in: Schmalenbachs Zeitschrift für betriebswirtschaftliche Forschung (ZfbF), Sonderheft 42, hrsg. v. Marcell Schweitzer und Ulrich Ziolkowski, Düsseldorf-Frankfurt/Main **1999**.

Auer, Hans: Benchmarking und Regulierung elektrischer Netze in liberalisierten Strommärkten: Grundlagen, internationale Erfahrungen und Anwendung auf Österreich, Institut für Elektrische Anlagen und Energiewirtschaft, Energy Economics Group, Technische Universität Wien, Mai **2002**.

Averch, Harvey – Johnson, Leland L.: The Behaviour of the firm under Regulatory Constraint, in: American Economic Review, 52. Jg. (**1962**), Heft 5, S. 1052-1069.

Bacher, Rainer: Benchmarking zur Ermittlung der Kosten von effizient betriebenen Netzen, Beitrag zur Veranstaltung des Bundesamtes für Energie (BfE) „Öffnung des Strommarktes – Beiträge der energiewirtschaftlichen Forschung" in Bern vom 22.11.**2001**, url: http://www.vpe.ch/pdf/bacher.pdf, (Abruf 05.09.2004).

Bachert, Patrick: Die Aufsicht über Energieversorgungsunternehmen zwischen Wettbewerb und Regulierung, Frankfurt am Main **2004**.

Backhaus, Klaus u. a.: Multivariate Analysemethoden: eine anwendungsorientierte Einführung, 9. Auflage, Berlin **2000**.

Baetge, Jörg – Krause, Clemens: Die Berücksichtigung des Risikos bei der Unternehmensbewertung – Eine empirisch gestützte Betrachtung des Kalkulationszinses, in: Betriebswirtschaftliche Forschung und Praxis (BfuP), 46. Jg. (**1994**), Heft 5, S. 433-456.

Baetge, Jörg – Niemeyer, Kai – Kümmel, Jens: Darstellung der Discounted-Cashflow-Verfahren (DCF-Verfahren) mit Beispiel, in: Praxishandbuch der Unternehmensbewertung, hrsg. v. Volker H. Peemöller, 2. Auflage, Herne u. a., **2002**, S. 263-360.

Baldwin, Robert – Cave, Martin: Understanding Regulation: Theory, Strategy, and Practice, Oxford **1999**.

Ballwieser, Wolfgang: Die Wahl des Kalkulationszinsfußes bei der Unternehmensbewertung unter Berücksichtigung von Risiko und Geldentwertung, in: Betriebswirtschaftliche Forschung und Praxis (BFuP), 33. Jg. (**1981**), Heft 2, S. 97-114.

Ballwieser, Wolfgang: Unternehmensbewertung mit Discounted Cash Flow-Verfahren, in: Die Wirtschaftsprüfung, 51. Jg. (**1998**), Heft 3, S. 81-92.

Ballwieser, Wolfgang: Zur Ermittlung des Ertragswertes von örtlichen Stromnetzen, Stuttgart u. a. **2001**.

Baumol, William J. – Panzar, John C. – Willig, Robert D.: Contestable Markets and the Theory of Industry Structure, New York **1982**.

Bausch, Andreas – Raffeiner, Thomas: Value Creators in der Utility-Industrie – Eine empirische Analyse der Werttreiber in der Energiewirtschaft in Deutschland, Österreich und der Schweiz, Gießen - München **2003**, url: wiwi.uni-giessen.de/dl/showfile/Entrepreneurship/4163/Value%20Creators%20in%20der%20Utility-Industrie.pdf, (Abruf 15.11.2006).

Beaver, Wiliam – Kettler, Paul – Scholes, Myron: The association between market determined and accounting risk measures, in: The Accounting Review, 45. Jg. (**1970**), Heft 4, S. 654-682.

Beiker, Hartmut Überrenditen und Risiken kleiner Aktiengesellschaften. Eine theoretische und empirische Analyse des deutschen Kapitalmarktes von 1966 bis 1989, Köln **1993**.

Berger, Philip G. – Ofek, Eli: Diversification´s effect on firm value, in: Journal of Financial Economics, 37. Jg. (**1995**), Heft 1, S. 39-65.

Bergman, Lars – Doyle, Chris – Gual, Jordi – Hultkrantz, Lars – Neven, Damnien – Roeller, Lars-Hendrik – Waverman, Leonard – Vaitilingham, Romesh: Europe's Network Industries: Conflicting Priorities. (Telecommunications) Monitoring European Deregulations 1, Centre for Economic Policy Research, London **1998**.

Bernstein, Jeffrey I. – Sappington, David E. M.: Setting the X-Factor in Price-Cap Regulation Plans, in: Journal of Regulatory Economics, 16. Jg. (**1999**), Heft 1, S. 5-25.

Berringer, Christian: Regulierung als Erscheinungsform der Wirtschaftsaufsicht, Münchener Universitätsschriften, Reihe der Juristischen Fakultät, Band 188, München **2003**.

Biedermann, Hubert: Anlagenmanagement, Köln **1990**.

Bieker, Marcus – Esser, Maik: Der Impairment-Only-Ansatz des IASB: Goodwill-Bilanzierung nach IFRS 3 "Business Combinations", in: Steuern und Bilanzen (StuB), 6. Jg. (**2004**), Heft 10, S. 449-458.

Bierich, Marcus: Substanzerhaltungsrechnungen in der Praxis, in: Betriebswirtschaftliche Forschung und Praxis (BFuP), 25. Jg. (**1973**), Heft 10, S. 512-535.

Bimberg, Lothar H.: Langfristige Renditeberechnung zur Ermittlung von Risikoprämien, Frankfurt am Main **1991**.

Bitz, Michael: Der interne Zinsfuß in Modellen zur simultanen Investitions- und Finanzplanung, in: Zeitschrift für betriebswirtschaftliche Forschung (ZfbF), 29. Jg. (**1977**), Heft 3, S. 146-162.

Black, Fischer: Capital Market Equilibrium with Restricted Borrowing, in: Journal of Business, 45. Jg. (**1972**), Heft 3, S. 444-455.

Bliem, Markus: Eine makroökonomische Bewertung zu den Kosten eines Stromausfalls im österreichischen Versorgungsnetz, IHSH Discussion Paper 02/2005, Institut für Höhere Studien Kärnten, Klagenfurt, November **2005**, url: www.carinthia.ihs.ac.at/studien/Dis-cussion%20paper_Kosten%20Stromausfall.pdf, (Abruf 15.11.06).

Blohm, Hans – Lüder, Klaus: Investition, 8. Auflage, München, **1995**.

Blum, Ulrich: Volkswirtschaftslehre, Studienhandbuch, 2. überarbeitete Auflage, München – Wien – Oldenbourg **1994**.

Blume, Marshall. E.: Betas and their Regression Tendencies, in: The Journal of Finance, 30. Jg. (**1975**), Heft 3, S. 785-795.

Böck, Rudolf: Die Berücksichtigung der Gewerbesteuer in der Netzentgeltkalkulation nach § 8 NEV, in: IR Energie, Verkehr, Abfall, Wasser, o. Jg. (**2006**), Heft 6, S. 98-102.

Böckem, Sabine – Schiller, Ulf: Die Neue Theorie der Regulierung natürlicher Monopole, in: Zeitschrift für Energiewirtschaft (ZfE), 18. Jg. (**1994**), Heft 3, S. 183-191.

Bönner, Udo: Die Kalkulation administrierter Preise unter dem Aspekt der Substanzerhaltung – Kostendeckende Erlöse der Elektrizitätsversorgungsunternehmen im Rahmen der Tarifgenehmigung, in: Zeitschrift für Energiewirtschaft (ZfE), 16. Jg. (**1992**), Heft 4, S. 229-258.

Bonbright, James C. – Danielsen, Albert L. – Kamerschen, David R.: Principles of Public Utility Rates, Second Edition, Virginia **1988**.

Boquist, John A. - Moore, William T.: Estimating the Systematic Risk of an Industry Segment: A Mathematical Programming Approach, in: Financial Management, 12. Jg. (**1983**), Heft 4, S. 11-18.

Borrmann, Jörg – Finsinger, Jörg: Markt und Regulierung, München **1999**.

Borszcz, Ulrike: Ökonomische Überlegungen zur Bildung von Netzentgelten in der Stromwirtschaft, Dissertation an der Carl von Ossietzky Universität Oldenburg – Fachbereich Wirtschafts- und Rechtswissenschaften **2003**, url:

http://docserver.bis.uni-oldenburg.de-/publikationen/dissertation/2004/boroek 03/pdf/boroek03.pdf, (Abruf 15.11.2006).

Braeutigam, Ronald R.: Regulation of Multiproduct Enterprises by Rate of Return, Mark up and Operating Ratio, in: Research in Law and Economics, 3. Jg. (**1981**), S. 15-38.

Braeutigam, Ronald R. – Panzar, John C.: Effects of the Change from Rate-of-Return to Price-Cap Regulations, in: American Economic Review, 83. Jg. (**1993**), Heft 2, S. 191-198.

Brealey, Richard A. – Myers, Stewart C.: Principles of Corporate Finance, 7. Auflage, Boston **2003**.

Breeden, Douglas T.: An Intertemporal Asset Pricing Model with Stochastic Consumption and Investment Opportunities, in: The Journal of Finance, 7. Jg. (**1979**), Heft 3, S. 265-296.

Brenck, Andreas: Staatliche Regulierung von Unternehmen, Arbeitspapiere zur Vorlesung und Übung, Thema: Regulierungsverfahren, Technische Universität Berlin, Fachgebiet für Wirtschafts- und Infrastrukturpolitik, Sommersemester **2001**.

Brennan Michael J.: Taxes, Market Valuation and Corporate Financial Policy, in: National Tax Journal, 23. Jg. (**1970**), S. 417-427.

Brombach, Klaus – Walter, Wolfgang: Einführung in die moderne Kostenrechnung: Grundlagen, Methoden, neue Ansätze; mit Aufgaben und Lösungen, Wiesbaden **1998**.

Bromwich, Michael – Vass, Peter: Regulation and Accounting, in: Handwörterbuch Unternehmensrechnung und Controlling, hrsg. v. Hans-Ulrich Küpper und Alfred Wagenhofer, 4. Auflage, Stuttgart **2001**, Sp. 1677-1685.

Brüning, Gert: Annuitätsorientierte Kostenrechnung, Zur Verrechnung kalkulatorischer Kosten am Beispiel der kommunalen Abwasserbeseitigung, Zeitschrift für öffentliche und gemeinwirtschaftliche Unternehmen (ZögU), 21. Jg. (**1998**), Heft 2, S. 137-155.

Brunekreeft, Gert: Kosten, Körbe, Konkurrenz: Price Caps in der Theorie in: Price Cap-Regulierung in Netzindustrien – Chancen und Risiken eines neuen Regulierungsinstruments, hrsg. v. Deutsche Verkehrswissenschaftliche Gesellschaft e. V. (DVWG), Schriftenreihe B, Nr. B 232, Bergisch Gladbach **2000**, S. 18-41.

Brunekreeft, Gert – Keller, Katja: Netzzugangsregime und aktuelle Marktentwicklung im deutschen Elektrizitätssektor, in: Zeitschrift für Energiewirtschaft (ZfE), 24. Jg. (**2000**), Heft 3, S. 155-166.

Brunekreeft, Gert – Keller, Katja: Verhandelter versus regulierter Netzzugang, in: Zwischen Regulierung und Wettbewerb – Netzsektoren in Deutschland, hrsg. v. Günter Knieps und Gert Brunekreeft, 2. Auflage, Heidelberg **2003**, S. 131-156.

Brunekreeft, Gert – Keller, Katja: Ex ante versus ex post: Regulierung oder Wettbewerbspolitik im deutschen Elektrizitätssektor ?, in: Zwischen Regulierung und Wettbewerb – Netzsektoren in Deutschland, hrsg. v. Günter Knieps und Gert Brunekreeft, 2. Auflage, Heidelberg **2003**, S. 157-164.

Brunekreeft, Gert – McDaniel, Tanga: Policy Uncertainty and Supply Adequacy in Electric Power Markets, in: Oxford Review of Economic Policy, 21. Jg. (**2005**), Heft 1, S. 111-127.

Brunner, Uli – Riechmann, Christoph: Wettbewerbsgerechte Preisbildung in der Wasserwirtschaft – Vergleichsmarktkonzepte, -methoden und Erfahrungen aus England & Wales, in: Zeitschrift für öffentliche und gemeinwirtschaftliche Unternehmen (ZögU), Band 27 (**2004**) Heft 2, S. 115-130.

Buckland, Roger – Fraser Patricia: Political und Regulatory Risk: Beta Sensitivity in U. K. Electricity Distribution, in: Journal of Regulatory Economics, 19. Jg. (**2001**), Heft 1, S. 5-25.

Budäus, Dietrich: Public Management – Konzepte und Verfahren zur Modernisierung öffentlicher Verwaltungen, 2. Auflage, Berlin **1994**.

Budäus, Dietrich, Schreyögg, Georg und Conrad, Peter (Hrsg.): New Public Management, Berlin/New York **1998**.

Büchner, Jens – Nick, Wolfgang: Strukturklassen zum sachgerechten Vergleich von Verteilnetzbetreibern, in: Energiewirtschaftliche Tagesfragen (et) 54. Jg. (**2004**), Heft 12, S. 816-820.

Bühner, Volker: Risikobewertung zur Optimierungvon Instandhaltungs- und Erneuerungsmaßnahmen, in: ew – Das Magazin für die Energiewirtschaft, 105. Jg. (**2006**), Heft 12, S. 18-21.

Bufka, Jürgen – Schiereck, Dirk – Zinn, Kai: Kapitalkostenermittlung für diversifizierte Unternehmen, in: Zeitschrift für Betriebswirtschaft (ZfB), 69. Jg. (**1999**), Heft 1, S. 115-131.

Bundesverband der Deutschen Industrie e.V. (BDI) (Hrsg.): Empfehlungen zur Kosten- und Leistungsrechnung, Band 1: Kosten- und Leistungsrechnung als Istrechnung, 3. Auflage, Bergisch-Gladbach **1991**.

Burger, Anton: Abschreibungen, in: Handwörterbuch des Bank- und Finanzwesens, hrsg. v. Wolfgang Gerke und Manfred Steiner, 2. Auflage, Stuttgart **1995**, Sp. 7-17.

Burns, Philip – Weyman-Jones, Thomas G.: Cost Drivers and Cost Efficiency in Electricity Distribution: A Stochastic Frontier Approach, in: Bulletin of Economic Research, 48. Jg. (**1997**), Heft 1, S. 41-64.

Burns, Philip – Davies, John: Regulatory incentives and capital efficiency in efficiency in UK electricity distribution businesses, CRI Occasional Paper 12, Bath, Dezember **1998.**

Burns, Philip – Davies, John – Riechmann, Christoph: Benchmarking von Netzkosten – Data Envelopment Analyse (DEA) am Beispiel der Stromverteiler in Großbritannien, in: Zeitschrift für Energiewirtschaft (ZfE), 23. Jg. (**1999**), Heft 4, S. 285-301.

Burns, Philip – Riechmann, Christoph: Price-Caps im Elektrizitätssektor – Erfahrungen aus England und Wales - Lehren für Deutschland, in: Price Cap-Regulierung in Netzindustrien – Chancen und Risiken eines neuen Regulierungsinstruments, hrsg. v. Deutsche Verkehrswissenschaftliche Gesellschaft e. V. (DVWG), Schriftenreihe B, Nr. B 232, Bergisch Gladbach **2000**, S. 88-105.

Burns, Philip – Riechmann, Christoph: Regulatory instruments and their effects on investment behaviour, World Bank Policy Research Working Paper 3292, April **2004.**

Busse von Colbe, Walther: Der Zukunftserfolg, Wiesbaden **1957.**

Busse von Colbe, Walther: Auswirkungen inflatorischer Preissteigerungen auf Gewinn und Finanzierung, in: Zeitschrift für betriebswirtschaftliche Forschung (ZfbF), Kontaktstudium, 28. Jg. (**1976**), S. 11-19.

Busse von Colbe, Walther: Kalkulatorische Abschreibungen und Substanzerhaltung – zu den jüngsten Änderungen der LSP, in: Kosten und Erlöse, Orientierungsgrößen der Unternehmenspolitik, Festschrift für Gert Lassmann zum 60. Geburtstag, hrsg. v. Reiner Steffen und Wolf Wartmann, Stuttgart **1990**, S. 299-314.

Busse von Colbe, Walther: Was ist und was bedeutet Shareholder Value aus betriebswirtschaftlicher Sicht?, in: Zeitschrift für Gesellschaftsrecht, 26. Jg. (**1997**), Heft 2, S. 271-290.

Busse von Colbe, Walther: Fremd- und Eigenkapitalkosten, in: Kostenrechnungspraxis (krp), 42. Jg. (**1998**), Heft 2, S. 99-100.

Busse von Colbe, Walther: Kostenorientierte Entgeltregulierung von Telekommunikationsdienstleistungen bei sinkenden Beschaffungspreisen für Investitionen, in: Zum Erkenntnisstand der Betriebswirtschaftslehre am Beginn des 21. Jahrhunderts, Festschrift für Erich Loitlsberger zum 80. Geburtstag, hrsg. v. Udo Wagner, Berlin **2001**, S. 47-59.

Busse von Colbe, Walther: Zur Ermittlung der Kapitalkosten als Bestandteil regulierter Entgelte für Telekommunikationsdienstleistungen, in: Zeitschrift für betriebswirtschaftliche Forschung (ZfbF), Jg. **2002**, Sonderheft 48, hrsg. v. Wolfgang Ballwieser, Düsseldorf-Frankfurt/Main, S. 1-25.

Camp, Robert C.: Benchmarking, München, Wien **1994**.

Chen, Nai-fu – Roll, Richard – Ross, Stephen A.: Economic Forces and the Stock Market, in: Journal of Business, 59. Jg. (**1986**), Heft 3, S. 383-403

Clark, John Maurice: Studies in the Economics of Overhead Costs, University of Chicago Press **1923**.

Coenenberg, Adolf G.: Inflationsbereinigte Rechnungslegung – Diskussionsstand in Deutschland, in: Die Aktiengesellschaft, 20. Jg. (**1975**), Heft 5, S. 113-120.

Coenenberg, Adolf G.: Kostenrechnung und Kostenanalyse, 5. Auflage, Stuttgart **2003**.

Coenenberg, Adolf, G.: Jahresabschluss und Jahresabschlussanalyse, 20. Auflage, Stuttgart **2005**.

Coenenberg, Adolf G. – Mattner, Gerhard R. – Schultze, Wolfgang: Kostenmanagement im Rahmen der wertorientierten Unternehmensführung, in: Kostenmanagement, hrsg. v. Klaus-Peter Franz und Peter Kajüter, USW-Schriften für Führungskräfte, Band 33, 2. Auflage, Stuttgart, **2002**, S. 33-46.

Coenenberg, Adolf G. – Schultze, Wolfgang: Unternehmensbewertung – Konzeptionen und Perspektiven, in: Die Betriebswirtschaft (DBW), 62. Jg. (**2002**), Heft 6, S. 597-621.

Comnes, Alan G. – Stoft, Steven – Greene, Nathanel – Hill, Larry J.: Performance Based Ratemaking for Electric Utilities: Review of Plans and Analysis of Economic and Resource Planning Issues, Volume 1, Oak Ridge National Laboratory and University of California, Berkely **1995**, url: http://eetd.lbl.gov/EA/EMP/reports/37577.pdf, (Abruf 15.11.2006).

Conen, Ralf – Väth, Hubertus: Risikoprämien am deutschen Kapitalmarkt, in: Die Bank, o. Jg., (**1993**), Heft 11, S. 642-647.

Copeland, Tom – Koller, Tim – Murrin, Jack: Unternehmenswert – Methoden und Strategien für eine wertorientierte Unternehmensführung, 3. Auflage, Frankfurt – New York **2002**.

Copeland, Thomas E. – Weston, J. Fred: Financial Theory and Corporate Policy, 3. Auflage, New York **1992**.

Cornell, Bradford – Hirshleifer, Jack – James, Elizabeth P.: Estimating the Cost of Equity Capital, in: Contemporary Finance Digest 1, Autumn **1997**, S. 5-26.

Crasselt, Nils – Pellens, Bernhard – Schremper, Ralf: Konvergenz wertorientierter Erfolgskennzahlen – Economic Value Added, Cash Flow Return on Investment und Cash Value Added, in: Das Wirtschaftsstudium (WISU), 29. Jg. (**2000**), Heft 1, S. 72-78.

Crew, Michael A. – Kleindorfer, Paul R.: Price Caps and Revenue Caps: Incentives and Disincentives for Efficiency, in: Pricing and regulatory innovations under increasing competition, hrsg. v. Michael A. Crew, Boston – Dordrecht – London **1996**.

Damodaran, Aswath: Investment Valuation: Tools and Techniques for Determining the Value of Any Asset, 2. Auflage, New York **2002**.

Däumler, Klaus-Dieter – Grabe, Jürgen: Kostenrechnung, 1. Grundlagen: mit Fragen und Aufgaben, Antworten und Lösungen, 7. Auflage, Herne – Berlin, **1996**.

Deutsches Aktieninstitut: Aktie versus Rente – Langfristige Renditevergleiche von Aktien und festverzinslichen Wertpapieren, Studien des Deutschen Aktieninstituts, Heft 6, hrsg. v. Rüdiger von Rosen, Frankfurt am Main, August **1999**.

Deutsche Börse AG: Leitfaden zu den Aktienindizes der Deutschen Börse, Version 6.0, Frankfurt am Main, Oktober **2006**.

Diller, Hermann: Preispolitik, 3. Auflage, Stuttgart – Berlin – Köln **2000**.

Dinstuhl, Volkmar: Konzernbezogene Unternehmensbewertung – DCF-orientierte Konzern- und Segmentbewertung unter Berücksichtigung der Besteuerung, Wiesbaden **2003**.

Doerr, Hans-Henning - Fiedler, Ronald – Hoke, Michaela: Erfahrungen bei der konzernweiten Einführung eines EVA-basierten Investitionsrechnungsmodells, in: Controlling, 15. Jg. (**2003**), Heft 6, S. 285-291.

Doll, Roland - Wieck, Reinhard: Analytische Kostenmodelle als Grundlage für Entgeltregulierungsentscheidungen, in MultiMedia und Recht (MMR), o. Jg. (**1998**), Heft 6, S. 280-287.

Drasdo, Peter – Drillisch, Jens – Hensing, Ingo – Kreuzberg, Martin – Nolden, Alexander – Perner, Jens – Riechmann, Christoph – Schulz, Walter – Schuppe, Thomas – Starrmann, Frank: Konzentration und Wettbewerb in der deutschen Energiewirtschaft, Schriften des Energiewirtschaftlichen Instituts an der Universität zu Köln, Band 52, München **1998**.

Drukarczyk, Jochen: Was kosten betriebliche Altersversorgungszusagen?, in: Die Betriebs-wirtschaft (DBW), 50. Jg. (**1990**), Heft 3, S. 333-353.

Drukarczyk, Jochen: Unternehmensbewertung, 4. Auflage, München **2003**.

Dudenhausen, Roman – Döherer, Andreas – Wagner, Ralf – Latkovic, Krunoslov: Starke Effizienzunterschiede deutscher Netzbetreiber – Gereizte Stimmung vor der Anreizregulierung, Sonderdruck, in: Zeitung für kommunale Wirtschaft (ZfK), Ausgabe 9, **2004**.

Dyckhoff, Harald – Gilles, Roland: Messung der Effektivität und Effizienz produktiver Einheiten, in: Zeitschrift für Betriebswirtschaft (ZfB), 74. Jg. (**2004**), Heft 8, S. 765-784.

Ebert, Günter: Kosten- und Leistungsrechnung, 8. Auflage, Wiesbaden **1997**.

Ebisch, Hellmuth – Gottschalk, Joachim u. a.: Preise und Preisprüfungen bei öffentlichen Aufträgen, 5. Auflage, München **1987**.

Ebisch, Hellmuth – Gottschalk, Joachim u. a.: Preise und Preisprüfungen bei öffentlichen Aufträgen, 6. Auflage, München **1994**.

Ebisch, Hellmuth – Gottschalk, Joachim u. a.: Preise und Preisprüfungen bei öffentlichen Aufträgen, 7. Auflage, München **2001**.

Eckardt, Horst: Die Substanzerhaltung industrieller Betriebe, Köln/Opladen **1963**.

Edwin J., Elton – Gruber, Martin J. – Mei, Jianping: Cost of Capital Using Arbitrage Theory: A Case of the Nine New York Utilities, in: Financial Markets, Institution and Instruments, 2. Jg. (**1994**), Heft 3, S. 46-73.

Ehrhardt, Michael C. – Bhagwat, Yatin N.: A Full-Information Approach for Estimating Divisional Betas, in: Financial Management, 20. Jg. (**1991**), Heft 2, S. 60-69.

Ehrmann, Harald: Kostenrechnung, München – Wien **1992**.

Eiber, Adolf – Fuchs, Manfred: Überlegungen zur Bestimmung des Sachzeitwertes von Versorgungsnetzen, in: Der Betriebsberater (BB), 49. Jg. (**1994**), S. 1175-1179.

Ellwanger, Niels – Munsch, Michael: Energiewirtschaftliches Scoring und Rating, in: e/m/w – Zeitschrift für Energie, Markt und Wettbewerb, 1. Jg. (**2003**), Heft 2, S. 51-53.

Endriss, Horst Walter - Haas, Helmut - Küpper, Peter: Steuerkompendium Band 1: Ertragsteuern, 8. Auflage, Berlin/Herne **1998**.

Engelsing, Felix: Kostenkontrolle und Erlösvergleich bei Netzentgelten, in: Recht der Energiewirtschaft (RdE), o. Jg. (**2003**), Heft 10-11, S. 249-255.

Evers, Elfried – Kremp, Ralph: Perspektiven der Netzkostenregulierung, in: Marktplatz
Energie, 4. Jg. (**2003**), Heft 5, S. VII – VIII.

Evers, Elfried – Kremp, Ralph: Bestandsaufnahme und Perspektiven bundesdeutscher Energiemarktregulierung, in: Strommarktliberalisierung und Netzregulierung, hrsg. v. Uwe Leprich, Hanspeter Georgi und Elfried Evers, Berlin **2004**, S. 63-80.

Fama, Eugene F. – French, Kenneth R.: The Cross-Section of Expected Stock Returns, in: The Journal of Finance, 67. Jg. (**1992**), Heft 2, S. 427-465.

Fandel, Günter – Heuft, Birgit – Paff, Andreas – Pitz, Thomas: Kostenrechnung, Berlin – Heidelberg, u. a. **1999**.

Fichtner, Wolf – Möst, Dominik – Wietschel, Martin – Weinhardt, Christof – Rentz, Otto: Strategische Planung von Energieversorgern in liberalisierten

Energiemärkten, in: Wirtschaftswissenschaftliches Studium (WiSt), 32. Jg. (2003), Heft 12, S. 707-712.

Filippini, Massimo – Wild, Jörg – Kuenzle, Michael: Scale and cost efficiency in the Swiss electricity distribution industry: evidence from a frontier cost approach, Centre for Energy Policy and Economics, Swiss Federal Institute of Technology, CEPE Working Paper Nr. 8, Zürich, Juni 2001, url: http://www. cepe.ethz.ch/download/cepe_wp/CEPE_WP8.pdf, (Abruf 05.09.2004).

Filippini, Massimo – Wild, Jörg: Berücksichtigung von regionalen Unterschieden beim Benchmarking von Stromverteilnetzen, in: Zeitschrift für Energiewirtschaft (ZfE), 26. Jg. (2002), Heft 1, S. 51-59.

Finsinger, Jörg – Kraft, Kornelius: Mark up Pricing and Firm Decision, in: Zeitschrift für die gesamte Staatswissenschaft, Band 140 (1984), Heft 3, S. 500-508.

Fischer, Thomas M.: Economic Value Added (EVA) – Informationen aus der externen Rechnungslegung zur internen Unternehmenssteuerung?, HHL-Arbeitspapier Nr. 27, Leipzig 1999.

Fischer, Thomas M.: Wertorientierte Kennzahlen und Publizität der DAX 30-Unternehmen, in: Controlling, 14. Jg. (2002), Heft 3, S. 161-168.

Fischer, Thomas M. – Hitz, Jörg-Markus: Abschreibungsfinanzierung, in: Handwörterbuch des Bank- und Finanzwesens, hrsg. v. Wolfgang Gerke und Manfred Steiner, 3. Auflage, Stuttgart 2001, Sp. 8-15.

Fischer, Thomas M. – Rödl, Karin: Value Added Reporting – Publizität wertorientierter Managementkonzepte in den Geschäftsberichten der DAX-30 Unternehmen, in: Controlling, 17. Jg. (2005), Heft 1, S. 23-32.

Fisher, Irving: The Theory of Interest, New York 1930, Nachdruck 1965.

Franke, Günter – Hax, Herbert: Finanzwirtschaft des Unternehmens und Kapitalmarkt,
5. Auflage, Berlin – Heidelberg – New York 2003.

Franz, Oliver – Stronzik, Marcus: Benchmarking-Ansätze zum Vergleich der Effizienz von Energieunternehmen, Diskussionsbeitrag Nr. 262, Wissenschaftliches Institut für Kommunikationsdienste (wik), Bad Honnef, Februar 2005.

Frantzmann, Hans-Jörg: Zur Messung des Marktrisikos deutscher Aktien, in: Zeitschrift für betriebswirtschaftliche Forschung und Praxis (ZfbF), 42. Jg. (1990), Heft 1, S. 67-83.

Freidank, Christian: Kostenrechnung, 4. Auflage, München – Wien 1992.

Freygang, Winfried: Kapitalallokation in diversifizierten Unternehmen: Ermittlung divisionaler Eigenkapitalkosten, Wiesbaden 1993.

Friedl, Birgit: Kostenrechnung – Grundlagen, Teilrechnungen und Systeme der Kostenrechnung, München – Wien 2004.

Fritsch, Michael – Wein, Thomas – Ewers, Hans Jürgen: Marktversagen und Wirtschaftspolitik: mikroökonomische Grundlagen staatlichen Handelns, 4. Auflage, München **2001**.

Fritz, Wolfgang: Welchen Wert hat die Netzqualität – Berücksichtigung von Qualitätsaspekten bei der Netzpreisaufsicht, in: e/m/w – Zeitschrift für Energie, Markt und Wettbewerb, 1. Jg. (**2003**), Heft 6, S. 11-15.

Fritz, Wolfgang – König, Siegfried: Der liberalisierte Strommarkt – eine Einführung, in: Wettbewerb im liberalisierten Strommarkt: Regeln und Techniken, hrsg. v. Martin Kahmann und Siegfried König, Berlin u. a. **2001**, S. 3-25.

Fritz, Wolfgang – Lüdorf, Karsten – Haubrich, Hans-Jürgen; Einfluss von Strukturgrößen auf Mittel- und Niederspannungsnetzkosten, in: Energiewirtschaftliche Tagesfragen (et), 52. Jg. (**2002**), Heft 6, S. 385-387.

Fritz, Wolfgang – Riechmann, Christoph: Strategische Netzplanung – Rentabilitätsbewertung von Netzinvestitionen durch Simulationsmodelle, in: Energiewirtschaftliche Tagesfragen (et), 52. Jg. (**2002**), Heft 1/2, S. 70-73.

Fritz, Wolfgang – Zimmer, Christian: Bedeutung von Struktureinflüssen beim Netzbenchmarking, in: Energiewirtschaftliche Tagesfragen (et), 54. Jg. (**2004**), Heft 5, S. 320-323.

Fröhling, Oliver: Risikoadjustierte Kapitalkostenermittlung für Geschäftssegmente. Stellungnahme zum Beitrag „Kapitalkostenbestimmung für diversifizierte Unternehmen" von Jürgen Bufka, Dirk Schiereck und Kai Zinn (ZfB, 1999, S. 115-131), in: Zeitschrift für Betriebswirtschaft, 69. Jg. (**1999**), Heft 12, S. 1445-1453.

Fröhling, Oliver: Segmentbezogene Ermittlung von Kapitalkosten, in: Kostenrechnungspraxis (krp), 44. Jg. (**2000**), Heft 1, S. 49-57.

Fuller, Russel J. – Kerr, Halbert S.: Estimating the Divisional Cost of Capital: An Analysis of the Pure-Play Technique, in: The Journal of Finance, 36. Jg. (**1981**), Heft 5, S. 997-1009.

Gabele, Eduard – Fischer, Philip: Kosten- und Erlösrechnung, München **1992**.

Gerhard, Thorsten – Kübler, Madjid – Wehmeyer, Mirja: Wertsteigerung für Energieversorger: Potentiale durch verbesserte Kapitalproduktivität, in: vwd: energy weekly, März **2004**, url: http://www.adlittle.de/downloads/artikel/Kapitalproduktivitaet.pdf, (Abruf 15.11.2006).

Gerke, Wolfgang – Bank, Matthias: Finanzierung: Grundlagen für die Investitions- und Finanzierungsentscheidungen in Unternehmen, 2. Auflage, Stuttgart **2003**.

Goes, Sebastian: Management Accounting von Stromnetzbetreibern – Im Spannungsfeld von Erfolgsziel und Preisregulierung, Wiesbaden **2003**.

Gordon, Myron J.: Dividends, Earnings and Stock Prices, in: Review of Economics and Statistics, 41. Jg. (**1959**), Heft 2, S. 99-105.

Gordon, Myron J.: The Savings Investment and Valuation of the Corporation, in: Review of Economics and Statistics, 44. Jg. (**1962**), Heft 1, S. 37-51.

Gordon, Myron J. – Halpern, Paul J.: Cost of Capital for a Division of a Firm, in: The Journal of Finance, 29. Jg. (**1974**), Heft 4, S. 1153-1163.

Gordon, Myron J. – Shapiro, Eli: Capital Equipment Analysis: The Required Rate of Profit, in: Management Science, 3. Jg. (**1956**), Heft 1, S. 102-110.

Grewe, Alexander: Price Caps als Regulierungsinstrumente in der leitungsgebundenen Energieversorgung – Konzeption und kritische Bestandsaufnahme, Vorträge und Studien aus dem Institut für Verkehrswissenschaft an der Universität Münster, Heft 35, Göttingen: Ruprecht und Vandenhoeck **1999**.

Grieble, Oliver – Scheer, August-Wilhelm: Grundlagen des Benchmarking öffentlicher Dienstleistungen, Saarbrücken **2000**.

Grob, Heinz-Lothar – Bensberg, Frank: Kosten- und Leistungsrechnung: Theorie und SAP®-Praxis, München **2005**.

Grout, Paul A. – Jenkins, Andrew – Zalewska, Anna: Privatisation of Utilities and the Asset Value Problem, LIFE Working Paper 03-012, LIFE-Maastricht University April **2002** (revised June **2003**), url: http://www.fdewb.unimaas.nl/finance/WorkingPapers/03/wp03-_012.pdf, (Abruf 15.11.2006).

Grout, Paul A. – Zalewska, Anna: Circularity and the Undervaluation of Privatised Companies, CMPO Working Paper Series No. 01/39, University of Bristol, August **2001** (revised December **2001**), url: www.bris.ac.uk/Depts/CMPO/workingpapers/wp39.pdf, (Abruf 15.11.2006).

Grout, Paul A. – Zalewska, Anna: Do Regulatory Changes Affect Market Risk?, EFA 2004 Maastricht Meetings Paper No. 4666, May **2004**, url: www.fma.org/NewOrleans/Papers/-3101758.pdf, (Abruf 15.11.2006).

Günther, Thomas: Unternehmenswertorientiertes Controlling, München **1997**.

Günther, Thomas: Möglichkeiten und Grenzen des Benchmarking im Controlling, in: Benchmarking: Weg zu unternehmerischen Spitzenleistungen, hrsg. v. Helmut Sabisch und Claus Tintelnot, Stuttgart **1997**, S. 175-185.

Günther, Thomas – Landrock, Bert – Muche, Thomas: Gewinn- versus unternehmenswertbasierte Performancemaße – Teil 2: Datenaufbereitung, Ergebnisse und Schlussfolgerungen, in: Controlling, 12. Jg. (**2000**), Heft 3, S. 129-134.

Gup, Benton E. – Norwood, Samuel W.: Divisional Cost of Capital: A Practical Approach, in: Financial Management, 11. Jg. (**1982**), Heft 1, S. 20-24.

Haberstock, Lothar: Kostenrechnung 1 – Einführung, 9. Auflage, bearbeitet von Volker Breithecker, Hamburg **1997**.

Haberstock, Lothar – Dellmann, Klaus: Kapitalwert und interner Zinsfuß als Kriterien zur Beurteilung der Vorteilhaftigkeit von Investitionsprojekten, in: Kostenrechnungspraxis (krp), 15. Jg. (**1971**), Heft 5, S. 195-206.

Hachmeister, Dirk: Die Abbildung der Finanzierung im Rahmen verschiedener Discounted Cash Flow-Verfahren, in: Zeitschrift für betriebswirtschaftliche Forschung (ZfbF), 48. Jg. (**1996**), Heft 33, S. 251-277.

Hachmeister, Dirk: Der Discounted Cash Flow als Maß der Unternehmenswertsteigerung, 4. Auflage, Frankfurt am Main **2000**.

Hahn, Dietger – Hungenberg, Harald: PuK – Wertorientierte Controllingkonzepte, 6. Auflage, Wiesbaden **2001**.

Haslinger, Sebastian: Netzmonopole in der Elektrizitätswirtschaft und Wettbewerb, Dissertation an der Universität Kassel **2006**, url: https://kobra.bibliothek.uni-kassel.de-/bitstream/urn:nbn:de:hebis:342006091814521/3/Haslinger Dissertation.pdf, (Abruf 15.11.2006).

Hauptfachausschuß des Instituts der Wirtschaftsprüfer (IDW): Stellungnahme HFA 2/75: Zur Berücksichtigung der Substanzerhaltung bei der Ermittlung des Jahresergebnisses, in: Die Wirtschaftsprüfung, 28. Jg. (**1975**), S. 614-616.

Hax, Karl: Die Substanzerhaltung der Betriebe, Köln/Opladen **1957**.

Hax, Herbert: Finanzierung, in: Vahlens Kompendium der Betriebswirtschaftslehre Band 1, hrsg. v. Michael Bitz u. a., 4. Auflage, München **1998**.

Hense, Andreas – Schäffner, Daniel: Regulatorische Aufgaben im Energiebereich – ein europäischer Vergleich, Diskussionsbeitrag Nr. 254, Wissenschaftliches Institut für Kommunikationsdienste (wik), Bad Honnef, Juni **2004**.

Hensing, Ingo – Pfaffenberger, Wolfgang – Stöbele, Wolfgang: Energiewirtschaft – Einführung in Theorie und Politik, München **1998**.

Herter, Ronald: Unternehmenswertorientiertes Management (UwM). Strategische Erfolgsbeurteilung bei Organisationseinheiten auf der Basis der Wertsteigerungsanalyse, München **1994**.

Hinz, Hans-Jörg – Klafka, Peter: Privatwirtschaftliche Regeln für den Strommarkt, in: Wettbewerb im liberalisierten Strommarkt: Regeln und Techniken, hrsg. v. Martin Kahmann und Siegfried König, Berlin u. a. **2001**, S. 149-162.

Hohenadel, Werner – Reiners, Frank: Das Kalkulationssystem INTRA der Deutschen Telekom AG, in: Kostenrechnungspraxis (krp), 44. Jg. (**2000**), Heft 3, S. 159-170.

Hollos, Bela: Privatisierung und Liberalisierung öffentlicher Dienstleistungen in der EU-15: Stromwirtschaft, Österreichische Gesellschaft für Politikberatung und Politikentwicklung – ÖGPP, Wien **2003**.

Holzherr, Christian – Kofluk, Michael: Wertorientierte Führung von regulierten Stromnetzgesellschaften, in: Energiewirtschaftliche Tagesfragen (et), 54. Jg. (**2004**), Heft 11, S. 718-735.

Horváth, Péter – Herter, Ronald N.: Benchmarking – Vergleich mit den Besten der Besten, in: Controlling, 4. Jg. (**1992**), Heft 1, S. 4-11.

Hostettler, Stefan: Economic Value Added (EVA). Darstellung und Anwendung auf Schweizer Aktiengesellschaften, 5. Auflage, Bern **2002**.

Hotelling, Harald: A General Mathematical Theory of Depreciation, in: Journal of the American Statistical Association, September **1925**, S. 340-353.

Hüllmann, Ulrich: Wertorientiertes Controlling für eine Management-Holding, München **2003**.

Huggins, Michael – Riechmann, Christoph: Wettbewerb zwischen den Netzen – die Niederländer machen es uns vor, in: Wirtschaftswelt Energie, Februar **2001**, S. 11-13.

Hujber, András: Nationale und internationale Strukturen und Mechanismen des Elektrizitätsmarktes, in: Regulierung und Deregulierung von Infrastrukturmärkten, hrsg. v. Walter Fremuth und Christoph Parak, Wien **2002**, S. 163-182.

Hummel, Siegfried – Männel, Wolfgang: Kostenrechnung, Band 1, 4. Auflage, Wiesbaden, **1999**.

Ibbotson Associates: Stocks, Bonds, Bills and Inflation: SBBI Valuation Edition **2002**.

Ibbotson, Robert: Building the Future from the Past – Measuring Equity Risk Premium **2002**, url: http://kuznets.fas.harvard.edu/~campbell/papers/tiaacref. pdf, (Abruf 15.11.2006).

Ickenroth, Bernd: Ein integrativer Ansatz zur Bestimmung der Kapitalkosten von Telekommunikationsunternehmen, in: WIK Newsletter Nr. 33, Dezember **1998**, S. 3-6.

Institut der Wirtschaftsprüfer in Deutschland e. V.: Grundsätze zur Durchführung von Unternehmensbewertungen, HFA-Stellungnahme 2/1983, in: Die Wirtschaftsprüfung, 35. Jg. (**1983**), Heft 15/16, S. 468-480.

Institut der Wirtschaftsprüfer in Deutschland e. V.: IDW S 1: Grundsätze zur Durchführung von Unternehmensbewertungen, in: Die Wirtschaftsprüfung, 53. Jg. (**2000**), Heft 17, S. 825-842.

Institut der Wirtschaftsprüfer in Deutschland e. V.: Wirtschaftsprüfer-Handbuch 2002, Band 2, 12. Auflage, Düsseldorf **2002**.

Institut der Wirtschaftsprüfer in Deutschland e. V.: IDW S 1: Grundsätze zur Durchführung von Unternehmensbewertungen, in: IDW Fachnachrichten (FN-IDW), **2005**, Nr. 11, S. 690-718.

Institut der Wirtschaftsprüfer in Deutschland e. V.: 84. Sitzung des Arbeitskreises Unternehmensbewertung (AKU) – Eckdaten zur Bestimmung des Kapitalisierungszinssatzes im Rahmen der Unternehmensbewertung, in: IDW Fachnachrichten (FN-IDW), **2005**, Nr. 1-2, S. 70-71.

Jacob, Herbert: Preispolitik, Wiesbaden **1963**.

Jacobs, Otto H. – **Schreiber, Ulrich**: Betriebliche Kapital- und Substanzerhaltung in Zeiten steigender Preise, Stuttgart **1978**.

Jamasb, Tooraj – **Pollitt, Michael**: Benchmarking und Regulation of Electricity Transmission und Distribution Utilities: Lessons from International Experience, DAE Working Paper, No. 101, Department of Applied Economics, University of Cambridge, December **2000**, url: http://www. econ.cam.ac.uk/ dae/repec/cam/ pdf/wp0101.pdf, (Abruf 15.11.2006).

Jonas, Heinrich: Auswirkung inflationärer Tendenzen auf Planung und Kalkulation, in: Zeitschrift für betriebswirtschaftliche Forschung (ZfbF), 27. Jg. (**1975**), S. 678-697.

Jórasz, William: Kosten- und Leistungsrechnung: Einführung mit Aufgaben und Lösungen, Stuttgart **1996**.

Joskow, Paul: Restructuring, Competition and Regulatory Reform in the U.S. Electricity Sector, in: Journal of Economic Perspectives, 11. Jg. (**1997**), Heft 3, S. 119-138.

Jost, Helmuth: Kosten- und Leistungsrechnung: praxisorientierte Darstellung, 7. Auflage, Wiesbaden **1996**.

Kahn, Alfred E.: The Economics of Regulation: Principles and Institutions, Volume I, Ithaca – New York **1970**.

Kajüter, Peter – **Noak, Helmut**: Asset Management als Ansatz zur Kostensenkung, in: Kostenmanagement, hrsg. v. Klaus-Peter Franz und Peter Kajüter, USW-Schriften für Führungskräfte, Band 33, 2. Auflage, Stuttgart **2002**, S. 371-384.

Kalenberg, Frank: Grundlagen der Kostenrechnung, München – Wien **2004**.

Kern, Werner: Betriebswirtschaftliche Aspekte der Tarifgenehmigung, in: Probleme des § 12 BTOElt, hrsg. v. Peter Badura, Baden-Baden **1983**, S. 62-76.

Kilger, Wolfgang: Einführung in die Kostenrechnung, 3. Auflage, Wiesbaden **1987**.

Kilger, Wolfgang: Flexible Plankostenrechnung und Deckungsbeitragsrechnung, 10. Auflage, bearbeitet durch Kurt Vikas, Wiesbaden **1993**.

Kinnunen, Kaisa: Electricity Network Regulation – Practical Implementation in the Nordic Countries, Working Paper anlässlich der "Conference on Applied Infrastructure Research", Berlin **12.10.2002**, url: http://www.wip.tu-berlin.de/workshop/2002/papers/tu-berlin_wip_workshop_2002-paper_kinnunen-ELECTRICITY_NETWORK_REGULA-TION.pdf, (Abruf 07.01.2004).

Kinnunen, Kaisa: Network Pricing in the Nordic Countries – An Empirical Analysis of the local Electricity Distribution Utilities' Efficiency and Pricing, Dissertation, Oldenburg **2003**, url: http://docserver.bis.uni-oldenburg.de/

publikationen/dissertation/2003/kinnet03/pdf-/kinnet03.pdf, (Abruf 15.11. 2006).

Kloock, Josef – Sieben, Günter – Schildbach, Thomas: Kosten- und Leistungsrechnung, 7. Auflage, Düsseldorf **1993**.

Kosiol, Erich: Kosten- und Leistungsrechnung: Grundlagen, Verfahren, Anwendungen, Berlin – New York, **1979**.

Knieps, Günter: Neuere Entwicklungen in der Regulierungsdiskussion, in: Wirtschaftswissenschaftliches Studium (WiSt), 24. Jg. (**1995**), Heft 12, S. 617-622.

Knieps, Günter: Price Cap als innovatives Regulierungsinstrument in liberalisierten Netzsektoren, in: Price Cap-Regulierung in Netzindustrien - Chancen und Risiken eines neuen Regulierungsinstruments, hrsg. v. Deutsche Verkehrswissenschaftliche Gesellschaft e. V. (DVWG), Schriftenreihe B, Nr. B 232, Bergisch Gladbach **2000**, S. 7-17.

Knieps, Günter: Costing und Pricing in Netzindustrien, in: Investitionsentscheidungen und Kostenmanagement in Netzindustrien, hrsg. v. DVWG e.V. - Deutsche Verkehrswissenschaftliche Gesellschaft e.V., Schriftenreihe B, Nr. B 262, Berlin **2003**, S. 7-25.

Knieps, Günter: Der disaggregierte Regulierungsansatz der Netzökonomie, in: Zwischen Regulierung und Wettbewerb – Netzsektoren in Deutschland, hrsg. v. Günter Knieps –und Gert Brunekreeft, 2. Auflage, Heidelberg **2003**, S. 9-45.

Knieps, Günter: Entscheidungsorientierte Ermittlung der Kapitalkosten in liberalisierten Netzindustrien, in: Zeitschrift für Betriebswirtschaft (ZfB), 73. Jg. (**2003**), Heft 9, S. 989-1006.

Knieps, Günter: Wettbewerbsökonomie: Regulierungstheorie, Industrieökonomie, Wettbewerbspolitik, 2. Auflage, Berlin u. a. **2005**.

Knieps, Günter – Küpper, Hans-Ulrich – Langen, René: Abschreibungen bei fallenden Wiederbeschaffungspreisen in stationären und nicht stationären Märkten, in: Zeitschrift für betriebswirtschaftliche Forschung (ZfbF), 53. Jg. (**2001**), Heft 8, S. 759-776.

Knüsel, Daniel: Die Anwendung der Discounted Cash Flow-Methode zur Unternehmensbewertung, Zürich **1994**.

Koch, Helmut: Zur Frage der Jahreserfolgsrechnung bei fortgesetzten Preissteigerungen, in: Festschrift für Rainer Ludewig, hrsg. v. Jörg Baetge, Dietrich Börner, Karl-Heinz Forster und Lothar Schruff, Düsseldorf **1996**, S. 475-495.

Koch, Joachim: Kosten- und Leistungsrechnung, 4. Auflage, München – Wien **1990**.

Kokalj, Ljuba – Paffenholz, Guido – Schröer, Evelyn: Zahlungsverzug und Forderungsmanagement in mittelständischen Unternehmen, Schriften zur Mittelstandsforschung, Nr. 86 NF, Wiesbaden **2000**.

Krakowski, Michael: Theoretische Grundlagen der Regulierung, in: Regulierung in der Bundesrepublik Deutschland: Die Ausnahmebereiche des Gesetzes gegen Wettbewerbsbeschränkungen, hrsg. v. Michael Krakowski, Hamburg, **1988**, S. 19-116.

Kreis, Constanze: Deregulierung und Liberalisierung der europäischen Elektrizitätswirtschaft – Theoretische und empirische Befunde, Baden-Baden **2004**.

Kriete, Thomas – Padberg, Thomas – Werner, Thomas: Die Effizienz von Versorgungsunternehmen – Eine Analyse mit der Data Envelopment Analysis, in: Zeitschrift für öffentliche und gemeinwirtschaftliche Unternehmen (ZögU), Band 27 (**2004**), Heft 2, S. 131-148.

Krotter, Simon: Kapitalkosten und Kapitalstrukturen ausgewählter deutscher Unternehmen – eine empirische Untersuchung, in: Wirtschaft und Statistik, hrgs. v. Statistisches Bundesamt, o. Jg. (**2004**), Heft 5, S. 581-587.

Kruschwitz, Lutz: Investitionsrechnung, 8. Auflage, München – Wien **2000**.

Kruschwitz, Lutz: Aktuelle Fragen der Unternehmensbewertung, Diskussionsbeiträge des Fachbereichs Wirtschaftswissenschaften der Freien Universität Berlin, Betriebswirtschaftliche Reihe, Nr. 2002/9, Berlin **2002**.

Kruschwitz, Lutz: Investitionsrechnung, 10. Auflage, München – Wien **2005**.

Kruse, Jörn: Ordnungstheoretische Grundlagen der Regulierung, in: Deregulierung – eine Herausforderung an die Wirtschafts- und Sozialpolitik in der Marktwirtschaft, hrsg. v. Hellmuth Seidenfus, Berlin **1989**, S. 9-35.

Küpper, Hans-Ulrich: Kostenorientierte Preisbestimmung für regulierte Märkte – Analyse eines Beispiels der Bedeutung betriebswirtschaftlicher Begriffe und Konzepte, in: Zeitschrift für betriebswirtschaftliche Forschung (ZfbF), Jg. **2002**, Sonderheft 48, hrsg. v. Wolfgang Ballwieser, Düsseldorf-Frankfurt/Main, S. 27-55.

Küpper, Hans-Ulrich: Entscheidungsorientiertes Costing – kapitaltheoretischer Ansatz, in: Investitionsentscheidungen und Kostenmanagement in Netzindustrien, hrsg. v. DVWG e.V. – Deutsche Verkehrswissenschaftliche Gesellschaft e.V., Schriftenreihe B, Nr. B 262, Berlin **2003**.

Küting, Karlheinz - Peter Lorson: Benchmarking von Geschäftsprozessen als Instrument der Geschäftsprozessanalyse, in: Kostenorientiertes Geschäftsprozessmanagement, hrsg. v. Carsten Berkau und Petra Hirschmann, München **1996**, S. 121-140.

Küting, Karlheinz – Eidel, Ulrike: Performance-Messung und Unternehmensbewertung auf Basis des EVA, in: Die Wirtschaftsprüfung, 52. Jg. (**1999**), Heft 21, S. 829-838.

Kulkarni, Mukund S. – **Powers, Marian** – **Shannon, Donald S.**: The Use of Segment Earning Betas in the Formation of Divisional Hurdle Rates, in: Journal of Business, 18. Jg. (**1991**), Heft 4, S. 497-512.

Kunz, Martin: Regulierungsregime in Theorie und Praxis, in: Zwischen Regulierung und Wettbewerb – Netzsektoren in Deutschland, hrsg. v. Günter Knieps und Gert Brunekreeft, 2. Auflage, Heidelberg **2003**, S. 47-82.

Kußmaul, Heinz, Betriebwirtschaftliche Steuerlehre, 3. Auflage, München u. a. **2003**.

Lackner, Ursula: Design von Regulierungsbehörden im liberalisierten europäischen Elektrizitätsmarkt, Diplomarbeit an der Karl-Franzens Universität Graz **2001**, url: www.wifo.ac.-at/stefan.schleicher/down/da/DA_Lackner_1.pdf, (Abruf 15.11.2006).

Laffont, Jean-Jacques – **Tirole, Jean**: A Theory of Incentives in Procurement and Regulation, 2. Auflage, Cambridge – London – Massachusetts, MIT Press **1994**.

Leprich, Uwe: Least-Cost Planning als Regulierungskonzept: Neue ökonomische Strategien zur rationellen Verwendung elektrischer Energie, 2. Auflage, Freiburg **1994**.

Leprich, Uwe – **Irrek, Wolfgang** – **Thomas, Stefan**: Das „Multi Driver Cap Scheme" als Basis einer schlanken Anreizregulierung im liberalisierten Strommarkt, in: Zeitschrift für Energiewirtschaft (ZfE), 25 Jg. (**2001**), Heft 4, S. 231-241.

Lewis, Thomas G.: Steigerung des Unternehmenswertes, 2. Auflage, Landsberg/Lech **1995**.

Lewis, Thomas. G. – **Lehmann, Steffen**: Überlegene Investitionsentscheidungen durch CFROI, in: Betriebswirtschaftliche Forschung und Praxis (BFuP), 44. Jg. (**1992**), Heft 1, S. 1-13.

Lieb-Dóczy, Enese: Einführung eines Anreizregulierungssystems – Volkswirtschaftliche Interpretation wesentlicher Bestimmungen des EnWG, in: ew – Das Magazin für die Energiewirtschaft, 105. Jg. (**2006**), Heft 19, S. 14-17.

Lieb-Dóczy, Enese – **Shuttleworth, Graham**: Sinn und Unsinn des Benchmarking (Sense und Nonsense in Benchmarking), NERA Economic Consulting, **01.05.2002**, url: http://userpage.fu-berlin.de/~jmueller/GAP/Gap%20Docs%20and%20List%20-%20Master%20-%20Sept%2027/GAPDocs/NERA-Sinn%20und%20Unsinn%20des%20Benchmarking.pdf, (Abruf 02.12.2006).

Lieb-Doczy, Enese – **von Hammerstein, Christian**: Introducing energy sector regulation in Germany: A significant step forward or the death knell for competition?, NERA Economic Consulting **17.09.2003**, url: http://www.hhlaw.com/site/ pdf/ 2003NERA.pdf, (Abruf 01.11.2004).

Lintner, John: The Valuation of Risk Assets and the Selection of Risky Investments in Stock Portfolios and Capital Budgets, in: The Review of Economics and Statistics, 47. Jg. (**1965**), Heft 2, S. 13-37.

Lipsey, Richard G.: Einführung in die positive Ökonomie, Köln **1971**.

Littlechild, Stephen C.: Regulation of British Telecommunications' Profitability, Department of Industry, Report to the Secretary of State, London **1983**.

Littlechild, Stephen C.: Economic Regulation of Privatised Water Authorities, London, HMSO, **1986**.

Lohmann, Martin: Abschreibungen, was sie sind und was sie nicht sind, in: Der Wirtschaftsprüfer **1949**, S. 353-357.

Lüdenbach, Norbert: IFRS. Der Ratgeber zur erfolgreichen Umstellung von HGB auf IFRS, 4. Auflage, Freiburg u.a. **2005**.

Männel, Wolfgang: Wirtschaftlichkeitsfragen der Anlagenerhaltung, Wiesbaden **1968**.

Männel, Wolfgang: Anlagen und Anlagenwirtschaft, in: Handwörterbuch der Betriebswirtschaft, hrsg. v. Erwin Grochla und Waldemar Wittmann, Enzyklopädie der Betriebswirtschaftslehre, Band I/1, 4. Auflage, Stuttgart **1974**, S. 138-147.

Männel, Wolfgang: Zinsen im innerbetrieblichen Rechnungswesen, in: Kostenrechnungspraxis (krp), 42. Jg. (**1998**), Heft 2, S. 83-97.

Männel, Wolfgang: Substanzerhaltung durch kalkulatorische Abschreibungen oder durch kalkulatorische Gewinnbestandteile?, in: Abschreibungen und Zinsen, Textsammlung, Lauf an der Pegnitz **1998**, S. 25-53.

Männel, Wolfgang: Entwicklungsperspektiven der Kostenrechnung, 5. Auflage, Lauf an der Pegnitz **1999**.

Männel, Wolfgang: Integration des Rechnungswesens für ein durchgängiges Ergebniscontrolling, in: Kostenrechnungspraxis (krp), 43. Jg. (**1999**), Heft 1, S. 11-21.

Männel, Wolfgang: Harmonisierung des Rechnungswesens für ein integriertes Ergebniscontrolling, in: Kostenrechnungspraxis (krp), 43. Jg. (**1999**), Sonderheft 3, S. 13-29.

Männel, Wolfgang: Rentabilitätskalküle und Rentabilitätsmaße, in: Rentabilitätskalküle, interner Zinssatz und CFROI, hrsg. v. Wolfgang Männel, Schriften zur Betriebswirtschaftslehre, Lauf an der Pegnitz **2000**, S. 3-35.

Männel, Wolfgang: Die Bedeutung des internen Zinssatzes für das rentabilitätsorientierte Controlling, in: Rentabilitätskalküle, interner Zinssatz und CFROI, hrsg. v. Wolfgang Männel, Schriften zur Betriebswirtschaftslehre, Lauf an der Pegnitz **2000**, S. 37-81.

Männel, Wolfgang: Der Cash Flow Return on Investment (CFROI) als Instrument des wertorientierten Controllings, in: Kostenrechnungspraxis (krp), 45. Jg. (**2001**), Sonderheft 1, S. 39-51.

Männel, Wolfgang: Ergebniscontrolling, 5. Auflage, Lauf an der Pegnitz **2004**.

Männel, Wolfgang: Kapitalkosten in der Entgeltkalkulation deutscher Stromverteilungsunternehmen, in: ew – Das Magazin für die Energiewirtschaft, 103. Jg. (**2004**), Heft 5, S. 14-25.

Männel, Wolfgang: Kapitalkostensätze für das rentabilitäts- und wertorientierte Controlling, vorlesungsbegleitende Unterlagen, Nürnberg und Lauf an der Pegnitz **2005**, S. 111-135.

Männel, Wolfgang: Investitionscontrolling, 7. Auflage, Lauf an der Pegnitz **2005**.

Männel, Wolfgang: Kapitalkostensätze für das wertorientierte Controlling, in: Wertorientiertes Controlling, Teil II, Nürnberg und Lauf an der Pegnitz **2006**, S. 81-103.

Männel, Wolfgang: Residual Income Model (RIM) und Economic Value Added (EVA), in: Wertorientiertes Controlling, Teil II, Nürnberg und Lauf an der Pegnitz **2006**, S. 105-129.

Männel, Wolfgang: Vergleichende Beurteilung der Discounted Cash Flow-Methoden, in: Wertorientiertes Controlling, Teil II, Nürnberg und Lauf an der Pegnitz **2006**, S. 153-179.

Männel, Wolfgang – Engel, Andreas: Controllinginstrumente für das Instandhaltungsmanagement, in: Kostenrechnungspraxis (krp), 46. Jg. (**2002**), Heft 4, S. 222-230.

Mandl, Gerwald – Rabel, Klaus: Unternehmensbewertung. Eine praxisorientierte Einführung, Wien **1997**.

Markowitz, Harry: Portfolio Selection, in: The Journal of Finance, 7. Jg. (**1952**), Heft 1, S. 77-91.

Mayer, Elmar – Liessmann, Konrad – Mertens, Hans Werner: Kostenrechnung: Grundwissen für den Controllerdienst, 7. Auflage, Stuttgart **1997**.

Mellerowicz, Konrad: Kosten und Kostenrechnung, Freiburg **1958**.

Merton, Robert C.: An Intertemporal Capital Asset Pricing Model, in: Econometrica, 41. Jg. (**1973**), Heft 5, S. 867-887.

Merton, Robert C.: A Simple Model of Capital Market Equilibrium with Incomplete Information, in: The Journal of Finance, 42 Jg. (**1987**), Heft 3, S. 483-510.

Michaelis, Hans – Rhösa, Carl Arthur u.a: Preisbildung bei öffentlichen Aufträgen, Kommentar zu VPÖA und LSP, Band 1, Heidelberg, Stand: 86. Aktualisierung, März **2005**.

Modigliani, Franco – Miller, Merton H.: The Cost of Capital, Corporation Finance and the Theory of Investment, in: The American Economic Review, 48. Jg. (**1958**), S. 261-297.

Möller, Hans Peter – Zimmermann, Jochen – Hüfner, Bernd: Erlös- und Kostenrechnung, München **2005**.

Moews, Dieter: Kosten- und Leistungsrechnung, 5. Auflage, München – Wien **1992**.

Morawietz, Markus: Rentabilität und Risiko deutscher Aktien- und Rentenanlagen seit 1870, Wiesbaden **1994**.

Mossin, Jan: Equilibrium in a Capital Asset Market, in: Econometrica, 34. Jg. (**1966**), Heft 4, S. 768-783.

Müller, Jürgen – Vogelsang, Ingo: Staatliche Regulierung, Baden-Baden **1979**.

Munkert, Michael: Der Kapitalisierungszinssatz im Spruchverfahren, Dissertation, Universität Erlangen-Nürnberg **2005**.

Munsch, Michael – Weiß, Bernd: Externes Rating – Finanzdienstleistung und Entscheidungshilfe, 4. Auflage, Berlin **2004**.

Nillesen, Paul H. L. – Pollitt, Michael G.: The Consequences for Consumer Welfare of the 2001-2003 Electricity Distribution Price Review in the Netherlands, Cambridge Working Papers in Economics CWPE 0446, CMI Working Paper 50, Cambridge, September **2004**, url: www.econ.cam.ac.uk/ electricity/publications/wp/ep50.pdf, (Abruf 08.01.2005).

Nowak, Karsten: Marktorientierte Unternehmensbewertung, 2. Auflage, Wiesbaden **2003**.

Oecking, Georg: Strategisches und operatives Fixkostenmanagement, München **1994**.

Offenbächer, Volker – Schmitt, Günther: Spezialprobleme und Lösungsansätze im Zusammenhang mit der Ermittlung der Eigenkapitalkosten, in: Wertorientierte Steuerungs- und Führungssysteme, hrsg. v, Rolf Bühner und Klaus Sulzbach, Stuttgart **1999**, S. 237-251.

Olfert, Klaus: Kostenrechnung, 10. Auflage, Ludwigshafen **1996**.

Pagès, Henry: A Note on the Gordon Growth Model with Nonstationary Dividend Growth, BIS Working Paper, No. 75 – August **1999**, url: www.bis.org/ publ/work75.pdf, (Abruf 15.11.2006).

Pampel, Jochen – Viertelhaus, Miriam: Substanzerhaltung und kalkulatorische Abschreibung in der Praxis – Eine Auswertung von Verbandsempfehlungen, in: Kostenrechnungspraxis (krp), 41. Jg. (**1997**), Sonderheft 1, S. 14-23.

Pedell, Burkhard: Regulatory Risk and the Cost of Capital for Rate-Regulated Firms, Habilitationsschrift, München, April **2004**.

Pellens, Bernhard – Tomaszewski, Claude – Weber, Nicolas: Wertorientierte Unternehmensführung in Deutschland – Eine empirische Untersuchung der

DAX 100-Unternehmen, in: Der Betrieb, 53. Jg. **(2000)**, Heft 37, S. 1825-1833.

Peltzman, Sam: Toward a more general theory of regulation, in: Journal of Law and Economics, Vol. 19 **(1976)**, Heft 2, S. 211-240.

Perner, Jens – Riechmann, Christoph: Netzzugangsregimes im nationalen Strommarkt – Lehren aus dem europäischen Ausland?, in: Zeitschrift für Energiewirtschaft (ZfE), 23. Jg. **(1999)**, Heft 3, S. 209-233.

Perridon, Louis – Steiner, Manfred: Finanzwirtschaft der Unternehmung, 13. Auflage, München **2004**.

Pfaff, Dieter – Zweifel, Peter: Die Principal-Agent Theorie: Ein fruchtbarer Beitrag der Wirtschaftstheorie zur Praxis, in: Wirtschaftswissenschaftliches Studium (WiSt), 27. Jg. **(1998)**, Heft 4, S. 184-190.

Pfaffenberger, Wolfgang: Elektrizitätswirtschaft, München **1993**.

Pfaffenberger, Wolfgang: Energieversorgung nach der Deregulierung: Entwicklungen, Positionen, Folgen, Berlin **1999**.

Pfister, Christian: Divisionale Kapitalkosten: Theorie und Anwendung, Bern **2003**.

Pfohl, Hans-Christian – Stölzle, Wolfgang – Schneider, Henning: Entwicklungstrends im Bestandsmanagement, in: Betriebswirtschaftliche Forschung und Praxis (BFuP), 45. Jg. **(1993)**, Heft 5, S. 529-551.

Phillips, Charles F.: The Regulation of Public Utilities – Theory and Practice, Arlington – Virginia **1998**.

Plessentin, Heinz-Joachim: Aspekte der betrieblichen Finanzwirtschaft in der Kalkulation: Fremdkapitalzinsen als Aufwand, Eigenkapitalzinsen als Gewinnelement, in: Kostenrechnungspraxis (krp), 42. Jg. **(1998)**, Heft 2, S. 107-109.

Plinke, Wulff: Industrielle Kostenrechnung: Eine Einführung. Mit einem Aufgabensatz von Mario Rese., 5. Auflage, Berlin – Heidelberg u. a. **2000**.

Pratt, Shannon P.: Cost of Capital: Estimation and Applications, 2. Auflage, Hoboken – New Jersey **2002**.

Preinreich, Gabriel A. D.: The Law of Goodwill, in: The Accounting Review, 6. Jg. **(1936)**, Heft 4, S. 317-328.

Prietze, Oliver – Walker, Andreas: Der Kapitalisierungszinsfuß im Rahmen der Unternehmensbewertung. Eine empirische Analyse, in: Die Betriebswirtschaft (DBW), 55. Jg. **(1995)**, Heft 2, S. 199–211.

PriceWaterhouseCoopers - WIBERA: Berechnung der kalkulatorischen Gewerbesteuer im Rahmen der Netzentgeltkalkulation, in: pwc: public services, September **2006**, S. 6-9.

Prisching, Christina: Risikomanagement im liberalisierten Strommarkt, Graz **2003**.

Püttner, Günter: Das neue Energiewirtschaftsrecht – Anmerkungen aus rechtswissenschaftlicher Sicht, in: Zeitschrift für öffentliche und gemeinwirtschaftliche Unternehmen (ZögU), Band 28 (**2005**), Heft 4, S. 394-398.

Purtscher, Victor: Kalkulatorische Abschreibungen – Der Ansatz kalkulatorischer Abschreibungskosten bei der Berechnung von Durchleitungsgebühren unter dem Postulat der Substanzerhaltung der Energieversorgungsunternehmen (EVU), in: Jahrbuch für Controlling und Rechnungswesen 1999, hrsg. v. Gerhard Seicht, Wien **1999**, S. 253-272.

Rappaport, Alfred: Shareholder Value – Ein Handbuch für Manager und Investoren, übersetzt von Wolfgang Klein, 2. vollständig überarbeitete und aktualisierte Auflage, Stuttgart **1999**.

Rafuse, Maynard E.: Working Capital Management: An Urgent Need to Refocus, in: Management Decision, 34. Jg. (**1996**), Heft 2, S. 59-63.

Rautenstrauch, Thomas – Müller, Christof: Investitionscontrolling in kleinen und mittleren Unternehmen (KMU), in: Zeitschrift für Controlling & Management (ZfCM), 50. Jg. (**2006**), Heft 2, S. 100-105.

Reiners, Frank: Bemessung kalkulatorischer Abschreibungen, Zinsen und Gewinne vor dem Hintergrund des Unternehmenserhaltungszieles: Eine Analyse unter Berücksichtigung der Rahmenbedingungen verschiedener Wirtschaftszweige, Frankfurt am Main, u. a. **2000**.

Reiners, Frank: Einflüsse der wertorientierten Unternehmensrechnung auf die Ermittlung kalkulatorischer Zinsen in der Kostenrechnung, in: Kostenrechnungspraxis (krp), 45. Jg. (**2001**), Sonderheft 1, S. 23-28.

Reiners, Frank - Reiners, Jens: Methoden und Instrumente des Fixkostenmanagements, in: Betrieb und Rechnungswesen, o. Jg. (**1999**), Heft 17, S. 825-836.

Richter, Frank: Konzeption eines marktwertorientierten Steuerungs- und Monitoringsystems, Frankfurt am Main u. a. **1996**.

Ridder, Niels: Öffentliche Energieversorgungsunternehmen im Wandel: Wettbewerbsstrategien im liberalisierten deutschen Strommarkt, Marburg **2003**.

Riechmann, Christoph: Price-Cap Regulierung, in: Zeitschrift für Energiewirtschaft (ZfE), 19. Jg. (**1995**), Heft 2, S. 157-156.

Riechmann, Christoph: Kostensenkungsbedarf bei deutschen Stromverteilern, in: Wirtschaftswelt Energie, o. Jg. (**1995**), Heft 6, S. 6-8.

Riechmann, Christoph: Preisentwicklungen in einem liberalisierten Strommarkt – Erfahrungen aus England und Wales, in: Zeitschrift für Energiewirtschaft (ZfE), 23. Jg. (**1999**), Heft 1, S. 65-91.

Riechmann, Christoph: Regulierung von Energiemärkten – Aufsicht über Netztarife im internationalen Vergleich, in: e/m/w – Zeitschrift für Energie, Markt und Wettbewerb, 1. Jg. (**2003**), Heft 4, S. 19-23.

Riechmann, Christoph – Rodgarkia-Dara, Aria: Regulatorisches Benchmarking – Konzeption und praktische Interpretation, in: Zeitschrift für Energiewirtschaft (ZfE), 30. Jg. (**2006**), Heft 3, S. 205-219.

Riechmann, Christoph – Schulz, Walter: Rahmenbedingungen und Preisreglementierung aus volkswirtschaftlicher Sicht, in: Betriebswirtschaftliche Forschung und Praxis (BFuP), 48. Jg. (**1996**), Heft 4, S. 382-402.

Röhrenbacher, Hans: Intensivkurs Kosten- und Leistungsrechnung für Fortgeschrittene, 4. Auflage, Wien **1999**.

Rösgen, Klaus: Investitionscontrolling: Konzeption eines lebenszyklusorientierten Controllings von Sachanlagen, Frankfurt am Main u. a. **2000**.

Rose, Gerd: Betrieb und Steuer, Buch 1: Ertragsteuern, 18. Auflage, Berlin **2004**.

Rosenberg, Barr – Guy, James: Prediction of Beta from Investment Fundamentals, in: Financial Analysts Journal Part I, 32. Jg. (**1976**), Heft 3, S. 60-72.

Ross, Stephen A.: The Arbitrage Theory of Capital Asset Pricing, in: Journal of Economic Theory, 13. Jg. (**1976**), Heft 12, S. 341-360.

Ruchti, Hans: Die Bedeutung der Abschreibungen für den Betrieb, Berlin **1942**.

Rudolph, Bernd: Neuere Kapitalkostenkonzepte auf der Grundlage der Kapitalmarkttheorie, in: Zeitschrift für betriebswirtschaftliche Forschung (ZfbF), 38. Jg. (**1986**), Heft 10, S. 892-898.

Rüth, Dieter: Kostenrechnung I, München – Wien **2000**.

Sabisch, Helmut – Tintelnot, Claus: Integriertes Benchmarking für Produkte und Produktentwicklungsprozesse, Berlin – Heidelberg **1997**.

Sach, Anke: Kapitalkosten der Unternehmung und ihre Einflussfaktoren, Aachen **1995**.

Salje, Peter: Die Abschreibung von Netzanlagen im Übergang zwischen Tarifgenehmigung und Netzentgeltgenehmigung, in: Recht der Energiewirtschaft (RdE), o. Jg. (**2006**), Heft 9, S. 253-257.

Sappington, David. E. M.: Strategic Firm Behavior under a Dynamic Regulatory Adjustment Process, in: The Bell Journal of Economics, 11. Jg. (**1980**), Heft 1, S. 360-372.

Schäfer, Gert: Preisaufsicht und Versorgerwechsel in der Elektrizitätswirtschaft, in: Betriebswirtschaftliche Forschung und Praxis (BFuP), 48. Jg. (**1996**), Heft 4, S. 404-423.

Scheffler, Wolfram: Besteuerung von Unternehmen – Band I: Ertrag-, Substanz- und Verkehrsteuern, 5. Auflage, Heidelberg **2002**.

Scherr, Frederick C.: Modern Working Capital Management, Englewood Cliffs **1989**.

Scherrer, Gerhard: Kostenrechnung, 3. Auflage, Stuttgart **1999**.

Schiffer, Hans-Wilhelm: Energiemarkt Deutschland, 7. Auflage, Köln **1999**.

Schlittgen, Rainer: Einführung in die Statistik, 8. Auflage, München **1998**.

Schmalenbach, Eugen: Die Grundlagen der Selbstkostenrechnung und Preispolitik, Leipzig **1925**.

Schmalenbach, Eugen: Dynamische Bilanz, 4. Auflage, Leipzig **1926**.

Schmalenbach, Eugen: Kostenrechnung und Preispolitik, 8. Auflage, bearbeitet v. Richard Bauer, Köln/Opladen **1963**.

Schmidt, Andreas: Kostenrechnung: Grundlagen der Vollkosten-, Deckungsbeitrags- und Plankostenrechnung sowie des Kostenmanagements, 3. Auflage, Stuttgart – Berlin – Köln **2001**.

Schmidt, Fritz: Die organische Tageswertbilanz, 3. Auflage, Leipzig 1929, unveränderter Nachdruck, Wiesbaden **1951**.

Schmidtchen, Dieter: Liberalisierte Strommärkte: strategische Herausforderung für die Unternehmen und Konsequenzen für die Verbraucher, Tübingen **1997**.

Schmidt-Preuß, Matthias: Substanzerhaltung und Eigentum, Verfassungsrechtliche Anforderungen an die Bestimmung von Netznutzungsentgelten im Stromsektor, Baden-Baden **2003**.

Schmidt-Preuß, Matthias: Sektorspezifische Regulierung bei Strom und Gas – was bleibt dem BKartA?, in: Wirtschaft und Wettbewerb (WuW), 54. Jg. (**2004**), Heft 11, S. 1113.

Schmitt, Dieter – Düngen, Helmut – Bergschneider, Claus: Bewertungsprobleme in der Elektrizitätswirtschaft und ihre Bedeutung für die Preisgenehmigung, in: Zeitschrift für Energiewirtschaft (ZfE), 14. Jg. (**1990**), Heft 2, S. 142-149.

Schneider, Dieter: Entscheidungsrelevante fixe Kosten, Abschreibungen und Zinsen zur Substanzerhaltung, in: Der Betrieb (DB), 37. Jg. (**1984**), Heft 49, S. 2521-2528.

Schneider, Dieter: Allgemeine Betriebswirtschaftslehre, München **1985**.

Schneider, Dieter: Investition, Finanzierung und Besteuerung, 7. Auflage, Wiesbaden **1992**.

Schneider, Dieter: Betriebswirtschaftslehre – Band 2: Rechnungswesen, München **1994**.

Schneider, Dieter: Betriebswirtschaftslehre – Band 4: Geschichte und Methoden der Wirtschaftswissenschaft, München **2001**.

Schneider, Dieter: Substanzerhaltung bei Preisregulierungen: Ermittlung der „Kosten der effizienten Leistungsbereitstellung" durch Wiederbeschaffungsabschreibungen und WACC-Salbereien mit Steuern?, in: Zeitschrift für betriebliche Forschung (ZfbF), Jg. **2001**, Sonderheft 47, hrsg. v. Gert Laßmann, Düsseldorf-Frankfurt/Main, S. 37-59.

Schreiner Werner – Rieder, Thomas – Haslauer, Florian – Wagner, Orlando – Heinz, Frank: Risiko-orientiertes Asset Management, in: Elektrotechnik und Informationstechnik (e&i), 120. Jg. (**2003**), Heft 12, S. 461-465.

Schweitzer, Marcel: Kostenremanenz, in: Handwörterbuch des Rechnungswesens, hrsg. v. Erich Kosiol, Stuttgart **1970**, Sp. 967-974.

Schweitzer, Marcel – Küpper, Hans-Ulrich: Systeme der Kosten- und Erlösrechnung, 8. Auflage, München **2003**.

Schwetzler, Bernhard: Kapitalkosten, in: Kosten-Controlling: Neue Methoden und Inhalte, hrsg. v. Thomas M. Fischer, Stuttgart **2000**, S. 79-107.

Schwetzler, Bernhard – Darijtschuk, Niklas: Unternehmensbewertung mit Hilfe der DCF-Methode – eine Anmerkung zum Zirkularitätsproblem, in: Zeitschrift für Betriebswirtschaft (ZfB), 69. Jg. (**1999**), Heft 3, S. 295-318.

Seicht, Gerhard: Scheingewinnbesteuerung und Substanzerhaltung – Die Grenzen der Gewinnbesteuerung, in: Der Österreichische Betriebswirt, Jg. **1968**, Heft 2, S. 73-79.

Seicht, Gerhard: Zur aktuellen Diskussion über Abschreibungskosten in der österreichischen amtlichen Preisregelung (Energiepreisregelung), in: Journal für Betriebswirtschaft (JfB), 41. Jg. (**1991**), Heft 5, S. 227-245.

Seicht, Gerhard: Die Zinskosten in der amtlichen „Kosten"-Preisadministration, in: Journal für Betriebswirtschaft (JfB), 42. Jg. (**1992**), Heft 1, S. 2-20.

Seicht, Gerhard: US-amerikanische Strompreiskalkulationsregeln – Vorbild für Österreich?, in: Jahrbuch für Controlling und Rechnungswesen 1993, hrsg. v. Gerhard Seicht, Wien **1993**, S. 11-44.

Seicht, Gerhard: Zur Tageswertorientierung administierter Preise (speziell in der Energiewirtschaft), in: Betriebswirtschaftliche Forschung und Praxis (BFuP), 48. Jg. (**1996**), Heft 4, S. 345-363.

Seicht, Gerhard: Moderne Kosten- und Leistungsrechnung: Grundlagen und praktische Gestaltung, 11. Auflage, Wien **2001**.

Selchert, Franz W.: Abschreibung und substanzielle Kapitalerhaltung, in: Der Betrieb, 28. Jg. (**1975**), Heft 13, S. 557-565.

Serfling, Klaus – Pape, Ulrich: Der Einsatz spartenspezifischer Beta-Faktoren zur Bestimmung spartenbezogener Kapitalkosten, in: Das Wirtschaftsstudium (WISU), 23. Jg. (**1994**), Heft 6, S. 519-526.

Sharpe, William F.: A Simplified Model for Portfolio Analysis, in: Management Science, 9. Jg. (**1963**), Heft 1, S. 277-293.

Sharpe, William F.: Capital Asset Prices: A Theory of Market Equilibrium under Conditions of Risk, in: The Journal of Finance, 19. Jg. (**1964**), Heft 3, S. 425-442.

Sharpe, William F. – Alexander, Gordon J. – Bailey, Jeffery V.: Investments, 5. Auflage, New York **1995**.

Shleifer, Andrei: A theory of Yardstick Competition, in: RAND Journal of Economics, 16. Jg. (**1985**), Heft 3, S. 319-327.

Sieben, Günther: Unternehmensbewertung: Discounted Cash Flow-Verfahren und Ertragswertverfahren – Zwei völlig unterschiedliche Ansätze?, in: Internationale Wirtschaftsprüfung, Festschrift zum 65. Geburtstag von Prof. Dr. Dr. h. c. Hans Havermann, hrsg. v. Josef Lanfermann, Düsseldorf **1995**, S. 1377-1405.

Sieben, Günter: Diskussionsbeiträge zum Meinungsspiegel „Administrierte Preise in der Energiewirtschaft", in: Betriebswirtschaftliche Forschung und Praxis (BFuP), 48. Jg., (**1996**), Heft 4, S. 428-430, S. 434, S. 438 und S. 440.

Sieben, Günter – Maltry, Helmut: Zur Bemessung kalkulatorischer Abschreibungen und kalkulatorischer Zinsen bei der kostenbasierten Preisermittlung von Unternehmen der öffentlichen Energieversorgung, in: Betriebswirtschaftliche Forschung und Praxis (BFuP), 54. Jg. (**2002**), Heft 4, S. 402-418.

Sieben, Günter – Maltry, Helmut: Kostenbasierte Kalkulation von Netznutzungsentgelten am Beispiel der Stromindustrie, in: Der Betrieb, 56. Jg. (**2003**), Heft 14, S. 729-735.

Sieben, Günter – Schildbach, Thomas: Substanzerhaltung und anteilige Fremdfinanzierung. Ein Beitrag zur Behandlung des Schuldenproblems in Jahresabschlüssen bei Geldentwertung, in: Betriebswirtschaftliche Forschung und Praxis (BFuP), 25. Jg. (**1973**), S. 577-592.

Sieben, Günter – Schildbach, Thomas: Bewertungsmethoden zum Zwecke der Substanzerhaltung, Projekt-Nr. cf 4/74 des Rationalisierungs-Kuratoriums der Deutschen Wirtschaft (RKW) e.V., Frankfurt am Main, **1974**.

Sieben, Günter – Schildbach, Thomas: Substanz- und Kapitalerhaltung, in: Handwörterbuch des Rechnungswesens, 2. Auflage, hrsg. v. Erich Kosiol, Klaus Chmielewicz und Marcell Schweitzer, Stuttgart **1981**, Sp. 1511-1528.

Siegel, Theodor: Kosten der effizienten Leistungsbereitstellung im Falle von Preisregulierungen, in: Aktuelle Aspekte des Controllings, hrsg. v. Volker Lingnau und Hans Schmitz, Heidelberg **2002**, S. 243-267.

Simon, Hermann: Preismanagement, 2. Auflage, Wiesbaden **1992**.

Solomons, David: Economic and Accounting Concepts of Cost and Value, in: Modern Accounting Theory, hrsg. v. Morton Backer, New Yersey **1966**, S. 117-140.

Spauschus, Phillip: Die wettbewerbliche Öffnung von Märkten mit Netzstrukturen am Beispiel von Telekommunikation und Elektrizitätswirtschaft, Frankfurt am Main **2004**.

Spelthahn, Sabine: Privatisierung natürlicher Monopole: Theorie und Praxis am Beispiel Wasser und Abwasser, Wiesbaden **1994**.

Spremann, Klaus: Modern Finance – Rendite, Risiko, Wert, 2. Auflage, München **2004**.

Spremann, Klaus: Valuation, München **2004**.

Staibl, Barhold: Die Substanzerhaltung der EVU. Kritische Analyse der Grenzen und Möglichkeiten der Substanzerhaltung in der Kosten- und Leistungsrechnung und in der Bilanz, Idstein **1993**.

Steger, Johann: Kosten- und Leistungsrechnung – mit einer Einführung in das betriebliche Rechnungswesen, München – Wien **1996**.

Stehle, Richard: Renditevergleich von Aktien und festverzinslichen Wertpapieren auf Basis des DAX und des REXP, Working Paper, Berlin **1999**, url: http://www2.wiwi.hu-berlin.de/institute/finance/Material/Forschung/dax_rexp.pdf, (Abruf 15.11.2005).

Stehle, Richard: Die Festlegung der Risikoprämie von Aktien im Rahmen der Schätzung des Wertes von börsennotierten Kapitalgesellschaften, in: Die Wirtschaftsprüfung, 57. Jg. (**2004**), Heft 17, S. 906-927.

Stehle, Richard – Hartmond, Anette: Durchschnittsrenditen deutscher Aktien 1954-1988, in: Kredit und Kapital, 24. Jg. (**1991**), Heft 3, S. 371-411.

Steinbach, Piet – Kremp, Ralph: Die Revenue Cap-Regulierung – Ein fertiges Konzept?, in: Energiewirtschaftliche Tagesfragen (et), 56. Jg. (**2006**), Heft 9, 32-37.

Steiner, Manfred: Cash Management, in: Handwörterbuch der Bank- und Finanzwirtschaft, hrsg. von Wolfgang Gerke und Manfred Steiner, Enzyklopädie der Betriebswirtschaftslehre, Band 6, 2. Auflage, Stuttgart **1995**, S. 386-399.

Steiner, Manfred – Bauer, Christian: Die fundamentale Analyse und Prognose des Marktrisikos deutscher Aktien, in: Zeitschrift für betriebswirtschaftliche Forschung (ZfbF), 44. Jg. (**1992**), Heft 4, S. 347-368.

Steiner, Manfred – Bruns, Christoph: Wertpapiermanagement, 6. Auflage, Stuttgart **1998**.

Stelter, Daniel: Wertorientierte Anreizsysteme für Führungskräfte und Mitarbeiter, in: Unternehmenssteuerung und Anreizsysteme, hrsg. v. Wolfgang Bühler und Theo Siegert, Stuttgart **1999**, S. 207-241.

Stewart, G. Bennett: The Quest for Value – A guide for Senior Managers, New York **1991**.

Strack, Rainer – Villis, Ulrich: RAVE[TM]: Die nächste Generation im Shareholder Value Management, in: Zeitschrift für Betriebswirtschaft (ZfB), 71. Jg. (**2001**), Heft 1, S. 67-84.

Süchting, Joachim: Finanzmanagement: Theorie und Politik der Finanzierung, 4. Auflage, Wiesbaden **1984**.

Swinand, Gregory P.: An empirical Examination of the Theory and Practice of how to Set X, Working Paper, London Economics, September **2004**, url: www.londecon.co.uk/Publi-cations/JRE%20X%20factors.pdf, (Abruf 15.11. 2006).

Swoboda, Peter: Kostenermittlung und Tarifbildung bei Elektrizitätsversorgungsunternehmen insbesondere hinsichtlich kalkulatorischer Kosten, in: Journal für Betriebswirtschaft (JfB), 40. Jg. (**1990**), Heft 2, S. 66-76.

Swoboda, Peter: Kostenrechnung und Preispolitik, 16. Auflage, Graz **1991**.

Swoboda, Peter: Zur aktuellen Diskussion über die Abschreibungskosten in der österreichischen amtlichen Preisregulierung, in: Journal für Betriebswirtschaft (JfB), 42. Jg. (**1992**), Heft 2, S. 74-85.

Swoboda, Peter: Zur Anschaffungswertorientierung administrierter Preise (speziell in der Elektrizitätswirtschaft), in: Betriebswirtschaftliche Forschung und Praxis (BFuP), 48. Jg. (**1996**), Heft 4, S. 364-381.

Swoboda, Peter – Stepan, Adolf – Zechner, Josef: Kostenrechnung und Preispolitik, 22. Auflage, Wien **2004**.

Thiele, Dirk – Cremers, Heinz – Robé, Sophie: Beta als Risikomaß – Eine Untersuchung am deutschen Aktienmarkt, Frankfurt am Main, August **2000**, url: www.hfb.de/Dateien-/Arbeitsbericht19.pdf, (Abruf 15.11.2006).

Tilley, Brian – Weyman-Jones, Tom: Productivity Growth and Efficiency Change in Electricity Distribution, Department of Economics, Loughborough University, British Institute of Energy Economics, The 1999 BIEE Conference, St John's College Oxford, "A New Era for Energy? Price signals, industry structure and environment", 20.-21. September **1999**, url: https://dspace.lboro.ac.uk:8443/dspace/bitstream/2134/886/1/bcv01-6.pdf, (Abruf 15.11.2006).

Train, Kenneth, E.: Optimal Regulation. The Economic Theory of Natural Monopoly, Cambridge – London MIT Press **1992**.

Ulrich, Peter: Organisationales Lernen durch Benchmarking, Wiesbaden **1998**.

Uzík, Martin – Weiser, M. Felix: Kapitalkostenbestimmung mittels CAPM oder MCPM^{TM}, in: Finanz Betrieb, 5. Jg. (**2003**), Heft 11, S. 707-718.

Varian, Hal R.: Grundzüge der Mikroökonomie, 6. Auflage, München **2004**.

Vettiger, Thomas – Volkart, Rudolf: Kapitalkosten und Unternehmenswert, in: Der Schweizer Treuhänder, o. Jg. (**2002**), Heft 9, S. 513-518.

Vielhaber, Christoph: Wertorientierte Unternehmenssteuerung in der Energiewirtschaft, Dissertation, Universität Dortmund **2005**, url: http://eldorado.uni-dortmund.de:8080/-bitstream/2003/21600/1/Wertorientierte+Unternehmens-steuerung+i.d.EW.+-+Vielha-ber%2C+C..pdf, (Abruf 10.11.2006).

Vogelpoth, Norbert – Gräf, Franz-Josef – Liesenhoff, Werner: Unbundling: ein Leitfaden für Vorstände und Geschäftsführer von Stadtwerken, hrsg. v.

PricewaterhouseCoopers (PWC) Deutsche Revision – WIBERA, Düsseldorf, Februar **2005**.

Vogelsang, Ingo: Profit Sharing of Electrical Transmission and Distribution Companies, in: From regulation to competition: new frontiers in electricity markets, hrsg. v. Michael A. Einhorn, Norwell – Dordrecht **1994**, S. 257-276.

Vogelsang, Ingo: Preisregulierung und Wettbewerb in der Telekommunikation, in: Regulierung und Wettbewerb in der Telekommunikation: ein internationaler Vergleich, hrsg. v. Eberhard Witte, Heidelberg **1996**, S. 121-141.

Vogelsang, Ingo: Incentive Regulation and Competition in Public Utility Markets: A 20-Year Perspective, in: Journal of Regulatory Economics, 22. Jg. (**2002**), Heft 1, S. 5-27.

Vogelsang, Ingo – Finsinger, Jörg: A regulatory adjustment process for optimal pricing by multiproduct monopoly firms, in: The Bell Journal of Economics, 10. Jg. (**1979**), Heft 1, S. 157-171.

von Hirschhausen, Christian – Kappeler, Andreas: Productivity Analysis of German Electricity Distribution Utilities, Diskussionspapier Nr. 418 des Deutschen Instituts für Wirtschaftsforschung (DIW), Berlin, April **2004**, url: http://www.diw.de/deutsch/produkte/publikationen/diskussionspapiere/docs/papers/dp418.pdf, (Abruf 19.09.2004).

von Weizsäcker, Christian C.: Staatliche Regulierung – positive und normative Theorie, in: Schweizerische Zeitschrift für Volkswirtschaft und Statistik, 118. Jg. (**1982**), S. 325-343.

Volkart, Rudolf: Kapitalkosten und Risiko: cost of capital als zentrales Element der betrieblichen Finanzpolitik, Zürich **2001**.

Vormbaum, Herbert: Finanzierung der Betriebe, 6. Auflage, Wiesbaden **1981**.

Wagner, Ralf – Cohnen, Bernd: Sicherung der Versorgungsqualität unter Anreizregulierung – Ansätze aus UK und Niederlanden, in: e/m/w – Zeitschrift für Energie, Markt und Wettbewerb, 3. Jg. (**2005**), Heft 2, Sonderdruck, S. 1-6.

Wagner, Ralf – Dudenhausen, Roman: Anreizregulierung – cui bono?, ConEnergy – CE-Research, aktualisierte Fassung, Essen **29.05.2005**.

Warschburger, Volker: Gestaltungsmaßnahmen des Rechnungswesens zur Bewältigung der Preissteigerungsproblematik, Saarbrücken **1989**.

Weimann, Joachim: Wirtschaftspolitik – Allokation und kollektive Entscheidung, 3. Auflage, Berlin **2003**.

Wellisch, Dietmar: Finanzwissenschaft I: Rechtfertigung der Staatstätigkeit, München **1999**.

Wellßow, Heinz Wolfram – Schneider, Achim – Kaiser, Martin: Balanceakt zwischen Kosteneffizienz und Versorgungsqualität – Risikoorientiertes Asset-

Management von Verteilungsnetze, in: BWK – Das Energie-Fachmagazin, Band 56 (**2004**), Nr. 1/2, S. 47-53.

Wenz, Edgar: Kosten- und Leistungsrechnung mit einer Einführung in die Kostentheorie, Herne – Berlin **1992**.

Wigger, Berthold U.: Grundzüge der Finanzwissenschaft, 2. Auflage, Berlin **2006**.

Wild, Jörg: Deregulierung und Regulierung der Elektrizitätsverteilung: eine Mikroökonomische Analyse mit empirischer Anwendung für die Schweiz, Zürich **2001**.

Wild, Jörg – Vaterlaus, Stephan: Regulierung von Stromverteilnetzen – Balance zwischen Effizienz- und Investitionsanreizen, in: Investitionsentscheidungen und Kostenmanagement in Netzindustrien, hrsg. v. DVWG e.V. – Deutsche Verkehrswissenschaftliche Gesellschaft e.V., Schriftenreihe B, Nr. B 262, Berlin **2003**, S. 167-186.

Wilke, Nicole: Tarifregulierung im liberalisierten Elektrizitätsmarkt, in: Wettbewerb im liberalisierten Strommarkt: Regeln und Techniken, hrsg. v. Martin Kahmann und Siegfried König, Berlin u. a. **2001**, S. 207-227.

Wirtz, Christian: Wertorientierte Unternehmenssteuerung in netzbasierten Industrien. Die Perspektive der ehemaligen Monopolisten, München und Mering **2003**.

Witthoff, Hans-Willhelm: Kosten- und Leistungsrechnung der Industriebetriebe, 3. Auflage, Stuttgart **1995**.

Wöhe, Günter: Einführung in die Allgemeine Betriebswirtschaftslehre, 19. Auflage, München **1996**.

Wöhe, Günter: Einführung in die Allgemeine Betriebswirtschaftslehre, 21. Auflage, München **2002**.

Zimmerer, Carl: Ertragswertgutachten – Eine Polemik, in: Die Betriebswirtschaft (DBW), 48. Jg. (**1988**), Heft 4, S. 417-420.

Zimmermann, Gebhard: Grundzüge der Kostenrechnung, 2. Auflage, Stuttgart **1982**.

Zimmermann, Gebhard: Zur Substanzerhaltung in Unternehmen unter Preisaufsicht – Das Problem der Kostenbewertung bei Elektrizitätsversorgungsunternehmen im Rahmen der Tarifgenehmigung, in: Zeitschrift für öffentliche und gemeinwirtschaftliche Unternehmen (ZögU), Band 12 (**1989**), Heft 4, S. 498-516.

Zimmermann, Gebhard: Kostenrechnung und Unternehmenserhaltung, in: Handbuch der Kostenrechnung, hrsg. v. Wolfgang Männel, Wiesbaden **1992**, S. 1414-1428.

Zimmermann, Gebhard: Betriebs- und volkswirtschaftliche Kosten in der Kalkulation öffentlicher Unternehmen, in: Standortbestimmung öffentlicher Unternehmen in der Sozialen Marktwirtschaft, hrsg. v. Peter Eichhorn, Baden-Baden **1994**, S. 259-276.

Zimmermann, Gebhard: Unternehmenserhaltung, Kostenhöhe und Finanz-struktur, in: Kostenrechnungspraxis (krp), 41. Jg. (**1997**), Sonderheft 1, S. 25-32.

Zimmermann, Gebhard: Anschaffungspreisorientierte Abschreibungsbemes-sung und Unternehmenserhaltung, in: Kostenrechnungspraxis (krp), 42. Jg. (**1998**), Heft 1, S. 41-43.

Zimmermann, Gebhard: Grundzüge der Kostenrechnung, 8. Auflage, München – Wien **2001**.

Zimmermann, Peter: Schätzung und Prognose von Betawerten: Eine Untersu-chung am deutschen Aktienmarkt, Bad Soden **1997**.

Zirkler, Bernd: Führungsorientiertes US-amerikanisches Management Accoun-ting, Wiesbaden **2002**.

B) Gutachten, Stellungnahmen, Vortragsunterlagen und Sonstiges

Arbeitsgruppe „Betriebswirtschaftliche Fragen der BtOElt" des Bund-Länder-Ausschusses-Energiepreise: Begründung zur Änderung der Ar-beitsanleitung zur Darstellung der Kosten- und Erlösentwicklung in der Stromversorgung, o. O., Bearbeitungsstand **08.04.1993**.

Arbeitsgruppe Netznutzung Strom der Kartellbehörden des Bundes und der Länder: Bericht über 1. die Reichweite der kartellrechtlichen Eingriffsnor-men für die Überprüfung der Höhe der Entgelte für die Nutzung der Strom-netze 2. die kartellrechtliche Relevanz von den Netzzugang behindernden Verhaltensweisen der Stromnetzbetreiber, Bonn **19.04.2001**.

Außenhandelsverband für Mineralöl und Energie e.V. (AFM+E) – Bundes-verband Neue Energieanbieter (bne) – VEA - die Energiemanager – Verband der Industriellen Energie- und Kraftwirtschaft e.V. (VIK e. V.): Stellungnahme zum Entwurf des Bundesministeriums für Wirtschaft und Ar-beit zur Neufassung des Energiewirtschaftsrechts (EnWG-Novelle) vom **26.02.2004**.

Ballwieser, Wolfgang – Busse von Colbe, Walther: Kapitalkosten der Deut-sche Telekom AG, Gutachten **2001**.

BDI e.V. – BNE e.V. – EFET – VIK e.V.: Position der Netznutzerverbände zur Gestaltung der Netznutzung und zur Bestimmung von Netznutzungsentgelten der Stromnetze vom 07.11.2003, Anlage 1: Forderungen der Netznutzer für einen wettbewerbsgerechten Kalkulationsleitfaden zur Ermittlung von Netz-nutzungsentgelten, ohne Ort, **09.10.2003**.

Becker – Büttner – Held: Stellungnahme zum Positionspapier der Regulierungsbehörden des Bundes und der Länder vom 7. März 2006 zu Einzelfragen der Kostenkalkulation gemäß Stromnetzentgeltverordnung (BBH-Netzentgeltposition), Berlin **20.03.2006**.

Benintendi, Daniele: Regulatory Road Map for Italy – Regulatory Road Map for the Deployment of Distributed Generation in Italy, Mailand, Januar **2004**, http://www.electricity-markets.info/sustelnet/docs/wp5/wp5_italy.pdf, (Abruf 15.11.2006).

Bjørndal, Mette - Bjørndal, Endre – Bjørnenak, Trond – Johnsen, Thore: Regulating Electricity Networks - A Norm Model for Electricity Distribution, NHH / SNF SNF-SESSA Conference, **03.12.2005**, url: www.sessa.eu.com/documents/bergen/D41_14_Regula-ting_Electricity_Networks.pdf, (Abruf 15.11.2006).

Büchner, Jens – Hesmondhalgh – Wharmby, Brian – Hakvoot, Rudi: Das Produktivitätssteigerungsmodell („Pro+"Modell) – Modell einer Anreizregulierung zur nachhaltigen Produktivitätssteigerung der deutschen Strom- und Gaswirtschaft, Bonn **26.08.2005**.

Bundesgerichtshof (BGH): Urteil vom **16.11.1999**, „Kaufering", in: Entscheidungen des Bundesgerichtshofes in Zivilsachen (BGHZ), Band 143, S. 128 ff.

Bund-Länder-Ausschuss „Energiepreise": Arbeitsanleitung zur Darstellung der Kosten- und Erlösentwicklung in der Stromversorgung, ohne Ort, **10./11.06.1997**.

Bund-Länder-Ausschuss „Energiepreise": Begründung und Erläuterung zur Neufassung der Arbeitsanleitung zur Darstellung der Kosten- und Erlösentwicklung in der Stromversorgung, o. O., **10./11.06.1997**.

Bundeskartellamt: Untersuchung gegen 22 Netzbetreiber wegen überhöhter Netznutzungsentgelte eingeleitet, Pressemeldung, Bonn **27.09.2001**.

Bundeskartellamt: B11 – 40 100 – T – 45/01, 11. Beschlussabteilung, Beschluss in dem Verwaltungsverfahren gegen TEAG Thüringer Energie AG, Bonn **14.02.2003**.

Bundeskartellamt: Entgeltregulierung der Elektrizitäts- und Gasnetze, Bonn **22.11.2003**.

Bundesministerium der Finanzen (BMF): Ertragsteuerliche Behandlung der Baukostenzuschüsse bei Energieversorgungsunternehmen, Berlin, Schreiben vom 27. Mai **2003**.

Bundesministerium der Finanzen (BMF): Körperschaftsteuerliche und gewerbesteuerliche Organschaft unter Berücksichtigung der Änderungen durch das Steuersenkungs- (StSenkG) und das Unternehmenssteuerfortentwicklungsgesetz (UntStFG), IV A 2 - S 2770 - 18/03, Berlin, Schreiben vom **26.08.2003**.

Bundesministerium der Finanzen (BMF): Ertragsteuerliche Behandlung von Baukostenzuschüssen, Anwendung des BMF-Schreibens vom 27. Mai 2003 in: Bundessteuerblatt (BStBl) I, 7. Oktober **2004**.

Bundesministerium der Finanzen (BMF): Die wichtigsten Steuern im internationalen Vergleich, in: Monatsbericht des BMF, Januar **2006**, S. 33-44.

Bundesministerium für Post und Telekommunikation: Grundsätzliche Überlegungen zum Kostenmaßstab für die Genehmigungsfähigkeit von Monopoltarifen, Informationsserie zu Regulierungsfragen Nr. 10, Bonn, Mai **1993**.

Bundesministerium für Wirtschaft und Arbeit (BMWA): Bericht an den Deutschen Bundestag über die energiewirtschaftlichen und wettbewerblichen Wirkungen der Verbändevereinbarungen (Monitoring-Bericht), Berlin, **31.08.2003**.

Bundesrats-Drucksache 245/05 vom **14.04.2005** betreffend die Verordnung über die Entgelte für den Zugang zu Elektrizitätsversorgungsnetzen (Stromnetzentgeltverordnung – StromNEV).

Busse von Colbe, Walther: Thesen zur Kontrolle und Genehmigung von Entgelten für den Netzzugang (§ 20 a EnWG-E 2004), Bochum **14.07.2004**.

Cambridge Economic Policy Associates: Productivity Improvements in Distribution Network Operators, Final Report, November **2003**, url: http://www.ofgem.gov.uk/temp-/ofgem/cache/cmsattach/10292_15603.pdf, (Abruf 15.11.2006).

Collins Cobuild English Dictionary, London **2000**.

Council of European Energy Regulators (CEER): Second Benchmarking Report on Quality of Supply, Brüssel, September **2003**.

Council of European Energy Regulators (CEER): Third Benchmarking Report on Quality of Electricity Supply, Brüssel **2005**.

Council of European Energy Regulators (CEER) CEER response to the Energy Green Paper, Ref: C06-SEM-18-03, Brüssel **11.06.2006**, url: http://www.ceer-eu.org/portal/-page/portal/CEER_HOME-/CEER_PUBLICATIONS/CEER_DOCUMENTS/CEER-Res-ponseToGP_2006-07-11.pdf, (Abruf 15.11.06).

Deloitte & Touche LLP: Anreizregulierungsmodelle, Endbericht: Executive Summary, London **28.06.2006**.

Deutscher Bundestag – Ausschuss für Wirtschaft und Arbeit: Materialien zur öffentlichen Anhörung in Berlin am 29.11.2004, Ausschussdrucksache 15(9)1511, Berlin **26.11.2005**

Edelmann, Helmut: Stadtwerkestudie 2006: Erste Erfahrungen mit der Regulierung und aktuelle Themen der Energiewirtschaft, Summary, Düsseldorf **2006**, url: www.ey.com/-global/download.nsf/Germany/Summary_Stadtwerke_2006/$file/Summary_Stadtwerke-_2006.pdf, (Abruf 15.11.2006).

EnBW AG: Geschäftsbericht 2005, Stuttgart **2006**.

Energiewirtschaftliches Institut an der Universität Köln (EWI) – **Frontier Economics**: Zusammenstellung von Kostenrechnungsansätzen für kalkulatorische Kosten von Stromnetzen (Transport und Verteilung) in den Ländern Norwegen, England/Wales, Dänemark und Niederlande, Köln **19.03.2001**.

E.ON AG: Geschäftsbericht 2004, Düsseldorf **2005**.

E.ON AG: E.ON schlägt Modell für Anreizregulierung vor, Pressemeldung, Düsseldorf **12.07.2005**.

E.ON AG: Geschäftsbericht 2005, Düsseldorf **2006**.

EURELECTRIC: EURELECTRIC report on Regulatory Models in a Liberalised European Electricity Market, Ref: 2004-030-0052 , Brüssel January **2004**, url: www.eurelectricorg-/Download/Download.aspx?DocumentID= 14576, (Abruf 15.11.2006).

Fillipini, Massimo – **Wild, Jörg** – **Luchsinger, Cornelia**: Regulierung der Verteilnetzpreise zu Beginn der Marktöffnung – Erfahrungen in Schweden und Norwegen, Studie im Rahmen des Forschungsprogramms „Energiewirtschaftliche Grundlagen" des Bundesamtes für Energie (BFE), August **2001**.

Freshfields Bruckhaus Deringer: Electricity Regulation – in 30 jurisdictions worldwide, London **2006**, http://www.freshfields.com/publications/pdfs/2006/ GTDTER2006.pdf, (Abruf 15.11.2006).

Frontier Economics – **Consentec**: Netzpreisaufsicht in der Praxis – Abschlussbericht, Gutachten im Auftrag von VIK und BDI, o. O., November **2003**.

Gabriel, Jürgen – **Haupt, Ulrike** – **Pfaffenberger, Wolfgang**: Vergleich der Arbeitsanleitungen nach §12 BTOELT mit dem Kalkulationsleitfaden nach Anlage 3 der Verbändevereinbarung II+, Bremen, Oktober **2002**.

Gerke, Wolfgang: Risikoadjustierte Bestimmung des Kalkulationszinssatzes in der Stromnetzkalkulation, Kalkulationsgrundlagen in der Energieversorgung, Band 1, hrsg. v. Verband der Elektrizitätswirtschaft - VDEW - e.V., Frankfurt am Main, Februar **2003**.

Gerke, Wolfgang: Gutachten „Risikozuschlag für Fremdfinanzierung von Elektrizitätsversorgungsnetzen", Nürnberg, den 18. Juli **2005**.

Gómez-Acebo & Pombo Abogados, S. L. - **Charles Russell LLP**: Unbundling of Electricity and Gas Transmission und Distribution System Operators, Final Report, Brüssel – London 01.12.2005, url: http://ec.europa.eu/energy/electricity/publications/doc/2006_03_08-_final_common_report.pdf, (Abruf 15. 11.06).

Gray Stephen – **Officer, Bob**: The Equity Beta of an Electricity Distribution Business, draft report prepared for Citi Power Ltd. & Powercor Australia Ltd, November 12, **2004**, url: http://www.escosa.sa.gov.au/webdata/resources/

files/050417-O-GrayOfficerTheEquity-BetaElectricityDistributionBusiness. pdf, (Abruf 15.11.2006).

Handelsblatt, Ausgabe vom **04.12.2006,** Nr. 234, Finanzzeitung, Rubrik: Devisen – Zinsen – Indizes, DAX-Kennzahlen, S. 35.

Haubrich, Hans-Jürgen – CONSENTEC Consulting für Energiewirtschaft und –technik GmbH: Preise und Bedingungen der Nutzung von Stromnetzen in ausgewählten europäischen Ländern, Schlussbericht, Gutachten im Auftrag des Bundesministeriums für Wirtschaft und Arbeit (BMWA), Schlussbericht, Aachen **2002.**

Haupt, Ulrike – Kinnunen, Kaisa – Pfaffenberger, Wolfgang: Anwendung der Vergleichsmarktanalyse auf die Netznutzungsentgelte in der Stromwirtschaft, Gutachten im Auftrag der EnBW AG, Bremen **2002.**

Kommission der Europäischen Gemeinschaften: Communication from the Commission to the European Parliament and the Council – Annual Report on the implementation of the Gas and Electricity Internal Market, Technical Annexes, Brüssel **05.01.2005.**

Küpper, Hans-Ulrich – Pedell, Burkhard: Gutachten zum Entwurf der Verordnung über die Entgelte für den Zugang zu Gasversorgungsnetzen (Gasnetzentgeltverordnung–GasNEV) vom 13. April 2005, insbesondere zur Saldierung von Abschreibungen und Reinvestitionen, München **22.04.2005.**

Kurth, Matthias: Die Rolle einer Regulierungsbehörde als Konfliktlöser, Vortragsunterlagen, 8. Euroforum-Jahrestagung: Stadtwerke 2004, Berlin **11.05.2004.**

Lechner, Herbert – Hierzinger, Roland: Organisation und Regulierung netzgebundener Branchen am Beispiel der Elektrizitätswirtschaft, Endbericht einer Studie der Energieverwertungsagentur (E.V.A.) im Auftrag des Bundesministeriums für Wissenschaft, Verkehr und Kunst, Wien, Juni **1996.**

Lechner, Herbert – Stockmayer, Manfred: Energiepreisregulierung in Europa – am Beispiel Dänemark, Deutschland, Frankreich, Großbritannien, Italien, den Niederlanden, Norwegen und der Schweiz, Endbericht einer Studie der Energieverwertungsagentur (E.V.A.) im Auftrag der Arbeiterkammer Wien, Wien, Oktober **1994**

Leprich, Uwe – Diekmann, Joachim – Ziesing, Hans-Joachim: Anreizregulierung für Beschäftigung und Netzinvestitionen, Endbericht, Forschungsvorhaben gefördert durch die Hans-Böckler-Stiftung, Berlin/Saarbrücken, Juli **2006.**

Männel, Wolfgang: Kalkulatorische Abschreibungen, Zinsen, Gewinne und Substanzerhaltungsrücklagen in der Strompreiskalkulation – Gutachten zur Neufassung der Arbeitsanleitung zur Feststellung der Kosten- und Erlöslage

einschließlich Kostenträgerrechnung im Preisgenehmigungsverfahren nach
§ 12 BTOElt, Nürnberg **1996**.

Männel, Wolfgang: Gutachten zu den Preisfindungsprinzipien der Verbändevereinbarung VV II plus vom 13.12.2001 und 23.04.2002, Kalkulationsgrundlagen in der Energieversorgung, Band 2, hrsg. v. Verband der Elektrizitätswirtschaft - VDEW - e.V., Frankfurt am Main, März **2003**.

Männel, Wolfgang: Gutachterliche Stellungnahme zu dem von Prof. Dr. Gerhard Zimmermann im Auftrag des Bundeskartellamtes am 15. Oktober 2003
präsentierten Gutachten über „Die kalkulatorischen Kosten bei der Kalkulation von Netznutzungsentgelten", Nürnberg und Lauf an der Pegnitz
06.12.2003.

Männel, Wolfgang: Gutachten zur Bedeutung kalkulationsrelevanter allgemeiner Unternehmerrisiken des Stromverteilungsgeschäfts, Nürnberg und Lauf an
der Pegnitz **2003**.

Männel, Wolfgang: Kalkulationsmethodik des künftigen stromverteilungsspezifischen Regulierungskonzeptes, Kalkulationsgrundlagen in der Energieversorgung, Band 6, hrsg. v. Verband der Elektrizitätswirtschaft - VDEW - e.V.,
Frankfurt am Main, März **2004**.

Männel, Wolfgang: Gutachterliche Stellungnahme zur Bedeutung der Körperschaftsteuer für die Kalkulation von Netznutzungsentgelten in der Stromverteilungswirtschaft, Nürnberg und Lauf an der Pegnitz **2004**.

Männel, Wolfgang: Gutachterliche Stellungnahme zu dem im Auftrag der Deutsche BP AG von von Hammerstein und Schlemmermeier erstellten Gutachten
zur Realkapitalerhaltung und Effizienz, Nürnberg und Lauf an der Pegnitz
2004.

Männel, Wolfgang: Wissenschaftliche Grundsätze bei der Preiskalkulation,
Vortragsunterlagen anlässlich des VDN-Fachkongresses „Treffpunkt Netze
2005", Berlin **22.04.2005**.

Männel, Wolfgang: Gutachterliche Stellungnahme zu den auf die Eigenkapitalverzinsung abstellenden Vorgaben der Bundesnetzagentur vom 7. März 2006,
Kalkulationsgrundlagen in der Energieversorgung, Band 7, hrsg. v. Verband
der Elektrizitätswirtschaft - VDEW - e.V., Frankfurt am Main, September
2006.

Monopolkommission: Mehr Wettbewerb auf allen Märkten, 10. Hauptgutachten,
Periode 1992/1993, Bonn **1994**.

Monopolkommission: Telekommunikation und Post 2003: Wettbewerbsinten-
sivierung in der Telekommunikation – Zementierung des Postmonopols, Son-
dergutachten der Monopolkommission gemäß § 81 Abs. 3 Telekommunika-
tionsgesetz und § 44 Postgesetz, Bonn **2003**.

Monopolkommission: Wettbewerbspolitik im Schatten "Nationaler Champions", 15. Hauptgutachten, Periode 2002/2003, Bonn **2004**.

Oberlandesgericht Düsseldorf: Beschluss im Kartellverwaltungsverfahren TEAG gegen Bundeskartellamt, Aktenzeichen VI-Kart 4/03 (V) vom **11.02.2004**.

Oberlandesgericht Düsseldorf: Beschluss in dem Verfahren auf Genehmigung der Entgelte für den Netzzugang gemäß § 23a EnWG, Aktenzeichen VI-3 Kart 289/06 (V), Düsseldorf **21.07.2006**.

Petrov, Konstantin: Indikatoren und Kenngrößen für das Qualitätsmanagement regulierter Netzbetreiber, Vortragsunterlagen in: Fachtagung Controlling und Kostenmanagement in der Energiewirtschaft, hrsg. v. Wolfgang Männel, Tagungsband, Nürnberg, **27.10./28.10.2004**, S. 171-186.

Plaut Economics: Gutachten Effizienzanalysemethoden, Regensdorf, 8. Mai **2006**.

PwC Deutsche Revision: Kurzgutachten zur Frage der Berücksichtigung des allgemeinen Unternehmerwagnisses bei der Kalkulation von Durchleitungsentgelten, Düsseldorf **1999**.

PricewaterhouseCoopers (PwC): Stellungnahme zu ausgewählten Fragestellungen der Strom-Netzentgeltverordnung, Stuttgart **03.02.2006**.

Riechmann, Christoph: Strommarktregulierung in Großbritannien: Innovation ohne Ende?, Vortragsunterlagen anlässlich des Kongresses: „Marktliberalisierung durch Netzregulierung" vom IZES – Institut für ZukunftsEnergieSysteme, Saarbrück **29.11.2002**, url: www.izes.de/cms/upload/pdf/vor_kongress_2002.pdf, (Abruf 15.11.2006).

Röhling, Andreas – Sieberg, Christoph: Gutachten zum Ansatz der Gewerbesteuer als kalkulatorische Kostenposition gemäß § 8 StromNEV, Köln, August **2006**.

Rose, Gerd: Gutachterliche Stellungnahme zur Berechnung der kalkulatorischen Gewerbesteuer für die Entgelte nach der Stromnetzentgeltverordnung, Köln, Oktober **2006**.

RWE AG: Geschäftsbericht 2005, Essen **2006**.

RWE AG: Aufsichtsrat stimmt Verkauf von Thames Water Holdings plc an Kemble Water Limited zu, Pressemeldung, Essen **21.10.2006**.

Salje, Peter: Rechtliche Grundlagen und Reichweite der Bindung an die der Verbändevereinbarung II plus zugrunde liegenden Preisfindungsprinzipien, Hannover **2003**.

Sapetschnig, Gottfried: Kalkulation der Systemnutzungstarife in Österreich im Spannungsfeld zwischen EVU und Regulator, in: VDEW Dialog Aktuell

„Regulierung der Netznutzungsentgelte", Materialienband, Vortragsunterlagen, Berlin **15.02.2005**, S. 1-28.

Sieben, Günter – Diedrich, Ralf – Price Waterhouse Corporate Finance Beratung GmbH: Kosten und Erlöse in der Stromversorgung, Gutachten zur Bestimmung der kalkulatorischen Kosten unter besonderer Berücksichtigung der Unternehmenserhaltung, erstellt im Auftrag der Verlags- und Wirtschaftsgesellschaft der Elektrizitätswerke m.b.H. – VWEW, Frankfurt am Main, April **1996**.

Sieben, Günter – Maltry, Helmut: Netznutzungsentgelte für elektrische Energie – Gutachten zu den Grundsätzen der Bestimmung von Netznutzungsentgelten für elektrische Energie auf Basis einer Kostenermittlung unter besonderer Berücksichtigung der Unternehmenserhaltung, hrsg. v. Verband der Elektrizitätswirtschaft – VDEW - e.V., Frankfurt am Main, April **2002**.

Statistisches Bundesamt: Preise und Preisindizes für gewerbliche Produkte (Erzeugerpreise), Fachserie 17, Reihe 2, September 2006, Wiesbaden **19.10. 2006**, abrufbar unter www.destatis.de, (Abruf 15.11.2006).

Statistisches Bundesamt: Index der Erzeugerpreise gewerblicher Produkte (Inlandsabsatz) nach dem Güterverzeichnis für Produktionsstatistiken, Ausgabe 2002 (GP 2002), - Lange Reihen von Januar 1995 bis September 2006 - Wiesbaden **19.10.2006**, abrufbar unter www.destatis.de, (Abruf 15.11.2006).

Statistisches Bundesamt: Verbraucherpreisindizes für Deutschland - Lange Reihen ab 1948, Wiesbaden, September 2006, Wiesbaden **12.10.2006**, abrufbar unter www.destatis.de, (Abruf 15.11.2006).

Symposium on Price-Cap Regulation, in: Rand Journal of Economics, 20. Jg. (**1989**), Heft 3, S. 369-472.

Vaterlaus, Stephan – Worm, Heike – Wild, Jörg – Telser, Harald: Liberalisierung und Performance in Netzsektoren – Vergleich der Liberalisierungsart von einzelnen Netzsektoren und deren Preis-Leistungs-Entwicklung in ausgewählten Ländern, Strukturberichterstattung, Studienreihe, hrsg. v. Staatssekretariat für Wirtschaft (seco), Schlussbericht Bern, Mai **2003**.

Verband der Elektrizitätsunternehmen Österreichs (VEÖ): Tätigkeitsbericht 2005, Wien **2006**.

Verband der Elektrizitätswirtschaft - VDEW - e. V.: Die Liberalisierung der Energiemärkte, Stand 2004, Berlin **01.09.2006**, abrufbar unter www.strom.de (Abruf 10.10.2006).

Verband der Elektrizitätswirtschaft - VDEW - e. V. – Verband der Netzbetreiber - VDN - e. V. beim VDEW – Verband der Verbundunternehmen und regionalen Energieversorger e. V. (VRE): Eckpunkte der Ausgestaltung des regulatorischen Rahmens für den Netzzugang Strom und Gas in Deutschland ab 2004, Berlin **23.09.2003**.

Verband der Elektrizitätswirtschaft - VDEW - e. V. – Verband der Netzbetreiber - VDN - e. V. beim VDEW – VDEW-Projektgruppe „Kalkulation": VDEW/VDN-Anwendungshilfe zur Netzentgeltkalkulation nach der Stromnetzentgeltverordnung, Berlin **14.09.2005.**

Verband der Elektrizitätswirtschaft - VDEW - e. V. – Verband der Netzbetreiber - VDN - e. V. beim VDEW – Verband der Verbundunternehmen und Regionalen Energieversorger in Deutschland - VRE - e. V.: Regulierungsansätze für Verteilnetzbetreiber zur Vermeidung von Investitionshemmnissen in der Anreizregulierung" vom 23. Juni 2006, Berlin **2006.**

Verband der Elektrizitätswirtschaft - VDEW - e. V. – Verband der Netzbetreiber - VDN - e. V. beim VDEW: Kalkulationsleitfaden zur Ermittlung von Netzentgelten – Kostenartenrechnung, Berlin **09.11.2006.**

Verband der Netzbetreiber - VDN - e. V. beim VDEW: Daten und Fakten – Stromnetze in Deutschland 2004, Berlin **01.04.2004.**

Verband der Netzbetreiber - VDN - e. V. beim VDEW: Daten und Fakten – Stromnetze in Deutschland 2006, Berlin **01.04.2006.**

Verband der Netzbetreiber - VDN - e. V. beim VDEW: Gesteigerte Investitionen in Stromnetze, Pressemeldung, Berlin **03.05.2006.**

Verband der Netzbetreiber - VDN - e. V. beim VDEW – Verband der Elektrizitätswirtschaft - VDEW - e. V.: Anreizregulierung – Kernpunkte zur Implementierung einer Anreizregulierung für deutsche Stromnetzbetreiber, Positionspapier, Stand **24.11.2004.**

von Hammerstein, Christian – Schlemmermeier, Ben: Realkapitalerhaltung und Effizienz – Ein Vorschlag für die diskriminierungsfreie und transparente Kalkulation von Netznutzungsentgelten in der Energiewirtschaft, Gutachten im Auftrag der Deutsche BP AG, Berlin **2004.**

WIK-Consult: Analytisches Kostenmodell Nationales Verbindungsnetz, Referenzdokument 2.0, Gutachten im Auftrag der Rundfunk und Telekommunikation Regulierungs-GmbH (RTR), Österreich, Bad Honnef, März **2000.**

Wild, Jörg: Benchmarking-Konzepte für die Stromverteilungswirtschaft, Vortragsunterlagen in: Fachtagung Controlling und Kostenmanagement in der Energiewirtschaft, hrsg. v. Wolfgang Männel, Tagungsband, Nürnberg **27.10./28.10.2004,** S. 139-155.

Wild, Jörg – Vaterlaus, Stephan: Norwegische Elektrizitätsmarktöffnung: Kostenrechnungs- und Preisbildungsfragen der Netzgesellschaften, Schlussbericht, Gutachten im Auftrag des Bundesamtes für Energie (BFE), Bern, 29. April **2002.**

Wirtschaftsministerium Baden-Württemberg: Neues Energiewirtschaftsgesetz – Genehmigung der Entgelte für den Netzzugang, Stuttgart **30.12.2005.**

Wissenschaftliches Institut für Kommunikationsdienste GmbH (WIK): Ein analytisches Kostenmodell für das Ortsnetz - Referenzdokument - erstellt durch das WIK im Auftrag der Regulierungsbehörde für Telekommunikation und Post, Stand 4. März **1998**.

Wright, Stephen – Mason, Robin – Miles, David: A Study into Certain Aspects of the Cost of Capital for Regulated Utilities in the U.K., On Behalf Of Smithers & Co Ltd, London, **13.02.2003**, url: http://www.ofgem.gov.uk/ temp/ofgem/cache/cmsattach/2012_jointreg-scoc.pdf, (Abruf 23.12.2004).

Zander, Wolfgang: Unterschiede zwischen Telekommunikation und Energiewirtschaft – technische Implikationen, Vortragsunterlagen, Petersberg **07.05.2004**, url: www.zei.de-/download/zei_a/Zander.ppt, (Abruf 01.11. 2004).

Zimmer, Christian: Berücksichtigung der Netztechnik bei der Regulierung, Vortragsunterlagen, „Die Regulierung der deutschen Stromnetze", Symposium der Gesellschaft für Energiewissenschaft und Energiepolitik e. V. (GEE), Mannheim **18.10.2004**, url: www.gee.de/old/regulierung_okt04/Zimmer.pdf, (Abruf 02.12.2004).

Zimmermann, Gebhard: Die kalkulatorischen Kosten bei der Kalkulation von Netznutzungsentgelten, Gutachten im Auftrag des Bundeskartellamtes, Oldenburg **15.10.2003**.

C) Gesetze, Verordnungen, Richtlinien und Vereinbarungen

Artikel 289 der Achten Zuständigkeitsanpassungsverordnung vom 25. November 2003, in: Bundesgesetzblatt, Jahrgang 2003, Teil 1, S. 2304.

Bundesministerium für Wirtschaft und Arbeit (BMWA): Entwurf der Verordnung über die Entgelte für den Zugang zu Elektrizitätsversorgungsnetzen (Netzentgeltverordnung Strom), (NEntgVO) vom **20.04.2004**.

Bundestarifordnung Elektrizität (BTOElt) vom 18.12.1989, in: Bundesgesetzblatt, Jahrgang 1989, Teil 1, S. 2255.

Bundesverband der Deutschen Industrie e. V. (BDI) – Vereinigung Deutscher Elektrizitätswerke - VDEW - e. V. – Verband der Industriellen Energie- und Kraftwirtschaft e. V. (VIK): Verbändevereinbarung über Kriterien zur Bestimmung von Durchleitungsentgelten vom 22. Mai **1998**.

Bundesverband der Deutschen Industrie e. V. (BDI) – Verband der Industriellen Energie- und Kraftwirtschaft e. V. (VIK) – Vereinigung Deutscher Elektrizitätswerke - VDEW - e. V.: Verbändevereinbarung über Kriterien zur Bestimmung von Netznutzungsentgelten für elektrische Energie vom 13. Dezember **1999**.

Bundesverband der Deutschen Industrie e. V. (BDI) – Verband der Industriellen Energie- und Kraftwirtschaft e. V. (VIK) – Verband der Elektrizitätswirtschaft – VDEW – e. V. – Verband der Netzbetreiber - VDN - e. V. beim VDEW – Arbeitsgemeinschaft regionaler Energieversorgungs-Unternehmen e. V. (ARE) – Verband kommunaler Unternehmen (VKU) e. V.: Verbändevereinbarung über Kriterien zur Bestimmung von Netznutzungsentgelten für elektrische Energie und über Prinzipien der Netznutzung vom 13. Dezember **2001**.

Bundesverband der Deutschen Industrie e. V. (BDI) – Verband der Industriellen Energie- und Kraftwirtschaft e. V. (VIK) – Verband der Elektrizitätswirtschaft – VDEW – e. V. – Verband der Netzbetreiber - VDN - e. V. beim VDEW – Arbeitsgemeinschaft regionaler Energieversorgungs-Unternehmen e. V. (ARE) – Verband kommunaler Unternehmen (VKU) e. V.: Anlage 3 zur Verbändevereinbarung über Kriterien zur Bestimmung von Netznutzungsentgelten für elektrische Energie und über Prinzipien der Netznutzung vom 13. Dezember 2001 und Ergänzung vom 23. April **2002**.

Gesetz zur Neuregelung des Energiewirtschaftsrechts (EnWG) vom 24. April 1998, in: Bundesgesetzblatt, Teil I (**1998**), S. 730.

Gesetz zur steuerlichen Förderung von Wachstum und Beschäftigung vom 24.06.2006, in: Bundesgesetzblatt, Jahrgang 2006 Teil 1 Nr. 22, ausgegeben zu Bonn am 5. Mai 2006, S. 1091-1094.

Kommission der Europäischen Gemeinschaften: Empfehlung der Kommission 98/195/EG vom 8. Januar 1998 zur Zusammenschaltung in einem liberalisierten Telekommunikationsmarkt (Teil 1 - Zusammenschaltungsentgelte), in: Amtsblatt der Europäischen Gemeinschaften, Nr. L 73, **12.03.1998**, S. 42-50.

Kommission der Europäischen Gemeinschaften: Empfehlung 98/322/EG der Kommission vom 8. April 1998 zur Zusammenschaltung in einem liberalisierten Telekommunikationsmarkt (Teil 2 – Getrennte Buchführung und Kostenrechnung), in: Amtsblatt der Europäischen Gemeinschaften, Nr. L 141, **13.05.1998**, S. 8-35.

Richtlinie 96/92/EG des Europäischen Parlamentes und Rates vom 19. Dezember 1996 betreffend gemeinsame Vorschriften für den Elektrizitätsbinnenmarkt, in: Amtsblatt der Europäischen Union, Nr. L 27 vom **30.01.1997**, S. 20 ff.

Richtlinie 2003/54/EG des Europäischen Parlamentes und Rates über gemeinsame Vorschriften für den Elektrizitätsbinnenmarkt und zur Aufhebung der Richtlinie 96/92/EG, in: Amtsblatt der Europäischen Union, Nr. L 176 vom **15.07.2003**, S. 37-55.

Verordnung PR Nr 30/53 über die Preise bei öffentlichen Aufträgen vom 21. November 1953, in: Bundesanzeiger, Jahrgang 1953, Nr. 244.

Verordnung (EG) Nr. 1228/2003 des Europäischen Parlamentes und Rates vom 26.06.2003 über die Netzzugangsbedingungen für den grenzüberschreitenden Stromhandel, in: Amtsblatt der Europäischen Union, Nr. L 176, **15.07.2003**, S. 1-10.

Verordnung über die Entgelte für den Zugang zu Gasversorgungsnetzen vom 25.07.2005 (Gasnetzentgeltverordnung - GasNEV), in: Bundesgesetzblatt, Jahrgang 2005, Teil 1, Nr. 46, ausgegeben zu Bonn am 28. Juli 2005, S. 2197-2209

Verordnung über die Entgelte für den Zugang zu Elektrizitätsversorgungsnetzen vom 25.07.2005 (Stromnetzentgeltverordnung – StromNEV), in: Bundesgesetzblatt, Jahrgang 2005, Teil 1, Nr. 46, ausgegeben zu Bonn am 28. Juli **2005**, S. 2225-2242.

Verordnung über den Zugang zu Elektrizitätsversorgungsnetzen vom 25.07.2005 (Stromnetzzugangsverordnung – StromNZV), in: Bundesgesetzblatt, Jahrgang 2005 Teil I Nr. 46, ausgegeben zu Bonn am 28. Juli **2005**, S. 2243-2251.

Zweites Gesetz zur Neuregelung des Energiewirtschaftsrechts vom 07. Juli 2005, in: Bundesgesetzblatt Jahrgang 2005 Teil I Nr. 42, ausgegeben zu Bonn am 12. Juli **2005**, S. 1970-2018.

D) Publikationen der Regulierungsbehörden

Belgien

Comission des Régulation de l'Electricité et du Gaz (CREG): Annual Report 2003 – Summary, Brüssel **2004**.

Dänemark

Danish Energy Regulatory Authority (DERA) [Energitilsynet]: Annual report 2003, Kopenhagen, April **2004**.

Danish Energy Regulatory Authority (DERA) [Energitilsynet]: Annual report 2004, Kopenhagen, April **2005**

Deutschland

Bundesnetzagentur: 2. Referenzbericht Anreizregulierung – Generelle sektorale Produktivitätsentwicklung im Rahmen der Anreizregulierung, Bonn **26.01. 2006**.

Bundesnetzagentur: Positionspapier der Regulierungsbehörden des Bundes und der Länder zu Einzelfragen der Kostenkalkulation gemäß Stromnetzentgeltverordnung, Bonn **07.03.2006**.

Bundesnetzagentur: Beschluss in dem Verwaltungsverfahren auf Grund des Antrags der Vattenfall Europe Transmission GmbH..., Beschlusskammer 8, BK 8-05/019, Bonn, **06.06.2006**, in der geschwärzten Fassung abrufbar unter www.bundesnetzagentur.de, (Abruf 15.11.06).

Bundesnetzagentur: Erste Genehmigung der Bundesnetzagentur für Stromnetzentgelt, Pressemitteilung, Bonn **08.06.2006**.

Bundesnetzagentur: Bericht der Bundesnetzagentur nach § 112a EnWG zur Einführung der Anreizregulierung nach § 21a EnWG, Bonn **30.06.2006**.

Bundesnetzagentur: Beschluss in dem Verwaltungsverfahren auf Grund des Antrags der EnBW Transportnetze AG..., Beschlusskammer 8, BK 8-05/017, Bonn, **27.07.2006**, in der geschwärzten Fassung abrufbar unter www.bundesnetzagentur.de, (Abruf 15.11.06).

Bundesnetzagentur: Beschluss in dem Verwaltungsverfahren auf Grund des Antrags der RWE Transportnetz Strom GmbH..., Beschlusskammer 8, BK 8-05/020, Bonn, **28.07.2006**, in der geschwärzten Fassung abrufbar unter www.bundesnetzagentur.de, (Abruf 15.11.06).

Bundesnetzagentur: Beschluss in dem Verwaltungsverfahren auf Grund des Antrags der E.ON Netz GmbH..., Beschlusskammer 8 – BK 8-05/018, Bonn **29.08.2006**, in der geschwärzten Fassung abrufbar unter www.bundesnetzagentur.de, (Abruf 15.11.06).

Bundesnetzagentur: Weitere Kostenkürzung im zweistelligen Prozentbereich bei Stromnetzen, Pressemitteilung, Bonn **30.08.2006**.

Cronenberg, Martin: Regulierung der Energiemärkte, Bundesnetzagentur für Elektrizität, Gas, Telekommunikation, Post und Eisenbahnen, Vortragsunterlagen Betriebs- und Personalrätetagung, Berlin **19.06.2006**.

Feuerborn, Alfred: Regulierung der Netzentgelte, Vortragsunterlagen, Infotag der Bundesnetzagentur, Berlin **27.10.2005**, url: www.bundesnetzagentur. de/media/archive/3887.pdf, (Abruf: 15.11.2006)

Regulierungsbehörde für Telekommunikation und Post (RegTP): Price-Cap-Regulierung im Sprachtelefondienst, in: Amtsblatt der Regulierungsbehörde für Telekommunikation und Post, Nr. 2 vom **06.02.2002**.

Regulierungsbehörde für Telekommunikation und Post (RegTP): Price-Cap-Regulierung 2003 für Postdienstleistungen, Eckpunkte, Bonn, **25.07.2001**.

Schultz, Klaus-Peter: Umsetzung der Netzentgelt- und Netzzugangsverordnung durch die BNetzA, Vortragsunterlagen, VDN-Fachkongress: Treffpunkt Netze, Berlin **09.05.2006**.

Finnland

Energiamarkkinavirasto: Consideration of efficiency in the assessment of the reasonableness of electricity distribution pricing, Helsinki **2001**.

Energiamarkkinavirasto: The supervision on the reasonableness of network pricing, Helsinki **2001**.

Energiamarkkinavirasto: Annual Report 2003, Helsinki **2004**.

Energiamarkkinavirasto: Guidelines for assessing Reasonableness in Pricing of Electricity Distribution Network Operations for 2005-2007, unofficial translation, Reg. no. 9/429/2004, Helsinki **22.06.2004**.

Energiamarkkinavirasto: The economic regulation of electricity network services, Helsinki **2005**.

Energiamarkkinavirasto: Annual Report 2005, Helsinki **2006**.

Korhonen, Pekka - Syrjänen, Mikko - Tötterström, Mikael: Assessment of Cost Efficiency in Finnish Electricity Distribution Using DEA, Helsinki School of Economics and Business Administration, Helsinki **2001**.

Großbritannien

Office of Gas and Electricity Markets (OFGEM): Reviews of Public Electricity Suppliers 1998 to 2000 – Distribution Price Control Review, Final Proposals, London, December **1999**.

Office of Gas and Electricity Markets (OFGEM): Information and incentives project - Incentive schemes, Final proposals, London, December **2001**.

Office of Gas and Electricity Markets (OFGEM): Report on distribution and transmission system performance 2000/2001, London, January **2002**.

Office of Gas and Electricity Markets (OFGEM): Electricity Distribution Price Control Review - Update paper, London, September **2004**.

Office of Gas and Electricity Markets (OFGEM): Electricity Distribution Price Control Review, Final Proposals – 265/04, London, November **2004**.

Office of Gas and Electricity Markets (OFGEM): Electricity distribution price control 2005-2010, factsheet 48, London **29.11.2004**.

Irland

Commission for Energy Regulation (CER): Determination of Distribution Allowed Revenues, Dublin **28.09.2001**.
Commission for Energy Regulation (CER): Annual Report 2003, Dublin **2004**.
Commission for Energy Regulation (CER): 2006-2010 ESB Price Control Review – CER Decision Paper on Distribution System Operator Revenues, Dublin **09.09.2005**.
Commission for Energy Regulation (CER): Annual Report 2005, Dublin **2006**.

Italien

L'Autorità per l'Energia Elettrica e il Gas: Electricity tariffs for 2004-2007: lower prices for consumers coupled with greater resources for investment, Pressemeldung, Mailand **31.01.2004**.
L'Autorità per l'Energia Elettrica e il Gas: Second consultation document on electricity tariffs for 2004-2007 published, Pressemeldung, Mailand **19.11.2003**.
L'Autorità per l'Energia Elettrica e il Gas: Annual Report 2004 – Summary Edition, Mailand **2005**.
L'Autorità per l'Energia Elettrica e il Gas: Annual Report to the European Commission (Executive Summary), Mailand **31.07.2005**.
L'Autorità per l'Energia Elettrica e il Gas: The structure and role of the Italian Regulatory Authority for Electricity and Gas, Mailand **2005**.
L'Autorità per l'Energia Elettrica e il Gas: Law n. 481 of november 14th 1995 – Norms governing competition and the regulation of public utilities. The institution of regulatory bodies for public utilities, Mailand **2005**.

Österreich

Boltz, Walter: Begrüßung und Überblick über das Projekt, Vortragsunterlangen anlässlich einer Informationsveranstaltung der E-Control GmbH, Wien **27.06.2003**.
Boltz, Walter: Regulierung des Elektrizitätsmarktes in Österreich, in: Energiewirtschaftliche Tagesfragen (et), 54.Jg. (**2004**), Heft 3, S. 150-151.
Energie-Control GmbH: Jahresbericht 2005, Wien **2006**.
Energie-Control Kommission (ECK): Rechnungslegung und Kostenrechnung in der österreichischen Elektrizitätswirtschaft – Unbundling, Entwurf, Wien, Stand **04.11.2002**.

Energie-Control Kommission (ECK): Verordnung der Energie-Control Kommission mit der die Tarife für die Systemnutzung bestimmt werden – Systemnutzungstarife-Verordnung 2003, SNT-VO 2003, Wien **07.10.2003**.

Energie-Control Kommission (ECK): Erläuterungen zur Systemnutzungstarife-Verordnung 2003, SNT-VO 2003, Wien **2003**.

Energie-Control Kommission (ECK): Verordnung der Energie-Control Kommission mit der die Tarife für die Systemnutzung bestimmt werden – Systemnutzungstarife-Verordnung 2006, SNT-VO 2006, Wien **06.12.2005**.

Energie-Control Kommission (ECK): Erläuterungen zur Systemnutzungstarife-Verordnung 2006, SNT-VO 2006, Wien **2005**.

Haberfellner, Maria: Liberalisierung und Regulierung des österreichischen Strommarktes, Working Paper Nr. 1 der Energie-Control GmbH, Wien **15.02. 2002**.

Haberfellner, Maria – Hujber, András – Koch, Peter: Liberalisierung und Strompreisentwicklung – Österreich und Deutschland im Vergleich, Working Paper Nr. 4 der Energie-Control GmbH, Wien **28.05.2002**.

Niederlande

Elektriciteitswet 1998 [engl.: Act of 2 July 1998 Providing Rules in Relation to the Production, Transmission and Supply of Electricity (Electricity Act) [including all amendments pursuant to the Gas Act 26463 and the Electricity Production Sector (Transition) Act 27250]].

The Office for Energy Regulation (Dte): Guidelines for price cap regulation of the Dutch electricity sector – In the period from 2000 to 2003, Den Haag, February **2000**.

The Office of Energy Regulation (DTe): Yardstick Competition – Regional Electricity Network Companies, Second Regulatory Period, Information and consultation document, Den Haag, 20. November **2002**.

The Office of Energy Regulation (DTe): An overview of the first regulatory review of the re-gional electricity networks businesses, Report, Den Haag, Juli **2002**.

The Office of Energy Regulation (DTe): BIJLAGE B BIJ METHODE-BESLUIT, Nummer: 100947-82, Den Haag **15.09.2003**.

The Office of Energy Regulation (DTe): BIJLAGE C BIJ METHODE-BESLUIT, Nummer: 100947-82, Den Haag **15.09.2003**.

The Office of Energy Regulation (DTe): New Price-Cap For Electricity Grid Managers, Pressemeldung, Den Haag **27.10.2003**.

The Office of Energy Regulation (DTe): DTe Introduces Quality Regulation of Electricity Grids, Pressemeldung, Den Haag **12.10.2004**.

The Office of Energy Regulation (DTe): Final method decisions for regional grid managers in the electricity sector 2007-2009, Den Haag **26.10.2006**.

Norwegen

Grasto, Ketil: Incentive-based regulation of electricity monopolies in Norway - background, principles and directives, implementation and control system, Oslo **1997**.

Jonassen, Torfinn: Opening of the Power Market to End Users in Norway 1991 - 1999, Gutachten im Auftrag der Norwegian Water Resources and Energy Administration (NVE), Oslo, Dezember **1998**.

Neurauter, Thor Martin: Regulation of electricity monopolies, Vortragsunterlagen anlässlich der Informationsveranstaltung der E-Control GmbH "Neue Netztarife und Regulierungsprinzipien" in Wien, **05.04.2002**, url: http://www. e-control.at/portal/pls/portal/docs/123186.PDF, (Abruf 15.11. 2006).

Norwegian Water Resources and Energy Directorate (NVE): Regulations concerning financial and technical reporting, permitted income for network operations and transmission tariffs (Unauthorized/unofficial translation.), Oslo **17.12.2001**.

Sagen, Jon: Norwegian TSO Regulation, Vortragsunterlagen anlässlich des Seminars "European regulatory benchmarking", Den Haag **27./28.05.2004**.

Schweden

The Swedish Electricity Act: Fassung vom **20.11.1997**, inklusive der letzten Überarbeitung vom 01.11.1999.

The Swedish Energy Agency (STEM): Performance Assessment Model – Description of Model, Eskilstuna **2004**.

The Swedish Energy Agency (STEM) – Dreber Lundkvist & partners AB: A critical examination of the financial parameter values for the cost of capital in the Performance Assessment Model for Electricity Networks, Stockholm **08.03.2004**.

Spanien/Portugal

Comisión National de Energía (CNE) – Entitade Reguladora do Sector Eléctrico: The Iberian Electricity Market: Organisational Model, Madrid – Lisboa **2002**.

Armin Köster

Die Bewertung von Elektrizitätsversorgungsunternehmen vor dem Hintergrund der Liberalisierung der europäischen Strommärkte

Frankfurt am Main, Berlin, Bern, Bruxelles, New York, Oxford, Wien, 2004.
240 S., zahlr. Abb. und Tab.
Europäische Hochschulschriften: Reihe 5, Volks- und Betriebswirtschaft.
Bd. 3060
ISBN 978-3-631-52200-4 · br. € 42.50*

Ausgangspunkt der Arbeit bildet die Liberalisierung der europäischen Energiemärkte. Die neu entstehende Wettbewerbssituation und strategische Neuausrichtung führt in der Strombranche zu Übernahmen und Fusionen, die eine Bewertung von Stromversorgern erforderlich macht. Nach einer Darstellung der energierechtlichen EU-Rahmenbedingungen und deren Umsetzung in deutsches Energierecht werden die grundlegenden Bewertungsprobleme von Stromversorgern diskutiert. Auf Basis einer analytischen Betrachtung der Sektoren Stromvertrieb, Übertragung und Verteilung, Stromerzeugung und sonstige Stromaktivitäten erarbeitet der Autor ein Bewertungsmodell für Stromversorger, das gleichzeitig die Interdependenzen zwischen den zu bewertenden Sektoren erfasst. Zudem werden die bewertungsrelevanten Synergiepotentiale auf vertikaler und horizontaler Ebene aufgezeigt.

Aus dem Inhalt: Liberalisierung Strommarkt · Energierechtliche Rahmenbedingungen · Unternehmensstrukturen der Stromwirtschaft · Grundlegende Bewertungsfragestellungen bei Stromversorgern · Bewertung Sektor Stromvertrieb · Bewertung Sektor Übertragung und Verteilung · Bewertung Sektor Stromerzeugung · Bewertung Sektor sonstige Stromaktivitäten · u.v.m.

Frankfurt am Main · Berlin · Bern · Bruxelles · New York · Oxford · Wien
Auslieferung: Verlag Peter Lang AG
Moosstr. 1, CH-2542 Pieterlen
Telefax 00 41 (0) 32 / 376 17 27

*inklusive der in Deutschland gültigen Mehrwertsteuer
Preisänderungen vorbehalten
Homepage http://www.peterlang.de